KB216041

한국신약해설주석 2

마가복음

신현우 지음

KECOT/KECNT 김상훈 총괄 편집

KECNT 신현우 책임 편집

한국신약해설주석 2
마가복음

초판1쇄 2021.08.31.
지은이 신현우
총괄편집 김상훈
책임편집 신현우
교정교열 김덕원

발행처 감은사
발행인 이영욱
전화 070-8614-2206
팩스 050-7091-2206
주소 서울시 강동구 암사동 아리수로 66, 401호
이메일 editor@gameun.co.kr

ISBN 9791190389372
정가 44,000원

Korean Exegetical Commentary on the New Testament 2

The Gospel According to Mark

Hyeon Woo Shin

KECOT/KECNT General Editor, Sang-Hoon Kim

KECNT Editor, Hyeon Woo Shin

| 목차 |

KECNT/KECOT
총괄 편집자 서문

일선 목회자들을 만나면 좋은 주석을 추천해 달라는 말씀을 자주 듣게 됩니다. 믿을 만한 성경 주석이 필요합니다. 시대적 필요에 맞는 새로운 주석 편찬에 대해 다음의 다섯 가지를 말할 수 있겠습니다.

첫째, 건실한 개혁신학과 성경적 복음주의의 입장에 바로 서 있는 좋은 주석이 필요합니다. 하나님의 말씀인 성경에 대한 권위(authority)와 진정성(authenticity)을 신학(학문)이라는 이름으로 훼손하고 있는 주석이 적지 않습니다. 성경의 권위(*sola scriptura*, "오직 성경으로")를 중시한 종교개혁의 건실한 개혁신학과 성경의 영감적 특성을 존중하는 복음주의 관점에서 쓴 주석이 필요합니다. 영감된 말씀인 성경에 대한 존중과 바른 이해에 기반하는 주석은 주님의 교회를 새롭게 하고 생명력 있는 말씀 사역을 하도록 지원할 수 있습니다. 독자는 바른 신학과 성경에 대한 신뢰를 가지고 본문을 깊이 연구할 수 있습니다.

둘째, 국내 저자에 의한 국제적 수준의 주석 집필이 요구되고 있습니다. 성경적 복음주의에 기초한다고 해서 학문적 특성이 배제되면 신뢰할 만한 주석이라 할 수 없을 것입니다. 주석의 학문성은 저자의 학문적 자질과 능력에서 비롯됩니다. KECNT(한국신약해설주석)의 집필진은 학문적으로 국제적인 교류를 해온 학자들이 중심이 되었습니다. 해외 신학계와 해석학계에 학문적 목소리를 낼 수 있는(내어온) 학자들이 주석 집필진이 된 것입니다. 그렇기에 주석의 학문적 수준을 신뢰할 수 있을 것입니다. 본문의 논쟁적 문제를 다룰 때도, 개혁신학과 복음주의에 뿌리를 두되, 진지한 학문적 태도로 연구되고 있는 것을 볼 수 있을 것입니다. 여기서 신앙과 학문의 조화를 발견할 수 있습니다.

각 주석은 독자적인 연구를 바탕으로 된 것입니다. 신학적으로나, 학문적으로 신뢰할 만한 저자들의 단권 주석은 해당 분야에 대한 철저한 연구 성과를 토대로 집필된 것입니다. 대표되는 주석들과 학자들의 견해들이 주석 안에 섭렵되면서도, 집필자 자신의 깊은 본문 연구를 토대로 주석된다는 특징이 있습니다. 각자의 영역에서 뚜렷한 학문적인 논의를 개진할 수 있는 저자들이기 때문입니다.

셋째, 단권 주석의 강점은 각 권의 전문성이 인정된다는 것입니다. 저자 한 사람이 성경 전 권을 주석하는 방식은 학문적인 한계를 가질 수밖에 없습니다. 점차 전문화되어가는 학문적 흐름에는 맞지 않습니다. 해당 분야의 전문적 식견을 갖춘 저자에 의한 단권 주석 집필은 그런 점에서 의미가 큽니다. 각 권은 특장을 가진 각 저자의 적지 않은 시간 동안의 연구와 노력을 담은 주석서입니다. 같은 개혁신학과 복음주의 신앙을 가진 저자들에 의한 학문적 노력이 담긴 각 권의 주석입니다. 신학적으로, 학문적으로 검증된 저자들이 함께 어울려 성경 전체의 주석서를 내고 있습니다. 함께 하나님 나라를 위해 노력하려 합니다.

넷째, 성경 주석은 본문 중심의 주석일 필요가 있습니다. 개혁신학과 복음주의 전통의 문법적-역사적 해석은 하나님의 말씀인 성경 본문을, 역사적 맥락과 문법적 특징에 따라 세밀히 살펴, 본문의 계시적 의미를 밝히려는 해석입니다. 따라서 원어를 기초로 한, 각 절과 각 단원의 치밀한 주해에 집중합니다. 본문을 중시하는 문법적-역사적 해석의 전통은 최근 언어적·문학적·구조적·수사적 연구 등에 의해 더욱 발전되어 왔습니다. 하나님의 말씀 중심인 문법적-역사적 전제에 어울릴 수 있는 한, 이들 연구는 본문 해석에 유익한 면이 있습니다. 문법적-역사적 해석이 여러 갈래로 발전되고 있는 것입니다. KECNT에서 각 권의 저자가 어떤 특징과 강점을 가지고 성경 본문을 세밀히 해석하고 있는지 볼 수 있을 것입니다.

다섯째, 교회와 목회자의 필요에 맞는 주석이어야 할 것입니다. 교회가 신뢰할 만한 신학적 토대를 가지고 있다는 점과 함께, 철저한 본문 중심 해석이라는 특징 때문에 우리 한국 교회와 교회 사역자(설교자), 그리고 성경을 깊이 연구하고자 하는 분들에게 실제적인 도움이 될 것입니다. 특히 설교를 준비할 때, 본문에 대해 깊이 있고 정확한 해석의 기반이 가장 중요하다는 점에서 KECNT는 설교자의 좋은 동반자가 될 것입니다. 하나님의 말씀이 제대로 전해지면 교회는 회복됩니다. 교회의 진정한 개혁은 하나님의 말씀으로 됩니다. 한국 교회에 말씀의 뿌리가 깊이 내려지고 그 위에 갱신과 부흥의 나무가 서야 합니다.

KECNT 편찬에 관계된 저희 모두는 이 일을 영예로 생각합니다. 좋은 주석서들이 활용되면 주의 교회가 힘을 얻게 될 것이기 때문입니다. 오직 하나님만이 영광을 얻으시기에 합당하십니다(*soli Deo gloria*, “오직 하나님께만 영광이”).

2020년 9월 28일

김상훈

KECNT/KECOT 총괄 편집자

KECNT
책임 편집자 서문

한국신약해설주석(KECNT)은 성경을 하나님의 말씀으로 받아들이고 신앙의 규범으로 삼는 정통신학의 틀 속에서 종교개혁자들의 문법적-역사적 해석 방법을 사용하여 신약성경을 연구한 주석 시리즈입니다.

선교 받는 나라에서 선교하는 나라가 된 한국의 신학계는 그동안 비약적 발전을 하여 세계신학계의 한 축을 형성하는 단계로 진입하고 있습니다. 특히 한국의 신약학계는 이미 세계적인 학자들을 많이 배출하였습니다. 그리하여 이 주석 시리즈의 저자들은 국제 학계(총서 및 학술지 등)의 출판 실적이 있는 탁월한 학자들 중에서 개혁신학의 전통 속에 있는 학자들을 선택하여 선정할 수 있었습니다.

이 주석 시리즈는 간단명료한 문체를 추구하는 개혁신학의 스타일에 따라 제한된 지면에 알찬 내용을 담았습니다. 또한 문법적-역사적 해석 방법에 따라 원어의 용례에 입각한 단어의 의미 파악과 당시 역사적 배경과 본문의 문맥에 입각한 의미 파악에 주력하여 성경 각 권의 저자가 의도한 본문의 의미가 잘 드러나도록 하였습니다. 그리하여 우리 시대에 성경 본문을 적용하기 위한 튼실한 출발점을 얻을 수 있도록 하였습니다. 때로는 우리 시대에 어떻게 적용해야 하는지 방향을 제시하기도 하였습니다.

이 주석은 단락별로 성경 번역, 절별 주해, 단락 해설로 구성하여 설교자들과 성도들이 성경을 연구하다가 필요한 구절을 쉽게 찾을 수 있도록 하였습니다. 단락 해설을 통해서는 전체적인 흐름을 파악하고 적용을 위한 통찰을 얻을 수 있도록 하였고, 저자의 사역을 담은 성경 번역 부분은 모아서 추후 새로운 번역본으로 출판하게 될 것입니다.

이 주석 시리즈는 주해 부분에서 헬라어를 음역할 경우에는 자음은 경음(ㄲ, ㄸ, ㅃ)을 활용하였습니다. 이것은 고대 및 현대 헬라어 발음과 유사할 뿐 아니라, 격음(ㅋ, ㅌ, ㅍ)과 함께 사용함으로써 유사한 발음의 헬라어 자음들을 한글로 명확히 구분하여 표기할 수 있기 때문입니다. 모음의 경우에는 영미식이나 독일식, 현대 헬라어식 발음을 따르지 않고 서로 구분되는 방식으로 음역했습니다. 이것이 고대 헬라어 발음에 가깝다고 추측될 뿐 아니라, 유사 발음들을 서로 구분하여 표기할 수 있는 장점이 있기 때문입니다.

이 시리즈의 출판을 흔쾌히 수락하여 어려운 출판 환경 가운데서 목회자들을 위한 주석서를 세상에 내놓는 수고를 감당해 주신 감은사의 이영욱 대표에게 감사를 드립니다.

궁극적으로 교회의 왕이시며 온 우주의 통치자이신 예수께 송영을 올립니다. 이 주석 시리즈도 우리의 주 되신 예수께 드리는 예배의 일부입니다. 십자가에서 마귀를 무너뜨리고 십자가 위에서 온 세상을 통치하시는 주 예수여, 영원토록 영광과 찬양을 받으소서. 아멘.

2020년 9월 29일

신현우

KECNT 책임 편집자

저자 서문

우리는 성경이 하나님의 말씀이라는 선포를 많이 들어왔다. 그러나 그 말씀이 왜 하나님의 말씀인지에 관한 가르침은 자주 듣지 못한다. 신약성경의 경우 그 권위는 사도성에 토대하고, 사도성은 결국 그리스도의 권위를 부여받는 특징이므로, 신약성경에는 그리스도의 권위가 있다. 그리스도의 권위는 하나님의 전권대사로서의 권위이므로 하나님의 권위이다.

그렇지만 하나님의 권위를 고스란히 부여받은 책인 성경의 내용에 관한 깊이 있는 탐구 없이는 성경의 권위는 우리 시대의 사람들에게 실제적으로 적용되지 않는다. 그 말씀이 무엇을 뜻하는지 모른다면 말씀을 읽고 엉뚱한 방향으로 달려갈 것이기 때문이다. 그래서 성경의 내용을 파악하는 일은 매우 중요하다.

이 책은 필자가 지난 18년 동안 마가복음을 강의하며 꾸준히 공부하고 연구한 결과물이다. 지난 2011년에 『메시아 예수의 복음』이라는 성도들을 위한 쉬운 주석을 펴낸 후 필자는 좀 더 깊이 있는 마가복음 주석의 저술을 준비해 왔다. 이것은 여러 권으로 구성된 시리즈로 한 권씩 출판될 것이다. 이 책은 그러한 마가복음 주석 총서를 내기 전에 중간 단계에 해당하는 책으로서 설교자들, 그리고 좀 더 마가복음을 깊이 공부하고 싶은 분들을 위하여 펴내는 것이다.

필자는 18년 전부터 연구하며 계속 보완하던 원고를 지난 6년 전 겨울 방학에 출판을 위해 다듬기 시작하였다. 2021년을 맞이하는 지난 겨울부터 마지막 탈고를 시작하여 이제야 독자들에게 내어놓는다. 지난 6년 전 원고 정리 때에는 어깨의 통증이 오고 심한 치통이 와서 결국은 병원 치료를 받아야 했으나, 지난 해에 이 아픈 이가 빠져서 통증 없이 탈고 작업을 할 수 있었다.

마가복음은 예수께서 메시아이심을 선포하는 책이다. 마가복음이 기록될 때 초기 교회는 이미 예수께서 메시아이심을 믿고 있었다. 마가는 이 믿음을 더 널리 전하고자 이 복음서를 기록하였다. 예수를 메시아라고 선포하면 유대인들은 율법의 말씀(신명기 21:23)에 따라 십자가에 못 박힌 예수는 저주받은 자라고 말하며 이 선포를 거부하였을 것이다. 그러한 자들에게 복음 전도자들은 부활을 증언하며 이 저주는 우리를 위해 대신 받은 저주라고 전했을 것이다. 대제사장이 심문할 때 예수께서는 당당히 자신이 메시아이심을 시인하셨다. 이러한 예수의 주장은 부활을 통하여 확증되었다. 예수께서 메시아이심에도 불구하고 십자가의 저주를 받은 이유는 우리의 죄를 대신 짊어지시고 저주를 당하시어 우리를 마귀의 노예 신분에서 벗어나 하나님의 자녀가 되도록 하시기 위함이었다. 이러한 복음은 이방 지역에도 전파되었다. 이방인들은 십자가를 저주라고 여기지는 않지만 그들에게도 예수께서 메시아이심을 확증할 필요는 있었다. 마가복음은 그들에게 예수께서 행하신 많은 치유와 축귀를 전해준다. 이 복음이 이방인들에게 전해질 때 치유와 축귀가 다시 발생하면서 전해지는 말씀을 확증하였다.

이 책의 성경 번역 부분은 필자의 사역을 담고 있지만, 주해 부분에서는 주석 사용의 편의를 위하여 성경 본문을 언급할 때 개역개정판을 따르기도 했다. 배경 문헌의 원어나 번역을 인용할 때는 필요한 경우 필자의 사역을 함께 제공하였다. 외국어 음역이 필요한 경우, 본래의 발음을 따랐으나, 특정 발음으로 국내 이미 알려져 굳어진 경우에는 관습적 발음을 따라 표기하였다. 헬라어는 격음과의 구별을 위해 경음을 살려 음역하였으나, 라틴어의 경우는 경음을 살려 표기하지는 않았다.

이 책에서 성경, 외경, 위경, 요세푸스의 책은 한글로 표시하고, 요세푸스의 책명에는 『 』를 추가하여 표기하였다. 그 외의 배경 문헌은 영어, 라틴어 등의 이탤릭체로 표기하였다. 참고 문헌의 언급을 위해 각주 대신 본문 주를 사용했으나, 문장과 문장의 연결하여 읽는 본문의 가독성을 위해서 종종 본문 주를 각주로 내려서 처리하기도 하였다.

필자는 이 주석을 펴내며 지난 18년 동안 필자에게 연구 저술의 기회를 준 여러 분들에게 감사드린다. 유학을 마치고 라보도 선교사님이 세운 작은 신학교에 임용되었을 때 연구에 전념할 수 있도록 아무 보직을 맡지 않고 타교 출강도 하지 않도록 해달라는 필자의 요청을 들어주고 약속을 지킨 김차생 장로님이 아니었으면, 필자는 조용히 복음서 연구를 시작할 수 없었을 것이다. 또한 필자에게 기회를 주어 계속 연구를 할 수 있도록 하였던 총신대학교에 감사드린다. 특히 암 투병 중에도 숨지기 직전까지 강단을 지키다가 다시 입원하신 후에 하나님께서 주신 생명은 하나님의 선물이므로 본래 내 것이었다고 여기면 안 된다고 하시며 죽음 앞에서 담대하셨던 존경하는 스승 정훈택 교수님의 모범에 감사드린다. 그 분은 많은 사람들에게 고통을 당하셨지만 아무에게도 악을 악으로 갚지 않고 선으로 악을 이기신 참된 그리스도인이었으며, 자신의 신학을 삶 속에 실천하신 스승이셨다.

아울러 KECNT/KECOT 총괄 편집을 맡아 물심양면으로 수고하시는 김상훈 교수님께 감사드린다. 김교수님은 늘 동료 교수들과 후학들의 연구를 격려하며 몸소 성실히 연구하는 본을 보이시고 계실 뿐 아니라, 한국교회와 목회자들을 위하여 이 주석 프로젝트를 맡아 수고하여 주셨다. 또한 어려운 출판 환경 속에서도 이 책을 출판하여 세상에 내놓는 수고를 감당해 주신 감은사의 이영욱 대표님과 꼼꼼한 교정 작업으로 오타를 줄여주신 김덕원 교정자님에게 감사드린다.

마지막으로 또한 궁극적으로 우리를 위하여 고난과 수치의 십자가를 지신 주 예수 그리스도께 감사와 찬양을 올린다. 온 우주의 왕께서 세상에서 무고하게 당하신 고난과 수치로 인해 우리는 위로를 얻는다. 그렇게 무참히 죽임을 당하신 예수께서 죽음을 이기시고 살아나셨고, 그렇게 부당하게 사형을 당하신 예수께서 종말에 세상을 최종적으로 심판하실 재판장이심을 우리가 믿기에 우리는 위로와 소망을 가질 수 있다. 그 소망이 있기에 우리는 박해 속에서도 사랑을 포기하지 않을 수 있다. 십자가에서 고난받고 죽임당하심으로 마귀를 무너뜨리고 십자가 위에서 사랑으로 온 세상을 통치하시는 주 예수여, 영원토록 영광과 찬양을 받으소서. 아멘.

2021년 8월 6일

수락산 기슭에서

신현우

| 약어표 |

b.	*Babylonian Talmud*
BDAG	Bauer, Walter, *A Greek-English Lexicon of the New Testament and Other Early Christian Literature*, ed. Frederick William Danker, 3rd ed., Chicago: The Univ. of Chicago Press, 2000.
BDF	Blass, F., & A. Debrunner, *A Greek Grammar of the NT and Other Early Christian Literature*, trans. R. W. Funk, Chicago: University of Chicago Press, 1961.
BR	*Biblical Research*
CD	Damascus Document
CBQ	*Catholic Biblical Quarterly*
Hist.	Diodorus Siculus, *The Library of History*
EKKNT	Evangelisch-katholischer Kommentar zum Neuen Testament
EThL	*Ephemerides theologicae lovanienses*
HTR	*Harvard Theological Review*
j.	*Jerusalem Talmud*
JBL	*Journal of Biblical Literature*
JSNT	*Journal for the Study of the New Testament*
JSNTS	Journal for the Study of the New Testament Supplement Series
JETS	*Journal of the Evangelical Theological Society*
JTS	*Journal of Theological Studies*
NA28	Aland, Barbara & Kurt Aland, *Novum Testamentum Graece*, 28th ed., Stuttgart: Deutsche Bibelgesellschaft, 2012.
NovT	*Novum Testamentum*
NTS	*New Testament Studies*
m.	*Mishnah*
OTP	Charlesworth, J. H., ed., *The Old Testament Pseudepigrapha*, 2 vols., New York: Doubleday, 1983-1985.
PGM	*Papyri Graecae Magicae*
SBLDS	Society of Biblical Literature Dissertation Series

Str-B	Strack, Herman L., & Paul Billerbeck, *Kommentar zum Neuen Testament aus Talmud und Midrasch I*, München: C.H. Beck, 1928.
t.	*Tosefta*
Tg. Neof.	*Targum Neofiti*
WUNT	Wissenschaftliche Untersuchungen zum Neuen Testament
ZNW	*Zeitschrfit für die neutestamentliche Wissenschaft*

1QapGen	쿰란 제1동굴에서 발견된 Genesis Apocryphon
1QH	쿰란 제1동굴에서 발견된 감사 찬송들
1QM	쿰란 제1동굴에서 발견된 전쟁 문서
1QpHab	쿰란 제1동굴에서 발견된 하박국 주석
1QS	쿰란 제1동굴에서 발견된 The Community Rule
1QSa	쿰란 제1동굴에서 발견된 The Rule of the Congregation
4QpIsa	쿰란 제4동굴에서 발견된 이사야 주석
11QPsa	쿰란 제11동굴에서 발견된 시편 A 사본

I. 서론[1]

1. 이 서론 부분은 필자의 저서, 2020: 179-90의 내용을 새롭게 서술한 것이다.

1. 기록자

마가복음은 일찍부터 베드로와 연관성을 가진 복음서로 간주되었다. 순교자 저스틴(Justin)의 글 "트리포와의 대화"에서 마가복음은 베드로의 회상록이라고 불린다(Hagner, 2014: 248). 2세기 초 히에라폴리스의 감독 파피아스(Papias)의 증언(유세비우스의 교회사에 인용된 것)에 의하면 마가복음은 베드로의 통역관인 마가가 베드로의 설교를 기억하여 기록한 것이다(Hagner, 2014: 248). 초대 교회가 전해 준 이러한 전통에 의하면 마가복음의 저자는 베드로의 통역관이었던 마가였다. 이 전통에 따라 마가복음의 저자가 마가라고 보는 것에 대해서는 학계에 이견이 없다.

마가복음의 저자로 간주되는 마가는 누구인가? 사도행전 12:12은 베드로가 출옥하여 "마가라 하는 요한의 어머니 마리아의 집"으로 갔다고 한다. 베드로전서 5:13은 마가를 베드로의 아들이라 부르며 그가 베드로와 함께 바벨론(즉 로마)에 있다고 한다. 골로새서 4:10은 마가를 바나바의 생질이라 한다(Hagner, 2014: 275). 예루살렘 출신이며, 베드로의 아들이라 불릴 정도로 베드로와 친하게 지냈으며, 바나바의 생질이었던 마가가, 파피아스가 증언하는 마가복음의 저자 마가라고 추측된다(Hagner, 2014: 276).

2. 기록 시기

아마도 마가복음의 기록 시기는 주후 68~69년경으로 추측된다. 그 이유는 우선 마가복음 13장의 예루살렘 멸망 묘사가 "주후 70년에 일어난 실제 사건의 영향을 받아 기록한 것은 아닌 듯하다."고 볼 수 있기 때문이다(Wenham & Walton, 327). 따라서 마가복음은 예루살렘과 성전이 파괴된 주후 70년 이전에 기록되었다고 추측된다. 그런데 마가복음 13:14의 "읽는 자는 깨달으라."는 최근에 성전에 발생한 사건을 암시하는 듯하다. 이 사건은 아마도 성전이 열심당에 의해 장악된 주후 67/68년 겨울의 일이라고 볼 수 있다. 결론적으로 마가복음의 기록 시기는 주후 68년 이후이며 주후 70년 이전(아마도 68~69년경)이라고 추측할 수 있다.

3. 기록 장소

마가복음은 대개 로마에서 기록되었다고 여겨진다. 이것은 교회 전통 속에서도 지지받는다. 알렉산드리아의 클레멘트(200년경)는 로마 기원설을 받아들인다(Hagner, 2014: 278). 로마에서 기록되었다는 설은 내증의 지지도 받는다고 여겨진다. 마가복음 15:21은 알렉산더와 루푸스(Rufus)를 언급하는데 루푸스는 로마서 16:13에도 언급된다. 그래서 루푸스가 마가복음에 언급됨이 마가복음이 로마에서 기록되었다는 이론의 증거로 제시되기도 한다(Hagner, 2014: 279). 그러나 루푸스는 유대인이나 이방인에게 흔한 이름이었기에 마가복음이 언급하는 루푸스와 로마서가 언급하는 루푸스는 동일 인물이 아닐 수도 있다(Lane, 563). 따라서 루푸스라는 이름이 마가복음에 등장한다는 사실이 마가복음이 로마에서 기록되었다는 증거가 될 수는 없다. 마가복음에 라틴어 단어가 등장하는 것도 로마시에서 마가복음이 기록되었다는 증거로 제시되기도 한다. 그러나 라틴어는 로마 제국의 곳곳에서 사용되었으므로 라틴어의 등장이 로마시를 기록 장소로 지목할 충분한 증거일 수 없다. 로마 제국의 다른 곳에서 기록된 책에도 라틴어가 종종 등장할 수 있었을 것이다.

마가복음의 기록 장소에 대해서는 로마설과 함께, 시리아, 갈릴리 등의 설도 있다(Carson & Moo, 43). 4세기 말의 교부 크리소스톰에 의하면 마가복음은 이집트에서 기록되었다(Hagner, 2014: 278).

내증을 관찰할 때 이스라엘 땅에서 마가복음이 기록되었다고 볼 수 있는 단서도 발견된다. "읽는 자는 깨달으라."고 하는 마가복음 13:14은 최근에 발생한 성전의 상황에 대한 독자(들)의 지식을 전제한다. 이러한 지식은 로마보다는 이스라엘 땅에 있는 독자의 상황을 반영한다.

이스라엘 땅 중에서도 특히 요단강 동편 지역에서 마가복음이 기록되었다고 볼 수 있는 증거가 마가복음에서 발견된다. 요단강 서편을 요단강 건너편이라고 부르는 마가복음 10:1은, 마가복음의 저자가 요단강 동편에 있는 관점을 보여준다. 그러므로 이 구절은 마가복음이 요단 강 동편(아마도 데가볼리)에서 기록되었다는 증거로 간주될 수 있을 것이다.

4. 독자

마가가 복음서를 기록하며 염두에 둔 청중이 이방인이라는 것은 마가복음 본문 자체에서 분명히 드러난다. 마가복음에 등장하는 라틴어(12:42), 유대 관습에 대한 설명(7:3-4)을 통해 볼 때 이 복음서는 이방인을 독자로 한다고 볼 수 있다(Carson & Moo, 44). 특히 마가복음 7:3-4에 담긴 유대 관습에 관한 설명은 유대인에게는 불필요하고, 유대 관습을 잘 알지 못하는 이방인들에게만 필요한 것이다. 그러므로, 이러한 설명을 포함한 마가복음의 독자들은 유대인들이 아니라 이방인들임이 분명하다.

마가복음은 이방인 중에서도 어느 지역에 있는 이방인을 위해 기록된 것인가? 이 질문에 대한 답변은 마가복음의 기록 장소와 관련된 것이다.

마가복음은 로마에 있는 이방 기독교인들을 염두에 두고 기록되었다고 보는 것이 전통적 견해이다. 그러나 마가복음이 이스라엘 땅에 있는 이방 기독교인들을 염두에 두고 기록되었다고 보는 견해도 무시할 수 없다. 앞에서 살펴본 바와 같이 "읽는 자는 깨달으라."고 하는 마가복음 13:14은 최근에 발생한 성전의 상황에 대한 독자(들)의 지식을 전제한다. 이러한 지식은 로마보다는 이스라엘 땅에 있는 독자의 상황을 반영한다. 그러므로 마가복음은 로마에 있는 이방인들보다는 이스라엘 땅에 있는 이방인들을 염두에 두고 기록되었을 가능성이 높다.

또한 마가복음의 청중은 이미 박해받는 상황 속에 있었다고 볼 수 있다. 문맥상 불필요한 듯하지만 마가복음 10:30에 등장하는 "핍박과 함께"는 마가복음의 청중이 처한 핍박의 상황을 반영하는 듯하다(Hooker, 240).

5. 구조

마가복음은 주로 3막 구조로 분석된다. 이러한 분석 속에서 제1막은 1:1-8:21, 제2막은 8:22-10:52, 제3막은 11:1-16:8이다. 이렇게 나누는 것은 마가복음 8:22-26과 10:46-52이 모두 소경 치유 기사를 다루며 수미상관(*inclusio*)을 형성하여 마가복음 8:22-10:52을 하나의 덩어리로 묶어주는 담화 표지 역할을 하기 때문이다. 중간 부분이 묶이면, 이 부분의 앞인 8:21까지인 마가복음의 제1막은 예수께서 등장하셔서 갈릴리 바다와 그 주변에서 사역하시는 내용을 담고 있다. 제2막은 예루살렘으로 올라가는 길에서 발생한 일을 내용으로 한다. 제3막은 예수께서 예루살렘에서 사역하시다가 죽임을 당하셨으나 부활하시는 내용을 담고 있다.

마가복음의 제1막을 좀 더 세부적으로 구분하면, 제목(1:1), 서언(1:2-15), 제1막(1:16-8:21)으로 나눌 수 있다.[1] 따라서 마가복음의 구조는 다음처럼 분석될 수 있다.

제목 (1:1)	예수 그리스도의 복음 입문
서언 (1:2-15)	세례 요한과 예수
제1막 (1:16-8:21)	예수 갈릴리와 그 주변 사역
제2막 (8:22-10:52)	예수의 길과 제자도
제3막 (11:1-16:8)	예수의 예루살렘 사역

6. 신학적 강조점[2]

마가복음의 본래 제목은 마가복음 1:1이며 이것은 "예수 그리스도의 복음 입문"이라고 번역할 수 있다. 이 제목대로 마가복음은 복음의 핵심적이고 기초적인 내용을 담은 책이다. 따라서 마가복음은 복음서들 중에서 처음 공부하기에 적합한 책이다. 이 책이 강조하는 주제는 예수께서 하나님의 아들 즉 그리스도라는 복음의 핵심적 내용이다. 그리고 마가복음은 이 주제와 관련하여 예수께서 어떠한 그리스도인지 알려주는 책이다. 예수는 유대인들이 기대한 군사적 메시아(그리스도)가 아니라 고난을 통하여 세상을 구원하시는 독특한 메시아이심을 마가복음은 강조한다.

1. 막 1:1은 마가복음의 제목이며, 막 1:2-15이 마가복음의 서언임에 관한 논증은 신현우, 2011b: 33-58; 신현우, 2013a: 61-95를 보라.
2. 이 부분은 신현우, 2011a: 92-97와 신현우, 2013b: 44-49를 토대로 하여 새롭게 쓴 것이다.

가. 하나님의 아들 예수

마가복음은 예수께서 하나님의 아들이심을 주장한다. 이 주제는 마가복음의 처음과 끝에서 수미상관 구조로 등장하여 핵심 주제임이 부각된다. 예수께서 하나님의 아들이심은 마가복음의 서두인 1:11에서 하나님의 음성으로 선언되고, 마가복음의 끝 부분인 15:39에서 백부장의 음성으로 고백된다. 또한 마가복음의 중간 부분인 9:7에서도 다시 한번 하나님의 음성으로 선언된다.

마가복음(1:11; 9:7)에 의하면 예수께서 하나님의 아들(메시아)이시라는 주장은 사람이 땅에서 선언한 것이 아니라 하나님께서 하늘에서 선포하신 것이다. 예수께서 하나님의 아들이심은 복음의 핵심적 내용인데, 이것은 하나님께서 친히 자신의 음성을 통하여 직접 계시하신 내용이다. 마가복음은 복음의 기원이 사도들이 아니며 예수 자신도 아니며, 하나님이심을 보여준다.

마가복음은 예수께서 메시아(하나님의 아들)이심을 드러내는 증거들도 제시한다. 마가복음 제1막(1:16-8:21)은 갈릴리 호수와 그 주변을 배경으로 전개되는 예수의 사역을 소개하며 예수께서 행하신 메시아 증거들을 기록한다. 예수께서는 많은 축귀와 치유를 행하시고, 바람을 잔잔하게 하시며, 죽은 소녀를 살리시고, 오병이어(빵 다섯 개와 물고기 두 마리)로 오천명을 먹이시며, 바다 위를 걷는 등 많은 기적을 행하신다. 이러한 모든 기적은 예수께서 메시아이시라는 증거들이다. 이러한 기적 속에 군대 귀신 들린 자로부터의 축귀, 이방 여인의 딸로부터의 축귀, 칠병 기적 등의 경우에서 보듯이 이방 지역 및 이방인이 수혜 대상 속에 포함되는 것은 예수께서 유대인만의 메시아가 아니라 이방인의 메시아임을 알려준다.

나. 예수의 십자가 고난의 의미

마가복음은 왜 예수께서 하나님의 아들이심에도 불구하고 죄인의 모습으로 십자가에서 처형되셨는지 해명한다. 예수께서 고난받으신 것은 죄를 지어서도 아니며, 힘이 없어서도 아니다. 이 고난은 하나님의 계획의 성취였다. 예수의 고난을 하나님께서 처음부터 계획하셨음은 마가복음 1:11에서 알 수 있다. 이 구절은 '내가 너를 기뻐하노라'는 하나님의 선언을 소개하는데, 이것은 이사야 42:1을 연상시키는 표현이다. 이 이사야 본문에서 하나님께서 기뻐하시는 대상은 고난받고 죽임을 당하게 되는 종이다. 그러므로 마가복음 1:11에서 하나님께서 예수를 기뻐하신다고 선언하심은 예수께서 이사야서가 말하는 고난받는 종의 역할을 하실 분이심을 알려준다. 예수께서 세례 요한에게 세례받으실 때 하나님은 이미 예수의 고난을 선언하셨다. 메시아 예수의 십자가 고난은 이 하나님의 계획의 성취였다.

마가복음은 예수께서 메시아이심에도 불구하고 하나님의 계획에 따라 십자가 고난을 당하셨음을 기록한다. 그리하여 예수께서 십자가에서 죽임당하셨음에도 불구하고 메시아이심을 주장한다. 당시 유대인들의 사상 속에서 메시아는 전쟁에서 승리하는 영웅의 모습이었기에 십자가에 못 박힌 예수는 메시아일 수 없었지만, 마가복음은 이 예수야말로 메시아라고 선언한다.

마가복음 제2막(8:22-10:52)은 예수께서 유대인들이 기대한 군사적 메시아가 아님에도 불구하고 메시아이심을 보여준다. 제2막은 예루살렘으로 올라가는 길을 배경으로 하며, 맹인 치유(8:22-26)에서 시작하여 맹인 치유(10:46-52)로 끝마치는 수미상관 구조를 가진다. 제자들은 예수를 제대로 알지 못하는 영적인 소경으로 그려지며, 그들이 영적인 눈을 떠서 예수를 고난받는 메시아로 바르게 이해하도록 하는 과정이 묘사된다. 군사적 메시아를 기대하는 제자들에게 예수께서는 고난받고 죽임당하는 메시아의 길이 성경에 기록된 길임을 알려주신다(9:12). 이러한 메시아를 따르는 제자의 길 역시 고난의 길임도 알려주신다(8:34).

다. 십자가와 부활을 통해서 오는 하나님 나라

마가복음 1:15은 "하나님 나라가 가까이 와 있다."는 선포가 하나님의 복음의 핵심임을 알려준다. 이 하나님 나라는 하나님의 통치 시대를 가리키는 말이다. 이러한 새 시대가 임박했다. 예수의 선포를 통해 약속된 하나님 나라는 새 언약과 대속을 이루는 예수의 십자가상의 죽음을 통하여 마침내 도래한다. 하나님 나라는 예수의 십자가 고난을 통하여 도래하였으므로, 이 고난은 무의미한 고난이 아니라 무한한 가치를 가진 고난이었다.

예수께서는 최후의 만찬 때 자신의 죽음의 의미가 언약과 대속임을 알려주신다(14:24). 이때 하나님 나라에서 마실 때까지 포도주를 다시 마시지 않겠다고 하셨는데(14:25), 예수께서는 십자가상에서 포도주를 다시 마시게 된다(15:36). 이를 통하여 마가복음은 예수의 십자가 고난을 통하여 하나님 나라가 도래하였음을 알려준다.

예수께서 십자가에 못 박히심은 유대인들이 보기에는 예수께서 저주받으신 증거였다. 신명기 21:23을 통하여 본다면 나무에 달린 자는 하나님의 저주를 받았기에 유대인들이 보기에 예수는 하나님의 저주받은 자였다. 그러나 어떻게 유대인들이었던 예수의 제자들이 예수를 메시아로 믿게 되었는가? 예수의 부활 때문이었다. 십자가상의 죽음을 이긴 부활은 신명기 21:23이 말하는 십자가의 저주를 무효화하였다.[3] 예수의 부활은

3. 이것은 필자가 1989년(총신대학교 신학대학원)에 김세윤 교수의 강의로부터 배운 내용이다.

십자가에 못 박힌 예수가 하나님의 아들 메시아이심을 확증하는 역사적 사건이었다. 마가복음은 예수께서 메시아이심에도 불구하고 왜 십자가에 못 박혀 죽임당하셨는지를 알려준다. 이 죽음은 예수께서 선포하신 임박한 하나님 나라를 도래하게 하는 역사적 사건이었다.

라. 제자들의 회심

마가복음은 예수의 제자들이 예수를 메시아로 받아들이게 되고 어떤 메시아인지 깨달아가는 과정을 묘사한다. 예수의 제자들의 회심은 예수의 부름을 받으면서 시작된다. 예수께서는 물고기를 잡고 있던 베드로와 안드레를 제자로 부르시며 그들에게 사람들의 어부가 되게 하겠다고 약속하신다(1:17). 사람들을 잡아 오는 어부는 예레미야 16:16에 의하면 이스라엘을 회복시키는 사역을 하는 자들이다. 베드로와 안드레는 이 부르심을 받고 예수를 따랐으므로 그들은 이스라엘의 회복 사역에 헌신하기 위한 길을 나섰다고 볼 수 있다. 그들은 예수의 부름을 받고 그들이 고대하던 나라와 민족의 회복을 위해 생업을 포기한다. 이것이 제자들의 회심의 첫 단계였을 것이다. 그들이 이러한 결단을 갑자기 한 것은 아니었을 것이다. 그들은 이미 예수께서 전하신 "하나님 나라가 가까이 왔으니 회개하고 복음을 믿으라."는 말씀을 들었을 것이다(1:15). 그런데 그들에게 하나님 나라는 그들이 기대하던 나라와 민족의 회복이었을 것이므로 그들은 이 복음에 긍정적으로 반응할 수 있었을 것이다. 그래서 그들은 예수의 부르심에 기다렸다는 듯이 반응하였을 것이다.

예수의 열두 제자들은 처음부터 예수께서 메시아이심을 믿으며 예수를 따라나서지는 않았을 것이다. 그러나 그들은 예수를 따라다니면서 예수를 메시아로 믿게 되었다(8:29). 이것이 제자들의 회심의 두 번째 단계이다. 이 두 번째 단계의 과정은 서서히 발생했을 것이다. 그들은 예수를 따라다니면서 많은 기적들을 목격하였는데, 이것들은 예수께서 메시아이신 증거였다. 이러한 증거들을 통하여 그들은 예수께서 메시아이심을 확신하게 되었을 것이다. 그들은 예수를 통하여 발생하는 많은 질병 치유를 목격하였다. 그들은 베드로의 장모가 열병으로부터 치유되는 것을 목격하였고(1:31), 나병환자가 치유받는 것도 보았다(1:42). 그들은 예수께서 중풍병자를 치유하심을 목격하였고(2:12), 손 마른 사람을 고치심도 목격하였다(3:5). 그들은 혈루병에 걸린 여인을 예수께서 치유하심을 목격하였으며(5:29), 예수께서 귀먹고 말 더듬는 사람을 고치심도 보았다(7:35). 그들은 예수께서 맹인을 치유하심도 목격하였다(8:25). 특히, 베드로, 야고보, 요한은 예수께서 죽은 소녀를 살리심도 목격했다(5:42). 제자들은 예수의 자연 기적도 목격했다. 그들은 예수께서 바다를 잔잔하게 만드시는 기적을 보았고(4:39), 떡 다섯 덩이와 물고기 두 마리로 5천여 명을 배부르게 먹이신 기적도 목격했다(6:44). 그들은 예수께서 물 위를 걸으시는 것도 보았고(6:49), 떡 일곱 덩이로 4천여 명을 먹이신 기적에도 참여했다(8:9). 그들은 또한 예수께서 행하신 많은 축귀 사역을 목격했다(1:26, 34; 5:13; 7:30).

이러한 기적들은 제자들이 보기에 예수께서 메시아이신 증거였을 것이다. 이러한 기적들은 구약성경이 메시아 시대에 발생할 사건들이라고 기록한 내용이기 때문이다. 이사야 35:5-6은 구원의 시대에 맹인이 눈을 뜨고, 못 듣는 사람이 듣게 되고, 말 못하는 자의 혀가 노래할 것이라고 한다. 스가랴 13:2은 구원의 날에 귀신을 쫓아내는 일이 발생할 것이라고 한다. 예수를 통하여 광야에서 베풀어진 두 번의 기적적인 식사는 히브리인들이 이집트에서 탈출하여 나올 때 광야에서 먹던 만나를 연상시키는 사건이었다. 예수께서 물 위를 걷고, 풍랑을 잠잠하게 하신 것은 하나님의 능력이 아니면 있을 수 없는 독특한 현상이었다(욥 9:8, 11; 시 89:9). 예수를 통하여 발생한 죽은 사람을 살린 사건은 유대인들이 메시아를 통하여 발생하리라 기대한 기적이었을 것이다(눅 7:22).

예수의 제자들은 이러한 기적들을 경험하면서 예수께서 메시아이심을 믿게 되었다. 그들이 예수를 메시아로 믿는 회심에 이르는 과정은 그들이 목격한 많은 기적들이 집적되어 이루어졌다. 그들의 회심은 많은 체험을 통과하며 발생했다. 그러한 체험들은 그들이 이미 믿고 있었던 구약성경을 통해 메시아로 인해 발생하는 기적으로 이해되었기에, 그들은 예수께서 메시아라고 믿게 되었을 것이다.

이처럼 제자들의 회심의 두 번째 단계는 급격한 세계관의 변화가 없는 자연스러운 이해 과정이다. 예수께서 행하신 많은 기적을 제자들이 목격하면서 자연스럽게 예수는 메시아라는 고백을 하지 않을 수 없게 되었다.

제자들의 회심의 세 번째 단계는 예수의 고난의 필요성을 깨닫는 과정이었다. 이 단계에서 그들은 예수께서 메시아이심에도 불구하고 고난받고 죽임당하여야 함을 받아들여야 했다. 이것은 제자들이 도저히 받아들일 수 없는 것을 받아들여야 하는 힘든 과정이었다. 예수께서 자신의 고난과 죽음을 예언하시자, 베드로는 강력하게 반발한다(8:32). 이러한 반발은 베드로에게 믿음이 없었기 때문이 아니라, 오히려 베드로에게 자기 나름의 믿음이 있었기 때문이었다. 베드로는 예수께서 메시아라는 확신을 가졌기에 예수의 고난을 반대하였을 것이다. 그는 예수께서 승승장구하는 군사적 메시아라고 믿었기 때문에 그러한 메시아에게 고난이 가당치 않다고 여기고 강하게 반발하였을 것이다. 당시 유대인들에게는 메시아가 고난을 당하고 죽임을 당한다는 사상이 없었기에, 베드로도 자연스럽게 그러한 당시 유대인들의 생각을 따라 메시아가 고난받지 않는다고 확신했을 것이다. 그리고 그는 예수를 메시아로 확신했다. 그래서 그는 메시아이신 예수께서 고난받고 죽임당한다는 것을 받아들일 수 없었던 것이다. 예수께서 메시아이심을 믿으면서도 고난받고 죽임을 당해야 한다는 것을 받아들이는 것은 유대인 베드로에게 결코 쉽지 않았을 것이다. 메시아가 고난받아야 한다는 새로운 생각을 받아들이는 과정은 베드로를 비롯한 제자들에게 서서히 발생할 수밖에 없었다.

예수의 제자들 가운데 베드로, 야고보, 요한은 예수와 함께 높은 산에 올라가 예수께서 변화하시는 모습을 보았다. 그들은 그곳에서 예수께서 하나님의 아들(즉 메시아)이라고 선언하시는 하나님의 음성도 들었다(9:2, 7). 이것은 예수께서 메시아이심을 확신하게 하는 하나님 자신의 증언이었다. 이러한 증거를 통해 그들에게 예수께서 메시아이심은 의심의 여지가 없었을 것이다. 그럼에도 불구하고 그들은 메시아가 고난받는다는 것만은 여전히 받아들이기 힘들었을 것이다. 그들이 생각을 바꾸는 과정은 예수의 가르침을 통하여 시작되었다. 예수께서는 그들에게 메시아의 고난이 성경에 기록되어 있다고 지적하시며, 그들을 회심하도록 인도하신다(9:12). 메시아의 고난을 기록하는 구약성경 구절은 무엇일까? 아마도 예수께서 (12:10에서) 직접 언급하신 바 있는 시편 118:22일 것이다. 예수께서는 이 구절에 나오는 '건축자들이 버린 돌'이 유대 지도자들이 박해하는 하나님의 아들 메시아를 가리킨다고 해석하신 듯하다. 유대인들에게 '건축자'는 지도자를 가리키는 용어였는데, 사도행전 4:11에도 그러한 용례('너희 건축자들')가 보인다. '돌'은 히브리어로 '에벤'인데, 이것은 히브리어로 "아들"이란 뜻의 단어인 '벤'과 발음이 유사하다. 그래서 이 단어('에벤')는 하나님의 아들(메시아)을 가리킬 수 있었다. 마가복음 12:10에는 예수께서 시편 118:22을 인용하시면서 이 구절을 메시아의 고난과 연결시키셨다고 기록되어 있다. 그러므로 메시아의 죽임당함이 구약성경에 기록되어 있다고 하실 때 예수께서 염두에 두신 구절은 특히 시편 118:22이었다고 추측할 수 있다.

예수께서는 자신이 고난받게 될 것을 반복하여 거듭 말씀하신다(10:33-34). 그리하여 제자들이 받아들이기 힘든 내용을 받아들이도록 교육하신다. 제자들이 믿고 있는 구약성경을 통하여 그들이 이해할 수 있도록 하심과 더불어, 반복적 교육을 통하여 제자들의 생각을 바꿀 수 있도록 도우신다. 또한 예수께서는 자신이 메시아이심에도 불구하고 왜 고난받아야 하는지 이유도 알려주신다. 예수의 고난은 "자기 목숨을 많은 사람의 대속물로" 주시기 위한 목적을 가진 의미 있는 고난이다(10:45).

예수께서는 예루살렘에 입성하실 때 나귀를 타심으로써 자신이 스가랴 9:9이 예언하는 왕적인 존재로서의 메시아라는 주장을 드러내신다(11:7). 예수께서는 마침내 자신의 메시아이심을 더 이상 숨기지 않으시고 공개적으로 그러나 암시적으로 주장하신다. 이러한 주장 후에도 예수께서는 자신이 고난받으실 것을 비유를 통하여 가르치셨다(12:8). 예수께서는 또한 자신의 죽음의 의미를 제자들에게 가르치셨다. 예수께서 죽으시며 흘리시는 피는 "많은 사람을 위하여 흘리는" 피이며 "언약의 피"이다(14:24). 이러한 가르침은 예수께서 메시아이심에도 불구하고 죽임당하는 이유가 무엇인지 명확히 알려준다. 예수께서 죽임당하시는 목적은 다른 사람들의 죄를 대속하기 위함이고 자신의 피로 하나님과 새 하나님의 백성 사이에 새 언약을 맺기 위함이다. 이러한 예수의 죽음은 구약성경에 기록된 것을 성취하는 죽음이다. 이러한 죽음을 통하여 예수께서는 이사야 53장에 묘사된 대속을 위해 고난받는 종의 사명과 예레미야 31:33이 약속하는 새 언약의 약속을 성취하신다.

이러한 가르침 앞에서 베드로를 비롯한 제자들은 자신들도 예수와 함께 고난받겠다고 약속한다(14:31). 그들은 예수께서 메시아이심에도 불구하고 왜 고난을 받아야 하는지 마침내 이해한 것처럼 보인다. 그러나 제자들은 모두 고난을 피하고 도망갔다(14:50). 베드로는 멀리서 예수를 계속 따라갔지만(14:54), 예수를 세 번이나 부인하고 자기 목숨을 구한다(14:67-71). 그들은 예수께서 죄수처럼 체포당하리라고는 생각하지 못했을 것이다. 그들은 이러한 고난에 예수와 함께 참여할 준비가 되어 있지 않았다. 그들은 아직 메시아가 고난받아야 한다는 가르침을 충분히 받아들이지 못하였을 것이고, 특히 전투를 하다가 당하는 고난이 아니라 죄인의 모습으로 수치스럽게 고난을 당할 준비는 더더욱 되어 있지 않았을 것이다. 칼을 들고 전투를 할 용기는 그들에게 있었겠지만, 단 한 번 전투도 없이 순순히 체포되어 죄수의 모습으로 예수와 함께 모욕과 고난을 받는 것은 그들에게 아직 받아들일 수 있는 길은 아니었을 것이다.

제자들의 회심의 네 번째 단계는 예수의 부활을 목격하면서 이루어졌을 것이다. 그들은 예수께서 하필이면 십자가에 못 박혀 죽임당하는 것을 목격한 후, 큰 혼란에 빠졌을 것이다. 신명기 21:23은 나무에 달린 자를 하나님의 저주를 받은 자라고 기록한다. 그래서 그들은 예수께서 신명기 21:23에 따라 하나님의 저주를 받은 자일 수도 있다는 생각도 들었을 것이다. 이러한 의혹을 깔끔히 없애 버리고 예수께서 메시아이심을 확신하게 되는 일이 어떻게 가능하였을까? 예수의 부활 때문이었을 것이다. 부활을 통하여 그들은 예수께서 십자가에서 처형당함이 가지는 저주 선언을 극복할 수 있었을 것이다.

제자들은 부활하신 예수를 만났다(고전 15:5). 그들이 부활하신 예수를 만나지 않았다면 신명기 21:23에 따라 예수는 하나님의 저주를 받은 자라고 의심하게 되었을 것이다. 그런데, 그들은 십자가에 못 박힌 예수를 메시아라고 믿게 되었을 뿐 아니라, 예수를 메시아라고 선포했고, 이러한 사역 속에서 순교를 당하게 된다. 그들이 십자가에 못 박혀 저주받은 자로 간주된 예수를 그럼에도 불구하고 믿고 예수를 메시아라고 담대하게 선포하게 된 원인은 예수의 부활을 목격하였기 때문이었을 것이다. 예수의 부활은 예수께서 메시아이심을 확증하는 사건이었다. 예수께서 메시아이심을 확신하게 되면, 왜 메시아이신 예수께서 십자가에 못 박혀 죽으셔야 했는지 묻게 된다. 제자들은 이 질문에 대한 답을 예수께서 친히 가르쳐 주신 가르침에서 찾았을 것이다. 예수의 십자가 고난은 대속과 새 언약을 위한 것이었다. 예수의 고난은 예수 자신의 죄 때문이 아니라 많은 사람들의 죄 때문에 당한 고난이었다. 그것은 많은 사람을 하나님의 백성으로 삼기 위하여 하나님과 하나님의 백성이 될 많은 사람들 사이에 새로운 언약을 체결하기 위한 피 흘림이었다.

마. 제자도

마가복음은 제자도를 담고 있는데, 그것은 고난받는 메시아를 따르는 제자도이다. 마가복음 중에서도 특히 제2막이 제자도를 담고 있는데, 그 중에서도 10장은 제자의 삶의 방식에 관하여 구체적으로 알려준다. 10장의 1-12절은 결혼(가정), 13-16절과 35-45절은 권력(정치), 17-31절은 재산(경제)의 영역에 관계된 문제를 다룬다.

예수의 제자들은 함부로 이혼해서는 안 된다. 예수께서 이혼을 금하셨기 때문이다(10:9). 특히 단지 재혼을 위해 이혼한 경우 그러한 재혼은 간음으로 간주되었다(10:11-12). 이러한 예수의 가르침은 당시 상황 속에서 약자 보호 의도를 담은 것이었다. 여인들은 당시에 경제력이 없었고 생계를 위해 남편에게 의지해야 했다. 이러한 상황을 고려할 때 이혼 금지는 예수께서 약자들을 보호하시기 위해 주신 가르침이었다. 당시 유대인 남편들은 아내를 마음껏 이혼시킬 수 있었는데, 예수께서는 그들이 누리던 특권을 제한하셨다. 약자 보호와 특권 제한은 예수의 제자들이 따라야 하는 삶의 방식이다. 예수를 믿는 사람들은 현대 사회 속에서도 예수의 가르침의 정신을 따라 약자들을 배려하며 살아야 하고 특권을 배제해야 하며, 자신의 권리를 남용하지 않도록 조심해야 한다. 예수의 제자들은 성적인 욕구를 부당한 방법으로라도 충족시키는 세태를 따라가지 말고 가정을 보호하여야 한다. 육체적 정욕의 노예가 된 시대적 흐름에서 해방되어 성결한 사랑을 회복한 자유인들이 되어야 한다.

권력에 관한 예수의 가르침은 권력이 없는 어린이들처럼 되라는 가르침에서 구체화된다. 예수의 가르침에 의하면 어린이들처럼 하나님의 다스리심을 받아들이지 않으면 하나님 나라에 들어갈 수 없다(10:15). 아무런 사회적 지위가 없었던 당시의 유대인 어린이들의 상황을 고려할 때, 어린이는 순진한 사람을 가리키는 상징이 아니라 권력이 없는 자의 상징이다. 예수의 제자들은 권력 있는 자가 되려고 애쓸 필요가 없다. 차라리 권력이 없는 약자처럼 살아야 한다. 이것은 예수의 모습이 그러하였기 때문이다. 예수께서는 섬김을 받기보다는 섬기기 위해 오셨고, 심지어 자기 목숨을 많은 사람의 대속물로 주시기까지 하셨다(10:45). 이러한 예수를 따르는 제자들이 권력 있는 자가 되려고 애쓰면서 권력을 탐한다는 것은 자기모순이다.

재물에 관한 예수의 가르침도 매우 구체적이다. 예수의 제자들은 부자가 되려고 애쓸 필요가 없다. 하나님의 율법이 허용하지 않는 불의한 방식으로 재물을 모은 사람들은 하나님 나라에 들어가기 심히 힘들다(10:23). 그러한 부자가 되는 것은 결코 삶의 목표가 되어서는 안 된다. 어쩌다가 그러한 부자가 되었을 경우에는 불의한 재물을 처분하여 가난한 자들에게 돌려주어야 한다. 예수께서는 토지(κτήματα)를 많이 가진 부자가 영생에 관하여 질문할 때(10:22), 그가 가진 것을 팔아 가난한 자들에게 주라 하셨기 때문이다(10:21). 만일 그 토지 부자가 구약성경의 토지법을 지켰다면 그에게 많은 토지가 있을 수 없었을 것이다. 그런데 예수의 가르침을 들은 그 부자는 슬퍼하며 떠나간다(10:22). 이렇게 일단 부를 축적하게 되면, 불의한 재산마저 포기하기 힘들다. 그러한 포기를 가능하게 하는 것은 하나님의 능력이다. 하나님의 능력으로 변화되면 예수와 복음을 위하여 모든 것을 내려놓을 수 있게 된다(10:27). 이러한 사람은 세상에서 어리석게 보일 수 있다. 그러나 그들은 어리석은 자들이 아니다. 그들은 영원한 것을 위해 영원하지 않은 것을 포기한 지혜로운 사람들이다. 그들에게는 영원한 생명이 주어질 것이기에 그들의 선택은 가장 현명한 선택이다(10:30).

II. 본문 주석

제1부

제목 (1:1)

제1장
마가복음 1:1
제목[1]

마가복음 1:1은 마가복음 본문의 일부가 아니라 제목이다.[2] 마가복음 1:1은 관사 없이 시작하며, 동사도 없기 때문이다. 헬라어에서 동사가 없는 문장이 가능하지만, 단락의 시작 지점에 계사가 없는 명사 구문을 사용하는 경우는 거의 없다(Croy, 113). 관사 없는 구문(anarthrous construction)은 종종 제목에 쓰인다. 신약성경과 구약성경 70인역(정경 및 외경)에서 그러한 예가 많이 발견된다.[3] 물론 하박국 1:1(Τὸ λῆμμα ὃ εἶδεν Αμ-

1. 이 부분에 관한 주해를 위해서는 필자의 논문, 2011b: 33-58의 내용을 사용하였다.
2. Boring, 1991: 50 참고.
3. Βίβλος γενέσεως Ἰησοῦ Χριστοῦ ("예수 그리스도의 계보에 관한 책," 마 1:1), Ἀποκάλυψις Ἰησοῦ Χριστοῦ ("예수 그리스도의 계시," 계 1:1), Παροιμίαι Σαλωμῶντος υἱοῦ Δαυιδ ὃς ἐβασίλευσεν ἐν Ισραηλ ("이스라엘의 왕 다윗의 아들 솔로몬의 잠언들," 잠 1:1), Ῥήματα Ἐκκλησιαστοῦ υἱοῦ Δαυιδ βασιλέως Ισραηλ ἐν Ιερουσαλημ ("예루살렘에 있는 이스라엘의 왕 다윗의 자손 전도자의 말씀," 전 1:1), Λόγοι Νεεμια υἱοῦ Αχαλια ("하가랴의 아들 느헤미야의 말씀," 느 1:1), Λόγος κυρίου ὃς ἐγενήθη πρὸς Ωσηε ("호세아에게 임한 주의 말씀," 호 1:1), Λόγοι Αμως ("아모스의 말씀," 암 1:1), Λόγος κυρίου ὃς ἐγενήθη πρὸς Ιωηλ τὸν τοῦ Βαθουηλ ("브두엘의

βακουμ ὁ προφήτης, "하박국 선지자가 본 계시")이나 예레미야 1:1(τὸ ῥῆ-μα τοῦ θεοῦ, "하나님의 말씀")의 경우처럼, 관사가 있는 구문이 제목에 쓰이기도 했지만, 제목의 경우 관사가 없는 경우가 압도적으로 많다.

마가복음 1:1은 마가복음 서두 단락의 제목인가? 아니면 마가복음 전체의 제목인가? 아마도 서두 단락의 제목은 아닐 것이다. 왜냐하면 헬라 문헌에서 '아르케'(ἀρχή)가 서두의 제목으로 사용된 경우는 없기 때문이며, 마가복음의 다른 곳에서 단락 제목이 있는 곳이 없기 때문이다(Boring, 1991: 51). 만일 마가복음의 서두의 제목이 '복음의 시작'이라면 마가복음이라는 책이 '복음'이라는 이름으로 불렸음을 뜻한다(Boring, 1991: 51). 그러나 "복음"(εὐαγγέλιον)은 마가복음 기록 이전에 아직 책을 가리키는 용어로 쓰이지 않았다(Hooker, 33). 따라서 마가복음에서도 이 단어는 문학적 장르나 그러한 장르의 책을 가리키는 전문 용어가 아니었을 것이다. 그래서 마가복음 1:1에서 "복음"(εὐαγγέλιον)은 마가복음이 이야기하는 내용을 가리키며, 문학적 장르로서의 마가복음이나 책으로서의 마가복음을 가리키지 않는다고 볼 수 있다(Boring, 1991: 51). 그러므로 1절은 서두의 제목이 아니라 마가복음 전체의 제목으로 간주되어야 한다.

귈리히(R. A. Guelich)는 1절과 2절이 서로 연결되므로, 1절 끝에 (마침표가 아니라) 쉼표를 찍어야 한다고 주장했다(Guelich, 1982: 6). 이렇게 연결하면 1-2절은 "선지자 이사야의 글에 …라고 기록한 바와 같은 예수

아들 요엘에게 임한 주의 말씀," 욜 1:1), Ὅρασις Αβδιου ("오바댜의 묵시," 옵 1:1), Λῆμμα Νινευη βιβλίον ὁράσεως Ναουμ τοῦ Ελκεσαίου ("니느웨에 대한 경고: 엘고스 사람 나훔의 묵시의 책," 나 1:1), Λόγος κυρίου ὃς ἐγενήθη πρὸς Σοφονιαν ("스바냐에게 임한 주의 말씀," 습 1:1), Λῆμμα λόγου κυρίου ("주의 계시의 말씀," 말 1:1), Ὅρασις ἣν εἶδεν Ησαιας υἱὸς Αμως ("아모스의 아들 이사야가 본 묵시," 사 1:1), Ἆισμα ᾀσμάτων ὅ ἐστιν τῷ Σαλωμων ("솔로몬의 노래들 중의 노래," 아 1:1), Βίβλος λόγων Τωβιτ ("토비트의 말씀을 담은 책," 토비트 1:1)

그리스도의 복음의 시작"으로 번역된다. 그렇지만, 이 경우에는 1절의 '아르케'(ἀρχή)가 정관사를 가지지 않는 것이 어색하다(Croy, 113). 귈리히가 2절이 1절에 연결된다고 주장하는 이유는 2절에서 사용된 '까토스 게그랖따이'(καθὼς γέγραπται, "마치 ~라고 기록된 바와 같이")가 언제나 앞에 나오는 요소에 연결되어 사용되기 때문이다(Guelich, 1982: 6). 그러나 저자들은 저마다 독특한 문체를 구사하므로, 마가가 반드시 이러한 용례를 따라야 했을 필연성은 없다. 물론 마가복음의 다른 곳에서는 '까토스 게그랖따이'가 앞 문장과 연결된다(9:13; 14:21). 하지만 이 표현이 마가복음의 다른 곳에서 사용된 용례는 두 번뿐이므로 이 두 번의 용례를 보편화시켜 마가복음 1:2에 강요할 수는 없다. 마가가 두 번은 앞 문장과 연결시키고 한 번은 뒤에 나오는 문장과 연결시켰을 가능성을 배제할 수는 없다. 이 가능성은 '까토스'(καθώς, "마치 ~와 같이")가 이끄는 절이 뒤에 나오는 문장과 연결되는 용례(눅 11:30; 17:26; 요 3:14; 고전 2:9)에 의하여 지지된다(Taylor, 153). 마가복음의 구조도 이러한 가능성을 지지한다. 3절과 4절에는 '광야에서'가 동일하게 나타나므로 평행구조를 가지기 때문이다. 3절과 4절의 평행구조 속에서 평행이 되는 요소는 다음과 같다.

3절	4절
소리	요한
광야에서	광야에서
주의 길을 준비하라	세례를 주고
그의 소로들을 곧게 하라	죄 사함을 위한 회개의 세례를 선포하였다

이러한 평행구조는 2-3절에 인용되고 있는 구절이 4절과 비교되고 있음을 알려준다. 따라서 '까토스' 절(2-3절)이 1절이 아니라 4절과 연결된

다고 보아야 한다. 그러므로 1절은 2절과 떨어진 독립적인 부분이며, 마가복음의 제목으로 볼 수 있다.

1. 번역[4]

1:1 예수 그리스도의 복음 입문

2. 주해

1절 (마가복음의 제목) 마가복음의 첫 단어는 '아르케'(ἀρχή)이다. 번역 성경들은 이 헬라어 단어를 주로 "시작"이라고 번역한다. 그러나 마가복음 1:1에서 '시작'이란 단어는 매우 어색하다. 굳이 '시작'이라고 밝히지 않아도 독자들은 마가복음이 시작한다는 것을 이미 알기 때문이다. 과연 마가가 이렇게 불필요한 서술을 할 필요가 있었을까?

70인역의 호세아 1:2(ἀρχὴ λόγου κυρίου πρὸς Ωσηε, "호세아를 향한 주의 말씀의 아르케")에 마가복음 1:1과 유사한 표현이 등장한다. 이것에 해당하는 히브리어 본문의 표현은 "호세아를 통한 여호와의 말씀의 시작(תְּחִלַּת)"이므로 '아르케'는 "시작"(תְּחִלָּה)을 뜻한다고 볼 수 있다. 이러한 유비를 통해 마가복음 1:1의 '아르케'도 "시작"을 뜻한다고 볼 수 있다. 그러나 마가복음 1:1의 '아르케' 뒤에는 어떤 아람어/히브리어 표현이 뒤에 놓

4. 막 1:1의 원래의 본문은 '하나님의 아들'이라는 부분이 빠진, "예수 그리스도의 복음의 아르케"(Ἀρχὴ τοῦ εὐαγγελίου Ἰησοῦ Χριστοῦ)이었을 것이다. 자세한 논증은 신현우, 2011b: 33-58 참고.

여 있는지 알 수 없을 뿐 아니라, '시작'은 책의 제목으로서 어색하다(Croy, 125). 따라서 '아르케'를 반드시 '시작'으로 번역할 필요는 없다. 비록 마가복음의 다른 곳에서 이 단어는 '시작'을 뜻하는 말로 사용되었지만(10:6; 13:8, 19),[5] 이 단어는 "초보"(a basis for further understanding)라는 뜻도 가진다(BDAG, 138). 실제로 히브리서 5:12(τὰ στοιχεῖα τῆς ἀρχῆς τῶν λογίων τοῦ θεοῦ, "하나님의 말씀의 초보적인 기본 원리들"); 6:1(τὸν τῆς ἀρχῆς τοῦ Χριστοῦ λόγον, "그리스도의 초보적인 말씀")에서 이 단어는 그러한 뜻으로 쓰였다. 마가복음 1:1에서도 이러한 경우들처럼 "초보"(첫걸음) 또는 "기초"라고 번역될 수 있을 것이다.[6] "입문"(introduction) 역시도 "초보"라는 뜻에 해당하는 말로서 책의 제목에 쓰기에 적합한 단어이므로, 마가복음 1:1의 '아르케'는 "입문"으로도 번역될 수 있을 것이다.

그런데 '아르케'는 "기원"이라는 의미도 가진다(BDAG, 138). 만일 '아르케'를 "기원"이라고 번역하면 마가복음 1:1은 "예수 그리스도의 복음의 기원"으로 번역된다. 이 경우 마가복음 1:1은 마가복음의 제목으로서 마가복음을 예수에 관한 복음이 어떻게 기원하는지를 보여주는 책으로 소개한다. 그러나 이렇게 이해하면 마가복음은 복음 자체를 담고 있기보다 복음이 기원하게 된 이야기를 담은 책이 된다. 이 경우 '복음'이라는 말은 복음서에 담긴 예수 이야기와 구별되며, 이는 예수께서 메시아이며 예수를 통해서 우리가 구원받는다는 초대교회의 선포를 가리키게 된다. 그러나 마가복음에서 '복음'이라는 단어는 그러한 선포를 가리키는 전문 용어가 아니라 예수께서 전파하신 메시지 자체나 예수에 관한 이야기 자체를 가

5. Boring, 2006: 31.
6. Boring, 1991: 52와 Eckey, 53-54은 이 가능성을 고려하며 주해한다.

리키며, 또한 마가복음이 이미 복음을 담고 있는 것으로 간주된다(아래 참고). 따라서 '아르케'를 "기원"이라고 번역하는 것은 적합하지 않다.

보링(M. E. Boring)은 누가복음 12:11; 20:20의 용례에 따라 '아르케'를 "권위"(authority)로 번역하든지, 로마서 8:38; 고린도전서 15:24; 에베소서 1:21; 3:10; 골로새서 1:16; 2:10; 디도서 3:1의 용례에 따라 "표준"(norm, rule, ruler)으로 번역할 것을 제안한다(Boring, 2006: 32). 그러나 이 구절들에서 '아르케'는 표준이 아니라 권력(자)을 가리킨다. '아르케'를 "표준"으로 이해하면 1절은 '예수 그리스도의 복음의 표준'으로 번역되어 책 제목으로서 적합하지만, 보링이 제시하는 신약성경 용례들은 실제로 '아르케'를 "표준"으로 번역하는 것을 지지하지 않는다. 그 용례들은 '권위'라고 번역하는 것을 가능하게 하지만, '예수 그리스도의 복음의 권위'라는 표현은 마가복음의 내용을 포괄하는 제목으로서는 어색하다.

1절이 담고 있는 단어들 중에 또 하나의 중요한 단어는 '복음'(εὐαγγέλιον)이다. 마가는 왜 예수 이야기를 '에우앙겔리온'이라 불렀을까? 아마도 이 단어가 가지는 뉘앙스 때문일 것이다. 70인역 사무엘하 4:10에서 이 단어는 '에우앙겔리아'(εὐαγγέλια)라는 복수형으로 사용되어, "소식"을 가리킨다. 70인역 사무엘하 18:20, 22, 25, 27에서 여성형 '에우앙겔리아'(εὐαγγέλια)는 "소식"을 가리키는데, 문맥상 전쟁 승리의 소식이다. 70인역 열왕기하 7:9에서 여성형 '에우앙겔리아'는 적군이 물러갔다는 기쁜 소식을 가리킨다. 헬라 문헌(Philostratus, *Life of Apllonius of Tyana* 5.8)에서도 '에우앙겔리온'은 전쟁의 승리와 관련되므로(Marcus, 2000: 146), 헬라어로 마가복음을 읽거나 듣는 독자들은 '에우앙겔리온'이란 단어를 전승 소식의 뉘앙스를 가진 것으로 읽었을 것이다. 70인역 이사야 40:9에서는 동일 어근을 가진 단어 '에우앙겔리조메노스'(εὐαγγελιζόμενος)가 등장하는데, 이 단어는 문맥상 이사야 40:1-8에 담긴 새로운 이집트 탈출 소식(= 새 출애굽 소식)을 전한다는 뜻이다. 그러므로 마가복음이 예수의 이야기를 '에우앙겔리온'이라 부르는 이유는 예수의 사역이 사탄의 세력을 무너뜨리고, 그 포로들을 해방시키는 새 출애굽 사역이라 여겼기 때문일 것이다. 예수의 새 출애굽 사역은 사탄과 (사탄에 의해 조종되는) 인간들에 대한 승리이므로(Marcus, 2000: 146 참고), 마가는 예수 이야기를 가리키기 위해 승리의 기쁜 소식을 가리키는 '에우앙겔리온'이란 용어를 선택하였을 것이다.

'에우앙겔리온'은 황제 숭배와 관련하여 황제의 생일, 등극, 방문 등을 가리키는 용어로 사용되기도 했다(France, 52). 이를 배경으로 하여 '예수 그리스도의 에우앙겔리온'이란 예수 그리스도의 왕위 등극 또는 방문 소식이란 뜻으로 이해될 수 있다.

마가복음 이전에 어떤 책도 '에우앙겔리온'(복음)이라는 이름을 가진 책은 없다(Hooker, 33). 그러므로 마가복음 1:1의 '에우앙겔리온'은 독자들에게 특정한 책의 장르를 가리키는 이름으로 이해되지는 않았을 것이다. 마가 자신도 그러한 의미로 이 단어를 사용하지 않았다. 마가복음에서 이 단어는 예수께서 전파하신 메시지(1:14-15) 또는 예수에 관한 메시지를 가리킨다(8:35; 10:29; 13:10; 14:9). 마가복음 1:1에서 이 단어는 이 두 가지 중에 어떤 것을 가리킬까? 즉, 마가복음 1:1에서 "예수의 복음"(εὐαγγέλιον Ἰησοῦ)은 예수께서 전하신 복음이라는 뜻일까, 예수에 관한 복음이라는 뜻일까? 소유격의 용법 중에는 주어적 용법(subjective genitive)과 목적어적 용법(objective genitive)이 있다(BDF, §163). 소유격 "예수의"(Ἰησοῦ)를 주어적인 의미로 읽으면 '예수의 복음'은 예수께서 전하신 복음이라는 뜻이고, 이것을 목적어적인 의미로 읽으면 예수를 전하는 복음이란 뜻이다. 이 중에서 어느 것이 마가가 의도한 의미일까? 소유격 '예수의'를 주어적으로 해석하여 '예수께서 전하신 복음'이라고 번역하면 마가복음의 흐름에 부합하지 않는다. 왜냐하면 마가복음은 예수께서 전하신 메시지만이 아니라 예수에 관한 이야기도 담고 있기 때문이다. 따라서 앞에서 살펴본 바와 같이 '예수의 복음'(ϵὐαγγέλιον' Ιησοῦ)이 책 제목으로서 마가복음을 가리킨다면 '예수께서 전하신 복음'이 아니라 '예수에 관한 복음'으로 번역해야 마가복음의 전체 내용을 포괄할 수 있다. 그러므로 마가복음 1:1에서 '예수의 복음'은 "예수에 관한 복음"을 뜻한다고 볼 수 있다.

1절이 가진 또 하나의 중요한 단어는 '그리스도'(Χριστός)다. '그리스도'는 헬라어 '크리스또스'(Χριστός)를 음역한 것이고, '메시아'(Messiah)는 히브리어 '마시아흐'(משיח)의 음역이다. 본래 '메시아'는 기름부음 받은 자를 가리키는 일반적인 용어이며, '메시아'에 해당하는 자는 기름부음을 받아 특별한 지위를 얻은 왕이나 제사장이다(삼상 15:1; 24:6; 레 4:5, 16). 쿰란 문헌(1Q28a 2:12)에서는 '그 메시아'(המשיח)라는 용어가 왕, 제사장 등의 단어와 연결되지 않고 독립적으로 사용되기도 하였다(Edwards, 2002: 249-50). '메시아'가 이렇게 독립적으로 사용된 것은 이 단어가 원래의 의미에서부터 파생된 독특한 의미를 가지게 되었기에 가능한 현상이다. '메시아'는 예수 시대에 와서는 종말에 오시는 구원자 왕으로서 이스라엘을 구원하고 세상에 공의를 세우기 위해 하나님께서 보내시리라 기대된 자를 가리키게 되었다(Hurtado, 250). 한국어로는 '구세주'가 유사한 의미를 전달한다.

유대인들이 기대한 메시아는 군사력을 사용하여 언약 백성의 원수들을 제압하는 구원자였다. 예를 들어, 쿰란 문헌(CD 19:5, 10)은 계명을 지키지 않는 자들은 메시아가 오실 때에 칼에 넘겨질 것이라 한다.[7] 1세기 유대 문헌 에스라4서(*4 Ezra*) 12:32에 의하면 메시아는 이스라엘을 구하

7. Martínez and Tigchelaar, trans., 1997: 574-77.

고, 이방인들을 멸한다. 유대인들에게 메시아는 이방 민족들을 제압하는 군사적 영웅으로 기대되었고 그러한 기대는 유대인들의 문헌인 솔로몬의 시편 17:23-30(특히 17:24)에도 잘 나타난다(Edwards, 2002: 250-51). 여기서 메시아는 죄인들을 벌하는 군사적 영웅으로 등장하는데(Edwards, 2002: 330), '다윗의 자손'이라 불린다(솔로몬의 시편 17:21, 32).

'다윗의 자손'이라는 표현은 예수 당시 유대인들의 메시아 기대가 어떠했는지 잘 보여준다. '다윗의 자손'은 랍비 문헌에서 일반적으로 메시아를 가리킨다(Evans, 2001: 272). 아마 예수 당시에도 그러하였을 것이다. '다윗의 자손'은 유대인들의 문헌 솔로몬의 시편 17:21에서도 메시아 칭호로 등장하기 때문이다(Hooker, 252).[8] 이 다윗의 아들 메시아는 다윗 왕국을 재건할 것으로 기대되었다(Marcus, 1989a: 137). '다윗의 자손'은 솔로몬의 시편을 배경으로 보면 이스라엘의 왕을 가리킨다.[9] 솔로몬의 시편 17:32에는 다윗의 자손을 묘사하며 "그들의 왕은 주 메시아이실 것이다." 라고 하므로, '다윗의 자손'은 결국 메시아 칭호이다(Donahue & Harrington, 325 참고). 그런데, '다윗의 자손'은 군사적인 메시아 칭호이다. 왜냐하면 솔로몬의 시편 17:21-32에 의하면 '다윗의 자손'은 이스라엘의 왕으로서 예루살렘을 이방인들로부터 정화시키며 거룩한 백성을 모아 열방을 심판하고 메시아가 될 것이기 때문이다(Donahue & Harrington, 361).[10]

---

8. "주여, 보시고, 그들을 위하여 그들의 왕, 다윗의 자손을 일으키시어 당신의 종 이스라엘을 다스리게 하소서"(솔로몬의 시편 17:21, Wright, trans., 667). "그들의 왕은 주 메시아이실 것이다"(솔로몬의 시편 17:32, Wright, trans., 667).

9. Donahue & Harrington, 323.

10. "그[다윗의 자손]를 능력으로 뒷받침하사, 불의한 통치자들을 멸하시고, 예루살렘을 짓밟아 파괴하는 이방인들로부터 예루살렘을 정결하게 하소서"(솔로몬의 시편 17:22; Wright, trans., 667). "그들[이방인들]의 모든 존재를 쇠막대기로 부수고 불의한 민족들을 그[다윗의 자손]의 입의 말씀으로 부수도록 [일으키소서]"(솔로몬의 시편 17:24; Wright, trans., 667). "그리고 그[다윗의 자손]는 이방 민족들이 그

마가복음에서 '그리스도'는 유대 문헌에서 사용된 개념을 토대로 사용되었을 것이다. 그러나 마가복음에서는 이 단어가 독특한 의미로 사용되었을 수 있다. 마가복음 12:35은 '다윗의 자손'이 메시아 칭호였음을 알려주는데(Hurtado, 174), 예수께서는 그리스도가 이러한 다윗의 자손의 성격을 가진다는 것을 부정하신다(12:36-37). 따라서 마가복음은 그리스도가 군사적 메시아, 유대 민족만을 위한 메시아가 아님을 주장한다고 볼 수 있다. 그러므로 마가복음 1:1에서 예수께서 '그리스도'시라고 진술할 때, 군사적 메시아 개념을 담아 주장한다고 볼 수 없다. 이것이 마가복음에 담긴 독특한 그리스도론의 한 측면이다.

마가복음 14:61-62에서 예수께서는 자신이 그리스도임을 시인하신다. 그렇지만 하나님의 우편에 앉으시며 구름을 타고 오시는 그리스도임을 부연하여 설명하신다. 그러나 대제사장은 이러한 주장 자체를 신성모독으로 간주한다(14:64). 이런 예수의 설명과 대제사장의 반응을 종합하면, 예수의 주장은 자신의 신성에 관한 주장이었다고 볼 수 있다. 마가복음 1:1에서 예수를 그리스도라고 할 때에 마가는 예수께서 신적인 메시아라는 뜻을 담아 서술하였을 것이다. 유대인들은 신적인 존재로서의 메시아를 기대하지 않았으므로 예수께서 신적인 메시아라는 주장도 마가복음에 담긴 독특한 그리스도론의 한 측면이다.

마가복음 14:61은 '그리스도'와 '찬송 받을 자(하나님)의 아들'을 동의어로 사용한다. '하나님의 아들'은 시편 2편에서도 그리스도(메시아)를 가리키는데, 세계를 통치하는 왕적인 존재로 소개된다. 이러한 존재를 '이스라엘의 왕'이라 부르기도 했음을 마가복음 15:32을 통해서 알 수 있다. 마

의 멍에를 메고 섬기게 할 것이며, 그는 온 땅 [위에] 뛰어난 [곳]에서 주를 영화롭게 할 것이다. 또한 그는 예루살렘을 정결하게 하고 [그것을] 처음부터 그러하였듯이 거룩하게 [할] 것이다"(솔로몬의 시편 17:30; Wright, trans., 667).

가복음 1:1에서 예수를 그리스도로 소개할 때, 마가는 예수를 이스라엘의 왕이며, 당시 유대인들의 용어 속에서 '하나님의 아들'이라고 부르는 존재임을 당연한 것으로 전제하였을 것이다.

마가복음에서 그리스도는 유대인들이 기대한 군사적 영웅이 아니며 고난을 받아 죽고 부활하는 분이다. 군사적 방법을 써서 전쟁에서 승리하는 방법을 택하지 않지만, 하나님의 우편에 앉으시고, 구름을 타고 오시는 천상적인 존재로서의 메시아이다. 이러한 점에서 마가복음이 말하는 그리스도는 독특하다. 그러나 이 그리스도는 위대한 왕적인 존재로서 '하나님의 아들'이라 부르는 존재라는 점에서는 유대인들의 메시아 기대와 공통점을 가진다.

3. 해설

정관사 없는 명사는 종종 책 제목에 사용된다. 마가복음 1:1은 정관사 없는 명사로 시작하며 동사도 없으므로 본문의 일부가 아니라 마가복음의 책 제목으로 간주할 수 있다. 또한 마가복음은 다른 곳에서 단락 제목을 붙이지 않으므로 마가복음 1:1은 첫 단락의 제목이 아니라 마가복음 전체의 제목이라고 볼 수 있다.

마가복음 1:1은 '예수 그리스도의 복음 입문'으로 번역될 수 있다. 이것은 "구세주 예수의 전승 소식 입문"이라는 뜻이다. 마귀에게 짓눌려 죄와 사망의 그늘 아래서 소망 없이 살아가는 인류를 예수께서 해방하시고 자유를 주셨다. 이러한 해방은 예수께서 마귀의 세력과 싸워 승리하셨기에 이루어졌다. 이 승리의 소식, 해방의 소식이 복음이다. 인류의 역사 가운데 많은 전승 소식이 있었고 많은 해방 소식이 있었지만, 가장 큰 전승의 소식, 가장 큰 해방 소식이 바로 구세주 예수의 승리의 소식, 해방의 소식이다. 예수의 승리는 세상에서 가장 큰 권력을 행사하는 마귀를 패퇴시킨 승리이기 때문이며, 이 승리로 인한 해방은 죄와 사망으로부터의 해방이기 때문이다. 이 가장 위대한 소식의 입문이 바로 마가복음이다.

II. 본문 주석

제2부

서언 (1:2-15)

제2장
마가복음 1:2-3
세례 요한에 관한 구약의 증언[1]

마가복음 1:2-3은 구약성경의 인용이다. 마가복음은 구약성경을 자주 인용하지 않음에도 불구하고, 시작할 때에는 구약성경을 인용한다. 마가는 구약성경을 통하여 독자/청중들에게 세례 요한이 어떤 인물인지 소개한다.

마가복음 1:2-3은 마가복음의 서언인 1:2-15의 일부이며, 4-15절을 위한 도입구이다. 4-8절은 세례 요한의 정체와 사역을 소개하고, 이어지는 9-15절은 예수의 정체와 사역을 소개하는데, 다음과 같은 평행구조를 가진다.

*	(1절)	마가복음의 제목
**	(2-3절)	4-15절을 위한 도입구
A	(4a절)	세례 요한의 등장

1. 이 부분은 필자의 논문, 2011c: 653-68을 사용하였다.

B	(4b-5절)	세례를 주는 요한
C	(6절)	광야에서의 요한: 세례 요한의 정체(엘리야)와 음식(광야의 음식)
D	(7-8절)	세례 요한의 선포
A′	(9a절)	예수의 등장
B′	(9b-11절)	세례를 받는 예수
C′	(12-13절)	광야에서의 예수: 예수의 정체(새 이스라엘)와 음식(천사의 식사 시중)
D′	(14-15절)	예수의 복음 선포

4절과 9절은 모두 '에게네또'(ἐγένετο, "등장했다")로 시작하여 서로 평행되며, 각각 세례 요한과 예수의 등장을 기록한다(Boring, 1991: 59). 7절과 14절은 모두 '께뤼쏘'(κηρύσσω, "선포하다") 동사를 사용하여 서로 평행된다(Guelich, 1982: 7 참고). 4-5절의 회개와 15절의 회개는 서로 평행되어 수미상관(*inclusio*) 구조로 마가복음 서언의 처음과 끝을 표시해 준다.

13절까지를 서언으로 보고, 14절에서 새로운 단락이 시작하는 것으로 보는 학자들도 많다.[2] 그러나, 위에서 살펴본 바 4-15절이 보여주는 구조적 평행은 14-15절을 서두의 일부로 간주할 수 있는 단서를 제공한다. 비록 14-15절이 마가복음 제1막(갈릴리와 그 주변 사역)을 도입하는 역할도 하지만(van Iersel, 104), 이러한 역할만으로 마가복음 제1막의 서두로 볼 수는 없다. 14-15절에는 새로운 등장인물이 나오지 않고 16-20절에 새로

2. 예를 들어, Taylor, 151-64; Schweizer, 28-43; Lane, 39-62; France, 54-87.

운 등장인물이 나오며, 16절부터는 15절까지의 요약적인 진술과 달리 묘사적 진술이 시작되므로 새 단락은 16절에서 시작하는 것으로 볼 수 있다 (Boring, 1991: 59).

마가복음 4-15절은 다음처럼 교차대구 구조로 분석될 수도 있다. 이렇게 구조를 분석할 경우에도 마가복음의 서언은 15절에서 끝난다. 그러므로 마가복음의 서언은 2-13절이 아니라 2-15절이라고 볼 수 있다.

* (1절) 마가복음의 제목

** (2-3절) 세례 요한과 관련된 구약의 증언

A (4-5절) 세례 요한의 선포

B (6절) 세례 요한의 정체(엘리야)와 음식(광야의 음식)

C (7-8절) 메시아의 오심에 대한 세례 요한의 증언

D (9-10절) 예수의 등장과 세례받으심

C′ (11절) 예수는 메시아이심에 대한 하나님의 증언

B′ (12-13절) 예수의 정체(새 이스라엘)와 음식(천사의 식사 시중)

A′ (14-15절) 예수의 복음 선포

1. 번역

2 (요한의 등장은) 선지자 이사야의 책에 기록되어 있는 바와 같았다.

"보라! 내가 나의 전령을 너의 앞에 보낼 것이다.

그가 너의 길을 너의 앞에서 준비할 것이다.[3]

3 외치는 자의 소리 -

'광야에서 주의 대로를 준비하라.

그의 오솔길들을 곧게 만들어라'."

2. 주해

2절 (이사야서의 예언) 여기서 '마치 …와 같이'(καθὼς γέγραπται)가 앞으로 연결되는지 뒤로 연결되는지에 대하여는 학자들 사이에 이견이 있다. 마가복음에서 '까토스'(καθώς) 절은 대개 뒤에서 앞의 절을 꾸며준다(4:33; 9:13; 11:6; 14:16, 21; 15:8; 16:7). 그러므로 여기서도 앞에 있는 1절을 꾸며주는 것으로 볼 수 있다. 이렇게 읽을 경우에는, 1절 끝에 동사 '엔'(ἦν, "~였다," "was")이 생략된 것으로 보아야 한다. 이 경우, 1-3절은 "예수 그리스도의 복음의 시작은 마치 이사야 선지자의 글에 기록된 바 '보라! 내가 나의 전령을 너의 앞에 보낼 것이다. 그가 너의 길을 너의 앞에서 준비할 것이다.'와 같았다."로 번역된다.

그러나 마가복음 1:1을 책 제목으로 본다면 이렇게 해석할 필요가 없다. 1절이 제목이라면 2-3절의 '까토스' 절은 마가복음의 다른 용례와는 달리 뒤에 나오는 절(4절)을 꾸며준다고 보아야 한다. 이렇게 '까토스'(καθώς) 절이 뒤에 나오는 내용과 연결되는 어순은 누가복음 11:30; 17:26; 요한복음 3:14; 고린도전서 2:9에서도 발견되므로(Taylor, 153) 마가복음에서도 사용될 수 있었다고 볼 수 있다. 3절과 4절의 평행구조도

3. 이 번역과 관계된 본문 확정에 위한 사본학적 논증에 대해서는 신현우, 2011c: 656-59을 보라.

이러한 해석을 지지한다. 4절은 '광야에서'를 통해서 3절과 평행을 이루며 세례 요한의 사역을 3절에 인용된 이사야서의 빛을 통해서 이해하도록 한다.

3절	4절
외치는 자의 소리	요한
광야에서	**광야에서**
주의 길을 준비하라	세례를 주고
그의 소로들을 곧게 하라	죄 사함을 위한 회개의 세례를 선포하였다

'이사야 선지자의 글에'(ἐν τῷ Ἠσαΐᾳ τῷ προφήτῃ)라는 표현은 해석에 어려움을 준다. 인용된 구절은 단지 이사야서의 내용이 아니라 출애굽기 23:20; 이사야 40:3; 말라기 3:1을 병합한 것이기 때문이다. 그러나 마가는 이 중 대표적인 이사야를 언급하여 이사야의 글이라고 소개한다. 이러한 병합 인용은 마태복음 21:5, 42; 로마서 3:10-18; 9:33; 히브리서 1:5-14; 베드로전서 2:6-10 등에서도 나타나는데, 이 구절들에서는 특정한 책을 언급하지 않고 등장한다(van Iersel, 93). 구약성경 본문의 병합은 마가복음의 다른 부분에서도 나타나며(1:11; 12:36; 14:24, 27, 62) 사해문헌에도 나타난다(Marcus, 2000: 147). 따라서 병합된 인용은 당시 유대인들이 즐겨 사용한 방식이라고 볼 수 있다. 이러한 병합 인용의 출처를 이사야서라고 부른 마가의 의도는 이 병합 인용의 핵심 내용을 제공하는 것이 이사야 40:3이기 때문이었을 것이다.

출애굽기 23:20은 출애굽(이집트 탈출)과 관련된 것이며 이사야 40:3은 제2의 출애굽(바벨론으로부터의 귀환)과 관련된 본문이므로 출애굽이라는 공통성을 가진다(Lane, 46). 마가는 출애굽 주제를 율법서와 선지서에서 모두 찾아내어 함께 인용함으로써, 구약성경이 언급하는 출애굽이 세례 요한을 통해 발생하기 시작함을 지적하고자 한 듯하다.

2절에서 인용된 구약성경의 앞부분은 "보라, 내가 나의 전령을 너의 앞에 보낼 것이다."(ἰδοὺ ἀποστέλλω τὸν ἄγγελόν μου πρὸ προσώπου σου)이다. 이것은 말라기 3:1보다는 출애굽기 23:20과 비슷하다.[4] 특히 '내 앞에'(πρὸ προσώπου μου)가 아니라 '너의 앞에'(πρὸ προσώπου σου)를 사용한 것은 말라기 3:1보다는 출애굽기 23:20을 배경으로 본문을 이해하게 한다. 출애굽기 23:20에서 '너'는 (출애굽하여 약속의 땅으로 향하여 가는) 이스라엘 백성을 가리키므로, 그들을 위한 '길'은 그들이 약속의 땅으로 가는 길, 이스라엘의 회복을 향한 길을 가리킨다(Eckey, 56 참조). 그런데 마가복음 문맥에서 길을 준비하는 전령은 세례 요한으로 소개되고 있으므로(4절), '너의 길,' '너의 앞에'(2절)의 '너'는 세례 요한 뒤에 오시는 예수를 가리킨다. 따라서 마가복음에서 예수는 이스라엘과 동일시되고 있다. 예수께서는 이스라엘의 대표로서 세례 요한에게 (죄 사함을 위한 회개의) 세례를 받으며, 이스라엘을 대표하여 (대속의) 십자가 고난을 당하신다.

2절의 뒷부분은 "그가 너의 앞에서 너의 길을 준비할 것이다."(ὃς κατασκευάσει τὴν ὁδόν σου ἔμπροσθέν σου)이다. 이 부분은 말라기 3:1b

4. ἰδοὺ ἀποστέλλω τὸν ἄγγελόν μου πρὸ προσώπου σου ("보라, 내가 나의 전령을 너의 앞에 보낼 것이다." 막 1:2a).
καὶ ἰδοὺ ἐγὼ ἀποστέλλω τὸν ἄγγελόν μου πρὸ προσώπου σου ("그리고 보라, 나 자신이 나의 전령을 너의 앞에 보낼 것이다." LXX 출 23:20a).
ἰδοὺ ἐγὼ ἐξαποστέλλω τὸν ἄγγελόν μου καὶ ἐπιβλέψεται ὁδὸν πρὸ προσώπου μου ("보라, 나 자신이 나의 전령을 너의 앞에 내보낼 것이고 그가 나의 앞에서 길을 볼 것이다." LXX 말 3:1). 강조는 필자의 것임.

와 유사한데, 70인역보다는 히브리어 본문에 더 가깝다.[5] 마가복음의 '까따스께우아세이'(κατασκευάσει)는 히브리어 본문의 '피나'(פִּנָּה, "방해물을 제거하다")를 번역한 것이며, 70인역의 '에삐블렢세따이'(ἐπιβλέψεται)는 '피나'(פנה)를 칼(Qal)형인 '파나'(פָּנָה, "보다")로 읽은 것이다(Baljon, 3). 마가복음의 '너의 앞에'(ἔμπροσθέν σου)는 히브리어 본문 '나의 앞에'(לְפָנָי)에 대응하지만, '나의'(μου) 대신 '너의'(σου)를 씀으로써 상반절의 '너의 앞에'(πρὸ προσώπου σου)와 일치시킨다. 그리하여 구약성경 본문에 담긴 "하나님 앞에"라는 뜻 대신 "(새 이스라엘로서) 너의 앞에"라는 의미를 형성한다.

출애굽기와 말라기의 구절을 병합시켜서 이사야서와 함께 인용한 이유는 무엇일까? 출애굽기 23:20과 말라기 3:1의 병합은 랍비들의 주석에도 나타난다(Pesch, 1976: 78). 이러한 병합은 출애굽이 종말에 다시 발생할 것을 강조하기 위함으로 볼 수 있다(Gnilka, 44).

2-3절의 화자는 하나님이고, '전령'(사자)은 요한이며, 예비된 길로 오실 분은 예수임이 문맥을 통해서 드러나는데, 이것은 특히 자기 뒤에 오실 분에 관한 세례 요한의 선포(7-8절) 후에 예수께서 등장하심(9-10절)을 통해서 드러난다(Fowler, 89).

3절 (광야에서 외치는 자의 소리) 3절은 대개 "광야에서 외치는 자의 소리. '너희는 주의 대로를 준비하라. 그의 오솔길들을 곧게 만들어라'."라고 번역된다. 그러나 '광야에서'는 '준비하라'와 연결되는 것으로 읽을 수 있

---

5. ὃς κατασκευάσει τὴν <u>ὁδόν</u> σου ἔμπροσθέν σου ("그가 너의 앞에서 너의 길을 준비할 것이다." 막 1:2b).
καὶ ἐπιβλέψεται <u>ὁδὸν</u> πρὸ προσώπου μου ("그리고 그가 나의 앞에서 길을 볼 것이다." LXX 말 3:1b).
וּפִנָּה־דֶרֶךְ לְפָנָי ("그리고 그가 나의 앞에서 길을 준비할 것이다." 히브리어 본문 말 3:1b). 강조는 필자의 것임.

다(Witherington, 71). 이 경우 3절은 "외치는 자의 소리: '너희는 광야에서 주의 대로를 준비하라. 그의 오솔길들을 곧게 만들어라."로 번역된다. 히브리어 본문 이사야 40:3도 이렇게 되어 있고 70인역도 이렇게 읽을 수 있다. 또한 마가복음 1:2에 인용된 구절을 구약성경과 다르게 읽어야만 하는 특별한 단서도 없다. 그러므로 '광야에서'를 '준비하라'에 연결하여 읽는 것이 정당하다.

3절은 70인역 이사야 40:3과 거의 동일하다. 다른 점은 '우리 하나님의'(τοῦ θεοῦ ἡμῶν) 대신 '그의'(αὐτοῦ)를 쓴 것뿐이다. '그의'는 앞에 있는 '주의'(κυρίου)를 가리킨다. 70인역에서 '주'(κύριος)는 하나님을 가리킨다. 마가복음에서도 이 단어는 하나님을 가리킬 수 있지만(5:19; 11:9; 12:11, 29-30, 36; 13:20), 메시아를 가리킬 수도 있다(12:36-37).[6] 3절에서 '우리 하나님의' 대신 '그의'라고 고쳐 사용한 것은 앞의 '주'라는 단어가 하나님을 가리키는 것으로 오해되지 않고 메시아를 가리키는 것임을 분명히 하기 위한 것으로 볼 수 있다(Pesch, 1976: 77).

"외치는 자의 소리"(φωνὴ βοῶντος)에서 '소리'로 번역된 '포네'(φωνή)의 뜻은 "어떤 음성"인데 이것은 문맥상 '보온또스'(βοῶντος)와 연결되어 소리를 지르는 어떤 사람의 소리를 가리킨다. 3절은 4절과 평행하므로(앞의 주해 참고), 결국 외치는 자의 소리는 이에 평행된 세례 요한을 가리킨다고 볼 수 있다. 이 소리는 광야에서 메시아의 오심을 선포한다(7-8절). 나중에 예수를 증거하는 또 하나의 소리가 하늘에서부터 들렸다(11절). 이 소리는 예수께서 메시아이심을 증언한다. 그리고 이 소리는 하늘에서 들렸으므로 하나님의 음성일 것이다. 세례 요한과 하나님은 메시아를 증언하는 소리라는 점에서 서로 평행한다. 세례 요한과 하나님은 동일시되지

6. Taylor, 153.

는 않지만 세례 요한의 소리로서의 역할은 하나님의 역할과 유사하다. 세례 요한은 2절에 나오는 하나님의 전령으로 간주되고 전령은 보내신 분의 메시지를 전하기에 이러한 유사성은 당연하다.

외치는 자의 소리는 길을 "광야에서"(ἐν τῇ ἐρήμῳ) 준비하라고 외친다. 마가복음은 광야를 배경으로 시작된다. '광야'는 사람이 거주하지 않는 황량한 곳을 가리킨다(Gibson, 1994: 15). 그런데, 출애굽한 이스라엘의 광야 생활 때문에 '광야'는 새 출애굽과 연관된다(Hooker, 36). 이러한 연관 속에서, 유대인들은 메시아가 광야에 등장할 것으로 기대한 듯하다(Hooker, 36). 실제로 이사야 40:3은 쿰란 공동체가 이러한 기대 속에서 광야로 들어간 것을 지지하는 근거로 사용되었다(Hooker, 36).[7] 마가는 '광야'라는 단어를 통하여 새 출애굽과 메시아 기대를 암시한다.

70인역의 영향으로 '정관사 + 광야'는 이스라엘이 출애굽 후에 방랑한 광야를 가리키게 되었다(Gibson, 1994: 15). 마가복음 1:3, 4, 12, 13에서 등장하는 '그 광야'(ἡ ἔρημος)는 출애굽을 연상하게 하므로, 마가복음은 새 출애굽을 연상시키며 시작한다고 볼 수 있다. '그 광야'는 하나님의 임재가 있었던 추억의 땅이었다. 호세아 2:14-15(히브리어 본문과 70인역은 호 2:16-17)은 광야를 배경으로 일어나는 새 출애굽을 잘 묘사한다. "그러므로 보라 내가 그를 타일러 거친 들로(εἰς ἔρημον, "광야로") 데리고 가서 말로 위로하고 거기서 비로소 그의 포도원을 그에게 주고 아골 골짜기로 소망의 문을 삼아 주리니 그가 거기서 응대하기를 어렸을 때와 애굽 땅에서 올라오던 날과 같이 하리라"(개역개정). 광야는 이처럼 출애굽을 연상

7. "그들은 죄로 물든 인간들의 거처로부터 분리되어 그분의 길을 열기 위해 광야로 나아가야 한다. 이것은 마치 다음처럼 기록된 바와 같다. '광야에서, ****의 길을 준비하라, 초원에서 우리 하나님의 도로를 곧게 하라'."(1QS 8:13-14, Martínez & Tigchelaar, trans., 1997: 89).

시키므로 마가복음은 새 출애굽 기대를 배경으로 하는 '광야'를 언급하며 본문을 시작함으로써 독자들에게 출애굽기에 담긴 출애굽 이야기와 이사야서에 담긴 새 출애굽에 관한 기대를 토대로 자신의 책을 이해하도록 한다.

요한은 광야에서 회개의 세례를 선포하였고(4절), 예수께서는 광야에서 시험받으셨다(13절).[8] 이것은 아마도 출애굽 당시에 광야에서 하나님의 인도하심을 받은 것을 재현함이라고 볼 수 있다(Marcus, 1992: 24 참고).

외치는 자의 소리는 "주의 대로를 준비하라"(ἑτοιμάσατε τὴν ὁδὸν κυρίου)고 외친다. 여기서 '대로'로 번역한 '호도스'(ὁδός, "길")는 마가복음에서 16번 사용되는데, 2번(2:23; 8:3)만 일반적 의미로 사용되었고, 그 외에는 신학적 의미를 함축하고 있다(Boring, 2006: 37). 3절에서 광야를 배경으로 만들어지는 것은 '길'인데, 이 길은 "주의 길"(τὴν ὁδὸν κυρίου)이다. 인용된 이사야서(40:3) 문맥상 이 길은 주께서 그의 백성을 바벨론으로부터 해방시키는 제2의 출애굽 길이다. 이사야서에서 이 길은 하나님의 길인데 마가복음에서는 문맥상 동시에 예수의 길이다. 마가복음은 예수를 하나님과 동일시하고 있지는 않지만(Marcus, 2000: 148), 예수의 길과 하나님의 길을 동일시한다. 마가복음에서 예수는 하나님의 전권대사(하나님의 아들, 메시아)로서 새 출애굽을 이스라엘에게 가져다주신다. 이 길은 새 시대가 되어 하나님께서 이 땅을 다스리고자 이 땅으로 오시는 길이다(Marcus, 1992: 29 참고).

외치는 자의 소리는 또한 '그의 오솔길을 곧게 만들어라'(εὐθείας

---

8. '그 광야'는 또한 이스라엘이 언약에 충성하는지 시험하는 장소를 의미하므로(Gibson, 1994: 15), 광야에 있었다는 것은 곧 신실함을 시험받았다는 것을 뜻할 수 있게 되었다(Gibson, 1994: 16).

ποιεῖτε τὰς τρίβους αὐτοῦ)고 외친다. 이것은 70인역 이사야서의 인용이므로 70인역 이사야서의 용례를 살펴보면 이해에 도움이 된다. '오솔길'로 번역한 단어는 헬라어 '뜨리보스'(τρίβος)이다. 이사야 58:12에서는 '뜨리보스'가 혼자 등장하지만 그 외에는 이 단어가 모두 '호도스'와 함께 등장한다. 이 두 단어는 악한 길을 가리키기도 한다. 이사야 42:16에서는 두 단어가 함께 나타나는데, '뜨리보스'가 복수형으로 등장한다. 여기서는 둘 다 악한 길을 가리킨다. 이사야 59:8에서도 두 단어가 함께 등장하는데, 모두 악한 길을 가리킨다. 그러나 이 단어들은 이사야 30:11에서처럼 바른 길을 가리키기도 한다. 마가복음에서도 이 단어들은 하나님과 관련되는 긍정적인 맥락에서 사용되었으므로 바른 길을 가리킨다.

70인역 이사야서에서 이 단어들은 대개 출애굽 길을 나타낸다. 이사야 43:16에서 두 단어는 평행을 이루는데, 여기서 '호도스'와 '뜨리보스'는 바다 속과 물 속에 하나님께서 만드시는 길이다. 이것은 출애굽 때 홍해에 난 길을 가리킨다. 이사야 49:9에서도 이 두 단어는 평행법 속에서 등장하는데, 두 단어 모두 복수형으로 되어 있고, 제2의 출애굽(바벨론으로부터의 해방) 길을 가리킨다. 이사야 49:11에서도 두 단어는 평행법 속에서 등장하는데, 둘 다 단수로 되어 있으며, 역시 제2의 출애굽 길을 가리킨다.

이러한 용례와 함께 이사야 40:3 문맥을 고려할 때, 마가복음 3절의 '호도스'와 '뜨리보스'는 모두 출애굽 길을 가리킨다고 볼 수 있다. 다만 '뜨리보스'가 복수형 '뜨리부스'(τρίβους)로 되어 있고, 이것을 곧게 하라고 명하므로 복수형 '뜨리부스'는 구불구불한 길들이라고 볼 수 있다. 그렇다면 단수형으로 된 '호도스'는 '뜨리보스'에 대조된 길로서 곧고 큰 길이라고 볼 수 있다. 그렇다면 외치는 자의 소리는 대로를 만들고 오솔길을 곧게 하라고 외친다고 볼 수 있다. 이 외침은 하나님께서 오실 곧게 펼쳐진 큰 길을 만들고, 작은 길도 구불구불한 것을 곧게 펴서 준비하라는 선포이다.

3. 해설

마가복음 1:2-3은 구약성경 출애굽기, 말라기, 이사야서를 통하여 세례 요한과 예수를 소개한다. 이 구절은 예수의 사역을 새 출애굽 사역으로, 세례 요한의 사역을 새 출애굽을 위한 준비 사역으로 묘사한다. 이처럼 마가복음은 그 시작에서부터 구약성경을 마가복음 본문과 연관시키는 간본문성(intertextuality)을 통하여 독자들에게 메시지를 전달한다. 이것은 마가복음을 이해하기 위해서 구약성경에 관한 이해가 필요함을 보여준다. 비록 마가복음은 이방인 독자를 위하여 저술된 책이지만, 이 복음서도 구약성경을 알아야 제대로 이해된다.

마가복음 1:2-3에 인용된 구약성경은 메시아의 선구자로서 세례 요한의 등장을 증언한다고 간주된다. 세례 요한은 그 뒤에 오실 메시아에 관하여 증언하는데, 이 세례 요한에 관하여 구약성경이 증언한다고 보는 것이 마가복음의 관점이다. 이러한 관점에서 세례 요한의 증언은 구약성경에 토대해 있다. 그리고 이 서술은 마가복음의 독자들이 구약성경을 믿는 것을 전제함을 암시한다. 마가복음은 구약성경을 권위 있고 신뢰할 수 있는 증언으로 받아들이면서 시작한다. 마가복음은 이방인 독자를 위하여 저술되었지만 구약성경을 믿는 이방인들을 우선적으로 염두에 두고 있다.

마가복음은, 해석을 위해 구약성경을 필요로 하는 책이면서 동시에 구약성경의 권위를 전제하는 책이다. 마가복음이 구약성경의 인용을 통하여 전하는 메시지는 예수께서 새 출애굽을 가져오시는 분이며, 세례 요한은 이 사역을 준비하는 자였다는 내용이다. 독자들은 이러한 이해를 통해 마가복음을 이해할 틀을 준비하게 된다. 그리하여 그들은 새 출애굽이 무엇으로부터의 해방인지, 예수께서는 어떻게 이 새 출애굽을 행하셨는지에 관하여 깨닫기를 기대하며 마가복음을 읽게 된다.

제3장
마가복음 1:4-8
세례 요한과 새 출애굽[1]

예수를 가리키는 손가락의 역할을 한 것은 멀리는 구약성경이며, 가까이는 세례 요한이다. 그러므로 예수를 믿는 신앙에 입문하는 길은 구약성경과 세례 요한이다. 우리가 광야의 선지자 세례 요한에 관한 복음서의 이해를 회복하는 것은 신앙의 본질을 회복하기 위해 밟아야 하는 중요한 징검다리 중에 하나이다. 우리가 물질숭배, 기복주의, 개인주의로 뒤틀려진 현대 기독교의 옷을 벗고 탈출하고, 플라톤, 아리스토텔레스를 통해 입문하던 서양 기독교 신학의 틀을 벗고 탈출하여, 참된 그리스도교에 입문하려면 다시 광야의 선지자 세례 요한을 통해 예수께로 나아가야 할 것이다.

세례 요한을 이해하기 위해 마가복음 본문을 읽으면 여러 가지 질문을 던지게 된다. 마가는 요한이 세례를 준 이유가 무엇이라고 보았는가? 마가가 요한의 세례가 회개와 관련된다고 소개한 이유는 무엇인가? 마가는 왜 요한의 세례 장소가 요단강임을 언급했을까? 마가는 왜 세례 요한

1. 이 부분은 필자의 논문, 2013a: 61-95을 사용하여 저술한 것이다.

의 복장을 묘사했을까? 마가는 왜 세례 요한의 음식을 언급했을까? 마가는 왜 세례 요한이 자기 뒤에 오는 분이 성령으로 세례를 줄 것임을 선포했다고 기록했을까?

세례 요한에 관한 마가의 기사는 매우 짧다. 이렇게 짧은 기사 가운데, 하필이면 세례 요한의 복장과 음식을 소개한 이유는 도대체 무엇일까? 세례 요한의 어록 가운데, 하필이면 성령으로 세례를 주시는 분에 관한 예언을 선택하여 기록한 이유는 무엇일까?

마가복음 1:4-8은 마가복음의 서언인 1:1-15 속에 위치하며, 마가복음의 제목인 1:1과 세례 요한의 등장과 사역을 도입하는 구약성경 인용인 1:2-3의 뒤에 놓이고, 예수의 등장과 사역을 다루는 1:9-15 앞에 온다.

1:1	제목
1:2-3	서언 도입(구약 인용)
1:4-8	세례 요한의 등장과 사역
1:9-15	예수의 등장과 사역

1:1-15에는 구약성경이 요한에 관하여 증거하고 요한은 예수에 관하여 증언하는 '구약 → 요한 → 예수'의 증언 사슬이 나타난다. 이와 함께 하늘에서 들린 음성을 통한 하나님의 계시도 예수께서 메시아이심을 증언한다. 이러한 증언의 사슬 속에서 4-8절은 앞선 2-3절에서 인용된 구약성경의 증언을 받으며, 9-15절에 나오는 예수를 증언하는 역할을 한다.

마가복음 1:4-8은 앞에서 인용된 구약 본문(말 3:1; 출 23:20; 사 40:3)을 세례 요한에 연관시킴으로써 세례 요한이 말라기가 기대한 종말의 선지자 엘리야이며, 이사야 40:3이 기대하는 새 출애굽 준비 사역을 할 것임을 시사한다. 세례 요한의 복장에 관한 언급은 이것을 더욱 분명히 한다. 세례 요한의 복장(낙타 털 옷과 가죽 띠)은 열왕기하 1:8이 언급하는 엘리야의 복장이므로, 그의 복장은 엘리야를 연상시킨다. 따라서 이 복장은 그가 말라기 3:1이 예언한 엘리야라고 볼 수 있는 단서를 제공한다.

마가복음 1:4-8은 뒤에 이어지는 예수의 등장과 사역을 소개하는 1:9-15을 준비하며, 세례 요한 뒤에 등장하시는 예수를 '세례 요한보다 더 큰 분,' '성령으로 세례를 주실 분'으로 소개한다. 예수께서 요한에게 세례받으실 때 하늘에서 들린 음성(1:11)은 예수께서 하나님의 아들 즉 메시아이시며(시 2:7) 하나님의 기뻐하시는 자 즉 고난받는 여호와의 종이심을 알려준다(사 42:1; 사 53장). 마가복음 1:4-8은 이러한 고난받는 메시아 예수께서 세례 요한이 예언한 '성령으로 세례를 주실 분'과 동일함을 알려주는 기능을 한다. 그리하여 성령으로 세례를 주시는 사역과 예수의 고난받는 메시아 사역이 밀접한 관련이 있음을 암시한다.

마가복음은 많은 메시아 표증들(축귀, 치유, 자연 기적, 부활 등)을 제시하며 예수께서 메시아이심을 증언한다. 세 명의 제자들이 예수와 함께 높은 산에 올라갔을 때, 하늘에서 다시 들린 음성도 예수께서 메시아이심을 확증한다(9:7). 이러한 정체성은 대제사장의 심문 때 예수 자신에 의해서도 시인된다(14:62). 예수께서 사용하신 자기 칭호 '그 인자'도 다니엘 7:13-14을 연상시키며 예수의 메시아적 정체성을 암시한다고 볼 수 있다. 이처럼 마가복음에서 예수의 메시아 정체성은 구약성경, 세례 요한, 하나님의 음성, 예수 자신, 기적 등 다양한 증언 및 증거들에 의해 확증된다.

마가복음 1:4-8은 다음과 같은 교차대구 구조의 일부로 간주될 수도 있다.

A (4-5절) 세례 요한의 선포

B (6절) 세례 요한의 정체성(엘리야)과 음식(광야의 음식)

C (7-8절) 메시아 오심에 대한 세례 요한의 증언

D (9-10절) 예수의 등장과 세례받으심

C′ (11절) 예수는 메시아이심에 대한 하나님의 증언

B′ (12-13절) 예수의 정체성(새 이스라엘)과 음식(천사의 식사 시중)

A′ (14-15절) 예수의 복음 선포

1-13절을 마가복음의 서두로 보고, 14절에서 새로운 단락이 시작하는 것으로 보는 주석가들도 있지만,[2] 4-15절이 보여주는 구조적 평행은 14-15절을 서두의 일부로 간주하도록 한다. 1-5절의 회개와 15절의 회개가 서로 평행되어 수미상관(*inclusio*)의 구조를 가지는 것도 마가복음 서언의 처음과 끝을 표시해 주면서, 이러한 구조분석을 지원한다.[3]

동일한 단어의 등장 빈도를 통해서 판단할 때, 아래 두 가지 구조분석 중에서, 평행법 구조가 좀 더 저자가 의도한 구조에 가깝다고 볼 수 있다. 평행법 구조의 경우에는 다음과 같이 아홉 단어가 언어적 일치를 보이는데, 교차대구법 구조의 경우에는 여섯 단어만 언어적 일치를 보이기 때문이다.

2. 예를 들자면, 테일러(V. Taylor), 레인(W. Lane), 슈바이저(E. Schweizer), 프란스(R. T. France)가 있다(신현우, 2011c: 655. n.8 참고). 브룩스(J. A. Brooks)도 그러하다(Brooks, 33).

3. 오성종도 1장에서 1-15절을 한 덩어리로 본다(오성종, 379-81).

〈평행법 구조〉

4a절 (ἐγένετο)	9a절 (ἐγένετο)[4]
4b-5절 (βαπτίζων ... ἐν τῷ Ἰορδάνῃ)	9b-11절 (ἐβαπτίσθη εἰς τὸν Ἰορδάνην)
6절 (καὶ ἦν)	12-13절 (καὶ ἦν)
7-8절 (ἐκήρυσσεν λέγων)	14-15절 (κηρύσσων ... λέγων)

〈교차대구법 구조〉

4-5절 (κηρύσσων ... μετανοίας)	14-15절 (κηρύσσων ... μετανοεῖτε)
6절 (καὶ ἦν)	12-13절 (καὶ ἦν)
7-8절 (ὁ ... μου)	11절 (ὁ ... μου)

1. 번역

4 (이처럼) 요한이 등장하여 광야에서 세례를 주며 죄 사함을 위한 회개의
세례를 선포하였다. **5** 그러자 온 유대 지방 사람들과 온 예루살렘 주민들이
그에게로 계속 나와서 그에게 요단강에서 세례를 받으며 자기들의 죄를 고
백하였다. **6** 그런데, 그 요한은 낙타 털 옷을 입고 허리에 가죽 띠를 띠고,
메뚜기와 야생 꿀을 먹으며 살고 있었다. **7** 그는 줄곧 선포하였다.

"나보다 더 강한 분이 내 뒤에 오실 것입니다.
나는 굽혀 그의 신발 끈을 풀 자격도 없습니다.
8 나는 여러분에게 물로 세례 주었지만,
그분은 여러분에게 성령으로 세례 주실 것입니다."

---

4. '에게네또'(ἐγένετο)가 이루는 평행은 Boring, 1991: 59가 지적한 바 있다.

2. 주해

4절 (요한의 세례와 새 출애굽) 마가는 세례 요한의 세례 사역에 어떠한 의미를 부여하였는가? 이것은 마가복음의 구조에서 드러난다. 마가복음 1장에서 3절과 4절은 평행 관계에 있다. 3절과 4절에는 '광야에서'(ἐν τῇ ἐρήμῳ)가 동일하게 나타나 평행 구조의 단서가 된다. 3절과 4절의 평행 구조 속에서 평행이 되는 요소는 다음과 같다.

3절	4절
소리	요한
광야에서	광야에서
주의 길을 준비하라	세례를 주며[5]
그의 소로들을 곧게 하라	죄 사함을 위한 회개의 세례를 선포하였다

이러한 평행 구조 속에서 죄 사함을 위한 회개의 의미를 지닌 요한의 세례는 주의 길을 예비하는 것에 해당한다. 이사야의 글(40:3)이 언급하는 '외치는 자의 소리'(하나님이 오시는 길을 준비하라고 광야에서 외치는 자의 소리)가 세례 요한이라면,[6] 회개하라는 그의 선포는 주의 길을 준비하라는 선포와 동일시된다. 즉 주의 길을 준비하는 방법은 회개이다.

이사야 40:3의 인용인 3절에서 '주의 길'은 이사야 본문 문맥상 바벨

---

5. 분사 '밥띠존'(βαπτίζων) 앞에 관사가 없는 본문을 선택하여 "세례를 주며"로 번역한 논거에 관하여는 신현우, 2006: 30-36를 보라.

6. 3절에 나오는 "소리"에 관한 이사야의 글대로 요한이 등장하였다고 2-4절은 기록한다(Καθὼς γέγραπται ἐν τῷ Ἠσαΐᾳ τῷ προφήτῃ, ... ἐγένετο Ἰωάννης, "마치 선지자 이사야의 글에 기록된 바로 그대로 … 요한이 등장하여 …").

론 포로로부터의 해방(제2의 출애굽)을 가리키므로, 마가복음 1:2-4에서 이사야 40:3과 연관된 요한의 세례는 주의 길의 준비로서 새 출애굽 준비에 해당한다. 그런데 4절은 요한의 세례가 "죄 사함을 위한 회개의 세례"라고 하므로 구체적으로는 회개가 출애굽을 위한 준비에 해당한다. 회개와 새 출애굽의 연관성이 희년서 1:15에서도 발견되는 점은 이러한 해석을 지원한다.

왜, 회개가 새 출애굽을 위한 준비일 수 있을까? 그 이유는 레위기 26:40-42에서 찾을 수 있다. 이스라엘 사람들이 포로로 잡혀가게 된 이유는 죄이므로(레 26:15, 38, 43), 죄 사함은 포로로부터의 해방(즉 제2의 출애굽)을 가져온다. 그런데, 죄 사함을 위해서는 회개가 필요하다. '회개'는 죄를 자복하는 것임이 5절에서 확인되는데, 죄를 자복하면(레 26:40) 주권을 잃은 상태에서 회복될 것이라는 주제가 레위기 26:40-42에서 발견된다. 회개하면 하나님께서는 가나안 땅을 아브라함의 후손에게 주어 영원한 기업이 되게 하겠다고 하신 언약(창 17:8)을 기억하실 것이며(레 26:42) 따라서 이스라엘은 고토를 회복하는 새 출애굽을 맛볼 것이다.

회개하면 죄 사함을 받는다는 것은 이사야 55:7에서도 분명하며(Webb, 191), 회개 없이는 물로 씻어도 정결하게 되지 않음을 명시하는 쿰란 문헌(1QS 5:13-14)도 유사한 연관성을 보여준다(Schweizer, 32). 그러므로 요한이 선포한 회개와 죄 사함의 관련성은 구약성경과 유대 문헌에 나타나는 것으로서 당시 유대인들에게 친숙한 사상이었다고 볼 수 있다.

그런데, 도대체 회개란 무엇인가? 이미 언급한 바와 같이, 마가복음 1:4의 근접 문맥은 마가가 어떤 의미로 '회개'라는 단어를 사용했는지 알려준다. 5절의 '죄를 자백하다'는 표현은 세례와 관련되는데, 4절에 언급된 회개도 세례와 관련되므로, '회개'는 죄를 자백함을 가리킨다고 볼 수 있다(Williamson, 1978: 402). 물론, 회개는 예레미야 18:7-10; 시빌의 신탁 4:168-69의[7] 용례가 보여주는 것처럼 하나님께서 심판 계획을 변경하여 용서하심을 가리킬 수도 있고, 집회서 48:15의 경우처럼 사람들이 죄로부터 돌이킴을 가리킬 수도 있다(A. Y. Collins, 140-41). 그런데, 마가복음 1:5은 사람들이 죄를 자백했다고 하므로 마가복음 1:4이 말하는 '회개'는 사람들이 행하는 회개를 가리킨다고 보아야 한다.

'회개'라는 단어의 용례는 이러한 해석을 지원하는가? 마가는 '회개'(μετανοία)라는 단어를 단 한 번 1:4에서 사용하므로, 1:4의 용례만으로 이 단어의 의미를 정확하게 알 수는 없다.[8] 그러나 이 단어는 마가복음에서도 역시 당시 문헌에서 사용된 일반적 의미를 따라 사용되었다고 볼 수 있다. 이 단어는 신구약 중간기 문헌 및 신약성경에서 죄로부터 돌이켜서 하나님께로 돌아가 하나님께서 원하시는 새로운 삶의 방식대로 사는 것을 가리킨다.[9] 세례 요한이 의도한 회개나 마가가 마가복음을 저술하며

---

7. 시빌의 신탁 4:168-69 "하나님은 회개를 제공하시고 멸망시키지 않으실 것이다."("God will grant repentance and will not destroy." trans. J. J. Collins, 388).

8. 어원만을 가지고 분석하면 "회개"(μετανοία)는 '메따'(μετά) + '노이아'(νοία)로서 "후에 알기"(즉 숙고), "생각 바꾸기"를 뜻할 수 있다. "회개"(μετανοία)의 어원 연구, 일반 문헌 및 70인역이 이 단어를 사용한 용례 연구로는 김성규, 2006: 68-71 참조.

9. 지혜서 12:19에서 "죄에 대하여 '메따노이아'를 준다"(διδοῖς ἐπὶ ἁμαρτήμασιν μετάνοιαν)는 표현의 뜻이 무엇인지 불명확하지만, '메따노이아'는 분명히 죄와 관련됨을 알 수 있다. 눅 5:32; 15:7에서는 죄인이 하게 되는 것이 '메따노이아'이다. 히 6:1은 '메따노이아'가 죽은 행위들로부터 격리되어 나오는 것임을 알려준다. 그러므로 '메따노이아'는 죄를 짓는 행위를 중단함을 가리킨다고 볼 수 있다. 마 3:8과 눅 3:8; 행 26:20은 '메따노이아'가 열매(행함)와 관련됨을 알려준다. 따라서 '메따노이아'는 단지 죄를 짓는 행위를 중단할 뿐 아니라 선한 행위를 하기 시작하는 변화를 가리킨다. 행 20:21에 의하면 '메따노이아'는 하나님을 향한 것이다. 그러므로 선한 행위의 기준은 하나님이다. '메따노이아'를 하게 되면, 하나님의 뜻대로 살게 된다. 고후 7:10은 '메따노이아'가 구원을 가져온다고 하며, 딤후 2:25은 '메따노이아'가 진리의 지식을 가져온다고 한다. 그러므로 '메따노이아'는 바른 지식을 위한 조건이며, 구원의 조건이다. 그런데, 행 5:31; 11:8; 롬 2:4; 딤후 2:25에 의하면

의도한 회개는 모두 이러한 것이었다고 볼 수 있다.[10]

왜 요한은 회개를 통한 죄 사함을 하필이면 육체를 씻는 세례와 연관시켰을까? 육체의 부정함을 깨끗하게 하는 것과 내적/도덕적 부정함을 깨끗하게 하는 것의 연관성이 제2성전 시대 문헌에서 발견되며(1QS 3:6-9; 시빌의 신탁 4:162-70), 구약성경에도 나타난다(사 1:16; 겔 36:25-26; 시 51:7).[11] 요한은 이러한 유대교 배경 속에서 세례와 죄 사함을 연관시켰을 것이며, 구약성경이 기대하는 종말론적 정화의 성취의 전조로서 세례 의식을 사용하였을 것이다(Webb, 207).

마가는 세례 요한이 세례를 베풀 뿐 아니라 세례에 관하여 설교하였다고 한다. 광야에서 세례를 주려면 사람들이 사는 곳에 가서 광야로 불러내어야 했으므로 설교가 필요했을 것이다.[12] 이 설교는 세례의 의미와 세례를 받아야 할 필요성에 관한 내용을 담았을 것이다(Webb, 183). 마가는 세례 요한이 설교(선포)하는 사역을 한 것을 지적함으로써 세례 요한을 이사야 40:3의 '소리'와 연관시키고 세례 요한의 선지자적 측면을 부각시키고자 했을 것이다.

세례 요한의 회개의 세례 사역 자체도 그의 정체를 알려준다. 구약성

'메따노이아'도 예수/하나님께서 주시는 것이다. 따라서 비록 '메따노이아'는 사람이 하는 것이지만, 그것을 가능하도록 하시는 분은 하나님이다.

10. 이러한 회개가 신약성경 저자들에게 중요했던 이유는 회개가 (죄 사함을 통한) 구원의 조건이라고 여겼기 때문일 것이다. 회개와 관련하여 세례가 중요하게 여겨졌던 이유는 회개는 사람이 결심하여 의지적으로 행하는 것처럼 보이지만 하나님이 주시는 것이기 때문이었을 것이다(행 5:31; 11:8; 롬 2:4; 딤후 2:25). 하나님께 나아와 세례를 받는 과정을 통해서 하나님이 주시는 삶의 변화를 체험함이 필요했을 것이다.

11. Webb, 207; Donahue & Harrington, 2002: 62.

12. Webb, 363. 이러한 설교의 필요성은 세례에 관한 설교가 실제로 있었을 역사적 개연성을 지원한다.

경과 중간기 문헌은 종말의 때에 회개가 일어나리라는 기대를 담고 있다(신 4:30; 사 59:20; 호 3:4-5; 말 4:5-6; 희년서 1:15, 23).[13] 이러한 기대를 배경으로 볼 때 회개와 관련된 세례 요한의 사역은 그가 종말에 올 선지자임을 암시한다.

5절 (죄의 자복과 요단강) 요한의 세례 방식은 당시 유대인들의 세례와 비교해서 어떤 차이가 있었는가? 그리고, 이러한 방식은 어떤 의미를 담았을까? 요한의 세례는 단회적이란 점에서 매일 씻는 쿰란 공동체의 침례 의식과 다르며 유대교의 개종자 세례와 유사하다고 볼 수 있다(Hurtado, 18). 그러나 1세기 초반에 유대교 개종자 세례가 존재했는지는 분명하지 않을 뿐 아니라(Starr, 231), 요한의 세례는 개종자 세례와 달리 유대교 내부적이며, 종말론적이면서 회개를 동반한다는 점에서도 개종자 세례와 다르다(Starr, 232). 위에서 살펴보았듯이 마가는 요한의 세례의 의미를 새 출애굽을 위한 길이라고 해석하는데, 이것이야말로 요한의 세례의 특징이라 할 수 있다. 이러한 특징은 5절에서도 드러난다.

마가가 5절에서 요한의 세례 방식에 관하여 묘사하는 것을 관찰하면, 마가가 강조하는 요한의 세례의 특징을 파악할 수 있다. 마가는 '계속 나왔다'(ἐξεπορεύετο)를 사용하여 무리가 세례 요한에게 나온 모습을 묘사하였다. 이때 사용된 '엨뽀레우오마이'(ἐκπορεύομαι) 동사는 구약성경에서 출애굽과 관련하여 쓰인 단어이므로(출 13:4[ἐκπορεύεσθε], 8; 신 23:4 [LXX 23:5]; 수 2:10), 마가복음 1:5은 출애굽 모형론을 담고 있다(Marcus, 2000: 151).

13. Webb, 185.

출애굽기 13:8	ὡς ἐξεπορευόμην ἐξ Αἰγύπτου (내가 이집트에서 나올 때)
신명기 23:5 (LXX)	ἐκπορευομένων ὑμῶν ἐξ Αἰγύπτου (너희가 이집트에서 나올 때)
여호수아 2:10	ὅτε ἐξεπορεύεσθε ἐκ γῆς Αἰγύπτου (너희가 이집트에서 나올 때)

마가는 모든 유대 지역(사람들)과 모든 예루살렘 주민들이 세례 요한에게 나아왔다고 한다. 물론 유대 지역 사람들과 예루살렘 주민들이 예외 없이 모두 세례 요한에게 나오지는 않았을 것이다(막 11:31; 눅 7:30 참고). 이 구절은 마가가 '모든'이라고 할 때에는 "많은"이라는 뜻으로 사용한다는 것을 보여준다. 마가는 다른 곳에서도 종종 '모든'을 "많은"의 뜻으로 사용한다(4:31; 5:40; 6:33; 7:3; 13:13). 마가가 여기서 과장법을 쓰고 있다고 볼 수도 있는데(Taylor, 155), 이러한 과장은 강조를 위한 것이다. '모든'이 처음과 끝에 놓인 A B B′ A′ 교차대구(*chiasmus*) 구조도 참으로 많은 유대인들이 요한의 세례를 받았음을 강조한다(Gundry, 36). 그런데, 굳이 '모든'이라는 표현을 통해 강조한 이유는 요한의 세례가 개인적 구원과 관련되는데 그치지 않고 민족의 구원(제2의 출애굽)의 소망과 관련되었음을 표현하기 위해서였을 것이다(Webb, 364-65. n.28).

마가는 무리가 '요한에 의하여'(ὑπ' αὐτοῦ) 세례받았다고 한다. 유대인들의 세례 방식은 스스로 물에 잠기는 것이었으므로, 요한의 세례는 한 사람이 다른 사람에게 행하는 세례라는 점에서 독특한 것이었다(Webb, 181). 웹(R. L. Webb)은 이러한 독특성에 관하여 설득력 있는 신학적 해석을 제공한다. 요한이 세례를 주는 역할을 한 것은 세례의 목적이 죄 사함이므로 결국 그가 죄 용서의 중개자인 셈이다(Webb, 191). 레위기 5장은 죄를 범한 사람이 제사장에게 죄를 고백하고(5절), 제물을 바치고 죄 용서를 받는 과정을 묘사하는데, 요한은 회개의 세례를 통한 죄 용서 과정에서 제사장과 같은 역할을 한다(Webb, 192-93). 요한이 제사장 가문 출신이라는 점(눅 1:5, 23)과 요한에게 나아온 사람들이 죄를 고백했다는 점(막 1:5)은 요한이 제사장처럼 죄 용서의 중개자 역할을 했다는 추측을 지원한다(Webb, 193). 요한의 세례는 제사 제도를 통한 죄 사함의 대안이었다(Webb, 203). 이러한 웹(Webb)의 해석은 세례 요한에 관한 마가의 신학적 관점을 잘 드러낸다. 마가가 "그[요한]에 의하여"(ὑπ' αὐτοῦ)라고 적으면서 요한의 세례의 특징을 제한된 지면 속에 굳이 언급한 이유는 이러한 특징에 특별한 의미가 있다고 보았기 때문이었을 것이다. 그 특징을 유대인들이 익숙한 구약성경을 배경으로 이해하면 웹(Webb)이 해석한 바와 같은 신학적 의미에 도달하게 된다.

물론, 마가는 세례 요한을 예수의 길을 준비하는 자로 보았으므로, 요한의 세례를 통한 죄 사함과 예수의 죽음을 통한 죄 사함을 동일선상에 두지는 않았을 것이다. 마가는 요한의 세례를 통한 죄 사함이 예수의 죽음을 통한 죄 사함의 전조였다고 보았을 것이다(Marcus, 2000: 156). 예수의 죽음이 죄 사함과 관련됨은 마가복음 10:45("자기 목숨을 많은 사람의 대속물로 주려 함")에서 확인된다. '대속물'(λύτρον)은 이사야 53:10의 여호와의 종이 자기 목숨을 속건제물(אָשָׁם)로 드리는 것을 배경으로 하는데, 이사야 53:11은 그가 많은 사람의 죄를 담당하였다고 하므로, 예수의 죽음은 결국 죄 사함과 관련된다. 세례 요한의 세례는 죄 사함을 목표로 하는데, 예수의 죽음은 이러한 목표를 달성한다.

마가복음 10:38에서 예수께서 자신의 고난을 '세례'라 부르신 점은 예수의 고난을 요한의 세례와 연관시키는 단서가 된다. 마가는 세례 요한을 주의 길을 준비하는 자로 간주하므로(1:2-4), 세례 요한이 준비하는 새 출애굽이 그의 뒤에 오는 예수를 통하여 이루어진다고 보았을 것이다. 예수께서 새 출애굽을 가져오는 방식은 십자가 고난을 통해서였다. 이것은 자신의 피(죽음)와 언약을 연관시키는 최후의 만찬 말씀에서 암시된다(14:24). 예수께서는 자신의 피를 언약의 피라고 함으로써 자신의 죽음의 의미를 언약과 연관지었다. 구약 시대에 이미 아브라함 언약, 모세 언약 등이 있으므로 이 언약은 새로운 언약이며, 예레미야 31:31이 언급하는 새 언약과 관련된다고 볼 수 있다. 그런데 예레미야 31:23("내가 그 사로잡힌 자를 돌아오게 할 때에")은 이 새 언약이 새 출애굽과 관련됨을 알려준다. 요한이 주는 세례는 새 출애굽을 준비하는데 그치지만, 예수께서 받는 고난의 세례는 새 출애굽을 실현한다. 그렇지만 이 두 세례는 모두 죄 사함을 목표로 하는 점에서 동일하다.

유대인 랍비들의 문헌 미쉬나(*m. Parah* 8.10)는 요단강을 정결 의식 장소로부터 제외시킨다(Starr, 230). 이러한 상황이 1세기 초반에도 동일하였다면, 요한이 하필 요단강을 세례의 장소로 선정한 데에는 중요한 의미가 있을 것이다. 물론 요단강을 선택한 이유는 (출애굽을 상징하는) 광야에서 세례를 주고자 할 때 마주치는 불가피성 때문이었을 수 있다(Webb, 182). 광야에서 세례를 주려면 광야를 통과하여 흐르는 요단강에서 세례를 줄 수밖에 없었을 것이다. 하지만, 굳이 강을 선택한 이유는 회개해야 하는 죄의 심각성 때문일 수도 있다. 강은 흐르는 물로서 살아 있는 물이며, 구약성경에서 살아 있는 물은 심한 불결의 경우에 요구되었다(레 14:5-6, 50-52; 민 19:17; 신 21:4)(Webb, 181). 유대인들의 문헌 시빌의 신탁(4:165-67)은 죄 용서를 구하는 것과 강에 온 몸을 담그는 것을 연관시키고, 모세의 묵시(29:11)는 요단강에 온 몸을 담그는 것을 회개와 연관시키는데, 요한이 강을 세례의 장소로 선택한 것은, 이러한 배경을 통해서 볼 때, 죄의 심각성 및 회개와 관련이 있을 것이다(Webb, 181).

그러나 마가가 요단강을 언급한 이유는 이러한 측면 때문만은 아닐 것이다. 요단강은 엘리야의 사역과 관련이 있으므로(왕하 2:6-9), 종말에 오는 엘리야 선지자에 해당하는 세례 요한의 사역지로서 적합하였을 것이다. 요단강은 이스라엘 백성의 시작(수 5장), 엘리사의 사역의 시작(왕하 2장), 나아만의 새로운 시작(왕하 5장)과 관련된 장소로서(van Iersel, 96-97), 회개하고 새로운 삶을 시작하는 세례를 받기에 적합한 장소이다. 그러나 무엇보다 요단강은 출애굽 후에 광야에서 40년을 보낸 뒤 히브리인들이 약속의 땅으로 들어가기 위해 건넌 곳이므로, 요단강은 제2의 출애굽과 가나안 정복을 상징하는 장소로서 적합하였을 것이다(Webb, 364).

요단강에서 세례를 주었다는 5절의 표현은 광야에서 세례를 주었다는 4절의 내용과 서로 모순된다고 볼 필요가 없다. 광야는 물이 없는 사막을 가리키지 않고 사람이 거주하지 않는 지역을 가리키며(Webb, 363; BDAG, 392), 요세푸스(『유대 전쟁기』 3.515)는 요단강이 '긴 광야 지역을 굽이쳐 흐른다'(πολλὴν ἀναμετρούμενος ἐρημίαν)고 하였고(Webb, 363), 여호수아 15:61-62는 여리고 남쪽의 요단 계곡을 광야라 부르며(Funk, 207), 70인역 이사야 35:2은 '요단 강 광야'(τὰ ἔρημα τοῦ Ιορδάνου)라는 표현을 담고 있다(Funk, 208). 따라서 마가복음 1:5이 세례의 장소로서 언급하는 요단강과 그 앞 절이 세례의 장소로 언급하는 광야가 서로 배타적인 장소라 볼 필요는 없다(Wink, 4).

마가복음 1:5은 회개와 평행이 되는 표현 '죄를 고백하다'(ἐξομολογούμενοι τὰς ἁμαρτίας)라는 표현을 통해 4절이 언급한 회개가 무엇인지 알려준다. '그들의 죄를 고백하며'(ἐξομολογούμενοι τὰς ἁμαρτίας αὐτῶν)는 70인역 레위기 26:40의 '그들의 죄를 고백하면'(ἐξαγορεύσουσιν τὰς ἁμαρτίας αὐτῶν)을 연상시킨다. 죄를 고백한다는 것은 쿰란 문헌(1QS

1.24-26)에서처럼 (제사장이 지적한) 악행들을 행하였음을 시인하는 말을 함을 가리키는 듯하다. 그런데, 죄를 고백할 때 죄목을 열거해야 하는지에 관해서는 랍비들 사이에서도 이견이 있었다. 랍비 유다(Judah b. Bathyra, 110년경)는 죄목을 열거해야 한다고 했고, 랍비 아키바(Akiva, 약 135년경에 죽음)는 죄목을 열거할 필요가 없다고 했다(Gnilka, 46. n.47). 마가도 죄목의 열거 여부에 관해 명확히 하지 않으므로, 죄목의 열거 여부는 마가의 관심사가 아니었다고 볼 수 있다.

마가는 왜 유대인들이 죄를 고백하였다는 점을 부각시켜 기록했을까? 레위기 26:40-42은 망한 이스라엘이 그들의 죄를 고백하면 하나님께서 야곱, 이삭, 아브라함과 맺은 언약을 기억할 것이라고 약속한다. 아브라함과 맺은 언약은 자손이 별과 같이 많으리라는 것이고(창 15:5) 가나안 땅을 아브라함과 그 후손에게 주어 영원한 기업이 되게 하겠다는 것이다(창 17:8). 이스라엘이 죄를 고백하면 하나님은 이 약속을 기억하시고 이스라엘을 다시 회복시키실 것이다. 유대인들은 이 구약성경 말씀을 통해 죄의 고백이 가지는 의미를 파악했을 것이다. 그래서 그들은 이스라엘의 회복을 위해서 죄를 고백하였을 것이다. 마가는 세례 요한의 사역을 이스라엘의 회복과 관련된 사역으로 보았기에 유대인들의 죄 고백 행위를 기록하였을 것이다.

요한의 세례는 침례였을까, 아니었을까? 세례가 이루어진 곳이 요단강임과(5절, ἐν τῷ Ἰορδάνῃ ποταμῷ) 세례받은 예수께서 물에서 올라오심을 통해서 볼 때(10절), 요한의 세례는 물에 잠기는 방식이었음을 알 수 있다(Webb, 180). 제2성전 시대의 세례는 몸 전체를 물에 담그는 방식이었음도 이 가능성을 지지한다(Webb, 180). 요한의 세례가 물에 잠겼다가 올라오는 방식이었다는 것은 죄의 심각성을 암시할 뿐 아니라, 물에 잠겼다가 올라오는 행위가 죽고 다시 사는 새 출발을 상징할 수 있는 측면이 있기 때문이었을 수 있다. 그러나 마가가 요한의 세례의 침례적 성격을 명시적으로 기술하지 않은 것은 침례가 당시 유대인들의 세례와 다른 특성을 가진 것이 아니었기 때문일 것이다.

6절 (세례 요한의 복장과 음식) 마가는 세례 요한에 관한 기록에 할애된 몇 줄 안 되는 제한된 지면 속에 세례 요한의 복장에 관하여 묘사한다. 이렇게 한 것은 마가가 요한의 복장이 중요한 의미를 담고 있다고 보았기 때문일 것이다. 털옷과 가죽 띠는 엘리야를 연상시킨다(왕하 1:8).[14] 털옷은 아마 선지자 복장이었을 것이다(슥 13:4). 마가는 이러한 묘사를 통하여 세례 요한이 말라기 4:5에 예언된 엘리야임을 암시한다. 종말에 나타날 엘리야로서의 세례 요한의 등장은 그때가 여호와의 크고 놀라운 날 직전이라는 것을 시사하며, 마가는 1:9에서 예수를 세례 요한에 이어 등장시킴으로써 예수께서 엘리야 뒤에 오시는 분으로서 종말에 오실 구원자(메시아)임을 알려준다.

거친 옷을 입는 것은 회개의 표시이기도 하였으므로(욘 3:6; 단 9:3; 마 11:21),[15] 세례 요한의 복장은 그가 선포하는 회개의 메시지를 시각적으로 드러내는 역할도 한다. 세례 요한의 입장에서는 선지자적 선포의 시각적 효과를 위한 측면이 있었을 수 있다. 그러나 세례 요한의 복장을 묘사한 마가의 의도는 세례 요한이 그러한 효과를 사용한 노련한 선지자였다는 인상을 독자에게 전하기 위함은 아니었을 것이다. 마가의 묘사는 세례 요한이 종말에 등장할 선지자(즉 엘리야)임을 암시하여, 세례 요한 뒤에 오시는 분이 메시아임을 증언하기 위해서였을 것이다.

마가가 제한된 지면에 세례 요한의 음식에 관해 기록한 것도 특이하

14. 막 1:6 ζώνην δερματίνην περὶ τὴν ὀσφὺν αὐτοῦ (그의 허리에 가죽 띠를)//왕하 1:8 ζώνην δερματίνην περιεζωσμένος τὴν ὀσφὺν αὐτοῦ (그의 허리에 가죽 띠를 두르고)
15. Stein, 307.

다. 세례 요한의 음식은 메뚜기와 야생 꿀이었다. '야생 꿀'이란 바위나 어떤 나무의 수액에서 발견되는 꿀일 것이다(Taylor, 156). 나무의 수액에서 나오는 꿀물은 현대인들이 보기에는 꿀이라 할 수 없겠지만, 고대인에게는 그렇게 여겨질 수 있었을 것이다(Kelhoffer, 98). 나바티아족이 나무에서 나오는 꿀(μέλι)로 광야에서 생존하였다고 하는 디오도루스(Diodorus Siculus, *Bibliotheca historica* 19.94.10)의 묘사는 이러한 해석 가능성을 지원한다(Kelhoffer, 98).

그런데 마가는 왜 하필이면 요한의 음식을 언급했을까? 이러한 음식(메뚜기)은 율법에 의해 허락된 음식에 속한다(레 11:21-22).[16] 그렇지만, 율법이 허용하는 음식은 다양하고 유대인들은 대개 율법이 허용한 음식을 먹었을 것이므로, 세례 요한이 율법을 잘 지켰다는 것을 강조하려고 음식의 종류를 언급하지는 않았을 것이다. 광야를 여행하는 자들에게 메뚜기와 꿀은 전형적인 음식이었다(Hooker, 37). 베두인(Bedouin)족은 이러한 음식을 먹었으며 쿰란 공동체도 그러했을 것이다(CD 12:14).[17] 세례 요한의 음식은 그의 생활이 광야와 밀접하게 관련되었음을 알려준다. 낙타 털옷도 베두인족의 복장이었으므로(Pesch, 1976: 81), 요한의 복장도 광야 생활과 밀접하게 관련된 것이다. 이러한 광야와의 연관성은 세례 요한을 광야와 밀접하게 관련된 출애굽과 연관시키며 그가 새 출애굽과 관련된 종말론적 인물임을 암시하는 마가의 의도를 표현한다.

7-8절 (세례 요한의 선포) 세례 요한은 자기 "뒤에"(ὀπίσω) 오시는 분에 관하여 선포한다. 마가복음 1:14("요한이 잡힌 후에 … 예수께서 …")을 고려하면, 마가의 관점에서 '뒤에'는 예수께서 세례 요한의 제자임을 가리키

16. Hooker, 37.
17. Boring, 2006: 41.

기보다는 시간적으로 세례 요한 후에 등장하여 사역함을 뜻한다고 볼 수 있다(Witherington, 73).

'더 강한 분'이란 표현은 세례 요한이 자신을 '강한 자'로 인식함을 보여준다. 마가복음 본문 속의 세례 요한은 스스로를 강한 자로서 선지자적 존재임을 인식하고 있으며 자신의 뒤에 엄청나게 위대한 분이 오실 것도 알고 있다. 이러한 세례 요한의 인식은 마가복음이 전하는 예수 자신의 인식과도 일치한다. 마가복음 3:27에서 예수께서는 자신이 사탄보다 더 강한 분임을 내비친다(눅 11:22 비교).[18] 따라서 마가는 세례 요한이 언급한 더 강한 자가 예수라고 보았을 것이다. 세례 요한은 자기 뒤에 오실 분의 신발 끈을 풀 자격도 없다고 말한다. 신발 끈을 푸는 일은 종이 하는 일 중에서도 가장 비천한 일이었다(Hooker, 38). 탈무드(*b. Ketuboth* 96a)에 의하면 제자는 스승을 위하여 노예가 주인을 위해 하는 모든 일을 하여야 하지만 신발 끈을 푸는 일만은 예외였다(Hooker, 38). 신발 끈을 푸는 일은 그만큼 비천한 일이었다. 세례 요한 뒤에 오실 분은 세례 요한이 그분의 종이 될 자격도 제자가 될 자격도 없을 만큼 위대한 분이다. 유대인들의 기대 속에서 이처럼 종말론적 선지자보다 더 위대한 분은 메시아 외에 다른 분일 수 없었을 것이다. '더 강한 자'는 하나님 자신을 가리킬 수도 있겠지만, 세례 요한의 선포 후에 예수께서 등장하시는 마가복음 1:4-15의 구조를 통해 마가는 세례 요한이 선포한 '더 강한 자'가 예수임을 시사한다. 세례 요한이 예수께 제자들을 보내어 오실 그분(더 강한 자)이 예수인지 질문하였음을 기록한 누가복음 7:19과 마태복음 11:3도 더 강한 자가 하나님 자신이라기보다는 메시아를 가리킨다고 보는 관점을 지원한다(Webb, 287).

18. Taylor, 156.

'내가 세례를 주었다'(ἐβάπτισα)고 할 때 사용된 동사 형태는 부정과거형이다. 부정과거형은 대개 과거 시제를 가리키므로, 이것은 "내가 세례를 주었다"고 번역할 수 있지만, 부정과거형이 과거, 현재, 미래를 모두 포괄하는(omni-temporal) 용법으로 쓰이기도 하므로 '내가 세례를 준다'고 번역할 수도 있다.[19] 마가복음 1:8의 문맥에는 세례 요한이 더 이상 세례를 주지 않는다는 암시가 없으므로 후자를 지지하는 듯하다. 부정과거형 '에밮띠사'(ἐβάπτισα)는 과거를 가리키는 완료형이 현재를 의미할 수 있는 히브리어/아람어의 완료형을 반영하는 것으로 볼 수도 있다는 점도 후자를 지지한다(Hooker, 38). 마가는 유대인으로서 그러한 셈족어의 용법을 따라 글을 썼거나 그러한 용법으로 된 셈족어 표현을 번역하였을 것이기 때문이다.

그렇지만, 마가가 현재형 대신 굳이 부정과거형을 선택한 데는 이유가 있을 것이다. 마가는 이 시점에서 요한의 사역이 완성된 것으로 보아서 이 시제를 택하였을 수도 있다(Hooker, 38). 마가는 예수의 등장과 함께 요한의 사역은 끝났다고 보았을 수 있다(Hooker, 38). 그러나 마가가 과연 그러한 신학적 견해를 가졌는지를 확인할 수는 없다.

좀 더 간단한 설명은 마가복음 1:8의 경우에 부정과거형 '에밮띠사'(ἐβάπτισα)가 사용된 이유가 세례 요한이 말하는 시점에서 볼 때 자신의 세례 사역이 과거에 행해진 사역이었기 때문이라고 보는 것이다. 8절이 대문(對文, 대조적 평행법)으로 되어 있다는 점은, 이어서 나오는 미래형 '밮띠세이'(βαπτίσει, "세례를 줄 것이다")가 가진 미래적 의미에 대조된 과거적 의미("세례를 주었다")로 읽는 것을 지지한다.[20]

---

19. 부정과거의 이러한 용법에 관하여는 Porter, 38-39를 보라.

20. ἐγὼ ἐβάπτισα ὑμᾶς ὕδατι,
αὐτὸς δὲ βαπτίσει ὑμᾶς ἐν πνεύματι ἁγίῳ.

세례 요한은 성령으로 세례 주시는 분이 오시리라고 선포한다.[21] 성령을 부으심은 종말론적 주제 중에 하나이다(겔 39:29; 욜 3:1-2[개역 2:28-29]).[22] 요엘서(3:1-2, 개역 2:28-29)는 종말에 성령이 부어지리라고 예언한다. 요엘서에 의하면 이스라엘 백성에게 성령이 부어지는 일은 "유다와 예루살렘 가운데에서 사로잡힌 자를 돌아오게 할 그 때에" 발생한다(4:1, 개역 3:1). 그러므로 성령으로 세례를 주시는 분이 오시리라는 선포는 새 출애굽이 가까움에 관한 선포나 다름없다. 에스겔 39:27-29은 이 점을 분명히 한다.[23] 여기서, 성령의 부으심은 새 출애굽 때 일어나는 사건이다. 이사야 63:11, 14은 출애굽 때 성령께서 회중 가운데 계시며 그들을 인도하셨음을 말씀한다. 성령 부음에 관한 이러한 구약 본문들을 배경으로 볼 때 마가복음 1:8이 언급하는 성령으로 세례를 주시는 분은 새 출애굽을 행하시는 구원자로 기대되었다고 볼 수 있다.

마가복음은 이 본문 이후에 성령으로 세례 주는 사역에 관하여 다시

나는 물로 세례를 주었지만,
그는 성령으로 세례를 줄 것이다.

21. 물과 성령의 평행법보다 물과 불의 평행법이 더 본래적인 것이라고 주장하는 이들도 있으며, 콜린스(A. Y. Collins, 146)도 이러한 입장을 여전히 취한다. 그러나 물과 성령의 평행법은 이미 겔 36:25-27에 등장한다(Hooker, 42). 쿰란 문헌(1QS 3:4-6)도 물과 영을 대조하며 참다운 정결은 물이 아니라 하나님의 영으로 이루어짐을 지적한다. 세례 요한은 이러한 평행법에 따라 물과 성령을 평행시켰을 수 있으므로, 물/성령 평행법이 후차적이라고 판단할 필요는 없다.

22. Hooker, 38. 사 33:15과 44:3도 동일한 전망을 보여준다.

23. "27 **내가 그들을 만민 가운데서 돌아오게 하고, 원수들의 땅에서 그들을 모아 데리고 나올 때에**, 뭇 민족이 보는 앞에서, 내가 그들로 말미암아 내 거룩함을 나타낼 것이다. 28 그 때에야 비로소 뭇 민족이 나 주 이스라엘 하나님이 이스라엘을 여러 민족에게 포로가 되어 잡혀 가게 하였으나, **그들을 고국 땅으로 다시 모으고**, 그들 가운데서 한 사람도 다른 나라에 남아 있지 않게 한 줄 알 것이다. 29 내가 이스라엘 족속에게 **내 영을 부어 주었으니**(שָׁפַכְתִּי אֶת־רוּחִי), 내가 그들을 다시는 외면하지 않겠다. 나 주 하나님의 말이다"(표준 겔 39:27-29, 고딕은 필자의 것).

언급하지 않는다. 그렇다면, 마가복음의 관점에서 볼 때 성령으로 주는 세례는 무엇인가? 마가복음 1:8에 담긴 세례 요한의 관점에서 보자면, 수세 때에 성령이 예수께 강림하셨으므로(1:10), 그 후에 이루어진 예수의 모든 사역은 성령으로 하시는 사역이다. 따라서, 이 사역들은 성령으로 세례 주는 사역이라 할 수 있다. 특히 축귀 사역은(3:27) 사탄의 포로를 해방하는 예수의 새 출애굽 사역으로서 물로 이루어지지 않고 성령으로 이루어진 것이므로(3:22-30) 성령으로 세례 주는 사역에 해당한다.

쿰란 문헌은 이러한 해석을 지원한다. 쿰란 문헌(1QS 4:21-22)은 "거룩의 영"(רוח קודש)으로 악한 행위로부터 정결하게 하고, "진리의 영"(רוח אמת)을 물처럼 뿌려서 "더러운 영"(רוח נדה)의 오염으로부터 정결하게 한다고 한다. 세례와 성령을 연결시키는 쿰란 문헌의 '영을 물처럼 뿌리다'는 표현을 배경으로 마가복음 1:8의 표현을 해석하면, '성령으로 세례 주다'는 표현이 의미하는 것은 더러운 영의 오염으로부터 정결하게 함이었다고 볼 수 있다. 마가는 성령으로 더러운 영들을 쫓아내는 예수의 사역(1:27, 34, 39 등)이 이러한 기대를 성취하는 것으로 보았을 것이다.

물론 성령으로 주는 세례는 축귀에 국한되지 않는다. 에스겔 11:19-20; 36:26-27과 스가랴 12:10에 의하면 성령은 하나님 앞에서 의롭게 살게 하는 기능을 하며, 희년서 1:23도 성령이 그러한 기능을 함을 언급한다(Webb, 293). 이러한 배경을 통해서 볼 때, 마가도 '성령으로 세례 주심'을 언급할 때, 이러한 성령의 역할을 염두에 두었을 가능성이 높다. 예수께서 하나님 나라가 가까웠음을 선포할 때 '회개하라'는 선포를 하였음을 마가(1:15)가 언급한 것은 이러한 가능성을 지원한다. 예수의 성령 세례가 요한의 물 세례와 회개의 측면에서 다른 점은 예수의 십자가 고난이 가져오는 언약(14:24)이 예레미야 31:31을 통해서 볼 때 율법을 마음에 새기는 측면을 가지기 때문일 것이다. 마가복음 1:8에 담긴 세례 요한의 선포(성령으로 주는 세례)는 율법을 마음에 새기어 하나님 앞에서 의롭게 살게 하는 일이 세례 요한 후에 오시는 분의 사역을 통하여 성령으로 인해 이루어질 것임을 기대한 것으로 볼 수 있다.

예수의 십자가로 인한 새 언약에 참여하여 사탄의 노예로부터 해방되는 새 출애굽을 경험하고 율법을 마음에 새기어 하나님의 뜻대로 살아감은 마가복음에 나타난 세례 요한의 관점에서 볼 때, 성령으로 주는 세례를 받는 것이라 할 수 있다.

3. 해설

마가는 세례 요한의 세례 사역을 새 출애굽을 위하여 길을 준비하는 사역이라 간주했다. 마가복음의 관점에 따르면, 세례 요한은 유대인들이 죄의 결과로 겪게 된 포로 상태로부터 해방(새 출애굽)되려면 죄 사함이 필요하고, 죄 사함을 위해서는 회개의 세례를 받아야 한다고 본 듯하다.

세례 요한은 회개가 죄를 자백하는 것과 관련된다고 보았으며, 유대교에 뿌리 깊은 세례와 내적 정화의 연관성을 토대로 세례를 회개를 표현하는 의식으로 사용하였을 것이다. 종말에 회개가 발생하리라는 구약성경과 유대교의 기대에 따라서 마가는 회개의 세례를 선포한 세례 요한이 종말에 오리라 기대된 선지자적 인물이라 여겼을 것이다.

마가는 세례 요한에게 무리가 나온 것을 구약성경에서 출애굽과 연관되어 사용된 '엑뽀레우오마이'(ἐκπορεύομαι) 동사로 묘사함으로써 세례 요한의 사역이 새 출애굽과 연관됨을 암시한다. 모든 유대 지역 사람들과 모든 예루살렘 주민이 세례 요한에게 나왔다고 함으로써 새 출애굽이 개인의 차원에 그치지 않고 민족적 차원을 가짐도 부각시켰다.

마가는 무리가 스스로 세례받는 당시의 관습과 달리 타인에게 세례받는 독특성을 지적함으로써 세례 요한이 죄 사함을 위한 제사 의식 속에서 제사장이 하던 역할을 하고 있음을 암시하였다. 그리하여 요한에게 받는 세례는 예수를 통해 받는 죄 사함의 전조임을 내비친다.

마가가 세례 요한의 세례의 장소로서 요단강을 굳이 언급한 것은 요단강과 엘리야, 요단강과 출애굽의 연관을 연상시키기 위해서였을 것이다. 이러한 연관성은 세례 요한의 사역이 말라기가 종말에 오리라 예언한 엘리야의 사역이며 새 출애굽을 준비하는 사역임을 암시한다.

마가가 세례 요한의 음식과 복장을 묘사한 것도 그러한 음식과 복장의 광야적 특성을 통해 광야와 관련된 출애굽을 연상시키기 위해서였을 것이다. 또한 세례 요한의 복장은 엘리야의 복장을 연상시키므로 이 복장을 묘사함으로써 세례 요한이 종말에 등장할 선지자 엘리야에 해당함을 암시할 수 있었다.

마가는 세례 요한의 선포를 통해 그가 소개하고자 하는 자에 해당하는 예수가 어떤 분인지 이해하도록 돕는다. 예수는 세례 요한보다 더 강한 자이며, 예수의 세례는 요한의 물 세례보다 더 나은 세례로서 성령으로 주는 세례이다. 성령으로 주는 세례가 무엇인지 마가는 명시적으로 설명하지는 않는다. 그러나 마가복음의 문맥 안에서 성령으로 주는 세례를 이해하자면 성령으로 이루어지는 축귀(3:22-30)가 이에 해당한다고 볼 수 있다. 축귀는 성령으로 사탄을 제압하고 사탄의 포로들을 해방시키는 사역으로서(3:27) 새 출애굽에 해당한다.

쿰란 문헌(1QS 4:21)은 "거룩의 영"(רוח קוד)을 통하여 악한 행위로부터 정결하게 되고, "진리의 영"(רוח אמת)을 물처럼 뿌려서 "더러운 영"(רוח נדה)의 오염으로부터 정결하게 됨을 기대한다. 이러한 기대를 배경으로, 마가복음 1:8에서 성령으로 세례 줌을 통해 기대된 것은 더러운 영의 오염으로부터의 정결이었다고 추측할 수 있다. 마가는 성령으로 더러운 귀신들을 쫓아내는 예수의 사역이 이러한 기대를 성취한다고 보았을 것이다.

마가복음 1:10은 성령이 예수 속으로 강림하셨다고 하므로, 그 후에 예수께서 행한 다른 모든 사역도 성령으로 하는 사역이라 할 수 있다. 그래서 예수의 모든 사역은 마가복음 1:8이 언급하는 성령으로 세례 주는 사역이라 할 수 있다. 물론 이 사역의 절정은 예수께서 자신이 받을 '세례'라고 부른(10:38-39) 십자가 고난이며, 이를 통해 이루어지는 새 언약(14:24)은 예수께서 성령으로 주시는 세례의 내용이고, 세례 요한이 준비한 새 출애굽의 내용이라 할 수 있다. 다른 복음서들이 이해한 '성령으로 주는 세례'는 다른 강조점을 가질 수도 있겠지만, 마가의 관점에서 세례 요한이 기대한 성령으로 주는 세례의 성취가 무엇인가에 관해서는 마가복음 문맥 속에서 이렇게 해석될 수 있다.

제4장
마가복음 1:9-11
예수 복음의 기원[1]

마가복음의 핵심은 십자가에 못 박힌 예수께서 하나님의 아들(즉 메시아[2])이심이다. 예수는 하나님의 아들이라는 진술은 마가복음에서 수미상관(*inclusio*)을 이루며 등장한다(1:11; 15:39). 수미상관은 앞 부분과 끝 부분에 동일한 표현이나 내용이 나오는 현상이다. 이것은 어떤 주제를 강조하기 위해서나 단락의 처음과 끝을 표시하기 위해서 사용된다. 그러므로 이 구조를 통해서 볼 때 예수는 하나님의 아들이라는 주제는 마가복음의 핵심임을 알 수 있다. 이것은 마가복음의 중간에도 반복해서 나타난다(9:7). 더구나 마가복음의 제목에 해당하는 1:1도[3] '예수 그리스도'라는 표현을 담고 있다. 이것들도 예수께서 메시아이심이 마가복음의 핵심 주제임을 알려준다. 예수께서 메시아이심은 마가복음의 핵심이며, 사도들이 선포하고 교회가 믿은 복음의 핵심이다. 이 복음은 어떻게 발생하게 되었

1. 이 부분은 필자의 논문, 2013c: 465-87를 사용하여 저술하였다.
2. '하나님의 아들'이 메시아를 가리키는 용어임에 관하여는 아래 참고.
3. 막 1:1이 마가복음 제목에 해당한다는 논증에 관하여는 1:1 주해 참조.

는가? 마가복음 1:9-11은 이 복음의 기원을 알려준다.

1. 번역

9 그 무렵에 예수께서 갈릴리의 나사렛으로부터 오셔서 요단강에서 요한에게 세례를 받으셨다. **10** 곧이어 물속으로부터 올라오실 때에, 하늘이 찢어지고 성령이 비둘기처럼 자기 속으로 내려오시는 것을 보셨다. **11** 그리고 하늘로부터 소리가 났다.

"네가 바로 나의 사랑하는 아들이다. 내가 너를 기뻐한다."[4]

2. 주해

9절 (요한에게 세례받으신 예수) 마가복음에서 예수께서 처음 등장하시는 곳은 마가복음 1:9이다. 마가는 1:7-8에서 요한의 선포를 통해 오실 분에 관하여 언급한다. 그 후, 곧바로 예수를 등장시켜 독자들로 하여금 요한이 선포한 '오실 분'과 예수를 연관시키도록 한다. 그래서 건드리(R. H. Gundry)는 마가복음 1:9이 언급하는 예수의 오심(ἦλθεν)은 "오실 분"에 관한 세례 요한의 예언의 성취로 묘사된다고 주장한다(Gundry, 47). 그렇다면, 본문은 유대인들이 선지자로 여긴 세례 요한보다(11:32) 예수께서 더 큰 분이시며, 성령으로 세례를 주실 분이라고 소개하는 셈이다. 유대인

4. '에우도께사'(εὐδόκησα)는 문맥상 "내가 기뻐했다"가 아니라 "내가 기뻐한다"로 번역되는 것이 더 적합한 듯하다(11절 주해 참고). 부정과거 형태도 모든 시간에 타당한 사태를 가리킬 수 있다(Porter, 38-39).

들의 기대 속에서는 그처럼 위대한 분은 메시아일 수밖에 없었을 것이다.[5] 따라서 마가는 메시아의 오심에 관한 세례 요한의 예언을 소개한 직후에 예수의 등장을 묘사하면서 예수께서 메시아이심을 암시한다고 볼 수 있다.

마가는 예수께서 메시아이심을 암시한 후, 예수께서 요한에게 세례를 받았음을 기록한다. 요한의 세례는 죄 사함을 목적으로 하는 것이었다(1:4). 그러므로 레인(W. Lane)이 지적한 바와 같이 예수께서 요한에게 세례받으셨음은 예수께서 자신을 죄인으로 간주하셨거나 최소한 죄인들과 동일시하셨음을 내포한다(Lane, 54). 예수께서 왜 그렇게 하셨는지는 마가복음 근접 문맥과 원격 문맥에서 드러난다. 우선 근접 문맥인 마가복음 1:11을 살펴보자. 마가복음 1:11의 '내가 너를 기뻐한다.'는 이사야 42:1을 연상시켜 예수의 정체가 이사야서에 나오는 고난받는 종임을 알려준다(11절 주해 참고). 대속을 위해 고난을 받게 되는 이사야서의 여호와의 종(사 53장)처럼 예수께서 자기 백성의 대속을 위해 고난받아야 하는 분이라면 예수께서 죄인과 자신을 동일시하신 것은 죄인들을 대속하기 위해 그렇게 하신 것이라 할 수 있다. 대속 주제는 원격 문맥 마가복음 10:45("자기 목숨을 많은 사람의 대속물로 주려 함이니라."); 14:24("많은 사람을 위하여 흘리는 나의 피")에서도 확인된다. 부세이(I. Buse)에 의하면 대속을 위하여 당하는 죽음이 예수께서 받으신 세례와 연관되는 것은 마가복음 10:38-39에서 세례와 잔이 평행되어 나옴에서도 드러난다(Buse, 75). 여기서 '세례'는 마가복음 14:36의 용례를 통해서 볼 때 죽음을 가리키는 '잔'과 평행되므로 예수의 수난을 가리킨다. 이처럼 '세례'가 예수의 고난을 가리킬 수 있음은 예수께서 요한에게 받은 세례가 예수의 고

5. 신현우, 2013a: 83 참고.

난과 연관됨을 암시한다. 그러므로 마가복음의 관점에서는 예수께서 요한에게 회개의 세례를 받으심은 대속의 고난을 염두에 두고 자신을 죄인들과 동일시하신 것이라 볼 수 있다.

마가복음에서 대속은 매우 중요한 신학적 주제이다. 그렇지만, 마가는 메시아이신 예수께서 요한에게 어떻게 죄 사함을 위한 세례를 받을 수 있을까 하는 질문에는 아무 설명을 주지 않는다. 그러나 이어지는 11절에서 그 답이 신학적 설명 대신 사건의 묘사를 통해 주어진다(11절 주해 참고).

10절 (성령 강림) 마가는 곧이어 예수께서 세례받으실 때 하늘이 갈라졌다고 묘사한다(1:10). 마커스(J. Marcus)는 이 구절에서 하늘이 갈라진 현상은 이사야 63:19(개역개정 64:1, "원하건대 주는 하늘을 가르고 강림하시고")의 기도의 응답이라고 본다(Marcus, 1992: 58). 마가복음 1:10과 이사야 63:19(개역개정은 64:1) 사이의 연관성은 근접 문맥인 이사야 63:14이 '성령'과 '내려 옴'을 모두 언급하여 마가복음 1:10과 평행을 이루기 때문에 더욱 지지된다(Buse, 74). 그렇다면 하늘이 갈라지고 성령이 강림하심은 이사야 63-64장이 간구하는 하나님의 구원이 이루어지는 것과 관련된 사건이라 할 수 있다.

마커스가 관찰한 바와 같이 하늘이 갈라진 것을 묘사하는 데 사용된 단어는 마가복음 15:38에서 성전 휘장이 찢어진 것을 묘사하는 데 사용된 단어와 동일한 '스키조'(σχίζω, "찢다") 동사이다(Marcus, 1992: 56). 마가는 성전 휘장이 갈라진 사건과 하늘이 갈라진 사건을 연관시키기 위해 '스키조' 동사를 사용한 듯하다. 성전 휘장이 갈라진 사건이 가지는 의미가 하늘이 갈라진 사건의 의미를 해석해 준다. 성전 휘장의 갈라짐은 성전 휘장이 구분하는 안과 밖의 의미를 상실시키며, 성전이라는 공간이 가지는 구별성을 없앤다. 그리하여 성전의 존재 의미를 없앤다. 이렇게 보면 하늘이 갈라진 사건은 성전 휘장이 갈라진 사건과 평행되어 성전이 불필

요하게 되는 새 시대의 도래가 시작되는 것과 관련된다고 해석할 수 있다.[6]

성령이 예수께 임함은 예수께서 이사야 11:1-2; 61:1에 예언된 메시아적 존재이심을 암시한다.[7] 마가복음 1:10은 성령이 예수께 임함을 묘사함으로써 예수께서 메시아이심을 진술한다. 또한 이사야 11:1-2; 61:1의 메시아적 존재는 새 출애굽을 가져오는 분이므로(사 11:10-16; 61:1-5), 예수께 성령이 임함을 통해서 마가복음 1:10은 예수께서 새 출애굽을 가져오는 메시아이심을 알려준다.

새 출애굽과의 연관성은 이사야 32:15; 44:3; 63:14을 통해서도 지지된다. 이 구절들은 성령 강림과 새 출애굽을 연관시킨다. 따라서 마가복음 1:10에서 성령의 임하심도 새 출애굽을 암시한다고 볼 수 있다. 따라서 이사야가 기대하는 새 출애굽은 예수께 성령이 강림하심으로 이루어지기 시작한다고 본 레인의 주장은 정당하다(Lane, 56).

마가는 성령을 독특하게 비둘기와 관련시켜 묘사한다. 마가는 "그 영이 비둘기처럼 내려왔다."고 하는데, 성령과 비둘기의 연관은 낯설다. 물론 슈바이저(E. Schweizer)의 주장을 따라 비둘기가 흔한 새이기에(마 10:16), 비유를 위해 사용되었다고 볼 수도 있다(Schweizer, 40). 그러나 가넷(P. Garnet)은 1세기 유대교에서 비둘기는 성령의 상징이 아니었음이 분

---

6. 성전이 더 이상 필요하지 않은 시대가 오게 되는 이유는 예수의 (대속의 죽음을 당해야 하는) 사명과 관련된다고 볼 수 있다(이러한 사명에 관해서는 아래 11절 주해 참고).
7. 하늘이 열리고 성령이 메시아적 존재에게 임할 것을 말하는 유다의 유언 24:1-2; 레위의 유언 18:6은 이러한 해석을 지원하는 배경을 제공한다. 성령이 메시아에게 부어지고 머무신다고 하는 에녹1서 49:3; 62:2과 하나님께서 메시아를 성령으로 강하게 하신다고 하는 솔로몬의 시편 17:37도 그러하다. 이 구절들은 성령이 메시아적 존재에게 임한다고 하는 사 11:1-3에 토대하며 유대인들이 메시아적 존재에게 성령이 부어질 것을 기대했음을 보여준다.

명하다고 확신한다(Garnet, 50). 제로(S. Gero)는 후기 랍비 문헌까지 살펴보아도 비둘기와 성령의 연관이 그리스도교 발생 이전에 유대교에 이미 있었다고 판단할 근거를 찾기 어렵다고 한다(Gero, 17).

그렇다면, 마가복음에서 비둘기와 성령이 연관되어 나타나는 것은 1세기 유대교 속에서 독특한 것으로서 특별한 강조점을 가진다. 성령을 새의 이미지로 묘사한 것은 예수의 세례를 창조 기사와 관련시킨다고 볼 수 있다. 마커스가 지적한 바와 같이 새 이미지는 창세기 1장의 성령을 연상시킨다(Marcus, 2000: 165).[8] 그렇다면, 메시아에게 임한 성령은 새로운 창조를 시작하는 영임이 비둘기 이미지를 통해 암시된다고 볼 수 있다. 마가복음 본문은 이제 새 창조가 시작됨을 묘사하고 있다(Marcus, 2000: 165). 예수의 세례는 하나님의 새 창조 사건임을 '비둘기 같이'가 암시한다고 볼 수 있다.[9]

성령 강림에 관한 마가의 묘사를 마태복음과 누가복음의 평행구절과 비교하면 차이점이 발견된다. 마가는 마태복음이나 누가복음(ἐπ' αὐτόν,

8. 유대인들의 강해서 미드라쉬(*Genesis Rabbah* 2:4)는 태초에 수면을 운행하던 (새 이미지로 묘사된) 하나님의 영을 메시아의 영이라 해석한다(Freedman, trans., 17; Keck, 1970/1971: 51; Lohmeyer, 25). 마가도 새 이미지를 통해 창조 때의 성령을 연상시키고자 했을 수 있다.

9. 비둘기는 호 11:11; 시 74:19에서 이스라엘을 상징한다. 랍비 문헌에서도 비둘기는 종종 이스라엘을 상징하기도 한다(Edwards, 1991: 47; Str-B, 123 참고). 그러나 막 1:10 문맥에서는 비둘기가 성령과 관련되어 사용되었으므로 이스라엘을 상징하기 위해 사용되지 않았다(Gnilka, 52). 억지로 이스라엘과 관련시켜 해석한다면 비둘기 이미지로 묘사된 성령 강림은 성령 강림을 받은 예수께서 이스라엘의 대표이심을 암시한다고 볼 수 있다(Lane, 57). 그렇다면, '비둘기'는 예수의 세례가 새 이스라엘의 창조를 위한 사건임을 암시한다고 볼 수 있다. 또한, '비둘기'는 히브리어로 '비둘기'(יוֹנָה, 요나)라는 이름을 가진 선지자 요나를 연상시킨다. 그리하여 요나처럼 이방에 복음을 전파하는 사역이 예수와 연관됨을 암시한다고 볼 수도 있다(Ryan, 23).

"그 위에")과 달리 성령께서 "그[예수] 안으로"(εἰς αὐτόν) 내려오셨다고 기록한다. 이것은 예수께서 성령을 취하신 것으로 그리기보다는 성령께서 예수를 취하신 것으로 묘사하는 것으로 볼 여지가 있다(1:12 참고).[10] 이렇게 볼 경우 성령 강림 이후에 이루어지는 예수의 모든 사역은 성령으로 하시는 사역이다. 수면 아래로부터는 잠겨 있던 예수께서 수면을 가르고 올라오시고, 하늘 저편에서는 성령께서 하늘을 가르고 내려오신다. 성령이 예수 안으로 들어오심으로써, 예수와 성령은 만나 합일을 이룬다. 그러므로 마가복음의 관점에서 볼 때 예수의 사역은 곧 성령의 사역이라 할 수 있다.

11절 (하늘에서 들린 음성) 마가는 예수께 성령이 강림하셨음을 묘사한 후, 이어서 예수께서 누구인지 선언하는 음성이 하늘에서 들렸음을 기록한다. 이 음성은 하늘에서 들린 것이므로 출애굽기 20:22("내가 하늘로부터 너희에게 말하는 것을")과 신명기 4:36("여호와께서 … 하늘에서부터 그의 음성을 네게 듣게 하시며")을 배경으로 하여 볼 때, 하나님의 음성이다.[11]

하늘에서 들린 이 음성은 랍비 문헌에 나타나는 "소리의 딸"(בת קול)로 볼 수도 있다. 유대인들은 소리의 딸(בת קול)이 예언의 영의 빈약한 잔여이며 하나님께서 더 이상 선지자를 통해 말씀하시지 않으시는 시대에 말씀

10. Fowler, 16.

11. 유대인들의 문헌은 이러한 해석을 지원한다. 바룩2서 22:1은 "하늘이 열렸고, … 음성이 높은 곳에서부터 들렸다."고 한다(*OTP*, vol.1, 629). 레위의 유언 18:6-7은 주께서 세우시는 새 제사장에게 "하늘이 열리고 영광의 성전으로부터 그에게 성결이 아브라함으로부터 이삭에게 말하듯 하시는 아버지의 음성과 함께 임할 것이다. … 깨달음과 성결의 영이 그에게 머물 것이다."라고 한다(*OTP*, vol.1, 795). 레위의 유언 2:6은 "보라, 하늘들이 열렸고, 주의 천사가 나에게 말했다."고 한다(*OTP*, vol.1, 788). 하늘이 열린 후 들린 음성은 높은 곳, 아버지, 천사와 관련되므로 하나님으로부터 기원하는 음성이라 할 수 있다.

하시는 방편으로 여겼다.[12] 그런데 본문에 나타난 음성은 성령의 강림을 동반하므로 소리의 딸이라기보다는 하나님의 음성 자체라고 볼 수 있다.[13]

하늘이 갈라지고 (하나님의) 음성을 통하여 계시된 비밀은 예수는 하나님의 사랑하는 아들이시라는 것이다. 여기서, '하나님의 아들'은 메시아 칭호이다(France, 609). 이 칭호가 마가복음에서 메시아를 가리키는 용어로 사용되었음은 마가복음 14:61에서 '찬송 받을 자의 아들'과 '그리스도'(즉 메시아)가 동의적 평행을 이루며 사용된 것을 통하여 알 수 있다.[14] '하나님의 아들'이 '메시아'를 가리키는 용법은 시편 2편의 용례와 관련된다. 시편 2편에서 7절의 '하나님의 아들'은 2절의 '메시아'(기름부음 받은 자)와 동일 인물이다. 이러한 구약적 배경으로 인해 '하나님의 아들'은 메시아 칭호로 사용될 수 있었을 것이다.[15]

시편 2편을 배경으로 보면 하나님의 아들 메시아는 쇠몽둥이로 열방을 질그릇처럼 부수고 땅끝까지 세계를 정복할 것이다(시 2:8-9). 시편 2:8에 의하면 메시아는 전 세계를 통치하게 되며, 이어지는 9절에 의하면 이 메시아는 이방 나라들을 쳐부순다. 이러한 배경으로 인해 유대인들은

12. Edwards, 1991: 45; Str-B, 125-26.
13. Edersheim, 198. (= 1886년 판의 1.286) 참고.
14. 에스라4서 7:28에 나오는 '나의 아들 메시아'라는 표현도 하나님의 아들이 메시아를 가리킴을 암시한다(Charlesworth, 1988: 150-51 참고). 이러한 용법은 쿰란 문헌에서도 발견된다. 쿰란 문헌 4Q246 2:1은 메시아가 하나님의 아들이라 불릴 것이라고 말하며, 쿰란 문헌 4Q174 1:10-11은 다윗의 가지(메시아)를 삼하 7:12-14의 아버지-아들 이미지와 동일시한다(Edwards, 2002: 448). 이러한 용례들은 '하나님의 아들'이 당시 유대인들에게 메시아를 가리키는 용어였음을 알려준다.
15. 막 9:7에 예수가 하나님의 아들이라는 하나님의 선언이 반복되는 것으로 보아 막 1:11의 '너는 내 아들이다.'는 선언은 입양 선언이 아니라 정체성에 대한 선언으로 볼 수 있다(Hooker, 48). 입양은 반복될 필요가 없기 때문이다. 이 선언에 시 2:7의 '오늘 내가 너를 낳았다.'는 말씀이 빠진 것도 예수께서 메시아로 입양된 것이 아님을 보여준다(van Iersel, 103).

메시아가 군사적인 수단을 통해 전 세계를 정복하고 지배할 것으로 기대하였을 것이다.

그런데, 하늘에서 들린 음성은 예수께서 하나님의 '사랑하는 아들'이라고 선언한다. '사랑하는'이라는 수식어는 예수께서 어떤 메시아이신지 알려준다. 창세기 22:2에서 이삭은 아브라함의 사랑하는 아들이다. 이 본문을 배경으로 본다면 '사랑하는'은 예수께서 이삭처럼 제물로 드려질 것을 암시한다고 볼 수 있다.[16] 창세기 22:2에서 하나님은 모리아 산에서 이삭을 제물로 바치라고 하고, 역대기하 3:1은 예루살렘의 모리아 산에 성전이 세워진다고 하므로, 성전 산은 모리아 산이다. 이러한 지리적 연관성도 번제 나무를 지고 모리아 산을 향하여 간 이삭과 예루살렘에서 나무(십자가)를 지고 가서 마침내 죽임을 당한 예수를 연관시킨다.[17]

마가복음 1:11의 '나의 사랑하는 아들'에 더 긴밀하게 평행되는 표현은 예레미야 31:20("에브라임은 나의 사랑하는 아들 기뻐하는 자식이 아니냐?")에서 발견됨이 깁스(J. A. Gibbs)에 의하여 지적되었다(Gibbs, 512-20). 여기서 '사랑하는 아들'은 70인역(렘 38:20)에서 '휘오스 아가뻬또스'(υἱὸς ἀγαπητὸς)이므로 마가복음 1:11의 '사랑하는 아들'(υἱός ... ἀγαπη-

16. 이삭을 묶음(아케다)이라는 주제는 동시대 유대교 전통 속에서 이미 매우 중요한 주제로 등장한다는 것을 보여주는 데일리(R. J. Daley)의 관찰은 이러한 해석의 개연성을 지지한다(Daley, 45-75). 특히 "아브라함으로부터 이삭에게 말하듯 하는 아버지의 음성"을 언급하는 레위의 유언 18:6은 '하나님의 음성'을 언급하는 막 1:11이 '사랑하는'이 동일하게 등장하는 창 22:2을 통해 '이삭'과 연관될 개연성을 지원한다(Daley, 70 참고).

17. 시편 탈굼은 2:7에서 "아들이 아버지에게 그러하듯이 너는 나에게 사랑스럽다."고 번역한다(Stec, ed., 30; Evans, 2001: 213). 시편 탈굼에 담긴 초기 전통은 1세기 또는 그 이전까지 거슬러 올라간다(Evans, 2001: 197). 시편 탈굼 2:7이 1세기의 시편 이해를 반영할 경우, 막 1:11의 '사랑하는'은 '하나님의 아들'과 함께 시 2:7과 연관될 수 있다. 이 경우에는 '사랑하는'은 '하나님의 아들'에 이미 내포된 것이며 추가적 의미를 부가하지 않는다.

τός)과 긴밀하게 연관되며, '기뻐하는'(ἐντρυφῶν)도 마가가 선택한 '에우도께사'(εὐδόκησα)와 형태는 다르지만 동일한 의미("기뻐하다")를 전달한다. 그러므로 마가복음의 '사랑하는'은 창세기 22:2나 시편 2:7보다는 좀 더 긴밀한 연관을 이루는 예레미야 31:20을 배경으로 해석하는 것이 낫다.

예레미야 31:20에서 '사랑하는 아들'은 에브라임을 가리키며, 에브라임은 예레미야 31:21에서 '이스라엘'이라는 명칭이 등장하는 것으로 보아 이스라엘을 가리키는 제유법적 표현임을 알 수 있다. 이 본문은 이스라엘이 새 출애굽을 경험하리라는 약속(렘 31:16-17, 21)과 새 언약을 세우리라는 약속(렘 31:31-33)을 제공하는 문맥 속에 위치한다. 그러므로 이 본문을 배경으로 마가복음 1:11의 '사랑하는'은 예수께서 이스라엘(의 대표)이심을 암시한다. 또한, 이제 (예수를 통해서 대표되는) 이스라엘에게 새 출애굽이 발생하고, 그들이 하나님과 새 언약을 맺게 됨을 알려준다(Gibbs, 522-25 참고).

하늘에서 들린 음성은 예수를 '기뻐하노라'고 선언한다. '기뻐하노라'에 해당하는 헬라어 '에우도께사'는 시제 형태가 부정과거형으로 되어 있는데, 테일러(V. Taylor)는 이것을 히브리어에서 사용되는 상태를 나타내는 완료형(stative perfect)을 반영한다고 본다(Taylor, 162). 시제의 형태를 그대로 따라가면 '에우도께사'는 "기뻐했다"는 과거적 의미를 가진다고 볼 수 있지만, 동일한 대상(예수)에 관한 평행적 진술인 바로 전 문장 "너는 내 사랑하는 아들이다(εἶ)."의 동사가 현재형이며 과거, 현재, 미래를 포괄하는 의미로 사용되었으므로, '에우도께사'도 문맥상 포괄적 의미를 가지는 것으로 볼 수 있다.

마커스는 '내가 기뻐한다'가 창세기 1:31에 나타난 '매우 좋다'는 하나님의 평가를 연상시킨다고 본다(Marcus, 2000: 166). 이렇게 보는 관점에서는 '기뻐한다'가 예수를 통한 새로운 창조를 뜻한다고 볼 수 있다. 또한 '기뻐한다'는 예레미야 31:20의 '기뻐하는 자식'을 연상시키고 예레미야 31장에서 이 구절과 연관된 새 출애굽 주제와 관련된다고 볼 수도 있다(위 참고). 그리하여 '기뻐한다'는 표현은 예수를 통해 하나님의 새 창조인 새로운 출애굽이 시작되고 있음을 알려준다고 해석할 수도 있다.

그렇지만 '기뻐한다'와 좀 더 긴밀하게 관련된 표현은 이사야 42:1에서 찾아진다. '기뻐하다'는 표현은 이사야 42:1에 등장하며, 여호와의 종에 관련된 표현이기도 하다. 70인역은 여기서 '에우도께오'(εὐδοκέω, "기뻐하다") 동사 대신 '쁘로스데코마이'(προσδέχομαι, "받아들이다") 동사를 사용한다. 그렇지만, 테오도션(Theodotion), 아퀼라(Aquila), 심마쿠스(Symmachus)의 역본은 70인역의 '쁘로스데코마이' 동사 대신에 '에우도께오' 동사를 사용하므로(Edwards, 1991: 54), 이러한 연관성을 간과할 수 없다. 또한 이사야 42:1이 성령의 강림을 언급하고 마가복음 1:10도 그러하므로 두 본문 사이의 연관은 더욱 지지된다. 따라서 마가복음 1:11의 '내가 너를 기뻐한다.'(ἐν σοὶ εὐδόκησα)는 예수를 이사야 42장부터 소개되어 나오는 여호와의 종으로 묘사한다고 볼 수 있다. 이 여호와의 종은 이방인들에게 하나님의 공의를 베풀며(사 42:2-4) 그 백성을 위하여 대신 고난을 당하게 된다(사 53장). 그러므로 '내가 너를 기뻐한다.'는 음성은 예수께서 (메시아임에도 불구하고) 대속의 고난을 통하여 그 백성을 출애굽(해방)시키고 이방인들에게 공의를 베푸는 종의 사명을 감당해야 함을 선언하였다고 볼 수 있다.

예수 이전에는 '여호와의 종'이나 '인자'가 메시아와 연결되지는 않았다(Edwards, 2002: 250). 마가복음 10:45에 의하면 이러한 연결은 예수에 의해 이루어진 것이며, 마가복음 1:11에 의하면 여호와의 종과 하나님의 아들(메시아)의 연결을 시킨 분은 하나님이다. 하나님은 하늘에서 친히 음성을 발하여 메시아가 여호와의 종의 사명을 감당하게 됨을 선언하셨다. 그러므로 마가복음에 의하면 고난받는 메시아라는 새로운 개념은 하나님의 계시로부터 기원한다.

3. 해설

고난받는 종과 왕적 메시아는 유대교에서는 서로 다른 범주에 속하는 인물이지만, 이 둘은 십자가에 못 박히고 부활하신 예수를 통하여 연결되었다. 이러한 연결의 기원은 예수께서 세례 요한에게 세례받으실 때 하늘에서 들린 하나님의 음성이다. 그러므로 고난받는 종으로서 십자가에 못 박힌 예수께서 사실은 유대인들이 기다리던 구원자 메시아라는 복음 선포의 기원은 이를 친히 선언하신 하나님 자신이다. 그러므로 이 복음은 믿을만하다. 우리가 복음을 믿을 만하다고 여길 수 있는 근거는 복음이 사람이 고안해 낸 것이 아니고, 하나님께서 창조하신 길이기 때문이다.

신명기 21:23의 저주를 무효화하는 예수의 부활 없이는 십자가에 못 박혀 죽은 예수를 메시아로 믿는 그리스도교 신앙의 발생이 설명되지 않는다. 마찬가지로 예수께서 요한에게 세례받으실 때에 하늘에서 들린 계시의 음성이 없이는 예수께서 자신을 메시아로 간주하셨음에도 불구하고 왜 고난받는 종의 사명을 가지고 십자가를 향하여 가셨는지 그 이유를 잘 설명할 수 없다. 그러므로 이 음성은 실제로 예수께 들려진 역사적 음성이라고 볼 수 있다. 따라서 십자가에 못 박힌 예수를 하나님의 아들 메시아로 선포한 복음의 기원은 예수께서 요한에게 세례받으실 때 들린 하나님의 음성이다. 이 계시야말로 복음의 기원이다. 예수는 하나님의 아들 메시아라는 복음은 사람이 만들어 낸 종교 사상이 아니라 하나님께서 선언하신 계시이다.

제5장
마가복음 1:12-13
예수의 광야 시험[1]

컬페퍼(R. A. Culpepper)는 마가복음 1:12-13에 아담-그리스도 모형론이 담겨 있다고 주장한다.[2] 그러나 스타인(R. H. Stein)은 이 본문에서 아담-그리스도 모형론을 읽으면 안 된다고 한다(Stein, 65). 한편, 케인데이(A. B. Caneday)는 이 본문에서 이스라엘-예수 모형론을 읽으며(Caneday, 29-30), 엘리야-예수 모형론도 함께 등장한다고 본다(Caneday, 32). 동일 본문을 이처럼 다양한 모형론으로 읽는 것은 주해의 다양성의 한 경우에 해당하므로, 그 모든 것이 다 옳을 수는 없다고 볼 수도 있다. 그러나 저자 자신이 여러 모형론의 중첩을 의도했을 가능성을 배제할 수는 없다.

---

1. 이 부분은 필자의 논문, 2014c: 27-58을 사용하여 저술한 것이다.
2. Culpepper, 51: "여기서 마가는 아담/그리스도 모형론을 사용하는데, 이것은 바울이 로마서에서 발전시키는 것과 유사하다."("Here Mark employs an Adam/Christ typology like that Paul develops in Romans.") 로마서 5장에서 바울은 아담-그리스도 모형론을 통해 그리스도를 통해 발생한 구원을 표현한다. 특히 롬 5:14은 '모형'(τύπος)이라는 단어를 사용한다. "아담은 오실 자의 모형이라." 여기서 바울은 아담을 그리스도의 모형이라고 분명하게 밝혀 주장한다.

마가복음 1:12-13에는 시험의 내용과 결과가 생략되어 있다. 그래서 마가복음을 최초로 읽는 독자가 이 본문을 읽고 시험의 내용 및 결과를 파악할 길은 없다. 이러한 관점에서 마가복음 1:12-13에서 사탄의 패배를 읽는 해석을 반대하는 스타인(Stein)의 주장은 옳다고 볼 수도 있다(Stein, 66). 그러나 마가복음을 거듭 읽어 마가복음의 내용을 숙지한 독자들이 이 본문을 다시 읽을 때에는, 마가복음의 전체 문맥 속에서 이 시험의 내용 및 결과를 추측하는 것은 불가능하지 않다. 본문이 시험의 내용 및 결과를 함축하고 있다면, 그것은 이 본문이 어떤 모형론으로 읽혀야 하는지에 관한 단서도 제공해 줄 수 있을 것이다.

1. 번역

12 곧이어 성령께서 그를 광야 속으로 쫓아내셨다.[3] **13** 그는 사십 일 동안 광야에 거하시며 사탄에게 시험을 받고 계셨다.[4] 그런데 그는 들짐승들과

---

3. '까이 에우튀스'(Καὶ εὐθὺς)는 마가복음에서 단락 초두에 쓰일 경우 단락의 시작을 나타내는 접속어로 간주할 수 있다(Decker, 75 참고). '엨발레이'(ἐκβάλλει)라는 표현의 사용은 어색하게 보인다. '엨발레이'는 현재형이지만 문맥상 과거를 가리킨다. 이러한 용법을 '역사적 현재'(the historic present)라고 한다. 이러한 표현을 사용한 데에는 의도가 있을 것이다. 아마도 역사적 현재를 사용한 것은 12절에서 새로운 장면(광야)과 새로운 사건이 시작되므로 단락이 나누어짐을 표시하기 위함일 것이다. 역사적 현재는 과거시제 형태보다 동작을 더욱 강조하여 표현하기도 한다(Porter, 31). 그러나 여기에서는 단락 시작 표지로 사용되었다고 볼 수 있다. 마가복음에서 역사적 현재가 이러한 용법으로 사용되었음에 관한 논증으로는 필자의 논문 Shin, 2012: 40-41을 보라.
4. 동사 '에이미'(εἰμι)는 "살다"(to live)를 뜻할 수 있으므로(BDAG, 285) '엔'(ἦν)은 '살았다'로 번역할 수도 있다. '사따나'(σατανᾶ)는 아람어 '사타나'(סָטָנָא)의 음역이다(Taylor, 164).

함께 계셨고, 천사들이 그분께 시중들고 있었다.[5]

2. 주해

12절 (광야의 예수) 광야는 세례 요한의 사역지였고 주의 길을 준비하는 곳이었기에(1:2-4) 그 뒤에 오시는 예수께서 광야에서 시작하시는 것은 마가복음의 문맥 속에서 매우 자연스럽다. 광야를 배경으로 하여 천사들의 도움으로 승리하는 종말론적 전쟁이 발생하리라는 기대가 1세기 유대인들에게 있었다면, 우리는 마가복음 1:12-13을 종말론적 전쟁과 관련하여 읽을 수 있을 것이다. 광야를 배경으로 하여 천사가 등장하며, 적대세력인 사탄이 등장하는 마가복음 1:12-13 본문은 예수와 사탄 사이의 종말론적 전쟁을 그려준다고 볼 수 있다. 독자들은 이 전쟁의 결과에 관하여 관심을 가질 수밖에 없는데, 마가는 이 부분을 명확히 그리지 않는다. 그러나 이것은 마가가 이 전쟁의 내용과 결과에 관심이 없었기 때문이라고 단정할 수 없다. 이것은 글의 서두 부분에서 구체적 기술을 삼가고 단지 암시하며 복선을 깔아서 독자들의 흥미를 유발하는 문학적 기법으로 볼 수도 있기 때문이다.

---

5. 천사들의 시중(διηκόνουν)은 식사 시중을 뜻한다고 볼 수 있다(Gibson, 1994: 20). '디아꼬네오'(διακονέω)는 눅 17:8에서도 식사 시중을 드는 것을 가리킨다. '디에꼬눈'(διηκόνουν)은 미완료형이므로 천사들의 식사 시중은 40일 끝에 이루어진 것이라기보다는 40일 내내 이루어진 것이라고 읽힐 수도 있다(Gnilka, 58). 슈바이저(E. Schweizer)도 동일한 입장이다(Schweizer, 42). 그러나 미완료형이 이야기 줄거리에 부연 설명을 덧붙이는 기능을 하는 것을 고려한다면(Campbell, 101) 미완료형에 토대하여 저자가 식사 시중의 기간에 관하여 어떤 입장을 가졌는지 파악할 수는 없다고 보아야 한다.

쿰란 문헌은 광야가 종말론적 전쟁 장소로 기대되었음을 알려준다(1QM 1:3-4). 이사야 40:3은 광야와 하나님의 구원(새 출애굽)을 연관시키므로, 이러한 기대는 단지 쿰란 공동체만의 기대만은 아니고 더 많은 유대인들의 기대였을 것이다. 쿰란 문헌은 이 종말론적 전쟁에서 천사가 도움을 줄 것이라 한다(1QM 12:8; 17:6). 마카비2서 10:29-30은 천사들이 유대인들을 도와 적군을 물리친 이야기를 전하며, 마태복음 26:53은 하나님이 "열두 군단 더 되는 천사를 보내시게" 예수께서 요청할 수 있다고 한다. 따라서 천사들이 물리적 힘으로 전쟁을 도울 수 있다는 기대는 단지 쿰란 공동체의 기대만은 아니었을 것이다.

마가복음이 성령을 주어로 사용하여 성령이 예수를 광야로 '쫓아내셨다'(ἐκβάλλει)고 기록한 것은 특이하다. 성령이 예수를 광야로 쫓아내신 것은 하나님께서 아담을 에덴동산으로부터 쫓아내셨다(ἐξέβαλεν)고 하는 창세기 3:24을 연상시킨다.[6] '쫓아내셨다'(ἐκβάλλει)란 표현을 통하여 아담과 예수가 연결되면서 아담-예수 모형론이 제시된다. 아담은 사탄의 시험에 넘어가 하나님의 명령을 어기고 에덴동산에서 쫓겨나지만, 광야로 쫓겨나 사탄에게 시험을 받은 예수는 에덴을 회복하게 된다는 신학적 주제를 담기 위해 창세기 3:24의 '쫓아내셨다'(ἐξέβαλεν)를 연상시키는 단어가 사용된 듯하다.

예수께서 당하신 시험의 내용이 대속의 의미를 가진(14:24) 예수의 죽음의 잔과 관련된 것이었다면, 성령에 의하여 광야로 보내어지는 예수의 모습은 이스라엘의 죄를 지워 광야로 쫓아내는(ἐξαποστελεῖ) 속죄 염소의 모습을(레 16:21) 기억나게 한다고 볼 수 있다.[7] 이것은 마가가 성령이 예

6. Heil, 2006: 64 참고.
7. Edwards, 2002: 39 참고.

수를 광야로 '쫓아냈다'(ἐκβάλλει)고 표현한 이유에 관한 또 하나의 설명이 될 수 있다. 이처럼 마가복음의 문맥과 구약성경을 배경으로 마가복음 1:12-13을 해석하면 '광야,' '쫓아내다' 용어에서 속죄 염소 모형론을 읽게 된다.

13절 (광야 시험) 예수는 '광야에서 사십 일' 동안 마귀에게 시험받았다. 마가복음 1:13은 예수께서 광야에서 거하시며 40일 동안 사탄에게 시험받았다고 한다. '광야에서'(ἐν τῇ ἐρήμῳ)와 '40일 동안'(τεσσεράκοντα ἡμέρας)은 이스라엘-예수 모형론을 담고 있다고 볼 수 있다. 왜냐하면 신명기 8:2-4은 하나님이 이스라엘을 광야로 인도하여 40년 동안 시험하셨음을 언급하기 때문이다(Gibson, 1994: 17). 비록 40일은 40년과는 다르지만, 40일이 40년과 연관된다는 것은 민수기 14:34에 반영되어 있으므로 40일이 40년을 반영할 수 있다(Caneday, 30). 예수께서 40일 동안 광야에서 시험받은 것도 이스라엘이 40년 동안 광야에서 시험받은 것과 비슷하다.[8] 다만, 이스라엘은 광야에서 시험에 실패하였지만, 예수께서는 시험에 이기셨다는 점이 다르다. 옛 이스라엘은 출애굽 후에 광야에서 실패하지만, 새 이스라엘(의 대표)이신 예수께서는 광야에서 승리하시고 광야에서 새 출애굽의 길을 여신다.

예수께서 사탄에게 받으신 시험의 내용은 마가복음에 기록되어 있지 않다. 그러나 마가복음의 문맥 속에서 시험의 내용을 추측할 수 있다. 마가복음에는 "시험하다"(πειράζω) 동사가 4회 등장한다. 이 동사가 사용된 곳들을 보면 예수께서 유대인 지도자들에게 당하신 시험이 소개된다(8:11; 10:2; 12:15).

8. '광야'와 '시험'의 관련성은 쿰란 문헌(1QS 8:1-23)에서도 발견된다(Stegner, 22-23, 26).

마가복음 8:11에는 바리새인들이 예수를 시험하는 장면이 나온다.[9] 바리새인들은 "하늘로부터 오는 표적"(σημεῖον ἀπὸ τοῦ οὐρανοῦ)을 구한다. '하늘로부터'라는 표현은 마카비2서 15:8의 '하늘로부터'(ἀπ' οὐρανοῦ)와 마카비2서 2:18의 '하늘 아래로부터'(ἐκ τῆς ὑπὸ τὸν οὐρανὸν)와 유사한데, 이 표현은 전력의 열세에도 불구하고 하나님의 도우심으로 전쟁에서 승리한 것과 관련된다(Gibson, 1990: 44). 그렇다면 바리새인들이 구한 표적은 전쟁에서의 승리였다고 볼 수도 있다. 바리새인들이 예수께 군사적 승리의 표적을 통하여 메시아임을 입증하라고 요구했다면, 이것은 (마태복음 4:3에 기록된) 돌로 떡을 만들어 하나님의 아들임에 대한 기대에 부응하라는 사탄의 유혹과 유사하다(Dormandy, 2003a: 185). 둘 다 당시 사람들이 기대하는 메시아의 역할을 하라는 유혹이기 때문이다. 물론 예수께서는 이러한 유혹을 이기신다.

마가복음 10:2에도 바리새인들(또는 다른 사본들에 따라, '사람들')의 시험이 나타난다. 그들은 이혼이 허용되는지 묻는다. 헤롯이 자신의 아내를 버리고 형제의 아내와 재혼한 것을 세례 요한이 반대하다가 결국 처형당한 상황에서 이러한 질문은 정치적 차원을 가진 것이었다. 이 시험은 예수로 하여금 세례 요한의 입장을 따라 답하게 하여 헤롯의 박해를 받게 하거나 고난을 피하기 위해 세례 요한의 입장을 부정하게 하려는 것이었을 수 있다. 그렇다면 이것은 (마태복음 4:6에 기록된) 성전에서 뛰어내리라고 요구한 마귀의 시험과 유사하다. 이때 마귀는 시편 91:11, 13을 인용하는데 악인이 고난을 받는다고 하는 근접 구절(시 91:8)을 고려해 볼 때,

9. Καὶ ἐξῆλθον οἱ Φαρισαῖοι καὶ ἤρξαντο συζητεῖν αὐτῷ, ζητοῦντες παρ' αὐτοῦ σημεῖον ἀπὸ τοῦ οὐρανοῦ, πειράζοντες αὐτόν.("바리새파 사람들이 나와서는, 예수에게 시비를 걸기 시작하였다. 그들은 예수를 시험하느라고 그에게 하늘로부터 내리는 표징을 요구하였다.")

이것은 메시아가 고난받아야 함을 성경을 사용하여 부정하기 위한 것이었다고 볼 수 있다. 그렇다면 (이혼 문제를 질문하면서) 고난을 피하는 길로 예수를 유혹한 사람들의 시험은 사탄의 시험과 유사하다. 그런데 예수는 세례 요한의 입장에 동의하시며 (다른 여자와 결혼하고자) 아내를 마음껏 버릴 수 있었던 당시 관습을 부정하신다. 예수께서는 시험을 당하실 때 고난받는 길을 피하지 않으신다.

마가복음 12:15에는 세 번째 시험이 나온다. 바리새파와 헤롯파 사람들이 함께 예수를 시험하였다. 이 시험은 로마 황제에게 내는 세금에 관한 것으로서 헤롯과 같은 지방 정권이 아니라 로마제국의 권력과 관련된 것이었다. 세금을 로마에 내지 말라는 입장을 택할 경우 로마 당국에 고발당하여 처형당할 것이고, 바치라고 할 때에는 유대인들로부터 외면당하게 될 것이다. 이것은 마태복음 4:10에 기록된 (사탄이 자기에게 절하라고 한) 시험과 유사하다(Dormandy, 2003a: 186). 예수께서는 뒤에 강조가 있는 대조적 평행법을 자주 사용하셨으므로(Jeremias, 18), “가이사의 것은 가이사에게 돌려주라. 그러나 하나님의 것은 하나님께.”라는 말씀도 뒤에 강조가 놓이는 대조평행구로 볼 수 있다. 그렇다면 이 말씀은 “주 너의 하나님께 경배하고, 그분만을 섬겨라.”(마 4:10)고 예수께서 사탄에게 대답하신 것과 동일선상에 있다. 두 경우 모두 예수께서는 하나님을 섬겨야 함을 강조하신다(Dormandy, 2003a: 186).

마가복음이 소개하는 세 가지 시험은 마태복음과 비교해 볼 때 사탄이 행한 시험의 내용과 유사하다. 어쩌면 마가는 이처럼 유사한 시험을 다른 곳에서 소개하기 때문에 사탄의 시험 내용을 생략했을 수도 있다. 물론, 이것은 추측일 뿐이다. 마가복음에서 바리새파, 헤롯당 등을 통하여 이루어진 시험이 광야에서 사탄이 행한 시험과 그 내용이 동일하다고 볼 분명한 증거는 없다.

예수께서 광야에서 사탄에게 받은 시험의 내용을 알려주는 단서는 마가복음 8:33에서 발견된다. 여기서 예수께서는 베드로를 '사탄'이라고 부르며 그가 하나님의 일을 생각하지 않는다고 지적하신다. 이것은 베드로가 사탄과 동일한 입장을 취하고 있었다고 간주되었기 때문일 것이다. 예수께서는 많은 고난을 받고 죽임을 당할 것을 말씀하셨고(8:31), 베드로는 이를 반대한다(8:32). 여기서 베드로는 예수의 고난과 죽음을 반대한 것인데, 예수께서는 이러한 베드로의 입장을 사탄적인 것으로 본다. 메시아가 고난받아야 함을 거부하는 것은 단지 베드로의 입장만이 아니라 당시 유대인들 대부분의 입장이었을 것인데, 예수께서 굳이 베드로를 사탄이라고 부르신 이유는 무엇일까? 아마도 광야에서 사탄이 고난받는 메시아의 길을 거부하라고 유혹했기 때문일 것이다. 이러한 추측은 예수의 광야 시험이 세례 요한에게 세례를 받을 때 '내가 너를 기뻐한다.'는 선언, 즉 예수께서 고난받는 메시아라는 선언을 받으신 직후에 광야 시험이 이어지는 것에 의해서도 지지받는다.[10] 하나님으로부터 메시아의 정체와 사명을 확인받은 예수께 사탄은 그런 메시아의 길을 거부하도록 유혹했을 것이다.

예수께서 베드로의 꾸지람을 듣고(8:32), 그를 사탄이라고 부르신 것은 그의 주장이 사탄이 유혹하며 주장한 것과 같았음을 암시한다. 또한 예수께서 지체 없이 베드로의 주장을 거부하신 것은 예수께서 이미 광야 시험에서 유사한 사탄의 주장을 이기셨음을 알려준다. 예수께서 베드로의 주장을 거부하시며, '하나님의 일'을 언급하신 것은 하늘에서 들린 (하나님의) 음성을 기억나게 한다. 이 음성은 "너는 내 사랑하는 아들이다. 내가 너를 기뻐한다."는 말씀으로 고난받는 메시아의 길을 예수께 계시하셨

10. '내가 너를 기뻐한다.'의 의미에 관한 논증은 앞의 막 1:11 주해 참고.

다(앞의 막 1:11 주해 참고). 베드로는 고난받는 메시아의 길을 거부하면서 예수를 꾸짖었음이 마가복음 8:31-32에서 분명하며, 예수께서는 이러한 베드로의 주장과 관련하여 베드로를 '사탄'이라고 부르므로, 사탄의 시험 내용은 고난받는 메시아의 길을 거부하도록 하는 것이었다고 추측할 수 있다.

이러한 추측은 마가복음 14:36에 나오는 예수의 기도를 통해 다시금 지지받는다. 예수께서는 "이 잔을 내게서 옮기시옵소서."라고 기도하셨는데, 여기서 '잔'은 '죽음의 잔'이라는 표현이 발견되는 탈굼(아람어로 번역된 구약성경)의 용례와[11] 곧이어 예수께서 체포되어 죽임을 당하는 마가복음의 문맥을 통해서 볼 때 예수의 고난과 죽음을 가리킨다. 이 기도에서 예수께서는 고난을 피하는 것이 "내가 원하는 바"(τί ἐγὼ θέλω)라고 하신다. 이것은 고난의 길을 피하는 것이 예수께서 원하신 바였음을 보여준다. 사탄은 고난의 길을 피하고 싶은 예수의 마음을 부추기며 시험했을 것이다. 예수의 십자가는 실제적 고통의 십자가였으며 예수께서 받은 유혹도 실제적 유혹이었음을 우리는 "이 잔을 내게서 옮기시옵소서."라고 간구하신 예수의 기도를 통해 추측할 수 있다.

마가복음 1:13은 예수께서 '들짐승과 함께' 계셨다고 한다. '들짐승'은 야생동물을 가리킨다. 광야의 야생동물은 민수기 21:6이 언급하는 광야의 불뱀을 연상시킨다.[12] 마가복음 1:13은 또한 천사들이 예수의 식사 시중을

11. *Tg. Neof.* 창 40:23; *Tg. Neof.* 신 32:1; 양용의, 245.

12. 밴 헨텐(J. W. van Henten)에 의하면, '야생동물들과 함께'(μετὰ τῶν θηρίων)는 단 4:33의 '들짐승들과 함께'(עִם־חֵיוַת בָּרָא)를 연상시킨다(van Henten, 362 참고). 이것은 느부갓네살 왕이 하나님께서 다스리신다는 것을 깨달을 때까지 야생동물들과 살며 징계받을 것을 가리킨다(단 4:33). 막 1:12-13이 광야 시험을 언급한 후에 이어지는 14-15절이 하나님의 나라(다스리심)에 관한 예수의 선포를 소개하므로(막 1:15), 막 1:12-13이 단 4:33과 연관되는 측면이 있다. 그러나 예수의 경우는 광야에

들었다고 한다(διηκόνουν). 이것도 이스라엘이 출애굽 후 광야에서 생활한 모습을 연상시킨다. 천사들의 식사 시중은 광야에서 내린 만나를 연상시킨다. 왜냐하면 70인역 시편 77:24-25에서 만나는 곧 "천사들의 빵"(ἄρτον ἀγγέλων)이라 해석되고, 출애굽기 16:4은 하나님께서 만나를 통하여 이스라엘을 시험하셨다고 하기 때문이다(van Henten, 363). 더구나 유대인들의 문헌 솔로몬의 지혜서 16:20도 하나님이 천사들의 음식으로 그의 백성(이스라엘)을 먹이셨다고 하기 때문이다(Heil, 2006: 75).[13] 천사들의 식사 시중을 언급하는 마가복음 본문은 이러한 문헌을 배경으로 하여 볼 때 이스라엘이 광야에서 먹은 만나를 연상시킬 수 있다.

케인데이는 '천사,' '성령' 등의 용어가 등장하며 이스라엘의 광야 생활을 묘사하는 이사야 63:8-10이 본문의 배경이 되고 있다고 본다(Caneday, 29-30). 불신실한 이스라엘을 언급하는 이 구약 본문을 배경으로 보면 마가복음 1:12-13에 담긴 예수의 광야 시험은 예수께서 세례받으실 때, 하늘에서 (고난 받은 종의 길을 암시하며) "내가 너를 기뻐한다."고 말씀하신 하나님의 계시의 말씀에 순종하는지에 관한 시험이라고 볼 수 있다(Caneday, 30). 시험을 받을 때 이스라엘은 불신실함을 보였지만, 예수는 신실하심을 보이셨음을 마가복음 본문은 지적한다.

우리는 위에서 언급한 신명기, 이사야, 또는 출애굽기의 한 본문만을 마가가 마가복음 1:12-13의 배경으로 의도했다고 볼 필요는 없다. 광야에

거하신 것이 징계가 아닌 시험이었으므로 느부갓네살의 경우와는 다르다. '야생동물들과 함께'(μετὰ τῶν θηρίων)는 70인역 호 2:20(개역 2:18)에도 나오므로, 이 본문을 연상시킬 수도 있다. 여기서는 하나님께서 야생동물과 언약을 맺고 땅에 평화를 회복할 것이라고 하신다.

13. ἀγγέλων τροφὴν ἐψώμισας τὸν λαόν σου καὶ ἕτοιμον ἄρτον ἀπ' οὐρανοῦ παρέσχες αὐτοῖς. ("당신은 천사들의 음식을 당신의 백성에게 먹이셨고, 준비된 빵을 하늘로부터 그들에게 공급하셨습니다.")

서 이스라엘이 시험받았음을 언급하는 기록은 구약성경의 여러 본문에서 발견되기 때문에 마가가 이러한 여러 본문들을 염두에 두었을 수 있다. 또한 마가가 어느 본문을 염두에 두었든지, 공통분모는 광야에서 시험에 실패한 이스라엘이므로 이러한 이스라엘과 광야에서 시험에 이긴 예수를 비교하여 대조하는 것이 마가의 의도였을 것이다.

마가복음 1:13에서 아담 모형론을 읽으려면 마가복음 1:13에서 예수와 야생동물의 관계를 아담의 경우처럼 평화로운 공존으로 볼 수 있어야 한다. 케인데이는 야생동물의 언급을 야생의 맹수들이 새 출애굽 길을 방해하지 않고 복종하는 것으로 묘사하는 이사야 35:8-10을 배경으로 이해하고자 한다(Caneday, 33). 또한 그는 주께서 맹수들을 제압한다고 하는 시편 91:13이 마가복음 본문에 암시되었다고 본다(Caneday, 34-35). 케인데이는 예수와 야생동물의 관계를 적대적 관계로 이해하면서 야생동물이 복종하였다고 주장한다. 그러나 마가복음 1:13은 예수께서 야생동물들과 함께 있었다고만 언급하므로(Bauckham, 20), 적대적 관계를 전제한 복종이 특별히 염두에 두어졌다고 볼 수는 없다. 또한 그의 주장처럼 적대적인 야생동물이 예수께 순복했다고 보아도 결과적으로는 평화로운 관계가 형성됨을 부인할 수는 없다. 따라서 그가 언급하는 구약 본문들을 배경으로 하여 해석할지라도 마가복음 1:13이 야생동물과의 평화로운 관계를 표현한 것이라고 볼 수 있다. 그러므로 아담 모형론으로 마가복음 1:13을 해석할 수 있다.

하일(J. P. Heil)은 '야생동물'(θηρίον)은 악하고 사나운 짐승을 가리키므로 본문이 친화적 관계를 가리키지 않는다고 주장한다(Heil, 2006: 65). 그는 신명기 7:22; 에스겔 34:5에서 '야생동물'은 이스라엘에 적대적인 존재로서 언급된다고 지적한다(Heil, 2006: 74). 그러나 그는 한 본문에서 적대적인 존재는 다른 본문에서도 언제나 적대적으로 등장해야 한다는 증명되지 않은 전제를 사용하고 있다. 그리하여 야생동물과 예수 사이에 종말론적 친화가 이루어질 가능성을 배제하고 있다. 물론 구약성경에서 '야생동물'은 종종 부정적인 존재로 등장한다(출 23:29; 레 26:6; 신 7:22; 32:24; 욥 5:22; 사 35:9; 겔 14:15; 습 2:15).[14] 그러나 야생동물이 긍정적으로 등장하는 구절이 없지 않다. 창세기 2:19-20은 야생동물들이 아담에게 나아와 이름 지음을 받았다고 한다. 창세기 8:1은 야생동물들이 방주에서 노아와 평화롭게 공존하였음을 서술한다. 더구나 본문처럼 '야생동물들과 함께'(μετὰ τῶν θηρίων)라는 표현이 등장하는 70인역 호세아 2:20(개역 2:18)은 하나님이 이스라엘을 위하여 야생동물과 언약을 맺고 평화를 회복시킬 것이라고 말씀하신다. 70인역 시편 103:11(개역 104:11)은 하나님이 야생동물들에게 샘물을 마시게 하신다고 하고, 이사야 43:20은 야생동물들이 하나님을 공경할 것이라고 한다. '야생동물'이 악하고 사나운 짐승을 가리킨다고 할지라도 그러한 존재와 친화적 관계가 이루어지는 것이 불가능하지 않다. 이사야 11:6-9은 그러한 친화적 관계가 이루어질 것을 구체적으로 예언하고 있다. 마가복음 1:13의 야생동물 언급이 이사야 11:6-9과 관련된다는 것은 마가복음의 이 본문이 성령 강림 후에 위치하는 것처럼, 이사야 11:6-9도 메시아적 존재에게 성령이 강림하실 것을 언급하는 이사야 11:1-2 뒤에 위치함에서도 지원받는다. 따라서 마가가 마가복음 1:13에서 야생동물들을 언급하며 야생동물과의 친화적 관계를 기대하는 이사야 11:6-9을 염두에 두었다고 볼 수 있다. 그러므로 마가복음 1:13에서 야생동물과의 부정적 관계를 읽어야 한다는 하일의 논증은 적절하지 않다.

---

14. 또한 유대인들의 문헌, 아담과 이브의 생애(*The Life of Adam and Eve*, *Apocalypse* 11)는 아담이 뱀의 유혹을 받아 타락한 후부터 인간들은 야생동물과 부정적 관계에 처하게 되었다고 한다(이 문헌의 본문은 *OTP*, vol.2, 275 참고).

하일은 마가복음 1:12-13이 교차대구 구조로 되어 있어서 A성령-B사탄-B′야생동물-A′천사의 대조를 가지므로, 야생동물은 사탄에 평행하는 악한 존재로 본문에 등장한다고 본다(Heil, 2006: 65-66). 야생동물과 사탄의 평행은 유대인들의 문헌 잇사갈의 유언(*Testament of Issachar*) 7:7("벨리알[사탄]의 모든 영[귀신]이 너희에게서 달아나고, … 모든 야생동물이 너희에게 복종할 것이다.")과 납달리의 유언(*Testament of Naphtali*) 8:4("악마가 너희로부터 떠날 것이며, 야생동물들이 너희 곁에 설 것이다."), 베냐민의 유언(*Testament of Benjamin*) 5:2("더러운 영들마저도 너희로부터 달아날 것이며 야생동물들이 너희를 두려워할 것이다.")에서도 발견된다.[15] 이러한 평행은 야생동물이 사탄처럼 유대인들에게 적대적 존재로 여겨졌음을 알려준다. 그러나 이렇게 본다고 할지라도, 본래 악한 존재로 여겨졌던 야생동물이 마침내 예수께 복종하여 친화적인 관계가 형성되었다고 해석하는 것은 여전히 가능하다. 유대인들의 문헌 잇사갈의 유언 7:7에서 야생동물들이 귀신의 경우와는 달리 떠나지 않고 복종하게 되며, 납달리의 유언 8:4도 야생동물들이 악마와는 달리 떠나지 않고 곁에 있게 됨을 말하기에 이러한 해석은 지지를 받는다.

위더링턴(B. Witherington III)은 잇사갈의 유언 7:7과 납달리의 유언 8:4은 야생동물과 사탄을 연관시키므로, 야생동물의 언급은 (아담과 연관된) 에덴 모티프를 약하게 한다고 주장한다(Witherington, 76). 그러나 후에 아담과 이브의 생애(*The Life of Adam and Eve, Apocalypse* 17:4)에서[16] 사탄이라 해석된 뱀을 70인역 창세기 3:1에서는 야생동물 중에 하나로 간주하므로 야생동물과 에덴은 결국 연관된다. 그러므로 위더링턴(Wither-

15. *OTP*, vol.1, 804, 813, 826.

16. 본문은 *OTP*, vol.2, 279를 보라: "The devil answered me through the mouth of the serpent."("마귀가 나에게 뱀의 입을 통하여 대답했다.")

ington)이 제시하는 증거 본문들은 오히려 아담-예수 모형론을 강화시킨다.

그렇지만 '40일'과 '천사'가 창세기의 아담 기사에는 등장하지 않는다. 그러나 아담과 이브의 생애(*Vita* 6:1)는 아담이 40일 동안 금식하였다고 한다.[17] 또한 이 문헌(*Apocalypse* 29:14)은 천사들이 아담을 둘러싸고 아담을 위해 기도했다고 기록한다.[18] 이러한 배경 문헌들은 '40일'과 '천사'가 등장하는 마가복음 1:12-13 본문에 아담-예수 모형론이 담겨 있다는 보조적 증거가 될 수 있다.[19]

그렇지만, 예수는 광야에, 아담은 동산에 있었기 때문에 아담-예수 모형론이 마가복음 1:12-13 전체에 맞아 들어가지는 않는다(Gibson, 1994: 21). 최소한 광야에 관한 언급은 아담-예수 모형론으로만은 해석될 수 없는 부분이므로, 광야에 관한 언급과 관련된 이스라엘-예수 모형론을 배제할 수 없게 한다. 13절 전체를 해석할 수 있는 것은 이스라엘-예수 모형론이다.

스타인은 마가복음 1:12-13에 아담-예수 모형론이 등장한다는 것을 부정하며, 그 근거로 예수는 아담과는 달리 시험에 넘어지지 않았으며, 아담-예수 모형론은 마가복음의 다른 부분에서 등장하지 않는다고 지적한다(Stein, 65). 그러나 스타인의 논증은 정당하지 않다. 스타인의 논증은 아담과 예수의 모든 측면이 다 동일해야 아담-예수 모형론이 성립한다는 전제를 가지고 있다. 만일 모형론이 모든 측면에서의 유사성을 전제로 해서만 성립한다면, 어떤 모형론도 성립할 수 없을 것이다. 어떤 모형론도 유사성과 비유사성을 함께 내포할 수밖에 없다. 마가복음의 다른 부분에

17. 본문은 *OTP*, vol.2, 258 참고.

18. 본문은 *OTP*, vol.2, 261 참고.

19. Culpepper, 50-51; Marcus, 2000: 169 참고.

서도 아담-예수 모형론이 등장하지 않음은 마가복음 1:12-13에서 아담-예수 모형론이 의도되었을 확률을 낮추는 것은 사실이다. 그러나 그렇다고 해서 마가가 1:12-13에서만 아담-예수 모형론을 의도하는 것이 불가능한 것도 아니다. 그러므로 스타인의 논증은 본문에서 아담-예수 모형론을 읽을 수 있는 가능성을 배제하지 못한다.

마가복음 1:12-13은 아담-예수 모형론을 통하여 아담은 예수의 모형이며 예수는 아담의 실체로서 새 아담임을 암시하며, 에덴의 회복이 시험을 이기신 새 아담 예수를 통하여 이루어지고 있음을 알려준다고 볼 수 있다. 또한 이 본문은 이스라엘-예수 모형론을 통하여 예수께서 시험을 이기신 새 이스라엘로서 이스라엘을 회복시키심을 암시하는 듯하다. 그렇다면 마가복음 1:12-13에서 이스라엘-예수 모형론과 아담-예수 모형론이 중첩되고, 새 출애굽 주제와 에덴의 회복 주제가 중첩된 것으로 볼 수 있다.

모형론의 중첩은 마가복음 1:13의 '야생동물들과 함께 있었다.'(야생동물과의 평화로운 공존)를 이사야 11:6-9만을 배경으로 해석할 때에도 발생한다. 이사야 11:6-12에 이스라엘의 회복 주제와 에덴의 회복 주제가 이미 중첩되기 때문이다. 이사야 11:6-12을 배경으로 보면 야생동물들과 함께 평화롭게 살 수 있는 것은 곧 종말(이스라엘의 회복의 때, 즉 새 출애굽의 때)이 지금 다가왔음을 암시한다. 이사야 11장에서 11-12절은 6-9절이 묘사하는 야생동물과의 평화가 이스라엘의 회복 때 일어나는 사건임을 보여준다. 6-9절은 또한 야생동물과의 평화를 에덴의 회복과 관련시킨다. 9절은 하나님의 거룩한 산(τὸ ὄρος τὸ ἅγιόν μου)을 언급하는데 이것은 에스겔 28:13-14의 용례를 고려할 때 에덴동산을 가리킨다. 왜냐하면 여기서 에덴동산('하나님의 파라다이스,' τοῦ παραδείσου τοῦ θεοῦ)과 '하나님의 성산'(ὄρει ἁγίῳ θεοῦ)은 동의어로 사용되기 때문이다. 따라서 이사야 11:6-9을 배경으로 하여 마가복음 1:12-13은 예수를 통해 에덴이 회복됨을 암시한다고 볼 수 있다.

우리는 마가가 오직 한 가지 모형론만을 의도하였다고 전제할 필요가 없다.[20] 호세아 2:14-18에서도 출애굽 주제("애굽 땅에서 올라오던 날과 같이")가 아담 주제("들짐승과 공중의 새와 땅의 곤충과 더불어 언약을 맺으며")와 만난다. 이처럼 마가복음 1:12-13에서도 이 두 가지가 서로 만난다고 볼 수 있다. 출애굽 모형론과 아담 모형론이 중첩된 호세아 2:14-18이 마가복음 1:12-13에서 마가가 염두에 둔 구약 본문이라면 마가는 두 가지 모형론을 함께 사용하면서, 호세아 2장의 14-18절에 반영된 새 출애굽과 새 언약, 23절("내 백성이 아니었던 자에게 향하여 이르기를 너는 내 백성이라 하리니")에 반영된 하나님의 용서하시는 사랑이 예수의 사역을 통하여 실현됨을 지적하고자 했을 것이다.

이사야 43:19-20을 배경으로 볼 때에도 야생동물과의 평화로운 공존이 아담 모형론만이 아니라 이스라엘 모형론으로 해석될 수 있다. 이 구절은 야생동물들이 하나님을 존경하게 되는 것과 광야에 길을 내는 것을 연관시킨다. 그런데 이 길은 이스라엘이 포로 상태로부터 해방(새 출애굽)되어 돌아오는 길이다. 이 본문을 배경으로 보면 예수께서 광야에서 야생동물들과 평화롭게 함께 계신 것을 묘사하는 마가복음 1:13은 하나님의 새 출애굽 길이 광야에서 만들어지고 있음을 암시한다. 그래서 이 마가복음 구절은 세례 요한을 광야에서 길을 준비하는 자로 소개하는 마가복음 1:2-4과 연관된다. 세례 요한이 준비하던 광야의 길, 새 출애굽 길이 이제 예수를 통하여 만들어지고 있음이 예수와 평화롭게 공존하는 야생

---

20. 모세가 시내산에서 보낸 40 주야(출 24:18; 34:28; 신 9:9)나 엘리야가 천사들이 제공하는 음식을 먹으며 호렙산으로 간 40 주야(왕상 19:5-8)도 본문의 배경으로 작용할 수 있다(France, 85 참고).

동물들의 모습을 통해 그려지고 있다.

이사야 65:25도 이리, 사자, 뱀 등이 (사람을) 해치지 않게 될 것을 예언하는데, 이것은 하나님의 성산(즉 에덴동산, 위 참고)과 관련되므로, 마가복음 1:13이 언급하는 야생동물과 예수의 평화로운 공존은 에덴 모형론을 가진다고 볼 수 있다. 에덴 모형론을 통하여 이사야서는 궁극적으로 새 하늘과 새 땅의 창조를 바라보는데(사 65:17), 이것은 역사 속에서 예루살렘의 회복으로 실현되므로(사 65:18-19) 이스라엘 모형론과 중첩된다.

아담 모형론을 통하여 에덴의 회복을 기대하든지, 이스라엘 모형론을 통하여 새 출애굽을 기대하든지, 궁극적으로 기대되는 것은 종말론적 구원이다. 바룩2서 73:6도 종말의 구원의 때에 야생동물과의 친화적 관계가 회복될 것이라고 본다.[21] 바룩2서는 2세기 작품이라 여겨지지만,[22] 이사야서와 함께 야생동물과의 친화적 관계가 종말에 이루어질 것을 동일하게 기대하므로, 그 사이에 놓인 1세기에도 유대인들 가운데 동일한 기대가 있었을 것이다. 따라서 1세기 유대인들에게 야생동물과의 친화는 구원의 때에 이루어질 모습을 의미하였을 것이다. 그러므로 이러한 배경 속에서 광야에서 야생동물과 친화적으로 거하신 예수의 모습은 종말의 새 창조 또는 구원의 때의 모습을 미리 보여준다고 해석될 수 있다. 본문은 야생동물과 친화적인 예수의 모습을 통하여 예수께서 종말론적 평화를 가져오시는 분임을 알려준다.

---

21. Pesch, 1976: 96. 번역된 본문을 위해서는 *OTP*, vol.1, 645 참고: "And the wild beasts will come from the wood and serve men, and the asps and dragons will come out of their holes to subject themselves to a child."("그리고 야생동물들이 숲에서 와서 사람들을 섬길 것이다. 독사들과 큰 뱀들이 그들의 굴에서 나와서 아이에게 굴복할 것이다.")
22. *OTP*, vol.1, 617.

마가복음 1:13은 예수께 "천사들이 시중들었다."고 한다. 천사들이 예수께 식사 시중을 들었다고 한 것은 이스라엘-예수 모형론뿐만 아니라, 아담-예수 모형론을 가진다고 볼 수도 있다. 본문에 의하면 예수께서는 야생동물들과 친화적인 관계 속에 거하였으며,[23] 사탄에 의해 시험받았고, 천사들의 시중을 받았다. 그런데, 아담도 이처럼 야생동물과 함께 평화롭게 살았으며(창 2:19-20), 뱀(사탄[24])에 의해 시험받았다(창 3:1-7). 또한 탈무드에 담긴 유대인들의 전설(*b. Sanhedrin* 59b)은 섬기는 천사가 아담에게 식사 시중을 들었다는 내용을 담고 있다.[25] 비록 탈무드의 내용은 후기의 것이어서 마가복음 본문 해석을 위한 직접적 증거가 될 수 없지만, 마가복음 1:12-13이 창세기 2-3장과 관련되면서 에덴 모티프를 가진다고 해석될 수 있는 보조적 증거로 작용할 수는 있을 것이다.

이와 더불어 엘리야가 천사들에게 음식 시중을 받는 열왕기상 19:5-8을 배경으로 하여 엘리야-예수 모형론도 함께 등장한다고 볼 수 있는지 고려해야 한다(Caneday, 32). '40일,' '광야,' '천사'는 엘리야와 연관되므로(왕상 19:4, 7, 8), 이것은 가능하다. 보캄(J. Bauckham)이 지적하듯이 '40일'은 이스라엘의 40년 광야 생활보다 엘리야의 40 주야를 반영한다

---

23. 마가복음에서 '에이미(εἰμί) 동사 + 메따'(μετά)'는 친화적인 관계를 가리키므로 (3:14; 4:36; 5:18; 14:67), 짐승들이 예수를 적대했다고 해석할 필요가 없다. '에이미 동사 + 메따'는 70인역 창 8:1, 17; 9:12; 26:3; 29:14; 35:3; 출 3:12; 수 1:5; 시 138:18(개역 139:18); 학 1:13 등에서도 친화적인 공존을 표현하고, 요세푸스, 『유대고대사』 6.181에서도 그러하므로 이 표현으로 친화적 관계를 가리키는 용법은 마가복음만의 특징은 아니며, 유대인들의 헬라어 속에서 폭넓게 사용되었다고 볼 수 있다.
24. 아담과 이브의 생애(*Apocalypse* 17:4)는 이 뱀을 사탄이라고 해석한다.
25. 탈무드(*b. Sanhedrin* 59b)는 아담이 에덴동산에 있을 때, 섬기는 천사가 고기를 굽고 포도주를 차갑게 해주었다고 한다. 번역된 본문을 위해서는 Goldschmidt, trans., 700를 보라. Marcus, 2000: 168 참고.

고 볼 수 있다(Bauckham, 8). 그러나 야생동물에 관한 언급이나 시험에 관한 언급은 엘리야와는 무관하다. 따라서 엘리야-예수 모형론은 마가가 우선적으로 의도한 것이 아닐 것이다.

마가복음은 예수께서 시험에서 승리하셨는지 구체적으로 언급하고 있지 않다. 그러나 예수께서 시험에 승리하셨음이 이어지는 마가복음 1:15에 암시되어 있다. 하나님의 나라(통치 시대)가 가까이 와 있다는 선포는 사탄이 패배하였음을 암시한다. 적대적인 야생동물과 친화적인 관계가 형성되고 천사들이 식사 시중을 드는 것도 종말론적인 구원의 상태 내지 에덴 회복의 상태에 해당하므로(위 참고) 예수께서 사탄의 시험을 이기셨음을 암시한다.

레인(W. Lane)은 주장하기를 이 40일 기간 동안 예수께서 결정적인 승리를 하시지 않았기에 마가가 이를 언급하지 않았다고 주장한다(Lane, 61). 그러나 마가가 사탄이 시험한 내용을 생략한 이유를 이렇게 단정할 수는 없다. 마가가 마태복음이나 누가복음을 읽고 해당 내용을 생략했다고 단정할 수 없기에 의도적으로 생략했다고 볼 수도 없거니와 설령 그러한 내용을 생략한 이유가 있다고 해도 반드시 시험에 이기지 않았기 때문이라고 단정할 수는 없다. 레인은 광야가 파라다이스로 바뀔 때에는 사나운 짐승이 그곳에 없을 것이라고 하는 이사야 35:9을 그의 논증을 위한 근거로 제시한다(Lane, 61). 이사야 35:9을 염두에 두고 볼 때, 마가복음 1:12-13에서 야생동물이 광야에 등장하고 있다고 서술하고 있는 것은 아직 광야가 파라다이스로 바뀌지 않았다는 증거가 된다. 그러나 이사야 11:6-9을 염두에 둔다면 야생동물과 함께 광야에서 친화적으로 거하는 모습은 분명히 종말론적 회복과 관련된다고 볼 수 있다. 최종적인 승리는 십자가와 부활에서 이루어지고, 심판은 재림 후에 이루어진다고 할지라도 예수께서 광야에서 시험에 이기지 않았다고 볼 수는 없다.

우리는 마가복음에서 예수께서 사탄에게 승리하지 않으셨다는 증거를 찾을 수 없다. 그러나 반대로 예수께서 승리하셨다는 증거는 찾을 수 있다. 마가복음 1:23 이하에 이어지는 축귀도 사탄의 패배를 암시한다. 사탄의 졸개들인 귀신들이 퇴출되는 것은 사탄의 패배를 암시한다. 마가복음 3:27은 귀신이 쫓겨나는 것이 사탄이 더 강한 자에 의해 결박된 것을 증명하는 현상임을 비유를 통하여 지적한다.

스타인은 마가복음 3:27이 말하는 사탄의 결박당함이 예수의 시험 때에 발생한 것이라고 마가 자신이 명확하게 해석하지 않았다고 지적하며, 마가복음 1:12-13 본문에서 사탄의 패배를 읽는 해석을 반대한다(Stein, 66). 그러나 우리가 본문을 읽을 때 현대인들의 저술 방식, 또는 해석자의 저술 방식을 저자에게 강요하는 것은 부당하다. 마가가 명확한 설명을 통하여 자신의 신학을 전달하는 저자가 아니라면 우리는 마가의 표현 방식을 존중하며 마가가 암시하는 의도를 파악해야 할 것이다.[26]

3. 해설

마가복음 1:12-13은 여러 가지 모형론으로 읽히는 본문이다. 이러한

---

26. 사탄에 대한 예수의 최종적 승리는 예수의 죽음과 부활 때에 이루어지지만, 십자가 고난을 향해가는 행진에서 이를 피하라고 꾀는 사탄의 유혹을 예수께서 이기고 승리하셨음은 마가복음 내에서 부정할 수 없다. 죽음의 잔을 피하는 것이 예수 자신이 원하는 바였음에도 불구하고, 예수는 궁극적으로 하나님의 원하시는 바대로 이루어지기를 기도하셨고(14:36), 마침내 십자가의 잔을 마셨기 때문이다(15:24). 또한 고난받는 메시아의 길을 가시며 군사적 메시아의 길을 일관되게 거부하시는 예수의 모습이 마가복음에 그려져 있기 때문이다(8:31-33; 9:9, 12, 31; 10:34, 45; 14:24, 62; 15:4).

다양한 모형론 중에 한 가지만을 선택할 필요가 없으며 그것들을 함께 취할 수 있는 이유는 저자 자신이 한 구절에서 여러 가지 모형론을 중첩시켰을 가능성 때문이다.

마가복음 1:12-13은 이스라엘-예수 모형론으로 읽을 수 있다. 이 본문은 광야, 40일, 시험 등의 주제를 담고 있으므로 광야에서 40년간 시험받은 이스라엘을 연상시키기 때문이다. 13절이 언급하는 야생동물과 천사의 식사 시중도 이스라엘이 광야에서 경험한 야생동물(불뱀)과 만나를 기억나게 하므로 이 본문은 이스라엘-예수 모형론으로 읽을 수 있다.

이 본문을 아담 모형론으로도 읽을 수 있는 이유는 이 본문에 담긴 야생동물과 친화적인 관계, 사탄에 의한 시험이 에덴동산에서의 아담을 연상시키기 때문이다(창 2:19-20; 3:1-7). 비록 구약성경과 유대 문헌들에서 '야생동물'(θηρίον)은 종종 인간에 대하여 적대적인 존재로 등장하지만, 마가복음 1:13의 '야생동물과 함께 계셨다'(ἦν μετὰ τῶν θηρίων)는 표현은 '에이미(εἰμί) 동사 + 메따(μετά)'를 친화적 관계를 묘사하기 위해 사용하는 마가의 용례를 고려할 때, 예수와 야생동물 사이의 친화적인 관계를 그린다고 볼 수 있기에 이러한 해석이 가능하다. 성령께서 예수를 광야로 '쫓아내셨다'(ἐκβάλλει)라는 표현도 하나님께서 아담을 에덴동산으로부터 쫓아내셨다(ἐξέβαλεν)고 하는 창세기 3:24을 연상시킴으로써 아담-예수 모형론을 형성한다. '40일,' '천사,' '식사 시중'도 유대 문헌(*The Life of Adam and Eve*, *Vita* 6:1; *Apocalypse* 29:14)에 담긴 아담 이야기를 연상시키므로, 아담 모형론으로 본문을 읽을 수 있다.

마가복음 1:12-13에서 마가 자신이 이스라엘 모형론과 아담 모형론을 모두 의도하였다고 볼 수 있는 가능성은 본문의 배경이 되는 이사야 11:6-12; 43:19-20; 65:17-25과 호세아 2:14-18이 각각의 본문 속에 아담 모형론과 이스라엘 모형론을 중첩하여 담고 있는 점에서 지지받는다. 마가복음

1:12-13에서 이러한 모형론 중첩은 이스라엘의 회복과 에덴의 회복이라는 다양한 이미지를 제공하지만, 이를 통하여 그려지는 것은 예수를 통하여 이루어지는 종말론적 구원이다. 다양한 과거의 모형들이 새롭게 도래하는 한 가지의 원형을 묘사하기 위해 동원된다.

이사야 40:3에서 하나님의 구원이 도래하는 장소로 기대되고 쿰란 문헌(1QM 1:3-4)에서 종말론적 전쟁의 장소로 기대된 광야에서 서로 대조적인 존재인 사탄과 천사가 함께 등장하는 것은 예수의 광야 시험이 종말론적 전쟁을 통한 하나님의 구원의 길과 관련됨을 암시한다. 이 시험 후에 예수께서 "하나님의 나라가 가까이 와 있다."고 선포하셨다고 기록하는 근접 문맥(1:15)을 통하여 우리는 예수께서 이 종말론적 전쟁에서 승리하셨다고 추측할 수 있다. '야생동물'은 유대인들의 문헌에 주로 적대적인 존재로 등장하지만, 본문에서는 야생동물들이 예수와 친화적 관계 속에 있는 것으로 묘사되는 점은 예수께서 사탄의 시험을 이기심으로써 이사야 11:6-9이 기대하는 종말론적 평화를 도래하게 하심을 내비친다. 또한 천사들이 예수께 식사 시중을 드는 모습은(13절) 사탄이 물러갔음을 암시하므로 예수께서 승리하셨다고 추측하게 한다. 마가복음의 문맥은 이러한 추측을 지원한다. 마가복음 1:23에서부터 축귀 사역이 계속적으로 보도되는데, 마가복음 3:27은 사탄이 예수께 패배하여 결박당하였기에 축귀가 발생함을 비유를 통하여 알려준다.

마가복음 1:12-13에는 시험의 내용이 담겨 있지 않다. 그러나 마가복음의 원격 문맥에는 그 내용을 추측할 수 있는 단서가 있다. 마가복음 8:33에서 예수께서는 자신의 고난과 죽음을 반대하는 베드로를 '사탄'이라고 부르신다. 따라서 사탄이 예수께 요구한 것은 베드로가 예수께 요구한 것과 동일하였다고 추측할 수 있다. 사탄은 예수께서 수세 때에 하나님으로부터 받으신 고난과 죽음의 길을 가는 사명을 거부하라고 유혹하였을 것이다.

예수의 죽음은 대속을 위한 것이었다(14:24). 대속의 역할을 하는 예수께서 성령에 의하여 광야로 쫓겨나는(ἐκβάλλει) 것은 이스라엘의 죄를 지고 광야로 쫓겨나는(ἐξαποστελεῖ) 속죄 염소의 모습을(레 16:21) 연상시킨다. 마가복음 1:12에서 성령이 예수를 광야로 쫓아내셨다(ἐκβάλλει)고 표현한 것은 이 속죄 염소를 모형으로 예수의 광야 시험 사건을 해석할 수 있게 한다. 속죄 염소 모형론은 본문의 표면에 드러난 이스라엘 모형론, 아담 모형론과 함께 본문의 심층에 담긴 모형론으로서 본문의 의미를 파악하는데 도움을 준다. 이스라엘 모형론은 예수의 광야 시험을 새 출애굽을 위한 사탄과의 대결로 묘사하고, 아담 모형론은 이 광야 시험에서의 승리를 통해 에덴이 회복되는 종말론적 구원을 예견한다. 본문의 심층에 담긴 속죄 염소 모형론은 이러한 구원이 예수의 대속 사역(죽음과 부활)을 통하여 이루어질 것을 암시한다.

제6장
마가복음 1:14-15
예수의 복음 선포[1]

마가복음 1:15은 예수께서 "하나님 나라가 가까이 와 있다."고 선포하셨다고 한다. '가까이 와 있다'(ἤγγικεν)에 관한 학자들의 해석은 크게 두 가지로 갈린다. 한 가지는 이 표현이 "이미 와 있음"를 뜻한다는 것이며, 다른 한 가지는 이 표현은 "임박하였지만 아직 온 것은 아님"을 뜻한다는 해석이다. 전자를 주장하는 대표적인 학자는 도드(C. H. Dodd)이며,[2] 후자를 주장하는 학자는 위더링턴(B. Witherington), 보링(M. E. Boring), 윌리암슨(L. Williamson) 등이다.[3] 이 두 가지 해석 중에 어느 것이 옳은가? 이것은 용례와 문맥을 통하여 파악될 수 있을 것이다.

이 연구를 위해서는 평행 구절인 '때가 찼다'는 표현의 의미가 파악되면 도움이 될 것이다. 이 표현에 관한 학자들의 해석도 크게 두 가지로 나뉜다. 하나는 이 표현이 "결정적 순간이 도래했다"는 뜻이라고 보는 해석이며, 다른 하나는 이 표현이 "옛 시대가 끝났다"는 뜻이라고 보는 해석이

1. 이 부분은 필자의 논문, 2014a: 380-404를 사용하여 저술한 것이다.
2. Dodd, 29.
3. Witherington, 78; Boring, 2006: 50-51; Williamson, 1983: 41.

다. 리더보스(H. Ridderbos), 귈리히(R. A. Guelich), 프란스(R. T. France), 허타도(L. W. Hurtado) 등 대부분의 학자들은 전자를 택한다.[4] 그러나 마커스(J. Marcus)는 후자를 택한다.[5] 이 두 가지 해석 중에 어느 것이 옳은지는 이 표현의 용례를 통해 파악될 수 있을 것이다.

마가복음 1:15에서 복음에 관한 반응으로서 요청된 회개와 믿음은 무엇인가? '회개'(μετάνοια, 동사형은 μετανοέω)는 마가복음 1장의 문맥에서 1:4-5에서처럼 죄를 고백하는 것을 가리킨다고 볼 수도 있지만, 이 단어의 70인역 용례에서처럼 "심사숙고함"을 뜻할 수도 있다. '믿음'(πίστις, 동사형은 πιστεύω)은 지식적 동의나 확신으로 이해되기도 하지만, 야고보서 2:17이 지적하듯이 행위를 포함하는 개념을 담을 수 있다. 마가복음 1:14-15에서 이 단어들이 무엇을 뜻하는지는 용례가 보여주는 가능성의 범위 내에서 문맥을 통하여 밝혀질 수 있을 것이다.

1. 번역

14 이제 그 요한이 체포된 후에, 예수께서 갈릴리로 들어가시어 하나님의 복음을 선포하셨다.

15 "그 시대가 찼고, 하나님 나라가 가까이 와 있다.
너희는 회개하고 이 복음을 믿으라!"[6]

---

4. Ridderbos, 61; Guelich, 1989: 43; France, 15; Hurtado, 21. 이런 입장을 가진 다른 많은 학자들에 관해서는 Palu, 55-56 참고.
5. Marcus, 2000: 175. 신현우, 2011d: 27도 이러한 입장을 취한다.
6. καὶ λέγων ὅτι("그리고 ~라고 말하면서")는 직접인용 부호 기능을 하는 담화 표지로 보아 번역하지 않고 " "(따옴표)로 처리하였다.

2. 주해

14절 (예수의 복음 전파) 마가복음 1:15을 연구하기 위해서는 이것을 도입하는 역할을 하는 14절을 살펴볼 필요가 있다. 마가복음 1:14은 예수께서 세례 요한이 잡힌 후에(μετά) '오셔서'(ἦλθεν) 사역을 시작하셨다고 한다. 이것은 예수께서 마가복음 1:7에 소개된 세례 요한 후에 '오시는' 분임을 암시한다. 세례 요한이 소개한 바로 그분이 등장했는데, 그분이 바로 예수이다.

14절은 예수께서 하나님 나라 복음을 선포하셨다고 한다. 그런데, '하나님의 복음'(τὸ εὐαγγέλιον τοῦ θεοῦ)은 무엇인가? 후커(M. D. Hooker)는 '하나님의'(τοῦ θεοῦ)를 주어적 소유격으로 보아서 "하나님으로부터 전해 오는 좋은 소식"으로 해석할 수 있다고 본다(Hooker, 54). '하나님의'를 '기원의 소유격'으로 보는 경우에도 비슷하게 "하나님으로부터 기원하는 복음"으로 해석할 수 있다. 그런데, 15절에 나오는 선포의 내용은 하나님의 나라에 관한 것이므로 '하나님의'를 목적어적 소유격으로 보아, '하나님의 복음'을 "하나님에 관해서 선포하는 기쁜 소식"으로 해석할 가능성도 있다.

근접 문맥(11절)은 이 표현을 주어적 소유격("하나님께서 선포하시는 복음")내지 기원의 소유격("하나님으로부터 기원하는 복음")으로 해석할 수 있는 근거를 제공한다. 이 표현을 "하나님으로부터 기원하는 복음"으로 해석할 경우, 마가복음 1:14은 예수께서 선포하신 복음의 기원이 하나님이라는 진술이다. 근접 문맥(11절)은 예수의 수세 때에 하늘에서 들린 음성을 언급한다. 예수의 수세 때 하늘에서 들린 (하나님의) 음성은 예수께서 고난받는 메시아임을 선포한다(1:11).[7] 예수의 메시아 정체와 사명을 알려주는 이러한 하나님의 음성으로부터 14-15절에서 언급하는 예수의 하나님 나라 선포가 기원한다면 예수께서 전한 복음의 기원은 하나님이라고 할 수 있다. 이러한 연결은 쿰란 문헌을 통해서 입증될 수 있다. 쿰란 문헌(4Q521 *frags.* 2 col. ii.1-12와 11Q13 2:15-18)에 의하면 메시아(משיח)의 과업은 하나님의 구원과 통치의 기쁜 소식을 전하는 것이다.[8] 따라서 유대인들에게는 메시아가 등장하면 하나님의 통치가 곧 임하게 되리라는 기대가 있었다고 볼 수 있다. 이러한 기대를 통하여 볼 때 메시아가 등장했음은 곧 하나님 나라가 가까이 와 있음을 의미한다. 메시아가 등장했다고 선포하신 하나님의 음성(11절)이 하나님 나라가 가까이 왔다는 선포의 근거이므로, 예수의 하나님 나라 선포는 곧 "하나님으로부터 기원하는 복음"이다. 그러므로 예수께서 선포하신 하나님 나라의 가까이 옴은 그 기원이 하나님의 계시라고 볼 수 있다. 마가는 그런 관점에서 예수께서 선포하신 복음의 기원이 하나님이심을 지적하면서 이것을 하나님의 복음이라고 불렀을 것이다.

그런데 '하나님의'를 목적어적 소유격으로 보아서, '하나님의 복음'을 하나님에 관하여 선포하는 복음이라는 뜻으로 해석하는 것도 불가능하지는 않다. 15절의 내용은 어쨌든 하나님과 관련된 내용이기 때문이다. 그렇지만 '하나님의'를 주어적 소유격으로 읽는 것은 위에서 살펴본 바와 같이 전후 문맥에 맞으면서 심오한 뜻을 담으므로 더욱 설명력이 있다고 볼 수 있다.

물론 마가복음 1:1의 '예수 그리스도의 복음'에서 '예수 그리스도의'는

7. 이에 관한 자세한 논증은 앞의 1:11 주해 참고.

8. 본문은 Martínez & Tigchelaar, trans., 1998: 1208-209 참고; Witherington, 1045, 1209.

주어적 소유격으로 보아 "예수 그리스도가 선포한"으로 보기보다는 목적어적 소유격으로 해석하여 "예수 그리스도에 관한"을 뜻한다고 볼 수 있다. 왜냐하면 1:1에서 마가복음의 제목으로서 '복음'이 마가복음 전체 내용을 포함하는 뜻을 가지기 때문이다. 마가복음 전체의 내용을 '복음'이라고 부를 경우에는 마가복음은 예수에 관한 복음(목적어적 소유격의 경우)이라고 할 수는 있지만, 마가복음 전체가 예수께서 선포한 복음(주어적 소유격의 경우)이라고 볼 수는 없기 때문이다.[9] 그러나 1:14에서 '하나님의 복음'은 복음서 내용 전체를 가리키는 것이 아니라 15절의 내용을 가리킨다. 그래서 여기서 '하나님의 복음'은 하나님으로부터 기원하는 복음을 가리키는 것으로 해석할 수 있다. 1:1에서 복음을 수식하는 '예수 그리스도의'가 목적어적 소유격이라고 해서 1:14에서 복음을 수식하는 '하나님의'도 목적어적 소유격일 필연성은 없다.

'복음'(εὐαγγέλιον)이라는 단어는 구약성경 및 헬라 문헌에서 전쟁에서의 승리 소식 내지는 포로 해방(출애굽) 소식이라는 의미를 지닌다.[10] 따라서 마가복음 1:14에서도 '복음'은 이러한 의미로 사용되었을 가능성이 있다. 이 가능성은 문맥에 의하여 지지된다. 예수께서 사탄과 싸워 이겼음을 기록하는 마가복음 1:11-13은 14절의 '복음'(εὐαγγέλιον)이라는 단어가 메시아 예수께서 사탄과 싸워 이기고 사탄의 포로들을 해방시키시는 소식이라는 의미를 내포한다고 볼 수 있게 한다.

하나님께서 메시아로 선포하신 예수께서 사탄을 물리치고 승리하심은 하나님의 나라가 가까이 와 있다고 선포할 수 있는 기초가 되었을 것이다. 하늘에서 들린 음성을 통하여 고난받는 메시아로서의 사명을 확인

9. 앞의 1:1 주해 참고.
10. 앞의 1:1 주해 참고.

받은 예수께서[11] 광야에서 사탄에게 시험을 받으며 승리한 것은 사탄이 메시아에게 패배하였음을 암시한다.[12] 이러한 사탄의 패배는 하나님의 나라가 가까웠다는 선포의 기초가 될 수 있다.

사탄에 대한 승리의 주체는 예수이므로 사탄에게 노예 된 자들의 해방의 주체도 예수라 할 수 있다. 그런데, 예수를 통한 해방(새 출애굽) 소식을 예수의 복음이라 부르지 않고 하나님의 복음이라 부르는 이유는 메시아는 하나님께서 기름 부어 세우시는 자이기 때문이라 할 수 있다(시 2:2). 또한 근접 문맥에서 볼 때에는 성령이 예수 안으로 들어가시고(1:10) 예수의 사역이 시작되므로 예수의 모든 사역은 성령(하나님의 영)의 사역이며, 따라서 하나님의 사역이라 할 수 있기 때문이다. 그러므로 예수께서 선포하신 복음은 하나님의 복음이라 할 수 있다.

15절 (하나님의 나라가 가까이 옴) 예수의 선포는 '때가 찼다'(πεπλήρωται ὁ καιρὸς)로 시작한다.[13] 여기서 주로 '때'라고 번역되는 '호 까이로스'(ὁ καιρὸς)는 무엇을 가리키는가? 팔루(M. Palu)는 마가복음 1:15의 '호 까이로스'(ὁ καιρὸς)가 예레미야 33:20-21, 25-26에 담긴 "하나님의 시간 언약"을 가리키며, 따라서 '때가 찼다'는 말은 이러한 시간 언약이 성취되어 다윗의 후손 아래서 이스라엘이 회복되는 것을 가리킨다고 주장하였다(Palu, 76-80). 예레미야 33:20에는 하나님의 낮 언약(בְּרִיתִי הַיּוֹם)과 하나님의 밤 언약(בְּרִיתִי הַלָּיְלָה)이 언급되는데, 이것은 낮과 밤이 정한 때에 오는 현상을 통해 맺은 하나님의 언약을 가리킨다. 이 언약의 내용은 예레미야

11. 앞의 1:11 주해 참고.
12. 앞의 1:13 주해 참고.
13. 어떤 사본들(D it)은 '까이로스'(καιρός)의 복수형 '까이로이'(καιροί)를 사용한다. 그러나 마가는 다른 곳에서 '까이로스'의 복수형을 사용하지 않고 단수형만 사용한다(10:33; 11:13; 12:2; 13:33). 따라서 복수형은 마가의 문체에 맞지 않는다. 그러므로 복수형 '까이로이'는 마가복음의 원래의 읽기가 아니라고 볼 수 있다.

33:20-21에 의하면 하나님이 다윗과 맺은 언약이다(삼하 7:12-14). 예레미야 33:25-26은 이것이 다윗의 후손을 세워 이스라엘 백성을 다스리게 하신다는 내용의 언약임을 밝힌다. 예레미야 33:20-21은 낮과 밤이 정한 때에 오듯이 다윗과 맺은 언약도 반드시 성취되리라고 한다. 낮과 밤이 매일 정한 때에 오는 것은 다윗 언약이 성취되리라는 하나님의 보증으로 제시된다. 팔루(Palu)는 이 낮과 밤의 언약이 마가복음 1:15의 '호 까이로스'(ὁ καιρὸς)의 내용이라고 본다.

그러나 이 경우에는 마가가 왜 '시간 언약'이라고 하지 않고 '시간'이라고 했는지 설명이 안 된다. '시간 언약'이라고 하면 평행구의 '하나님 나라'와 길이도 비슷해지므로 굳이 '시간 언약'이란 표현을 피할 이유도 없었을 것이다. 또한 '쁠레로오'(πληρόω, "차다") 동사가 시간을 가리키는 주어와 함께 사용된 많은 용례들을 고려한다면, '호 까이로스'(ὁ καιρὸς)의 의미를 "시간" 대신 "시간 언약"이라고 해석할 이유는 없다. 더구나 '호 까이로스'의 뜻을 "시간"으로 해석할 때 마가복음 1:15의 문맥에 잘 들어맞음에도 불구하고, 굳이 본문에 없는 한 단어를 추가하여 '시간 언약'이라고 번역할 이유도 없다. 그러므로 팔루(Palu)의 제안은 신선하기는 하지만 채택될 필요가 없다.

구티에레즈(G. Gutiérrez)를 비롯한 많은 학자들은 '까이로스'(καιρός)가 양적인 시간이 아닌 질적인 시간, 결정적 순간의 의미를 가진다고 해석한다.[14] 그러나, 마가복음에서 '까이로스'는 "결정적 순간"(12:2; 13:33)뿐만 아니라, "기간"(10:30; 11:13)도 가리킬 수 있다.[15] 마가복음 10:30에는 '현세에'(ἐν τῷ καιρῷ τούτῳ)라는 표현이 나오는데 여기서 '세'는 '까

14. Gutiérrez, 428-29. 이러한 견해를 가진 많은 학자들에 관해서는 Palu, 55-56 참고.
15. Marcus, 2000: 172. 이것을 지적한 또 다른 학자는 무스너(F. Mussner)이다(Palu, 55-56 참고).

이로스'의 번역으로서 문맥상 "시대"라는 뜻이다. 이 시대는 문맥 속에서 볼 때 내세와 대조되는 시대로서 매우 긴 기간이다. 마가복음 11:3에서 '까이로스'는 '무화과의 까이로스'라는 표현 속에 사용되어 무화과가 열매 맺는 시기를 가리킨다. 여기서도 결정적 순간을 가리키기보다는 일정한 길이를 가진 시간을 가리킨다. 무화과는 잠깐 열매 맺는 것이 아니라 일 년 중 상당히 긴 기간 동안 열매 맺으며, 본격적인 수확기도 여러 달에 걸쳐 있다(8월 35%, 9월 28%, 10월 19%)(Oakman, 257).

이처럼 '까이로스'가 "기간"을 뜻하는 경우에는, '까이로스' 앞에 정관사를 둔 '호 까이로스'(ὁ καιρὸς)는 예수께서 사탄의 시험을 이기신 후 승리의 소식으로서의 복음을 선포한 문맥을 고려할 때, 특정한 시대 즉 사탄이 왕처럼 행세하는 옛 시대를 가리킨다고 볼 여지가 있다. 이러한 해석의 가능성은 이 표현과 함께 사용된 '뻬쁠레로따이'(πεπλήρωται, "찼다")의 의미를 통하여 검증될 수 있을 것이다.

주로 "찼다"라고 번역되어 온 '뻬쁠레로따이'는 무엇을 뜻하는가? 이 단어(πληρόω)가 '까이로스'와 함께 사용될 때에는 무슨 의미를 가지는가? 토비트 14:5에는 "그 시대의 시간들이 차기까지"(ἕως πληρωθῶσιν καιροὶ τοῦ αἰῶνος)라는 표현이 나온다. 여기서 '쁠레로토신'(πληρωθῶσιν)은 '쁠레로오'(πληρόω) 동사의 부정과거 수동태 가정법으로서 마가복음 1:15처럼 '까이로스'를 주어로 하여 사용되었다. 여기서 '그 시대의 까이로스들'(καιροὶ τοῦ αἰῶνος)은 문맥상 첫 성전과 같은 영광스런 성전이 재건될 때까지의 기간을 가리키며, '쁠레로토신'은 그러한 기간이 다 채워져 끝나는 것을 가리킨다.[16] 이러한 용례를 따르면, 마가복음 1:15에서도 '때

16. 무스너(Mussner)는 토비트 14:5(S)의 ἕως τοῦ χρόνου οὗ ἂν πληρωθῇ ὁ χρόνος τῶν καιρῶν("그 까이로스들의 시간이 채워지는 시간까지")를 예로 든다(Palu, 63 참고). 여기서도 '쁠레로오' 동사는 '크로노스'(χρόνος)를 주어로 하여 어떤 기간이 꽉 채

가 찼다'(πεπλήρωται ὁ καιρὸς)가 마가가 염두에 두고 있는 어떤 기간이 다 채워져서 끝나게 됨을 표현한다고 볼 수 있다.

'쁠레로오' 동사가 '까이로스'를 주어로 하여 한 시대가 끝남을 표현하는 용례는 신약성경에서도 발견된다. (1) 누가복음 21:24에는 '쁠레로오' 동사가 한 시대가 끝남을 가리키는 데 사용되었다. 여기서 '이방인의 때가 차기까지'(ἄχρι οὗ πληρωθῶσιν καιροὶ ἐθνῶν)는 "이방인의 때가 차기까지 이방인들에게 밟힐 것이다."라는 문맥 속에서 사용되었으므로, '차다'(πληρόω) 동사는 이방인이 지배하는 기간이 끝남을 가리킨다. (2) 요한복음 7:8에서 '나의 때가 아직 차지 않았다'(ὁ ἐμὸς καιρὸς οὔπω πεπλήρωται)는 예수의 때(예수께서 예루살렘으로 가서 고난을 받으실 때)가 도달하지 않았음을 뜻할 수 있지만, 위의 용례들에서처럼 예수의 때(예수께서 죽고 부활하시기까지의 사역 기간)가 다 채워지지 않았음을 가리킨다고 볼 수도 있다.

'쁠레로오' 동사가 명사 '헤메라'(ἡμέρα, "날," "day")와 함께 사용되는 경우에도 비슷하게 사용된다. '쁠레로오' 동사는 구약성경(70인역)에서 '헤메라'와 함께 사용되어 어떤 기간이 채워져 지나감을 뜻한다. (1) 창세기 25:24의 "그녀가 출산하기 위한 날들(즉 10개월의 기간)이 차기까지"(ἐπληρώθησαν αἱ ἡμέραι τοῦ τεκεῖν αὐτήν)에서 '쁠레로오' 동사는 출산을 위한 임신 기간이 꽉 채워져서 끝나는 것을 가리킨다. (2) 창세기 29:21의 "나의 날들이 다 찼기 때문이다"(πεπλήρωνται γὰρ αἱ ἡμέραι μου)에서 '나의 날들'이란 문맥상(창 29:18, 20) 라헬을 위하여 일하며 채

워져서 끝나는 것을 가리킨다고 볼 수 있다. 무스너는 요세푸스, 『유대 고대사』 6 § 49 (τὸν καιρὸν γενέσθαι πληρωθέντος, "그 까이로스가 채워지게 되다"); 엡 1:10; 갈 4:4의 용례도 예로 들지만(Palu, 63 참고), 이곳들에서는 '쁠레로오' 동사의 의미가 "어떤 기간이 만료되다"는 의미라고 문맥 속에서 확정할 수 없다.

워야 하는 7년을 가리킨다. 그러므로 여기서 '쁠레로오' 동사는 라헬과 결혼하기 위해 채워야 하는 시간을 다 채워서 그 결혼을 기다려야 하는 기간이 다 끝났음을 뜻한다. (3) 창세기 50:3의 "그의 40일을 채웠다"(ἐπλήρωσαν αὐτοῦ τεσσαράκοντα ἡμέρας)에서 '쁠레로오' 동사는 "어떤 순간이 도래했다"는 뜻으로 사용되지 않고 어떤 기간이 만료되었음을 뜻한다. (4) 레위기 8:33의 "날이 차기까지"(ἕως ἡμέρα πληρωθῇ)에서 '날'은 의식을 행해야 하는 7일간의 기간을 가리킨다. 여기서 '날이 차다'는 것은 7일간의 기간이 만료됨을 뜻한다. (5) 레위기 12:4의 "그녀의 정결의 날들이 차기까지"(ἕως ἂν πληρωθῶσιν αἱ ἡμέραι καθάρσεως αὐτῆς)에서 '쁠레로오' 동사는 여인이 남자 아이를 출산한 후 산혈이 정결하게 되기까지 보내야 하는 33일을 다 채우는 것을 뜻한다. (6) 민수기 6:5의 "그 날들이 차기까지"(ἕως ἂν πληρωθῶσιν αἱ ἡμέραι)에서 이 단어는 서원하여 구별하기로 한 모든 날들이 다 차서 끝나는 것을 가리킨다. (7) 민수기 6:13의 "그가 그의 서원의 날들을 채운 날에"(ἡμέρᾳ πληρώσῃ ἡμέρας εὐχῆς αὐτοῦ)에서 이 단어는 서원하며 작정한 기한을 다 채움을 가리킨다. (8) 사무엘하 7:12의 "너의 날들이 차면"(ἐὰν πληρωθῶσιν αἱ ἡμέραι σου)에서 이 동사는 다윗이 그의 인생의 날들을 다 채우고 인생을 마감하게 됨을 가리킨다. (9) 역대기상 17:11에서도 이 단어는 비슷한 표현(ὅταν πληρωθῶσιν αἱ ἡμέραι σου, "너의 날들이 찼을 때") 속에서 동일한 뜻으로 사용되었다. (10) 예레미야 32:34(개역 25:34)의 "너희의 날들이 찼다"(ἐπληρώθησαν αἱ ἡμέραι ὑμῶν)에서 이 동사는 도살당할 때까지 남은 날들이 다 채워짐을 가리킨다.[17]

---

17. '쁠레로오'(πληρόω) 동사는 애 4:18에서도 유사하게 사용되었다. 이것은 번역(개역개정) 성경을 통해서도 확인된다. "우리의 끝이 가깝고 우리의 날들이 다하였으며."

이 단어는 구약 외경에서도 같은 뜻으로 사용된다. (1) 토비트 8:20의 "14일이 차기까지"(ἐὰν μὴ πληρωθῶσιν αἱ δέκα τέσσαρες ἡμέραι)에서 '쁠레로오' 동사는 결혼식 잔치 기간(14일간)을 다 채우는 것을 가리킨다. (2) 토비트 10:1의 "그 날들이 찰 때"(ὡς ἐπληρώθησαν αἱ ἡμέραι)에서 이 단어는 여행을 위해 필요한 기간을 채움을 가리킨다. (3) 마카비1서 3:49의 "그 날들을 채운 나실인들"(τοὺς ναζιραίους οἳ ἐπλήρωσαν τὰς ἡμέρας)에서 이 동사는 나실인의 서원 기간을 채움을 가리킨다.

신약성경에서 '쁠레로오' 동사가 '헤메라'(ἡμέρα, "날")와 함께 사용된 곳은 사도행전 9:23 뿐이다. 이곳의 "많은 날들이 찼을 때"(ὡς δὲ ἐπληροῦντο ἡμέραι ἱκαναί)에서 이 동사는 상당한 시간이 흘러감을 뜻한다.

지금까지 살펴 본 용례들은 모두 '쁠레로오' 동사가 시간을 나타내는 명사를 주어로 하여 사용될 때, 그 시간이 가리키는 기간이 다 채워져서 끝나게 됨을 뜻함을 보여준다. 이러한 용례들 속에서 이 단어를 그러한 어떤 시간(또는 시대)이 도래했다는 뜻으로 해석하는 것은 불가능하다. 물론 어떤 기간이 만료되면 다른 기간이 시작되며 그렇게 시작되는 순간은 매우 의미 있는 결정적 시점이다. 그러나 70인역과 신약성경의 용례 중에 '쁠레로오' 동사의 주어로 사용된 '헤메라'(ἡμέρα)나 '까이로스'(καιρός)가 그러한 결정적 순간을 가리키는 것으로 사용된 용례는 없다.

'쁠레로오' 동사가 시간을 나타내는 다른 단어를 주어로 하여 사용된 용례들도 이 단어가 어떤 기간이 만료됨을 뜻함을 보여준다. (1) 70인역 레위기 25:30의 "그것의 한 해 전부가 차기까지"(ἕως ἂν πληρωθῇ αὐτῆς ἐνιαυτὸς ὅλος)에서 이 단어는 가옥을 무를 수 있는 1년이 다 채워져 끝남을 가리킨다. (2) 70인역 예레미야 36:10(개역 29:10)의 "바벨론에서 70년이 찰 때까지"(ὅταν μέλλῃ πληροῦσθαι Βαβυλῶνι ἑβδομήκοντα ἔτη)에서 이 동사는 바벨론에서 포로로 잡혀 사는 70년의 기한이 다 채워져서 지나가는 것을 가리킨다. (3) 사도행전 7:23의 "그에게 40년의 시간이 찼을 때"(ὡς δὲ ἐπληροῦτο αὐτῷ τεσσερακονταετὴς χρόνος)에서 이 동사는 모세가 40년의 세월을 채움(그리하여 40세가 됨)을 가리킨다. (4) 사도행전 7:30의 "40년이 찼을 때"(πληρωθέντων ἐτῶν τεσσεράκοντα)에서도 이 동사는 40년의 기간을 채워서 보냄을 뜻한다. (5) 마커스는 W 사본의 마가복음 16:14 끝에 담긴 "사탄의 권세의 해들의 한계가 찼다."(πεπληρωτατι ο ὅρος των ετων της εξουσια του σατανα)를 이 동사가 기간이 채워져 지나감을 뜻하는 용례로 언급한다.[18]

이러한 '뻘레로오' 동사의 용례들에 토대하여 마가복음 1:15의 "때가 찼다"(πεπλήρωται ὁ καιρὸς)도 어떤 특정한 기간이 다 채워져서 끝났음을 가리킨다고 볼 수 있다. 우리말에서도 유사하게 '만료되다'(꽉 차다)는 표현이 어떤 기간의 끝남에 대해서 사용된다. 그러므로 이 표현은 "그 시대가 만료되었다"라고 번역할 수 있을 것이다.

그렇다면 다 채워져 끝이 나는 기간으로서의 '그 때'(ὁ καιρὸς)는 어떤 기간인가? 이 시대는 일단 부정적인 기간이라고 볼 수 있다. 왜냐하면 이 기간이 만료되었다는 소식을 15절이 담고 있는데, 이것을 14절은 '복음'(기쁜 소식)이라고 소개하기 때문이다. 어떤 기간이 만료된다는 선포가 기쁜 소식이라면 그렇게 만료되는 시대는 부정적인 시대라고 볼 수 있다.

물론 15절이 좋은 시대가 끝나고 더 좋은 시대가 온다는 소식을 뜻한다고 볼 여지도 있다. 이것도 기쁜 소식이라고 부를 수 있다. 그러나 배경문헌들의 용례는 '그 때'(ὁ καιρὸς)가 부정적인 기간으로서 사탄이 왕 노릇하는 기간을 가리킨다고 볼 수 있게 한다. 사탄이 왕 노릇하는 기간을

18. Marcus, 1989b: 54-55; Palu, 64 참고.

전제하는 관점은 W 사본의 마가복음 16:14 끝에 담긴 "사탄의 권세의 해들의 한계가 찼다."(πϵπληρωτατι ο ὅρος των ϵτων της ϵξουσια του σατανα)에서도 발견된다. 사탄이 권세를 부리는 악한 시대를 전제하는 것은 쿰란 문헌(4Q215a frag.1 2:4-6)에서도 발견된다. "악의 시대(קץ הרשע)가 찼다. … 의의 시간(עת הצדק)이 도래했다. … 평화의 시대(קץ השלום)가 왔다."[19] 에스라4서 11:44은 세상을 심판하던 악한 존재의 "시간들이" "끝났고 그의 시대들이 찼다"고 한다. 여기서도 악한 존재가 다스리던 시대가 전제되고 있다.[20] 이러한 관점은 "세상의 시간"을 언급하는 바룩2서 70:2에서도 발견된다.[21] 그러므로 마가복음 1:15에서도 그러한 시대를 언급하고 있다고 볼 수 있다. 마가복음 1:15에서 두 동사 '만료되었다'(πϵπλήρωται)와 '가까이 와 있다'(ἤγγικϵν)가 대조되어 사용되는 구조도 '그 때'(ὁ καιρὸς)가 '하나님 나라'와 대조된 부정적 시대라고 보는 해석을 지원한다.

마가복음 1:15에서 '뻬쁠레로따이'(πϵπλήρωται, "찼다")는 '엥기껜'(ἤγγικϵν, "가까이 와 있다")과 대조되어 사용되고 있다. '엥기껜'은 용례상 가까이 와 있음을 뜻하므로 아직 오지 않은 시점을 가리킨다(아래 연구 참고). 따라서 마가복음 1:15의 내용은 마커스의 해석처럼 사탄이 통치하는 악한 시대가 이제 꽉 찼으며(끝이 났으며), 하나님의 통치 시대가 시작되려 한다는 것이다.[22] 이렇게 보면, 15a절의 구조는 사탄이 왕 노릇하는 시대의 종말과 하나님이 통치하시는 시대의 시작을 대조하는 평행법이다.[23]

---

19. 본문은 Martínez & Tigchelaar, trans., 1997: 456-67 참고.
20. 본문은 *OTP*, vol.1, 549 참고.
21. 본문은 *OTP*, vol.1, 644 참고.
22. Marcus, 2000: 175 참고.
23. '뻬쁠레로따이 호 까이로스'(πϵπλήρωται ὁ καιρὸς)를 "결정적 순간이 다가왔다"고 해석하며 '결정적 순간'이 하나님 나라가 시작되는 순간을 가리킨다고 보는 경우

그러나 이러한 대조평행법에는 마가복음 1:15이 옛 시대가 이미 끝이 났는데, 새 시대는 아직 시작하지 않은 애매한 시점을 언급하고 있다는 문제가 있다. 이처럼 이미와 아직의 중간에 존재하는 시간이 가능한가? 옛 시대와 새 시대 사이의 이러한 종말론적 중간기를 두는 긴장을 풀기 위해서는 '뻬쁠레로따이'를 아직 완전히 끝나지 않은 것을 표현한다고 보거나, '엥기껜'을 이미 시작된 것으로 보다야 한다. '엥기껜'을 이미 시작된 것으로 보는 것은 용례상 불가능하므로(아래 참고), '뻬쁠레로따이'가 완전히 끝난 것은 아닌 시점을 가리킬 가능성을 검토해 보아야 한다.

70인역 예레미야애가 4:18에서는 마가복음 1:15에서처럼 '쁠레로오' 동사가 '엥기껜'과 평행을 이루며 사용되었다.

> ἤγγικεν ὁ καιρὸς ἡμῶν ἐπληρώθησαν αἱ ἡμέραι ἡμῶν
>
> 우리의 때가 가까웠고, 우리의 날들이 찼으며

여기서 '우리의 때가 가까웠고'에 해당하는 히브리어 본문은 קָרַב קִצֵּנוּ ("우리의 끝이 가까이 왔다")이다. 여기서 '때'(ὁ καιρὸς)는 히브리어 본문의 (시간의) '끝'(קֵץ)에 해당하고, '엥기껜'(ἤγγικεν)은 '가까이 오다' (קָרַב)에 해당하므로, '우리의 때가 가까웠다'(ἤγγικεν ὁ καιρὸς ἡμῶν)는 "우리의 시간의 끝이 다가왔다"는 뜻으로 볼 수 있다. 원수의 매복을 언급하는 근접 문맥(19절)도 이러한 해석을 지원한다. 원수가 공격하려고 매복하고 있는 상태는 아직 끝장난 시점은 아니기 때문이다. 따라서 이와 평행된 '우리의 날들이 채워졌다'(ἐπληρώθησαν αἱ ἡμέραι ἡμῶν)에서 '에쁠레로테산'(ἐπληρώθησαν)은 "어떤 기간이 다 채워졌다"라는 뜻의 표현이지만,

---

에는 이것이 '하나님 나라가 가까이 와 있다'와 동의적 평행법을 이룬다.

그 기간이 완전히 끝나지는 않은 시점을 가리킨다고 볼 수 있다. 이처럼 마가복음 1:15에서도 '뻬쁠레로따이'가 옛 시대가 완전히 끝이 난 시점을 가리키지 않는다고 볼 수 있다. 이 시점은 사탄이 왕 노릇하는 시대가 곧 끝이 나기 직전의 시점이고, 하나님께서 통치하시는 시대가 곧 시작되기 직전의 시점이다. 한 시대의 끝자락에 놓인 종말론적 시점이다.

이처럼 한 시대의 종말과 하나님의 나라의 도래가 모두 임박한 미래로 그려지는 것은 유대인들의 문헌인 모세의 유언(*Testament of Moses* 10.1)에서도 발견된다.[24] 마가복음 1:15도 옛 시대의 끝이 아직은 완전히 도래하지 않은 근접 미래로 보았을 것이다. 이러한 읽기를 따르면, 마가복음 1:15은 사탄의 시대가 완전히 끝났음을 말하지 않는다. 사탄이 패배하여 사탄의 나라가 무너지고 있으나 그들의 시대가 아직 완전히 끝난 것은 아님을 말한다.

마가복음 1:15에서 '하나님의 나라'는 무엇을 가리키는가? 이를 파악하기 위해서 우선 이 표현이 마가복음에서 어떻게 사용되었는지 살펴보자. 마가복음 9:1은 하나님의 나라가 능력 있게 임하는 것을 제자들 중에 볼 사람이 있을 것을 예언하는데, 이어지는 문맥에서 하나님의 나라는 예수의 변모와 관련됨을 알 수 있다. 이렇게 변모된 모습은 예수의 부활 이후의 모습을 미리 보여준 것이라 할 수 있다. 이 본문은 예수께서 부활하신 후에 변화하게 될 모습을 미리 본 것을 하나님 나라를 본 것으로 간주하고 있다. 따라서 하나님의 나라는 예수의 부활과 관련이 있음을 알 수 있다. 마가복음 14:25에서 예수께서는 포도주를 하나님의 나라에서 다시 마시기까지 절대로 마시지 않겠다고 선언한다. 그런데 십자가에 못 박히

24. *OTP*, vol.1, 931: "Then his kingdom will appear throughout his whole creation. Then the devil will have an end."("그때 그의 나라가 그가 만드신 온 세상에 나타날 것이다. 그때 악마는 종말을 맞이할 것이다.")

시기 전에는 포도주를 거부하시고(15:23), 못 박히신 후에는 포도주를 마신다(15:36). 이것은 예수의 십자가 수난으로 인해 하나님 나라가 도래했음을 암시한다. 이처럼 마가복음에서 하나님의 나라는 예수의 십자가 고난과 부활을 통해 도래하는 것이다. 그러나 이러한 용례들만으로는 '하나님의 나라'가 구체적으로 무엇인지 아직 불분명하다.

배경 문헌에 담긴 용례는 이 표현의 의미를 좀 더 명확히 파악하게 한다. 솔로몬의 시편 17:3에서 '하나님의 나라'는 '하나님의 권능'과 평행을 이룬다.[25] 그러므로 '하나님의 나라'는 하나님의 권능과 유사한 의미를 가진다고 볼 수 있다.

마가복음 1:15에서 '하나님의 나라'(ἡ βασιλεία τοῦ θεοῦ)가 무엇을 가리키는지에 관한 최종적인 증거는 이 표현의 근접 문맥이다. 이 표현은 문맥 속에서 '그 시대'(ὁ καιρὸς)와 대조적으로 평행되어 쓰였으므로 문맥상 시간적 개념으로서 하나님의 치세(통치 시대, reign)를 가리키는 것으로 볼 수 있다.

그렇다면 '가까이 와 있다'(ἤγγικεν)는 무슨 뜻을 가지는가? '엥기껜'은 현재 완료형이므로 완료된 것을 가리킨다고 보더라도, 완료되는 내용은 가까이 오는 동작이다. '엥기껜'은 가까이 오는 동작이 이미 완료되었음을 표현한다. 가까이 오는 동작이 완료되면 가까이 와 있게 된다. 가까이 와 있음은 도달하지는 않았음을 내포한다.

보링, 위더링턴 등은 신약성경의 용례 속에서 이 표현이 아직 도래하지 않은 상태를 가리킨다고 잘 지적한다.[26] 용례의 관찰은 이들의 지적이

25. τὸ κράτος τοῦ θεοῦ ἡμῶν εἰς τὸν αἰῶνα μετ' ἐλέους καὶ ἡ βασιλεία τοῦ θεοῦ ἡμῶν εἰς τὸν αἰῶνα ἐπὶ τὰ ἔθνη ἐν κρίσει.("우리의 하나님의 권능은 자비와 함께 영원하고, 우리의 하나님의 나라는 민족들 위에 심판 가운데 영원하다.")

26. Boring, 2006: 50-51; Witherington, 78.

정확함을 알려준다. 다음의 용례들은 마가복음 1:15에서 '엥기껜'이 이미 도래하였다는 뜻이 아니라 가까이 와 있으되 아직 도래하지 않은 상태를 묘사한다고 해석하게 한다. (1) 로마서 13:12에서 "밤이 깊고 낮이 가까웠으니(ἤγγικεν)"는 '엥기껜'이 아직 도래하지 않은 근접 미래를 가리킴을 알려준다. 밤이 깊은 시점을 낮이 가까웠다고 표현한 것이므로 이 시점을 이미 낮이라고 할 수 없기 때문이다. 이 용례를 통해서 볼 때, '하나님의 나라가 가까웠다'라는 표현을 하나님의 나라가 이미 왔다고 해석하면 안 됨을 알 수 있다. (2) 야고보서 5:8은 "주의 재림이 가까이 와 있다."(ἡ παρουσία τοῦ κυρίου ἤγγικεν)라고 하는데, 문맥상 이 문장은 예수께서 이미 재림하셨다는 것을 뜻하지 않고, 아직 재림하지 않았지만 곧 재림하실 것임을 뜻한다. 여기서도 '엥기껜'은 이미 왔다는 뜻이 아니다. (3) 베드로전서 4:7은 "그런데 만물의 끝이 가까이 와 있다."(πάντων δὲ τὸ τέλος ἤγγικεν)라고 하는데 이것은 만물의 끝이 이미 도래하였다는 뜻이 아니라, 곧 도래할 것이라는 뜻이다. (4) 누가복음 21:20은 "그것의 멸망이 가까이 왔다."(ἤγγικεν ἡ ἐρήμωσις αὐτῆς)라고 하는데, 이것은 문맥상 예루살렘이 멸망하였다는 진술이 아니라 곧 멸망할 것이라는 진술임을 알 수 있다. (5) 마태복음 26:45의 "그 시가 가까웠다."(ἤγγικεν ἡ ὥρα)는 "그 인자가 죄인들의 손에 넘겨질 것이다."는 구절과 평행되므로, 근접한 미래를 가리킨다. 예수께서 이 말씀을 하신 시점은 아직 체포된 시점은 아니기 때문이다. (6) 마태복음 26:46에서 "나를 넘겨주는 자가 가까이 왔다."(ἤγγικεν ὁ παραδιδούς με)는 그 인자를 팔아넘기는 자가 이미 온 것을 가리키는 것이 아니라 그가 곧 올 것을 가리키는 표현이다. 왜냐하면 예수를 배신하는 가룟 유다는 47절에서야 등장하기 때문이다. (7) 마가복음 14:42에서도 "나를 넘겨주는 자가 가까이 왔다."(ὁ παραδιδούς με ἤγγικεν)는 이어지는 43절에서 가룟 유다가 등장하는 것을 감안할 때 이미

온 것을 가리키지 않고 곧 올 것임을 뜻한다.[27]

70인역의 용례들도 이러한 해석을 지지하게 한다. (1) 예레미야애가 4:18에서 '엥기껜'은 문맥상 이미 시작된 것이기보다는 곧 시작될 미래를 가리킨다고 볼 수 있다. 왜냐하면 이어지는 19절이 심판을 원수들의 매복으로 표현하며 언급하기 때문이다. 매복한 상태는 아직 공격하여 끝장을 낸 상태가 아니라 공격을 할 준비를 마친 상태이다. (2) 에스겔 7:4(개역개정 7:7)에서는 이 동사가 '헤꼬'(ἥκω) 동사와 평행되게 쓰였다. "그 시간이 왔다. 그 날이 가까이 왔다"(ἥκει ὁ καιρός ἤγγικεν ἡ ἡμέρα). 여기서 '헤꼬'는 이미 도래한 것을 가리키는데 쓰이는 단어이므로, 이에 평행된 '엥기껜'도 이미 도래한 것을 뜻할 수 있다. 그러나 이 단어는 여기서도 문맥상 아직 발생하지 않은 미래를 가리킨다. 왜냐하면 이어지는 5절(개역개정 7:8)이 다가온 심판을 '엑케오'(ἐκχεῶ, "쏟을 것이다"), '쉰뗄레소'(συντελέσω, "끝낼 것이다"), '끄리노'(κρινῶ, "심판할 것이다"), '도소'(δώσω, "줄 것이다") 등 미래형으로 표현하기 때문이다. 그러므로 '헤꼬'도 이곳에서 미래를 가리키는 현재형(the futuristic present)으로 사용되었다고 보아야 한다. (3) 에스겔 9:1에서 "그 도시의 심판이 가까이 와 있다."(ἤγγικεν ἡ ἐκδίκησις τῆς πόλεως)는 도시가 아직 망하지는 않은 상태를 가리킨다. 왜냐하면 그 도시 사람들이 죽임을 당하는 것은 7절에 가서야 실행되기 때문이다. (4) 마카비1서 9:10에서 "우리의 때가 가까이 와 있다."(ἤγγικεν ὁ καιρὸς ἡμῶν)는 죽음의 때가 임박한 것을 가리킨다. 이미 죽었다는 말을 죽은 자 스스로 말할 수는 없기에 이 표현은 죽음의 때가 이미 도래했음을 뜻할 수 없다.

27. 눅 21:8에서 "그 때가 가까웠다"(ὁ καιρὸς ἤγγικεν)는 거짓 그리스도가 하는 말로 언급되는데, 이것은 그 때가 어떤 때인지, 그러한 때가 이미 왔다는 것인지 아직 오지 않았다는 것인지 파악하기 쉽지 않은 문맥 속에 있다.

신약성경과 구약성경 70인역의 용례들을 통하여 볼 때 '엥기껜'(ἤγγικεν)은 가까이 왔지만 아직 도착하지는 않았음을 뜻한다. 이러한 용례로 마가복음 1:15을 해석하면, '하나님의 나라가 가까이 와 있다.'(ἤγγικεν ἡ βασιλεία τοῦ θεοῦ)는 표현은 하나님의 통치 시대가 근접해 왔지만 아직 도착하지는 않았음을 뜻한다고 볼 수 있다. 하나님의 통치 시대가 가까이 왔다는 것은 물론 하나님께서 전에는 통치하시지 않다가 이제 비로소 통치하시기 시작할 것임을 뜻하지는 않을 것이다.

가까이 와 있다고 선포된 하나님 나라는 예수의 십자가 고난을 통하여 도래한다(위 참고). 그런데 예수께서는 자신의 고난의 의미를 "많은 사람을 위하여 흘리는 … 언약의 피"라고 소개하므로(14:24), 하나님 나라는 예수께서 십자가 위에서 흘리신 언약의 피를 통하여 죄인들을 대속하고 사탄의 노예들을 해방시키는 시대라고 볼 수 있다. 그렇다면 '하나님 나라'는 하나님의 새 언약의 시대로서 새 출애굽의 시대이다. 이것은 사탄을 제압하는 하나님의 권능을 통하여 이루어진다는 측면에서 '하나님의 나라(통치 시대)'라고 부를 수 있었을 것이다. 물론 당시에 로마 치하에서 속국의 백성으로 살던 유대인들에게는 이 하나님 나라의 약속이 로마가 유대인들을 지배하는 시대가 끝나고 오는 이스라엘의 주권 회복의 시대로 오해될 수밖에 없었을 것이다.

마가복음 1:15에서 예수께서는 사탄이 왕 노릇하는 시대가 끝나가고 하나님의 통치 시대가 곧 시작된다는 사실에 관한 선포에 이어 "회개하고 이 복음을 믿으라."고 요구하신다. 그러므로 요구되는 회개와 믿음은 앞서 선포된 메시지에 토대한 것이라고 볼 수 있다. 즉, 15절은 왜 회개하고 믿어야 하는지 알려준다. 사탄이 왕 노릇하는 악한 시대가 이제 끝장날 것이므로 회개하여야 하며, 하나님 통치 시대가 곧 시작되므로 이 기쁜

소식을 믿어야 한다.[28]

그런데, 회개란 무엇인가?[29] 본문에 사용된 단어는 '메따노에이떼'(μετανοεῖτε, "회개하라")인데, 이 동사의 명사형은 '메따노이아'(μετάνοια)이다. 이것은 어원상 "생각의 변화"를 뜻한다. 그러나 이 단어는 늘 이러한 의미로 사용된 것은 아니다. 이 단어는 70인역 잠언 14:15에서 "메따노이아로 들어간다"(ἔρχεται εἰς μετάνοιαν)라는 표현 속에 사용된다. 이 표현은 히브리어 본문의 "자기의 발걸음을 분별한다"(יָבִין לַאֲשֻׁרוֹ)에 대응한다. 온갖 말을 믿는 어리석은 자와 달리 "메따노이아로 들어간다"(ἔρχεται εἰς μετάνοιαν)고 묘사되는 슬기로운 자가 나타나는 잠언 14:15 문맥 속에서 '메따노이아'는 아무 말이나 분별없이 믿는 맹신에 대조된 지혜로운 분별을 가리킨다. 그러므로 '메따노이아'는 어떤 말을 들을 때 사려 깊게 분별하는 반응을 가리킨다.

70인역 잠언 20:25의 "왜냐하면 서원한 후에 메따노이아하게 되기 때문이다."(μετὰ γὰρ τὸ εὔξασθαι μετανοεῖν γίνεται)는 서원한 후에 후회한다는 것인지 서원부터 하고 곰곰이 생각하기 시작한다는 것인지 문맥 속에서는 애매하다. 그러나 히브리어 본문에서 '메따노에인'(μετανοεῖν)에 대응하는 단어는 '바카르'(בָּקַר, "찾다," "성찰하다")이므로 곰곰이 생각한다는 뜻으로 사용되었다고 볼 수 있다.

70인역 잠언 24:32의 "그 후에 나는 메따노이아하였고, 교훈을 얻으려고 살펴보았다"(ὕστερον ἐγὼ μετενόησα ἐπέβλεψα τοῦ ἐκλέξασθαι παιδείαν)에서 '메떼노에사'(μετενόησα)는 황폐한 포도원을 보고 보인 반응이며 그 결과 교훈을 얻는 것이므로 뉘우치는 행위를 가리키기보다는

28. Marcus, 2000: 175.

29. '회개'(μετάνοια, μετανοέω)에 관한 구약적 배경에 관한 연구로는 김성규, 57-87 참조.

곰곰이 생각하는 것을 가리킨다. 왜냐하면 뉘우치는 것은 교훈을 얻은 후에 가능한 것인데, 본문에서는 교훈을 얻는 것이 메따노이아 후에 놓이기 때문이다. 히브리어 본문에서 ‘메떼노에사’(μετενόησα)에 대응하는 표현이 ‘나의 마음을 두다’(אָשִׁית לִבִּי)임은 이러한 해석을 지원한다.

이러한 용례를 따라 해석하면, 마가복음 1:15에서 ‘메따노에이떼’(μετανοεῖτε)는 방금 선포한 말씀을 신중하게 분별하라는 뜻으로 볼 수 있다. 이러한 해석은 문맥에 조화된다. ‘회개하라’를 죄를 자복하라는 뜻으로 읽으면 ‘복음을 믿으라’가 그 뒤에 놓이는 것이 어색하다. 선포된 복음을 믿어야 죄를 자복하는 것이 가능하기 때문이다. 따라서 마가복음 1:15의 ‘메따노에이떼’는 믿음에 이르기 이전의 과정으로 본다면, “심사숙고하라”의 뜻으로 읽을 수 있는 듯이 보인다.

그러나 마가복음의 문맥 속에서는 ‘메따노에이떼’는 죄를 자복하라는 뜻으로 보아야 하는 근거도 있다. 마가복음 1:4-5은 회개와 죄를 자복함을 동일시한다. 마가복음 1:15의 구조도 회개가 죄의 자복을 뜻한다고 해석하게 한다. 때가 찼다(a), 하나님 나라가 가까이 왔다(b), 회개하라(a′), 복음을 믿으라(b′)의 평행법 구조 속에서(김성규, 79) ‘메따노에이떼’는 ‘그 (사탄이 왕 노릇하는) 시대가 만료되었다.’는 선포에 대한 반응이고 ‘믿으라’는 ‘하나님의 나라가 가까이 와 있다.’는 선포에 대한 반응으로 볼 수 있다. 죄를 자복하는 것은 사탄의 시대가 만료된 것에 대한 적절한 반응이다. 사탄의 종으로서 사탄이 시키는 대로 죄짓고 살던 삶을 청산하려면 먼저 그러한 삶이 잘못되었음을 인정하여야 한다.

‘회개’(μετάνοιά, 동사는 μετανοέω)의 용례는 마가복음 1:15에서 이 단어가 단지 죄를 자복하는 것이 아니라 죄로부터 돌이켜 삶의 방식을 바꾸는 것을 뜻한다고 볼 수 있게 한다. 집회서(시락서) 48:15에서 회개는 죄로부터 돌이키는 것을 뜻한다. 왜냐하면 여기서 ‘회개하다’(μετενόησεν)와

'죄로부터 떠나다'(οὐκ ἀπέστησαν ἀπὸ τῶν ἁμαρτιῶν)가 평행법 속에서 사용되었기 때문이다. 히브리서 6:1에서 이 단어는 죄를 짓는 행위를 중단하는 것을 가리키고, 마태복음 3:8; 누가복음 3:8; 사도행전 26:20에서는 선한 행위를 시작하는 것을 가리킨다(신현우, 2013a: 72). 이러한 용례를 통해서 보면 마가복음 1:15이 요구하는 '회개'는 지금까지 사탄에게 종노릇하며 죄를 짓고 살아온 것을 뉘우치고 자복하며 돌이킬 뿐 아니라 적극적으로 선한 행위를 시작하는 것을 가리킨다고 볼 수 있다. 그러나 회개를 죄의 자복과 동일시하는 마가복음 1:4-5과 회개와 믿음을 구분시켜 각각 '때가 찼다'와 '하나님 나라가 가까웠다'에 평행시키는 15절의 구조를 고려하면 여기서 요청되는 회개는 사탄의 노예로 살며 죄 지은 것을 고백하고 돌이키는 것까지를 가리키고, 새로운 방식의 삶을 살아가는 부분은 '믿으라'는 명령에 담겨 있다고 볼 수 있다('믿음'에 관해서는 아래 참고).

예수께서는 '복음을 믿으라'고 선포하셨는데, 믿음(πίστις, 동사는 πιστεύω)이란 무엇인가?[30] 이것을 파악하기 위해 우선 믿음의 대상으로 제시된 '그 복음'(τῷ εὐαγγελίῳ)이 무엇인지 살펴보자. '그 복음'은 문맥상 앞에 언급된 하나님께서 다스리시는 시대가 가까이 와 있다는 예수의 선포이다. 사탄이 통치하는 시대가 곧 끝나고 사탄의 노예들이 해방되는 시대가 곧 시작된다는 선포이다. 이 선포를 믿는다는 것은 무슨 뜻인가? 그 내용을 의심하지 않고 확신한다는 것인가? 만일 15절에서 '회개하다'가 "곰곰히 생각하여 분별하다"는 뜻이라면 '믿음'은 그러한 분별의 결과 도달

30. 여기서 헬라어 표현 '삐스테우오 엔'(πιστεύετε ἐν, "너희는 ~를 믿으라")은 셈족어적 표현(הֶאֱמִין בְּ)이다(Guelich, 1989: 41). 그런데 이러한 표현은 70인역의 영향을 통해 간접적으로 들어왔을 가능성도 있다(시 77:22; 77:32; 105:12; 렘 12:6; 시락서 32:21 참고).

하는 확신을 뜻한다고 볼 수 있다. 그러나 15절에서 '회개'가 죄를 자복하고 돌이키는 것을 가리킨다면, 믿음은 죄에서 돌이켜 살아가는 삶을 가리킨다고 볼 수 있다.

'복음'이 '믿으라'의 목적어로 제시되는 문맥 속에서 '믿으라'를 복음의 내용의 진정성을 확신하라는 뜻으로 읽을 수는 없는가? 이러한 해석을 지지하는 용례는 70인역 시편 105:12(개역개정 106:12)에 있다. 여기서 "그들이 그의 말씀을 믿었다"(ἐπίστευσαν ἐν τοῖς λόγοις αὐτοῦ)에서 믿음의 대상은 말씀의 내용이다. 이어지는 문맥에서 말씀을 믿은 이스라엘 백성들의 불순종이 언급되므로 여기서 언급된 믿음은 불순종하는 자들이 보이는 지식적인 믿음이다. 이러한 믿음은 시편 문맥에서 부정적으로 평가되고 있으므로, 마가복음 1:15에서 예수께서 이러한 지식적 믿음을 요구하였다고 보기는 힘들다.

우리는 복음을 목적어로 하여 '믿는다'와 '순종하다'가 평행되어 믿음이 순종을 가리키는 로마서 10:16의 용례에 주목해야 한다. 로마서 10:16에서 '복음에 순종하였다'(ὑπήκουσαν τῷ εὐαγγελίῳ)는 '우리의 메시지를 믿었다'(ἐπίστευσεν τῇ ἀκοῇ ἡμῶν)에 평행되어 사용된다. 여기서 '우리의 메시지'(우리가 전한 복음)는 '복음'에 평행되고, '믿다'는 '순종하다'에 평행된다. 그러므로 이 용례는 믿음이 순종의 의미로 사용될 수 있음을 보여준다. 이 경우 복음을 믿는다는 것은 복음에 순종한다는 뜻이다.

물론 이러한 바울의 믿음 개념을 마가가 그대로 사용했다고 단정할 수는 없다. 그러나 마가복음의 용례를 살펴보면 마가도 믿음을 행위를 포함한 개념으로 사용했음을 알 수 있다. 마가복음에서 '믿음'(명사형)이 사용된 용례들을 보면 이것은 복음의 내용에 대한 확신에 그치는 것이 아니라 그러한 확신에 따라 행동하는 것을 뜻한다. 마가복음 2:5; 10:52에서 믿음은 메시아 예수를 통한 치유의 확신에 입각한 집요한 행동과 관련된다.[31] 죄를 고백하는 회개와 함께 확신에 입각한 집요한 행동은 하나님 나라 복음을 확신하는 사람이 보이는 반응이다. 하나님의 통치가 가까이 왔다는 복음을 확신하면 이 확신에 따라 행동하게 되어 있다. 그렇게 행동하지 않고 여전히 사탄에게 종노릇하며 사탄이 시키는 대로 죄를 짓는다면 참으로 복음을 믿는다고 볼 수 없을 것이다.

3. 해설

예수께서 선포한 복음은 하나님으로부터 기원하는 하나님의 복음이었다(1:14). 그 이유는 메시아의 등장을 선언한 것은 하나님 자신이며(1:11), 하나님의 구원과 통치를 선포하리라 기대된 메시아의 등장은 하나님의 나라(통치)가 가까이 왔다고 선포할 수 있는 근거가 되기 때문이다.

'복음'은 본래 전쟁에서의 승리나 포로 해방의 소식을 뜻하는 단어이므로 예수께서 선포하신 하나님의 복음은 마가복음 1:12-13에 담긴 예수의 광야 시험과 관련하여 메시아 예수께서 사탄에게 승리한 결과 발생하는 사탄에게 포로 된 자들의 해방 소식을 가리킨다고 볼 수 있다.

대부분의 학자들은 '때가 찼다'(πεπλήρωται ὁ καιρὸς)를 결정적 시점의 도래를 가리킨다고 해석한다. 그러나 '까이로스'(καιρός)가 일정한 길

31. 이러한 믿음과 관련하여 맹인 치유가 발생한다(10:46-52). 맹인 치유는 새 시대의 표징 중에 하나로 기대된 것이다(사 35:5-7). 그러므로 맹인 바디매오의 치유는 새 시대가 가까이 와 있음을 알려주는 표징으로서의 의미가 있다(Marcus, 1992: 34). 맹인 치유와 관련된 새 시대는 사 34:8에서 시온을 위한 하나님의 복수와 관계되며, 사 34:10은 이때를 하나님의 구속받은 백성들이 시온으로 돌아오는 때라고 한다. 그러므로 맹인 치유는 새 출애굽 시대(하나님 나라)가 가까웠다는 표징으로서 의미를 가진다.

이를 가진 기간을 가리키기도 하는 용례를 고려하고, 함께 사용된 '쁠레로오'(πληρόω)가 시간을 나타내는 주어와 함께 사용되는 경우 어떤 기간의 만료를 가리키는 용례들을 고려해야 한다. 이러한 용례를 고려하면, '때가 찼다'는 어떤 특정한 기간의 만료를 뜻한다고 볼 수 있다. 이 선포는 기쁜 소식(복음)이라 소개되었으므로, 이때 만료되는 기간은 부정적인 기간이며, W 사본의 마가복음 16:14과 쿰란 문헌(4Q215a *frag.* 1 2:4-6)에서 보듯이 사탄이 권세를 부리는 시대 또는 악의 시대에 해당한다고 볼 수 있다. 그런데, 구약성경 70인역 예레미야애가 4:18-19의 용례는 '찼다'는 표현이 한 시대가 완전히 끝난 시점을 가리킬 필연성은 없음을 알려준다. 따라서 때가 찬 시점은 사탄이 이미 패배하였으나 아직은 활동하는 시점을 가리킬 수 있다. 이러한 해석은 '가까이 왔다'(ἤγγικεν)의 해석과 조화를 이루므로 문맥에도 맞는다.

'하나님의 나라가 가까이 와 있다'는 선포는 무슨 뜻인가? '하나님의 나라'(βασιλεία τοῦ θεοῦ)는 솔로몬의 시편 17:3의 용례를 통해서 볼 때, 하나님의 권능을 가리키는데, 시간을 나타내는 '때'와 평행된 마가복음 1:15 문맥을 고려할 때 "하나님께서 다스리시는 시대"를 가리킨다고 볼 수 있다. 이러한 시대가 '가까이 와 있다'(ἤγγικεν)는 것은 '엥기껜'(ἤγγικεν)의 용례를 통해서 볼 때 이미 가까이 왔으되 아직 완전히 오지는 않은 상태를 가리킨다고 해석될 수 있다.

사탄이 권세 부리는 때가 끝나가고, 하나님께서 통치하시는 시대가 곧 시작된다는 복음에 대한 반응으로 예수께서 요청하신 것은 회개와 믿음이었다. '회개'(μετάνοιά μετανοέω)는 용례를 통해서 볼 때 심사숙고한다는 의미를 가질 수 있다. 그러나 회개는 마가복음 1:4-5 문맥상 죄의 자복과 관련되며, 이러한 의미는 사탄의 시대가 만료됨에 대한 반응으로 회개가 제시되는 15절 문맥에도 들어맞는다. 그러므로 예수께서 요청한 회개는 사탄이 시키는 대로 살던 죄를 자복하는 것이라고 볼 수 있다. '믿음'(πιστεύώ πίστις)은 '믿음'이 순종을 가리키는 로마서 10:16의 용례와 '믿음'이 확신만이 아니라 행동을 포함하는 마가복음의 용례들을 고려할 때, 하나님의 통치 시대가 가까이 와 있음을 확신할 뿐 아니라 이 확신에 따라 행동하는 반응을 가리킨다고 볼 수 있다.

II. 본문 주석

제3부

제1막 (1:16-8:21)

제7장
마가복음 1:16-20
어부들을 제자로 부르심[1]

마가복음은 1:16-20은 마가복음의 서언(1:1-15)이[2] 끝나고 이어지는 마가복음 제1막(1:16-8:21)의 처음에 놓인다. 마가복음의 제1막은 3부로 나누어 질 수 있는데, 제자를 부르시고, 세우시고, 파송하시는 내용이 1, 2, 3부의 초두에 언급된다.[3]

1. 이 부분은 필자의 논문, 2014b: 599-626을 사용하여 저술한 것이다.
2. 마가복음의 서언을 1:15까지로 보는 구조 분석을 위한 논증은 앞의 1:4-8 주해 참고.
3. 예수께서 사역의 초기에 제자를 부르신 것은 특이하다. 예수께서는 제자들을 부르신 후 함께 사역의 현장으로 가신다(1:21). 그리하여 제자들은 예수의 가르침을 항상 듣는 사람들이 되었다. 또한 그들은 예수 사역의 목격자들이 되었다. 이것은 그들이 예수의 사역과 가르침을 목격한 후 이것을 전달하는 증인 역할을 할 수 있는 토대가 되었다. 이를 고려하고 보면, 예수께서 제자들을 사역 초기에 부르신 것은 자신의 가르침과 사역이 가지는 중요성을 인식하고 계셨고, 그 사역이 증언되고 지속되게 하고자 하셨다고 볼 수 있다. 제자들이 사역의 초반부에 부름받은 것은 예수께서 혼자 사역하지 않고 제자들과 함께 거하시고 훈련하시면서 사역하시기 원하셨음도 알려준다.

서언 세례 요한과 예수(1:1-15)

제1부 제자를 부르심(1:16-20)

갈릴리 초기 사역(1:21-3:12)

제2부 열두 제자를 세우심(3:13-19)

갈릴리 후기 사역(3:20-6:6)

제3부 열두 제자 파송(6:7-13)

갈릴리 주변 사역(6:14-8:21)[4]

마가복음의 제1막은 갈릴리와 그 주변 사역을 소개하는데, 이 지역에서의 사역들은 항상 제자와 관련된 사역으로 시작한다. 예수께서는 제자를 부르시거나, 세우시거나, 파송하시며 사역을 시작하신다. 이것은 예수의 사역 속에서 제자 사역이 매우 우선적인 중요성을 가지고 있음을 보여준다. 마가복음 1:16-20은 이처럼 중요한 예수 사역의 핵심을 담고 있다. 본문의 직전과 직후를 살펴보면 다음과 같다.

A (1:14-15) 예수의 하나님 나라 선포

B (1:16-20) 예수의 제자 부르심

A′ (1:21-22) 예수께서 가버나움 회당에서 가르치심

본문은 예수의 말씀 사역들의 중간에 위치하고 있다. 이러한 샌드위치 구조는 예수의 제자 부르심이 예수의 말씀 사역과 밀접한 관계가 있다고 해석할 수 있게 한다. 예수의 제자 부르심은 예수의 말씀 사역 프로그램의 일부로서 그 사역을 지속시키고 확장하기 위한 것임을 이러한 구조

4. 양용의, 46 비교.

는 암시한다. 예수께서 제자들 가운데 열둘을 임명하시고(3:13-19), 이들을 파송하신 것은(6:7-13) 이러한 해석을 지원한다. 이러한 구조 속에서 마가복음 1:17이 제시하는 '사람들의 어부'라는 제자들의 정체성은 특별히 말씀 사역과 관계된다고 볼 수 있다. 콜린스(A. Y. Collins)가 지적하듯이 마가복음 1:14-15을 고려할 때, 제자들의 사역은 예수의 하나님 나라 복음 선포와 회개와 믿음의 촉구 사역에 참여하는 것이라고 볼 수 있다 (A. Y. Collins, 160).

1. 번역

16 이제, 예수께서 갈릴리 바닷가를 따라 지나가시다가 시몬과 그의 형제
안드레가 바다에서 그물을 펼치며 던지고 있는 것을 보셨다. - 그들은 어부
들이었다. - **17** 예수께서 그들에게 말씀하셨다.

"나의 뒤에 따라오라!
그러면, 내가 너희를 사람들의 어부들이 되게 하겠다."

18 그러자 즉시 그들은 그물을 버려두고 그를 따르기 시작하였다. **19** 그는
조금 더 나아가신 후에 세베대의 아들 야고보와 그의 형제 요한을 보셨다.
그들은 배 안에서 그물을 수선하고 있었다. **20** 곧이어 예수께서 그들을 부
르셨다. 그러자 그들은 그들의 아버지 세베대를 고용된 근로자들과 함께
배에 남겨 두고, 그의 뒤에서 따라가기 시작하였다.

2. 주해

16절 (갈릴리 해변의 어부들) 예수께서 제자를 부른 곳은 갈릴리 바닷가이다(1:16). 갈릴리 호수를 '바다'(θάλασσα)라고 부르는 것은 아마도 '킨네렛 바다'(יָם־כִּנֶּרֶת)라는 히브리어 표현(민 34:11; 수 13:27)에서 온 것이다. '호수' 대신 '바다'라는 표현을 쓴 것은 고대 근동과 구약에서 바다를 혼돈과 연결한 것과 관련하여 해석할 수 있다(Boring, 2006: 58). 이것은 바다를 부정적으로 보는 구약성경과도 관련된다고 볼 수 있다(시 74:13; 욥 38:16-17; 욘 2:2-3).[5] 이러한 배경을 통해서 볼 때 갈릴리 호수를 바다라고 부른 것은 이 호수를 혼돈의 장소로 간주한 것이다. 따라서 바닷가에서 제자를 부르심은 예수께서 혼돈의 장소로부터 제자들을 부르셨다는 의미를 전달한다.

그런데, 왜 예수께서는 하필이면 갈릴리 해변에서 제자들을 부르셨을까? 마태복음 4:13에 의하면 이 지역은 스불론과 납달리 지역 해변이다. 이사야 9:1-2에 의하면 이 지역은 하나님께서 영화롭게 하시겠다고 약속하신 땅이다. 마태복음 4:14에 의하면 예수께서 이 지역에서 사역하신 것은 이 이사야서 구절의 성취와 관련된다. 마가복음은 이것을 명시하지 않지만, '갈릴리 해변'이라는 배경을 언급하면서 이사야 9:1-2을 연상시키므로, 동일한 해석에 도달할 수 있는 단서를 제공한다.

마가복음 1:21에서 가버나움의 회당이 언급되고 이어지는 29절에서 예수께서 회당에서 나온 후 시몬과 안드레의 집으로 들어가는 것으로 보아 이들을 제자로 부르신 지역은 가버나움 지역이다. 요세푸스(『유대 고대사』 5.86)에 의하면 가버나움은 납달리 지역에 속한다고 볼 수 있다

5. Mánek, 1957: 138-39.

(Derrett, 1980: 112 참고). 예수께서 제자들을 납달리 지역에서 부르신 것은 어떤 의미를 가지는가? 이것은 창세기 49:21과 관련된다고 볼 수 있다. “납달리는 놓인 암사슴이라 아름다운 소리를 발하는도다.” 이러한 배경을 통해서 볼 때, 데렛(J. D. M. Derrett)의 주장대로 예수께서 복음(좋은 소식)을 전파할 제자들을 부를 때, 가장 적당한 사람은 아름다운 소리를 발하는 납달리 지역 사람이라 할 수 있다(Derrett, 1980: 114-15).

왜 예수께서는 하필 어부를 제자로 부르시고자 했는가?[6] 예레미야 16:16에서 어부가 이스라엘을 모으는 자로 등장하므로, 이러한 사역을 위해서 제자를 부른다면 어부를 불러야 했다고 볼 수 있다. 예수께서 물고기를 잡고 있는 어부들에게 “내가 너희를 사람들의 어부가 되게 하겠다.”고 말씀하심은(1:17), 예수께서 예레미야 16:16을 염두에 두고 있었음을 보여준다.

예수께서 예레미야 16:16에 따라 이스라엘을 모으는 사역을 위해 어부를 사역자로 부르시고자 하셨다는 것이 예수께서 갈릴리 바닷가에서 제자를 부르시게 되는 또 하나의 이유라 할 수 있다. 갈릴리 바다를 차지하고 있는 납달리 사람들은(LXX 신 33:23 참고) 유대인들의 전통 속에서 어부와 관련되므로,[7] 어부를 부르려면 납달리 지역으로 가는 것이 당연하게 기대되었을 것이다.

예수께서 부르신 최초의 제자 두 명은 안드레와 시몬이었다.[8] 그들은

---

6. 17절의 ‘말씀하셨다 그들에게 예수께서’(εἶπεν αὐτοῖς ὁ Ἰησοῦς)의 어순은 동사, 목적어, 주어의 순이므로 목적어가 강조되었다고 볼 수 있다. 신약성경에서는 대개 목적어가 주어 뒤에 나오므로 주어 앞에 나오는 목적어는 강조된 것으로 볼 수 있기 때문이다(신현우, 2013d: 40). 따라서 마가는 예수께서 다른 사람들이 아닌 어부들을 특별히 부르신 것에 의미를 부여하며 강조하였다고 볼 수 있다.

7. 이와 관련한 자세한 배경 문헌은 Derrett, 1980: 114 참고.

8. 안드레(’Ανδρέας, ‘안드레아스’)는 헬라어 이름이다. 시몬(Σίμων)은 헬라식 이름인

그물로 물고기를 잡고 있었다.[9] 마가는 이어서 "그들은 어부였다"(ἦσαν γὰρ ἁλιεῖς)라고 부연한다. 여기서 '가르'(γάρ)는 이유("왜냐하면")가 아니라 설명의 표지라고 볼 수 있다. 포터(S. Porter)는 '가르'가 추론만이 아니라 설명을 위해 사용될 수 있다고 주장한다(Porter, 207). 마태복음 4:18; 마가복음 1:16; 2:15; 5:42; 16:4; 요한복음 4:8; 로마서 7:1; 고린도전서 16:5; 갈라디아서 4:25은 이러한 용법이 사용된 경우이다(BDAG, 189). 이 중에서 마태복음 4:18은 마가복음 1:16의 평행구절이므로, 이 구절에서의 '가르' 용법은 마가복음 1:16의 '가르' 용법에 관한 결론을 내리기 위한 증거로 사용하지 말아야 한다. 로마서 7:1에서 '가르'는 설명의 용법으로만 문맥에 맞는다.[10] 따라서 마가복음 밖에서 '가르'가 설명의 용법으로 쓰인 경우가 많지는 않지만, 그러한 경우는 로마서 7:1의 경우에서처럼 분명히 존재한다고 할 수 있다.

'가르'의 설명적 용법에 관한 이러한 문법적 가설은 마가복음의 용례의 지지를 받기에 마가복음에 적용할 수 있다. 마가는 2:15; 5:42; 7:3;

데, 히브리어 이름 시므온(שִׁמְעוֹן)에 해당한다(France, 95). 70인역에 나오는 히브리어식 이름인 '시므온'(Συμεών)이 행 15:14; 벧후 1:1에서 베드로를 가리키며 사용되었기에 베드로의 경우는 본래 히브리식 이름을 가졌다고 볼 수도 있다. 그렇지만, 어쨌든 마가는 베드로의 이름을 헬라식 이름 형태로 소개한다. 마가의 관점을 따라서 보면, 이 두 형제는 유대인임에도 불구하고 헬라식 이름을 사용하였다. 따라서 이들은 상당히 헬라화된 사회 속에서 헬라 문화를 상당 부분 수용하며 살 수밖에 없었던 사람들의 모습을 보여준다. 예수께서는 그런 자들을 제자로 부르셨다. 우리가 예수의 제자 부름과 관련하여 던질 수 있는 또 하나의 질문이 있다. "왜 하필이면 형제를 함께 부르셨는가?" 본문은 이에 대해 아무런 암시도 주지 않지만, 이것은 형제 사이였던 모세와 아론을 염두에 둔 모형론과 관련이 있을 수 있다. (이것은 총신대학교 신학대학원에서 임경준이 2014년 6월 19일에 제안한 것이다).

9. '암피발론따스'(ἀμφιβάλλοντας)는 그물(ἀμφίβληστρον)을 사용해 물고기를 잡는 동작을 가리킨다(France, 95).
10. 고전 16:5과 갈 4:25에서 '가르'(γάρ)는 설명의 용법뿐 아니라 이유의 용법으로도 간주할 수 있다.

9:49; 13:8; 14:2에서 '가르'를 보충 설명을 위해 사용한다.[11] (BDAG는 마가복음 16:4도 예로 제시하지만, 이곳에서 '가르'는 3절에 관한 이유를 제시하며 연결된다고 볼 수 있다.) 마가복음 1:16에서도 '가르'가 이유나 원인이 아닌 설명을 제공하는 기능을 한다고 볼 수 있다. 만일 '가르'를 이유의 표지로 간주하여 "왜냐하면, 그들은 어부였기 때문이다."라고 번역하면 그들이 그물을 던지고 있었던 이유가 그들이 어부였기 때문이라는 불필요한 진술이 된다. 그러나 '가르'가 설명의 기능을 한다고 보면 부가적 정보를 제공하는 절로 간주할 수 있다. 이것은 괄호를 사용하여 "(그들은 어부들이었다.)"라고 번역될 수 있다. 파울러(R. M. Fowler)는 이러한 것을 저자가 독자들에게 전달하는 서사적 주석(narrative commentary)이라고 부른다. 이것은 마가의 서사적 주석으로서 괄호 속에 들어가는 설명(parenthetical comment)으로 볼 수 있다(Fowler, 92-93). 이 설명은 그들이 취미로 물고기를 잡고 있었던 것이 아니라 생업을 위해 그물을 던지고 있었음을 알려 준다(Fowler, 94).

이들의 직업이 어부였다는 것을 마가가 굳이 부연하여 언급한 이유는 무엇일까? 그것은 예수께서 어부를 제자로 부르셨음을 분명히 하려고 했기 때문일 것이다. 예수께서 어부를 제자로 부르셔야 했던 이유는 무엇일까? 그것은 예레미야 16:16을 배경으로 어부가 하리라 기대된 독특한 역할 때문이었을 수 있다.

17절 (어부를 제자로 부르신 예수) 예수께서는 물고기를 잡고 있는 어부

---

11. 물론 마가는 더 많은 경우에 '가르'를 이유를 표현하기 위해 사용한다. 막 1:22, 38; 3:10, 21, 35; 4:25; 5:8, 28; 6:14, 17, 18, 20, 31, 48, 50, 52; 7:10, 21, 27; 8:35, 36, 37, 38; 9:6[x2], 31, 34, 39, 40, 41; 10:14, 22, 27, 45; 11:13, 18[x2], 32; 12:12, 14, 23, 25, 44; 13:11, 19, 22, 33, 35; 14:5, 7, 40, 56, 70; 15:10, 14; 16:4(3절에 연결됨), 8[x2].

들에게 '내 뒤에 오라.'(δεῦτε ὀπίσω μου)고 하셨다. 근접 문맥은 그들이 그물을 버리고 예수를 따랐다고 한다(18절). 따라서 '내 뒤에 오라.'는 표현은 생업을 버리고 따르라는 뜻을 내포했다고 볼 수 있다. 20절은 야고보와 요한이 아버지를 버리고 예수의 뒤를 따라갔다고 하는데, 이것은 '내 뒤에 오라.'가 가족도 떠나서 예수를 따르라는 의미였다고 해석할 수 있게 한다.

구약성경과 유대교는 '내 뒤에 오라.'는 의미의 배경을 제공한다. 헹엘(M. Hengel)에 의하면 랍비들이 '내 뒤에 오라.'거나 '나를 따르라.'고 요청하며 제자들을 부르는 경우는 없었다(Hengel, 50). 랍비 학교에는 제자들이 스승을 택하여 들어갔는데, 이러한 경우는 '뒤따랐다'(הלך אחרי)는 표현으로 묘사되지 않았다(Hengel, 51). 구약성경에서 (문자적으로 동일한 표현을 사용하지는 않았지만) 자기를 따르라고 요청한 인물은 에훗, 사울과 같은 전쟁 지도자였다(삿 3:28[καταβητε ὀπίσω μου]; 삼상 11:7[ἐκπορευόμενος ὀπίσω Σαουλ]).[12] 마카비1서 2:27에서도 맛따티아스(Ματταθιας)는 "내 뒤에 오라"(ἐξελθέτω ὀπίσω μου)고 하는데, 그를 따른 자들은 이방 세력과 전투를 시작하여 나라의 주권을 되찾게 된다. 그러므로 예수께서 제자들을 부른 방식은 예수께서 유대인들의 랍비들과 같은 인물의 범주에 해당하는 분이 아니라 카리스마적 지도자 범주에 속하는 분임을 보여준다.[13]

시몬과 안드레는 이러한 배경으로 '내 뒤에 오라'는 예수의 부름을 이해했을 수 있다. 그렇다면 그들은 로마와 군사적 대결을 하게 될 날을 염두에 두고 예수를 따랐을 것이다. 물론 이러한 기대는 예수의 의도와 달

12. Hengel, 18-19.

13. Hengel, 50-51, 58-59. 박윤만, 2011: 85도 헹엘의 견해를 따른다.

랐다. 베드로는 이것을 알게 된 후 예수께 맞서다가 꾸중을 듣게 된다 (8:31-33).

마가복음의 문맥 속에서 "내 뒤에 오라."는 예수의 부름은 이방 세력과의 전투로의 초대와 무관하다는 것은 분명하다. 마가복음 8:34을 통하여 볼 때 예수를 따르려면 자기 십자가를 지고 따라야 한다. 이것은 이방 세력에 의해 죽임을 당하는 것을 암시하며, 승리를 위해 그들을 무찌르는 전투를 하게 된다는 암시는 없다. 마가복음 10:21은 율법(레 25:23; 신 19:14)을 어기고 불법적으로 소유할 때만 가능한 많은 토지 재산(κτῆμα)의 포기가 제자도에 포함됨을 알려준다.[14] 마가복음 10:28-31은 제자로 따르는데 포기하는 목록에 집, 토지 외에도 가족이 있음을 보여준다. 마가복음 9:34-35; 10:41-45은 예수를 따르는 것이 더 높은 권력의 자리를 향하는 것이 아니고 오히려 낮은 자리를 향해 가는 것임을 보여준다. 이처럼 마가복음이 제시하는 제자의 길은 권력을 더 얻고 재물을 취하고자 하는 전쟁의 길과 다르다.[15]

그렇지만 예수께서 '내 뒤에 오라.'며 전투에 참여할 사람을 모집하는 언어를 사용하신 것은 마귀와의 전투를 염두에 두셨기 때문이라고 볼 수 있다. 제자를 부르신 후 곧 행해진 예수의 축귀 사역(1:21-28)이나 후에 제

---

14. '끄떼마'(κτῆμα)가 토지 재산을 가리킴에 관한 자세한 논증은, 신현우, 2008: 245-74를 보라.

15. 막 2:18-28; 7:1-23을 보면 제자들은 바리새인들의 금식 전통이나 안식일 전통, 정결 전통을 따르지 않는다. 이를 통해 볼 때 예수의 부르심은 유대 전통을 지키도록 부르심은 아니다. 그것은 새 가르침을 전수하고 새 부대를 만드는 사역으로 부르심이다(2:22). 막 3:34-35은 예수의 제자들을 '형제'라고 부르시며 하나님의 뜻대로 사는 자가 자신의 형제라고 말씀하신다. 그러므로 예수께서 제자를 부르심은 예수의 가족으로 부르심이고 하나님의 뜻을 행하는 삶으로의 부르심이다. 그런데 막 9:7에서 볼 때, 하나님은 제자들에게 예수께 순종하라고 명하시므로, 이것은 또한 예수의 가르침에 순종하는 삶으로의 부르심이라 할 수 있다.

자들이 행하게 된 축귀 사역(6:13)은 마귀와의 전투의 단면을 잘 보여준다.[16]

헹엘에 의하면, 가족을 떠나고, 소유를 포기하고, 순교의 길로 부름 받는 것은 묵시적 열광주의 집단이나 열심당의 카리스마적 지도자의 특징이다(Hengel, 58-59). 예수의 부름도 이러한 성격을 보이므로 예수의 제자 부름은 카리스마적 지도자로서의 특징을 보여준다. 그렇지만 이러한 부르심이 염두에 둔 전투는 이방 세력과의 전투가 아니라 마귀와의 전투라는 점이 다르다.

예수께서는 어부들을 제자로 부르시면서 "사람들의 어부가 되게 하리라."고 약속하신다. 마가복음 1:17에서 '사람들의 어부'(ἁλιεῖς ἀνθρώπων)는 어떤 일을 하는 사람을 가리키는가? 위더링턴(B. Witherington)은 시편 74:13을 배경으로 '사람들의 어부'가 구원 사역을 하는 사람을 가리킨다고 본다(Witherington, 86). 그러나 '어부'라는 단어가 실제로 등장하는 예레미야 16:16을 배경으로 보면 '사람들의 어부'는 분명히 심판 사역을 하는 자들이다. 스타인(R. H. Stein)은 예레미야 16:16의 문맥과는 달리 마가복음에서는 사람들의 어부가 구원 사역을 한다고 본다(Stein, 78). 그러나 그는 이 주장을 위해 논증을 제시하지는 않았다.

최규명은 마가복음 1:17의 '사람들의 어부'가 심판 사역을 한다고 주장한다(최규명, 223-58). 그는 마가복음 문맥에서 예수가 성전 파괴를 예언하신 것과 수미상관을 이룰 수 있다고 논증한다(최규명, 251). 그러나 제자들이 성전 파괴를 하는 사역자로 역할을 부여받지 않는다는 점에서 이 논증은 설득력이 없다. 최규명은 마태복음 3:11-12과 누가복음 3:16-17

---

16. 헹엘은 사탄에 의해 발생되는 질병의 치유도 사탄과의 전투의 한 단면으로 본다(Hengel, 60).

에 의하면 세례 요한이 성령과 불로 세례 주시는 분으로 메시아를 소개했다고 논증한다(최규명, 252-53). 그러나 이것은 마가복음을 주해하면서 마태복음과 누가복음을 증거로 사용하는 오류뿐만 아니라, 세례 요한의 의도와 예수의 의도를 혼동하는 오류까지 범한 것이다. 그는 마가복음 1:17의 '사람들의 어부'가 마가복음에 의하며 심판의 이미지로 사용되었음을 입증하는 설득력 있는 논거를 제시하지는 못하였다. 물론 누군가가 다른 논거를 통해 마가복음에서 '사람들의 어부'가 심판의 기능을 하는 것으로 의도되었다고 해석할 가능성은 여전히 남아 있지만, 지금까지는 설득력 있는 논거가 제시된 바 없다.

예수께서는 안드레와 시몬을 제자로 부르시며 그들에게 '사람들의 어부'(ἁλιεῖς ἀνθρώπων)가 되게 하겠다고 약속하신다. 마가복음 본문의 '사람들의 어부' 해석을 위해서는 구약 구절들을 배경으로 고려하여야 한다. 위더링턴에 의하면 물은 시편 74:13 등에서 악의 상징이므로 '사람들의 어부'는 어둠의 왕국으로부터 그들을 구하는 사역을 하는 사람을 가리킨다고 볼 가능성이 있다(Witherington, 86). 그러나 구약성경에서 물은 살리는 역할을 하기도 하므로(예, 겔 47:9) 이렇게 단정할 수는 없다. 에스겔 47:10에도 어부가 등장하는데, 이 어부는 성전으로부터 흘러내리는 물에 사는 많은 물고기를 잡는다. 이 어부는 물고기를 잡지 못하는 나일강가의 어부들의 경우(사 19:8)와 대조되어, 이스라엘을 회복하는 성소의 생명수의 풍요에 참여하는 자들이다. 이 본문을 배경으로 읽으면 '어부'는 하나님으로 인해 회복되는 이스라엘의 생명과 풍요를 누리는 자들이다. 그러나 이 본문을 배경으로 할 경우에는 굳이 '사람들의 어부'라고 표현해야 할 이유가 없다.

'사람들의 어부'라는 표현은 예레미야 16:16을 배경으로 좀 더 잘 설명된다. 예레미야 16:16에서 어부의 과업의 일부는 새 출애굽 때에 이스라엘 백성을 불러 모으는 일인 듯하다(Marcus, 2000: 184). 예레미야 16:15에서 하나님이 "내가 그들을 그들의 조상들에게 준 그들의 땅으로 인도하여 들이리라."고 말씀하시기 때문이다. 그렇다면 예수께서는 이스라엘을 다시 모으기 위해 제자들을 부르신 것이다. 그런데 예레미야 16:17-18은 흩어진 이스라엘을 불러 모으신 것이 구원이 아니라 심판과 관련됨을 보여준다. 예레미야 16:17은 이스라엘 백성의 죄악을 언급하는데, 예레미야 16:18은 (렘 16:11-12을 살펴볼 때) 이것이 이스라엘 백성이 우상을 숭배하고 율법을 지키지 않은 죄임을 알려준다.

아모스 4:2에서도 사람들을 낚시하여 잡는 어부는 가난한 자를 압제하는 이스라엘의 권력자들을 심판하는 역할을 한다(C. W. Smith, 189). 하박국 1:14-15에서는 사람들을 낚시하여 잡는 어부는 심판의 도구로 사용되는 갈대아 사람들을 가리킨다(C. W. Smith, 189-90). 에스겔 29:4-6은 이집트의 바로 왕을 심판하시는 하나님의 이미지를 강의 물고기를 잡아 들에 던지는 것으로 묘사한다.

쿰란 문헌에서 고기를 잡는 이미지는 부정적으로 사용된다. 쿰란 문헌 1QHa 11:26은 바다에 펼쳐진 "악당들의 그물"(מכמרת הלכאים)을 언급하며, 쿰란 문헌 CD 4:15-16은 이스라엘 백성을 잡는 "벨리알의 그물"(מצודות בליעל)을 언급한다.[17] 쿰란 문헌 1QH 13:8-9에서 어부들은 불의의 자식들(בני עולה)을 사냥한다.[18] 뷜너(W. H. Wuellner)의 연구에 의하면 그리스-로마 전통 속에서도 사람들을 물고기처럼 잡는 이미지는 불의한 자들을 심판하거나 바로잡는 일을 묘사하는 데 사용되기도 했다(Wuellner, 72). 이러한 배경 속에서 '사람들의 어부'는 불의를 심판하는 역할을 하는 자를

17. 본문은 Martínez & Tigchelaar, trans., 1997: 166-67, 556-57 참고.

18. Martínez & Tigchelaar, trans., 1997: 171; A. Y. Collins, 159.

가리키기 위해 사용될 여지가 있다.

마가복음은 '어부들'을 제자들에게 적용할 때, 이스라엘 백성의 죄를 심판하는 부정적인 이미지를 포함하고 있는가? 배경이 되는 구약 본문에서는 '어부'가 심판자의 역할을 하게 되지만, 그렇기 때문에 마가복음 본문이 반드시 구약 본문과 동일한 의미를 가져야 한다고 주장할 수는 없다. 신약성경을 이해하기 위해서는 그 배경이 되는 구약 본문을 이해해야 한다. 그러나 신약 본문은 구약 본문을 토대로 새로운 의미를 전달하므로, 구약 본문의 뜻을 신약 본문에 강요할 수 없다. 마가복음 본문의 의미는 마가복음 문맥 속에서 검증해야 한다. 우리는 예레미야 16:16에서는 모으는 목적이 심판이지만, 마가복음에서는 그 목적이 구원이라고 볼 수도 있다(양용의, 53).

사람들의 어부가 되리라는 약속을 듣고 예수를 따른 제자들은 예레미야 16:16을 배경으로 그들이 심판하는 역할도 한다고 생각했을 것이다.[19] 이것은 마가복음에 암시되어 있다. 유대인으로서 이스라엘을 심판하는 역할은 그가 이스라엘의 권력자가 될 때 하게 된다. 그런데 제자들은 권력 다툼을 하였고(9:34), 베드로는 예수의 고난 예언을 듣고 예수를 꾸짖었다(8:32). 야고보와 요한은 예수 다음으로 높은 권좌를 요구하였다(10:37). 이러한 모습을 볼 때 그들은 심판을 위한 역할도 하리라 기대했다고 볼 수 있다. 그러나 이러한 그들의 모습은 마가복음에서 부정적으로 평가되고 있다. 따라서 제자들의 '사람들의 어부' 이해는 오해였다고 볼 수 있다.

마가복음에서 제자들이 심판을 위해 역할을 하게 된다고 구체적으로

19. 제자들은 어부였고 유대인이었기에 어부에 관해 언급하는 구약 구절들을 인상 깊게 기억했을 것이다. 그들은 '사람들의 어부'라는 예수의 말씀을 듣고 사람들을 잡는 어부의 사역을 언급하는 구약 본문인 렘 16:16을 떠올렸을 가능성이 매우 높다.

명시된 곳은 없다. 그러나 구원을 위한 역할을 언급하는 곳은 있다. 마가복음에 기록된 열두 제자 세움의 목적(3:14-15)이나 그들이 파송되어 하는 사역(6:12-13, 30)을 보면 복음 선포, 축귀, 치유이다. 이러한 사역은 마귀의 포로인 사람들을 구하는 사역에 참여하는 것이다. 제자들의 사역 속에 악한 자들을 징벌하는 사역은 포함되어 있지 않다. 그러므로 마가복음의 문맥 속에서는 '사람들의 어부'의 사역 속에 악한 자들을 벌하는 심판 사역이 포함되어 있지 않다고 이해하게 된다.

말씀 사역이 제자들의 사역 속에 특히 중요함은 위에서 구조 분석을 통해서 이미 살펴보았다. 이것은 제자들이 하게 되는 사역(3:14-15; 6:12-13; 6:30)을 통해서 더욱 분명해진다. 이것은 마가복음 4장에서 확인된다. 마가복음 4:11은 그들에게 특별히 천국의 비밀을 주셨다고 한다. 제자로 부르심은 그들에게 천국의 비밀을 전수하여 그들이 가르침 사역을 하도록 세우기 위한 것이다. 그들이 그 비밀을 언젠가 전파하게 될 것은 마가복음 4:21-22에서 살펴볼 수 있다.[20]

그리스-로마 사회에서 사람들을 잡는 어부 이미지는 플라톤(*Sophist* 221e-222d)의 경우 사람을 가르치는 사람에게 사용되었다(Marcus, 2000: 184). 사람을 물고기처럼 잡는 이미지는 아르테미도루스(Artemidorus, *Onironcriticon* II, 14)에 의하여 선생이 학생을 얻는 것을 가리키기 위해 사용되었고(Wuellner, 70), 루시안(Lucian)도 가르치는 역할과 관련하여 자신을 사람들의 어부라 불렀다(Wuellner, 71). 고대 근동 문화 속에서도 사람들을 물고기처럼 잡는 이미지는 메시지를 전하는 자나 지혜로운 교사의 사역을 묘사하기 위해 사용되었다(Wuellner, 85-6). 신약성경보다 후

20. 실제로 베드로가 예수의 약속대로 많은 사람들을 사로잡는 사람들의 어부가 되었음은 행 2:41이 알려준다.

대를 반영하지만, 랍비 유대교 문헌에서도 사람들을 물고기처럼 잡는 이미지는 토라 교육을 묘사하는 데 사용되었다(Wuellner, 111). 이러한 배경으로 보면 '사람들의 어부'는 말씀 사역자로 일하게 되는 제자들을 가리키기에 적절한 표현으로서 이방 독자들에게도 그렇게 이해될 수 있었을 것이다.

긍정적 이미지로 '어부'라는 표현을 사용하는 것이 가능했음은 뷜너(Wuellner)가 관찰한 바와 같이 고대 근동 문화 속에서 사람들을 물고기처럼 잡는 이미지가 종말론적 구원을 가리킬 수 있었다는 것에 의해 지지된다(Wuellner, 83). 또한 유대인들의 문헌 요셉과 아스낫(Joseph and Aseneth)을 통해서도 사람들의 어부가 긍정적인 의미를 가질 수 있음을 알 수 있다. 이 책은 주전 1세기~주후 1세기경의 글이므로[21] 마가복음 해석의 배경 지식을 제공할 수 있다. 이 책 21:21은 "그[요셉]는 마치 어부가 물고기를 낚듯이 그의 지혜로 나[아스낫]를 사로잡았습니다."라고 한다.[22] 여기서 어부는 지혜로 사람을 사로잡는 요셉의 모습을 비유한다. 이를 배경으로 보면, 마가복음의 '사람들의 어부'는 (지혜로운 복음 선포로) 사람들을 사로잡는 사역을 하는 자들(3:14; 6:12)을 가리키는 긍정적 표현으로 사용되었다고 해석할 수 있다.

18절 (예수를 따른 어부들) 베드로와 안드레는 부름을 받고 예수를 따랐다(ἠκολούθησαν). 여기서 '에꼴루테산'(ἠκολούθησαν)은 시작의 부정과거로 볼 수 있다("그들이 따르기 시작하였다"). 예수의 제자들은 예수를 단회적으로 따른 것이 아니라 지속적으로 따랐다. 그러므로 부정과거 형태로 되어 있다고 해서 단회적 동작을 가리킨다고 해석해서는 안 된다.[23]

21. *OTP*, vol.2, 187.

22. *OTP*, vol.2, 237.

23. 부정과거와 관련된 문법 사항에 관해서는 신현우, 2013d: 108-9 참고.

여기서 부정과거 형태는 과거의 사태를 요약적으로 기술한 것이거나 시작을 표현하기 위해 사용된 부정과거로 보아야 한다. 요약의 부정과거 용법도 있지만, 그보다는 시작의 부정과거가 문맥에 적합하다. 왜냐하면 18절은 예수를 따른 전체 행위를 요약하기보다는 따르지 않고 있다가 비로소 따르기 시작한 것을 서술하고 있기 때문이다. 20절에 나오는 "떠나갔다"(ἀπῆλθον; 또는 다른 사본들에는 ἠκολούθησαν)도 역시 시작의 부정과거로 볼 때 문맥에 맞는다.

여기서 '따르다'(ἀκολούθεω)의 의미는 무엇인가? 문맥상 이 표현은 예수를 "제자로서 따르다"는 의미이다. 마가복음의 용례를 살펴보아도 이 단어는 종종 "제자로서 따르다"는 뜻으로 사용됨을 알 수 있다. 이 단어는 마가복음 2:14에서 레위를 부르실 때 2번 등장한다. 예수께서는 레위에게 "나를 따르라"(ἀκολούθει μοι)라고 말씀하시고, 그는 예수를 따랐다(ἠκολούθησεν αὐτῷ). 여기서 '따르다'는 제자로서 예수를 따름을 뜻한다.[24] 마가복음에서 이 단어는 예수의 삶의 방식을 모방하고 예수의 가르침에 순종한다는 뜻으로 종종 사용되었다. 마가복음 8:34에서 이 단어는 2번 사용되었는데, 제자도를 뜻하는 전문적 의미로 사용된다. 마가복음 9:38에서도 이 단어는 공간적 따름의 의미보다는 제자처럼 순종하는 것을 가리킨다. 마가복음 10:21에서 이 단어는 제자가 되어 스승을 따르는 것을 가리킨다. 마가복음 10:28에서 이 단어는 제자들의 예수 따름에 적용되었으므로 예수를 스승으로 모시고 따름을 뜻한다. 마가복음 10:52에서 이 단어는 바디매오가 예수를 따랐다고 서술할 때 사용되었는데, 공간적 의미인지 제자로서의 추종인지 애매하다. 그러나 예수를 메시아(다윗의 자손)로 선포한 바디매오의 믿음을 고려할 때 제자로서의 추종이라 볼 여지가

---

24. 막 3:7의 '에꼴루테센'(ἠκολούθησεν)은 이것을 포함하지 않은 사본들이 있어서 원독법이 아닐 가능성이 있으므로 용례에서 생략한다.

있다.

이 단어는 공간적 이동(뒤에서 따라가서 함께 이동함)을 뜻하는 맥락에서도 종종 사용되었다. 마가복음 2:15에서 '그들이 그를 따랐다'(ἠκολούθουν αὐτῷ)는 표점에 따라서 주어가 달라질 수 있지만, 주어가 세리와 죄인들인 경우에는 제자로서 예수를 따름을 가리킨다고 볼 수 있다. 주어가 바리새인들과 서기관인 경우에도 '심지어'(καί) 때문에 제자로서의 추종을 가리킨다고 볼 수 있다. (이 경우는 "심지어 바리새인들과 서기관들마저도 그를 따랐다."고 번역할 수 있다.) 그렇지만 그들의 경우에는 감시하려고 따라다닌 것으로 볼 수도 있다. 마가복음 5:24에서 이 단어는 무리가 예수의 뒤를 따라감을 묘사한다. 여기서 제자로서 따름의 의미는 약하다. 마가복음 6:1에서 이 단어는 제자들에게 적용되었지만, 예수의 뒤를 공간적으로 따라간 것을 뜻한다. 마가복음 10:32에서 이 단어는 제자들에게 적용되었지만, 예수를 길에서 따르는 공간적 의미를 가진다. 마가복음 11:9은 앞에서 가는 자들과 대조하여 뒤에서 따르는 자들을 표현하기 위해 이 단어를 사용했으므로 공간적 의미로 사용되었다. 마가복음 14:13에서 이 단어는 예수의 제자들이 물동이를 이고 가는 사람을 따르도록 명하는 맥락에서 사용되었으므로 공간적으로 뒤따름을 뜻한다. 마가복음 14:54에서 이 단어는 베드로가 예수를 따른 것을 묘사하는 데 사용했으나, 제자로서 스승의 길을 따른 것이 아니라 단지 공간적으로 따라간 것을 뜻한다. 마가복음 15:41에서 이 단어는 갈릴리에서부터 예루살렘까지 오며 예수를 섬긴 여인들이 예루살렘까지 따라온 것을 서술하는 데 사용되었다. 이처럼 이 단어는 공간적 이동에 관계해서도 사용되었다.

이러한 두 가지 용법 중에서 어떤 의미로 사용되었는지는 문맥 속에서 결정해야 한다. 예수께서 시몬과 안드레에게 "나의 뒤에 오라."고 부르시며 "사람들의 어부들"이 되게 하겠다고 약속하셨는데, 그들이 "따랐다"

고 하므로, 이 따름은 사람들의 어부들이 되기 위한 따름이다. 또한 이것은 그물을 버린 후의 따름이었다(18절).[25] 이러한 따름은 단순히 공간적으로 뒤따라는 이동 행위가 아니므로, 스승의 가르침과 삶의 방식에 따라 살아가고 스승이 맡기는 사역(사람들의 어부 사역)을 감당함을 뜻한다고 볼 수 있다.

열왕기상 19:20은 엘리사가 엘리야 선지자를 '따랐다'(ἀκολουθέω ὀπίσω, הלך אחרי)고 묘사한다. 유대인들의 출애굽기 주석인 메킬타(출 14:15)는 '뒤에 가다'(הלך אחרי)라는 표현을 사람들이 모세 뒤에 따라갔다고 하는 문맥에서 사용한다(Hengel, 21). 누가복음 21:8은 이러한 표현을 거짓 메시아 '뒤에 가지 말라'(μὴ πορευθῆτε ὀπίσω)는 문맥에서 사용한다. 이러한 용례는 '뒤에 가다'는 표현이 엘리야, 모세, 메시아와 같은 카리스마적 인물을 따라가는 것을 표현할 때 적합한 것임을 알려준다.

제자들이 예수의 부름을 받고 따른 것의 의미는 엘리야의 부름을 받고 엘리사가 따른 사건을 소개하는 열왕기상 19:19-21을 배경으로 해석될 수 있다. 엘리야는 밭을 갈고 있는 엘리사에게 자기의 옷을 던지는 방식을 통해 그를 제자로 부른다(왕상 19:19). 예수께서는 엘리야처럼 제자를 선택하고 부르신다. 제자들의 경우도 엘리사가 엘리야를 따랐듯이 예수를 따른다. 그러나 예수의 부름을 받은 제자들의 경우는 부모에게 인사하고 잔치를 벌인 후에 엘리야를 따른 엘리사의 경우와 달리 부름 받은 즉시(εὐθύς) 따른다(1:18).[26] 예수께서 제자들을 불렀을 때 제자들이 곧바로

25. 베드로와 안드레가 예수를 따를 때 그물을 버린 것은 생업을 포기했음을 암시한다. 이러한 생업의 포기는 막 10:28에서 모든 것을 버린 것이라고 표현된다. 물론 막 1:29에서 볼 때 베드로는 예수를 따른 후에도 아직 집을 소유하고 있으므로, 실제 모든 것을 버린 것은 아니다. 여기서 '모든'(πᾶς)은 "많은"을 뜻하는 히브리적 개념(כל)으로 사용되었을 것이다. 베드로는 그에게 소중한 생업을 버렸다.

26. '그들이 그를 따랐다.'(ἠκολούθησαν αὐτῷ)는 70인역 왕상 19:20의 '나는 당신의 뒤

따른 것은 엘리야가 엘리사를 제자로 불렀을 때 부모님께 인사를 하고 따른 이야기와 비교하여 훨씬 더 강력함을 보여주려고 제시되었을 것이다.[27] 이것은 예수께서 엘리야보다 훨씬 더 위대한 스승임을 암시한다. 제자를 부르시는 예수의 모습은 예수께서 위대한 선지자 엘리야보다 훨씬 위대한 존재이자 메시아이심을 암시한다. 마가복음의 독자들은 예수께서 메시아이심을 이미 마가복음 1:1에서 소개받았고, 마가복음 1:11에서 거듭 확인받았다. 그러므로 독자들은 마가복음 1:18에서 '따름'은 결국 메시아를 제자로서 따름을 뜻한다고 이해하게 된다.

19-20절 (야고보와 요한을 부르심) 예수께서 시몬과 안드레를 부르신 기사 후에 야고보와 요한을 제자로 부르신 기사가 이어진다. 두 기사는 유사한 사건을 소개한다. 야고보와 요한을 부르실 때 예수께서 어떤 약속을 하며 부르셨는지 소개되어 있지 않지만, 우리는 동일한 약속을 하셨으리라 기대할 수 있다. 이 두 기사에서 분명한 차이점은 야고보와 요한의 경우는 부친, 배, 고용된 품꾼들이 언급된 점이다(20절). 그러므로 야고보와 요한은 근로자를 고용할 만큼 경제력이 있는 가족 출신이었음을 알 수 있다. 이들은 극빈층에 속하지는 않은 사람이었다(France, 98 참고). 또 하나의 차이는 야고보(יַעֲקֹב), 요한(יוֹחָנָן)과 그들의 부친 세베대(זְבַדְיָה)의 이름은 히브리식이라는 점이다(Cranfield, 70). 이들의 가문은 좀 더 유대인들의 전통을 유지하려 했다고 추측된다.

에 따라갈 것입니다.'(ἀκολουθήσω ὀπίσω σου)를 연상시킨다(A. Y. Collins, 157).

27. A. Y. Collins, 157 참고.

3. 해설

마가복음의 구조는 마가복음 1:17의 '사람들의 어부'가 말씀 사역자들임을 암시한다. 이것은 그들이 따르게 될 예수의 말씀 사역을 소개하는 마가복음 1:14-15와 1:21-22 중간에 위치하기 때문이다.

예수께서 하필이면 가버나움 주변의 갈릴리 해변에서 제자들을 부르신 이유도 말씀 사역과 관련된다. 이 지역은 납달리 지역에 속하는데, 납달리 지역은 창세기 49:21을 배경으로 볼 때 "아름다운 소리"를 발하는 자의 지역이므로 예수께서는 복음(좋은 소식)을 전하는 역할을 할 사역자들을 부르고자 하는 의도로 이 지역에서 제자를 부르셨다고 볼 수 있다.

예수께서 하필이면 어부를 제자로 부르신 것은 예레미야 16:16에 언급된 이스라엘을 모으는 어부의 역할을 제자들에게 기대했기 때문이라고 할 수 있다. 이러한 기대는 "내가 너희로 사람들의 어부가 되게 하겠다."는 예수의 약속에서 명확히 드러난다. 마가가 "그들은 어부들이었다."고 그들의 직업을 밝힌 것은 그들의 직업이 어부인 사실이 매우 중요함을 보여준다. 이것은 예수께서 어부들을 제자로 부르신 것에 의미를 부여하게 한다. 그 의미는 이스라엘을 모으는 어부의 역할을 기록한 예레미야 16:16을 통해 부여될 수 있다.

제자로 부름 받은 시몬과 안드레는 "내 뒤에 오라."는 부르심을 사사기 3:28; 사무엘상 11:7; 마카비1서 2:27 등을 배경으로 이방 세력과의 전투로의 초대로 이해하였을 수 있다. 베드로의 이러한 이해는 예수의 고난 예언에 반대하는 마가복음 8:31-33에서 드러난다. "내 뒤에 오라."는 예수의 부름이 이방 세력과의 전투로의 초대가 아니었음은 마가복음 전체에 담긴 예수의 사역의 모습을 통해서 분명하게 드러난다. 그렇지만, 예수께서 '내 뒤에 오라.'는 전투로의 초대 언어를 사용하신 것은 사탄과의 전투를 염두에 두셨기 때문이라고 볼 수 있다.

제자들은 그들을 사람들의 어부가 되게 하겠다는 예수의 약속을 예레미야 16:16을 배경으로 이스라엘 심판 사역자(따라서 이스라엘의 권력자)가 되게 하겠다는 것으로 이해하였을 수 있다. 이러한 이해는 그들이 권력 다툼을 하고(9:34), 높은 권좌를 요구한 데서 드러난다(8:32). 이러한 제자들의 모습은 긍정적으로 평가되지 않으므로, '사람들의 어부'에 관한 그들의 이해는 오해였다고 볼 수 있다. 마가복음에서 '사람들의 어부'가 어떤 사역을 하는 자로 예수에 의해 의도되었는지는 제자들이 부름을 받은 후 하게 되는 사역을 통해서 드러난다. 그들은 복음 전파와 축귀와 치유를 통하여 사람들을 구하는 사역에 참여하는 자들이다(3:14; 6:12, 30).

시몬과 안드레는 예수 뒤에 따라간다. '뒤에 가다'라는 표현이 모세, 엘리야에 사용된 구약성경과 유대교 문헌의 용례를 통하여 볼 때, 제자들의 예수 따름은 이미 그들이 예수를 모세나 엘리야 같은 선지자적 존재로 믿었음을 보여준다. 그들은 '사람들의 어부'에 대해 예수께서 의도하신 대로 이해하지 못하였지만, 그들 나름의 이해를 가지고 예수를 따른다. 비록 그들이 하게 될 일을 정확히 이해하지 못했지만, 그들은 생업을 위한 그물을 버리고 즉시 예수를 따랐다. 그들의 이러한 따름은 엘리사가 엘리야를 따른 과정보다 더 즉각적이다(왕상 19:19-21). 이것은 그들이 예수를 엘리야 이상의 존재로 받아들였음을 암시한다. 그리하여 갈릴리의 어부가 사람들의 어부가 되는 과정은 그들이 아직 예수에 대해 충분히 알지 못하는 가운데서도 이미 시작되었다.

제8장
마가복음 1:21-28
사역의 시작: 가르침과 축귀[1]

예수의 사역은 축귀로 시작한다. 마가복음에서 축귀는 예수의 사역 속에서 본질적인 가치를 가진 것으로 간주되고 있다. 마가복음은 자세한 축귀 기사를 네 개나 담고 있다(1:21-28; 5:1-20; 7:24-30; 9:14-29). 그 외에도 예수께서 축귀하셨음을 요약적으로 소개하는 부분이 두 군데 있다(1:34, 39). 뿐만 아니라 예수께서 열두 제자를 세우신 목적도 그들에게 축귀하는 권세를 주시기 위함이었으며(3:15), 그들은 이 목적대로 파송되어 축귀 사역을 하였다(6:13). 마가복음 1:21-28에서 예수의 축귀 사역은 가르침 사역과 긴밀하게 연관되어 소개된다.

마가복음은 제1막(1:16-8:21)의 구조는 다음과 같이 분석될 수 있다.

제1부 제자를 부르심(1:16-20)

갈릴리 초기 사역(1:21-3:12)

제2부 열두 제자를 세우심(3:13-19)

1. 이 부분은 필자의 논문, 2015: 367-96을 사용하여 저술한 것이다.

갈릴리 후기 사역(3:20-6:6)

제3부 열두 제자 파송(6:7-13)

갈릴리 주변 사역(6:14-8:21)[2]

이러한 구조 분석을 따르면, 마가복음 1:21-28은 갈릴리 초기 사역의 첫 부분이며, 구조상 갈릴리 후기 사역의 첫 부분(3:20-30)과 평행을 이룬다. 마가복음 1:21-28은 예수의 축귀 사역을 다루는데, 3:20-30은 예수의 축귀 사역에 관한 해석을 담고 있어서 서로 짝을 이룬다. 3:20-30은 예수의 축귀 사역이 성령의 능력으로 이루어지는 것이며, 사탄이 제압되었기에 발생하는 것임을 알려준다. 예수의 축귀가 바알세불을 통해서 이루어지는 것이 아님을 지적하는 문맥상 3:27에 담긴 비유에서 '강한 자'는 사탄을 가리키고 이를 결박한 자는 더 강한 자인 예수를 가리킨다고 볼 수 있다. 그렇다면 예수께서 언제 사탄을 결박하셨는가? 사탄에게 시험받으신 광야에서(1:13) 결박하셨을 것이다.

마가복음 1:21-28은 마가복음 2:1-12과도 평행을 이룬다.[3] 두 단락은 모두 가버나움을 배경으로 하고 있으며(1:21; 2:1), 예수의 가르침 사역을 소개하고(1:21; 2:2), 예수와 서기관들을 대조하며(1:22; 2:6), 예수의 권세를 다루고(1:27; 2:10), 청중들의 놀라움을 소개한다(1:27; 2:12). 이러한 평행을 통하여 1:21-28이 언급하는 예수의 가르침과 축귀 사역에 나타난 권세가 2:1-12에서 다루는 예수의 죄 사함의 권세와 연관성이 있다는 암시를 얻게 된다.

마가복음 1:21-28의 앞뒤 문맥을 살펴보면 다음과 같다. 예수의 사역의 시작은 갈릴리 호수 주변, 회당, 가정집이며, 사역의 내용으로 보면, 제

2. 이 구조 분석은 양용의, 46에서 제안된 것을 토대로 필자가 수정한 것임.
3. Garland, 332 참고.

자 부르심, 가르침, 축귀, 치유의 순서로 전개된다.

a (1:16-20) 갈릴리 바닷가에서 어부들을 제자로 부르심

a′ (1:21-28) 갈릴리 바닷가 가버나움 회당에서의 가르침과 축귀

b (1:29-31) 베드로와 안드레의 집에서 행하신 베드로 장모 치유

b′ (1:32-34) 베드로와 안드레의 집에서 행하신 축귀와 치유

1:21-28은 1:16-20에서 이어지는 갈릴리 바닷가 사역이다. 이것은 1:32-34과 축귀 사역이라는 공통성을 가진다. 차이가 있다면 하나는 회당에서 행하신 축귀 사역이고 다른 하나는 집에서 행하신 축귀 사역이다. 예수께서는 우선 제자를 부르신 후에 회당에서 가르침 사역을 시작하신다. 이 가르침 사역은 축귀 사역으로 이어지고, 회당 사역은 집에서의 치유와 축귀 사역으로 이어진다.

1:21-28은 갈릴리 바닷가에서 제자를 부르심을 기록하는 1:16-20 뒤에 놓인다. 이것은 예수의 가르침/축귀 사역을 네 제자들이 함께 듣고 목격하였음을 알려준다. 예수의 대중 사역은 단순한 대중 사역으로 그치는 것이 아니라, 제자들을 훈련시키는 사역이었다. 안식일에 회당에서 행해진 사역을 다루는 1:21-28 뒤에 베드로의 장모를 치유하시는 사역이 소개된다. 따라서 이 치유 사역은 안식일에 행해진 것이다.

마가복음 1:21-28의 내용은 '예수의 가르침 - 청중의 반응 - 예수의 축귀 - 청중의 반응 - 소문의 전파'로 구성되어 있다.

A (21절) 가버나움 회당에서 가르치심

B (22절) 가르침에 대한 청중의 반응

A′ (23-26절) 가버나움 회당에서 축귀하심

B′ (27절) 가르침과 축귀에 대한 청중의 반응

C (28절) 예수의 소문이 퍼짐

그러나 이 본문은 그 표현에 따라 분석하면 다음과 같이 교차대구 구조를 가진 것으로 드러난다.[4] 이 중에서 가장 선명한 평행은 동일한 단어들이 함께 나타나는 22절과 27절에 담겨 있다.

A (21절) 예수께서 즉시(εὐθὺς) 가버나움 회당에 들어가(εἰσελθὼν) 가르치심

B (22절) 사람들이 예수의 가르침(διδαχῇ)과 권위(ἐξουσίαν)에 놀람(ἐξεπλήσσοντο)

C (23절) 더러운 영 들린 사람이 소리 지름(ἀνέκραξεν)

D (24절) 더러운 영이 말함(λέγων)

D′ (25절) 예수께서 말씀하심(λέγων)

C′ (26절) 더러운 영이 소리 지르며(φωνῆσαν) 나감

B′ (27절) 사람들이 예수의 가르침(διδαχὴ)과 권위(ἐξουσίαν)에 놀람(ἐθαμβήθησαν)

A′ (28절) 소문이 즉시(εὐθὺς) 갈릴리 주변 전역으로 퍼져 나감(ἐξῆλθεν)

본문은 예수의 가르침과 권위를 반복하여 언급하며 강조하고 있으나, 그 구체적 내용은 밝히지 않고 다만 축귀 사역을 비교적 자세히 소개하므로, 더욱 강조되는 초점은 축귀 사역에 있다고 볼 수 있다.

4. 이 구조는 홍성은의 발표 내용(2014년 9월 30일, 총신대학교 신학대학원)을 수정 보완한 것이다.

1. 번역

21 이제, 그들이 가버나움으로 들어갔다. 그는 곧바로 안식일에 회당에 들
어가서 가르치셨다. **22** 이에 그들이 그의 가르침에 놀랐다. 왜냐하면 그가
권위 있는 자처럼 그들을 가르치셨고 율법사들처럼 가르치지 않으셨기 때
문이었다. **23** 그들의 회당에 더러운 영에 들린 사람이 있었는데 그가 곧이
어 소리 지르기 시작하였다.

24 "왜 우리에게 (이렇게 하쇼?) (우리가) 당신에게 (뭘 어쨌소?)
나사렛 사람 예수여, 당신은 우리를 없애러 오셨소?
나는 당신이 누구인지 알고 있소. 하나님의 거룩한 자요."

25 그러자 예수께서 그에게 명하셨다.

"입 닥치고, 그에게서 나오라!"

26 이에, 그 더러운 영이 그를 경련케 한 후, 큰 소리를 지르고, 그에게서 나
왔다. **27** 그러자 모두 놀라 서로 의논하며 말했다.

"이게 무어냐? 새로운 가르침이다!
그가 심지어 더러운 영들에게도 권세 있게 명령하니 그에게 순종하는
구나!"

28 그래서 그분에 관한 소문이 즉시 주변 전역 갈릴리로 퍼지기 시작했다.

2. 주해

21절 (가버나움 회당 사역) 마가복음 1:21-28 본문은 갈릴리의 가버나움

을 공간적 배경으로 한다(21절).[5] 이 지역이 예수의 사역의 초기 공간으로 선택된 이유를 마가는 언급하고 있지 않다. 그 이유를 추측할 수 있게 해 주는 본문은 이사야 9:1-2이다.

> 전에 고통 받던 자들에게는 흑암이 없으리로다. 옛적에는 여호와께서 스불론 땅과 납달리 땅이 멸시를 당하게 하셨더니 후에는 해변 길과 요단 저쪽 이방의 갈릴리를 영화롭게 하셨느니라. 흑암에 행하던 백성이 큰 빛을 보고 사망의 그늘진 땅에 거주하던 자에게 빛이 비치도다. (개역개정)

예수께서는 이 구절을 염두에 두고 갈릴리에서 하나님 나라를 선포하시고, 제자들을 부르신 후 갈릴리 호숫가의 가버나움에서 사역을 시작하셨다고 볼 수 있다. 이사야 9:6-7은 가버나움 사역이 가지는 의미를 알려준다.

> 이는 한 아기가 우리에게 났고 한 아들을 우리에게 주신 바 되었는데 그의 어깨에는 정사를 메었고 그의 이름은 기묘자라, 모사라, 전능하신 하나님이라, 영존하시는 아버지라, 평강의 왕이라 할 것임이라. 그 정사와 평강의 더함이 무궁하며 또 다윗의 왕좌와 그의 나라에 군림하여 그 나라를 굳게 세우고 지금 이후로 영원히 정의와 공의로 그것을 보존하실 것이라 만군의 여호와의 열심이 이를 이루시리라. (개역개정)

이사야 9장 문맥에서 갈릴리 사역은 다윗의 왕좌에 앉아 나라를 세우고 영원히 보존할 메시아적 존재의 등장과 관련된다. 그러므로 예수의 갈

---

5. 가버나움은 현재의 텔 훔(Tel Hum)에 해당한다(Hurtado, 32).

릴리 사역은 예수의 메시아 정체성과 밀접하게 관련된다고 볼 수 있다. 예수께서 제자들을 부르신 후 가버나움에서 사역을 시작하신 이유는 이사야 9:1-7에 따라 이 지역을 메시아의 사역지로 간주하셨기 때문이었을 것이다.

예수께서 회당에서 축귀를 행하신 날과 집에서 시몬의 장모를 고치신 날은 안식일이다(21절). 미쉬나(*m. Yoma* 8:6)는 생명이 위험한 경우에는 안식일에도 일할 수 있음을 언급한다.[6] 바리새인들의 전통도 아마 그러하였을 것이다(Hooker, 107). 하지만 귀신에 들린 자의 경우는 안식일이 지나기까지 기다린다고 해서 목숨이 위험하지는 않다. 따라서 바리새인들이 보기에는 예수께서 안식일에 축귀하심이 안식일을 지키지 않음으로 여겨졌을 수도 있다. 1:32은 유대인들이 안식일에 치유만이 아니라 축귀도 피하고자 하였음을 보여준다. 사람들이 해가 지고 나서야 집 앞에 모인(1:32) 이유는 안식일이 지난 후에 축귀와 치유를 요청하기 위함이었을 것이다. 이것은 유대인들이 안식일에 축귀나 치유를 행하는 것을 가급적 피하고자 했음을 보여준다.

안식일에 축귀 사역을 하는 것을 사람들이 문제 삼지 않은 것은 당시에 축귀 사역이 안식일에 명확하게 금지된 행위가 아니었기 때문일 수도 있다(양용의, 56). 축귀는 예외적으로 안식일에도 허용되었을 수 있다. 더구나 예수의 경우처럼 단지 말로 축귀하는 것은 안식일에 금지된 일에 해당한다고 볼 필요는 없었을 것이다. 유대교 학자들은 안식일에 말로만 치유하는 것은 율법에 어긋나지 않는 것으로 간주하는데,[7] 이러한 관점에서

---

6. Danby, trans., 172: "... whenever there is doubt whether life is in danger this overrides the Sabbath."("… 생명이 위험하다는 의혹이 있을 경우마다 안식일을 어길 수 있다.")

7. Hooker, 108 참고. 예를 들어 Vermes, 25: "Speech could not be construed as 'work'

보면 오로지 말로 행해진 예수의 축귀는 구약성경의 안식일법이나 유대인들의 안식일 전통을 어긴 것이 아니다. 그러나 미쉬나(*m. Sabbath* 14:3-4)는 안식일에 행동이든 말이든 어떤 것이든 치유를 의도한 것은 금해졌음을 알려준다.[8] 이러한 배경으로 보면 예수께서 안식일에 축귀하신 것은 유대인들에게 안식일을 어긴다는 인상을 주는 것을 감수하신 것이라 볼 수도 있다.

그렇다면, 예수께서는 왜 하필 안식일에 축귀를 하셨는가? 그 이유는 축귀 사역이 사탄으로부터 노예를 해방시키는 사역으로서 출애굽 정신을 담은 안식일에 행해지는 것이 적합하기 때문이라고 볼 수 있다.

예수께서는 왜 가버나움 사역을 하필 회당에서 시작하셨을까? 회당은 어떤 곳인가? 본문을 통해서 볼 때 회당은 예수께서 가르치신 장소이므로, 가르침이 행해질 수 있는 공간이었음을 알 수 있다.[9] 요세푸스는 이미 주후 66년에 가이사랴에(『유대 전쟁기』 2.285, 289), 최소한 주후 80년에 시리아 안티오크(안디옥)에 종교적 건물로서의 회당이 있었음을 언급한다(『유대 전쟁기』 7.43-44).[10] 팔레스타인 땅 가말라(Gamala)에서 발굴된 회당은 정결 의식을 위한 욕조(*mikvah*)를 가지고 있을 뿐 아니라 성전 모양(iconography)이 상인방돌(lintel)에 그려져 있고 홀의 크기가 가족 거실로 보기에는 너무 크므로 특별히 종교적 모임을 위해 지은 것으로 보인다(Witherington, 89). 이러한 증거들을 통해서 볼 때 회당의 기능 속에는

infringing the law governing the Jewish day of rest."("말하는 것은 유대인들의 안식일을 지배하는 법을 침해하는 '일'로 간주될 수 없을 것이다.")

8. A. Y. Collins, 207.
9. 회당은 유대인 성인 남성 10명 이상이 있어야 구성 가능하였으므로(Hurtado, 32), 회당 건물은 유대인들의 생활을 영위하는 중심 건물로 기능하였을 것이다.
10. Witherington, 89; Gundry, 80.

종교적 기능이 포함되었음을 알 수 있다.[11]

당시에 회당에서 가르치는 기능을 담당한 이들은 주로 랍비들과 율법학자들이었지만,[12] 원칙적으로는 누구든지 성경 강해가 가능한 사람은 회당장의 초대에 응하여 강론을 할 수 있었다(Hooker, 63). 예수께서는 아마도 직업적 율법학자가 아니었을 것이다. 그럼에도 불구하고 초청받은 것은 예수의 명성이 이미 상당히 퍼져 있었음을 알려준다(Hurtado, 32 참고). 예수의 가르치는 능력은 가버나움 회당으로 초대받기 전에 하나님 나라를 선포하신 사역(1:15)을 통하여 이미 드러났을 것이다. 예수의 선포는 회당 밖에서 시작하여(1:15) 회당으로 이어지고(1:23) 나사렛 회당에서 배척을 받은 후에는(6:3) 회당 밖에서 행해지게 된다.

본문에서 회당은 예수의 가르침의 공간적 배경이면서 동시에 예수의 축귀 사역의 공간적 배경이다. 하나님의 통치를 선포하신 예수께서 축귀 사역을 회당에서 시작하신 것은 왜일까? 이것은 회당이라는 종교적 공간마저도 귀신들이 작용하는 공간이어서 정화될 필요가 있으며 다른 곳보다 우선적으로 축귀가 필요한 공간임을 보여주기 위함일 것이다.

22절 (예수의 가르침의 방식) 마가복음 1:22은 예수의 가르침의 방식을 소개한다. 예수께서는 서기관(율법학자)들처럼 가르치시지 않으셨다. 서기관들은 유대 율법학자들이며, 서기관 에스라(느 8:1, 4; 12:26, 36)의 후예들로서 성경 해석의 전문가들이었다(Williamson, 1983: 50). 랍비 전통에서 '서기관'은 임명받은 신학자를 가리킨다(Lane, 72. n.111). 그들에게는

---

11. 비록 신약성경보다 훨씬 후기의 자료이지만 바벨론 탈무드(*b. Berakoth* 6a)는 2세기 랍비 아바 벤야민(Abba Benjamin)이 "어떤 사람의 기도는 오직 회당에서만 들린다."고 말한 것을 소개하는데 이것은 회당의 기능에 종교적 기능이 포함되었음을 지원하는 보조증거가 될 수 있다.
12. Boring, 2006: 63. 당시에 회당장은 평신도 지도자들이었다(Hurtado, 32).

율법 전문가로서의 권위가 있었다(A. Y. Collins, 164).[13] 그런데, 마가복음은 그들이 가르치는 방식을 "권위 있는 자"와 대조하면서 권위가 없는 방식으로 간주한다. 이러한 방식은 남의 권위에 의존하는 방식이었을 것이다. 2세기 이후 랍비들이 스승들을 인용하면서 스승들의 권위에 의존하여 가르쳤듯이[14] 1세기 서기관들도 아마 그러하였을 것이다. 서기관들의 가르침의 방식은 마가복음 7:8-9에 암시되어 있듯이 스승들로부터 전수받은 전통을 중요시하였을 것이다. 그들은 하나님의 계명을 버리고 사람의 전통을 따르고 있었다(7:8). 마가복음 1:22은 이러한 방식을 권위 없는 방식으로 간주하며, 예수의 가르침 방식은 이와 달랐음을 알려준다. 이러한 방식의 차이는 결국 내용의 차이를 동반할 수밖에 없었음을 마가복음 7:9-13은 보여준다. 바리새인들과 서기관들의 가르침은 전통을 따르기 위해 구약성경의 가르침을 폐지하는 내용을 담았으나, 예수의 가르침은 구약성경을 바르게 따르기 위해 유대 전통을 무시하는 내용을 담았다. 예수의 가르침이 서기관들과 달랐다는 것은 예수께서 전통을 무시하셨음을 뜻할 수 있다(2:23-3:6; 7:1-23; 10:2-12 참조). 유대인들의 전통에 매이지 않고 오직 기록된 말씀에 토대하는 예수의 가르침의 방식은 궁극적 권위의 근원이신 하나님 외에 다른 모든 유사 권위로부터의 자유를 함축한다.[15]

13. 다우브(D. Daube)는 랍비적 권위에 관한 그의 연구 결과, 결정을 내릴 수 있는 권위를 가진 임명된 교사와 그렇지 않은 서기관을 구분한다(Cave, 249). 이러한 구분을 따르면 예수께서 보인 권위는 스스로 판단할 수 있는 교사로서의 권위이다. 그러나 이러한 설명은 무리가 예수의 가르침에 보인 반응으로서의 놀라움(22절)을 충분히 설명하지 못한다(Lane, 72. n.111).

14. Hooker, 63; Baljon, 15 참고.

15. 고전 8:9에는 '권세'(ἐξουσία)가 "자유"와 유사한 개념을 가리키는 말로 쓰였다. 롬 13:1은 권세의 기원이 오직 하나님임을 지적한다.

예수의 가르침의 방식의 독특함은 단지 하나님의 기록된 말씀에 의지하는 데서만 기인하는 것은 아니었을 것이다. 마가복음 1:10을 통하여 볼 때에는 예수의 가르침에 나타난 권위의 근거는 예수께 강림하신 성령이다. 탈무드(*b. Sotah* 48b)는 "학개, 스가랴, 말라기가 죽고, 성령이 이스라엘을 떠났다."고 한다.[16] 성령을 통한 선지자의 가르침이 사라진 시대를 살아가던 유대인들에게 성령 강림을 받은 메시아의 선지자적 가르침은 그 시대의 교사들(서기관들)과 전혀 다른 가르침으로서 놀랍게 여겨질 수밖에 없었을 것이다.[17]

그런데, 27절은 예수의 가르침의 새로움을 예수의 권위 있는 축귀와 연관 짓고 있다(아래 27절 주해 참고). 따라서 본문에서 예수의 가르침 사역의 '새로움'은 명령으로 귀신을 축출하는 권위와 관련된다. 축귀는 성령 강림을 받은 예수께서 가르치실 때 발생한 것이므로 성령으로 가르치시는 방식과 관련된다고 볼 수 있다.

이러한 가르침의 방식의 차이는 결과적으로 내용상의 차이를 산출할 수밖에 없다. 이렇게 방식과 내용이 다른 가르침은 1:27이 언급하듯이 청중에게 새로운 가르침일 수밖에 없다. 예수의 새로운 가르침의 내용은 무엇일까? 본문은 예수의 가르침의 내용을 소개하지 않지만, 그 내용은 아마도 마가복음 1:15에 소개된 대로 하나님의 통치 시대의 임박함과 사탄이 왕 노릇하는 시대의 종료에 관한 내용이었을 것이다.[18] 이러한 추론은 예수의 가르침을 듣고 귀신이 "우리를 멸하러 오셨습니까?"(24절)라고 질문한 것을 통하여 지지된다(Taylor, 172).

예수의 가르침은 새로움이라는 측면과 함께 권세라는 측면을 가졌다

16. Epstein, trans. 참고. 탈무드(*b. Sanhedrin* 11a)도 동일한 내용의 주장을 한다.

17. Taylor, 173도 같은 의견이다.

18. 이에 관한 자세한 논증은 신현우, 2014a: 380-404 참고.

(1:22). '권세'는 무엇인가? '권세'는 시락서 17:2에서 "통치권"이라는 뜻으로 사용되었다(ἔδωκεν αὐτοῖς ἐξουσίαν τῶν ἐπ' αὐτῆς, "그는 그들에게 그것[땅] 위에 있는 것들에 대한 권세를 주셨다"). 마가복음 문맥에서 예수의 '권세'는 1:15에서 예수께서 선포하신 것으로 소개된 하나님의 나라(하나님의 통치)와 관련된다고 볼 수 있다.[19] 예수께서는 사탄의 왕 노릇의 종말과 하나님의 통치 시대의 가까움을 선포하셨는데, 축귀 사역은 이 선포를 입증하는 증거로 작용한다. 따라서 예수의 가르침과 축귀는 긴밀한 관계를 가진다. 예수의 가르침은 하나님의 권세에 관한 선포였고, 예수의 축귀는 선포된 하나님의 권세의 실현이었다.

22절은 예수께서 '권위 있는 자'처럼 가르치셨다고 하는데, 27절은 예수의 권위를 축귀와 관련시킨다. 따라서 예수의 권위는 귀신에게 명령할 수 있는 권위이다(아래 27절 주해 참고). 이것은 24절에서 귀신이 인정하듯이 "하나님의 거룩한 자"로서의 권위이다. 그렇다면, 예수의 가르침에 담긴 권위도 "하나님의 거룩한 자"의 권위라 할 수 있다. 이러한 예수의 권위는 마가복음 1:11에서 소개된 예수의 정체인 "하나님의 아들"(메시아)로서의 권세이다.[20] 예수의 권세가 하나님의 아들로서의 권세임은 예수 권세의 기원에 관한 질문(11:28)에 대한 답변으로 주어진 비유 속(12:6)에서 명확히 드러난다.[21] 예수의 권위는 가르침의 방식이나 내용에서 나오는

---

19. 예수는 하나님의 통치를 선포하였는데, 그 통치는 하나님의 아들 예수의 가르침과 축귀를 통하여 실현되기 시작하였다. 따라서 예수의 가르침은 하나님의 통치를 구현하는 권세를 지닐 수밖에 없었다.
20. 이러한 선이해 없이 회당에서 예수의 가르침을 들은 청중들에게는 예수의 가르침에 담긴 권세가 놀라울 수밖에 없었을 것이다(22절).
21. 예수의 권세는 2:10에도 등장한다. "죄가 (하나님에 의해) 사함 받았다."는 선포는 제사장이 제사 의식 속에서 할 수 있는 것이다(레 4:26, 31, 35; 5:10 참고). 그래서 그러한 제의와 관계없는 예수의 죄 사함 선언은 신성모독으로 간주될 수 있었다(Dillon, 105 참고). 그러나 예수께서는 제의와 관계없이 죄 사함을 선언하셨다. 이

것에서 그치지 않고 궁극적으로 예수께서 메시아로서 권위 있는 자이심에서 나오는 것이었다.

23절 (더러운 영에 들린 사람) 마가복음 1:23은 '더러운 영'을 언급한다.[22] 구약성경에서 '더러운 영'(τὸ πνεῦμα τὸ ἀκάθαρτον)은 오직 70인역 스가랴 13:2에만 나오는데, 이것은 '거짓 선지자'(τοὺς ψευδοπροφήτας)에 평행된 표현이다. 따라서 스가랴 문맥에서 '더러운 영'은 거짓 선지자와 관련된 영으로서 잘못된 가르침을 전하게 하는 영이다. 요한계시록 16:13에서도 거짓 선지자와 더러운 영은 긴밀한 관계 속에서 등장한다. 이러한 배경 속에서 볼 때에는 축귀는 가르침과 깊은 관련이 있다. 축귀는 잘못된 가르침을 전하게 하는 거짓 선지자의 영을 축출하는 사역이다. 이런 배경으로 볼 때 마가복음 본문에서 예수와 대조된 서기관들은 잘못된 가르침을 전하는 거짓 선지자의 일종이다.

회당에서 행하신 예수의 축귀 사역은 광야에서 예수께서 사탄에게 받으신 시험(1:12-13)과 관련된다. 베냐민의 유언 5:2은 '더러운 영들'과 '야

러한 선언은 하나님으로부터 받은 권세가 없이는 정당화될 수 없다.

22. 1:34은 '더러운 영' 대신 '귀신'(δαιμόνιον)이라는 표현을 사용하므로, 이 두 가지 표현은 동일한 대상을 가리킨다고 볼 수 있다. 귀신을 '더러운 영'이라 부르는 것은 창 6:1-4; 에녹1서 6-11장(특히 15:3-4)에 나타난 인간의 여인들을 취하여 자녀를 낳은 타락한 천사들 이야기와 관련될 것이다(A. Y. Collins, 167). 에녹1서 15:3-4에서 천사들이 자기들을 여인들로, 육체를 가진 자녀들의 피로 더럽혔다고 한다(A. Y. Collins, 167). 이러한 배경으로 볼 때에는 마가복음이 '더러운 영'이라 할 때 타락한 천사들 중에 하나를 가리킨다고 볼 수 있다. 바룩서 4:35은 귀신을 사람 속에 거할 수 있는 존재로 서술한다. 희년서 7:27; 10:1에서 귀신은 사람들을 잘못된 길로 인도하는 존재로 소개된다. 에녹1서 19:1은 귀신을 제사를 받는 존재로, 에녹1서 99:7은 귀신을 예배를 받는 존재로 그린다. 예수께서 사람 속에 거하는 귀신을 축출하시는 것은 사람들을 귀신으로부터 해방시키어 바른 길로 인도하시고, 오직 하나님께 예배하도록 하시는 새 출애굽 사역에 해당한다고 볼 수 있다.

생 동물들'을 평행시킨다.[23] 이러한 배경으로 볼 때에는 예수께서 광야 시험을 받을 때 야생 동물들을 제압하신 모습은(앞의 1:13 주해 참고) 이후에 축귀를 통하여 행하실 더러운 영들 제압하심의 복선이 된다. 예수께서는 광야에서 사탄에게 시험당하실 때 귀신들의 우두머리인 사탄과 싸워서 승리하시고(앞의 1:13 주해 참고), 회당으로 오셔서 귀신들을 쫓아내는 축귀를 시작하신다. 그런데, 회당은 서기관들이 가르치는 장소로서, 그곳에서 발생하는 더러운 영들인 귀신과의 싸움은 (거짓 선지자에 해당하는) 거짓 교사들인 서기관들과의 싸움의 전조이다.

24절 (귀신의 발언) 1:24은 귀신의 발언을 소개한다. 귀신은 "왜 우리에게 그리고 당신에게"(τί ἡμῖν καὶ σοί)라고 말하는데, 이것은 히브리어적인 표현이다. 70인역 사사기 11:12, 역대기하 35:21, 열왕기상 17:18에서 "왜 나에게 그리고 당신에게"(τί ἐμοὶ καὶ σοί)가 나오는데, 이것에 해당하는 히브리어 표현(מַה־לִּי וָלָךְ)은 "왜 나에게 이렇게 하십니까, 도대체 내가 당신에게 무엇을 했길래?"(NET)라는 뜻으로 쓰인다. 사사기 11:12에서 이 표현은 입다가 이스라엘 땅을 치러온 암몬 자손의 왕에게 사신을 보내어 항의한 말이며, 역대기하 35:21에서는 이집트 왕 느고가 치러왔을 때 요시아 왕이 방어하러 나오자 느고 왕이 사신을 보내어 요시아 왕에게 불평하며 한 말이다. 열왕기상 17:18은 전쟁 상황은 아니지만, 과부가 엘리야에게 "내 아들을 죽게 하려고 오셨나요?"라고 항의하는 맥락에 위치하여 상대방의 적대적인 의도를 전제하고 불평하는 표현이다.

70인역 사무엘하 19:22에서 "왜 나에게 그리고 너희에게"(τί ἐμοὶ καὶ ὑμῖν)도 그렇게 사용되었다. 이어지는 문맥은 "너희가 오늘 나의 원수가

---

23. *OTP*, vol.1, 826: "If you continue to do good, even the unclean spirits will flee from you and wild animals will fear you"("만일 네가 계속 선을 행하면, 더러운 영들마저도 너로부터 도망칠 것이고 야생 동물들도 너를 두려워할 것이다.")

되느냐 오늘 어찌하여 이스라엘 가운데에서 사람을 죽이겠느냐?"라고 하므로 이 표현은 공격하여 죽이려고 하는 적대자에게 하는 말임을 알 수 있다. 70인역 사무엘하 16:10에서는 동일한 표현(τί ἐμοὶ καὶ ὑμῖν, 히브리어 본문은 מַה־לִּי וָלָכֶם)이 "그것은 나의 일이다. 왜 당신들이 관여해야 하는가?"라는 뜻을 가진다.[24] 70인역 열왕기하 3:13에서는 유사한 표현(τί ἐμοὶ καὶ σοί)이 "그것은 당신의 일입니다. 왜 내가 관여해야 합니까?"(NET)라는 뜻으로 쓰였다. 여기서 이 표현은 문맥상 도움을 요청하는 자에게 거절하는 의미로 사용되었다. 유사하게 70인역 호세아 14:8(τί αὐτῷ ἔτι καὶ εἰδώλοις),[25] 열왕기하 9:19(τί σοι καὶ εἰρήνῃ)은 '띠 A 까이 B'(τί A καὶ B)라는 표현이 "A와 B가 무슨 관계가 있느냐?"는 수사의문문으로서 A와 B가 무관하다는 뜻을 가짐을 보여준다.

마가복음 본문에 나오는 '띠 헤민 까이 소이'(τί ἡμῖν καὶ σοί)는 위의 의미들 중에서 어느 의미를 가질까? "우리를 멸하러 오셨습니까?"라고 항의하는 말이 이어지는 것으로 보아 청자와의 적대적 관계를 상정하고 항의하는 의미를 취한다고 보는 것이 적합할 것이다. 레인(W. Lane)은 이 표현이 전쟁이나 심판과 관련된 표현이라고 한다(Lane, 73). 위에서 살펴보았듯이 이 표현이 늘 전쟁이나 심판에 관련된 것은 아니지만 종종 전쟁의 맥락에서 사용되었음은 분명하다. 그러므로 마가복음 1:24의 경우에도 이 표현은 귀신들이 "우리를 멸하러 오셨습니까?"라고 항의하는 문맥을 고려할 때 예수와 사탄의 세력인 귀신들 사이의 전쟁을 전제한 것이라고 볼 수 있다.

귀신이 "나는 당신이 누구인 줄 안다."고 말한 것도 전쟁 맥락임을 보

---

24. 삼하 16:10에서는 이 표현이 화자와 청자 사이의 적대적인 관계를 전제한 맥락에서 사용되지 않았다.
25. 호 14:8에서는 관계를 끊고 섬기지 않겠다는 의미로 사용되었다.

여준다. 귀신은 예수에 관한 자기들의 지식이 예수를 통제할 수 있다고 기대한 듯하다(A. Y. Collins, 169). 헬라어 문헌들은 귀신이 자기 방어를 위하여 거룩한 이름들을 사용한 예들을 제공하는데, 마가복음 5:7도 그러하다(Gundry, 83). 그렇다면 귀신의 발언은 예수에 대한 공격으로 간주되어야 한다(A. Y. Collins, 173).

여기서 귀신이 사용한 '우리'라는 표현은 예수의 공격이 귀신 집단 전체와 관련된 것임을 암시한다.[26] 귀신이 '우리'(ἡμῖν)라는 표현을 사용한 것은 예수와 귀신 전체를 대조시킨 것으로 볼 수 있기 때문이다(Gundry, 75). 이러한 대조 속에서 이루어진 예수의 축귀는 귀신 전체를 제압하는 예수의 권세를 보여주는 대표적인 사건으로 제시되고 있다(Gundry, 75-6).

예수와 귀신들 사이의 관계가 친화적이지 않음을 표현하는 '띠 헤민 까이 소이'(τί ἡμῖν καὶ σοί)에 이어 등장하는 "당신은 우리를 멸하러 왔습니까?"라는 표현은 예수와 귀신들 사이의 관계가 적대적임을 밝혀준다. 이 표현은 이러한 예수의 능력이 귀신들보다 강하며, 예수의 등장 목적은 귀신들을 멸하는 것과 관계있음을 알려준다. 이것은 마가복음 1:15에서 언급된 사탄이 권세 부리는 시대의 종료와 하나님께서 통치하시는 시대의 임박함이 구체적으로 예수에 의하여 이루어짐을 알려준다. 하나님의 나라는 예수를 통하여 다가오고 있으며 사탄의 나라는 예수를 통하여 무너지고 있다.

'엘테스 아뽈레사이 헤마스'(ἦλθες ἀπολέσαι ἡμᾶς)는 주로 의문문으로 간주하여 '우리를 멸하러 오셨습니까?'로 번역되지만, 평서문으로 보아서 '당신은 우리를 멸하러 온 것입니다!'로 번역할 수도 있다(Taylor,

26. Witherington, 91; Pesch, 122.

174). 메시아의 시대에 악의 세력이 멸망한다는 것은 널리 기대된 사항이다(Taylor, 174). 이를 배경으로 볼 때에는 귀신의 발언은 예수를 메시아로 간주한 것임을 알 수 있다(Taylor, 174 참고).

귀신이 예수께 적용한 칭호인 '하나님의 거룩한 자'(ὁ ἅγιος τοῦ θεοῦ)는 귀신이 예수를 메시아로 간주하였음을 보여준다. 이 칭호는 요한복음 6:69에서 베드로가 예수께 적용한 칭호와 동일하므로, 이를 배경으로 볼 때 '하나님의 거룩한 자'는 긍정적인 의미를 가진다고 볼 수 있다. 마가복음 전체 문맥에서 볼 때에도, 마가복음 3:11과 5:7에서 귀신들은 예수를 '하나님의 아들'이라고 부르므로, '하나님의 거룩한 자'는 "하나님의 아들"과 유사한 뜻을 가진 표현임을 알 수 있다(Garland, 333 참고). 그러나 가까운 문맥 속에서 볼 때에는 예수께서 거룩하신 자인 이유는 요한에게 세례받을 때에 예수께 '거룩한' 영이 임하였기 때문이다(1:10).[27]

70인역 사사기 13:7; 16:17에서 삼손이 '하나님의 거룩한 자'(ἅγιος θεοῦ)라고 소개된다. 이 표현은 히브리어 본문의 '하나님의 나실인'(נְזִיר אֱלֹהִים)의 번역이다. 귀신이 이러한 표현을 예수께 적용한 것은 예수가 나실인이라는 뜻은 아니겠지만, 예수께서 삼손과 같은 용사로서 사탄을 물리치는 강한 자이심을 묘사하는 표현이라 할 수 있다.[28] 따라서 이러한 표현은 예수와 사탄의 세력(귀신들) 사이의 전쟁 상황을 전제한 표현이라 할 수 있다.

25-26절 (예수의 축귀) 예수께서는 귀신을 "꾸짖어" 쫓아내시는데(25

27. Gundry, 76 참고.
28. 왕하 4:9은 엘리사를 '하나님의 거룩한 사람'(ἄνθρωπος τοῦ θεοῦ ἅγιος)이라고 하며, 70인역 시 105:16(개역은 106:16)은 아론을 '주의 거룩한 자'(τὸν ἅγιον κυρίου)라고 한다. 이러한 배경으로 볼 때에는 '하나님의 거룩한 자'는 엘리사-예수 모형론, 아론-예수 모형론을 통하여 예수를 선지자, 제사장의 역할을 하시는 분으로 묘사한다고 해석될 수 있다.

절), 이것은 예수의 축귀의 특징이다. 꾸짖음은 헬라 세계의 축귀 이야기에서는 발견되지 않는다(Boring, 2006: 65). 꾸짖음은 유대인들의 다양한 축귀 방식들과도 다르다. 유대 배경 문헌에 기록된 축귀 방식에는 물고기의 염통과 간을 태워 연기를 피우는 방식(토비트 6:8), 솔로몬이 언급한 고리를 귀신들린 자의 코에 걸고 솔로몬의 이름을 대며 솔로몬이 만든 주문을 외우는 방식(요세푸스, 『유대 고대사』 8.47)[29] 등이 있다. 물론 쿰란 문헌에서는 꾸짖음이 귀신과의 대결에 사용된 것을 볼 수 있다. '에삐띠마오'(ἐπιτιμάω) 동사는 쿰란 문헌(1QM 14:10; 1QapGen 20:28-29)에 사용된 히브리어 '가아르'(גער, "명령하다")에 해당하는데, 여기서 꾸짖는 행위는 귀신들을 떠나게 한다(Gundry, 77). 그렇지만 이 문헌에서는 엄밀한 의미에서의 귀신 들림 현상이 아니라 성적 불구와 악함이 다루어지고 있다(Gundry, 77). 그러므로 귀신 들림 현상을 꾸짖음으로 치유하는 것은 예수의 축귀의 특징이라고 볼 수 있다. 그리스도인들의 축귀는 예수의 이름을 사용하는 방식으로 이루어지는데(행 16:18), 예수의 축귀는 이러한 방식과 달리 자신의 권위로 행해진다.

27절 (예수의 새로운 가르침) 27절은 무리의 반응을 통하여 예수의 가르침을 '새로운 가르침'이라고 묘사한다. 메시아 시대에 새로운 가르침이 주어질 것을 기대한 유대인들의 믿음을 배경으로 볼 때에는 예수의 새로운 가르침은 메시아 시대의 증거로 제시된 것이라 할 수 있다(Gundry, 85). 마가는 예수의 가르침이 새로움을 지적함으로써 예수께서 메시아이심을 증거하고 있다.

마가복음 1:27에서 "권세 있는"/"권세 있게"(κατ' ἐξουσίαν, '까떽수시안')는 '가르침'을 꾸미는가? 아니면 '명령하다'를 한정하는가? 즉 '까떽수

29. Whiston, trans., 214.

시안'(κατ' ἐξουσίαν)은 어떻게 표점되어야 하는가? 마침표를 '까떽수시안' 앞에 찍어야 하는가, (NA27/28판처럼) 뒤에 찍어야 하는가? '까떽수시안'(κατ' ἐξουσίαν)은 새로운 문장의 초두인가? 앞 문장의 끝부분인가? '가르침'을 꾸미는 말로서 "권세 있는"이라는 뜻인가? 아니면 '명령하다'를 한정하는 것으로서 "권세 있게"라는 뜻인가?

점을 '까떽수시안'의 앞에 찍느냐, 뒤에 찍느냐에 따라 이 표현이 "권세 있게" 또는 "권세 있는"으로 다르게 해석되고, 마가복음 1:27의 번역이 달라진다. 점을 앞에 찍으면 27절은 다음처럼 번역된다. "이에 모두들 놀라 서로 의논하며 말했다. '이게 무어냐? 새로운 가르침이다! 심지어 더러운 영들에게도 권세 있게 명령하니 그에게 순종하는구나!'."[30] 이것은 예수의 가르침과 권세를 직접 연결하지는 않고, 예수의 권세를 축귀와 연결한다. 점을 '까떽수시안'의 뒤에 찍으면 다음처럼 번역된다. "이에 모두 놀라 서로 의논하며 말했다. '이게 무어냐? 권세 있는 새로운 가르침이다! 심지어 더러운 영들에게도 명령하니 그에게 순종하는구나!'." 이것은 예수의 가르침과 권세를 연관 짓는다. 이 경우는 표점에 따라 번역이 달라지므로, 표점이 주해에 미칠 수 있는 영향이 크다.

마가복음에서 ''까따'(κατά) + 목적격'은 공간적 의미(공간의 확장, 13:8), 시간적 의미("때마다," 14:49; 15:6), 전체 중의 일부(6:40; 14:19), 규범을 따름(7:5)을 가리키기 위해 사용되었다(BDAG). 마가복음 1:27의 '까떽수시안'은 권세와 관련되므로 이러한 용례들 중에서 시간, 공간, 또는 부분을 가리키는 의미를 갖지 않는다. 그러므로 "…을 따라서"라는 뜻으로 쓰인 마가복음 7:5의 경우와 유사하게 사용되었다고 볼 수 있다. 더

30. 비잔틴 사본들에 담긴 본문을 따른다면 "이게 무어냐? 웬 새로운 가르침이냐 이게? 어찌하여 더러운 귀신들에게도 권세 있게 명하면 그들이 복종하는가?"로 번역될 수 있다(신현우, 2006: 43-49).

구나, 마가복음에서 '까따 + 목적격'은 모두 동사를 한정하는 방식으로 (즉 부사적으로) 사용되었다(4:10, 34; 6:31, 32; 7:5, 33; 9:2, 28; 13:8; 14:49; 15:6). 심지어 '까따' 뒤에 목적격이 아닌 격이 나오는 경우에도 동사를 한정하는 방식으로 사용되었다(3:6; 6:40; 9:40; 11:25; 14:19, 55, 56, 57). 따라서 마가복음 1:27에서도 그렇게 사용되었다고 볼 수 있다. 따라서 '까떽수시안'을 명사를 수식하는 "권세 있는"의 뜻보다는 동사를 한정하며 "권세 있게"라는 의미로 사용되었다고 볼 수 있다. 이러한 추측은 고린도후서 13:10에 나오는 유사 표현인 '까따 뗀 엑수시안'(κατὰ τὴν ἐξουσίαν)을 통하여 지지된다. 여기서 이 표현은 동사 '크레소마이'(χρήσωμαι)를 한정하는 부사어로 사용되었다.[31] 마가복음 1:27의 평행본문인 누가복음 4:36(ἐν ἐξουσίᾳ καὶ δυνάμει ἐπιτάσσει)에서 '까떽수시안'(κατ' ἐξουσίαν) 대신에 '엔 엑수시아'(ἐν ἐξουσίᾳ)가 동사를 한정하는 부사어로 사용된 것도 마가복음의 '까떽수시안'이 유사한 의미로 사용되었을 가능성을 지원한다.[32]

---

31. 고후 13:10 용례는 최지원이 발견하였다(2014년 9월 16일, 총신대학교 신학대학원 수업 시간 발표).

32. '까떽수시안'(κατ' ἐξουσίαν)이 부사적으로 사용된 용례는 사본들 속에서도 발견된다. C K Γ Δ 28[c]. 892. 1241. 2542. *l* 2211. (A *f*[13] 565[mg]. 1424) Majority lat sy[p.h]는 1:27에서 τί ἐστιν τοῦτο τις ἡ διδαχὴ ἡ καινὴ αὕτη ὅτι κατ' ἐξουσίαν καὶ τοῖς πνεύμασιν τοῖς ἀκαθάρτοις ἐπιτάσσει καὶ ὑπακούουσιν αὐτῷ("이게 무어냐? 웬 새로운 가르침이냐 이게? 어찌하여 더러운 귀신들에게도 권세 있게 명하면 그들이 복종하는가?")라는 표현을 가지는데, 여기서 '까떽수시안'(κατ' ἐξουσίαν)은 동사(ἐπιτάσσει)를 한정하는 부사어로 기능한다. 이것은 '까떽수시안'이 부사어로 사용된 분명한 용례이다. NA[28]은 τί ἐστιν τοῦτο; διδαχὴ καινὴ κατ' ἐξουσίαν·("이것이 무엇인가? 권세 있는 새로운 가르침이다.")로 되어 있어서 '까떽수시안'은 '새로운 가르침'(διδαχὴ καινὴ)을 꾸며주는 형용사어로 기능하도록 표점되어 있다. 그러나 NA[28]이 택한 א B L 33의 읽기를 따른다고 해도 표점을 τί ἐστιν τοῦτο; διδαχὴ καινή· κατ' ἐξουσίαν("이것이 무엇인가? 새로운 가르침이다. 권세 있게 …")으로 하여 '까떽수시안'이 동사(ἐπιτάσσει)를 한정하는 부사적 의미를 가진 것으로 읽을 수 있다.

28절 (예수의 소문) 1:28의 '텐 뻬리코론 떼스 갈릴라이아스'(τὴν περίχωρον τῆς Γαλιλαίας)는 "갈릴리 주변"이라고 해석하여 갈릴리를 벗어난 지역이 이미 염두에 두어졌다고 볼 수도 있지만, 이것은 가버나움 사역의 소문이 퍼지는 영역에 대한 언급치고는 비약적이다. 그래서 '떼스 갈릴라이아스'(τῆς Γαλιλαίας)를 설명을 위한 소유격(an epexegetic genitive)으로 보아 "주변 지역 즉 갈릴리"로 번역할 수 있다(France, 106). 또는 이것을 동격적 소유격(the genitive of apposition)으로 보아서 "주변 지역인 갈릴리"로 번역할 수도 있다.

마가복음 1:28은 예수의 소문이 갈릴리 전역으로 퍼진다고 하여 갈릴리가 예수의 사역과 관계됨을 강조한다. 가버나움 사역 후 예수께서는 갈릴리 전역을 활동 무대로 하시는데(1:39) 이것도 이사야 9:1-2의 성취로 이해할 수 있다.

3. 해설

예수의 축귀가 가지는 신학적 의미는 무엇인가? 마가복음의 근접 문맥에서 볼 때에 축귀는 전투에 참여할 사람을 모으는 표현인 '내 뒤에 오라'는 초청으로 제자들을 모집한(1:17) 예수께서 행하신 사탄과의 전투라고 볼 수 있다.[33] 쿰란 문헌을 통해서도 보면 축귀는 하나님의 나라의 다가옴을 의미한다고 할 수 있다. 키(H. C. Kee)는 쿰란 문헌에서 '에삐띠마오'(ἐπιτιμάω) 동사에 해당하는 '가아르'(גער, "명령하다") 동사가 하나님이나 하나님의 대변자가 악의 세력을 복종시키고 하나님의 통치의 수립

33. 신현우, 2014b: 609-11.

준비와 관련하여 명령함을 표현한다는 것을 관찰하였다(Lane, 75-76. n.121). 이러한 용례를 통해서 볼 때, 꾸짖음을 통해 발생하는 예수의 축귀는 사탄의 왕 노릇 아래 복속된 세상에 하나님의 통치가 회복되고 있음을 보여주는 것이다(Lane, 76. n.121). 따라서 축귀는 예수께서 선포하신 하나님의 나라가 임박함(1:15)을 입증하는 표증이라 할 수 있다.

예수의 축귀의 배경이 되는 구약 본문은 스가랴 13:2이다. 이 본문은 종말에 더러운 영이 축출될 것을 예언한다.[34] 이 본문에서 축귀가 발생하는 '그 날'이란 예루살렘을 침공하는 모든 민족들을 하나님께서 멸하시는 날이다(슥 12:9). 이날은 하나님께서 예루살렘을 구원하시는 날이다. 이 날의 특징은 거짓 예언자들과 더러운 영을 없애는 것이다. 예수의 축귀 사역은 더러운 영을 없애는 사역에 해당하고, 서기관들과 다르게 가르치신 가르침 사역은 거짓 선지자들을 없애는 사역에 해당하므로[35] 스가랴서가 예언한 축귀의 특징을 가진다고 할 수 있다. 스가랴 13:2을 배경으로 볼 때 종말론적 축귀의 발생은 거짓 선지자의 제거와 함께 이루어지는 것이다. 따라서 예수의 사역 속에 축귀가 발생함은 예수의 사역을 통하여 거짓 선지자들이 배제되는 것을 기대하게 한다. 마가복음 본문에서 그러한 거짓 선지자에 해당하는 자들은 서기관들이다. 예수의 사역 가운데 서기관들이 예수의 대적으로 등장하여 계속 갈등을 일으키는데 예수께서 이들의 잘못된 가르침을 물리치심은 이러한 해석을 가능하게 한다. 그러므로 예수의 축귀는 스가랴서 13:2의 성취로서 스가랴가 예언한 종말의

34. "그 날이 오면, 내가 이 땅에서 우상의 이름을 지워서, 아무도, 다시는 그 이름을 기억하지 못하도록 하겠다. 나 만군의 주가 하는 말이다. 나는 또 예언자들과 더러운 영을 이 땅에서 없애겠다."(표준)

35. 거짓 선지자를 없애는 것은 거짓 선지자를 죽이라고 명하는 신 13:1-5의 성취로 볼 수 있다.

때가 도래하였음을 알려주는 표증이다. 축귀는 또한 '때가 찼다'는 예수의 종말론적 선포(1:15)가 실제로 이루어져가는 현상이다.

스가랴 13:1은 축귀의 발생과 죄 씻음을 연관시키게 하는 배경을 제공한다. 마가복음 문맥에서 이러한 연관성은 예수께서 귀신에게 명령하여 축귀하시는 권세를 보이신 후(1:27), 병자 치유의 맥락에서 자신이 죄 사함의 권세를 가졌다고 주장하심에서 드러난다(2:10). 이처럼 축귀는 예수의 핵심 사역인 죄 사함과 무관한 것이 아니라 긴밀히 연결된 것이다.

한편, 유대 배경 문헌(*Pesikta Rabbati* 36.1)에 의하면 이러한 종말론적 귀신 제압을 행하실 분은 메시아이다(Marcus, 2000: 193). 레위의 유언 18:12에 의하면 메시아적 대제사장의 임무는 벨리알(사탄)을 묶고 그의 자녀들에게 악한 영들을 제압할 권세를 주는 것이다.[36] 에녹1서 55:4에 의하면 메시아적 존재인 인자가 사탄과 그의 군대를 심판한다.[37] 이러한 배경으로 보면 예수의 축귀는 예수께서 메시아이심을 알려주는 표징이다.

36. *OTP*, vol.1, 795.

37. *OTP*, vol.1, 38.

제9장
마가복음 1:29-45
예수의 갈릴리 초기 사역

마가복음 1:29-45은 예수께서 갈릴리 가버나움과 그 주변에서 행하신 치유, 축귀와 말씀 사역을 소개한다. 이 사역들은 예수께서 하신 갈릴리 지역 초기 사역이다.

1. 번역과 주해

예수의 질병 치유 (1:29-34)

29 곧이어 그들이 회당에서 나온 후, 시몬과 안드레의 집 안으로 야고보와
요한과 함께 들어갔다. **30** 그런데 시몬의 장모가 열병을 앓으며 계속 누워
있었다. 그래서 사람들이 곧바로 그에게 그녀에 관하여 말했다. **31** 이에 그
가 앞으로 나아가 손을 잡아 그녀를 일으키셨다. 그러자 열병이 그녀를 떠
나가고 그녀는 그들에게 식사 시중을 들고자 하였다. **32** 그런데 저녁이 되
어 해가 졌을 때, 사람들이 그에게 온갖 병든 자들과 귀신들린 자들을 계속

하여 데려왔다. **33** 그리하여 온 도시 주민이 그 문 앞에 모여 있었다. **34** 그래서 그는 많은 각종 병자들을 치유하시고, 많은 귀신들을 쫓아내셨다. 그는 또한 귀신들이 말하는 것을 줄곧 허락하지 아니하셨는데, 왜냐하면 그것들이 그를 알고 있었기 때문이었다.

29-30절 (열병에 들린 시몬의 장모) 해가 질 때에야 사람들이 병자들을 데리고 온 것으로 보아(32절) 베드로의 장모를 치유한 날은 아직 안식일이다(France, 107). 회당에서 축귀를 하신 날도 물론 안식일이다(Witherington, 98). 안식일은 종말론적 안식과 평화의 상징이었으므로, 안식일이야말로 치유를 행하시기에 적합한 날이었다(Witherington, 100).

31절 (열병 치유) 유대인 관습으로 보면 가족이 아닌 여인의 손을 잡는 것도 문제가 될 텐데, 더구나 안식일에 그렇게 한 것은 더더구나 문제가 되었을 것이다(Witherington, 98). 그러나 이것이 구약 안식일 계명을 위반한 것은 아니다. 열병은 목숨이 위태롭게 하는 병이므로(요 4:49, 52) 안식일에 일할 수 있게 허용하는 유대인의 전통으로 볼 때에도 안식일에 열병을 치유한 것은 문제 되지 않았을 것이다.

개역개정판에서 '수종드니라'라고 번역된 단어(διηκόνει)는 "식사 시중을 들다"를 뜻한다. 베드로의 장모는 치유되자마자 식사 시중을 들었다. 이때 사용된 미완료형이 시도의 미완료 용법으로 사용되었다고 간주하면 그녀가 "식사 시중을 들려고 하였다"고 번역할 수 있다. 위더링턴(B. Witherington)에 의하면 시몬의 장모가 식사 시중을 든 것(또는 들고자 한 것)도 유대인의 안식일 관습을 어기는 것으로 보는 견해도 있다(Witherington, 98). 그러나 안식일에 하는 식사 시중이 요리를 하는 과정을 포함하지 않고 이미 (베드로의 아내, 안드레의 아내에 의하여) 준비된 요리로 대접하는 것일 수 있으므로 안식일 전통을 어긴 것이라 볼 필요는 없다.

32-33절 (안식일이 지난 후 몰려온 사람들) 해가 지자마자 (즉 안식일이 지나자마자) 사람들이 치유를 위하여 몰려왔다. 이렇게 한 이유는 안식일에는 병자를 고치지 못하는 유대인들의 전통을 고려하여 안식일이 지난 후에 치유를 요청하고자 했기 때문이었을 것이다.

34절 (예수의 축귀와 치유) 예수께서 많은(πολλοῦς) 병자를 고치셨다는 기록은 모든(πάντας) 병자를 데려온 중에서 예수께서 고치지 못한 자들이 있었다는 뜻은 아닐 것이다. 마가는 '많은'(πολλύς)을 배타적으로 사용하지 않기 때문이다(France, 110). 즉 '많은'이라는 단어는 "모두"가 아니라는 뜻을 담아서 사용되지 않기 때문이다. 마가복음에서 "많은" 것은 모두일 수도 있고 아닐 수도 있다. 한편, 마가복음에서 '모든'(πᾶς)은 반드시 전체를 의미하기보다 때로 '많음'을 의미하기 위해 사용되기도 한다. 마가복음에서 '많은'(πολλοῦς)은 '모든'(πάντας)과 대조하기 위해 쓰인 단어가 아니다(France, 110).

예수께서는 귀신들이 말하는 것을 허락하지 않으셨다. 왜 귀신이 말하는 것을 허락하지 않으셨을까? 신적인 비밀을 미리 알리는 것은 종말론적 전투 현장에서 위험하며(참조, 고전 2:7-8; 1QS 9:17, 21-22), 이 비밀이 귀신들을 통해 알려지면 예수께서 사탄과 통한다는 잘못된 인상을 사람들에게 줄 수 있기 때문에 금지되었다고 볼 수도 있다(Marcus, 2000: 201). 물론 귀신들에 의해 예수께서 메시아이심이 알려지면 유대인들이 예수를 군사적 메시아로 오해하게 되기 때문에 귀신들에게 발설을 금하셨다고 볼 수도 있다.

예수께서 귀신들에게 예수에 관하여 말하는 것을 허락하지 않으신 이유를 마가는 기록한다. '그들은 그를 알았기 때문이다.' 그런데 이것은 마가의 서사적 주석(narrative commentary)으로서 괄호 속에 들어가는 설명(parenthetical comment)으로 볼 수 있다(Fowler, 98). 여기서 '가르'(γάρ)

는 이것을 단지 서사적 주석을 끌고 오는 표지(메타언어)로 볼 경우, '그들은 그를 알았다.'는 이유를 설명하는 절이 아니다(Fowler, 99). 하지만, 이 '가르' 절은 예수께서 귀신들이 말하는 것을 금지한 이유에 관한 설명을 제공하는 것으로 보아도 문맥상 아무 문제가 없다.

예수의 기도와 전도 (1:35-39)

35 아침 일찍 매우 어두울 때에, 그는 일어나셔서, 한적한 곳으로 떠나가셨
다. 그는 그곳에서 계속 기도하고 계셨다. **36** 그러자 시몬과 그의 일행이
그를 찾아 나섰다. **37** 그리하여 그들이 그를 발견하자 그에게 말했다.

"모두 당신을 찾고 있습니다."

38 이에 그가 그들에게 말씀하셨다.

"다른 곳 주변 성읍들로 가자!

나는 그곳에서도 선포해야 한다.

나는 이 일을 위하여 왔기 때문이다."

39 그리고 갈릴리 전역에 있는 그들의 회당들로 가시어 계속 선포하시며,
귀신들을 계속 쫓아내셨다.

35절 (예수의 기도) 예수의 기도 장소는 '한적한 곳'이었다. 당시에 가버나움 주변은 경작되었으므로, '한적한 곳'(광야)은 황무지가 아니라 그저 조용한 곳을 가리킨다고 보아야 한다(Lane, 81). 예수의 광야 기도는 요한의 광야 세례와 장소적 유사성으로 인해 연관된다. 그러므로 이 기도는 세례 요한의 세례와 유사한 의미를 가진다고 볼 수 있다. 그렇다면 예수의 기도는 광야에서 하나님의 길을 준비하는 측면을 가진다. 예수께서 홀로 기도하시는 장면은 마가복음 6:46; 14:32에도 나온다. 이러한 기도의

장면들은 14:32의 경우처럼 고난받는 메시아의 길과 승리하는 메시아의 길 사이의 갈등과 관련된다고 볼 수 있다. 치유, 축귀, 기적 등으로 인해 무리가 예수를 따를 때 예수께서는 무리들이 기대하는 군사적 메시아의 길의 유혹을 기도하며 극복하신다.

38절 (예수의 사명) 예수께서는 계속 주변 '마을'들로 가서 사역하고자 하신다. 여기서 '마을'로 번역된 단어 '꼬모뽈리스'(κωμόπολις)는 '뽈리스'(πόλις, "도시")보다 작고 '꼬메'(κώμη, "마을")보다 큰 규모의 주거지(성읍)를 가리킨다고 볼 수 있다. '꼬모뽈리스'(κωμόπολις)는 도시 규모이지만 마을의 구조를 가진 농촌을 가리킨다(Lane, 83). 갈릴리에는 마을이 많았는데 비옥한 토양으로 인해 마을마다 사람이 많아서 작은 마을에도 주민이 1만5천명은 되었다고 한다(Josephus, 『유대 전쟁기』 13.3.2).[1] 마가복음에서 '뽈리스'는 가버나움(1:33), 예루살렘(11:19), 거라사(5:14) 등을 가리키기 위해 쓰였고, 벳새다(8:23)와 벳바게(11:2)는 '꼬메'이다(France, 112).

예수께서는 가버나움을 떠나 주변 성읍으로 전도하러 가신다. 예수께서는 이미 명성을 얻으며 치유 사역을 하시고 계셨던 도시인 가버나움에 머무르지 않으시고, 도시 주변으로 찾아가신다. 예수의 복음 전파 사역 방향은 도시에서 출발하여 마을로 나아가는 것이었다(France, 113). 이러한 사역의 방식은 사도 바울의 선교 사역에서도 발견된다. 사도 바울은 우선 주요 거점 도시들을 선교하였고 그 거점에서 주변 마을들로 복음이 전파된다.

1. Lane, 83.

나병환자 치유(1:40-45)

40 한 나병환자가 그에게로 나아와 그에게 계속하여 간청하며 그 앞에 무
릎을 꿇고 그에게 말하였다.
"만약 당신이 원하시면 저를 깨끗하게 하실 수 있습니다."
41 그러자 그분은 분노하시고 손을 내밀어 그를 만지시며 그에게 말씀하셨
다.
"내가 원한다. 깨끗함을 받아라!"
42 곧이어 문둥병이 그로부터 떠나가고 그는 깨끗하게 되었다. **43** 그러자
그분은 그에게 엄하게 경고하며 즉시 그를 내어 보내시면서 **44** 그에게 말
씀하셨다.
"아무에게 아무것도 말하지 말도록 조심하라.
그러나 돌아가 너 자신을 제사장에게 보이라.
그리고 네 정결과 관련하여 사람들에게 입증하기 위해 모세가 명한 것
들을 드려라."
45 그러나 그는 나가서 열심히 선포하고 소문을 퍼뜨리기 시작하였다. 그
리하여 그분은 더 이상 드러내놓고 도시 안으로 들어갈 수 없으셨고, 바깥
한적한 곳에 계셨다. 그렇지만 사람들이 도처에서 그분에게로 자꾸만 나아
왔다.

40절 (나병환자의 간구) 레위기 13-14장의 정보를 토대로 연구한 결과는(Lane, 84), 성경이 말하는 '나병'은 현대적 의미의 한센병이 아니라 다양한 종류의 피부병을 가리킴을 알려준다(Boring, 2006: 71). 한센병은 예수 시대의 팔레스타인 땅에는 존재하지 않았던 듯하다(Witherington, 103). 레위기 13:46에 의하면 나병환자는 격리되어 살아야 한다. "병에 걸

려 있는 한, 부정한 상태에 머물러 있게 되므로, 그는 부정하다. 그는 진 바깥에서 혼자 따로 살아야 한다”(레 13:46, 표준). 물론 나병환자는 예루살렘이나 본래 성벽을 가진 도시들을 제외하고는 그들이 선택한 곳에서 제약받지 않고 살 수 있었다(Lane, 85). 그들은 심지어 그들을 분리하는 칸막이가 있는 경우에는 회당 모임에 참석할 수도 있었다고 한다(*m. Negaim* 13:12).[2] 그렇지만 나병환자가 다른 사람들에게 접근하는 것은 율법에 의해 금해진 것이었다(레 13:45-46).[3] 그러므로 이러한 병자가 예수께 다가온 것은 치유를 받으려고 사회적 규범을 어기는 행위였다(Witherington, 102).

41-42절 (예수의 나병 치유) 대부분의 번역 성경은 ‘긍휼히 여기사’(σπλαγχνισθείς)를 마가복음 원문에 있었던 것으로 선택하지만 서방사본들(D a ff[2] r[1*])에 담긴 ‘분노하시어’(ὀργισθείς)가 더 어려운 읽기로서 원래의 읽기일 것이다(신현우, 2006: 50-57 참고). 그렇다면 예수께서는 왜 분노하셨을까? 예수께서 분노하신 이유는 나병환자가 율법을 어기고 접근해 왔기 때문일 수 있다. 또한 나병환자가 “만일 원하신다면”(ἐὰν θέλῃς)이라는 단서를 달면서 예수의 치유 의지를 의심하였기 때문일 수도 있다(Ehrman, 95).

질병 뒤에 있는 악의 세력에 대해 분노하셨을 가능성은 없는가? 탈무드(b. *Horayoth* 10a)는 나병 귀신을 언급하므로(Lane, 86), 이러한 가능성을 지지한다. 그러나 질병을 일으킨 영적 존재로서의 귀신에 대해 예수께서 분노하셨다고 볼 수는 없다. 왜냐하면 예수께서는 축귀의 경우에는 신체 접촉을 하지 않으시고 말씀으로 쫓아내시는데, 41절은 예수께서 손을

---

2. Lane, 85.
3. Hooker, 79.

대어 치유하셨음을 언급하기 때문이다(France, 109 참고).

예수께서는 손을 내밀어 나병환자에게 대셨다. 유대인들에게 나병환자는 살아 있는 시체로 간주되었다.[4] 이러한 나병환자에게 손을 대는 행위는 율법이 권장하는 행위가 아니었다(레 14장 참고). 열왕기하 5:1-14을 보면 엘리사는 나병에 걸린 나아만에게 손을 대지 않는다. 그러나 예수께서는 나병환자에게 손을 대신다. 레인은 예수께서 나병환자에게 손을 댄 것은 의식법과 사랑의 법이 충돌할 때에는 사랑의 법이 우선함을 보여준다고 한다(Lane, 87). 그러나 이러한 행위는 치유의 능력이 작용하지 않는다면 전염 방지를 목적으로 하는 율법의 정신을 무시하는 것이 될 수 있다. 치유의 능력이 작용하여 전염이 되지 않고 오히려 치유가 되었기 때문에 예수의 행위는 율법의 정신과 충돌되지 않는다.

본문과 열왕기하 5장 사이에는 다음과 같은 평행이 발견된다(Cave, 250). 이러한 평행은 본문에서 엘리사-예수 모형론을 읽게 한다. 즉 마가복음 본문에서 예수는 새 엘리사로 묘사된다.

막 1:41 ἐκτείνας τὴν χεῖρα αὐτοῦ ἥψατο
("손을 내밀어 그를 만졌다")

왕하 5:11 ἐπιθήσει τὴν χεῖρα αὐτοῦ ἐπὶ τὸν τόπον
("그의 손을 그 곳에 얹었다")

막 1:41 καθαρίσθητι ("깨끗해져라")

왕하 5:13 καθαρίσθητι ("깨끗해져라")

4. 민 12:12; 욥 18:13; 11QTemple 45.17-18 참고; Witherington, 103.

막 1:42 ἐκαθαρίσθη ("깨끗해졌다")

왕하 5:14 ἐκαθαρίσθη ("깨끗해졌다")

43절 (나병환자를 보내심) 예수께서 나병환자를 보내셨다. 여기서 '보내셨다'는 단어에 해당하는 헬라어는 "밖으로 내던지다"는 뜻을 가진다. 동사 '엑발로'(ἐκβάλλω, "밖으로 던지다")는 예수께서 나병환자를 제사장에게 보내시는 긴급성을 암시한다(Witherington, 104).

44절 (예수의 분부) 예수께서는 "아무에게 아무 말도 하지 말라."고 명하신다. 예수께서 나병환자 치유를 숨기신 이유는 이것이 메시아 표적이기 때문일 것이다(눅 7:22 참고). 랍비 문헌들은 이러한 피부병을 고치는 것이 죽은 사람을 살리는 것처럼 어렵다고 여겨졌음을 보여준다(Witherington, 103).

브레데(W. Wrede)는 예수께서 자신의 정체를 숨기는 메시아 비밀 주제가 예수의 생애와 사역이 메시아적이지 않았음에도 불구하고 제자들이 그의 부활을 경험한 후에 예수를 메시아로 믿은 것을 설명하기 위해 도입되었다는 가설을 제안했다(A. Y. Collins, 170). 불트만 등의 학자들도 메시아 비밀이 복음서 저자의 창작이라 여겼다(A. Y. Collins, 171). 그러나 대제사장이 예수께 메시아인지 물은 질문에 예수께서 자신이 메시아임을 시인하셨음은 이러한 가설로 설명되지 않는다(A. Y. Collins, 172). 더구나 예수께서 비밀로 하라고 한 치유 표적을 치유 받은 자들이 널리 알렸다는 마가복음의 기록(1:45 등)은 이 가설로 설명할 수 없다.

예수께서는 나병환자에게 "네 몸을 제사장에게 보이라."고 명하신다. 예수께서 치유 받은 나병환자에게 그의 몸을 제사장에게 보이라고 하신 목적은 무엇일까? 그것은 제사장에게 보여 정결 규례를 행하기까지 나병환자는 유대인들의 사회로 돌아올 수 없으므로, 치유됨을 확인받고 정결 규례를 행하여 사회적 고립으로부터도 회복되게 하시려 함이다(Williamson, 1983: 60-61). 예수께서는 단지 치유에만 관심을 가지시지 않으셨고, 치유된 사람이 사회로 복귀하여 함께 살 수 있기를 원하셨다.

예수께서는 나병환자에게 "모세가 명한 것을 드리라."고 명하신다. 1세기에는 나병이 나은 사람은 자기 지역 제사장에게 보인 후 예루살렘에 가서 정결하다는 선언을 받고 지정된 제물을 드리면 되었다(*t. Negaim* 8.2).[5] 제사장만이 문둥병자가 부정하다거나 정결하게 되었다고 선언할 수 있었기 때문이었다(*m. Negaim* 3.1).[6] 마가는 율법을 따르는 예수의 모습을 묘사함으로써 마가복음 2:1 이하에 나오는 율법과 관련된 논쟁을 준비한다(Hooker, 82). 예수께서는 유대교 종교 지도자들과 논쟁하며 유대 전통의 틀을 깨시지만, 율법을 벗어나지 않고 오히려 잘 지키고 계신 분임을 마가는 알려준다.

예수께서는 나병환자가 제사장에게 보이고 제물을 드림으로써 "그들에게 입증하라."고 명하신다. 나병환자가 제사장들에게 자신의 치유된 몸을 보여 무엇을 입증하게 되는가? 그 치유를 행하신 예수께서 메시아이심을 입증하게 될 것이다. 제사장들이 나병 치유를 확인하고도 예수를 인정하지 않으면 나병 치유는 그들을 정죄하는 증거가 될 것이다(Lane, 88). 그러나 여기서 '그들'은 일반적인 사람들(유대인들)일 수도 있다. 제사장이 나병 치유를 확인하고 증명서를 발행하면 이것은 사람들에게 나병이 완치되었음을 입증하는 증거가 될 것이다.

45절 (광야에 계신 예수) 예수의 나병 치유 소문이 나게 되자 예수께서는 광야에 계신다. 그렇게 되자 사람들이 광야로 몰려온다. 그리하여 출애

5. Lane, 87.
6. Lane, 85.

굽을 연상시키는 장소로서의 광야는 예수를 통하여 오는 새 출애굽의 배경 장소가 되고 있다. 첫 출애굽 때처럼 광야에 사람들이 모여 있고 그 중심에 예수께서 계신다. 바야흐로 새 출애굽의 서막이 동트고 있다.

2. 해설

예수께서는 안식일에 열병을 치유하셨다(31절). 안식일은 이집트에서 중노동의 멍에에 시달리던 히브리인들이 해방된 후, 그들도 자신들의 종을 노동에서 해방시키는 날이었다. 이날은 해방의 날이므로 질병의 멍에에 시달리던 병자를 질병의 고통으로부터 해방시키기에 매우 적절한 날이었다.

예수께서는 광야에서 기도를 하셨는데(35절), 이것은 광야에서 세례를 준 세례 요한의 사역의 경우처럼 광야에서 새 출애굽을 준비하는 모습으로 볼 수 있다. 이 기도는 예수의 겟세마네 동산 기도의 경우처럼(14:32) 하나님의 뜻에 따라 고난의 길을 가기 위한 것이었다고 추측된다.

예수의 주된 사역은 축귀와 선포였다(39절). 축귀는 사탄의 권세가 꺾였다는 것을 보여주므로, 하나님의 나라가 가까이 왔다는 선포에 그 징조를 보여주는 축귀가 동반되는 것은 효과적이었을 것이다.

예수께서는 나병환자를 치유하시고 그가 치유를 인정받아 사회로 복귀할 수 있도록 제사장에게 검증받게 하신다(44절). 이처럼 예수의 치유는 질병의 고통에서 해방됨과 함께 사회적 소외로부터도 해방되는 차원을 가진다.

예수의 치유는 이사야 35:4-6을 배경으로 예수께서 메시아이심을 증거한다. 예수께서는 이러한 표증을 행하시고도 숨기고자 하셨는데(44절)

이것은 군사적 메시아로 오해되는 것을 피하기 위함으로 볼 수 있다.

사람들이 몰려올 때 예수께서는 대중의 인기를 추구하지 않으시고, 광야로 피하셨다(45절). 사람이 없는 광야는 예수께서 기도를 위해 택한 장소이기도 하였다(35절). 이 광야로 사람들은 몰려갔다(45절). 출애굽(이집트 탈출)한 이스라엘은 광야로 나아갔고, 새 출애굽도 광야를 배경으로 시작되었다. 출애굽은 인간의 운동으로 발생하지 않았고 하나님께서 주신 해방이었다. 새 출애굽도 하나님께서 가져오시는 새로운 해방이었다. 사람들은 회개를 통하여 이러한 해방을 준비하고 참여할 수 있을 뿐이다.

오늘날 우리는 새 이스라엘의 회복으로서의 부흥을 꿈꾼다. 그런데 우리에게 광야가 있고 회개가 있는가? 혹 하나님께서 주시는 부흥이 아닌 인간의 수단을 통해 이루는 부흥을 추구하고 있지는 않은가? 우리는 인간적 수단을 통한 이스라엘의 회복을 꿈꾸었던 1세기 유대인들의 실수를 반복하는 것은 아닐까?

제10장
마가복음 2:1-3:6
예수와 유대인들 사이의 논쟁

마가복음 2:1-3:6은 다음과 같은 교차대구 구조로 되어 있다(Dewey, 395).

A 치유
  B 식사
    C 금식
  B′ 식사
A′ 치유

갈릴리를 배경으로 하는 이 다섯 건의 사건 목록은 마가복음 11:27-12:37에 담긴 예루살렘에서의 다섯 건의 논쟁 목록에 의해 구조적으로 균형 잡힌다(Lane, 91). 마가복음 1장에는 예수께서 점점 더 큰 명성을 얻는 과정이 기록되었지만, 2:1-3:6에는 예수께서 점점 더 큰 반대를 받는 과정이 기록되었다(Witherington, 113). 예수께서는 당시에 죄인 취급 받던 병자에게 죄 사함을 선포하시고, 죄인과 식탁 교제를 하신다. 이것은 예수의 새 출애굽의 성격이 유대인들이 기대하던 것과 다름을 드러낸다. 예수께서는 당시 유대인들의 금식이나 안식일 전통을 지키지 않으셨다. 당시 유대인들이 금식, 안식일 등을 통해서 이스라엘의 회복이 발생하리라 여겼지만, 이스라엘의 참된 회복은 예수를 통하여 이루어지기 때문이었을 것이다. 그런데 예수와 예수의 제자들이 유대인들의 전통을 지키지 않은 것은 바리새인들, 서기관들과의 충돌을 낳고, 그들이 예수를 죽이려 할 만큼 싫어하게 만든다.

마가복음에는 출애굽(이집트 탈출) 모형론이 담겨 있는데, 출애굽 모형론은 마가복음에서 희년 모형론으로 전개되어 간다. 희년 제도(안식일/안식년/희년)는 출애굽이 이스라엘 사회 속에서 주기적으로 일어나게 한 출애굽의 제도화였다. 출애굽은 이집트에서 노예 생활하던 이스라엘 백성이 해방됨인데, 희년 제도(안식일/안식년/희년)는 이집트에서와 같은 노예화가 이스라엘 백성 가운데 다시 일어나지 않도록 방지하는 노예화 방지 장치였다. 따라서 희년 모형론은 출애굽 모형론의 일종이라 할 수 있다.

마가복음 본문에 담긴 희년 모형론의 이해를 위해 희년 제도 중에 우선 안식일을 살펴보자. 이 제도는 출애굽과 밀접하게 연결되어 있다. 안식일은 노예들이 자유인처럼 7일 중에 하루는 쉴 수 있는 날이다. 이날은 이집트에서 노예살이하던 히브리인들이 해방되어 자유인이 된 출애굽의 자비와 해방의 정신을 담은 제도였다.[1] 하나님께서 이집트에서 노예였던 이

1. "네 하나님 여호와가 네게 명령한 대로 안식일을 지켜 거룩하게 하라. 엿새 동안은 힘써 네 모든 일을 행할 것이나 일곱째 날은 네 하나님 여호와의 안식일인즉 너나 네 아들이나 네 딸이나 네 남종이나 네 여종이나 네 소나 네 나귀나 네 모든 가축이나 네 문 안에 유하는 객이라도 아무 일도 하지 못하게 하고 네 남종이나 네 여종에게 너 같이 안식하게 할지니라"(신 5:12-14, 개역개정).

스라엘을 해방하시어 노동으로부터 쉴 수 있도록 하신 것처럼, 이스라엘 백성은 그들의 종들을 쉴 수 있도록 배려해야 한다. 이것은 이스라엘을 해방하신 하나님을 닮으라는 명령이기도 하다.[2] 이스라엘 백성은 그들의 노예들을 한 주에 하루라도 해방하여 쉬게 해야 한다.

안식일은 종들이 한 주에 최소한 하루는 쉴 수 있도록 하나님께서 보장하신 제도였다. 그런데, 더욱 적극적인 노예 해방 제도가 있다. 이것은 노예가 되는 것을 미연에 방지하는 장치이다. 그것은 빚 탕감 제도이다. 자유인이 남의 노예가 되는 이유는 빚 때문이다. 빚을 갚지 못하여 결국 가족이나 자신을 노예로 팔게 되는 것이다. 이를 막기 위하여 하나님은 매 7년 끝에 빚을 탕감하도록 명하셨다.[3] 빚 탕감 제도의 목적은 자유인이 노예로 전락하는 것을 방지하는 것이었다. 따라서 빚 탕감의 대상은 노예화될 우려가 있는 가난한 자들이었다. 그래서 탕감되는 빚은 사업상의 대부라기보다 궁핍한 시기를 넘기기 위한 생활비였을 것이다.

> **7** 네 하나님 여호와께서 네게 주신 땅 어느 성읍에서든지 가난한 형제가 너와 함께 거주하거든 그 가난한 형제에게 네 마음을 완악하게 하지 말며 네 손을 움켜 쥐지 말고 **8** 반드시 네 손을 그에게 펴서 그에게 필요한 대로 쓸 것을 넉넉히 꾸어주라. **9** 삼가 너는 마음에 악한 생각을 품지 말라. 곧 이르기를 일곱째 해 면제년이 가까이 왔다[4] 하고 네 궁핍한 형제를 악한 눈

2. "너는 기억하라. 네가 애굽 땅에서 종이 되었더니 네 하나님 여호와가 강한 손과 편 팔로 거기서 너를 인도하여 내었나니 그러므로 네 하나님 여호와가 네게 명령하여 안식일을 지키라 하느니라"(신 5:15, 개역개정).
3. "매 칠 년 끝에는 면제하라. 면제의 규례는 이러하니라. 그의 이웃에게 꾸어준 모든 채주는 그것을 면제하고 그의 이웃에게나 그 형제에게 독촉하지 말지니 이는 여호와를 위하여 면제를 선포하였음이라"(신 15:1-2, 개역개정).
4. 70인역 본문에서 '가까이 왔다'에 해당하는 헬라어는 '엥기제이'(ἐγγίζει)이다. 이

으로 바라보며 아무것도 주지 아니하면 그가 너를 여호와께 호소하리니 그것이 네게 죄가 되리라. (신 15:7-9, 개역개정)

빚을 탕감하는 것보다 더 적극적인 노예화 방지 장치는 가난의 문제를 해결하는 제도이다. 가난은 빚을 지게 되는 원인이므로 노예화 방지를 위해서는 가난을 해결해야 한다. 고대 이스라엘 사회는 농경 사회여서 부가 토지에서 나왔으므로 토지를 상실한 자는 생산기반을 잃어 가난하게 되고 결국 빚을 지게 되어 노예가 될 수 있었다. 이것을 막기 위한 것이 토지가 50년(희년)마다 원주인에게 회복되는 희년 제도이다.[5] 이 제도를 따르면 한 번 분배되어 소유된 토지는 영구 매매될 수 없고, 분배된 가족에게 계속 상속된다. 단, 토지는 타인에게 임대될 수 있었는데, 임대료는 토지의 생산성과 희년이 남은 햇수에 따라서 결정되었다(레 25:13-17). 따라서 임대 기간이 지나면(즉 희년이 되면) 토지는 소유주(가족)에게 되돌아갈 수 있었다.

희년까지 남은 기간이 너무 길어서 희년이 되기 전에 빚을 지고 생산기반인 토지를 팔아서 노예가 될 위기에 놓인 사람을 구하는 장치도 있었

것은 막 1:15에서 '하나님 나라가 가까이 와 있다'고 할 때 사용된 동사와 같은 동사이다. 그러므로 막 1:15에서 하나님 나라는 신명기 15장의 빚 탕감의 해를 연상시킨다. 이 빚 탕감의 해와 유사한 것이 죄의 빚이 탕감되는 새 언약의 시대인 하나님 나라이다.

5. "토지를 영구히 팔지 말 것은 토지는 다 내 것임이라. 너희는 거류민이요 동거하는 자로서 나와 함께 있느니라. 너희 기업의 온 땅에서 그 토지 무르기를 허락할지니 만일 네 형제가 가난하여 그의 기업 중에서 얼마를 팔았으면 그에게 가까운 기업 무를 자가 와서 그의 형제가 판 것을 무를 것이요, 만일 그것을 무를 사람이 없고 자기가 부유하게 되어 무를 힘이 있으면 그 판 해를 계수하여 그 남은 값을 산 자에게 주고 자기의 소유지로 돌릴 것이니라. 그러나 자기가 무를 힘이 없으면 그 판 것이 희년에 이르기까지 산 자의 손에 있다가 희년에 이르러 돌아올지니 그것이 곧 그의 기업으로 돌아갈 것이니라"(레 25:23-28, 개역개정).

다. 그것은 고엘 제도이다(레 25:25). 이것은 가까운 친족이 대신 값을 지불하고 기업(토지)을 회복시켜 주는 제도이다. 이는 희년이 오기 전에 미리 기업을 회복시킴으로써 빚을 지는 상태로 진행되지 않도록 하여 노예화를 막는 제도였다.

하나님께서는 노예가 된 자들이 때가 되면 풀려나도록 하는 장치도 주셨다. 이것은 노예 해방 제도이다. 이 제도는 이집트의 노예를 해방시키신 하나님의 노예 해방과 긴밀히 관련된다.[6] 이 제도를 따르면 히브리인이 히브리인에게 노예가 될 경우 6년을 일하고 풀려난다. 히브리인이 이방인에게 노예가 될 경우에는 희년이 되면 풀려난다. 노예의 값은 희년이 남은 햇수에 따라 정해졌기에 희년이 되면 더 이상 지불할 값이 없어지므로 자유인이 된다. 이렇게 노예는 언젠가 해방되게 되어 있었지만, 이것을 앞당기는 제도도 마련되었다. 이것도 고엘 제도이다. 이 제도에 따르면 희년이 되기 전에 형제나 가까운 친족이 희년이 남은 햇수에 따라 값을 지불하고 이방인에게 팔린 자를 노예 상태로부터 풀어줄 수 있었다.

> **47** 만일 너와 함께 있는 거류민이나 동거인은 부유하게 되고 그와 함께 있
> 는 네 형제는 가난하게 되므로 그가 너와 함께 있는 거류민이나 동거인 또
> 는 거류민의 가족의 후손에게 팔리면 **48** 그가 팔린 후에 그에게는 속량 받
> 을 권리가 있나니 그의 형제 중 하나가 그를 속량하거나 **49** 또는 그의 삼

6. "네 동족 히브리 남자나 히브리 여자가 네게 팔렸다 하자. 만일 여섯 해 동안 너를 섬겼거든 일곱째 해에 너는 그를 놓아 자유롭게 할 것이요, 그를 놓아 자유하게 할 때에는 빈 손으로 가게 하지 말고 네 양 무리 중에서와 타작 마당에서와 포도주 틀에서 그에게 후히 줄지니 곧 네 하나님 여호와께서 네게 복을 주신 대로 그에게 줄지니라. 너는 애굽 땅에서 종 되었던 것과 네 하나님 여호와께서 너를 속량하셨음을 기억하라. 그것으로 말미암아 내가 오늘 이같이 네게 명령하노라"(신 15:12-15, 개역개정).

촌이나 그의 삼촌의 아들이 그를 속량하거나 그의 가족 중 그의 살붙이 중
에서 그를 속량할 것이요, 그가 부유하게 되면 스스로 속량하되 **50** 자기 몸
이 팔린 해로부터 희년까지를 그 산 자와 계산하여 그 연수를 따라서 그 몸
의 값을 정할 때에 그 사람을 섬긴 날을 그 사람에게 고용된 날로 여길 것
이라. **51** 만일 남은 해가 많으면 그 연수대로 팔린 값에서 속량하는 값을 그
사람에게 도로 주고 **52** 만일 희년까지 남은 해가 적으면 그 사람과 계산하
여 그 연수대로 속량하는 그 값을 그에게 도로 줄지며 **53** 주인은 그를 매년
의 삯꾼과 같이 여기고 네 목전에서 엄하게 부리지 말지니라. **54** 그가 이같
이 속량되지 못하면 희년에 이르러는 그와 그의 자녀가 자유하리니 **55** 이
스라엘 자손은 나의 종들이 됨이라. 그들은 내가 애굽 땅에서 인도하여 낸
내 종이요, 나는 너희의 하나님 여호와이니라. (레 25:47-55, 개역개정)

이처럼 노예화 방지 장치인 희년 제도를 모형으로 예수의 사역을 이해할 수 있다. 예수께서 행하신 구원은 바로 영적 빚 탕감(즉, 죄 용서), 영적 기업 회복(이스라엘의 회복, 하나님 나라를 기업으로 주심, 새 땅을 기업으로 주심), 영적 노예 해방(죄, 사망, 사단의 노예 상태로부터의 해방, 유대 전통의 족쇄로부터의 해방)이었다. 따라서 예수께서 선포하신 하나님 나라(하나님께서 통치하시는 시대)는 바로 영적인 희년으로 이해할 수 있다. 또한, 이러한 영적 빚 탕감을 위하여 예수께서 십자가를 지셨으므로 예수께서 대신 죗값을 지불하신 영적 고엘의 역할을 하셨다고 볼 수 있다. 그렇다면, 예수께서는 우리의 가장 가까운 친족이 되어 주신 것이다.

마가복음 2-3장에는 희년 모형론이 등장한다. 2:5에서 죄 용서 선언은 영적 빚 탕감의 선언이며, 정결과 관련된 전통, 금식 전통, 안식일 전통으로부터의 해방은 또한 영적 노예 해방이라 볼 수 있다. 마가복음 3:7-12, 20-30에서는 질병 및 귀신의 노예 상태로부터 해방, 마가복음 3:13-19에

암시된 이스라엘의 회복도 기업을 회복하는 희년 모형론을 가진다. 마가복음 3:31-35에서 가족을 재정의하신 것도 예수께서 새 이스라엘(하나님의 백성)의 고엘(가까운 친족)로서 역할하심을 암시하고 있다.

출애굽 정신이 제도화된 것이 희년 제도인데, 이스라엘은 희년 제도(안식일, 안식년, 빚 탕감, 정기적 노예 해방, 토지 회복, 친족이 값을 지불하는 노예 해방)를 잘 지키지 않았다. 즉, 그들은 그들의 사회 속에 출애굽 정신을 구현하지 않았다. 그리하여 그들은 결국 앗시리아로, 또한 바벨론으로 포로로 잡혀가게 되었다. 예수를 통하여 마귀로부터 해방되어 하나님의 자녀가 된 새 이스라엘 백성은 출애굽 정신(노예 해방, 노예화 방지)을 되찾고 그 정신을 그들의 새로운 사회인 교회 속에 구현하여, 그 빛이 세상에 비치게 해야 할 것이다.

1. 번역과 주해

치유와 죄 사함 논쟁 (2:1-12)

2:1 며칠이 지나 다시 가버나움으로 가신 후에 그가 집에 계신다는 소문이
들렸다. **2** 그래서 많은 사람들이 모이게 되어 문 앞에도 더 이상 자리가 없
었다. 그런데 그는 그들에게 말씀하시고 계셨다. **3** 그때, 사람들이 네 사람
에 의해 들려진 한 중풍병자를 그에게로 데려왔다. **4** 그러나 군중으로 인
하여 그에게 가까이 다가가지 못하자, 그가 계신 곳 위에 있는 지붕을 걷어
연 후에 그 중풍병자가 누워있는 자리를 달아 내렸다. **5** 이에 예수께서 그
들의 믿음을 보시고, 그 중풍병자에게 말씀하셨다.

"얘야, 네 죄가 사함 받는다."

6 그러나 어떤 율법사들이 그곳에 앉아 있다가 마음속으로 의논하였다.

7 "어찌하여 이 자가 이렇게 말하는가?

하나님을 모독하고 있구나.

하나님 한 분 외에 누가 죄를 사할 수 있겠는가?"

8 곧이어 예수께서 그의 영으로 그들이 이렇게 속으로 의논하고 있는 것을 아시고, 그들에게 말씀하셨다.

"여러분은 어찌하여 여러분의 마음속에서 이렇게 의논하고 있소?

9 어느 것이 더 쉽소?

저 중풍병자에게 '네 죄가 사함 받는다.'고 말하는 것이오?

아니면 '일어나 네 자리를 들고 걸어가라.'고 말하는 것이오?

10 그러나 여러분에게

그 인자가 이 땅 위에서 죄를 사할 권세를 가지고 있음을 알도록 하려고

- 그가 그 중풍병자에게 말씀하셨다. -

11 내가 네게 말한다. 일어나 네 자리를 들고 네 집으로 돌아가라!"

12 그러자 그가 일어나 즉시 자리를 들고 모두의 앞에서 걸어 나갔다. 그리하여 모두 놀라 하나님을 경외하며 말했다.

"우리는 도무지 이런 일을 본 적이 없소."

죄 사함을 다루는 마가복음 2:1-12은 새 출애굽/이스라엘 회복 주제로 가득한 마가복음 1장에 연관된다. 이스라엘이 나라를 잃고 포로가 된 이유가 죄 때문이라면 이 죄 문제를 해결하면 역으로 새 출애굽/이스라엘의 회복이 이루어질 것이다. 2:1-12에서는 이스라엘의 회복의 조건인 죄 사함이 다루어진다.[7] 죄 사함을 가능하게 하시는 분은 예수이다(10절). 그

7. 현대인이 보기에 병자에게 죄 사함을 선언하는 것은 매우 부적절하다. 그러나 병자를 죄인으로 간주하는 유대인들이 보기에 병자에게 죄 사함을 선언함은 매우 유

러므로 예수께서는 이스라엘을 회복시키시는 분이다. 중풍병자가 치유받고 집으로 돌아가는 모습처럼(11절) 마귀와 죄에 포로 된 이스라엘이 풀려나 회복될 것이다.

출애굽 정신을 이스라엘 사회 속에 구현한 희년 제도(레 25장)를 배경으로 본문을 읽으면 '죄 사함-집으로 돌아감'의 구조는 구약성경의 '빚 탕감-기업 회복'(레 25:24-28)의 구조를 반영한다. 출애굽은 이스라엘 속에서 희년 제도를 통하여 주기적으로 계속 반복된다. 이스라엘 속에서 빚으로 인하여 기업을 상실한 사람은 대신 값을 치루어 주는 고엘의 도움이나 희년의 도래를 통하여 기업을 되찾는다. 그런데 예수께서는 고엘로서 죄의 빚 탕감을 통하여 기업을 회복시키신다. 예수께서 탕감하시는 빚은 죄의 빚이며 예수께서 회복하시는 기업은 하나님 나라이다. 이것이 예수께서 가져오시는 새 출애굽이다.

1-4절 (중풍병자를 예수께 데려옴) 사람들이 중풍병자를 예수께 데려왔다. 사람들로 인해 문이 막혀 있어서 지붕을 통해 병자가 누운 '상'을 달아 내렸다. 여기서 주로 '상' 또는 '침상'으로 번역되는 단어는 '끄라바또스'(κράβαττος)이다. 이것은 쉽게 가지고 다닐 수 있는 매트리스에 해당한다(Hooker, 85). 이것은 나무로 만들고 천으로 덮은 것이었다(Bock, 140).

5절 (예수의 죄 사함 선언) 예수께서는 사람들의 믿음을 보셨다. 여기서 믿음은 사람들 때문에 문을 통해서 접근하지 못하자 이 장애물을 극복하고(Guelich, 1989: 85), 지붕을 통해서 예수께 병자를 데려온 자들의 집요

의미하였을 것이다. 한편, 모세의 승천(*The Assumption of Moses* 1:18)에 의하면, 마지막 날들의 완성 이전에 전반적인 회개가 선행한다(Black, 231. n.4). 이러한 기록을 통하여 유대인들은 회복 이전에 회개를 통한 죄 사함이 선행한다고 생각했다고 볼 수 있다. 예수께 나아온 중풍병자의 경우에는 예수께 나아오는 모습 속에 이미 회개가 포함되어 있었을 것이다. 그러한 자에게 죄 사함을 선언하고 이어서 치유가 발생하는 것은 자연스러운 순서이다.

함과 발상 전환에 관련된다. 바디매오의 경우에도 그를 잠잠히 시키는 사람들의 방해를 극복하고 더 크게 소리 질렀는데(10:48), 예수께서 이를 믿음으로 간주하셨다(10:52). 마가복음 5:25-34에 나오는 혈루증 걸린 여인의 경우도 그러하다. 이 여인에게 장애물은 혈루증 걸린 사람이 다른 사람에게 접근하는 것을 막는 정결 제도였다(민 5:2). 이 장애물을 극복하고 예수께 접근한 행동을 예수께서는 믿음과 연관시키신다(막 5:34). 이러한 경우들을 살펴보면 장애물을 극복하는 기초에는 예수께서 병을 고치시리라는 확신이 놓여있음을 알 수 있다. 그 확신은 방해물을 만날 때 극복하고 발상을 전환하여 실천함으로 전개되었다. 이것이 믿음이라 불린다.

예수께서는 중풍병자에게 '떼끄논'(τέκνον, "자녀")이라고 부르신다. '떼끄논'은 현자나 교사가 자신의 제자를 부를 때 쓰는 전형적인 용어였다(잠 31:2; 시락서 2:1; 3:1, 17; 4:1 등)(A. Y. Collins, 185).

예수께서는 중풍병자에게 "네 죄가 사함 받는다."라고 말씀하신다. 시편 130:4은 죄 사함(הַסְּלִיחָה)이 하나님으로부터(만) 옴을 말한다(A. Y. Collins, 185). 유대 문헌에는 인간이 - 심지어 메시아까지도 - 죄 사함의 권세를 가질 수 있음을 암시하는 곳이 없다(Hooker, 89). 따라서 유대교에서는 인간이 죄 사함을 선포하면 신성모독으로 간주될 수 있었다. 그러나 '네 죄가 사함 받는다.'는 신적 수동태로서 "하나님께서 네 죄를 사하신다."는 선언으로 해석될 수 있기 때문에 "내가 네 죄를 사한다."는 뜻으로 이해될 필연성이 없다.

그렇지만, 당시 유대교에서는 이러한 완곡한 죄 사함의 선언마저도 적절한 제사가 드려진 후에 제사장들에 의해 선포될 수 있었다(Hooker, 84). 예수께서는 당시 종교 조직 속의 제사장이 아니면서, 제사도 없이 죄 사함의 선포를 하셨기에 예수의 죄 사함 선언은 문제시될 수 있었다. 제사를 동반하지 않은 예수의 죄 사함 선언은 수동태 형태로 되어 있어도 신성모독으로 간주될 여지가 있었다.

그러나 제사장만 죄 사함 선포를 할 수 있는 것은 아니었다. 선지자 나단이 다윗에게 죄 사함을 선언한 것처럼(삼하 12:13) 예수께서도 선지자적 죄 사함 선언을 하신 것으로 볼 수 있다(Witherington, 116).[8] 이런 관점에서 보면 예수의 죄 사함 선언이 유대인들에게 문제될 것은 없다.

보링(M. E. Boring)은 예수께서는 병자가 자신의 죄를 깨닫기까지 기다리지 않고 죄 사함을 선언하셨다고 주장한다(Boring, 2006: 76). 그러나 당시에 병자들은 죄인이라고 여겨졌기에, 병자 자신도 그렇게 여겼을 것이다. 구약성경과 유대교에서 질병과 죄는 밀접하게 연결되어 있었다(Marcus, 2000: 221). 신명기 28:20-28은 각종 질병(염병, 폐병, 열병, 염증, 학질, 한재, 풍재, 썩는 재앙, 종기, 치질, 괴혈병, 피부병, 미치는 것, 눈이 머는 것, 정신병)을 하나님께 불순종한 결과로 소개한다. 요한복음 9:2도 당시 유대인들이 질병을 죄의 결과로 간주했음을 알려준다. 병에 대한 이러한 인식을 배경으로 보면 병자들이 자신을 죄인으로 간주했고 죄가 질병의 원인이라고 여겼다고 볼 수 있다. 그러므로 그들은 죄 사함이 질병의 치유를 가져오리라 예상할 수 있었을 것이다(대하 7:13-14 참고).[9] 구약성경 자체도 치유와 죄 사함을 밀접하게 관련시킨다(시 41:4; 렘 3:22; 호 14:4).[10] 죄 사함과 질병 치유의 긴밀한 연관성으로 인해 질병의 치유는 죄 사함이 이루어졌음을 증명하게 되는 성격을 가진다(아래 10-11절 주해 참고).

6-7절 (서기관들의 생각) 서기관들은 예수의 죄 사함 선언을 듣고 이를 신성모독이라고 생각한다. 구약성경에 의하면 신성모독에 대한 처벌은

8. 4Q242도 그러한 예를 제공한다(Bock, 141).

9. 양용의, 65.

10. Lane, 94.

사형이었다.[11] 유대인들의 문헌 미쉬나(*m. Sanhedrin* 7:5)에 의하면 하나님의 이름(יהוה)을 발설하지 않으면 신성모독죄가 성립하지 않는다. 이 규정에 따르면, 예수의 경우에는 5절에서 하나님의 이름을 발설하지 않으셨으므로 신성모독죄에 해당하지 않는다. 그러나 마가복음 14:64; 요한복음 10:33은 1세기 유대교에서는 신성모독죄가 좀 더 넓게 적용되었음을 보여준다(France, 126). 이 본문들은 당시 유대인들은 자신을 하나님처럼 높이는 것을 신성모독죄로 정죄할 수 있었음을 알려준다.

그런데 예수께서 신성모독에 해당한다고 비판받을 것을 무릅쓰고 죄 사함을 선언한 것은 예수의 사역에서 죄 사함이 본질적인 중요성을 가지고 있음을 알려준다. 마가복음의 전체 문맥 속에서 볼 때에는 예수께서 그의 백성의 죄를 대신 지시고 당하시는 대속의 죽음을 통해 그의 백성의 죄를 사하실 것이기 때문에(14:24) 죄 사함을 선언하실 수 있다고 해석할 수 있다.

8절 (마음의 생각을 아신 예수) 예수께서는 서기관들의 생각을 아셨다. 사람의 마음을 아는 분은 하나님이시므로(시 139:23; 잠 24:12),[12] 예수께

---

11. "여호와의 이름을 모독하면 그를 반드시 죽일지니 온 회중이 돌로 그를 칠 것이라 …"(레 24:16, 개역개정). 70인역은 ὀνομάζων δὲ τὸ ὄνομα κυρίου θανάτῳ θανατούσθω λίθοις λιθοβολείτω αὐτὸν πᾶσα συναγωγὴ Ισραηλ ἐάν τε προσήλυτος ἐάν τε αὐτόχθων ἐν τῷ ὀνομάσαι αὐτὸν τὸ ὄνομα κυρίου τελευτάτω ("그런데 주의 이름을 부르는 자는 반드시 사형되도록 하라. 온 이스라엘 회중에 돌들로 그를 치라. 개종자이든지 본토인이든지 그가 주의 이름을 부른 것으로 인하여 죽도록 하라.")라고 하여 "주의 이름을 부르는 자"(ὀνομάζων δὲ τὸ ὄνομα κυρίου)를 돌로 치도록 한다. 이 구절에는 여호와의 이름을 부르는 것 자체를 여호와의 이름을 모독함으로 보는 관점이 담겨 있다. 그러나 히브리어 본문은 "여호와의 이름을 저주하는 자"(וְנֹקֵב שֵׁם־יְהוָה)를 여호와의 이름을 모독하는 자로 본다.

12. "하나님이여 나를 살피사 내 마음을 아시며 나를 시험하사 내 뜻을 아옵소서"(시 139:23, 개역개정). "네가 말하기를 나는 그것을 알지 못하였노라 할지라도 마음을 저울질 하시는 이가 어찌 통찰하지 못하시겠으며 네 영혼을 지키시는 이가 어찌

서 서기관들의 마음을 아셨다는 서술은 예수를 인간 이상의 존재로 묘사한다(Marcus, 2000: 222).

9절 (예수의 질문) 서기관들(율법학자들)의 반응에 대해 예수께서는 질문을 통해서 대응하신다. 중풍병자에게 죄 사함을 선언하는 것이 더 쉽겠는가? 중풍병자에게 일어나 자리를 들고 걸어가라고 명령하는 것이 더 쉽겠는가? 이 질문 속에는 예수의 대답이 담겨 있다. 거동을 못하는 환자에게 자리를 들고 걸어가라고 명령하는 것은 신성모독으로 해석될 필연성이 없는 죄 용서의 선언보다 더 어려울 것이다. 죄 용서의 선언은 검증할 길이 없지만, 병 치유의 선언은 곧 바로 검증되기에 발설하기 쉽지 않기 때문이다. 10절이 역접 접속사 '데'(δέ)로 시작하는 것은 예수께서 더 쉬운 것을 묻는 질문 후에 선택하신 것이 더 쉬운 쪽이 아닌 더 어려운 쪽임을 알려준다. 예수께서는 중풍병자에게 일어나 걸어가라고 명령하는 것이 더 어렵다고 보셨을 것이다. 예수께서는 '일어나 걸으라'는 말이 더 어렵다고 전제하시고, 이 어려운 말로 치유를 행하심으로 이보다 쉬운 죄 사함 선언은 더더구나 하실 수 있음을 입증하신다(10-11절).

10-11절 (죄 사함의 권세를 입증하기 위한 치유 선언) 죄와 질병 사이의 연관을 전제할 경우 질병의 치유는 죄 사함을 증명한다(Marcus, 2000: 223). 탈무드에 반영된 죄와 질병의 관계를 고려할 때,[13] 치유는 죄 사함이 발생하였다는 증거로서 기능한다고 볼 수 있다. 구약성경도 종종 치유가 죄 용서를 입증한다고 본다.[14] 이러한 관점에서 볼 때 중풍병자에게 일어

알지 못하시겠느냐? 그가 각 사람의 행위대로 보응하시리라"(잠 24:12, 개역개정).

13. *b. Nedarim* 41a: "No one gets up from his sick-bed unless all his sins are forgiven"("자신의 죄가 사함 받지 않으면 아무도 자신의 병상에서 일어나지 않는다")(Witherington, 117).

14. 대하 7:14; 시 103:3; 147:3; 사 19:22; 38:17; 57:18-19 참고(Lane, 94).

나 걸어가라고 하신 예수의 명령에 따라 이루어진 치유는 죄 사함의 권세가 예수께 있음을 입증한다. 더 어려운 말(치유 선언)을 할 수 있는 분은 더더구나 더 쉬운 말(죄 사함을 받았다는 선언)을 할 수 있으므로, 예수의 논증은 여기서 '더더구나 논법'(*a fortiori*, קל וחמר)이다. 그런데 예수께서는 한 걸음 더 나아가 자신에게 죄 사함 선언의 권세만이 아니라 죄 사함의 권세가 있음을 주장하시며 이를 증명하기 위해 치유를 베푸신다. 예수께서는 신성모독죄의 의혹을 피하시고자 자신의 죄 사함 선언이 신성모독에 해당하지 않는다고 해명하시는 소극적인 길을 택하시지 않고, 죄 사함의 권세가 자신에게 있음을 입증하시는 정면돌파의 길을 택하신다.

예수의 치유는 "그 인자가 땅에서 죄사할 권세를 가지고 있다는 것을 너희에게 알게 하고자" 행하여진다. 여기서 '너희'는 예수의 청중일 수 있지만, 마가복음의 독자들일 수도 있다. 만일 그렇다면 이 부분은 마가의 서사적 주석(narrative commentary)이다(Fowler, 103). 그러나 '그 인자'는 다른 곳에서 예수께서 (자신을 가리키기 위하여) 사용하시는 표현이므로 이 부분은 마가의 설명이 아니라 예수의 말씀으로 보아야 한다(Bock, 143). 따라서, 여기서 '너희'는 예수의 청중이다.

'그 인자' 즉 '그 사람의 아들'(בר נשא)은 다니엘 7:13에 나오는 '인자 같은 이'(כְּבַר אֱנָשׁ)를 가리킨다. 이렇게 다니엘서에 나오는 인자임을 알리고자 정관사를 붙여서 '그 인자'라고 하였을 것이다. 인자 같은 이는 하늘 구름을 타고 와서 권세와 영광과 나라를 받는다. '그 인자'가 받는 권세에는 죄를 사하는 권세가 포함됨을 예수께서 주장하신다. '그 인자'는 여기서 문맥상 예수 자신을 가리키므로, 예수께서는 자신에게 죄 사함의 권세가 있음을 주장하며 증명하신 것이다.

'그 사람의 아들'은 당시에 '메시아,' '다윗의 아들'처럼 메시아 칭호로 사용되지는 않았다. 예수께서 이 칭호를 사용하신 이유는 아마도 고난받는 메시아로서의 자신의 정체를 가장 잘 드러낼 수 있는 칭호였기 때문일 것이다. 다니엘 7:13의 '인자 같은 이'는 다니엘 7:25을 미루어 볼 때, 고난을 당한다고 볼 수 있으므로 고난받는 메시아로서의 예수의 정체성을 표현하기에 적합한 칭호였다. 이 칭호(בר נשא, "그 사람의 아들")는 '나'에 해당하는 아람어(בר נש, "사람의 아들")와 유사하므로 자신을 가리키는 말로 사용하기에도 적합했을 것이다. 그러나 '그 사람의 아들'이 사람 일반을 가리킨다고 볼 수는 없다. 신약성경에서 단수형 '그 사람의 아들'이 인간 일반을 가리키는 용어로 사용된 곳은 없기 때문이다.[15]

인자는 다니엘 7장과 에녹1서 45:3; 46:4-6; 50:1-5에서도 죄를 벌하는 자가 아니라 죄를 용서하는 자로 묘사되므로(Marcus, 2000: 223), 죄를 용서하는 권한을 가진 자의 자기 칭호로 사용되기에 적합하였다.

'히나'(ἵνα)절은 목적을 나타내는 절일 수 있지만, 명령을 표현할 수도 있다(Lane, 97-98). 이 경우 이 부분은 "그러나 그 인자가 땅에서 죄사할 권세를 가지고 있다는 것을 너희는 알라."로 번역된다. 그렇지만, 본문은 더 어려운 말이 성취됨을 보여줌을 통하여 더 쉬운 말은 더더구나 할 수 있음을 입증하는 더더구나 논증 구조를 가진다. 따라서 이 부분은 개역개정판처럼 목적을 나타내는 부사절로 해석할 수 있다. 그런데 더더구나 논증을 통해 예수께서 입증하시고자 하는 바는 예수께서 죄 사함 선언을 할 수 있음에서 그치지 않고 예수께 그러한 권세가 있음이다.

예수께서는 치유 받은 자에게 '네 집으로 돌아가라'(ὕπαγε εἰς τὸν

15. 비록 사람들에게 죄 사함의 권세가 주어졌다고 하는 신약 구절이 있지만(마 6:14), 이 구절은 마태복음 본문의 주장이 아니라 마태복음이 인용하는 군중들의 말이다. 신약성경에는 사람들이 서로의 죄를 용서할 수는 있다고 하지만, 사람이 하나님이나 또 다른 사람에게 지은 죄를 제3자가 용서할 수 있음을 암시하는 구절은 없다 (A. Y. Collins, 188-89).

οἶκόν σου)고 말씀하신다. 이 표현에서 우리는 희년 모형론(Jubilee typology)을 발견한다. 희년에는 노예로 전락한 자들의 빚이 사라져서 그들은 그들의 기업(조상 대대로 내려오는 가문의 토지)으로 돌아간다(레 25:23-28, 47-54). 물론, 이때, 남에게 넘어갔던 토지도 그 임대 기간이 종료되어 되돌려진다. 희년은 모든 채무가 다 갚아지는 결정적인 순간으로부터 시작된다. 예수께서 죄 사함을 선포하시고 (치유 후에) 집으로 돌아가라고 하심은 구약성경의 희년을 모형으로 한 새로운 희년 선포라 할 수 있다.[16] 그런데, 이러한 새로운 희년은 궁극적으로 예수의 십자가 대속과 함께 온다. 따라서 예수를 통해 오는 희년은 시간이 흘러 채무가 소멸되는 희년이 아니라, 예수께서 고엘(가장 가까운 친척)로서 채무를 대신 갚아주면서 도래하는 해방의 시간이다. 예수께서는 친히 인간의 죄의 빚을 대신 갚으시는 영적 고엘로서 영적 빚 탕감 즉 죄 사함을 선포하셨던 것이다.

당시 유대인 사회 속에서 병자는 죄인으로 간주되었고, 사회적으로 고립되고 회당에 온전히 참여하기도 어려웠기에(Witherington, 117), 질병의 치유는 죄 사함이라는 영적 측면과 함께 사회적 회복의 차원을 가진다. 질병에서 치유된 자는 더 이상 죄인으로 간주되지 않게 되어 사회 속에서 고립되지 않고 당당하게 살 수 있게 되었을 것이기 때문이다.

12절 (사람들의 반응) 예수의 치유를 목격한 사람들은 하나님께 영광을 돌렸다. 무리들이 하나님께 영광을 돌렸다는 진술은 예수의 권세가 하나님으로부터 온 것임을 무리들이 인식하였음을 보여준다(Marcus, 2000: 224 참고).

16. 따라서, 막 1:15의 '하나님의 나라'는 "영적 희년"을 가리킨다고 볼 수도 있다.

식사 논쟁 (2:13-17)

이스라엘 사회 속에서 죄인으로 간주되는 세리를 제자로 부르시고 죄인들과 함께 식사하신 예수의 모습은 새 출애굽의 모습을 보여준다. 당시 유대인들이 기대하던 것처럼 의로운 자들의 경건으로부터 새 출애굽이 시작되지 않고, 죄인들을 치유함으로부터 새 출애굽이 시작된다.

13 그가 다시 그 바닷가로 나오시자, 온 무리가 그에게로 계속하여 나아왔
다. 그러자 그는 그들을 가르치셨다. **14** 그 후에, 그가 지나가시다가 알패오
의 아들 레위가 세관에 앉아 있는 것을 보시고 그에게 말씀하셨다.

"나를 따르라."

이에 그가 일어나 그분을 따라가기 시작했다.

15 그분이 그의 집에서 (식사를 위해) 기대어 누워계셨다. 또한 많은 세관
원들과 죄인들도 예수와 그의 제자들과 함께 기대어 누워있었다. - 그들은
많았고, 그를 따르고 있었다. - **16** 바리새파 율법사들이 그가 그 죄인들 및
세관원들과 함께 식사하시는 것을 목격하고 그의 제자들에게 말했다.

"어찌하여 그가 저 세관원들과 죄인들과 함께 식사하시오?"

17 그때, 예수께서 들으시고 그들에게 말씀하셨다.

"건강한 자들에게는 의사가 필요 없고, 병든 자들에게 필요하오.
나는 의로운 자들이 아니라 죄인들을 부르려고 왔소."

13-14절 (레위를 부르신 예수) 예수께서는 레위가 세관에 앉아 있는 것을 보셨다. 로마의 직접 통치를 받지 않고 헤롯(Antipas)이 다스리던 갈릴리 지방에서 세리가 걷는 세금은 로마에 내는 세금이 아니라, 필립의 영지와 갈릴리 사이에 놓인 가버나움에서 헤롯을 위해 걷는 관세였을 것이다(France, 131-32). 갈릴리의 세리들은 헤롯이 고용한 자들이었겠지만, 헤

롯은 결국 로마를 위해 통치하는 자였다(A. Y. Collins, 194-95). 따라서 갈릴리의 세리들도 로마 제국에 봉사하는 자들로 여겨질 수 있었다.

당시에 세리들은 무시당하였다(마 5:46; 18:17; 21:31-32).[17] 세리들은 직업상 (이방인들을 접촉해야 하기에) 제의적으로 불결하다고 여겨졌고(Boring, 2006: 81),[18] 심지어 회당으로부터 파문당하였다(*b. Sanhedrin* 25b).[19] 랍비 문헌에서 '세리'는 강도, 살인자, 죄인과 연관되어 등장한다(A. Y. Collins, 194).[20] 이처럼 죄인으로 여겨지던 세리를 제자로 부르신 것은 매우 충격적인 사건이다. 이것은 죄가 사해지는 구원의 시대가 도래한다는 메시지를 담고 있다.[21]

15절 (죄인들과 식사하는 예수) 마가는 예수께서 '그의 집'에서 식사하셨다고 한다. 마가복음의 문맥만 고려한다면 '그의 집'은 예수의 집을 가리킨다고 볼 수 있다. 왜냐하면 마가복음 2:14에 의하면 레위가 예수를 따라갔기 때문이다(Malbon, 282-83). 만일 '그의 집'이 레위의 집이라면, 예수께서 레위를 따라가셨을 것이다(Malbon, 283). 또한 레위의 집이었다면 그곳에 서기관들이 있었을 가능성도 매우 낮다(Malbon, 283). 문맥에서 바로 앞에 나오는 '그'(αὐτόν)가 예수를 가리키고, 그 앞에 나오는 '그를'(αὐτῷ)도 예수를 가리키므로 이어 나오는 '그의'도 예수를 가리킬 가능성이 높다(Malbon, 283). 게다가 동일한 표현 '그의 집에'(ἐν τῇ οἰκίᾳ αὐτοῦ)가 마가복음 6:4에 나오는데 예수의 집을 가리키는 것도 이러한 가능

17. France, 133.
18. *Midrash Psalms* 7.6; *m. Hagigah* 3:6 참고(Bock, 146).
19. Lane, 102.
20. 예를 들어 *m. Nedarim* 3:4(Bock, 146).
21. 레위는 막 3:16-19에 나열된 열두 제자 명단에는 없으므로, 열두 제자 중에 하나가 아닌 제자라고 볼 수도 있다(Hooker, 94). 그러나 그가 열두 제자 중에 하나인 마태일 수도 있다.

성을 지원한다(Malbon, 283). 그러나 누가복음 5:29은 레위가 자기의 집에서 잔치를 베풀었다고 하므로, 이를 따라서 해석하면 '그의 집'은 레위의 집이라고 해석하게 된다(Malbon, 283-84).

예수께서는 '죄인'들과 식사하셨다. '죄인'은 서기관 전통에 무관심한 백성들로서 바리새인들에게 열등하게 여겨진 땅의 백성(עם הארץ)을 가리킨다고 보인다(Lane, 103). 그러나 '죄인'은 병자들을 가리킬 수도 있다. 쿰란 문헌 중에서 나보니두스의 기도(Prayer of Nabonidus)는 질병을 죄에 대한 벌로 간주한다(4Q242, frags. 1-3).[22] 아마도 예수에 의해 치유 받은 자들은 질병으로 인해 죄인으로 여겨졌던 사람들이었을 것이다(A. Y. Collins, 192). 그들은 치유 받은 후에 예수와 함께 식사하였을 텐데, 바리새인들은 그들을 여전히 죄인 취급하였을 수 있다(2:16).

마가는 예수께서 죄인들과 식사하기 위해 '함께 앉았다'고 한다. 문자적으로 번역하면 '함께 누웠다'이다. 앉아서 식사하는 유대인들의 관습과는 달리 기대어 누워 식사하는 것은 그리스와 로마 스타일이었는데 당시 팔레스타인에서 널리 행해졌을 것이다(France, 132). 함께 기대어 누웠다는 것은 함께 식사했다는 뜻이다. 식탁을 함께 하는 것은 서로 동일시하는 의미를 가졌고(France, 134), 친구로 받아들이는 행위였다(Witherington, 122). 예수께서는 죄인으로 여겨지는 무리들과 식탁 교제를 함께 하신다. 이것은 받아들일 수 없는 자들을 받아들이는 것(acceptance of the unacceptable)이었다(Guelich, 1989: 103). 이것은 죄 사함이 이루어지는 구원의 시대의 도래를 보여주는 선지자적 선포행위이다. 예수의 선포는 이처럼 말로만이 아니라 눈에 보이는 행위로 이루어졌다.

16절 (바리새파 서기관들의 비판) 바리새파 서기관들은 죄인들과 함께

22. A. Y. Collins, 192.

식사한 예수를 비판한다. 바리새파 서기관들의 비판의 배경은 땅의 백성의 집에 손님으로 가지 말도록 규정하는 유대인들의 전통(*m. Demai* 2:2)과 관련된다고 볼 수 있다(Lane, 104).[23] 초대를 받는 것이 금해진다면, 초대하는 것은 더더구나 금해졌을 것이다. 쿰란 문헌(1QS 5:10-14)은 오직 그들의 모임의 정회원만이 정결예식 후에 정결한 식사에 함께 참여할 수 있다고 한다(A. Y. Collins, 192-93). 바리새인들은 이 정도는 아니지만 죄인과 식사하지 않았고, 예수께서 자기들처럼 하시기를 기대했던 듯하다.

17절 (예수의 답변) 예수께서는 죄인들과 식탁 교제를 하는 것의 정당성을 비유를 통하여 지적하신다. "건강한 자에게는 의사가 필요 없고 병든 자에게라야 필요하다." 유대인들의 출애굽기 강해서 메킬타(출 15:26)에서 "만일 그들이 아프지 않다면, 왜 그들에게 의사가 필요하겠는가?"라는 유사한 말씀이 발견된다(Lane, 104). 바리새인들도 이러한 생각을 받아들였을 것이다. 예수께서는 설득을 위해 논쟁 상대가 받아들일 수 있는 공통 기반에서 출발하신다(Lane, 106). 이러한 공통 기반에서 죄인과의 교제의 정당성을 도출하신다. 예수의 말씀은 의사가 병에 감염되지 않고 오히려 병을 고치듯이 예수께서도 죄인과 교제하며 오히려 그들을 고칠 수 있음을 암시한다(Hooker, 97).

출애굽기 15:26에 의하면 하나님만이 이스라엘의 치유자이시다.[24] 필

---

23. 복(D. Bock)은 죄인들이 차리는 음식은 적절하게 십일조가 드려지지 않은 것이어서 그들과 식사하는 것이 반대되었을 가능성도 고려한다(Bock, 147). 아무튼 서기관들은 죄인들과 식사하는 것이 하나님의 새 시대를 반영하기에는 부적합하다고 판단했을 것이다(*m. Demai* 2:2-3)(Bock, 147).

24. "이르시되 너희가 너희 하나님 나 여호와의 말을 들어 순종하고 내가 보기에 의를 행하며 내 계명에 귀를 기울이며 내 모든 규례를 지키면 내가 애굽 사람에게 내린 모든 질병 중 하나도 너희에게 내리지 아니하리니 나는 너희를 치료하는 여호와임이라"(출 15:26, 개역개정).

로는 하나님을 "영혼의 질병의 유일한 의사"로 묘사한다(Marcus, 2000: 228). 이러한 배경으로 볼 때에 죄인을 치료하는 의사로 비유된 예수의 역할은 하나님의 역할이다.

곧이어 예수께서는 비유의 내용을 해석하신다. "나는 의인을 부르러 온 것이 아니라 죄인을 부르러 왔다." 이것은 의인을 부르러 오시지 않았다는 뜻이 아니다. 이것은 하나를 강조하고자 다른 하나를 부정하는 표현법이다(Guelich, 1989: 104). 이러한 표현법은 창세기 45:8; 출애굽기 16:8; 예레미야 7:22-23; 마가복음 9:37; 요한복음 12:44에서도 발견된다(France, 135). 예수의 사역은 모든 사람을 위한 사역이었다(Guelich, 1989: 105). 한 마리의 잃은 양을 찾음이 나머지 99마리 양을 버림은 아니다(눅 15:3-7 참조).

금식 논쟁 (2:18-22)

18 요한의 제자들과 바리새인들은 줄곧 금식을 하였다. 사람들이 와서 예수께 말하였다.

"요한의 제자들과 바리새인들의 제자들은 금식을 하는데,
왜 당신의 제자들은 금식하지 않습니까?"

19 이에 예수께서 그들에게 말씀하셨다.

"결혼식 손님들이 신랑이 그들과 함께 있는 동안 금식할 수 있겠습니까?
신랑이 그들과 함께 있는 동안 그들은 금식할 수 없습니다.
20 그렇지만, 그들로부터 신랑이 빼앗길 날이 올 것입니다.
그렇게 되면, 그들은 그때 그날에 금식할 것입니다.
21 아무도 새 옷 조각을 낡은 옷에 꿰매지 않습니다.
만일 그렇게 한다면 새로 채워 넣은 것이 낡은 의복을 당겨서

그 찢어짐이 더 심하게 됩니다.

22 또한 아무도 새 포도주를 낡은 부대들에 담지 않습니다.

- 만일 그렇게 한다면, 포도주가 부대들을 터뜨리게 됩니다.

그리하여 포도주도 부대들도 버릴 것입니다. -

그러나 새 포도주는 새 부대들에 담습니다."

구약성경에서 금식은 대속절(7월 10일)에 행해지도록 명해졌다(레 23:26-32).[25] 그런데 스가랴 8:19은 포로 후기에 다른 네 절기에도 금식이 행해졌음을 암시하고, 에스더 9:31은 또 하나의 금식 준수 전통을 더한다(France, 138). 다른 경우에 이루어지는 금식은 개인적이고 자발적인 것이었다(France, 138). 구약성경에서 개인적인 금식은 (특히 죽은 자를 위한) 애통의 표현이다(삼상 31:13; 삼하 1:12; 3:35; 유딧 8:6).[26] 또한 이것은 하나님의 도우심이나 긍휼을 구하는 방법이었다(삼하 12:15-23; 유딧 4:9).[27] 제2성전시대에 자발적 금식은 종교적 경건의 표지였다(토비트 12:8; Philo, *On the Contemplative Life* 34).[28] 솔로몬의 시편(바리새인의 작품)은 의로운 사람이란 금식을 통하여 무의식적으로 지은 죄를 속죄하는 사람이라고 한다(A. Y. Collins, 198). 유대인들에게 금식은 속죄를 준비하기 위한 회개의 행위로서(Lane, 108), 이스라엘의 회복을 준비하는 행위였을 것이다(Marcus, 2000: 236). 즉 금식은 구원의 때가 좀 더 빨리 도래하도록 하기 위한 회개의 표현이었을 것이다(Lane, 109). 그러나 예수께서는 금식이 아니라 자신의 대속의 죽음을 통하여 죄를 사함으로써 이스라엘이 회

25. Lane, 108.
26. A. Y. Collins, 197 참고.
27. A. Y. Collins, 198.
28. A. Y. Collins, 198.

복되므로 금식이 필요하지 않다고 보셨을 것이다.

18절 (금식에 관한 질문) 요한의 제자들과 바리새인들의 제자들은 금식하였으나 예수의 제자들은 금식하지 않았다. '바리새인들의 제자들'은 바리새인들의 이상과 실천에 의해 영향을 받는 사람들을 가리킨다(Lane, 108). '요한의 제자들'도 비슷한 뜻으로 사용되었을 것이다(Lane, 108). 마가복음은 그들이 금식을 실천했다고 하는데, 누가복음 18:12; 디다케 8:1은 좀 더 구체적으로 바리새인들이 한 주에 두 번(월, 목요일) 금식했음을 언급한다(양용의, 71).

19절 (결혼 잔치 비유) 예수께서는 비유를 통하여 답변하신다. 결혼식 잔치 손님들이 신랑과 함께 있을 때에는 금식하지 않는다. 구약성경에서 여호와는 이스라엘의 신랑으로 묘사되고 결혼 이미지는 여호와와 여호와의 구속된 백성 사이의 종말론적인 관계를 표현하는 데 사용된다(사 61:10; 62:4-5; 호 2:14-20).[29] 이사야 62:5에서는[30] 미래의 구원이 하나님께서 이스라엘과 결혼하는 것에 비유되고 있다(Marcus, 2000: 237). 그러므로 결혼식 비유는 구원의 시대의 도래를 암시한다고 볼 수 있으나, 신랑을 빼앗긴다는 20절 말씀 때문에 반드시 그렇게 볼 수는 없다. 또한 구약성경과 유대 문헌에서 메시아를 신랑에 비유한 곳은 없으므로 청중이 이 비유를 메시아적으로 이해하였을 가능성은 매우 낮다(Lane, 110).

결혼식 잔치 손님들이 신랑이 함께 있을 때에는 금식할 수 없다는 표현은 부활 후의 공동체보다는 역사적 예수 시대에 더 적합하므로 초기 교

29. France, 139.

30. "마치 청년이 처녀와 결혼함 같이 네 아들들이 너를 취하겠고 신랑이 신부를 기뻐함 같이 네 하나님이 너를 기뻐하시리라"(사 62:5, 개역개정). 여기서 '너'는 예루살렘을 가리킨다(사 62:1). 이스라엘 백성이 예루살렘을 회복하는 것을 '네 아들들이 너를 취하겠고'라고 표현하였다.

회가 만들어낼 수 없으며, 따라서 예수께서 실제로 하신 말씀이라고 보는 것이 적합하다(A. Y. Collins, 197).

20절 (금식하기에 적합한 때) 예수께서는 '신랑을 빼앗길 날이 이른다'는 비유적 표현을 통해 자신의 고난을 예언하신다. 유대인들의 혼인 관습에 따르면 신혼부부가 신혼여행을 위해 떠나가는 것이 아니라 하객들이 신랑을 떠나가므로, 신랑을 빼앗긴다는 표현은 놀라움을 일으킨다(Guelich, 1989: 112). 이러한 비일상성은 비유의 강조점을 담고 있다고 볼 수 있다. '아빠르테'(ἀπαρθῇ, "빼앗기다")라는 표현은 이사야 53:8에 쓰인 '에르테'(ἤρθη, 개역개정판의 '끌려 갔으나'에 해당)와 유사한데, 이 표현은 죽음을 가리키는 것으로 이해될 수 있다(Guelich, 1989: 112).

예수께서는 자신이 잡혀가게 되는 날에 제자들이 금식하게 될 것을 예언하신다. 예수의 제자들에게 금식은 새 출애굽을 가져오는 기능을 하기보다는 십자가에 못 박히신 예수를 따라가는 제자도 속에서 새로운 의미를 부여받는다.

21절 (의복 비유) 예수께서는 유대인들의 금식 전통의 부적합성을 의복 비유를 통하여 가르치신다. 양털 옷의 경우 새 옷을 빨면 수축하므로, 아직 빨지 않은 새 양털 옷감을 헌 옷에 기우고 이 헌 옷을 빨래하면 새 옷 조각이 수축하여 옷이 찢어진다. 이 비유에서 옷의 찢어짐은 마가복음에서 옛 전통의 종말을 비유한다. 마가복음 14장에서 카이아파스(가야바)는 그의 옷을 찢는데, 바로 그때 옛 종교의 형식은 종말을 맞이하였다(Hooker, 101). 유사하게 마가복음 15:38이 기록하는 성전 휘장이 찢어짐도 옛 형식의 종말과 새 형식의 시작을 암시한다(Hooker, 101).

22절 (포도주 부대 비유) 예수께서는 포도주 부대 비유를 통해 다시 한 번 낡은 유대 전통의 부적합성을 지적하신다. 가죽으로 만든 새 포도주 부대는 발효의 압력을 견디면서 늘어난다. 그러나 이렇게 늘어난 낡은 포도주 부대에 포도즙을 넣으면 포도주 부대는 견디지 못한다. 새 포도주가 발효하는 압력은 낡은 가죽 부대를 터뜨릴 수 있다(France, 141). 이 비유에서 '새 포도주'는 마가복음 1:27('새로운 가르침')에 비추어 볼 때 새로운 예수의 가르침을 가리킨다고 볼 수 있다(A. Y. Collins, 199-200). 물론 새 포도주는 예수의 가르침의 내용인 새 시대로서의 하나님 나라를 가리킬 수도 있다.

안식일 식사 논쟁 (2:23-28)[31]

23 안식일에 그가 곡식밭 사이로 지나가시게 되었다. 그때 제자들은 길을
내며 이삭을 자르기 시작하였다. **24** 그러자 바리새인들이 그에게 말했다.

"보시오, 저들이 안식일에 무엇을 하고 있는지!
안식일에 허락되지 않은 일이 아니오?"

25 이에 그가 그들에게 말씀하셨다.

"그대들은 다윗이 무엇을 했는지 전혀 읽지 못하였소?
그와 그의 무리들이 핍절하여 주리게 되었을 때 말이요.
26 아비아달이 큰 제사장일 때에 그가 어떻게 하나님의 집에 들어가
제사장들에게만 허락된 진설병을 먹고
그것을 그와 함께 한 자들에게도 주었는가를 말이요."

27 이어서 그가 그들에게 말씀하셨다.

"안식일이 사람을 위하여 생겨난 것이며,
사람이 안식일을 위하여 생겨난 것이 아닐세.
28 그러므로, 그 인자는 또한 안식일의 주인이오."

---

31. 이 부분에는 필자의 책 Shin, 2004: 289-311의 내용을 사용한 부분이 있다. 이 단락의 역사적 진정성 논증을 위해서는 Shin, 2004: 276-311 참고.

예수께서는 안식일 전통의 노예 상태로부터 해방을 가져오신다. 출애굽 정신이 담긴 안식일 제도가 오히려 사람을 노예화시키는 전통으로 왜곡되어가고 있을 때, 예수께서는 이를 바로잡으신다. 예수께서는 겉보기에는 안식일 법을 폐지하시는 듯하지만, 실은 안식일법의 참 정신을 성취하고 계신다.

유대인들은 안식일에 방어 전쟁도 하지 않을 정도로 안식일을 지키다가, 후에는 예외적으로 목숨을 지키는 방어 전쟁은 하게 된다(마카비1서 2:29-41). 희년서는 안식일이 땅에 알려지기 전에 하늘에서 하나님과 천사들도 안식일을 지켰다고 주장하며(희년서 2:18, 30), 안식일을 어기는 자들에게 사형을 주장한다(희년서 50:8, 13; 참조, 출 31:14-15).[32] 구약성경에는 안식일에 금지되는 조항들이 담겨 있는데(출 16:22-30; 34:21; 35:2-3; 민 15:32-36; 느 10:31; 13:15-22; 렘 17:21-22), 무엇이 안식일에 금지되는 '일'인지에 관해 포괄적인 정의(definition)를 담고 있지는 않다(France, 143). 희년서 50:6-13에는 금지되는 일들의 좀 더 자세한 목록이 담겨 있다(France, 143). 희년서 2:29은 안식일에 음식을 준비하는 것을 금한다(Bock, 152). 쿰란 문헌 중에서 다마스커스 문서(CD) 10:14-11:18에는 다른 목록이 제시된다(France, 143). 여기서는 오도 가도 못하게 된 짐승이나 사람을 돕거나 짐승이 새끼를 낳는 것을 돕는 것도 금한다(Bock, 152). 미쉬나(*m. Shabbath* 7:2)에는 안식일에 금지된 39개의 행위들의 목록이 나온다(France, 143). 이 중에 세 번째가 추수인데, 이것은 출애굽기 34:21이 금하는 것이다. 미쉬나(*m. Betzah* 5:2)에는 15개의 금지 목록이 있다(France, 143. n.46). 미쉬나에서도 고의적으로 안식일을 어길 경우 사형

32. France, 143.

에 처하도록 한다(France, 143).

안식일 준수는 할례와 함께 유대인과 이방인을 구분하는 표지 중에 하나였다(France, 142). 예수께서는 유대인과 이방인을 구분하는 표지를 구약 율법의 본질로 간주하지 않으신다. 안식일을 지켜서 이방인과 구별되는 민족적인 표지가 중요한 것이 아니라 안식일 제도의 정신이 중요하다. 안식일 제도의 목적은 노예화 방지였다. 그런데 유대인들은 동족을 노예화시키면서도 민족적으로 이방인과 구분되는 것에 관심이 있었다. 그러면서 민족의 회복을 기대했다. 예수 당시에 유대인들이 안식일을 열심히 지킨 이유는 안식일을 지키면 새 출애굽이 이루어진다는 기대 때문이었을 것이다. 이사야 58:13-14에는 안식일을 잘 지키면 이스라엘이 회복될 것이라는 암시가 담겨 있다. 어떤 후기 랍비들은 온 이스라엘이 안식일을 지키면 메시아가 올 것이라고 했다(Hurtado, 47). 그러나 예수의 관심은 유대 전통의 준수와 이스라엘 민족의 회복이 아니라 출애굽 정신(노예화 방지)의 회복과 사탄의 압제로부터 많은 민족이 해방되는 새 출애굽에 있었다.

23절 (안식일에 이삭을 자른 제자들) 예수의 제자들은 안식일에 이삭을 잘랐다. 금식을 하지 않는 제자들의 삶의 스타일은 안식일에도 이어진다. 제자들은 이러한 삶의 스타일에 따라 안식일에 이삭을 자른다. 이것은 율법을 어긴 것이 아니지만, 바리새인들의 관점에서 볼 때에는 그들의 전통에 어긋나는 것이었다. 다윗이 진설병을 먹는 것은 명백히 율법을 어긴 것이지만, 바리새인들에게는 문제가 되지 않았을 것이다. 그러나 제자들이 곡식 이삭을 잘라 먹는 것은 율법 위반이 아니었음에도 불구하고 바리새인들에게 문제가 되었다.

24절 (바리새인들의 비판) 바리새인들은 예수의 제자들이 안식일에 하지 못할 일을 했다고 비판한다. 바리새인들은 곡식 이삭을 훑어내는 것이 안식일에 허락되지 않는 것으로 간주하는데, 이것은 역사적 배경에 잘 들어맞는다. 예루살렘 탈무드에서 랍비 히야(Hiyya)는 안식일에 곡식 이삭을 훑어내는 것을 금지하였고(*j. Shabbath* vii.2), 미쉬나(*m. Pesahim* 4:8)에서 현자들은 안식일에 나무에서 떨어진 과일을 집어 먹는 것도 의문시하였다. 만일 랍비들이 곡식 이삭을 훑어내는 것을 금지하였다면, 랍비들 못지않게 엄격하였던 바리새인들도 이를 금하였을 것이다. 나아가, 필로(Philo, *On the Life of Moses* 2:22)는 안식일에 과일을 따는 것이 금지된다고 기록하는데, 이것은 방금 관찰한 랍비 문헌의 기록과 일치하므로, 이러한 유대 전통은 널리 퍼져 있었다고 볼 수 있다. 이러한 전통은 안식일에 추수를 금하는 출애굽기 34:21을 엄격하게 적용한 결과였을 것이다.

물론 이삭을 잘라먹는 것 자체는 신명기 23:25에 의해 허용되지만, 안식일에 그렇게 하는 것은 별개의 문제로 여겨졌을 것이다. 바리새인들의 경고는 기소 이전에 경고하도록 하는 규정(*m. Sanhedrin* 7:8)을 만족시키기 위해서 행해졌을 것이다(Lane, 115).

25-26절 (예수의 대답) 예수께서는 다윗이 율법(레 24:5-9)을 범한 내용을 지적하시는데,[33] 이것은 예수의 제자들이 율법의 적용에 불과한 유대 전통을 어긴 행위와 비교하기 위한 것이다. 즉 다윗이 범한 것은 율법인 반면, 예수의 제자들이 범한 것은 유대 전통이었다. 이것은 역시 '더더구나'(*qal wa-chomer*) 논법을 함축하고 있다. "다윗에게 목숨의 위험 속에서 자기 생명을 구하고자 율법을 범하는 것이 허락되었다면, 예수의 제자들이 다른 사람들의 영혼을 구하는 사역 속에서 유대 전통을 범하는 것이 더더구나 허락되지 않겠소?" 하나님께서 율법을 범한 다윗과 그의 무리

33. "이 떡은 아론과 그의 자손에게 돌리고 그들은 그것을 거룩한 곳에서 먹을지니"(레 24:9a, 개역개정).

를 정죄하지 않으셨다면, 유대 전통을 어긴 예수와 그 제자들을 더더구나 정죄하시지 않을 것이다.

다윗이 진설병을 먹었을 때 아비아달은 아직 대제사장이 아니었지만, 그는 아히멜렉의 아들로서 고위급 제사장이었다고 볼 수 있다. 그러므로 요세푸스나 신약성경 등에서 최고 제사장 외에도 고위급 제사장을 가리킬 수 있는 용어인 '아르키에레우스'(ἀρχιερεύς)를 아비아달에게 적용한 것은 가능한 일이었다.

27절 (안식일 계명의 의도) 예수께서는 안식일이 사람을 위한 것이라고 지적하신다. 이러한 해석은 유대인들에게 생소한 것이 아니다. 희년서 2:17도 안식일이 선물이라고 한다(Bock, 155). 유대인들의 출애굽기 주석인 메킬타의 출애굽기 31:13-14 부분에서 랍비 시므온(Simeon ben Menasha)은 이렇게 말한다. "안식일이 너희에게 주어진 것이며 너희가 안식일에게 주어진 것은 아니다." 이것은 마가복음 2:27의 예수의 말씀과 거의 동일하다. 예수께서 후대 사람(주후 약 180년경)인 랍비 시므온의 말을 인용하실 수 없었고, 유대 랍비가 예수의 말씀을 인용하였을 리도 없기 때문에, 이 두 말씀들은 모두 공통 전통을 인용한 것이라 보인다. 희년서 2:31에도 안식일은 이스라엘에게 준 하나님의 선물이라는 내용이 있다. 이러한 전통들은 신명기 5:14-15에 잘 표현된 출애굽 정신을 담은 안식일법을 잘 반영한 것으로서 유대인들이 누구나 동의할 수 있는 내용이었을 것이다. 이러한 전통의 인용을 통하여 예수께서는 안식일이 본래 인간을 위한 것이며 인간이 안식일의 노예가 아님을 지적하신다.

28절 (안식일의 주이신 예수) 예수께서는 '그 인자'가 안식일의 주라고 말씀하신다. 아람어에서 '인자'에 해당하는 '바르 나쉬'(בר [א]נש[א])는 "인간"을 뜻하는 반면, 마가복음 2:28의 '그 인자'(ὁ υἱὸς τοῦ ἀνθρώπου)는 2:10-11; 8:31; 9:9, 31; 14:21, 41, 62에서처럼 예수 자신을 가리킨다. 만일 그렇지 않다면, 건드리(R. H. Gundry)가 예리하게 관찰한 대로, 28절 말씀은 제기된 문제와 무관하게 될 것이다(Gundry, 144). 그러므로 '그 인자'를 예수를 가리키는 것으로 보아야 문맥에 부합한다.

27절과 그 논리적 귀결로 제시된 28절의 말씀은 '더더구나 논법'을 함축한다. "사람이 안식일의 주인이라면, 그 사람의 아들은 더더구나 안식일의 주인이다." 이러한 더더구나 논법의 문맥은 '그 사람의 아들'이 "사람보다 더 큰 이"일 때 제대로 작용함을 미루어 볼 때 우리는 28절에서 '그 사람의 아들'이 "사람보다 더 큰 이"라는 의미를 포함한다고 볼 수 있다. 이러한 문맥은 '그 사람의 아들'은 아마도 다니엘 7:13에 나오는 신적 존재를 가리킨다고 볼 수 있게 한다.

예수께서는 자신이 '또한 안식일의 주'라고 말씀하신다. 28절에서 '도'(καί, "또한")는 '그 사람의 아들'(예수)은 다윗의 주일 뿐 아니라 또한 안식일의 주임을 암시한다. 그 이유는 다음과 같다. 마가복음 1:1; 8:29; 14:62에서 예수는 메시아와 동일시되기 때문에 마가복음에서 예수를 가리키는 '그 사람의 아들'이라는 표현은 또한 메시아를 가리킨다. 그런데, 마가복음 12:35-37에서 메시아는 다윗의 주로 제시되기 때문에, '그 사람의 아들'은 다윗의 주이다. 그래서 28절 본문은 예수께서 메시아로서 다윗의 주일 뿐 아니라 안식일의 주라는 의미를 함축할 수 있다. 이러한 가능성은 가장 가까운 문맥인 2:25-26에 다윗이 등장하기 때문에 더욱 지지된다.

이러한 본문 해석은 마가복음 2:25-28에서 또 하나의 더더구나 논법을 읽게 한다. "다윗이 율법을 어기고도 무죄할 수 있었다면, 다윗보다 더 큰 이 즉, 다윗의 주는 더더구나 율법의 왜곡된 적용에 불과한 유대 전통을 어기고 무죄할 수 있지 않겠느냐?" 이러한 논증을 통해서 우리는 후커(M. D. Hooker)의 주장대로 예수의 사역은 율법에 어긋나지 않았고 오히려 그 의도를 따랐음을 알 수 있다(Hooker, 106). 마가복음은 예수께서 율법을 충실히 준행하셨다는 것을 보여준다(1:44; 7:8-13)(Hooker, 106).

구약성경을 배경으로 보면 안식일의 주는 여호와이시다. '여호와께 안식'(출 16:25; 20:10; 신 5:14), '나의 안식일'(출 31:13; 레위기 19:3, 30; 겔 20:12-13 등)이라는 어구 때문이다(France, 148). 그러므로 예수께서 안식일의 주라는 주장은 예수께서 하나님과 동등하시다는 주장이기도 하다.

안식일 치유 논쟁 (3:1-6)

3:1 그가 다시금 회당에 들어가셨다. 그때 거기에 팔이 마른 사람이 있었다.
2 그런데 사람들이 그분을 고발하려고, 그분이 혹시 안식일에 그를 고치시
는지 지켜보고 있었다. **3** 이에 그는 그 손이 마른 사람에게 말씀하셨다.
"한가운데로 일어나라."
4 그리고 그는 그들에게 말씀하셨다.
"안식일에 선행하는 것이 허용됩니까, 아니면 악행하는 것이 허용됩니까?
목숨을 구하는 것이 허용됩니까, 아니면 죽이는 것이 허용됩니까?"
그런데 그들은 계속 침묵하였다. **5** 그러자 그는 분노하시며 그들을 둘러보
시고, 그들의 마음의 경직됨 때문에 슬퍼하시며 그 사람에게 말씀하셨다.
"네 팔을 펴라."
그러자 그가 팔을 폈고, 그의 팔이 치유되었다. **6** 이에 바리새인들이 즉시
나가서 그분을 죽이려고 헤롯파와 함께 그분을 대적하여 계속하여 음모를
꾸몄다.

1-2절 (예수를 고발하려는 사람들) 사람들이 예수를 고발하고자 관찰하

고 있었다(παρετήρουν). '관찰하다'에 해당하는 헬라어 동사가 70인역 시편 36:12에 죄인들에 대하여 사용되었다(Marcus, 2000: 252). 따라서 이 용어는 나쁜 의도를 가진 부정적 행위를 묘사하기에 적합한 용어라고 볼 수 있다. 마가복음 2:24에 나오는 바리새인들의 지적은 고발하기 전에 경고하기 위한 것이었다면, 마가복음 3:2이 언급하는 관찰은 경고된 행동이 재발하는 것을 목격하여 고발하기 위한 것이었다고 볼 수 있다(Witherington, 135).

3-4절 (예수의 질문) 예수께서는 사람들에게 안식일에 선행과 악행 중에 어느 쪽을 행하는 것이 옳으냐고 질문하신다. 미쉬나(*m. Shabbath* 18:3)는 출산을 보조하는 일이 안식일에 허락된다고 한다(France, 149). 미쉬나의 또 다른 부분(*m. Yoma* 8:6)은 생명에 위험이 있을 경우 안식일에 일할 수 있음을 명시한다(France, 149).[34] 그러므로 아마도 1세기 바리새인들의 전통에 따라서도 안식일에 생명이 위험한 경우에만 일할 수 있었을 것이다(Hooker, 107). 유대인들은 문자적으로 율법을 지켰으며, 안식일에 병자도 치유하면 안 된다고 생각한 듯하다. 유대 문헌에서 안식일 치유가 명시적으로 금지되고 있지는 않지만 금지가 전제되고 있다(*m. Shabbath* 14:3; 22:6; *t. Shabbath* 16:22).[35] 미쉬나(*m. Shabbath* 14:3-4)는 안식일에 행동이든 말이든 어떤 것이든지 치유를 의도한 것은 금해졌음을 알려준다(A. Y. Collins, 207).

그런데, 예수께서는 생명을 살리는 것과 죽이는 것을 대조하여 구분함으로써 좁은 의미의 생명 살리기와 넓은 의미에서 풍성한 생명을 제공

34. Danby, trans., 172: "whenever there is doubt whether life is in danger this overrides the Sabbath"("목숨이 위험하다는 의혹이 있을 때는 언제든지 이 상황이 안식일보다 우선한다").

35. 양용의, 77.

하기 사이의 구분을 거부하신다(Hooker, 107). 이러한 관점에서 볼 때에는 치유를 하루 연기하는 것은 생명을 살리는 율법의 정신을 거부하는 것이며, 생명을 파괴하는 것이다(Hooker, 107). 그러므로 예수께서 보시기에는 실제로 안식일 법을 어기는 자들은 바리새인들이었다.

예수께서 질문 후에 하신 치유 행위를 고려할 때, 예수께서 기대하신 대답은 분명하다. 안식일에 선을 행하는 것이 옳으며, 사람을 살리는 것이 옳다. 선을 행하고 사람을 살리는 삶의 방식은 구약성경에 어긋나는 것이 아니라, 오히려 구약성경을 완성하는 것이다. 이것은 병자 치유(질병으로부터의 해방)가 안식일의 해방 정신(이집트 바로 왕의 노예 상태로부터의 해방)을 따른 실천이기 때문이다. 예수께서는 안식일 제도의 목적(노예 해방, 고역으로 인해 죽어가는 자를 살림)에 따라 안식일에 병자를 질병으로부터 해방하는 치유를 행할 수 있다고 보신다. 그러나 이 안식의 시대를 예표하는 안식일을 지키는 유대인들의 전통은 이러한 삶의 방식에 맞지 않았다.

구분	안식일에 할 수 있는 것	안식일에 할 수 없는 것
바리새인들	생명을 구하는 일	미뤄도 생명에 지장 없는 일
예수	생명 살리는 방향의 일(치유)	생명 죽이는 방향의 일

예수께서는 (율법의 정신을 망각하고 거스르는) 문자주의를 부정하시며 안식일에 사람을 살리는 일, 선행을 할 수 있다고 보신다. 이것이 마가복음 3:4의 예수의 수사적 질문에 담겨 있다. 이 질문은 유대인들의 안식일법 적용 방식(문자의 적용)과 예수의 적용 방식(의도의 적용)이 어떻게 다른지 잘 보여준다.

그러나 유대인들은 예수의 질문에 대답하지 않고 계속 침묵한다. 예수의 질문에 대한 청중의 침묵은 아픈 형제보다 자기들의 전통을 더 고려하는 태도를 반영한다(Williamson, 1983: 75). 그러므로 유대인들의 침묵은 그들의 전통 존중과 관련된다.

5절 (안식일에 치유하신 예수) 예수께서는 유대인들의 침묵에 분노하신다. 그리고 예수께서는 분노하시면서 동시에 매우 슬퍼하신다(Witherington, 136). '분노를 가지고'(μετ' ὀργῆς)는 신약성경에서 이곳에만 나온다(Witherington, 136).

예수의 분노를 자아낸 원인은 유대인들의 '마음의 완악함'이었다. '완악하다'(πωρόω)란 표현은 돌처럼 딱딱하게 됨을 뜻한다(France, 151). '마음'(καρδία)은 70인역에서 히브리어 '레브'(לב) 또는 '레바브'(לבב)의 번역으로 사용되었으므로 히브리어적 개념으로 이해해야 한다. 따라서 이 마음은 감정만이 아니라 의지와 이해의 기관이다(Boring, 2006: 94). 따라서 마음의 완악함은 지식적 작용을 제대로 하지 못하는 것도 가리킨다. 그러므로 예수께서는 진리를 인정하기를 거부하는 바리새인들의 지적인 우둔함을 슬퍼하셨다고 볼 수 있다(Hooker, 107).

예수의 명령에 따라 손을 내민 병자는 회복되었다. 예수께서는 오로지 말씀으로 손 마른 병자를 치유하셨다. 유대교 학자들은 안식일에 말로만 치유하는 것은 율법에 어긋나지 않는 것으로 간주하기도 하는데,[36] 이러한 관점에서 보면 예수께서는 안식일 율법이나 전통을 어기시지 않았다.

6절 (예수를 죽이고자 의논하는 바리새인들) 바리새인들은 헤롯당과 예수를 죽이기 위해 의논한다. 헤롯당은 문맥상 헤롯(안티파스)이 임명한 지방 의회(법정)의 회원들을 가리킨다고 볼 수 있다(A. Y. Collins, 210). 교

---

36. Hooker, 108 참고. 예를 들어 Vermes, 25: "Speech could not be construed as 'work' infringing the law governing the Jewish day of rest"("말은 유대인들의 안식일을 지배하는 법을 어기는 '일'로 간주될 수 없었을 것이다").

권 그룹인 바리새인들과 정권 그룹인 헤롯당이[37] 연합하여 예수를 죽이고자 한 것은 그들의 증오의 정도를 보여준다(Hooker, 108).

바리새인들은 예수의 율법 적용 방식(신학적 입장)을 미워하여 예수를 죽이고자 모의하였을 것이다. 예수를 통하여 치유가 눈앞에서 벌어진 것을 보고도 예수를 죽이고자 의논한 바리새인들은 치유가 하나님으로부터 발생한 것이 아니라고 믿었을 것이다. 그들의 이러한 확신은 안식일에 대한 예수의 주장이 틀렸다는 확신에 토대하였을 것이다. 유대인들은 안식일을 매우 중요시하였다. 안식일은 이방인들과 유대인을 구분하는 표지로서 작용하고 있었고, 유대인들은 안식일을 잘 지키면 메시아가 올 것이라고 믿었다.[38] 이러한 안식일을 그 정신에 따라 새롭게 해석하는 예수의 관점을 그들은 받아들일 수 없었을 것이다.[39]

바리새인들이 예수를 죽이고자 함은 그들의 전통을 따르고자 함이었다고 볼 수 있다. 희년서 2:25-27; 50:6-13은 안식일에 일하면 사형에 해당한다고 한다(A. Y. Collins, 207).[40] 바리새인들은 예수의 말을 일로 규정하고 이러한 전통을 적용하여 예수를 죽이고자 했을 것이다. 그렇지만, 그들은 그렇게 함으로써 오히려 안식일에 사람을 죽이는 방향으로 행하여 안

---

37. 헤롯당('Ηρῳδιανός)이란 표현은 헤롯을 지원하는 자들을 가리킨다고 볼 수 있다(France, 151). '크리스띠아노스'(Χριστιανός)도 그러한 표현이다(France, 151). 이 표현은 그리스도를 지지하는 자를 가리킨다.

38. Hurtado, 47.

39. 이것은 문자주의나 고정 관념에 빠진 정치권력자들이나 종교지도자들이 얼마나 완악해질 수 있는지 잘 보여준다. 오늘날도 예수의 생각을 그대로 주장하는 사람은 박해당할 것이다. 인간의 본성은 바리새인들의 시대나 지금이나 변함이 없기 때문이다.

40. 쿰란 공동체는 안식일을 어긴 자들이 사형에 해당하지 않고, 7년간 회중으로부터 격리되어 관찰된다고 규정한다(CD 12:2-6; 4Q271 5 i 19-21; A. Y. Collins, 208). 물론 유대인들은 안식일을 의도적으로 어긴 경우에는 사형에 해당한다고 여길 수 있었다(출 31:14-15; *m. Sanhedrin* 7:4)(France, 152 참조).

식일의 정신을 어긴다. 예수께서는 말씀으로 안식일에 병자의 목숨을 살리는 방향으로 행하셨지만, 바리새인들은 말로 의논함을 통하여 안식일에 예수의 목숨을 죽이는 방향으로 행한다. 바리새인들에게 안식일을 어긴다고 여겨진 예수께서는 오히려 안식일을 철저히 지키고 계시고, 예수보다 안식일을 잘 지킨다고 자부하며 예수를 정죄한 바리새인들이 오히려 안식일을 범하는 아이러니가 발생한다.

예수께서는 안식일에 말로 치유하셨을 뿐 아니라 예수의 치유는 안식일 정신에 부합하였기에, 예수의 안식일 치유는 안식일 율법을 어기지 않았다고 볼 수 있었다. 따라서 바리새인들이 예수를 죽이고자 한 것은 바리새인들이 예수와 다른 관점을 가지고 있었을 뿐 아니라 예수를 시기하였기 때문이라고 추측된다. 말씀으로 병자를 치유하는 놀라운 표적을 보고도 예수를 죽이고자 한 것은 그들에게 하나님을 두려워하는 신앙이 결여되어 있거나, 자기들의 전통이 무오하다는 확신이 철저했거나, 시기심으로 인해 이성을 잃었을 때 가능한 일이었다.

구원 시대에 적합한 삶의 방식은 결국 옛 시대의 방식을 고집하는 자들에 의해 정죄된다. 그리하여, 예수는 마침내 죽임을 당하신다. 그러나 이것은 하나님의 큰 그림 속에서는 새 시대를 결정적으로 도래하게 하시는 고엘로서의 빚 탕감이었다.

2. 해설

예수께서 가져오신 구원은 사탄의 세력으로부터의 해방이었다. 이러한 해방은 죄 사함을 통하여 왔으며, 치유는 병자에게 죄 사함이 이루어졌음을 입증하는 역할을 한다(1:10-11). 이스라엘이 이방인들에게 밝히는 포로 신세가 된 이유는 죄 때문이었으므로, 포로가 된 상태의 원인인 죄의 문제를 해결해야 포로 상태에서 벗어날 수 있다. 죄의 포로가 된 백성을 구하러 오신 예수께서는 죄인들과 함께 식탁 교제를 나누신다. 포로가 된 백성은 모두 죄의 문제를 해결해야 하는 죄인들이기 때문에 그들 가운데 죄인 취급을 받는 사람들만 구원의 대상에서 배제될 수는 없다. 죄로 인해 포로 된 이스라엘을 회복시키러 오신 예수께서 이스라엘 내부에서 특별히 죄인들을 부르시는 것은 당연히 기대될 수 있는 일이다.[41] 예수께서는 이를 강조하시면서 죄인들을 부르러 오셨다고 하셨다(2:17). 예수께서 죄인들과 식사를 하신 모습은 이스라엘을 회복시키려고 오신 예수의 모습을 잘 보여준다.

알맹이(생각)를 바꾸는 것이 회개라면 형식을 바꾸는 것은 개혁이다. 회개와 죄 사함의 사역과 함께 예수께서는 개혁의 사역도 하신다. 새로운 생각은 새로운 형식에 담겨야 한다(2:22). 회개만 있고 개혁이 없으면 새 포도주를 헌 부대에 담게 되는 것과 같다. 개혁만 있고 회개가 없다면 묵은 포도주를 새 부대에 담는 것과 같다. 예수께서는 내용과 형식을 모두 바꾸려고 오셨다. 회개 없는 개혁은 공허하고 개혁 없는 회개는 맹목이다. 예수를 통한 이스라엘의 회복은 회개와 개혁을 모두 동반한다.

예수께서는 금식 전통을 개혁하신다(2:18-20). 유대인들의 금식 전통은 성경이 명하는 것이 아니라 사람들이 만든 것이었다. 유대인들은 금식을 함으로써 죄 사함을 받고 이스라엘의 회복을 얻고자 하였을 것이다. 그러나 죄 사함과 이스라엘의 회복을 이루실 메시아가 오셨으므로 이제 더 이상 금식할 필요가 없다. 또한 유대인들은 금식을 하였지만 하나님께서 원하는 방식의 금식을 하지 않았다고 볼 수 있다. 하나님께서 원하시

41. 희년 제도를 배경으로 볼 경우에도 빚을 탕감하러 오신 예수께서 빚진 자들에게 접근하시는 것은 당연하다.

는 금식은 출애굽 정신을 실천하는 것이었다.

> 내가 기뻐하는 금식은 흉악의 결박을 풀어 주며 멍에의 줄을 끌러 주며 압제 당하는 자를 자유하게 하며 모든 멍에를 꺾는 것이 아니겠느냐? 또 주린 자에게 네 양식을 나누어 주며 유리하는 빈민을 집에 들이며 헐벗은 자를 보면 입히며 또 네 골육을 피하여 스스로 숨지 아니하는 것이 아니겠느냐? (사 58:6-7, 개역개정)

안식일은 출애굽 정신을 따라 고역으로부터의 해방을 사회 속에 제도화한 것이다. 바리새인들은 안식일 전통을 지킴으로써 이스라엘의 회복을 준비하려 했다. 그러나 그들의 전통은 출애굽 정신과는 거리가 멀었고 오히려 그 반대 방향을 향하고 있었다. 예수께서는 유대인들의 안식일 전통을 무시하시고 안식일에 병자를 치유하심을 통하여, 이스라엘을 바리새인들의 전통으로부터 해방시키시고, 안식일의 진정한 정신을 실천하신다.

안식일은 종말의 완전한 안식의 예표이다. 이제 종말론적인 안식이 도래하였다. 이러한 안식의 시대는 고엘이 되어주신 예수를 통해서 도래한다. 따라서 예수는 이 안식의 시대의 주인이다. 안식의 시대의 주인이신 예수는 또한 안식일의 주인이다. 이 안식의 시대에는 유대인들이 잘못 적용하여 만든 안식일 전통에 노예가 된 자들이 풀려난다. 그리하여, 육체만이 아니라 마음이 쉼을 얻는 안식이 이루어진다.

우리는 안식일을 어떤 방식으로 지킬 것인가? 유대인들은 어디까지 일이고 어디까지 일이 아닌지를 정하는 전통을 만들고 그 전통을 통하여 안식일을 지켰다. 그러나 그들의 안식일 준수는 안식일의 정신인 노예 해방과 노예화 방지에 위배되는 방식으로 이루어지기도 하였다. 인간의 전통은 성경의 원래의 의도에 부합하도록 개혁되어야 한다. 안식일 법은 노예 해방의 정신에 따라 지켜져야 한다. 안식일 전통을 통하여 인간을 더 노예화하는 방식으로 안식일을 지키면 안 된다.

율법 준수와 관련하여 바리새인들의 문제는 완악한 마음이었다(3:5). 완악한 마음(생각)은 회개하지 않은 마음이다. 이것은 자기들의 방식대로 고정시킨 전통을 따라 율법을 지키지만 그 정신으로부터 거리가 먼 마음이다. 잘못된 고정관념을 고집하는 마음이며, 잘못된 전통도 고집하는 마음이다. 안식일을 지키지만 안식일의 정신인 노예 해방과 중노동 아래 억눌린 자들에 대한 사랑이 없는 마음이다. 그러나 예수께서는 안식일 정신에 따라 질병의 포로들을 자유하게 하심으로써 안식일을 참되게 지키신다.

유대인들은 출애굽 한 후 노예에서 자유인으로 신분이 바뀌었다. 그들은 가나안 땅에 들어가 토지를 얻게 되었다. 모든 백성이 토지를 가진 자유인의 나라를 만드시고 이러한 사회의 모습을 유지시키시려는 하나님의 의도는 구약성경의 노예 해방 제도와 희년 제도에 잘 담겨 있다. 이러한 제도를 버린 이스라엘이 받은 벌은 나라를 잃고 토지를 잃고 주변 나라에 노예로 잡혀가는 것이었다. 그러므로 이스라엘의 회복을 위해 중요한 것은 단지 안식일을 지키는 것이 아니라 안식일에 담긴 노예 해방의 정신을 회복하는 것이었다.

오늘날에도 성경에 담긴 정신은 잊어버리고 단지 몇 가지 형식적 표지만을 강조하는 경우가 있는데, 이것은 유대인들이 할례, 안식일, 음식법 등만을 강조하며 율법의 정신을 망각한 것과 유사하다.

제11장
마가복음 3:7-35
예수의 이스라엘 회복 사역

복음서는 1세기에 그 이전에 기록된 구약성경과 유대 문헌을 배경으로 기록되었기에, 구약성경과 중간기 문헌을 배경으로 하여 읽을 때 이해되는 문헌이다. 미쉬나와 탈무드와 같은 신약성경보다 나중에 기록된 유대 문헌들도 복음서 이해에 도움을 주지만, 구약성경, 특히 모세오경은 복음서 연구에 많은 도움을 준다. 이러한 해석학 방식을 '구약성경을 배경으로 신약성경을 해석하는 역사적 주해'라고 부를 수 있다. 구약성경을 알지 못하고 신약성경을 읽으면 제대로 해석할 수 없다. 노자, 공자, 플라톤의 문헌을 배경으로 하여 신약성경을 읽으면 신약성경에 담긴 메시지는 왜곡된다. 신약성경은 구약성경을 경전으로 사용하고 있는 청중에게 주어진 책이다. 오늘날에도 신약성경을 제대로 이해하려면 최초의 청중처럼 구약성경에 관한 이해를 가져야 한다. 마가복음 3:7-35의 해석의 경우도 마찬가지이다. 이 본문이 소개하는 영적 고엘로서의 예수의 모습을 이해하려면 구약성경의 고엘 제도(레 25장 참조)를 먼저 이해해야 한다.

마가복음 3:7-35은 다음과 같은 배열 속에서 예수를 영적 고엘로서 사탄의 노예를 풀어주시는 분으로 소개한다.

3:7-12	질병과 귀신의 노예들의 해방
3:13-19	이스라엘의 회복을 위한 준비
3:20-21	예수의 육신의 가족들
3:22-30	사탄의 노예를 해방시킴
3:31-35	예수의 영적 가족(영적 고엘 역할을 해 주시는 예수)

마가복음 3:7-12은 질병과 사탄의 노예들을 해방시키는 예수의 사역을 요약하며 그 사역의 영향권을 소개한다. 3:13-19은 예수께서 이스라엘의 회복을 위하여 이스라엘 열두 지파를 상징하는 열두 제자들을 세우심을 기록한다. 3:20-35은 제자들을 가족으로 선언하시는 예수의 말씀을 기록한다. “누구든지 하나님의 뜻대로 행하는 자가 내 형제요 자매요 어머니다”(35절).[1] 이것은 예수께서 하나님의 뜻대로 행하는 자의 고엘이 되어 주시어 그들을 구속하시는 역할을 하심을 암시한다. 이것은 또한 예수께서 하나님의 뜻을 따르시는 분임을 명확히 한다(Hooker, 118 참고). 하나님의 뜻을 행하는 자들은 33절 문맥상 예수를 따르는 자들을 가리킨다. 이제 회복된 종말의 하나님의 백성, 즉 새 이스라엘이 바로 예수의 가족이다.[2] 이들을 위해서 예수께서 고엘(빚을 대신 갚아주는 가까운 친족)이 되어 주시고 대신 값을 치르고 그들을 사탄의 노예 상태로부터 해방시키신다. 육체적인 가족의 개념은 이 해방의 시대에 상대화된다. 이렇게 회복되는 이스라엘로서의 예수의 가족(새 이스라엘로서의 교회)은 구약성경이 예언하는 이스라엘의 회복의 성취이다.[3]

---

1. ‘어머니,’ ‘자매’란 표현은 초기 교회에 여성들이 포함되었음을 암시한다(Hooker, 119).
2. 오늘날 교회가 무엇인가? 바로 이러한 예수의 가족이다.
3. 사 49:17-21; 60:4은 이스라엘의 종말론적 회복에 관한 희망을 표현한다(Marcus,

마가복음 3:20-35은 예수의 가족들과 서기관들에 관련된 내용을 샌드위치 구조로 배열하였다. 여기서 A와 B 사이의 평행은 21절과 30절에서 명확하게 드러난다(Lane, 137). “그들이 그가 미쳤다고 말했기 때문이다”(21절). “그들이 그가 더러운 귀신 들렸다고 말했기 때문이다”(30절).

A (20-21절) 예수의 가족

B (22-30절) 서기관들과의 축귀 논쟁

A′ (31-35절) 예수의 참된 가족

샌드위치 구조는 밖에 놓인 A와 A′를 연관시켜서 해석할 뿐 아니라 중간에 놓인 B를 A, A′와 연관시켜서 해석하도록 하는 장치이다.[4] 이러한 구조를 통해 본문은 예수가 미쳤다는 소문을 믿은 예수의 가족들과 예수가 귀신에 들렸다고 한 서기관들이 서로 비슷한 부류임을 지적하면서(Lane, 137), 이들을 예수의 제자들과 대조시킨다. 마가복음은 이러한 대조를 통해 가족 중심의 혈연주의나 예루살렘 중심의 교권주의를 비판하며 참으로 중요한 것은 하나님의 뜻을 행하는 것임을 알려준다.

마가복음 3:22-30은 3:20-21(A), 3:31-35(A′) 사이에 놓인 샌드위치 구조의 중간 부분으로서(Hooker, 114), 예수를 미쳤다고 말한 가족들의 잘못과 그가 바알세불에[5] 들렸다고 본 서기관(율법학자)들의 죄를 평행시킨

2000: 286 참고). 사 49:18-19: “네 눈을 들어 사방을 보라. 그들이 다 모여 네게로 오느니라. … 이는 네 황폐하고 적막한 곳들과 네 파멸을 당하였던 땅이 이제는 주민이 많아 좁게 될 것이며 너를 삼켰던 자들이 멀리 떠날 것이니라”(개역개정). 사 60:4: “네 눈을 들어 사방을 보라. 무리가 다 모여 네게로 오느니라. 네 아들들은 먼 곳에서 오겠고 네 딸들은 안기어 올 것이라”(개역개정).

4. 양용의, 89 참고.

5. ‘바알세불’은 “거처의 주인”을 의미하는 히브리어 ‘바알 제불’(בַּעַל זְבוּל)에서 온 것

다. 그리하여 예수를 잡으려고 온 예수의 가족들과 예루살렘에서 온 서기관들을 비교하면서 그들이 동일하게 진리에 눈먼 자들임을 보여준다(Hooker, 114). 서기관들은 예수가 바알세불의 힘으로 귀신을 쫓아낸다고 생각하였고, 예수의 가족들은 예수가 미쳤다고 생각하였다. 유대인들은 사람이 미침은 귀신들려 생기는 현상이라고 간주하기도 했기 때문에(요 10:20), 예수의 가족들의 생각은 예루살렘에서 온 서기관들의 주장(22절, "바알세불 들렸다")과 유사하였다고 볼 수 있다(Hooker, 115).

위더링턴(B. Witherington)은 이 본문을 좀 더 잘게 쪼개어 다음과 같이 교차대구 구조로 분석한다(Witherington, 153).

A (20절) 예수와 무리
  B (21절) 예수의 가족의 등장
    C (22절) 서기관들의 비판
    C′ (23-30절) 서기관들에 대한 반응
  B′ (31절) 예수의 가족의 재등장
A′ (32-35절) 예수와 무리

으로 보인다(Hooker, 115). 이러한 해석은 27절에 '집 주인'이 등장하는 것으로 보아 적합해 보인다. 왕하 1:2-6에 나오는 '바알제붑'(파리들의 주)은 실제 이름을 유사한 다른 말로 바꾼 것이라 볼 수 있다(Hurtado, 68). 예수 시대에는 '바알세불'이 귀신들의 우두머리를 가리키는 말로 사용되었다(Witherington, 157). 콜린스(A. Y. Collins)는 זבל(자불)이 왕자, 통치자를 가리킨다는 해석을 소개한다(A. Y. Collins, 229-30). 바알세불은 솔로몬의 유언 2:8 (3:1, 5); 3:6에서 귀신들의 우두머리로 언급된다(A. Y. Collins, 230). 솔로몬의 유언 6:2, 4과 에녹1서 6:1-3은 바알세불이 창 6:1-4에 등장하는 인간의 딸들을 취한 하나님의 아들들 중에 하나라고 여긴다(A. Y. Collins, 230). 귀신들의 우두머리로서의 바알세불의 역할은 솔로몬의 유언 16:3에도 반영되어 있다(A. Y. Collins, 231).

1. 번역과 주해

예수의 사역과 그 영향권(3:7-12)

7 예수께서 그의 제자들과 함께 바다로 떠나가셨다. 이에 갈릴리와 유대로부터의 큰 무리와, **8** 예루살렘과 이두매와 요단 건너편, 두로와 시돈 주변으로부터의 큰 무리가 그가 행하시던 일들에 관하여 듣고 그에게 나아왔다. **9** 그러자 그는 그의 제자들에게 무리로 인하여 그를 위하여 배를 준비하라고 말씀하셨다. 이것은 무리가 그를 밀어 누르지 못하도록 하기 위함이었다. **10** 왜냐하면 그가 많은 사람들을 치유하셨으므로 병든 사람마다 그를 만지려고 그에게 계속 덮쳤기 때문이었다. **11** 또한 더러운 영들은 그를 볼 때마다 그를 향하여 넘어지며 "당신은 하나님의 아들이오."라고 외쳤다. **12** 그러나 그는 줄곧 자기를 알리지 말라고 엄하게 명하셨다.

마가복음 3:7-12은 1:16-3:6을 마무리하는 요약적 진술로서 서언 부분을 마치는 1:14-15에 대응한다고 볼 수 있다. 3:13-19(열두 제자를 세우심)은 2:16-20(제자를 부르심)처럼 새로운 장면을 시작한다(Lane, 127 참조).

7-8절 (큰 무리가 예수께 나아옴) 7-8절은 갈릴리 지역으로부터는 많은 사람들이 예수를 따랐고, 그 외의 지역으로부터는 많은 사람들이 예수께로 왔다고 읽을 수도 있다(Keck, 1965: 345). 이러한 해석 가능성은 7절의 '따랐다'(ἠκολούθησεν)가 본래 마가복음 본문에 있었을 가능성을 지지한다(Keck, 1965: 345). '따랐다'가 생략된 사본들의 본문은 문장을 개선하려고 시도한 결과로 볼 수도 있다(Keck, 1965: 345).[6]

6. 그러나 이 단어를 가진 사본들의 본문은 '큰 무리'라는 주어가 두 번 반복된 것에 따라 동사를 추가한 결과로 볼 수도 있다.

이두메와 요단 건너편은 유대인과 이방인이 섞여 사는 지역이고 두로와 시돈은 주로 이방인들이 사는 지역이다(Edwards, 2002: 103). 이러한 지역의 언급은 예수의 사역의 영향권이 요한의 사역 영향권(예루살렘과 유대)보다 더 크다는 것을 보여준다(Edwards, 2002: 103). 이사야 49:6("내가 또 너를 이방의 빛으로 삼아 나의 구원을 베풀어서 땅 끝까지 이르게 하리라." 개역개정)의 묘사처럼 여호와의 종으로서의 예수의 영향권은 이방 지역을 포함한다(Edwards, 2002: 103). 비록 예수께서는 더러운 귀신들에게 자신의 정체를 알리지 말라고 하셨고, 나병환자에게도 치유 사실을 알리지 말도록 하셨으나, 세례 요한보다 더 큰 명성을 얻는다(Burkill, 412).

9절 (작은 배를 준비함) 예수께서 무리에 의해 짓밟히지 않도록 배를 준비시킨 모습은 인간으로서 다칠 수 있는 예수의 모습을 보여준다(Boring, 2006: 98). 이처럼 마가복음은 예수의 인성도 잘 묘사한다.

10절 (병자들이 몰려옴) 병자들이 치유를 위해 예수께 몰려온다. 마가는 병을 묘사하고자 '채찍'에 해당하는 헬라어 단어(μάστιξ)를 사용한다. 이 단어가 질병을 뜻하게 된 것은 질병이 악령의 영향이라고 보는 고대인들의 세계관과 관련된다(*PGM* V.160-170 참고)(A. Y. Collins, 213).

병자들은 치유를 위해 예수를 만지고자 하였다. 선지자들에게 접촉되어 치유되는 것은 구약적 배경을 가진다(왕상 17:21; 왕하 4:34; 13:21).[7] 그러므로 예수를 만진 자들이 치유 받은 것은 예수의 선지자적 면모를 드러낸다.

11-12절 (귀신들의 반응과 예수의 명령) 귀신들은 예수를 보면 "당신은 하나님의 아들입니다."라고 외친다. 이러한 귀신의 고백(1:24; 5:7 참조)은

7. Bock, 162.

적합하지만(1:11; 9:7 참고) 순종을 동반하지 않는 지식일 뿐이다(약 2:19 참고).[8] 그러므로 예수께서는 이러한 지식을 긍정적으로 평가하지 않는다. 또한 '하나님의 아들'은 당시에 메시아 칭호이며 당시의 메시아 사상은 군사적 메시아 사상이었으므로 이러한 메시아 칭호에 동의하시지 않는 예수께서는 오해를 방지하기 위하여 이러한 지식을 (예수께서 십자가에 달리심으로써 오해가 불가능할 때까지) 퍼뜨리지 않도록 하신다. 귀신의 증언은 예수를 사탄의 편으로 오해하게 하는 부분이 있기에 위험한 측면도 있었다(Witherington, 144). 이러한 측면도 예수께서 귀신의 증언을 원하지 않으신 이유였을 수 있다.

예수께서 열두 제자를 세우심(3:13-19)

13 그가 산에 올라가시어 그 자신이 원하시던 자들을 부르셨다. 그러자 그
들이 그에게 떠나왔다. **14** 그때 그가 열둘을 세우셨다. 이것은 그들이 그와
함께 거하고 (복음을) 선포하도록 그들을 파송하며 **15** 귀신들을 쫓는 권세
를 가지도록 하려 함이었다. **16** 그가 열둘을 세우시고는 시몬에게 베드로
라는 이름을 붙이셨다. **17** 세베대의 아들 야고보와 야고보의 형제 요한도
세우셨는데 그들에게 보아네르게스 즉 천둥의 아들들이라고 이름 붙이셨
다. **18** 또한 안드레, 필립, 바돌로매, 마태, 토마스, 알패오의 아들 야고보,
다대오, 열심당 시몬, **19** 그리고 그리욧 사람 유다를 세웠는데 그는 예수를
배반하였다.

8. 귀신이 예수께 엎드려 절하며 "당신은 하나님의 아들입니다."라고 외친 것은 예수의 정체를 안다고 발설하여 예수를 통제하려고 시도한 것으로 볼 수는 없다(Bock, 162).

13절 (산에 오르신 예수) 예수께서 산에 오르신다.[9] '그가 그 산에 올랐다'(ἀναβαίνει εἰς τὸ ὄρος)는 70인역에서 24번 등장하는데 그중에 18번은 모세오경에 나오며 대개 모세와 관련된다(Marcus, 2000: 266). '산'은 출애굽기 19-20장에 나오는 이스라엘 백성의 창조와 관련된 산을 기억나게 한다(Hooker, 111). 출애굽기 19:2, 12, 16, 20에 '산'이란 단어가 등장하기 때문이다. 출애굽기 24:1-4에서 모세는 산에 올라가 12 지파를 상징하는 기둥들을 세우는데 본문은 이와도 평행된다(Marcus, 2000: 266). 그러므로 이어서 묘사되는 열두 제자를 세우는 장면은 새 이스라엘 12 지파의 창조를 암시할 수 있다.

14-15절 (열둘을 세우신 예수) 예수께서는 사역을 함께 하시려고 열두 제자를 세우셨다.[10] 예수 시대에는 두 지파 반만이 남아 있었는데(Witherington, 151), 당시 유대인들은 잃어버린 열 지파가 종말론적으로 회복되리라는 희망을 가지고 있었다(Marcus, 2000: 267).[11] 70인역 이사야 49:5-6; 시락서 48:10은 이스라엘(12지파)의 회복을 기대한다(A. Y. Collins, 216). 제2성전기 유대 문헌에서 열두 지파의 회복은 종말론적 성취의 시대와 관련된다(A. Y. Collins, 297). 열두 제자를 세우는 것은 이러한 소망의 성취와 관련된다고 볼 수 있다. 열두 제자는 잃어버린 지파들이 돌아와 회복되어 이루어지는 이스라엘을 상징한다. 따라서 열두 제자를 세우

---

9. 여기서 헬라어 현재형의 사용은 새로운 사건을 도입하기 위한 것으로 볼 수 있다(Wallace, 226). 강조를 위해서 현재형을 사용할 수도 있으나(박윤만, 2017: 275), 항상 그러한 것은 아니다. 마가는 새로운 사건의 도입을 위해 종종 현재형을 사용하는 문체적 특징을 보인다.

10. Hooker, 112. '뽀이에오'(ποιέω) 동사는 70인역에서 "임명하다"는 뜻으로 쓰인 용례가 있다(삼상 12:6; 왕상 13:33)(Boring, 2006: 100).

11. 종말에 이스라엘이 회복되리라는 기대는 사 49:6; 겔 45:8; 시락서 36:10; 48:10; 솔로몬의 시편 17:26-32; 시빌의 신탁 2:170-76; 요셉의 유언 19:1-7; 요세푸스, 『유대 고대사』 11.133에 반영되어 있다(Witherington, 151).

시는 것은 이스라엘이 회복되기 시작하였음을 시사한다. 예수께서 선포하신 메시지와 삶의 스타일은 이 새 부대로서의 이스라엘에 담기게 되는 것이다. 이렇게 다시 돌아오는 사라진 지파들 중에 이방인들이 함께 포함된다.

쿰란 문헌(11QT 57:2-15)은 미래의 왕을 언급하는데 이스라엘을 회복할 이상적인 종말론적 왕은 열두 명의 왕자, 열두 명의 제사장, 열두 명의 레위인으로 자신을 위한 심의기구를 구성한다(A. Y. Collins, 216). 이러한 배경을 통해서 보면 열두 제자를 세우심은 종말론적 왕에게 기대된 것을 이루신 것으로 이해될 수 있었다. 그런데 예수의 제자들은 이러한 기대와는 달리 종교지도자들로부터 뽑힌 것이 아니라 '땅의 백성'이라 불린 일반 백성 중에서 선택되었다.

열두 제자를 임명하신[12] 목적은 예수와 함께 거하고(공동체), 선포하도록 파송하고(선교), 귀신을 쫓아내는 권세(영적 전투)를 가지도록 하심이었다. 오늘날의 제자훈련 프로그램에는 이러한 요소를 모두 가지고 있지는 않으므로, 보완되어야 할 점이 많다.

귀신을 쫓아내는 것은 메시아 시대의 특징으로 여겨졌다(Edwards, 2002: 114). 에드워즈(J. R. Edwards)는 레위의 유언 18:12을 증거로 든다.[13] 이외에도 스가랴 13:2; 시므온의 유언 6:6; 스불론의 유언 9:8이 증거로 추가될 수 있다.[14] 따라서 축귀는 메시아 시대의 표징으로서 제자들에게

12. 임명함을 묘사하기 위해 "만들다"(ποιέω 동사)를 뜻하는 단어를 사용하는 것은 삼상 12:6; 왕상 12:31; 13:33(LXX)에서도 발견된다(Bock, 164).

13. "And Beliar shall be bound by him. And he shall grant to his children the authority to trample on wicked spirits"("그리고 벨리알은 그에 의하여 결박될 것이다. 그리고 그는 그의 자녀들에게 악한 영들을 밟을 권세를 주실 것이다")(레위의 유언 18:12, trans. Kee, 795).

14. "만군의 여호와가 말하노라. 그 날에 내가 우상의 이름을 이 땅에서 끊어서 기억

중요하다고 볼 수 있다.

16절 (시몬 베드로) 열두 제자의 이름을 소개함은 이스라엘 열두 지파의 대표를 세우고 명단을 공개한 것과 유사하다(민 1:4-15).[15] 예수께서 시몬에게 베드로(Πέτρος)라는 이름을 부여하신 것은 어떤 의미를 가지는가? 이름을 바꾸는 경우는 아브라함의 경우처럼 계획을 알려주시기 위한 것일 수 있다(창 17:5).[16] 구약성경과 유대교 문헌에서 별명을 붙여주는 것은 종종 약속이나 임무 부여와 관련된다(Lane, 134). 이사야 45:4("나의 종 야곱, 내가 택한 자 이스라엘")에서는 개명이 신적 선택과 관련된다(Marcus, 2000: 266). 또한, 쿰란 문헌(4Q164)에서는 새로워진 이스라엘이 종말론적 성전의 열두 돌들에 비교되는데, '베드로'라는 이름에도 돌 상징이 등장한다(Marcus, 2000: 267). 주전 5세기 문헌에 아람어 '케파'가 사람 이름으로 등장한 경우가 있고 '뻬뜨로스'(Πέτρος)라는 헬라어 이름은 쿰란 문헌에서 1회 등장하지만, 그 외에는 이 헬라어 이름이 주전 330~주후 200년경에 사용된 경우가 없다.[17] 이러한 독특성은 분명히 예수의 의도를 반영할 것이다. 이사야 51:1-2에서 아브라함은 하나님의 백성의 모체가 되는 '뻬뜨라'(반석)라고 불리므로(Marcus, 2000: 268 참고), 이와 유사한 '뻬뜨로스'(돌, 바위)란 이름은 하나님의 새 백성의 모체(반석, 새 아브라

도 되지 못하게 할 것이며 거짓 선지자와 더러운 귀신을 이 땅에서 떠나게 할 것이라"(슥 13:2, 개역개정). "Then all the spirits of error shall be given over to being trampled underfoot"("그 후에 모든 오류의 영들이 발 아래 밟히도록 넘겨질 것이다")(시므온의 유언 6:6, trans. Kee, 787). "He will liberate every captive of the sons of men from Beliar, and every spirit of error will be trampled down"("그는 모든 사람의 아들들의 포로를 벨리알로부터 해방할 것이고, 모든 오류의 영은 밟힐 것이다")(스불론의 유언 9:8, trans. Kee, 807).

15. 박윤만, 2017: 280.
16. 박윤만, 2017: 280.
17. 박윤만, 2017: 280-81; Witherington, 151.

함) 또는 이 모체에서 떼어져 나온 돌로서의 새 이스라엘 백성의 대표라는 뜻으로 사용되었을 것이다.

열두 제자를 세우심은 열두 명의 새 족장과 함께 이스라엘을 종말론적으로 재창조하시기 위함이었다고 볼 수 있다(Witherington, 152). 베드로가 시험에 넘어지는 것을 감안할 때(14:66-72) '베드로'가 4:16의 돌밭과 관련된다고 보기도 한다(Marcus, 2000: 268). 그러나 베드로는 다시 회복되어 열매를 맺으므로 베드로라는 이름이 시험에 걸려 넘어지는 특징을 표현하고자 주어졌다고 볼 수는 없다.

17절 (세베대의 아들들) 예수께서는 세베대의 두 아들에게 '보아네르게스'(Βοανηργές)라는 별명을 주신다. 이것은 "소리의 아들들"(בני רגשא, 'sons of noise') 또는 "우레의 아들들"(בני רגז)에 해당하는 음역일 수 있다(A. Y. Collins, 219). 구약성경에서 우레는 하나님의 나타나심의 상징이다(출 19:16; 삼상 7:10; 시 104:7; 사 29:6; 계 4:5; 8:5; 11:19). 그러므로 '우레의 아들들'이란 하나님의 나타나심인 예수의 사역에 참여하는 자들이란 뜻으로 볼 수도 있다(Hurtado, 59). 발음을 '보아'(Boa)라고 한 것은 "소리치다"는 뜻을 가진 '보아오'(βοάω) 동사에 유사화시킨 것으로 볼 수 있고, '에르게스'(ηργϵς)는 어원 '에르그'(ϵργ, "일")를 연상시키므로 '보아네르게스'는 헬라어로도 "소리 사역자"(shout-workers)라는 뜻으로 이해될 수 있는 음역이다(Buth, 29-30).

18절 (다른 제자들) 마가는 시몬을 '까나나이오스'(Καναναῖος)라고 부른다. 이 단어는 "열심자"를 의미하는 아람어 단어(קַנְאָן)에서 온 것이다(Hooker, 112). 그러므로 이 단어는 '젤로떼스'(ζηλωτής)와 동일한 의미를 가진다. '젤로떼스'는 예수 당시까지는 "열심당원"을 가리키는 전문용어로 쓰인 적이 없고(Hooker, 113), 이 용어가 반로마 운동 참여자에 대해 사용된 것은 주후 50년대부터였다(Osborne, 57). 그렇지만 마가복음이 기록될 당시(아마도 60년대)에는 이 단어가 그러한 전문용어로 쓰였을 것이므로 마가는 이 단어를 반로마 운동에 참여하는 "열심당"이란 의미로 사용했을 수 있다. 시몬은 민족의 해방을 위해서라면 무장 폭동을 일으킬 준비가 되어 있는 사람이었을 것이다.

'바돌로매'로 번역되는 '바르톨로마이오스'(Βαρθολομαῖος)는 '탈마이'(*Talmai*)의 아들이란 뜻이다(Lane, 135). '마태'(Μαθθαῖος)는 헬라어 이름이 아니라, 셈족어적 이름이다(Lane, 135). '토마스'(Θωμᾶς)는 쌍둥이라는 뜻이다(Lane, 135).

19절 (가룟 유다) 마지막으로 가룟 유다가 후에 예수를 배신한 자로 소개된다. '가룟'('Ισκαριώθ)은 '이쉬 크리욧'(אִישׁ קְרִיּוֹת)의 음역으로서 "그리욧 사람"을 뜻할 수 있다. '그리욧'은 사해 동쪽 약 32km 지점(렘 48:24; 암 2:2, 모압 땅의 "그리욧")에 있었을 것이다(Edwards, 2002: 116). 그러나 이 지역은 여호수아 15:25에 등장하는 유다 지파의 지역으로서 헤브론에서 약 19km 남쪽에 위치하는 지역일 수도 있다(Hagner, 1993: 266). 또는 '가룟'이 "자객"을 뜻하는 '시카리우스'(*sicarius*)에서 온 말일 수도 있다(Edwards, 2002: 116). 요한복음 6:71에 의하면 가룟 유다의 아버지 이름이 '시몬 가룟'이므로 '가룟'은 가족의 이름일 수도 있다(Strauss, 162). 유다의 존재는 예수의 제자들이 완전하지 않았음을 일깨워준다(Edwards, 2002: 117).

가룟 유다는 예수를 "팔았다"(παρέδωκεν). '팔다'로 번역된 이 단어는 본래 "넘겨주다"라는 기본적 의미를 가진다. 이 단어는 70인역 이사야 53:6, 12에서 3번 등장하고 죽음과 연관되므로, 이 이사야 본문과의 연관성으로 인해 마가복음에서 예수의 죽음을 암시한다(A. Y. Collins, 224).

예수의 참된 가족(3:20-35)

20 그가 집으로 들어가셨다. 그러자 무리가 다시 모여들어서 그들은 식사할 수도 없었다. **21** 그때 그의 가족이 듣고 그를 잡으러 나아왔다. 왜냐하면 사람들이 그가 미쳤다고 말했기 때문이었다.[18] **22** 예루살렘에서 내려온 율법사들은 줄곧 말하기를 그는 바알세불에 들렸으며 귀신들의 두목을 힘입어 귀신들을 쫓아낸다고 하였다.

23 이에 그는 그들을 부르시고 비유들로 그들에게 말씀하셨다.

"어떻게 사탄이 사탄을 쫓아낼 수 있겠소?

24 또한 만일 어떤 나라가 자기를 대항하여 나뉜다면 그 나라는 유지될 수 없소.

25 만일 어떤 집이 자기를 대항하여 나뉜다면 그 집은 유지될 수 없소.

---

18. 완스브러(H. Wansbrough)는 21절을 다음처럼 번역한다. "When they heard it, his followers went out to calm it down, for they said that it was out of control with enthusiasm"("그들이 그것을 들었을 때, 그의 제자들은 그것을 진정시키려고 나갔는데, 왜냐하면 그들이 말하기를 열광으로 인해 그것은 통제 불능 상태가 되었다고 했기 때문이었다")(Wansbrough, 235). 이것은 '호이 빠라우뚜'(οἱ παρ' αὐτοῦ)를 예수의 제자들을 가리킨다고 보고 번역한 것이다. 그러나 예수의 제자들을 가리키려면 막 1:36의 경우처럼 '메따우뚜'(μετ' αὐτοῦ)를 사용하여 표현하였을 것이다. 막 3:14에서 사도들과 예수의 관계를 표현한 '메따우뚜'(μετ' αὐτοῦ)도 이 가능성을 지원한다. 또한 완스브러가 '끄라떼사이'(κρατῆσαι)를 '체포하려고'가 아니라 'to calm it down'(진정시키려고)으로 번역한 것은 마가복음의 용례에 맞지 않는다(아래 21절 주해 참고). 이 부정사의 목적어 '아우똔'(αὐτόν)을 예수가 아니라 군중을 가리키는 것으로 본 것도 마가복음의 용례에 맞지 않는다. 마가는 군중을 가리킬 때, 복수형 대명사를 사용하기 때문이다(2:13; 4:34, 45, 46; 7:14; 15:8, 15)(Wenham, 296). 웬함(D. Wenham)은 마 12:23과 눅 11:14이 마가복음에서처럼 바알세불 논쟁 앞에 놓이는데, 무리들의 놀람을 언급하므로, 완스브러의 해석을 지지한다고 볼 수 있다고 지적한다(Wenham, 299). 그러나 공관복음서들은 각각 독특한 강조점을 가질 때가 많으므로, 마가복음에 담긴 본문의 의미가 마태복음과 누가복음의 해석과 동일할 필연성은 없다.

26 이처럼 사탄이 자기 자신에게 대항하여 일어나 나뉘었다면,
사탄은 유지될 수 없고 끝장날 것이오.
27 사실, 우선 강한 자를 결박하지 않으면,
아무도 그의 집에 들어가서 그의 소유를 약탈할 수 없소.
(그러나 그가 그렇게 하면,) 그때에는 그의 집을 약탈할 것이오.
28 나는 진실로 당신들에게 말하오.
사람의 아들들에게 모든 죄와 그들이 발설한 신성모독들이 용서될 것이오.
29 그러나 누구든지 성령을 모독하면
영원히 사함을 받지 못하고 영원한 정죄를 받아 마땅할 것이오."
30 (예수께서 이러한 말씀을 하신 것은) 그들이 "그가 더러운 영에 들린 거여."라고 줄곧 말했기 때문이었다.
31 그의 어머니와 형제들이 와서 밖에 서서 사람들을 보내어 그를 불렀다.
32 그런데 무리가 그의 주위에 앉아 있었다. 그들이 그에게 말했다.
"보세요! 당신의 어머니와 당신의 형제들이 밖에서 당신을 찾고 있어요."
33 이에 그가 그들에게 반응하여 말씀하셨다.
"누가 나의 어머니며 나의 형제들인가요?"
34 그는 그의 주변에 빙 둘러앉은 사람들을 둘러보시고 말씀하셨다.
"보세요, 나의 어머니와 나의 형제들이요!
35 왜냐하면 누구든지 하나님의 뜻대로 행하는 자,
그가 나의 형제이며 자매이며 어머니이기 때문이지요."

20절 (집에 들어가신 예수) 예수께서 집에 가셨다. '집에'로 번역한 헬라어는 '에이스 오이꼰'(εἰς οἶκον)이다. 이 표현은 숙어적으로 "집에"라

는 뜻을 가진다(A. Y. Collins, 226). 본문은 예수께서 가버나움에 있는 예수의 집으로 가셨음을 표현한 듯하다(A. Y. Collins, 226). 그러나 이 집이 베드로의 집이라고 보며, 성베드로 교회 터를 베드로의 집터라고 추측하는 학자들도 있다(박윤만, 2017: 291).

21절 (예수의 가족들이 예수를 잡으러 옴) 예수의 가족들로 번역되는 헬라어 표현 '호이 빠라우뚜'(οἱ παρ' αὐτοῦ)는 70인역이나 당시 구어체 헬라어에서 "친척"이나 "친구"를 의미했다(Hooker, 115). 그런데 마카비1서 9:44에서 시내산 사본과 V 사본은 '또이스 빠라우뚜'(τοῖς παρ' αὐτοῦ)를 가지고 있는데, A 사본은 이 부분에서 '또이스 아델포이스 아우뚜'(τοῖς ἀδεφοῖς αὐτοῦ, "그의 형제들")를 가지고 있음은 '호이 빠라우뚜'가 가족들을 가리킬 수 있음을 보여준다(Marcus, 2000: 270 참고). 또한 마가복음 3:20-35을 샌드위치 구조로 본다면, 31절에서 예수의 어머니와 형제들이 도착하므로, '호이 빠라우뚜'는 "친척"이라는 뜻으로 사용되었고, 예수의 가족을 가리킨다고 볼 수 있다(Hooker, 115).

사람들이 예수가 미쳤다고 말하는 것을 듣고 예수의 가족들이 예수를 데리러 왔을 것이다. 예수의 가족들이 예수가 미쳤다고 말하며[19] 예수를 체포하러(κρατῆσαι) 왔을 가능성도 있지만, 그들이 '듣고' 왔다고 하므로, 다른 사람들이 그렇게 말하는 것을 들었다고 보는 것이 문맥에 부합한다. 여기서 "잡다"로 번역한 '끄라테오'(κρατέω) 동사는 6:17; 12:12; 14:1, 44, 46, 49, 51에도 사용되었는데, "체포하다"를 의미한다.[20] 이렇게 예수를 체포하러 온 가족들의 태도는 권세자들의 태도와 유사하였다(Hooker, 115).

19. 21절의 '엘레곤'(ἔλεγον, "그들이 계속 말했다")의 주어는 예수의 가족일 수 있지만 (Witherington, 155), 근접 문맥은 예수의 가족이 소문을 듣고 왔다고 하므로 말한 사람들은 예수의 가족이 아닌 다른 사람들이라고 보아야 할 것이다.

20. 양용의, 91; 참조, Hooker, 115.

이것은 예수께 가장 가까이 있다고 하는 자들이 예수의 적대자와 같은 생각을 가질 수 있음을 보여준다(Edwards, 2002: 124). 그들이 예수를 체포하러 온 이유는 예수를 보호하기 위한 것이기보다는 가족을 불명예스럽게 하지 않기 위해서였을 것이다(Witherington, 155).

예수가 미쳤다고 보는 사람들의 판단은 그러한 판단을 하는 사람들이 잘못되었음을 보여준다. 악인들이 의로운 자를 미쳤다고 보는 것은 유대인들의 문헌 솔로몬의 지혜 5:1-5에도 나타난다(Lane, 139).

22절 (예수에 대한 서기관들의 견해) 예루살렘으로부터 온 서기관(율법학자)들은[21] 예수가 바알세불(귀신들의 우두머리, 사탄)의[22] 힘으로 귀신을 쫓아낸다고 주장했다.[23] 예수가 귀신들렸다는 주장이 제기되었음은 요한복음 7:20; 8:48, 52; 10:20에 의해서도 그 역사적 사실성이 지지된다(Witherington, 156). 탈무드(*b. Sanhedrin* 43a, 107b)도 예수가 마술(sorcery)을 행했다고 하며 초기 교부 문헌도 유대인들의 그러한 견해를 소개한다.[24] 이러한 다양한 자료들은 마가복음 3:22 본문의 역사적 진정성을

---

21. 예루살렘으로부터 왔다는 것은 예루살렘 공의회의 공식적 파견을 받고 왔을 가능성을 시사한다(Strauss, 168).
22. 바알세불을 귀신들의 우두머리로 해석하는 견해가 막 3:22에 담겨 있다. 이러한 견해는 헬라어판 희년서 17:16에 등장하며(Marcus, 2000: 272), 위경인 솔로몬의 유언 2:8; 3:1-6; 4:2; 6:1-8에서도 발견된다(Strauss, 168; 박윤만, 2017: 294). '바알세불'은 본래 가나안이나 시리아의 신 에크론(Ekron, 왕하 1:2)을 가리키는 이름이었다(Bock, 168). 예수는 막 3:23에서 사탄을 언급함으로써 바알세불을 사탄으로 간주하신다. 사탄은 바알세불만이 아니라 벨리알(Belial, 고후 6:15), 아자젤(Azazel, 에녹1서 13:1), 마스테마(Mastema, 희년서 10:8), 아스모데우스(Asmodeus, 토비트 3:8) 등으로 불렸다(Osborne, 61).
23. 이처럼 귀신을 쫓아내는 현상 자체의 사실성은 부정할 수 없었기에 그들은 이 현상을 그들의 관점에 따라 해석하여 예수를 대적하였을 것이다. 이것은 기적이 필연적으로 사람들의 믿음을 낳지는 않음을 보여준다(Edwards, 2002: 119).
24. Justine Martyr, *Dialogue with Trypho*, ch.69; Origen, *Against Celsus* 1:6; Tertullian, *Against Marcion* III.6(Lane, 142). 레인(W. Lane)은 "예수가 마술을 행하여 이스라엘

지지하며, 예수의 적대자들도 예수가 축귀를 한 사실은 부정할 수 없었음을 알려준다. 예수에 대한 이러한 주장은 예수를 죽일 수 있는 치명적인 공격이었다(레 19:31; 20:27; CD 12:2-3; *m. Sanhedrin* 7:7)(Bock, 169).

서기관들의 주장대로라면 예수는 레위기 20:27(접신한 자는 사형)에 해당한다(A. Y. Collins, 228). 쿰란 문헌(CD 12:2-3)은 벨리알(바알세불)에 들려 배교하는 자를 심판해야 한다고 하며, 미쉬나(*m. Sanhedrin* 7:7)는 이런 자를 돌로 쳐 죽여야 한다고 한다(A. Y. Collins, 229). 서기관들은 이러한 전통에 입각하여 예수를 죽이고자 했을 것이다.

23-27절 (예수의 비유) 예수께서는 서기관들의 주장을 논박하신다. 예수의 논증은 다음처럼 정리될 수 있다. 나라가 분열되어 내전을 하면 그 나라는 망할 것이다.[25] 만일 사탄이 귀신을 쫓아내면 사탄의 나라는 망할 것이다(23-26절). 그런데, 사탄이 자신들의 졸개들인 귀신들을 쫓아낼 정도로 우둔하지는 않다(Hooker, 116). 그러므로 축귀 현상의 원인은 다른 데서 찾아야 한다. 사탄을 결박하면 귀신을 쫓아낼 수 있다(27절). 그러므로 축귀는 결국 누군가 사탄을 결박했다는 것을 암시한다. 27절은 이사야 49:24-25을[26] 기억나게 하는데, 여기서는 여호와께서 강한 자를 굴복시킨다(Hooker, 116).

예수의 축귀 현상의 원인은 사탄이 결박당했음에 있다. 예수께서는

을 배교하도록 꾀었다."고 하는 예루살렘 공의회(산헤드린)의 주후 32년 공식 기록이 있다고 언급한다(Lane, 142).

25. 유대인들의 하스모니안 왕가의 아리스토볼로스(Aristobolos) 2세와 히르카누스(Hyrcanus) 2세가 왕위 쟁탈전을 하며 싸울 때, 로마 장군 폼페이(Pompey)는 주전 63년에 거의 싸우지 않고 이스라엘 땅을 정복하였다(Josephus, 『유대 고대사』 14.3-4 §34-77)(Strauss, 169).

26. "여호와가 이같이 말하노라. 용사의 포로도 빼앗을 것이요, 두려운 자의 빼앗은 것도 건져낼 것이니 이는 내가 너를 대적하는 자를 대적하고 네 자녀를 내가 구원할 것임이라"(사 49:25, 개역개정).

비유를 통해 자신이 사탄을 결박하였고 따라서 사탄보다 더 강한 자임을 암시한다. 예수께서는 아마도 광야 시험 때 사탄을 결박하셨을 것이다(Witherington, 158).

그렇게 사탄이 결박되어 축귀가 발생하면 결국 사탄의 나라는 망한다.[27] 그러므로, 축귀는 사탄의 나라가 스스로 분열되었든지 침략당하였든지 결국 망한다는 징조이다.

'사탄'은 주로 고유명사로 사용되는 이름이며, 용례상 적대자, 고소자, 적, 중상모략자 등의 의미를 가진다(A. Y. Collins, 231). 욥기 1-2장과 스가랴 3:1-2에서 사탄은 천상 법정에서 고소자의 역할을 한다(A. Y. Collins, 231). 70인역이나 제2성전기 대부분의 헬라어 작품에서는 '호 디아볼로스'(ὁ διάβολος, "참소자," "중상모략자," "악마")라는 용어를 쓴다(A. Y. Collins, 232). 사탄의 나라의 분열에 관한 언급은 사탄의 나라의 존재를 전제하는데, 이것은 사해 두루마리에 담긴 '벨리알의 지배'라는 표현에서도 암시된 것이다(A. Y. Collins, 232-33). 그러므로 강한 자 사탄을 묶는 것은 하나님의 지배의 재확립을 의미한다(A. Y. Collins, 233). 축귀 현상은 예수께서 사탄의 세계를 공격하여 사탄의 영역을 접수하셨고 사탄이 패배하였음을 보여주는 증거이다(모세의 승천 10:1 참조; Bock, 170).

28절 (죄 사함) 예수께서는 "내가 진실로 너희에게 말한다."(Ἀμὴν λέγω ὑμῖν)라고 하시면서 말씀을 시작하신다. 구약성경에서는 '아멘'(ἀμήν)이 진술 끝에서 진술의 확증을 위해 등장한다(신 27:15; 시 41:13 등).[28] 다른 곳에서도 이것은 주로 진술을 확증하기 위하여 진술 뒤에 나온다(Marcus, 2000: 275). '아멘'이 문장 초두에 나오는 것은 성경에서는 오직 예수의

27. 만일 예수께서 사탄을 제압하셨기 때문에 귀신을 쫓아낼 수 있다면, 이 경우에도 축귀 현상은 사탄의 나라가 곧 붕괴할 것임을 암시한다.

28. Strauss, 170.

말씀에서만(마가복음에는 13번) 나타난다. 유대 문헌에서도 간혹 문장 서두에 '아멘'이 위치하는 용례가 발견되기도 하지만(탈굼 이사야 37:18; 45:14, 15), 복음서의 경우처럼 자주 사용되지는 않는다(박윤만, 2017: 297). 그러므로 아멘이 문장 앞에 나오는 방식은 예수의 말씀의 스타일로 간주된다. 당시 유대인 교사들은 스승들의 말씀의 권위에 호소하는 경향이 있었으나 예수는 자신의 권위로 가르치셨다(Strauss, 170). 이것도 예수의 스타일로 볼 수 있을 것이다.

예수께서는 "사람들의 아들들에게 모든 죄가 사해진다."(πάντα ἀφεθήσεται τοῖς υἱοῖς τῶν ἀνθρώπων τὰ ἁμαρτήματα)고 선언하신다. 여기서 '사람들의 아들들'(οἱ υἱοὶ τῶν ἀνθρώπων)이라는 표현은 "사람들"을 가리키는 셈족어적인 표현이다(Hooker, 117). 이 표현은 구약성경에 종종 나온다(창 11:5; 삼하 7:14; 왕상 8:39; 시 4:2; 11:4; 12:1, 8 등).[29] 이 선언은 죄의 빚을 대신 갚으시는 고엘로서의 선언이다. 사람들에게 모든 죄가 사해진다는 선언은 이제 죄로 인해 사탄의 노예가 된 자들이 풀려나고 있다는 선언이다. 사탄은 하나님 앞에서 사람들의 죄를 고소하는 자이므로(계 12:10), 사탄에 대한 승리는 죄 사함을 함축한다(Marcus, 2000: 283).

여기서 "용서받을 것이다"로 번역될 수 있는 헬라어 '아페테세따이' (ἀφεθήσεται)는 문맥상 미래 시제보다는 가능성("사함 받을 가능성이 있다")을 뜻한다고 볼 수 있다(양용의, 95). 이러한 뜻으로 해석하면 예수의 선언은 모든 사람의 모든 죄가 실제로 사함 받을 것이라는 선언이 아니라 모든 사람의 죄가 모두 사함 받을 가능성이 있다는 선언이다.

29절 (성령 모독죄) 성령 모독죄는 예수께서 성령의 힘으로 귀신을 쫓

29. Strauss, 170.

아내는데 사탄의 힘으로 좇아낸다고 비방하여 성령을 사탄이라고 부르는 죄이다(30절). 이러한 죄는 용서받지 못한다. 그 이유는 성령 모독죄는 사탄의 노예 된 자들을 풀어주는 성령의 사역, 즉 죄를 용서하는 성령의 사역을 거부하는 죄이기 때문일 것이다.[30]

30절 (성령 모독죄를 조심하도록 경고한 이유) 30절은 신성모독 죄에 대한 경고가 역사적 상황과 관련되어 있음을 보여주며, 일반화시켜 적용하지 않아야 함을 알려준다(Lane, 146). 마가복음 2:7에서 서기관들은 예수가 하나님을 모독한다고 생각했다. 그러나 이제 누가 참으로 신성 모독죄를 짓고 있는지 드러난다(Hooker, 114). 예수께서 신성모독 죄를 짓는다고 시비를 건 서기관 부류가 신성모독 죄 중에서도 가장 큰 성령 모독죄를 짓고 있다. 그들은 성령으로 행해지는 축귀를(마 12:28; 비교, 눅 11:20) 귀신의 왕을 힘입어 행한다고 비방함으로써 성령을 귀신의 왕과 동일시하여 성령을 모독하고 있다(Witherington, 159).

서기관들이 '말했다'고 표현할 때 마가는 '엘레곤'(ἔλεγον)을 사용하였다. 이것은 미완료 과거 형태로서 서기관들이 반복적으로 그렇게 말했음을 표현하므로 서기관들의 정신 상태를 알려준다(Lane, 146). 그들은 어쩌다가 실수로 예수를 비판한 것이 아니라 지속적이고 반복적으로 예수가 더러운 영에 들렸다고 비판하였다. 이러한 지속성은 그들이 매우 고의적이고 악의적으로 그렇게 했음을 암시한다.

---

30. 따라서 성령 모독죄를 범할까 두려워하고, 그리스도의 용서를 받지 못할까 염려하는 사람은 이미 성령을 인정하며 그리스도의 죄 용서를 믿는 자이므로 성령 모독죄로부터 거리가 멀다(Hurtado, 66). 오히려 사탄의 사역을 성령의 사역인 양 위장하는 자들이야말로 사탄을 성령이라고 하여 성령을 모독하는 자일 수 있다. 그러한 자들 중에는 자기를 떠나면 성령 모독죄를 짓는 것이라고 말하며 청중을 협박하는 자들도 있지만 그들이야말로 자기들을 성령과 동일시하며 성령 모독죄를 짓는 자들이다.

31절 (예수의 가족들이 예수를 부름) 예수의 형제자매들이 예수를 불렀다. 여기서 사용된 헬라어 '아델포이'(ἀδελφοί)는 여성을 포함하므로 "형제자매들"을 가리킨다고 볼 수 있다(Hooker, 118). "형제"를 뜻하는 헬라어 단어 '아델포스'(ἀδελφός)는 신약성경에서 친형제를 가리키는데 마가복음 6:17//마태복음 14:3은 예외적으로 배다른 형제(헤롯의 형제 필립)를 가리킨다(Marcus, 2000: 276). 구약성경(70인역)에서 이 단어가 사촌 형제를 의미할 수 있는 구절은 역대기상 23:22(υἱοὶ Κις ἀδελφοὶ αὐτῶν) 뿐이다(Marcus, 2000: 276). 더구나, 헬라어에는 사촌 형제를 가리키는 다른 좋은 단어(ἀνεψιός)가 있으므로(골 4:10 참고), 사촌 형제를 가리키기 위해 굳이 '아델포스'를 쓸 필요가 없다(Marcus, 2000: 276). 따라서 예수께 온 사람들은 예수의 친형제(자매)들이었다고 볼 수 있다.

32-33절 (예수의 반응) 예수의 가족들이 예수를 부른다는 말을 듣고 예수께서 반응하신다. 개역개정판에서 '대답하시되'로 번역된 헬라어 표현은 '아뽀끄리테이스 … 레게이'(ἀποκριθεὶς ... λέγει)인데, 이것은 구약성경에 자주 등장하는 숙어적 표현이다(창 31:31, 36; 출 4:1; 민 23:12).[31] 이것은 대답의 경우에도 사용하지만 질문이 아닌 말에 반응하는 경우나 행동에 반응하는 경우에도 사용된다.

예수께서는 가족들을 반기지 않고 오히려 누가 자신의 가족이냐고 질문하신다. 예수의 반응은 하나님의 뜻을 추구하다보면 가족의 유대도 초월해야 함을 보여준다(참고, 출 32:25-29; 신 33:8-9)(Lane, 147).

34절의 '주위에 있는 자들'은 마가복음 4:10에도 등장하는데, 밖에 있는 사람들(4:11)과 대조되어 예수를 따르는 자들을 가리킨다.[32] 예수께서

31. Marcus, 2000: 277.
32. 양용의, 92 참고.

는 이들을 자신의 가족이라고 간주하신다. 예수의 제자들이 바로 예수의 가족이다.

예수께서 언급하신 가족의 목록에 '아버지'가 빠진 것은 예수께 나아온 예수의 가족에는 아버지(요셉)가 빠져 있었기 때문이며, 또한 참 예수의 가족에 아버지는 오직 하나님 한 분이기에 다른 아버지가 있을 수 없기 때문이다(그 인자의 아버지: 8:38; 13:32; 14:36; 제자들의 아버지: 11:25).

34절 (참된 예수의 가족) 쿰란 공동체는 성인 남자들의 그룹을 형제들, 나이 든 여인들의 그룹을 자매들이라고 부른다(A. Y. Collins, 236). 필로에 의하면 에세네파는 매우 가족적인 유대를 가졌다(A. Y. Collins, 236-37). 예수께서 제자들을 가족으로 간주하신 것은 단지 이러한 전통을 따른 것에 불과하지는 않았을 것이다. 예수께서 제자들을 가족이라 부르신 것은 제자들을 부른 목적이 가족적 유대를 가진 새로운 사회 형성을 위한 것임을 암시한다(A. Y. Collins, 237).

35절 (참 이스라엘) 예수께서는 누가 참으로 예수의 형제인지 알려주신다. '형제,' '자매'라는 표현은 동료 이스라엘 사람들을 가리키는 구약성경의 표현이며(예, 시 22:22-23: "내가 주의 이름을 형제에게 선포하고"), 쿰란 문헌에서도 '형제'는 공동체의 동료 구성원을 가리키는 용어로 사용된다(예, 1QS 6:10, 22; CD 6:20; 7:1-2).[33] 쿰란 공동체는 그들의 지도자를 '아버지'와 '어머니'로 불렀고, 남자 회원을 '형제,' 여성 회원을 '자매'라고 불렀다(박윤만, 2017: 304). 이러한 용례를 통해서 볼 때, 예수의 형제, 자매란 예수께서 보실 때 동료 이스라엘 사람에 해당하는 자들로서 새 이스라엘의 구성원을 가리킨다. 누가 참 이스라엘인가? 참 이스라엘에의 소속

33. Marcus, 2000: 277.

은 혈통으로 결정되는 것이 아니라 하나님의 뜻대로 사는 것에 의하여 정해진다.

2. 해설

예수께서는 새 이스라엘의 초석으로서 열두 명을 세우신다(3:13-19). 사탄이 결박되어 귀신이 쫓겨나고 죄가 사함 받는 시대가 도래하여 이스라엘이 회복되기 시작한다(3:22-30). 예수께서는 죄를 대신 갚는 고엘(친족)로서 사람들의 죄를 사하시며 이스라엘을 회복하신다(3:31-35).

본문에서 예수의 가족은 예수의 제자들과 대조되어 예수를 잘못 따르는 자들의 모습을 보여준다. 거짓 제자들은 예수의 뒤를 따르는 것이 아니라 예수의 가족의 경우처럼 예수의 사역의 방향을 바꾸고자 한다(Edwards, 2002: 125).

예수 주변에는 예수를 잘못 따른 자들만이 아니라 적대 세력도 있었다. 예수께서는 미쳤다는 오해를 받으셨고, 심지어 귀신에 들렸다는 비판도 받으셨다. 예수께서 오해를 받으셨다면 그를 믿고 따르는 자들도 오해받게 됨은 당연하다. 오해받고 중상모략 당하는 것은 예수를 따를 때 발생하는 필연적 과정이다.

죄인들의 고엘로서 오신 예수는 그들의 모든 죄를 탕감하신다. 그러나 예외가 있다. 그것은 성령 모독죄이다. 이 죄는 성령의 사역을 사탄의 사역이라고 부르며 성령을 모독하는 죄이다(3:30). 성령을 그렇게 모독하는 자는 죄를 용서하시고 사탄의 노예가 된 자들을 풀어주는 성령의 사역 자체를 거부하는 셈이다. 죄 용서받기를 거절하는 자가 어떻게 죄를 용서받겠는가? 그러므로 성령 모독죄는 용서를 거부하는 죄로서 가장 큰 잘못에 해당한다고 볼 수 있다.

예루살렘에서 온 서기관들이 성령 모독죄를 짓게 된 원인은 무엇일까? 예수가 틀렸다는 그들의 확신 때문일 것이다. 그들은 자신들의 전통의 무오를 믿었기에 (즉 자기들의 토라 해석과 적용이 완전하다고 믿었기에) 이 전통을 무시하는 예수는 틀렸다고 믿었을 것이다.[34] 그래서 예수께서 축귀를 하시는 현상의 사실성을 부정할 수 없게 되자 그 현상을 예수께 불리하게 해석하였을 것이다. 사람의 전통의 무오함을 믿는 것은 이처럼 위험하다. 우리가 믿어야 하는 것은 인간의 신학이나 교회 전통의 무오가 아니다. 성경의 권위를 믿는 것은 예수와 종교개혁자들의 뒤를 따르는 것이다. 그러나 입으로는 오직 성경을 외치며 성경의 권위를 말하면서 실상 인간이 만든 전통이 무오한 것처럼 강조하여 성경과 전통을 혼동하고 전통의 권위를 절대화하는 것은 예수와 종교개혁자들의 정신에 어긋난다. 전통을 절대화함은 결국 성경과 성령을 모독하는 결과를 가져올 수 있다.

정통의 수호자를 자처하는 서기관들이 남을 정죄하는 과정 속에서 실제로는 가장 큰 죄악을 범하는 아이러니를 우리는 본문에서 보게 된다(Hooker, 117). 그들은 예수를 정죄하는 과정 속에서 오히려 정죄당하고 만다(Hooker, 117).

34. 예수의 축귀 사역이 하나님으로부터 온 것인지 사탄으로부터 온 것인지 구분하는 서기관들의 판단 기준은 예수의 율법에 관한 태도였을 것이다. 그들은 예수께서 율법에 관하여 느슨하다고 판단하고 예수의 축귀 사역이 사탄으로부터 왔다고 추론하게 되었을 것이다(Marcus, 2000: 281). 그들은 자기들의 방식과 다른 방식으로 율법을 지키는 예수의 모습이 율법을 반대하는 모습이라고 오해하였을 것이다.

제12장
마가복음 4:1-34
예수의 비유

마가복음 4장에는 예수의 비유들이 담겨 있다. '비유'는 직접적이든 간접적이든 비교를 포함하는 모든 종류의 표현을 가리킨다(Lane, 149). 구약성경에서는 잠언, 풍자(taunt), 직유(similitude), 지혜 신탁, 이야기, 우화, 풍유, 모호한 발언 등이 다 비유에 포함된다(Lane, 150). 나단의 비유의 경우처럼 비유는 청중에게 이해되지만 본래의 의미는 숨겨지는 측면이 있다(삼하 12:5 이하).[1] 랍비 문헌에서도 비유는 직유, 풍유, 우화, 잠언을 전부 가리킨다(Lane, 150). '비유'는 모든 종류의 그림 언어를 가리킬 수 있다(Lane, 150).

헬라-로마 세계의 독자들은 비유를 '수사적 목적으로 사용될 수 있는 비교'로 간주했는데, 아리스토텔레스는 이것을 증명의 일종에 해당하는 것으로 분류했다(Rhetoric 2.20.1ff.).[2] 은유(metaphor)는 문체적 수단이지

---

1. Lane, 150.
2. Witherington, 161. 퀸틸리아누스(Quintilianus)도 비유를 일상 경험에서 도출한 증명의 형태의 하나로 간주하였으며, 모호한 은유와는 달리 명확하고 직접적이라고 보았다(*Institutio Oratoria* 5.11.22-30)(Witherington, 162).

만, 비유는 귀납적 증명이다(Witherington, 162). 그러므로 헬라-로마 세계의 독자들은 복음서에 담긴 예수의 비유를 읽으며 무언가에 관한 입증으로 여겼을 것이다.

예수께서는 서사적 '메샬림'(*meshalim*) 형태의 비유(줄거리가 있는 이야기 비유)를 선호하셨는데, 이것은 지혜자의 가르침의 특징이 아니라 선지자적 가르침의 특징이다(Witherington, 125). 예수 당시에 서사적 '메샬림'(*meshalim*)은 점점 인기를 얻고 있었다(Witherington, 126).

윌리허(Adolf Jülicher) 이후 학자들은 예수의 비유는 풍유적으로 해석하면 안 되며, 비유의 초점은 단 하나라고 강조해왔다(Hooker, 121). 그러나 비유는 풍유적으로 해석될 수 있으며, 비유의 초점은 여러 개일 수 있다는 방향으로 비유 해석학의 방향이 바뀌고 있다.[3] 좁은 의미의 비유에는 강조되는 초점이 하나이지만, 풍유는 여러 개의 초점을 가진다(Lane, 151). 복음서의 비유의 경우에는 강조되는 초점 외에도 종속적인 강조점이나 부가적 강조점이 있을 수 있음이 부정되지 말아야 한다(Lane, 151).

학자들이 복음서 비유의 풍유적 해석을 거부하는 데에는 풍유적이지 않은 비유를 담고 있는 도마복음이 발견됨으로 인한 영향이 컸다. 도마복음이 공관복음서보다 더 오래된 전통을 담고 있다고 간주한 학자들은 풍유적이지 않은 도마복음의 비유들이 공관복음서의 비유들보다 더 원초적이라고 판단하였다. 그리하여 그들은 공관복음서의 비유들은 나중에 풍유화된 결과라고 여겼다(예, J. Jeremias). 그러나 2세기는 오히려 탈풍유화(de-allegorization)가 일어난 시기이므로, 도마복음이 오히려 풍유를 없애는 2세기의 특징을 보인다고 간주할 수도 있다(Lindemann, 236). 도마복

3. 보링(M. E. Boring)은 심지어 비유가 하나의 초점으로 환원될 때 비유의 메시지가 더 편안하고 다룰 수 있는 범주로 길들여진다고 주장한다(Boring, 2006: 122).

음의 비유가 더 짧은 것도 더 오래된 형태라는 증거로 여겨졌다. 그러나, 마이어(J. P. Meir)는 전통이 전해지면서 더 길어지는 경향성이 일관되게 발견되지는 않는다고 지적하였다(Meier, 132). 바르다(T. Baarda)도 (마가 우선설을 가정하여) 개개의 기사를 비교할 경우 마태복음이 마가복음을 더 짧게 표현한다는 사실에 입각하여 도마복음이 단지 더 짧다는 이유로 마가복음보다 우선할 수 없음을 지적한다(Baarda, 38-39). 터켓(C. M. Tuckett)은 누가복음이 마가복음을 편집하였다고 여겨지는 부분이 도마복음에도 등장하는 현상에 입각하여 도마복음이 오히려 누가복음에 의존하기도 한다고 주장하였다(Tuckett, 359). 오늘날에는 도마복음이 공관복음서보다 후기의 전통을 담고 있다고 판단되면서, 복음서 비유에 담긴 풍유적 측면을 원초적이지 않다고 보는 해석은 기반을 잃어가고 있다(Blomberg, 50-78).[4]

복음서 비유에 풍유적인 측면이 있다는 것을 인정하면, 비유의 초점이 여러 개라고 간주할 수 있다(Blomberg, 61-62). 블롬버그(C. L. Blomberg)는 비유에 등장하는 주요 등장인물당 하나씩 초점이 발견될 수 있다고 제안한다(Blomberg, 78). 물론 그도 비유의 세부적인 모든 것이 정확히 무언가를 가리키고 각각의 경우에 모두 의미가 있다고 보는 것은 곤란하다고 한다(Blomberg, 54, 78).

또한 예수의 비유가 풍유적 특징을 가졌다고 본다면 예수의 비유들에 나오는 주요 인물들은 실제 세계의 누군가를 가리킨다고 볼 수 있다. 예를 들어, 마가복음 12장에서 포도원에 관한 비유가 나오는데, 이사야 5장

---

4. 대개의 랍비적 비유들은 풍유적이다. 존스턴(Robert Johnston)은 300여 개의 초기 랍비들의 비유들을 분석하여 비유와 풍유의 구분이 쓸모없다고 결론을 내렸다(Blomberg, 53). 복음서 비유의 알레고리적 요소를 교회의 창작으로 보는 견해를 잘 비판한 논박으로는 R. E. Brown, 36-45 참고.

을 배경으로 포도원은 이스라엘을 가리킨다(Hooker, 121). 만일 비유 속의 인물이나 사물이 청자를 가리키려면 사무엘하 12:7에서 나단이 다윗에게 비유를 풀어주며 “당신이 그 사람입니다.”라고 지적한 것처럼 청자가 비유 속의 인물이나 사물 중에 하나로 비유되어 있어야 한다(Hooker, 121).

공관복음서에 담긴 비유 해석들은 풍유적 측면을 가지고 있기에 교회의 창작으로 보는 견해는 예레미야스(J. Jeremias)가 주장한 후로 널리 퍼졌지만, 이제 이것은 재검토되어야 하는 낡은 가설이 되어버렸다. 공관복음서에 담긴 약 71개의 비유 중에서, 42개의 비유가 해석을 포함하고 있다(Witherington, 126). 따라서 공관복음서에 담긴 비유 해석들이 모두 나중에 덧붙여진 것이라고 간주할 수는 없다(Witherington, 126).[5]

마가복음 4장에는 비유가 나온다.[6] 이 비유들은 하나님의 나라(מלכות יהוה)를 설명하는 것들이므로, 마가복음 4장의 주제는 하나님 나라라고 할 수 있다. 하나님 나라는 예수를 통하여 이 땅에 임하는 하나님의 통치이다. 하나님의 통치는 하나님의 백성을 만드는 (십자가에서 희생당한 예수의 죽음을 통한) 새 언약과 그들에게 주시는 새 계명(예수의 가르침)으로 이루어진다. 이러한 새 언약은 거부하는 자들이 있고, 새 계명에는 불순종하는 자들이 있지만(3-9절), 하나님 나라는 장애물을 극복하고 마침내 풍성한 결실을 맺게 된다.

---

5. 그런데, 막 4:14-20에는 예수의 다른 가르침에서 사용되는 용어보다는 서신서들에서 발견되는 용어들이 사용된다(Witherington, 168). 이것은 비유의 최종 형태에 초대교회가 영향 주었을 가능성을 고려하게 하는 현상이지만, 그 발생 기원이 초대교회라는 증거는 아니다.

6. 비유는 히브리어 마샬(משל)에 해당하는 말로서 비교를 포함한 모든 표현들을 가리킨다고 볼 수 있다(Guelich, 1989: 188-89). 그래서 우리가 흔히 생각하는 좁은 의미의 비유만이 아니라, 막 4:13-20의 해석도 비유라 할 수 있으며, 막 4:10-12이 언급하는 ‘수수께끼’도 비유이며, 막 4:21-22의 잠언적인 말씀들이나 막 4:24-25의 선지자적인 말씀들도 비유라 할 수 있다(Guelich, 1989: 189).

마가복음 4장의 하나님 나라 비유들은 씨앗을 소재로 하고 있다. 하나님 나라는 씨앗과 같은 것이다. 그것은 비록 작게 시작하고 땅에 임하여 사탄의 방해와 환란과 시험에 소멸하는 것 같으나, 생명력이 있기에 마침내 놀랍게 풍성한 결실을 맺게 된다. 예수께서는 바로 이러한 씨앗처럼 땅에 묻히신 후 다시 사셔서 놀라운 부활의 열매를 맺으신다.[7] 비유로 암시된 이러한 계획은 마가복음 8:32에서는 드러나게 밝히(παρρησίᾳ) 언표된다(A. Y. Collins, 249).

예수를 믿고 따른다는 것은 바로 이러한 씨앗으로서 죽는 것 같으나 영원히 사는 삶을 사는 것이다. 씨앗 비유에서 하나님 나라와 예수와 예수를 따르는 제자는 모두 씨앗에 비유된다(아래 4:15-20 주해 참고).

1. 번역과 주해

바닷가에서 비유로 가르치신 예수(4:1-2)

> **4:1** 그리고 다시 그가 바닷가에서 가르치기 시작하셨다. 엄청나게 많은 무리가 그에게 모였다. 그래서 그는 바다에 (띄운) 배에 들어가 앉으셨다. 그리고 온 무리는 바닷가 육지에 있었다. **2** 그가 비유들로 그들을 계속하여 열심히 가르치셨다. 그의 가르침 속에서 그는 그들에게 (다음과 같이) 말씀하셨다.

---

7. 1세기 말에 클레멘트(Clement of Rome)는 주께서 땅에서 씨앗들을 일으키시듯, 예수를 죽음과 무덤으로부터 일으키실 것이라고 지적하였다(클레멘트1서 24:5)(Edwards, 2002: 30).

가버나움과 탑가(Tabgha) 사이에는 자연적 극장 역할을 할 수 있는 지역이 있다. 이 지역에서는 수천 명에게 효과적 연설이 가능함이 과학자들에 의하여 입증되었다(Edwards, 2002: 126). 예수께서 가르치신 곳은 아마도 이곳이었을 것이다.

예수께서는 가르치시기 위해 배에 타셨다. 예수께서 타신 배는 이스라엘 긴노사르에서 발견된 길이 26.5 피트(8m), 폭 7.5 피트(2.3m), 깊이 4.5 피트(1.4m)의 고대 어선과 유사했을 것이다(Bock, 172).

마가는 예수께서 배에 타신 것을 마치 바다에 앉으신 것처럼 묘사한다. '바다에 앉으셨다'는 표현은 시편 29:10("여호와께서 홍수 때에 좌정하셨음이여 여호와께서 영원하도록 왕으로 좌정하시도다.")을 배경으로 하여 예수를 하나님과 유비시킨다(Edwards, 2002: 126 참고).[8]

씨앗 비유(4:3-9)

3 "들으십시오! 보십시오, 씨를 뿌리는 사람이 뿌리러 나갔습니다.

4 씨를 뿌릴 때에 어떤 것은 길가에 떨어졌습니다.

그러자 새들이 와서 그것을 집어먹었습니다.

5 다른 것은 흙이 많지 않은 돌밭에 떨어졌습니다.

그러자 흙이 깊지 않아서 즉시 싹이 텄습니다.

6 그러나 해가 뜨자 시들었고 뿌리가 없어서 말라버렸습니다.

7 다른 것은 가시떨기들에게로 떨어졌습니다.

그러자 가시떨기들이 자라나 그것을 질식시켰습니다.

그래서 열매를 맺지 못하였습니다.

8. 랍비들은 가르칠 때는 앉고 설교할 때는 섰다(Osborne, 66).

8 다른 것들은 좋은 땅에 떨어졌습니다.
그러자 싹이 트고 자라서 열매를 맺었습니다.
그리하여 30배 60배 100배를 산출했습니다."
9 그리고 그는 말씀하셨다.
"귀가 있는 사람은 열심히 듣도록 하십시오!"

3절 (비유의 시작) 이 비유는 '씨 뿌리는 자의 비유'가 아니라 '씨앗의 비유'라고 불러야 한다. 4절부터 8절까지 문장의 주어들이(ὃ, ἄλλο, ἄλλο, ἄλλα) 모두 씨앗들을 가리키기 때문이다.[9] 이 비유는 '들으라'로 시작한다. '들으라'는 이 단어의 히브리어에 해당하는 '셰마'(신 6:4-5의 첫 단어)를 연상시킨다(Boring, 2006: 116). 그러므로 이 비유는 마음을 다하고, 목숨을 다하고, 힘을 다하여 하나님을 사랑하는 데에 방해되는 것들(사탄, 박해, 욕심)을 지적하는 비유라고 볼 수 있다(Gerhardsson, 165-93 참고). 하나님을 참으로 사랑하기 위해 방해되는 것들을 극복해야 말씀을 깨닫고 실천할 수 있으며, 다른 비유들의 해석도 바르게 할 수 있음(13절)을 이 비유는 알려준다.

또한 이 비유는 마가복음 1-3장을 배경으로 읽을 수 있다. 이 비유는 마가복음 1-3장에서 서술된 기사들을 묘사한다고 해석될 수 있다(Heil, 1992: 275). '나가서 씨 뿌리는 자'(3절)는 예수를 가리킨다고 읽혀질 수 있다. 왜냐하면, 마가복음 1:35; 2:13에서 예수께서 나가심(ἐξῆλθεν)이 이

9. 여기서 길가에 뿌려진 씨앗, 돌밭에 뿌리진 씨앗, 가시들 가운데 뿌려진 씨앗이 모두 단수로 표시된 반면, 좋은 땅에 뿌려진 씨앗은 복수(ἄλλα)로 표현되어 있다. 30배, 60배, 100배로 나눈 것은 최소한 세 개 이상의 씨앗이 좋은 결실을 했음을 알려준다. 따라서 성공적으로 열매를 맺은 씨앗은 실패한 씨앗의 수보다 결코 적지 않다고 볼 수 있다. 그러나 이어지는 비유 해석에서는 모든 씨앗들이 복수로 나타나므로 이러한 해석이 필연적으로 지지되지는 않는다.

미 언급되었기 때문이다(Heil, 1992: 274). 구약성경에서 하나님은 씨 뿌리는 분의 이미지로 나타나므로(사 61:11; 렘 31:27; 호 2:23; 참조, 에스드라2서 9:30), 예수를 씨 뿌리는 자로 본다면, 예수의 역할은 신적인 것이다(Boring, 2006: 117).

4-8절 (씨앗의 비유) 실패한 씨앗들은 복음을 받아들이는 데 실패한 서기관들(2:6, 16; 3:22), 바리새인들(2:16, 24; 3:6), 예수의 가족들(3:21)에 대응된다(Heil, 1992: 275). 씨앗이 자라나고 성장하는 것은 예수를 따르는 자들이 최초의 제자들로부터 지금 예수 앞에 선 큰 무리에 이르기까지 점점 자라고 늘어난 것에도 대응된다(Heil, 1992: 275). 다음처럼 군중들이 늘어난 과정은 마가복음 4:1에서 절정에 달한다(Heil, 1992: 275).

> 1:33 (온 동네) → 2:2 (많은 사람, πολλοί) → 2:13 (무리가 다, πᾶς ὁ ὄχολς) → 3:7-8 (큰 무리, πολὺ πλῆθος; 허다한 무리, πλῆθος πολύ) → 3:20 (무리, ὄχολς) → 4:1 (큰 무리, ὄχολς πλεῖστος)

따라서 씨앗의 비유는 실패에도 불구하고 큰 무리를 형성한 놀라운 성공을 묘사하며 미래에도 이러한 놀라운 일들이 일어날 것을 예견한다(Heil, 1992: 276). 예수께서는 세상에 오셔서 하나님의 나라 복음을 전하시며 사역을 하셨다. 비록 모두 예수를 받아들이지는 않았고, 오히려 대적하는 무리들도 있었지만, 이러한 반대에도 불구하고 하나님의 나라는 반드시 풍성한 열매를 맺고야 말 것임을 이 비유는 예견한다.

이 비유는 열매 맺는 씨앗의 경우 '30배, 60배, 100배' 결실을 한다고 한다. 고대에 팔레스타인 지역과 지중해 지역에서 일반적인 곡물 생산은 대개 4-5배였고, 이것은 중세 때까지도 그러하였다(McIver, 607). 그러므로 1세기 이스라엘 땅에서도 이러한 소출은 놀라운 것이었다고 볼 수 있다(McIver, 608). 그러나 창세기 26:12은 이삭이 100배의 수확을 했다고 기록하므로 이러한 수확이 불가능하게 여겨졌다고 볼 수는 없다.

9절 (비유의 마침) 9절의 '엘레겐'(ἔλεγεν, "계속 말하고 있었다")은 미완료형이다. 이것은 "들을 귀 있는 자는 듣도록 하라."는 말씀을 목적어절로 취한다. 그러므로 이 말씀을 계속 반복하여 말씀하셨다는 뜻이기보다는 "지금까지의 말씀에 덧붙여 말씀하셨다."는 뜻으로 볼 수 있다. 또는 마가가 예수께서 하신 말씀의 내용의 중요성을 강조하고자 부정과거형 대신에 미완료형을 선택하였다고 볼 수 있다.

비유에 관한 가르침(4:10-12)

> **10** 그가 혼자 계실 때에 열둘과 함께 그의 주변에 있는 자들이 그 비유들에 관하여 그에게 줄곧 질문하였다. **11** 그러자 그는 그들에게 말씀하셨다.
> "너희에게는 하나님 나라의 비밀의 계시가 주어졌다.
> 그러나 밖에 있는 저 사람들에게는 모든 것이 비유들로 되어진다.
> **12** 그래서 그들이 진정 볼 수는 있지만 깨닫지는 못할 수 있다.
> 또한 참으로 들을 수는 있어도 이해하지는 못할 수 있다.
> 만일 그렇게 되지 않는다면
> 그들이 돌이킬 수 있고 죄 사함을 받을 수 있을 것이다."

10절 (비유에 관한 질문) 열두 제자와 함께 예수 주변에 있던 자들이 이 비유에 관하여 질문한 것은 그들이 이 비유를 알지 못했음을 알려준다(13절 참고).

11절 (하나님 나라의 비밀) 제자들은 하나님 나라에 관한 '비밀의 계시'(μυστήριον)를 받았다.[10] 이것은 그들에게 이해의 능력이 있기 때문이 아니라, 예수께서 비유를 풀이하여 주셨기 때문이다.[11] 그들과 대조적으로 밖에 있는 자들에게는 모든 것이 비유(수수께끼)이다.[12] 그러나, 마가복음 12:1-12에서 보듯이 밖에 있는 자, 즉 예수를 적대하는 자들도 비유의 내용을 알아들을 수는 있었다(Guelich, 1989: 209). 따라서 비유는 풀릴 수 있는 수수께끼였다. 문제는 담겨진 메시지에 대한 반응이었다.

예수께서는 외인들에게 '모든 것을' 비유로 한다고 말씀하신다. 여기서 "모든 것"(τὰ πάντα)은 예수의 가르침만이 아니라 사역도 포함한다(Lane, 158). 예수의 사역도 비유적인 성격을 가진다. 예수의 사역은 예수께서 메시아이심을 입증하는 표증이며 하나님 나라가 도래하고 있음을 보여주는 비유이다.

12절 (비유로 가르친 결과) 12절은 다음처럼 해석할 수 있다. "그리하여(또는 즉),[13] 그들은 보기는 보아도 알지 못할 수 있고, 듣기는 들어도 깨닫지 못할 수 있다. 만일 그렇게 한다면, 그들이 돌이킬 수 있고 따라서 용서

---

10. '뮈스떼리온'(μυστήριον)은 종말론적 사건에 관한 계시를 가리킨다(Guelich, 1989: 206). 유대 외경 문헌이나 쿰란 문헌에서 '뮈스떼리온'은 하나님의 은밀한 계획의 계시를 가리킨다(Hooker, 127). 단 2:27-28; 솔로몬의 지혜 2:22에 의하면 '뮈스떼리온'은 자연적인 방법으로 알 수 없는 하나님의 지식을 가리킨다(Edwards, 2002: 131). 이 단어는 아람어 '라즈'(*raz*)에 해당하는데, 이것은 종말에만 완전히 알려질 하나님의 계획을 가리킨다(Boring, 2006: 123).
11. 동일한 씨앗이 다른 결과에 도달하듯이 동일한 비유를 들어도 예수를 따라다니는 자들과 대적하는 자들은 다른 결과에 도달할 수 있다. 씨앗의 경우 땅의 차이가 중요했지만, 비유의 경우 예수로부터 배움이 중요했다. 해석의 열쇠는 예수께 있었기 때문이다.
12. '빠라볼레'(παραβολή)는 "비유"만이 아니라 문맥에 따라 "수수께끼"를 의미하기도 한다(Hooker, 120). 여기서는 문맥상 "수수께끼"를 의미할 수 있다.
13. 헬라어 '히나'(ἵνα)는 목적, 결론, 설명 등의 용법을 가지는데, 여기서는 설명(Guelich, 1989: 211) 또는 결과로 볼 수 있다. 레인(W. Lane)은 결과로 본다(Lane, 159).

받을 수 있다."[14] 즉, 그들은 깨달을 수도 있고 깨닫지 못할 수도 있지만, 그들이 깨달으면 회개하고 용서받을 것이다. 예수께서는 주변 사람들과 밖의 사람들을 궁극적으로 분리하지는 않으신다(Guelich, 1989: 214). 화용(化用, allusion)된 이사야 6:9 이하 자체도 밖의 사람들의 믿음의 가능성을 부정하지 않는다(Lane, 159).

12절은 이사야 6:9과 유사하다. 에드워즈(J. R. Edwards)는 마가복음의 이 이사야서 구절 인용이 탈굼을 따른다는 것을 지적한다(Edwards, 2002: 133). 그러나 마가의 이사야 인용이 탈굼과 정확히 일치하지는 않으므로 이를 구약성경과 다르게 활용한 마가의 의도를 해석해야 한다. 한편 위더링턴(B. Witherington)은 12절의 탈굼과 유사함이 이 본문 뒤에 아람어 전통이 있음을 알려주며 이것은 이 비유의 역사적 진정성을 지지한다고 주장한다(Witherington, 2002: 167).

이사야 6:9은 하나님의 심판의 맥락에서 주어진 것이다. 이러한 맥락에서 보면 마가복음 4:12이 뜻하는 바는 비유가 깨닫지 못한 자에 대한 하나님의 심판임이라고 볼 수 있다. 그러나 마가가 구약성경 문맥과 동일한 의도로 구약성경을 인용하였다고 볼 필요는 없다. 마가복음의 문맥에서는 예수께서 비유로 말씀하신 것이 마치 이사야 6:9과 유사함을 지적하고자 이 구절이 언급되었을 수도 있다. 더구나 이사야 6:9-10의 심판적 명령은 "영이 혼미한 자도 명철하게 되고"(사 29:24), "보지 못하는 자들의 눈이 뜨이고 듣지 못하는 자들의 귀가 열릴 것"(사 35:5)을 기대하는 이사야

14. 헬라어 '메뽀떼'(μήποτε)는 여기서, "만일 그들이 그렇게 했다면"을 뜻한다고 볼 수 있다(Guelich, 1989: 212). '메뽀떼'는 아람어 '딜마'(דִּלְמָא)의 번역으로서 "그렇지 않다면"(otherwise)의 뜻을 가질 수 있기 때문이다(Kirkland, 7). 아람어 '딜마'는 "~하지 않도록"(lest)과 함께 "아마도"(perhaps)의 뜻도 가진다(Jastrow, 299). '메뽀떼'를 "아마도"의 뜻으로 읽어도 막 4:12의 문맥에서 의미가 통한다.

서의 문맥을 고려하면 한시적이므로, 이를 배경으로 하면 마가복음에서도 결국은 깨닫게 될 것을 기대한다고 볼 수 있다.[15]

이사야 6:9의 히브리어 본문에서 미완료형(תֵּדָעוּ תָּבִינוּ)인 동사들이 마가복음에서는 70인역에서처럼 가정법인 동사들로 나타나는데, 이것을 히브리어 본문의 미완료형이 내포하는 미래적 의미로 읽으면, 12절은 '그들이 보기는 보아도 알지 못할 것이며 듣기는 들어도 깨닫지 못할 것이다.'로 번역될 수 있다. 마가복음 헬라어 본문(βλέποντες βλέπωσιν καὶ μὴ ἴδωσιν, καὶ ἀκούοντες ἀκούωσιν καὶ μὴ συνιῶσιν)을 따를 경우에도 가정법의 의미(가능성/개연성)를 살려서 '그들이 보기는 보아도 알지 못할 수 있으며, 듣기는 들어도 깨닫지 못할 수 있다.'로 번역할 수 있다. 70인역과는 달리 강한 부정 '우 메'(οὐ μὴ)가 가정적인 상태에 대한 부정인 '메'(μή)로 약화되어 나타난 것에도 주목할 필요가 있다. 마가복음 본문은 비유를 듣고 절대로 깨닫지 못한다는 것이 아니라 깨닫지 못할 가능성이 있음을 지적한다고 보인다.

12절은 그 자체로 비유에 대한 청중의 반응에 관한 설명이다. 동일한 비유에 대해 다른 반응이 발생한다. 이처럼 동일한 복음에 대한 다양한 반응이 있다. 마가복음은 예수의 말씀과 사역에 대한 다양한 반응을 기록한다.

21-22절이 암시하듯이 비유의 최종 목적은 영원히 숨기는 것이 아니라 숨겨진 것을 알리는 것이었다. 33절에 의하면 예수께서 비유로 가르치심은 사람들이 알아들을 수 있도록 쉽게 가르치심이다. 그러나 예수께서 설명을 주시기까지 당분간 사람들은 비유를 깨닫지 못한다. 깨닫지 못하는 이유가 이어서 설명된다(15-19절).

---

15. 양용의, 106 참고.

위더링턴은 다니엘 12:8-10과 에스겔 12:1-2을 언급하며 비유가 은닉을 목적으로 할 수 있다고 본다(Witherington, 166). 그러나 이러한 해석은 마가의 문맥에 맞지 않을 뿐 아니라, 마가가 화용하는 이사야 문맥에도 맞지 않는다.

씨앗 비유 해석(4:13-20)

13 그리고 그가 그들에게 말씀하셨다.
"너희는 이 비유를 알지 못하는구나!
그렇다면 어떻게 모든 비유들을 알겠느냐?
14 씨를 뿌리는 자는 말씀을 뿌린다.
15 그런데 이 자들은 길가 사람들이다.
말씀이 뿌려지고 있는 곳에서 그들이 말씀을 들을 때에
사탄이 즉시 와서 그들에게 뿌려진 말씀을 가져간다.
16 또한 돌밭에 뿌려지는 자들은 이러한 사람들이다.
그들은 말씀을 들을 때 즉시 기쁨으로 그것을 받아들인다.
17 그러나 그들은 자신들 속에 뿌리를 가지고 있지 않고 한시적이다.
그래서 고난이나 박해가 말씀 때문에 발생하면 즉시 넘어진다.
18 또 다른 자들은 가시떨기들 속으로 뿌려지는 자들이다.
이들은 말씀을 들은 자들인데,
19 세상의 걱정과 부유함의 속임[과 다른 것들에 관한 욕심들]이 들어와서
말씀을 질식시켜서 열매를 맺지 못하게 된다.
20 좋은 땅에 뿌려진 자들은 이러한 자들이다.
그들은 말씀을 들으며, 받아들이며, 30배 60배 100배의 열매를 맺는다."

말씀이 열매를 맺는 과정에서 방해물들이 있는데, 그것은 사탄, 외적 시험, 내적 유혹이다. 이 비유에 담긴 이러한 가르침은 다른 비유들을 해석하는 방법에 적용될 수 있다. 왜냐하면, 이 비유를 알아야만 다른 비유를 알 수 있다는 예수의 지적 때문이다(13절). 비유 해석을 방해하는 것은 사탄, 외적 상황, 내적 유혹이다. 우리가 처한 외적 환경들은 우리의 눈을 멀게 한다. 또한, 우리의 마음의 욕심은 비유를 깨닫지 못하게 한다. 따라서 비유 해석의 기본원리는 사탄을 물리치시는 성령의 도우심, 욕심 없는 마음, 고난을 극복하는 믿음이다.

13절 (이 비유와 다른 비유들의 관계) 제자들도 이 비유를 깨닫지 못했다는 점은 예수의 해석이 비유를 깨닫기 위해 본질적인 부분임을 알려준다(Lane, 160-61).

씨앗의 비유는 다른 비유들을 이해하기 위한 열쇠로 간주된다. 이 비유를 알아야 다른 비유를 알 수 있다. 따라서 이 비유는 예수의 비유 해석학을 담고 있다고 볼 수 있다. 이 비유 해석학에 의하면, 사탄의 방해, 환란, 핍박, 세상 염려, 재물의 속임 등이 비유를 깨닫는 것을 방해한다. 마음을 다하고 목숨을 다하고 힘을 다하여 하나님을 사랑하는 자에게 하나님의 뜻은 알려진다. 목숨이나 재물을 하나님보다 사랑하는 자에게 하나님의 뜻은 알려지지 않는다.

14절부터 나오는 비유 해석은 알레고리(풍유)적이지만, 예수께서 반드시 풍유와 비유를 구분하셨고 풍유적인 해석을 하시지 않았다고 볼 근거는 없다(Guelich, 1989: 217). 그러므로 우리는 본문이 풍유적인 특징을 가지고 있기에 교회가 나중에 만든 것으로 볼 필요가 없다(Guelich, 1989: 218).

14절 (씨앗으로 비유된 말씀) 마가복음 4:14-20에 나오는 예수의 비유 해석에서 '씨앗'은 두 가지를 가리킨다는 것이 드러난다(Heil, 1992: 278).

우선 '씨앗'은 "말씀"이다(4:14). 그런데, '씨앗'은 또한 말씀을 듣는 자들도 가리킨다(4:15-20)(Heil, 1992: 278). 이들은 하나님의 백성을 형성할 씨앗이다(Heil, 1992: 278. n.20). 씨앗/백성 은유는 예레미야 31:27('사람의 씨')에서 등장한다(Heil, 1992: 278. n.20). 사람을 씨앗처럼 뿌려서 얻는 열매는 무엇인가? 예레미야 31:27과 그 문맥을 배경으로 하여 본다면 그러한 열매는 이스라엘의 회복이다.

'씨앗'이 말씀을 가리킨다면, 씨앗을 뿌림(던짐)은 말씀을 전하는 행위를 가리킨다. '씨를 뿌리다'는 표현이 "가르치다"는 뜻을 담은 은유로 사용된 것은 매우 일상적이다(Gerhardsson, 189). 더구나 히브리어에서는 '야라'(ירה, "던지다")의 히필(Hiphil) 형태가 "가르치다"를 뜻할 수 있기 때문에(Gerhardsson, 189) 더더욱 이러한 은유는 가능하다. 예수의 가르침을 통해서 말씀이 전해진다. 이 말씀에 대하여 청중들은 다양하게 반응한다.

15절 (길가에 뿌려진 씨앗) 비유 해석은 '이것들은'(οὗτοι)으로 시작한다. 이것은 요셉 이야기, 선지자적 환상 기록, 다니엘서, 묵시 문헌, 쿰란 문헌, 랍비 문헌에서 꿈이나 성경 해석에 사용되는 전형적인 지시대명사이다(A. Y. Collins, 252).

'길가에 (뿌려진) 것들'(οἱ παρὰ τὴν ὁδὸν)은 말씀을 듣고 사탄에게 빼앗기는 자들이다.[16] 따라서 비유에 나오는 '길가에 떨어진 씨앗'은 사람들을 가리킨다. 즉, '씨'는 말씀이면서 동시에 사람이다. 또한, 말씀이 그들에게 뿌려진다는 표현은 그들이 "길가"에 해당함을 암시한다. 그러나 이어지는 비유 해석은 일관성 있게 '씨앗'을 말씀을 들은 사람(청중)에 해당하는 것으로 설명한다. 그러므로 말씀을 듣고 사탄에게 빼앗기는 자들이 길

16. 이것은 사람(씨앗)을 탓하지 않고 사탄을 탓하는 묵시적 관점의 특징과 일치한다(Witherington, 168).

가에 떨어진 씨앗에 해당한다고 볼 수 있다.

공중의 새는 사탄을 비유하는 것으로 해석된다. 유대 문헌들에서 악마들은 새에 비유되었다(에녹1서 90:8-13; 아브라함의 묵시 13:3-8; 희년서 11:11-14)(Bock, 177).

16-17절 (돌밭에 뿌려진 씨앗) '돌밭에 뿌려진 자들'(οἱ ἐπὶ τὰ πετρώδη σπειρόμενοι)은 뿌리가 없는 자들에 해당하는 것으로 해석된다. 뿌리를 가지고 있지 않은 주체는 씨앗이므로, 여기서도 말씀을 들은 청중은 씨앗에 대응한다. 유대교에서 악인들이 뿌리가 없는 자들로 규정되는 것도[17] 이러한 해석을 지지한다. 이렇게 해석할 때 돌밭은 청중이 아니라 청중의 환경이다. 이것은 환란과 핍박이라는 환경인데, 이러한 환경 속에서 믿음을 포기하는 자들이 '돌밭에 뿌려진 자들'에 해당한다.

18-19절 (가시들 가운데 뿌려진 씨앗) '가시들 속으로 뿌려진 자들'(οἱ εἰς τὰς ἀκάνθας σπειρόμενοι)은 세상의 걱정과 재물의 속임 등에 의하여 말씀이 막히게 되는 경우에 해당하는 사람들이다. 17절의 경우는 외적인 시험을 다루고, 18-19절은 내적인 유혹을 다룬다.

20절 (좋은 땅에 뿌려진 씨앗) 마지막으로 '좋은 땅에 뿌려진 자들'(οἱ ἐπὶ τὴν γῆν τὴν καλὴν σπαρέντες)은 위에서 언급한 자들과 다른 부류로서 방해물들(사탄, 환란, 핍박, 재물의 유혹)을 극복하고 마침내 열매를 맺는 믿음의 사람들이다.

에스라4서에서 열매 맺음은 하나님의 가르침대로 사는 것을 가리킨다(A. Y. Collins, 244). 로마서, 골로새서에서도 이것은 하나님의 뜻대로 사는 것을 가리킨다(A. Y. Collins, 252).

말씀과 함께 청중이 씨앗으로 비유된 것은 말씀을 들은 청중이 곧 말

---

17. 시락서 23:25; 40:15; 지혜서 4:3(Bock, 178).

씀이 된다는 의미를 담고 있을 수도 있다. 신실한 자들을 씨앗으로 비유하는 것은 구약성경과 유대 전통 속에서도 발견된다.[18] 바울도 사람을 뿌림에 관하여 언급하며(고전 15:42-48), 헤르마스의 목자도 그리한다(*Similitude* 9:20:1; *Vision* 3:7:3)(Edwards, 2002: 136).[19]

이스라엘의 회복과 관련하여 사람의 씨를 뿌릴 것이라고 하는 예레미야 31:27-28을 배경으로 해석할 때, 씨앗 비유는 이스라엘의 회복에 관한 비유라고 볼 수도 있다. 이스라엘의 회복을 방해하는 것은 사탄(15절), 핍박(17절), 유혹(19절) 등이다. 이스라엘의 회복은 새 이스라엘의 씨앗이신 예수를 통해서 온다. 예수께서는 사탄의 시험을 이기시고, 고난의 십자가를 피하지 않으시며, 군사적 메시아의 길의 유혹을 이기시고 새 이스라엘을 창조하신다.

에녹1서 62:7-8("선택되고 거룩한 백성의 회중이 뿌려질 것이다.")은 씨 뿌림을 새 시대와 관련시킨다(A. Y. Collins, 243). 이러한 배경으로 씨앗 비유를 해석하면 씨앗처럼 땅에 뿌려지신 예수를 통하여 새 시대(하나님 나라)가 임한다고 해석할 수 있다.

---

18. 호 2:23; 렘 31:27; 에녹1서 62:8; 에스드라2서 8:41(Edwards, 2002: 136).
19. "내가 나를 위하여 그를 이 땅에 심고 긍휼히 여김을 받지 못하였던 자를 긍휼히 여기며 내 백성 아니었던 자에게 향하여 이르기를 너는 내 백성이라 하리니"(호 2:23, 개역개정). "여호와의 말씀이니라 보라 내가 사람의 씨와 짐승의 씨를 이스라엘 집과 유다 집에 뿌릴 날이 이르리니 깨어서 그들을 뿌리 뽑으며 무너뜨리며 전복하며 멸망시키며 괴롭게 하던 것과 같이 내가 깨어서 그들을 세우며 심으리라 여호와의 말씀이니라"(렘 31:27-28, 개역개정). "The congregation of the holy ones shall be planted"("거룩한 자들의 회중이 심겨질 것이다")(에녹1서 62:8, Isaac, trans., 43). "농부의 씨는 주님께서 적절한 비를 내리지 않았거나 너무 많은 비로 썩었기 때문에 싹이 올라오지 못할 것입니다. 그러나 사람들은 다릅니다. 주님의 손으로 그들을 만들었습니다. 주님의 형상과 같이 창조했습니다. 그들을 위해 모든 것을 만드셨습니다. 어떻게 주님께서 그들을 농부의 씨에 비유합니까?"(에스드라2서 8:43-44; 방경혁 역, 447).

비유의 목적에 관한 가르침(4:21-23)

21 그리고 그는 그들에게 말씀하셨다.

"등잔이 오는 것은 그릇 아래나 침대 아래 두려는 것이 아니지요.

등경 위에 두려는 것이지요.

22 드러나기 위함 없이 숨겨지지 않고, 밝혀지기 위함 없이 감추어지지 않습니다.

23 누구든지 귀를 가졌다면 잘 듣도록 하십시오."

21-22절 (등잔 비유와 해석) 22절은 21절의 등잔 비유의 해설이다. 21절의 등잔(등불)은 시편 119(70인역 118):105을 배경으로 볼 때,[20] 하나님의 말씀을 가리킨다(Marcus, 2000: 318).

하나님의 말씀의 목적은 감추기 위한 것이 아니라 드러내기 위한 것이다. 비록 비유와 같이 감추는 말씀도 결국은 드러내기 위한 것이다. 즉, 비유의 목적은 감추는 것이 아니라 알리는 것이다. 이것은 마치 씨앗이 땅에 감추어지는 것은 열매 맺기 위한 것임과도 같다.

헬라어 본문에서 '등불' 앞에 정관사가 온 것은 (저자가 염두에 둔) 특정한 등불임을 암시한다(Lane, 165). 등불을 주어로 하면서 '오다'(ἔρχεται)가 사용된 것은, 예수가 등불에 비유되었다고 추측하게 한다(Hurtado, 79). '오다'(ἔρχεται)는 마가복음 1:24, 38; 2:17; 10:45에서 예수의 오심과 관련하여 사용된 단어이기 때문이다(Lane, 165). 하나님 나라의 비밀은 예수 안에 감추어졌으며 예수를 통해 드러난다(Hooker, 137 참조). 감추어진

20. "주의 말씀은 내 발에 등이요 내 길에 빛이니이다"(시 119:105, 개역개정).

기간은 드러내는 기간의 서막일 뿐이다(Lane, 166). 무엇이 감추어지고 드러나는가? 감추어진 것은 예수의 사역 속에서 감추어진 것으로서 부활 이후에 드러날 메시아 비밀 또는 하나님 나라 비밀을 가리킨다고 볼 수 있다(Guelich, 1989: 231).

23절 (들으라) 예수께서는 비유 해석을 마치시면서 다시 '들으라'고 하신다. 비유를 시작하시는 9절에도 비슷한 표현이 나오므로 24-25절이 1-9절의 씨앗의 비유와 관련된 것임을 알려준다(A. Y. Collins, 253 비교). 부정사 '아꾸에인'(ἀκούειν)은 신명기 29:3(개역개정은 29:4)에서처럼 귀(ὦτα)를 꾸며주는 역할을 하여 "듣기 위한 귀"라는 뜻을 형성하는가? 그렇다면, "듣기 위하여 귀를 가진 자는 들으라"는 뜻이다. 아니면 '아꾸에인'은 동사 '듣도록 하라'(ἀκουέτω)를 한정하는 역할을 하여 "잘 듣도록 하라"라는 뜻을 형성하는가? 이 경우에는 "귀를 가진 자는 잘 듣도록 하라"는 뜻이다. 어느 경우로 읽든지 들음을 강조하는 표현이다.

유대인들의 격언 비판 (4:24-25)

> **24** 그리고 그는 그들에게 말씀하셨다.
> "여러분이 듣곤 하는
> '너희가 되는 됫박으로 너희에게 되어 줄 것이다.'라는 말을 조심하십시오.
> **25** 왜냐하면 가진 자에게는 주어질 것이고,
> 없는 자는 그가 가진 것마저 자신으로부터 빼앗길 것이기 때문입니다."

24-25절은 잘못된 비유로 하나님 나라를 이해하는 것을 비판한다. 이것은 다음과 같이 해석될 수 있다. 우리는 우리가 듣는 바 잘못된 유대인

들의 격언을 조심해야 한다. 그들은 장사를 할 때 사용하는 됫박이 가지는 비례의 원리를 강조한다. 내가 잘못된 됫박을 사용하여 퍼주면, 상대방도 내가 사용한 그 됫박을 사용하여 공평한 거래를 하고자 할 것이다. 그러나 이러한 원리는 상업에서도 언제나 통하지는 않는다. 때로는 속임이 탄로나 퍼준 됫박은 빼앗기고 퍼준 것에 대한 대가도 받지 못할 수 있다.

24절 (조심해야 할 것) 제자들이 조심해야 할 말은 '너희가 재는 됫박으로 너희에게 재어 줄 것이다.'라는 말이다. '더 받으리니'(καὶ προστεθήσεται ὑμῖν, "그리고 너희에게 더해질 것이다")는 이 말의 일부로 볼 수 없다. 이 부분은 사본학적으로 문제가 있다. 비록 시내산 사본과 바티칸 사본 등에 '그리고 너희에게 더해질 것이다'가 등장하지만, 베자 사본과 일부 고대 라틴어 역본들(서방 사본들)에는 이 부분이 나타나지 않는다. 이 부분에서는 서방 사본의 읽기가 옳다고 볼 수 있다.[21] 서방 사본을 따라 이 부분을 빼고 읽으면 마가복음 4:24-25의 본문은 다음과 같이 번역될 수 있다.

> **24** 그리고 예수께서 그들에게 말씀하셨다.
> "너희가 듣곤 하는 '너희가 재는 그 됫박으로 너희에게 되어 주어질 것이다'라는 말을 조심하라. **25** 왜냐하면, 가진 자에게는 주어질 것이지만, 가지지 못한 자는 그가 가진 것도 빼앗길 것이기 때문이다."

예수의 말씀은 조심하라(주의하라)는 명령으로 시작한다. 마가복음에

21. 논증을 위해서는 신현우, 2004: 87-106 참고. 좀 더 보완된 추가 논증은 필자의 논문 Shin, 2014: 425-432 참고. 아래 소개된 주해의 일부는 신현우, 2004: 87-106을 사용한 것이다.

서 '블레뻬떼'(βλέπετε)는 명령형으로 쓰인 경우, "주의하라"를 뜻한다.[22] 마이어스(C. Myers)는 "'블레뻬떼'는 마가복음에서 언제나 제자들에게 그들의 적대자들의 이데올로기들을 경계하도록 경고하기 위하여 사용된다."(8:15; 12:38; 13:5, 9, 23, 33)는 것을 관찰하였다(Myers, 178). 만일 '블레뻬떼'가 여기서도 부정적인 사상에 대한 경계를 위하여 사용되었다면, 뒤에 나오는 '너희가 재는 됫박을 사용하여 너희에게 재어 줄 것이다'(ἐν ᾧ μέτρῳ μετρεῖτε μετρηθήσεται ὑμῖν)는 예수의 말씀이 아니라 조심해야 할 격언의 인용이라고 추측할 수 있다. 이러한 추측은 이 말씀이 다양한 유대 문헌에 널리 나타난다는 사실에 의해 지지된다. 뤼거(H. P. Rüger)는 미쉬나, 토셉타, 예루살렘 탈무드, 바벨론 탈무드, 미드라쉬, 탈굼 등에 유사한 구절들이 나타나는 것을 발견하였다(Rüger, 174-82). 더구나, 유대인들의 출애굽기 주해서인 메킬타(*Mekilta de R. Ishmael*) 출애굽기 17:14과 토셉타 소타(*Tosefta Sotah*) 3:1에서, 이 말씀이 인용문으로 등장한다는 사실은 이러한 가능성을 더욱 높인다.

25절 (조심해야 할 이유) 25절은 24절에 인용된 격언과는 달리 비판의 표적으로 등장한 인용이 아닐 것이다. 칼스턴(C. E. Carlston)이 지적하듯이, 24절의 인용부(24b절)와 25절 사이에는 모순이 있기 때문이다.[23] 이러한 모순은 우리로 하여금, 24절이 인용이라면 25절은 인용이 아니라고 추측하게 한다.

25절에서는 24절에서 인용된 격언을 조심해야 하는 이유가 제시된다.

22. 막 8:15; 12:38; 13:5, 9, 23, 33. Manson, 320 참조.

23. 칼스턴은 이러한 모순을 다음과 같이 잘 지적한다. "두 말씀들이 원칙적으로 서로 모순된다는 것이 명확하게 파악되어야 한다: 만일 가진 자에게 그가 가진 척도대로 주어질 것이라면(두 구절 다 이러하다), 가지지 못한 자는 어떻게 되는가? 그에게 그가 가진 적은 분량대로 주어질 것인가(24절), 아니면 그가 가진 적은 것도 빼앗길 것인가(25절)?"(Carlston, 156).

24b절은 상업적인 곡물 거래 계약의 전형적인 용어이다.[24] 따라서, 24b절은 상업의 원리, 즉 동일한 척도로 공평하게 재어 교환하는 원리를 반영한다고 볼 수 있다. 이러한 원리에 농업의 원리가 대조된다. 씨앗은 양질의 토양에서 놀라운 생산성을 보이지만, 실패할 경우 생산 없이 씨앗마저 소멸되기도 한다. 이러한 농업의 원리를 표현하는 25절은 마가복음 4:3-9, 14-20에 등장하는 씨앗의 비유의 요약으로 간주될 수 있다.[25] 24-25절에서 상업의 원리와 농업의 원리가 대조된 것이라면, 본문의 의미는 다음과 같을 것이다. "하나님의 나라를 동일한 척도로 서로 교환하는 상업적인 것으로 이해하는 것을 주의하라! 왜냐하면, 그것은 농업에서처럼 단지 한 알의 씨앗이 많은 결실을 맺게 되는 놀라운 창조적 생산성과 씨앗마저도 잃어버리게 되는 치명적 손실 사이의 대조로 이해되어야 하기 때문이다." 마가복음의 핵심구절이라고 할 수 있는 8:35도 이러한 메시지를 담고 있다. 목숨을 구하고자 하면 잃을 것이고 예수와 복음을 위해 목숨을 버리면 구할 것이다. 우리는 씨앗처럼 땅에 뿌려져 죽으면 살 뿐 아니라 열매를 맺을 것이다.

마가복음 4:11-25의 구조는 다음처럼 분석될 수 있다.

A (11-13절) 하나님 나라의 비밀

B (14-20절) 비유 해석

A′ (21-25절) 이 비밀의 중요성

24. France, 210. 자세한 논의를 위해서는 Couroyer, 366-70를 보라.

25. Hooker, 134: "그것은 아마도 1-20절에 담긴 생각들이 마가에 의해 요약된 것이라 볼 수 있다." 참고, Marcus, 1986: 156: "'가진 자들'은 4:11a의 내부인들, 4:20의 좋은 토양이며, '가지지 못한 자들'은 4:11b-12의 외부인들, 4:15-19의 나쁜 토양이다."

25절의 가진 자(ὃς ἔχει)와 가지지 못한 자(ὃς οὐκ ἔχει) 사이의 대조는 11절의 하나님 나라의 비밀을 받은 "너희"(ὑμῖν)와 그것을 받지 못한 "바깥 사람들"(ἐκείνοις τοῖς ἔξω) 사이의 대조와 평행을 이룬다.[26] 따라서, 25절은 11-13절을 토대로 해석될 수 있다. 예수로부터 비밀(즉, 14-20절에 나오는 비유 해석)을 받은 자들은 더욱더 많은 것들을 받을 것이지만(즉, 다른 비유들도 깨달을 것이지만), 이 비밀을 가지지 못한 자들(즉, 14-20절의 비유 해석을 듣지 못한 자들)은 그들이 가진 것도 빼앗길 것이다.[27] 즉, 그들은 단지 이 비유를 깨닫지 못하는 데 그치는 것이 아니라 바리새인들처럼 예수를 반대하는 자들이 될 수 있다.

마태복음 13:11-12에는 마가복음 4:11과 4:25의 내용이 평행되게 등장하여 두 구절 사이의 연관성이 더욱 분명해진다.

> **11** 대답하여 이르시되 천국의 비밀을 아는 것이 너희에게는 허락되었으나 그들에게는 아니되었나니 **12** 무릇 있는 자는 받아 넉넉하게 되되 없는 자는 그 있는 것도 빼앗기리라. (개역개정)

11절과 12절은 평행을 이루며 서로를 설명해 주고 있다. 그래서 12절의 "있는 자"는 11절에 나오는 "너희" 즉 천국의 비밀을 알게 된 자이고, "없는 자"는 11절에 나오는 "그들"로서 천국의 비밀을 알지 못하는 자이다.

---

26. Marcus, 2000: 321도 이러한 진단을 한다: "우리는 4:10-12의 잔혹한 이분법으로 돌아가는데, 그것은 4:25과 구조적으로조차 유사하다."
27. Marcus, 2000: 320: "마가의 견해에 의하면, ... 하나님의 통치의 비밀에 대한 통찰로 은혜를 입은 자들은 더욱더 많은 깨달음을 얻을 것이며, [그러한] 통찰을 얻지 못한 자들은 그들이 가진 지식마저도 빼앗길 것이다."

모르는 사이에 자라는 씨앗 비유(4:26-29)

26 그리고 그가 말씀하셨다.

"하나님 나라는 마치 어떤 사람이 씨앗을 땅에 뿌림과 같습니다.

27 그가 밤에 자고 낮에 일어나면,

그가 모르는 사이에 그 씨앗이 싹이 터서 자라납니다.

28 저절로 땅이 열매를 맺는데,

우선 싹이고 그 후에 이삭이며 그 후에 이삭에 가득 찬 알곡입니다.

29 열매가 익으면 즉시 낫을 보내는데, 이것은 추수 때가 되었기 때문

입니다."

이 비유의 강조점은 어떻게 씨앗이 자라는지 알지 못하고 씨앗이 저절로 자란다는 데 있다고 볼 수 있다(A. Y. Collins, 254). 그렇다면, 이것은 제자들이 하나님 나라를 가져오고 자라나게 할 수 없다는 것을 지적하는 비유이다(A. Y. Collins, 254).

26절 (하나님 나라 비유) 이 비유는 하나님의 나라(통치)를 설명하기 위한 비유이다. 브라운(S. Brown)에 의하면 문맥상 이 비유는 제자들에게만 주어진 가르침으로서, 하나님 나라의 비밀을 담고 있다(S. Brown, 68). 그러나 33-34절은 예수께서 이 비유들을 무리에게 가르치셨다고 볼 수 있게 한다. 이 비유에 의하면 하나님 나라는 씨앗을 뿌린 사람의 경우와 같다. 앞의 비유에서처럼, 여기서도 '씨앗'은 말씀과 말씀을 들은 사람을 가리킬 것이다(Heil, 1992: 282).

27절 (알지 못하는 사이에 자라는 씨앗) 이 비유는 씨앗에 싹이 트는 것을 말한다. 싹이 트는 것은 메시아를 연상시키는데(슥 3:8; 6:12; 렘 23:5-6; 33:14-16), 여기서는 그 가능성이 낮다고 보는 의견도 있다(Bock, 181).

그러나 이 비유는 기독론적인 것으로 해석될 수도 있다. 씨앗은 처음에 땅으로 사라져 없어진다. 그러나 싹이 나고 열매를 맺는다. 이처럼 하나님 나라는 온다. 이 비유에서 특이한 것은 사람이 알지 못하는 가운데 저절로 씨가 싹이 트고 자란다는 것이다(27절). 하나님 나라는 이렇게 인간들이 알지 못하는 가운데 저절로 성장하는 것이다. 그것은 사람들이 기대한 방식으로 이루어지는 것도 아니다. 그것은 유대인들이 알지 못하는 가운데 예수를 통하여 도래하고 그들이 기대하지 않은 방식으로 진행된다. 예수께서는 씨앗처럼 땅에 묻힌다. 그러나 다시 부활하시고 마침내 하나님 나라는 성장하여 열매를 맺는다. 그 후에 종말이 오게 된다.[28] 새 이스라엘은 아무도 기대하지 못한 방식으로 (십자가와 부활을 통하여) 온다.

28절 (땅이 스스로 열매 맺음) 이 비유는 '땅이 스스로 열매를 맺는다.'고 한다. 비록 사람이 씨앗을 뿌릴지라도 자라게 하시는 분은 하나님이시다(Heil, 1992: 283). 레위기 25:5, 11은 안식년과 희년에 스스로 자라는 곡물을 언급한다. 이러한 희년 제도를 배경으로 보면, 스스로 자라는 씨앗 비유는 예수의 복음 내지 예수의 백성을 영적인 안식년/희년과 연관시킨다. 이제 영적 안식년이 와서 하나님에 의하여 씨앗(복음, 하나님의 백성)이 자라나고 있다.[29] 열왕기하 19:29은 스스로 자라난 것을 먹는 것을 앗시리아로부터의 구원의 징조로 제시한다(Marcus, 2000: 328).

---

28. 추수는 유대교에서 종말을 가리키는 은유이다(Guelich, 1989: 243). 29절은 욜 3:13을 반영하고 있다(Marcus, 2000: 329). "민족들은 일어나서 여호사밧 골짜기로 올라올지어다. 내가 거기에 앉아서 사면의 민족들을 다 심판하리로다. 너희는 낫을 쓰라. 곡식이 익었도다. 와서 밟을지어다. 포도주 틀이 가득히 차고 포도주 독이 넘치니 그들의 악이 큼이로다"(욜 3:12-13, 개역개정).
29. '추수'는 유대 전통을 배경으로 하나님의 백성의 회집을 가리킬 수 있다(Heil, 1992: 283. n.31).

> 또 네게 보일 징조가 이러하니 너희가 금년에는 스스로 자라난 것을 먹고 내년에는 그것에서 난 것을 먹되 제삼년에는 심고 거두며 포도원을 심고 그 열매를 먹으리라. (개역개정)

그러므로 이 비유는 이스라엘의 회복에 관한 비유라고 볼 수 있다. 또한 이러한 표현은 필로(Philo, *On the Creation*)가 에덴의 상황을 묘사하며 사용하기도 하였다(Marcus, 2000: 328). 그러므로 이 비유는 하나님 나라를 (새 창조와 관련하여) 에덴 모형론으로 묘사한다고 볼 수도 있다(Marcus, 2000: 328 비교).

그렇지만, 이러한 해석은 마가복음 문맥에 정확히 맞지 않는 문제를 가진다. 희년이나 안식년에는 사람이 씨앗을 뿌리지 않지만, 이 비유에서는 '사람이 씨를 땅에 뿌림'이 언급되기 때문이다(26절). 그러나 비유의 세부 사항을 모두 풍유적으로 읽지 않는다면, 이 비유가 희년이나 안식년 이미지로 하나님 나라를 묘사한다고 볼 수 있다.

29절 (추수) 29절은 히브리어 본문 요엘 3:13을 반영한다(Lane, 169). 하나님 나라는 씨앗처럼 시작하고 추수와 같은 종말로 완성된다.

겨자씨 비유(4:30-32)

이 비유도 하나님의 나라(통치)를 설명하기 위한 비유이다. 또는 어떻게 이스라엘이 회복되는지 보여주는 비유이다.

30 그리고 그가 말씀하셨다.

"우리가 하나님 나라를 어떻게 비유하겠습니까?

무엇으로 그것을 비교하겠습니까?

31 마치 겨자씨와 같습니다.

그것은 땅에 뿌려질 때에는 땅 위에 있는 모든 씨앗들보다 작습니다.

32 그러나 뿌려지면 자라나서 모든 정원 식물보다 더 크게 됩니다.

그것은 큰 가지들을 만듭니다.

그래서 그것의 그늘 아래 공중의 새들이 둥지를 틀 수 있습니다."

30절 (예수의 질문) 예수께서는 "우리가 하나님 나라를 어떻게 비유하겠습니까?"라고 질문하신다. 이 문장에서 주어는 '우리'이다. 이 '우리' 속에는 예수와 함께 제자들이 포함된다. 그리하여 보링(M. E. Boring)은 예수의 말씀과 제자들의 말씀의 경계가 흐려진다고 지적한다(Boring, 2006: 140). 그러나 '우리'는 의문문 속에 위치하고 있을 뿐이므로 보링의 지적은 부당하다. 예수께서는 '우리'가 어떻게 하나님 나라를 비유할까를 질문하시고(30절), 곧이어 자신의 답을 제시하신다(31-32절).

31-32절 (겨자씨 비유) 이 비유는 예수께서 선포하신 말씀(씨앗)에 의해 세상 모든 민족들이 깃들이는 가장 큰 왕국이 형성될 것을 묘사한다(Heil, 1992: 285). 하나님의 나라는 유대인들이 기대한 방식으로 거창하게 오지 않고 겨자씨처럼 작게 시작하지만,[30] 한 철에 3m까지 자라나기도 하는 겨자(Brassica nigra)처럼[31] 점점 자라나 많은 민족들을 포함하게 된다.[32] 구약 선지자들은 민족들을 가지에 깃들이는 새들의 이미지로 가끔

30. 겨자씨는 실제로 가장 작은 씨앗은 아니지만 팔레스타인에서 작은 것에 관해 말할 때 대표적으로 언급될 수 있는 것이었다(Edwards, 2002: 144). 미쉬나와 탈무드는 겨자씨를 가장 작은 씨로 언급한다(*m. Toharoth* 8.8; *m. Niddah* 5.2; *b. Berakoth* 31a; *b. Niddah* 5a, 13b, 16b, 40a, 66a)(Bock, 182).

31. 양용의, 115; Bock, 182.

32. 공중의 새가 가지들에 거하는 것은 단 4:12, 21; 겔 17:23에 나오는 은유로서, 왕국의 규모를 나타낸다고 보인다(Guelich, 1989: 251). 겔 31:6(LXX)을 배경으로 볼 때 '공중의 새들'은 많은 민족들을 가리킨다(Marcus, 2000: 324). "공중의 모든 새가 그 큰 가지에 깃들이며 들의 모든 짐승이 그 가는 가지 밑에 새끼를 낳으며 모든

묘사하였다(시 104:12; 겔 17:23; 31:6; 단 4:9-21).[33] 그러므로 이 비유는 회복된 이스라엘에 많은 민족(이방인들)이 포함될 것임을 알려준다. 하나님 나라는 예수와 함께 겨자씨처럼 시작되었다(Hooker, 137 참고). 그러나 그 결말은 이러한 시작과는 확연히 다른 거대한 나라로 드러날 것이다.

에스겔 17:22-24은 새들이 백향목 가지에 깃들임으로 다윗의 집의 회복(이스라엘의 회복)을 비유한다. 백향목 대신에 겨자가 나오는 것은 군사적 메시아를 기다리는 유대인들에게 고난받는 종으로서의 메시아가 오신 것을 비유한다고 볼 수 있다(A. Y. Collins, 256). 플리니(Pliny the Elder)는 겨자의 특징은 즉시 싹이 터서 한 번 씨를 뿌리면 제거하기 힘들다는 점임을 지적하였다(*Natural History* 19.170-171).[34] 겨자는 유대인들의 정원이나 밭에서 위협적인 것이었다(Witherington, 172). 예수의 가르침이 이러한 성격을 가짐을 겨자를 통하여 비유되었다고 볼 수도 있다(Witherington, 172).

예수와 비유(4:33-34)

> **33** 그는 그러한 많은 비유들로 그들이 들을 수 있는 만큼 그들에게 줄곧 말씀하셨다. **34** 그런데 비유가 없이는 그들에게 말씀하시지 않았다. 그러나 그 자신의 제자들에게는 따로 모두 해석해 주셨다.

예수께서는 비유로 모든(즉 대부분의) 가르침을 주셨다. 그러므로 비유 해석은 예수의 말씀을 이해하기 위해 매우 중요하다. 비록 마가복음에

큰 나라가 그 그늘 아래 거주하였느니라"(겔 31:6, 개역개정).

33. Edwards, 2002: 145.

34. Witherington, 172.

서는 예수 자신의 비유 해석이 하나밖에 소개되지 않았지만, 절망할 필요는 없다. 비유는 우리가 "들을 수 있는 정도만큼" 주어진 것이기 때문이다(33절). 또한 예수의 제자들에게 주어진 가르침인 "신비"(μυστήριον)가 제자들을 통하여 전해지고 복음서에 기록되어 우리에게 주어졌기 때문이다. 예수께서 모든(대부분의) 공적 가르침을 비유로 하셨음에도 불구하고 복음서에 비유가 아닌 말씀이 많이 나타나는 것은 제자들에게 주신 가르침이 전수되어 복음서에 함께 기록되었기 때문일 것이다. 또한 군중에게 가르치신 모든 가르침 속에 비유가 아닌 가르침이 있었을지라도 그 가르침이 넓은 의미로 보면 비유적 성격을 가진다고 볼 수 있기 때문일 것이다. 물론 "비유가 없이는 그들에게 말씀하시지 않았다."는 서술은 예수께서 주로 비유로 가르치셨음을 표현하기 위한 과장법일 수도 있다.

2. 해설

예수께서는 하나님 나라를 씨앗으로 비유하셨다. 하나님 나라는 예수를 통하여 씨앗처럼 왔다. 씨앗처럼 땅에 묻히고 죽는 것 같지만 오히려 살아나 엄청난 열매를 맺는다. 예수의 말씀도 마찬가지로 받아들이지 않는 자들이 있지만, 마침내 사람들의 마음에 심겨져 열매를 맺는다. 예수의 말씀을 들은 사람들도 이처럼 환란이나 유혹을 이기고 열매를 맺는다. 그들은 마음을 다하고 목숨을 다하고 힘을 다하여 하나님을 사랑하고 말씀을 실천하여 열매를 맺는다. 이러한 과정은 인간의 노력으로 이루어지는 것이 아니라 말씀의 능력으로 이루어진다. 이 열매 맺음에는 많은 이방인들도 참여한다(4:32). 하나님의 말씀을 들은 새 언약의 백성들이 열매를 맺는 씨앗들이다(렘 31:27, 31, 33).

예수께서는 청중이 알아들을 수 있도록 비유로 가르치셨다(4:33). 비유는 감추는 측면이 있지만 감추는 목적은 드러내려는 것이다(4:22). 예수의 말씀을 깨닫지 못하는 원인은 사탄의 유혹에 말씀을 빼앗기거나, 박해를 두려워하거나, 재물의 유혹에 넘어가는 사람의 마음에 있다(4:15-19).

말씀을 듣고 열매 맺는 자들과 열매를 맺지 못하는 자들 사이에는 극명한 대조가 발생한다. 열매 맺는 자들은 풍요를 경험하게 되지만, 열매 맺지 못하는 자들은 원래 있던 씨앗도 잃게 된다(4:4-8, 25). 하나님의 나라의 원리는 씨앗 비유에서 보듯이 은혜와 심판이 대조되는 원리이다. 그러므로 하나님의 나라를 비례의 원리로 이해하지 않도록 조심해야 한다(4:24).

하나님의 나라는 스스로 씨앗이 자라나는 희년과 같다(4:28; 레 25:11). 희년에는 기업이 회복되고 노예가 해방된다(레 25:28, 54). 이처럼 하나님의 나라도 마귀의 노예로부터 해방되어 영생을 기업으로 받는 약속이 담긴 새 언약이 시작되는 시대이다.

제13장
마가복음 4:35-7:23
예수의 갈릴리 후기 사역

마가복음 4:35-7:23은 예수의 갈릴리 지역 사역과 갈릴리 주변 사역을 담고 있다. 이 사역의 대상은 주로 유대인들이다. 예수께서는 많은 기적을 행하셨지만, 고향 사람들은 예수를 믿지 않았고, 바리새인들은 예수의 제자들이 자기들의 전통을 지키지 않는다고 비판하였다.

1. 번역과 주해

바다를 잠잠하게 하신 예수 (4:35-41)

35 그리고 저 날에 저녁이 되었을 때 그가 그들에게 말씀하셨다.

"맞은편으로 건너가자."

36 그리고 그들이 무리를 떠나 그를 배 안에 모셨는데, 다른 배들이 그와
함께 있었다. **37** 그런데 바람의 큰 소용돌이가 일어 파도가 배 안으로 계속
들이닥쳤다. 그리하여 이미 배를 채웠다. **38** 그러나 그는 선미에서 베개를

베고 주무시고 계셨다. 그래서 그들은 그를 깨우며 그에게 말했다.

"선생님, 우리가 죽게 된 것이 당신에게는 문제가 되지 않습니까?"

39 그러자 그가 깨어서 바람을 꾸짖고 바다에게 말씀하셨다.

"조용하라! 입 닥쳐라!"

그러자 바람이 그치고 아주 잠잠해졌다. **40** 그때 그가 그들에게 말씀하셨다.

"왜 겁을 내느냐? 아직도 믿음이 없느냐?"

41 이에 그들이 아주 크게 두려워하고 서로에게 말했다.

"그렇다면 이분은 누구인가? 바람도 바다도 그에게 순종하다니!"

패튼(P. Patten)은 예수의 사역도 비유처럼 해석이 필요한 메시지를 담고 있으므로 비유의 특성을 가진다고 주장하였다(Patten, 255-57). 이 주장대로 특히 이 단락이 소개하는 사건의 경우에는 그 자체로 예수의 정체에 대한 증거 기능과 함께 비유의 특성을 가진다고 볼 수 있다. 그래서 이 사건이 비유적으로 담은 메시지를 파악하기 위해서는 해석이 필요하다.

35-36절 (이방 지역으로 건너가고자 하심) 예수께서는 갈릴리 호수 건너편으로 가고자 하신다. '건너편'은 마가복음 5:1을 고려해 볼 때, 데가볼리 지역이다. 이 지역은 알렉산더 대왕이 건설한 열 개의 식민 도시가 있는 곳으로서 이방인들이 많이 사는 곳이다. 그래서 유대인들이 사육하지 않는 돼지 떼가 이곳에는 등장한다. 예수께서 이 지역으로 (축귀를 하러) 가시는 과정 중에 풍랑을 만난 것은 (군대) 귀신들의 저항과 관련된다고 볼 수 있다(아래 4:36-39 주해 참고). 그렇다면 이러한 저항을 다루는 이 기사는 데가볼리 지역에서의 축귀 기사를 준비한다고 볼 수 있다(Lane, 173). 이러한 저항은 이방 지역 선교에 대한 방해로 볼 수도 있으며, 이 지역에 귀신들에게서 구출된 자를 통해 마침내 복음이 전파되었음은 예수의 공생애 속에 이미 이방 선교가 이루어지기 시작하였음을 보여준다.

37-39절 (바다를 잠잠하게 하신 예수) 이 부분은 요나의 경우를 모형으로 하여 읽을 수 있다(Guelich, 1989: 66). 큰 풍랑이 일었을 때, 배에서 자는 상황이 유사하기 때문이다. 예수께서 배에서 주무시는 모습은 예수의 인성을 나타내기도 하지만(Boring, 2006: 146), 요나 모형론을 담고 있기도 하다. 요나가 사흘 동안 물고기 뱃속에 있었듯이 예수께서도 사흘 동안 땅속에 계실 것이다. 또한 요나가 물고기 배에서 나와서 니느웨에 하나님의 말씀을 전하였듯이 예수께서도 부활하시고 이방에 복음이 전파되도록 하실 것이다. 그런데, 예수께서는 요나보다 더 큰 자로서 풍랑을 잠잠하게 하신다. 또한 예수께서는 요나보다 더 큰 자로서 땅끝까지 복음이 전파되도록 하실 것이다.

제자들은 풍랑 속에서 예수께 "우리가 죽게 된 것이 당신에게는 문제가 되지 않습니까?"라고 말한다. 이것은 요나서 1:6; 3:9을 연상시키는 표현이다(Bock, 185). 이 질문에 사용된 부정어 '우'(οὐ)의 사용은 긍정적 대답을 기대하지만, 그들은 예수께서 문제를 해결하리라 믿지 못하고 두려움에 빠진 듯하다(Bock, 185).

예수께서는 바람을 "꾸짖으셨다"(ἐπετίμησεν). 이러한 묘사에 사용된 '꾸짖다' 동사는 마가복음 1:25; 3:12; 9:25 등에서 귀신을 꾸짖음을 묘사하는 동사와 동일한 형태이다(솔로몬의 유언 16 참조).[1] 고대인들의 세계에서 바다는 카오스와 악의 세력들을 상징하므로 동일한 단어가 귀신과 바다에 사용된 것은 놀라운 일이 아니다(Hooker, 139). 시편 104:7은 하나님께서 물을 다스리신다고 한다(Bock, 185). 이러한 배경으로 볼 때에 바다에게 꾸짖으며 명령하시는 예수의 모습은 사탄의 세력을 제압하시는 신적인 모습이라 할 수 있다. 한편 70인역 시편 105:9(106:9, 개역개정)은

---

1. Hooker, 139; Bock, 185.

하나님께서 홍해를 꾸짖어 마르게 하셨다고 한다(A. Y. Collins, 262). 그러므로 예수께서 바람을 꾸짖어 바다를 잠잠하게 하심에는 출애굽 모형론이 담겨 있다.

예수께서는 바다에게 "잠잠하라"고 명하셨다. '잠잠하다' 동사는 마가복음 1:25에서 귀신에게 "잠잠하고"라고 명하실 때 사용된 동사와 동일한 '피모오'(φιμόω) 동사이다(Hooker, 139). 이런 단어를 사용하여 바람이나 바다를 귀신과 같은 존재로 간주할 수 있는 이유는 악령들이 그 뒤에 작용한다고 보는 유대인들과 헬라인들의 세계관과 관련된다.[2] 이러한 세계관을 보여주는 예를 들자면, 솔로몬의 유언 16인데, 여기에는 귀신이 자신을 '바다의 영'이라고 소개하는 내용이 나온다(A. Y. Collins, 262). 이러한 세계관을 배경으로 당시 독자들은 이 마가복음 본문을 읽을 때 바다를 꾸짖는 예수의 모습을 악령들과 전투하시는 모습으로 이해하였을 것이다.

40절 (예수의 말씀) 바다가 잔잔해진 후 예수께서는 제자들에게 "왜 무서워하느냐"라고 질문하신다. 제자들이 두려워함은 요나서 1:10을 연상시킨다(Witherington, 176).

예수께서는 또한 제자들에게 "믿음이 없느냐?"고 질문하신다. 풍랑에 대한 그들의 공포가 그들에게 믿음이 없다는 증거로 간주된다. 제자들은 "우리가 죽어가고 있는 것이 당신에게 문제가 되지 않습니까?"라고 질문하며 죽음을 두려워한다(38절). 그들은 씨앗의 비유를 듣고 이 비유에 관한 해석도 들었지만, 씨앗처럼 죽고자 하지 않았다.

41절 (제자들의 반응) 예수의 명령에 바람이 그치고 바다가 잔잔해지는 놀라운 사건을 목격하고 제자들은 "그가 누구인가?"라고 질문한다. 독자들은 1장을 읽을 때부터 이미 하나님의 아들로서의 예수의 정체를 알고

---

2. A. Y. Collins, 261. 희년서 2:2; 에녹1서 60:16; 69:22 참고.

있다. 그러나 마가복음 속에 등장하는 인물들은 예수를 따르는 제자들마저도 아직 이를 충분히 알고 있지 못하였다. 그들에게 풍랑이 잔잔해진 사건은 하나의 비유였던 것이고, 그들은 이 비유를 해석해야만 했다. 바다를 다스릴 수 있는 분은 바다를 만드신 하나님이시다(시 65:7; 89:8-9)(Hooker, 140; Osborne, 81).[3] 욥기 26:11-12; 시편 104:7; 이사야 51:9-10도 하나님만이 바다를 다스릴 수 있음을 말한다(Witherington, 176). 인간의 몸을 입고 하나님만 하실 수 있는 일을 행하시는 분의 정체는 다니엘 7:13-14에 나오는 "인자 같은 이"이다. 그 인자 같은 이는 하나님으로부터 모든 권세를 받으셨으므로, 자연을 통치할 권세도 가진다.[4]

쿰란 문헌(4Q521)은 신명기 18:18에 담긴 생각을 발전시키며 하나님의 메시아에게 하늘과 땅이 복종할 것을 예언한다(Marcus, 2006: 340).[5] 이러한 사상을 배경으로 보면 바다와 바람을 복종시킨 예수는 메시아이다.

예수의 새 출애굽(5:1-43)

마가복음 5장에서는 귀신, 질병, 죽음으로부터의 해방(출애굽)이 나타난다. 축귀, 치유, 부활은 예수를 통한 새 출애굽의 중요한 내용이다. 이러

---

3. "주께서 바다의 파도를 다스리시며 그 파도가 일어날 때에 잔잔하게 하시나이다"(시 89:9, 개역개정).
4. 예수께서 선포하신 하나님의 나라는 인자가 하나님으로부터 받은 나라로서 이 땅에 임한다. 따라서 이것은 곧 인자의 나라(그리스도의 나라)이다.
5. "[for the heav]en and the earth will listen to his anointed one"("[왜냐하면 하]늘과 땅이 그의 기름부음 받은 자를 청종할 것이기 때문이다")(4Q521, *frags.* 2, col. II,1)(trans. Martínez & Tigchelaar, 1998: 1045).

한 사역에는 불결한 영과 짐승(돼지)의 제거(1-20절)와 불결한 질병(하혈)의 제거(25-34절), 부정한 시체 부정 제거(35-43절)도 등장한다. 예수께서 불결과 접촉할 때 예수께서 불결하게 되시는 것이 아니라 불결이 오히려 정결케 되는 일이 발생한다. 이러한 불결과의 접촉의 외양은 율법(하나님의 말씀)을 어기는 죄의 모양이지만 그 실상은 율법을 어기지 않고 오히려 불결을 제거하는 능력이다.[6]

데가볼리 지역에서의 축귀(5:1-20)

5:1 이제 그들이 바다 건너편 거라사인들의 지역으로 갔다. **2** 그가 배에서 내렸을 때 더러운 영에 들린 어떤 사람이 무덤들로부터 나와서 그에게 맞섰다. **3** 그는 무덤들에 거주하고 있었는데, 아무도 더 이상 사슬로 그를 결박할 수 없었다. **4** 종종 그를 족쇄와 사슬로 묶었지만 그 사슬들이 그에 의하여 끊어지고 그 족쇄들은 부수어졌다. 그래서 아무도 그를 통제할 수 없었다. **5** 그는 밤이나 낮이나 늘 무덤들과 산에서 계속 소리를 질렀고 자기 자신을 돌로 치곤했다. **6** 그가 예수를 보고 멀리서부터 달려와 그에게 무릎을 꿇었다. **7** 그리고 큰 소리로 외쳤다.

"왜 우리에게 (이렇게 하소?) (우리가) 당신에게 (뭘 어쨌소?)
예수, 지극히 높은 하나님의 아들이여!
하나님의 이름으로 당신에게 구하오.
나를 괴롭히지 마소."

8 - 왜냐하면 그분이 그에게 "더러운 영아 그 사람에게서 나오라."고 말씀하셨기 때문이다. - **9** 그가 그에게 물으셨다.

---

6. 그러므로 양자택일의 경우에는 모양은 있으되 능력은 없는 것보다 모양은 없어도 능력이 있는 것을 택해야 할 것이다.

"너의 이름이 무엇이냐?"

이에 그가 그에게 대답했다.

"나의 이름은 군단이오. 우리는 많기 때문이오."

10 그리고는 자기들을 그 지역 밖으로 내보내지 않으시도록 그에게 간곡히
줄기차게 요청했다. **11** 그런데 거기 산기슭에서 풀을 뜯고 있는 많은 돼지
의 떼가 있었다. **12** 그들이 그에게 간청하였다.

"우리를 돼지들 속으로 보내주쇼.

우리가 그것들 속으로 들어갈 수 있도록 말이요."

13 그러자 그가 그들에게 허락하셨다. 그 더러운 영들이 나가서 그 돼지들
속으로 들어갔다. 이에 그 떼가 비탈진 둑 아래로 바다를 향하여 달려갔다.
그것들은 약 이천 마리였는데, 바다에서 연달아 익사하였다.

14 그것들을 먹이던 자들이 달아나 그 도시와 농장들에 알렸다. 이에 그들
이 무슨 일이 일어났는지 보려고 왔다. **15** 그들은 예수께로 와서 그 군단 귀
신에 들린 자가 옷을 입고 제 정신이 들어서 앉아 있는 것을 보고 두려워하
였다. **16** 목격자들이 그들에게 그 귀신 들린 자와 돼지들에게 무슨 일이 있
어났는지 말했다. **17** 그러자 그들이 그에게 자기들의 지역에서 떠나달라고
간청하기 시작했다.

18 그가 배에 타실 때 그 귀신 들렸던 자가 그와 함께 있기를 그에게 간청
했다. **19** 그러나 그는 그에게 허락하지 않으시고 그에게 말씀하셨다.

"너의 집 너의 가족에게로 가라.

그들에게 주께서 너에게 행하시고 너에게 자비를 베푸신 일들을 알려라."

20 그러자 그가 떠나가서 예수께서 그에게 행하신 일들을 데가볼리에서
선포하기 시작했다. 이에 모두 놀라고 또 놀랐다.

요나가 이방 지역 니느웨를 선교하였듯이 예수께서는 이방인들이 주

로 사는 데가볼리 지역으로 선교하러 가신다. 이방적 색채는 이방적 맥락에서 사용되는 표현인 '지극히 높으신 신'(7절)에서도 드러난다(Guelich, 1989: 279). '지극히 높으신 신'(7절)이라는 용어의 사용은 이방의 다신교 상황을 반영한다(Edwards, 2002: 156). 창세기 14:18-20에서 '지극히 높으신 하나님'은 살렘 왕 멜기세덱의 입에서 나오는 표현이고, 민수기 24:16에서 발람은 '지극히 높으신 자'라는 표현을 쓴다. 이사야 14:14에는 '지극히 높은 이'라는 표현이 나오는데 이것은 바벨론 왕이 쓰는 표현을 인용한 것이다. 다니엘 3:26; 4:2에서 느부갓네살 왕은 '지극히 높으신 하나님'이라는 표현을 쓴다.

이방인들의 인구가 많은 데가볼리 지역에서 돼지 떼가 발견되는 것도 당연하다(11절). 돼지는 이방적 불결을 상징하는 동물인데, 이러한 동물을 더러운 귀신들과 함께 제거하는 것은(13절) 이 지역을 정결하게 하는 상징적인 의미를 가진다(Guelich, 1989: 283).

예수의 나사렛 지역 사역은 축귀로 시작되었다(1:21-26). 예수께서 이방 지역에서 행하신 첫 사역도 축귀 사역이었다. 이것은 축귀가 예수의 사역에 본질적으로 중요한 것임을 보여준다(Marcus, 349).

1절 (거라사인들의 지역으로 가심) 예수께서 가신 지역을 마가는 '거라사인들의 지역'이라고 부른다. 이 표현은 데가볼리를 가리키는 표현으로 볼 수 있다. 거라사(Gerasa)는 갈릴리 호숫가에서 35마일(56km) 떨어져 있어서 사건이 일어난 곳이 거라사라고 볼 수는 없지만 그곳이 데가볼리의 가장 중요한 도시인 거라사의[7] '지방'에 속한다고 표현해서 문제가 될 것은 없다. 마가는 이 지방을 20절에서는 '데가볼리'라고 부른다. 마태복음(8:28)은 이 지역을 '가다라 지방'이라고 부르는데, 이것은 가다라가 그

7. 박윤만, 2017: 377.

지역 수도였기 때문일 수 있다(Witherington, 180 참고).

오리겐(Origen)과 유세비우스(Eusebius)에 의하면 본문의 배경이 된 지점은 아마도 게르게사(Gergesa, 지금의 Kursi)였을 것이다(Edwards, 2002: 155). 이곳은 데가볼리의 주요 도시 중의 하나인 히포스(Hippos)의 행정관할지역에 속했다(Edwards, 2002: 154).

5절 (귀신들린 자의 거처) 데가볼리 지역에서 예수께 나아온 귀신 들린 자는 무덤에 거하던 자였다. 민수기 19:11-14에 의하면 무덤의 불결로부터 자신을 정화하지 않는 사람은 이스라엘로부터 끊어진다.[8] 그러므로 이 사람은 단지 불결한 영(귀신)에 들렸을 뿐 아니라 불결한 장소에서 살기까지 하는 사람으로서 구원의 공동체로부터 격리되어야 할 사람이다. 탈무드는 미침의 특징으로 밤에 걸어 다니기, 무덤에서 밤을 보내기, 옷 찢기, 받은 것 파괴하기 등을 제시한다(Lane, 182. n.7). 이러한 배경으로 볼 때에는 이 사람은 미친 사람이다. 마을 사람들은 (비록 그들이 대부분 이방인이라 해도) 이 사람을 미쳤다고 여겼을 것이다(Lane, 182).

7절 (귀신의 반응) 귀신은 예수를 '지극히 높으신 하나님의 아들'이라고 부른다. '지극히 높으신'(ὕψιστους)은 70인역에서 '엘욘'(עליון)의 번역이지만, 비기독교, 비유대교 문헌에서는 제우스를 가리킨다(A. Y. Collins, 268). 따라서 이 표현은 이방적인 표현이다. 주후 22-23년의 비문은 거라사에 제우스 올림피우스 신전이 있었다고 증거한다(A. Y. Collins, 268). 그러므로 거라사 지역에서 제우스를 연상시키는 이러한 표현이 사용되는 것은 배경 적합성을 가진다.

---

8. "누구든지 죽은 사람의 시체를 만지고 자신을 정결하게 하지 아니하는 자는 여호와의 성막을 더럽힘이라. 그가 이스라엘에서 끊어질 것은 정결하게 하는 물을 그에게 뿌리지 아니하므로 깨끗하게 되지 못하고 그 부정함이 그대로 있음이니라"(민 19:13, 개역개정).

귀신은 하나님 앞에 '맹세한다'(ὁρκίζω)고 말한다. 이 단어의 동의어인 '호르꼬오'(ὁρκόω)는 축귀자들이 축귀할 때 사용하던 용어였다.[9] 귀신이 이 용어를 예수께 사용한 것은 예수에 대한 저항을 뜻한다고 볼 수 있다(A. Y. Collins, 268).

귀신은 예수께 '나를 괴롭히지 마쇼.'라고 요청한다. 이것은 대개의 경우 축귀자가 귀신에게 자기를 괴롭히지 말아달라고 요청하는 것과 대조된다(Bock, 190). 오히려 역으로 귀신이 예수께 그렇게 요청한다.

8절 (부가 설명) 마가는 사건 묘사 속에 부가적 설명을 하며 예수께서 이미 귀신에게 '나오라'고 말씀하셨다고 알린다. 여기서 '말씀하셨다'(ἔλεγεν)에 해당하는 헬라어 단어는 미완료형이다. 레인(Lane)은 이것을 역사적 미완료형(historic imperfect)이라고 간주하며 '말씀하셨었다'(he had said)라고 번역한다(Lane, 184). 이러한 해석을 따르면 예수께서는 귀신에게 이미 '나오라'고 말씀하셨는데, 마가는 순서를 바꾸어 나중에 이 말씀을 (이미 하신 것으로) 소개한 것이다.

9절 (귀신의 이름) 귀신은 자기들의 이름이 '군단'(λεγιών)이라고 소개한다. 이 단어는 엄밀하게 말해 라틴어적 표현(*legio*)이라 할 수 없다(Lane, 184). 이 단어는 헬라어(헬레니스틱 그리스어)와 아람어에도 이미 들어와 있던 표현이기 때문이다(Lane, 184).

'군단'(라틴어 *legio*)은 이론적으로 약 5,600명(또는 기병 포함 5,400명[10])의 군인으로 구성되지만, 13절에 언급된 돼지의 수는 약 2,000마리다. 그리하여 귀신의 수와 돼지의 수가 서로 일치하지 않게 된다. 그러나 '레기온'이란 말은 그저 다수를 가리킨다고 볼 수 있다(France, 229). 예수

9. 요세푸스, 『유대 고대사』 8.2.5 §47; 히브리어 동의어는 8Q5; 11Q11 1:7; 4:1, 아람어 동의어는 4Q560 참고(A. Y. Collins, 268).

10. A. Y. Collins, 269.

께서 귀신 군단을 제압하신 것은 사탄이 예수께 패배하였음을 보여준다(Hooker, 142).

10-12절 (귀신의 요청) 로마인들이 그들의 점령지에서 떠나가려고 하지 않듯이 그 귀신들은 그 지역을 떠나려고 하지 않는다(Marcus, 2006: 351). 이처럼 떠나지 않는 것은 이 귀신들이 그 지역과 관련된 죽은 사람들의 영혼이라는 해석이 있지만, 단지 예수께 저항하며 버티기 위한 싸움의 일환으로 볼 수 있다(A. Y. Collins, 270).

인근에 큰 돼지 떼가 있었다. 레위기 11:7; 신명기 14:8에 의하면 돼지고기를 먹는 것은 금지된다.[11] 미쉬나(*m. Baba Kamma* 7:7)에 의하면 돼지를 기르는 것도 금지된다.[12] 따라서 돼지 떼의 존재는 이 기사가 이방 지역을 배경으로 함을 암시한다(Hooker, 143).

귀신은 자기들을 돼지에게로 들어가게 해달라고 요청한다. 더러운 귀신들이 더러운 동물들 속에 거하기를 택한 것은 당연한 것이다(Hooker, 144).

13절 (돼지 떼의 몰사) 귀신들이 돼지 떼에 들어가자 돼지들은 바다로 달려가 몰살된다. 마가는 돼지 '떼'를 표현하는 데 '아겔레'(ἀγέλη)라는 단어를 사용하였다. 데렛(J. D. M. Derrett)은 '아겔레'("떼")는 함께 무리 지어 움직이지 않는 돼지들에게 사용되기에 부적절한 용어라고 하며, 이 단어는 종종 군대와 관련된 용어로 사용되었고, 본문에서 함께 사용된 단어

---

11. "돼지는 굽이 갈라져 쪽발이로되 새김질을 못하므로 너희에게 부정하니 너희는 이러한 고기를 먹지 말고 그 주검도 만지지 말라. 이것들은 너희에게 부정하니라"(레 11:7-8, 개역개정). "돼지는 굽은 갈라졌으나 새김질을 못하므로 너희에게 부정하니 너희는 이런 것의 고기를 먹지 말 것이며 그 사체도 만지지 말 것이니라"(신 14:8, 개역개정).
12. "None may rear swine anywhere"("누구든지 어디서든지 돼지를 사육해서는 안 된다")(trans. Danby, 342).

인 '에뻬뜨렢센'(ἐπέτρεψεν)도 군대적 명령의 뉘앙스를 가짐을 지적한다(Witherington, 182). 이러한 군대적 뉘앙스는 '레기온'이라는 단어의 사용과 함께 로마 군단을 연상시킨다.

돼지들이 몰사한 것은 귀신들의 우둔함을 보여주는 것이 아니라 귀신들의 경향을 보여준다. 귀신들의 자기 파괴 경향은 이미 귀신 들린 사람에게서 드러났으며 이제 그 결실을 보고 있다(Hooker, 144). 돼지 떼를 바다로 쓸어 넣은 것은 (멧돼지를 기장으로 하는 팔레스타인 지역의 로마군단을 연상시키며) 로마 세력을 제거하기 원하는 소망의 성취와 관련될 수도 있다(Marcus, 2000: 351).[13] 로마 세력으로부터의 해방의 소망이 영적인 차원에서 축귀를 통하여 승화되어 성취되고 있다. 마치 이집트 군대가 바닷물에 빠져 죽었던 첫 출애굽에서처럼 군단 귀신 들린 돼지 떼가 바다물에 빠져 죽는다.

제롬(Jerome)은 이처럼 많은 돼지들이 고통당하지 않으면 그렇게 많은 귀신들이 한 사람에게서 나왔다고 사람들이 믿지 않았을 것임을 강조했다(Witherington, 183). 이러한 해석을 따르면 많은 돼지들이 희생되도록 버려둔 것은 많은 귀신이 축귀되었음을 입증하기 위한 것으로 볼 수 있다.

14-17절 (지역 사람들의 반응) 데가볼리 지역 사람들은 예수께 떠나달라고 요청한다. 이 지역 사람들의 주 관심은 잃어버린 돼지 떼였다. 그들은 이 경제적 손실 앞에서 예수를 거부하였다. 마가복음 4장의 씨앗 비유에서 가시밭에 떨어진 씨앗과 같이 그들은 재물로 인해 복음을 거부한다.

18-20절 (이방 선교사 파송) 희년 모형론이 다시 등장한다. 귀신을 쫓

13. 돼지는 이방 종교에서 성스러운 동물로 여겨졌고 제물로 사용되었기에 돼지 떼의 제거는 이방 종교에 대한 승리로도 볼 수 있다(Boring, 2006: 152).

아내는 것은 귀신들렸던 자의 가족과 기업의 회복을 함축한다.[14] 이것은 19절의 "너의 집, 너희 것들(= 가족들)로 돌아가라."에서 확인된다.

귀신에 들렸던 자는 예수와 함께 거하기를 간구했다(18절). 즉, 예수와 함께 전도 여행을 하는 소그룹에 속하기를 원하였다. 그러나 예수께서는 그를 곧바로 파송하셨다(19절).[15] 데가볼리 지역은 예수를 받아들이지 않았지만, 그를 통하여 선교되기 시작한다(20절). 이방 지역에서는 잘못된 메시아 사상의 위험이 없었으므로 예수의 사역을 비밀로 할 필요가 없었다(France, 232).

유대인들의 지역에서 예수께서는 기적을 베푸시고, 이를 비밀로 하게 하셨지만, 이방 지역인 데가볼리 지역에서는 이를 밝히 알리라고 명하신다. 유대인들이 비밀의 계시를 받지 못하는 밖에 있는 사람들에 해당하고, 오히려 이방인들이 비밀의 계시를 받는 사람들이 되는 현상이 일어난다. 왜, 기적을 유대인들에게는 감추도록 하시고, 이방인들에게는 밝히 알리도록 하셨을까? 아마도 유대인들은 군사적 메시아를 기대하고 있으므로 그들에게 군사적 메시아로 오해되지 않도록 하고자 십자가-부활 이전에 잠시 숨기신 것이라 볼 수 있다.

'주'께서 행하신 일을 전하라는 명령을 듣고 군단 귀신 들렸던 사람은 '예수'께서 행하신 일을 데가볼리 지역에 전한다(19-20절). 그리하여 하나님과 예수의 밀접한 관계가 암시된다(Marcus, 2000: 354 참고). 예수께서 행하시는 일은 곧 하나님께서 행하신 일이다(Marcus, 2000: 354).

---

14. 참조, 레 25:13: "이 희년에는 너희가 각기 자기의 소유지로 돌아갈지라"(개역개정).
15. 예수의 사역에 이방인이 참여하면 유대인 선교에 방해되기 때문이었다고 추측할 수 있다(Edwards, 2002: 160).

혈루병을 치유하시고 죽은 소녀를 살리심(5:21-43)

21 예수께서 [배를 타고] 다시 맞은편으로 건너가셨을 때 많은 무리가 그에
게 모였다. 그런데 그는 바닷가에 계셨다. **22** [이름이 야이로인] 회당장 한
명이 와서 그를 보고 그의 발 앞에 엎드렸다. **23** 그리고 그에게 간절히 간
구하며 말했다.

"나의 딸이 죽어가고 있습니다.
오셔서 손을 그에게 얹어주십시오.
그가 치유되어 살도록 말입니다."

24 이에 그분은 그와 함께 떠나갔고 많은 무리가 그를 계속 따라가며 그를
밀치고 또 밀쳤다.

25 그런데 열두 해 동안 혈루병을 앓고 있는 한 여인이 있었다. **26** 그녀는
많은 의사들에게 많은 고통을 당하면서 자기가 가진 것을 다 썼다. 그러나
소용이 없었고 더욱더 악화되었다. **27** 그녀는 예수에 관하여 듣고 와서 무
리 가운데서 뒤에서 그의 옷에 손을 대었다. **28** 왜냐하면 그녀가 말하기를
"그의 옷에만 손을 대어도 치유될거야."라고 했기 때문이다. **29** 그러자 즉
시 그녀의 피의 샘이 말랐고, 그녀는 질병으로부터 치유되었음을 몸으로
알았다. **30** 이에 즉시 예수께서 자기 자신에게서 힘이 빠져나간 것을 스스
로 아시고 무리 가운데서 돌아서서 말씀하셨다.

"누가 나의 옷에 손을 대었느냐?"

31 그러자 그의 제자들이 그에게 말했다.

"무리가 계속 밀치는 것을 보시면서도 '누가 나에게 손을 대었느냐.'고
하십니까?"

32 그러나 그는 이것을 행한 여인을 보려고 계속 둘러보셨다. **33** 그런데 그
여인은 그녀에게 발생한 일을 알고 두려워하며 떨며 나아와 그에게 절하고

모든 진실을 그에게 말했다. **34** 그런데 그는 그녀에게 말씀하셨다.

"딸아, 너의 믿음이 너를 구하였구나.

평안히 가서 너의 질병으로부터 (풀려나) 건강해라."

35 그가 아직 말씀하실 때에 회당장(의 집)으로부터 사람들이 와서 말했다.

"당신의 딸이 죽었습니다. 왜 아직도 선생님을 성가시게 하십니까?"

36 그러나 예수께서 그 말을 옆에서 듣고 회당장에게 말씀하셨다.

"두려워 말고 믿기만 하라!"

37 그리고는 아무도 그와 함께 따라가는 것을 허락하지 않고 오직 베드로
와 야고보와 야고보의 형제 요한만 예외로 하셨다. **38** 그들이 회당장의 집
에 들어가 소란과 우는 것과 심히 통곡하는 것을 보았다. **39** 이에 들어가셔
서 그들에게 말씀하였다.

"왜 소란을 피우고 우시오?

아이가 죽지 않고 자고 있소이다."

40 이에 그들이 그를 비웃고 또 비웃었다. 그러나 그는 모두 밖으로 보내
고 아이의 아버지와 어머니와 자신과 함께 간 자들을 데리고 아이가 있는
곳으로 들어가셨다. **41** 그리고 그 아이의 손을 잡고 그녀에게 말씀하셨다.

"탈리타 쿰!"

이것은 번역하면 "소녀야, 내가 네게 말한다, 일어나라!"이다. **42** 이러자 즉
시 그 소녀가 일어나 걸어 다녔다. - 그녀는 열두 살이었다. - 이에 [즉시]
사람들이 매우 크게 놀랐다. **43** 그는 아무도 이것을 알지 못하도록 하라고
그들에게 엄하게 명하셨다. 그리고 그녀에게 먹을 것을 주라고 말씀하셨
다.

21-43절은 샌드위치 구조를 가진다: A(21-24), B(25-34), A′(35-43). 이러한 구조는 마가복음에서 자주 발견된다(6:7-13, 14-29, 30-32; 11:12-14,

15-19, 20-25; 14:1-2, 3-9, 10-11; 14:53-54, 55-65, 66-72).[16] 마가복음 1:4-8; 1:21-28; 3:22-30; 4:3-20; 13:5-27; 14:18-25도 이러한 구조를 가진 것으로 여겨진다(Boring, 2006: 67).

혈루증과 같은 병은 불결한 것으로 간주되었다(레 15:2-12). 이 병에 걸린 자에게 접촉된 것은 또한 불결해진다(레 15:7). 따라서 이 병을 앓는 여인이 예수의 옷에 손을 댐은(27절) 예수께 불결을 전염시키는 행위였다. 따라서 율법이 권장하는 행위가 아니었다. 그러나 이러한 행위의 결과, 예수께서 불결해진 것이 아니라, 여인이 정결하게 되었다(29절). 따라서 여인은 정결을 보존하려는 율법의 정신을 오히려 성취하게 되었다. 예수께서는 이러한 행위를 정죄하시지 않고, 오히려 믿음 있는 행위라고 진단하셨다(34절).

22-23절 (회당장의 간구) 회당장 한 명이 예수께 나왔다. 회당장은 평신도 중에서 장로들이 뽑으며, 건물 유지, 성경 두루마리 조달, 안식일 예배 준비(성경봉독, 기도, 설교 등의 담당자 선정)를 맡도록 했다.[17] 회당장은 일반적인 성읍의 7명의 지도자 중에 하나였으며, 회당의 세 명의 관리자 중에 하나이다(Osborne, 87).

이 회당장은 예수께서 죽어가는 자신의 딸에게 손을 얹어 치유하시기를 간구하였다. 손을 얹을 것을 요청한 것은 일반적인 치유 행위 과정을 요구한 것이다(Hooker, 148).

27-29절 (혈루병 걸린 여인 치유) 혈루병에 걸린 여인은 예수의 옷에만 손을 대어도 자신의 병이 나을 것이라고 믿고 예수의 옷에 손을 대었다. 아마도 이 여인은 예수께 손을 대고 나은 사람들의 간증을 들었을 것이다

16. Williamson, 1983: 108.
17. Edwards, 2002: 52.

(3:10; 6:56 참조).[18] 그러한 간증을 듣고 자신도 그렇게 하면 나을 것이라고 믿었을 수 있다.

이 여인의 병은 곧바로 나았다. 그녀의 피 흐름의 샘이 말랐다. 이것은 월경이 그쳤다는 뜻일 수 있는데, 만일 그렇다면 성(性)이 필요 없는 새 시대의 사람이 되었다는 의미를 지닌다고 콜린스(A. Y. Collins)는 주장한다.[19] 그러나 이것은 본문에서 너무 많은 것을 추측하여 읽어내는 것이다. 단지 피가 계속 흐르던 질병이 나았다고 보는 것이 안전하다.

31-34절 (예수의 칭찬) 예수께서는 죽어가는 소녀를 치유하러 가시는 급한 상황에서 이를 잠시 중단해야 하는 방해를 받으셨다. 그러나 예수께서는 이 방해에 침착하게 "누가 손을 대었느냐?"라고 질문하시며 대응하신다(Williamson, 1983: 112). 예수께서는 사역 중에 자주 방해받으셨다 (1:40-45; 2:2).[20] 사역 가운데 이러한 방해를 받을 때, 방해에 반응하는 것 역시 사역의 하나로 간주하고 진지하게 대처해야 함을 예수의 모범을 통해 배울 수 있다.

예수께서는 자신의 옷에 손을 댄 여인에게 "네 믿음이 너를 구원하였다."고 칭찬하신다. 믿음은 여기서도 장애물을 뛰어넘는 확신과 행위이다. 이 여인의 경우에 장애물은 군중만이 아니라 율법의 문자적 적용이었다. 이 여인은 정결 규례를 어긴다는 오해를 무릅쓰고, 나을 것임을 믿는 강한 확신으로 행동하였다. 율법을 어기는 듯한 여인의 행위는 정죄받을 수 있는 행위였으나 예수께서는 그녀의 믿음을 보신다.[21] 그녀가 율법을 어기

---

18. Lane, 192.
19. A. Y. Collins, 282.
20. Williamson, 1983: 112-13.
21. 오늘날 우리가 말씀을 강조하면서도 치유의 확신을 무시한다면 믿음이 없는 태도일 수 있다. 성경 말씀 자체가 치유를 강조하므로 성경 말씀을 믿는다면 치유를 무시할 수 없다.

는 모양으로 예수의 옷에 손을 대었으나 그 순간 질병이 나았으므로 그녀는 율법을 어긴 것이 아니라 초월하게 되었고, 오히려 (정결을 보존하려고 하는) 율법의 정신을 초과 달성하게 되었다.

예수께서는 이 여인을 칭찬하시고 "평안히 가라."고 말씀하신다. 이 여인의 치유는 불결을 정결케 하는 차원과 함께 결과적으로 그녀를 사회적으로 고립시키는 원인으로서의 불결이 사라짐으로써,[22] 그녀에게 가족과 기업을 회복하는 사회적인 차원도 가진다. 이것이 '평안히 가라.'(ὕπαγε εἰς εἰρήνην)는 표현에 담겨있다고 보인다. 이 표현은 일상적인 셈족어적 작별 인사이지만(Guelich, 1989: 299), 불결로 인해 격리되었던 상태로부터 벗어나 가족과의 정상적인 삶으로 돌아가는 사람에게는 희년적 회복을 내포하는 표현이다. 제2성전기에 하혈하는 여인이 사회적으로 고립되지 않았다고 코헨(J. D. Cohen)은 주장하였다(A. Y. Collins, 283). 설령 이러한 주장이 옳다고 하여도, 하혈하던 여인은 치유 받음으로 인하여 밀접한 사회적 관계와 가족 관계를 회복하게 되었다고 볼 수 있다.

35-36절 (소녀의 죽음 소식과 예수의 말씀) 소녀의 죽음 소식이 전해지자 예수께서는 회당장에게 "두려워하지 말라."고 말씀하신다. '두려워 말라'는 표현은 구약성경에서 신현(하나님의 나타나심)과 관련하여 사용된다(창 15:1; 21:17; 26:24; 46:3). 따라서 이 표현은 하나님의 간섭을 암시한다(Williamson, 1983: 111).

37-41절 (죽은 소녀를 살리심) 예수께서는 회당장의 집에 베드로, 야고보, 요한만을 데리고 들어가신다. 이들은 예수께서 변화하신 산, 기도하신 겟세마네 동산에도 특별히 동행시킨 세 명의 제자들로서 열두 제자 속의

---

22. 민 5:2은 유출병 들린 자를 진 밖으로 내보내라고 명한다. "이스라엘 자손에게 명령하여 모든 나병 환자와 유출증이 있는 자와 주검으로 부정하게 된 자를 다 진영 밖으로 내보내되"(개역개정).

내부 그룹이다.

예수께서는 소녀가 죽지 않았으며 잔다고 말씀하신다(39절). '잔다'는 표현은 하나의 비유라고 볼 수도 있다. 이 말씀은 밖에 있는 자들에게는 소녀가 죽지 않고 본래 자고 있다는 말씀으로 들릴 것이다. 그러나 소녀가 살아나는 기적을 목격한 자들에게는 이 비유의 비밀이 주어진다. 즉, 죽음은 예수께서 보실 때에는 단지 자는 것에 불과하다. 죽음은 끝이 아니며, 잠시 자는 것에 불과하며, 다시 깨어날 때가 온다. 이러한 비밀은 믿음 없는 자들에게는 주어지지 않았다.

부활을 믿는 사람들은 죽음을 '잠'으로 표현하였다(요 11:4-14; LXX 단 12:7; LXX 시 87:6; *Genesis Rabbah* 96:60-61 참고).[23] 그러나 예수께서 소녀가 잔다고 말씀하실 때에는 소녀가 죽었다는 뜻이 아니라, 죽지 않았다는 뜻으로 이해하도록 말씀하셨음이 문맥에서 분명하다. 왜냐하면 40절은 사람들이 듣고 비웃었다고 하기 때문이다.

예수께서는 치유 과정에서 시체에 손을 대신다(41절). 죽은 소녀의 손을 잡는 것은 율법이 권장하지 않는 행위였다(민 19:11-13). 그러나 결과적으로 예수께서 부정하게 된 것이 아니라 소녀가 다시 살아났으므로, 이것은 율법을 초월하며 율법의 정신을 성취하는 행위가 되었다. 이 점에서 이 이야기는 혈루증 여인 치유 이야기와 흡사한 점이 있다. 겉보기에는 반율법적인 행위가 실제로는 믿음의 행위였으며, 율법의 의도를 성취한 행위였다.

율법(과 유대 전통)에 의해 정죄되는 것을 무릅쓰고 행하는 것은 예수의 십자가 처형에서도 나타난다. 신명기 21:23에 의하면 나무에 달린 자는 하나님의 저주를 받는 것이므로[24] 십자가에 매달리는 것은 단지 육체

23. Witherington, 189.

24. "그 시체를 나무 위에 밤새도록 두지 말고 그날에 장사하여 네 하나님 여호와께서

적으로 고통스러운 일에 그치지 않고 영적으로 고통스러운 일이었다. 그러나 예수께서는 이러한 십자가에 매달리셨다. 하지만 하나님께서는 부활을 통하여 예수의 의로우심을 증명하신다. 율법을 어기는 듯이 보이는 십자가 수난이 오히려 율법이 목표로 하는 죄 사함을 성취한다.

42절 (소녀의 나이) 소녀의 나이는 열두 살이었다.[25] 이것은 혈루증 앓는 여인이 질병을 앓은 기간인 12년과 같다(Boring, 2006: 158). 이러한 일치는 두 기사를 서로 연결하여 읽게 한다. 이 두 기사는 정결법이 권장하지 않는 (불결함이 전해질 수 있는) 접촉을 통하여 치유하거나 살리는 공통점을 가진다. 이것을 예수께서는 믿음이라고 부르신다. 믿음은 율법을 초월하는 측면을 가지며, 부정이 전해지는 것이 아니라 정결이 전해짐으로써 결과적으로는 율법을 어기지 않게 된다.

이 기사는 예수와 율법의 관계를 보여준다. 예수께서는 불결의 전염을 막으려고 하는 율법의 정신을 정결의 전파를 통하여 성취하신다. 율법은 불결의 전염을 막는 소극적인 기능을 하지만 예수께서는 불결을 제거하고 정결을 전파하는 적극적인 사역을 하신다. 율법에는 치유의 능력이 없지만, 예수께는 치유의 능력이 있다.

43절 (치유를 숨기도록 명하신 예수) 예수께서는 죽은 소녀를 살리신 기적을 숨기도록 명하신다. 이러한 기적을 소수에게만 알리고 숨기신 것은 의도적인 것으로 묘사된다. 밖에 있는 자들에게 소녀는 그저 죽지 않고 자고 있었던 것으로 이해되겠지만, 현장에 있었던 자들에게는 소녀가 다시 살아난 것으로 목격되었을 것이다. 이처럼, 믿음 없는 유대인들에게

네게 기업으로 주시는 땅을 더럽히지 말라. 나무에 달린 자는 하나님께 저주를 받았음이니라"(신 21:23, 개역개정).

25. 유대인 사회에서 12세 전까지의 소녀는 아이이지만, 12세부터 12세 반까지는 "젊은 딸"로 분류되고 12세 반부터는 성인으로 간주된다(Lane, 197).

는 진주를 던지지 않는 것은 왜일까? 이것이 메시아 표증이었기 때문이다. 쿰란 문헌(4Q521 2:12)은 하나님(또는 메시아)께서 종말에 "병자들을 치유하고, 죽은 자들을 일으키고, 가난한 자들에게 복음을 전파할 것이라."고 기록한다(Marcus, 2006: 373).[26] 군사적 메시아를 기대하고 있는 유대인들에게 이 사건이 알려지면 그들은 예수를 군사적 메시아로 간주하고 따르고자 하였을 것이다. 예수께서는 이것을 방지하고자 유대인들에게 이 기적을 비밀로 하셨을 것이다.

유대인들에 대한 예수의 사역(6:1-7:23)

나사렛 사역(6:1-6)

6:1 그가 거기서부터 나가서 그의 고향으로 가셨는데 그의 제자들이 그를 따라갔다. **2** 안식일이 되었을 때 그가 회당에서 가르치기 시작하셨다. 많은 사람들이 듣고 놀라움을 금치 못하며 말했다.

"어디서 이 자에게 이런 것들이 왔는가?
뭐냐, 이 자에게 주어진 지혜는?
그의 손을 통하여 계속 발생하는 이러한 권능들은?

---

26. "[for] he will heal the badly wounded and will make the dead live, he will proclaim good news to the poor"("[왜냐하면] 그는 심하게 상처 입은 자들을 치유하고 죽은 자들을 살릴 것이며, 가난한 자들에게 좋은 소식들을 선포하실 것이기 때문이다")(4Q521, *frags*. 2, col. II, 12)(Martínez & Tigchelaar, trans., 1998: 1045). 여기서 '그'('he')는 문맥상 '메시아'(משיח, 'his anonted one')(1:1)를 가리킨다고 볼 수 있다. 이를 배경으로 보면 본문은 예수께서 죽은 소녀를 살린 이야기를 통해 독자들에게 예수께서 메시아임을 알려준다.

3 이 자는 목수이고 마리아의 아들이 아닌가?
그의 형제는 야고보, 요셉, 유다와 시몬이 아닌가?
그의 누이들은 여기 우리와 함께 있지 않은가?"
그리고는 그를 믿지 않는 입장을 고수했다. **4** 예수께서 그들에게 말씀하셨다.
"선지자가 자신의 고향과 친척과 가족 외에는 존경받지 않는 곳이 없소."
5 그리고 그는 거기서 아무 권능도 행하실 수 없으셨다. 다만 약간의 병자들에게 안수하여 치유하셨을 뿐이었다. **6** 그리고 그는 그들의 믿음 없음에 줄곧 놀라워하셨다. 그래서 주변 마을들을 계속 돌아다니시면서 가르치셨다.

가족의 불신앙적인 반응(3:21)이라는 주제가 친척, 고향 사람들에게로 확장되면서 나타난다. 그러나 예수를 배척한 고향 사람들도 예수의 지혜와 능력은 인정할 수밖에 없었다(2절). 그들이 예수를 배척한 이유는 (1) 건축자(또는 목수)라는 신분 (2) 마리아의 아들이며 야곱, 요셉, 유다, 시몬의 형제이며 그의 누이들은 그들의 아내들이라는 사실(즉, 예수가 나사렛 출신이라는 사실) 때문이었다.[27] 예수께서 목수의 신분으로 인간의 몸을 입고 역사 속에 오셔서 우리와 함께 사셨다는 사실이나 작은 시골 동네 출신이라는 것은 분명 예수를 메시아로 받아들이는 데 방해물이 되었을 것이다. 그러나 이러한 방해물을 극복하는 것이 믿음이다.

예수께서는 비록 선지자가 고향, 친척, 가족에게 환영받지 못한다는 사실을 언급하시면서도(4절), 무리들의 믿음 없음에 놀라셨다(6절). 또한, 예수께서는 약간의 병자를 안수로 고치실 뿐, 고향에서 기적을 베푸실 수 없었다(5절). 고향 사람들은 예수를 믿지 않았기에 예수께 치유를 요청하

27. 이것은 기적이 반드시 믿음을 가져오지는 않음을 보여준다. 이들은 말씀을 듣고 기적을 목격하고도 방해물들을 극복하지 못하였다.

지 않았고, 예수께서는 요청하지 않는 자들에게 치유를 하고자 하지 않으셨기 때문이었을 것이다.

우리에게 본문이 언급하는 인성은 예수를 신적인 메시아로 믿는 믿음을 방해한다. 그래서 우리는 예수의 인성을 무시하고 신성만을 강조하기도 한다. 그 결과 우리에게는 예수께서 놀라셨다는 구절(6절)이나 기적을 베푸실 수 없었음(5절)을 읽고 당혹하게 된다. 그러나 예수의 신성과 함께 인성도 받아들인다면, 이러한 묘사도 자연스럽게 받아들일 수 있어야 할 것이다.

1절 (고향으로 가신 예수) 예수께서 제자들과 고향으로 가셨다. 여기서 '고향'은 나사렛을 가리킨다. 나사렛은 인구 500명 정도의 작은 마을이었을 것이다(Edwards, 2002: 169). 갈릴리는 앗시리아의 침공 후 이방화되었으나 마카비 전쟁 후 주전 2세기부터 유대인들이 정착하기 시작했다(Edwards, 2002: 170). 나사렛(נצרת)은 이사야 11:1이 언급하는 메시아적 존재인 '가지'(נצר)를 연상시키는 단어로서 메시아의 고향 마을의 이름으로서 적합한 측면이 있지만, 나다나엘이 나사렛에서 선한 것이 날 수 없다고 지적한 것에서 보듯이(요 1:46), 무시당하는 작은 마을이었을 것이다. 나사렛 사람들도 자신들의 마을을 그렇게 생각했을 것이다. 이러한 생각이 예수의 고향 사람들이 예수를 거부한 이유로서 저변에 놓여 있었을 것이다.

2절 (놀라는 고향 사람들) 고향 사람들은 놀랐다. 마가복음에서 놀라움은 대개 긍정적인 것이지만(1:22; 7:37; 10:26; 11:18), 여기서는 단지 '이런 것은 기대하지 않았다.'는 당황에 불과하다고 볼 수 있다(Bock, 201).

사람들은 예수의 지혜와 (치유의) 능력이 어디서부터 왔느냐며 놀랐다. 유대 배경으로 보면, '지혜'는 종교적 가르침과 관련된 것이다(Hurtado, 89). 따라서 사람들의 놀라움의 대상인 예수의 '지혜'는 예수의 가르침에 담긴 지혜를 가리킨다. '어디로부터'(πόθεν)는 하나님으로부터인지 사탄으로부터(3:22)인지를 묻는 것으로 볼 수 있다. 그들에게는 예수의 지혜와 능력이 하나님으로부터 온다는 확신이 없었던 것이다. 이처럼 예수의 말씀만이 아니라 사역도 들을 귀와 볼 눈이 없는 자들에게는 예수의 정체라는 비밀을 담은 비유(수수께끼)였던 것이다(Guelich, 1989: 310). 그런데, 이사야 11:2("여호와의 영 곧 지혜와 총명의 영이요 … 재능[ἰσχύος]의 영이요")에 의하면 지혜와 능력은 다윗 계통의 통치자(사 11:1, "이새의 줄기")에게 나타난다(Marcus, 2006: 374 참고). 이러한 배경을 통해서 보면 예수의 놀라운 지혜는 그가 다윗의 자손 즉 메시아임을 암시한다.

3절 (고향 사람들이 예수를 배척함) 고향 사람들은 예수를 배척하였다. 그 이유 중에 하나는 예수가 '마리아의 아들'이라는 것이었다. 유대 사회에서 어떤 사람을 그의 어머니만의 아들로 언급하는 것은 모욕이었다(Hooker, 153). 마리아의 아들이라는 표현은 고향 사람들의 비공식적 언급으로 볼 수도 있다(McArthur, 38-58). 또는 그저 그들에게 잘 알려져 있는 사람이라는 뜻일 수도 있다(Boring, 2006: 165). 단순히 아버지 요셉이 죽었기 때문에 어머니를 언급하였을 수도 있다(Witherington, 193). 그러나 아버지가 죽은 후에도 그 아버지의 아들로 언급하는 것은 셈족어적 문화이므로(A. Y. Collins, 290), 이렇게 속단할 수는 없다. 따라서 예수를 모욕하기 위해 '마리아의 아들'이라고 표현하였을 가능성을 배제할 수 없다.

한편 에녹1서 62:5에서는 메시아적 존재가 '여인의 아들'이라 불린다(A. Y. Collins, 291). 이러한 배경으로 볼 때에는 '마리아의 아들'이라는 표현은 예수께서 메시아임을 암시하는 표현일 수 있다. 그러나 이 표현은 예수를 배척한 고향 사람들의 입에서 나온 것이므로 문맥은 이러한 해석을 지지하지 않는다. 고향 사람들은 예수를 메시아로 믿어서 '마리아의 아들'이라고 부른 것이 아니라 모욕하기 위해 그렇게 불렀을 것이다.

한편 마가는 마리아를 예수의 어머니라고 표현하기를 피한다. 마가복음 15:40에서 마리아는 야고보와 요세의 어머니로 소개되는데, 이 마리아가 예수의 어머니 마리아와 동일 인물일 경우, 마가복음 3:21, 31-35에 암시된 예수와 마리아의 간격은 마가복음의 끝부분까지 계속 남아 있게 된다(Fowler, 120). 그러나 '작은 야고보'는 예수의 형제 야고보를 가리키는 용례가 없기에, 마가복음 15:40에서 언급된 작은 야고보의 어머니 마리아는 예수의 어머니 마리아가 아닐 것이다.

고향 사람들이 예수를 배척한 또 하나의 이유는 예수의 직업이 목수라는 것이다. 어떤 사람의 사회적 배경을 지적함으로써 그 사람을 비판하는 것은 고대의 욕설의 표준이었다(A. Y. Collins, 290). 나무가 희소한 팔레스타인 상황을 고려할 때, '떽똔'(τέκτων)은 나무를 다루는 목수만이 아니라 돌을 다루는 석공도 가리킨다(LXX 삼하 5:11, τέκτονας λίθων).[28] 시락서(38:21-34; 39:1-3)는 '떽똔'이 회중에게 말하거나 토라를 해석할 수 없다고 한다.[29] 그렇지만, 랍비 샴마이는 건축업자('떽똔'에 해당하는 직업) 일을 하면서 토라를 가르쳤으므로 이것은 예외 없는 원칙이 아니었다(박윤만, 2017: 415).

고향 사람들이 예수를 배척한 또 하나의 이유는 예수가 야고보와 요셉과 유다와 시몬의 형제였다는 것이다. 제롬은 이들이 마리아의 자매의 아들들로서 예수의 사촌들이라고 주장하였는데 어거스틴도 같은 입장이다(Witherington, 193). 헬비디우스(Helvidius)는 이들이 예수의 친 형제자매라고 주장하였는데, 터툴리안(Tertullian), 보노수스(Bonosus), 조비니안

28. Edwards, 2002: 171.
29. Boring, 2006: 165; 박윤만, 2017: 415.

(Jovinian)도 같은 입장이었다(Witherington, 193). 에피파니우스(Epiphanius)는 요셉이 이전 결혼 때 낳은 자녀들이라고 376-77년경에 주장했는데, 이러한 입장은 베드로 복음, 히브리인들의 복음, 야고보의 원초복음, 알렉산드리아의 클레멘트의 글에서도 발견된다(Witherington, 193-94).

'형제'(ἀδελφός)라는 단어는 사촌을 가리키는 경우가 신약성경이나 고전 헬라어 문헌에 거의 없으며, 마가복음 3:21, 31-35는 예수의 제자들과 가족들을 구분하므로, 예수의 형제 야고보가 예수의 제자였던 알패오의 아들 야고보(즉 작은 야고보, 15:40)와 동일시되는 제롬의 견해에는 문제가 있다(Witherington, 194). 마리아의 평생 동정녀성에 대한 개념과 증가하는 금욕주의가 제롬이나 에피파니우스의 견해의 형성에 영향을 미쳤을 것이다(Witherington, 194).

고향 사람들은 예수를 배척하였다(ἐσκανδαλίζοντο ἐν). '배척하였다'(걸려넘어졌다)는 "믿지 않았다"라는 뜻으로 볼 수 있다(BDAG). 즉, "믿음으로 가는 길에 장애물에 걸려 넘어져 의심하게 되다"는 뜻으로 볼 수 있다. 여기에서 사용된 '스칸달리조'(σκανδαλίζω) 동사는 마가복음에서 믿음의 길을 떠나 배교하는 것을 가리킨다(4:17; 9:42, 43, 45, 47; 14:27, 29).[30] 이것은 '믿다'(πιστεύω)의 반대말이다(A. Y. Collins, 291). 고향 사람들의 이러한 반응은 (믿음은 기적을 낳지만) 기적이 반드시 믿음을 낳지는 않음을 보여준다(요 2:23-25).[31] 본문은 3:32-35에서처럼 믿음이 혈연관계의 가까움에 의존하지 않으며 하나님의 뜻을 따름에 있음을 다시 한번 보여 준다(Hurtado, 89). 또한 신실한 사람도 사람들에 의하여 배척받을 수 있음을 보여준다(Bock, 203).

30. A. Y. Collins, 291.

31. A. Y. Collins, 288.

4절 (예수의 말씀) 예수께서는 "선지자가 자신의 고향과 친척과 가족 외에는 존경받지 않는 곳이 없다."고 말씀하시며 고향 사람들의 반응을 평가하신다. 이 말씀은 고향(아나돗) 사람들에게 배척을 받은 예레미야의 경우에도 해당된다.[32] 사람들의 배척은 예수께서 참된 선지자임을 반증하지 못하며 오히려 입증하는 증거이다.

5절 (소수의 병자만 치유하심) 고향에서는 예수께서 치유를 거의 행하지 않으셨다. 마가는 이를 "아무 권능도 행하실 수 없었다."고 묘사한다. 하필 이렇게 묘사한 이유는 무엇일까? 6절의 "예수께서 그들의 불신앙을 보시고 놀라셨다."는 묘사와 연관하여 이해할 수 있다. 고향 사람들은 예수의 이적을 보고 놀랐으나 참으로 놀라운 것은 그들의 불신앙이며, 이러한 불신앙은 예수로 하여금 치유 기적을 행하실 의미를 없앤다. 기적을 베풀어도 그들은 믿지 않을 것이기 때문이다. 그런데, 왜 마가는 예수께서 치유를 '행할 수 없었다'고 표현했을까? 이것은 고향 사람들의 불신앙이 예수를 놀라게 할 뿐 아니라 (즉 예지 능력을 초월함) 무능하게 한다고 (즉 전능성을 초월함) 표현하여 그 불신앙을 풍자적으로 비판한 것이 아닐까? 불신앙은 전지하신 하나님의 아들 예수를 놀라게 하고 전능하신 하나님의 전권 대사 예수도 무능하게 할 만큼 대단한 것이다. 그러나 하나님은 전지하시고 전능하시므로 불신앙은 정당하게 존재할 자리가 없다는 것을 마가는 이러한 표현을 통하여 은근히 암시하고 있는 듯하다.

이러한 표현의 사용은 또한 독자를 놀라게 하고 걸려 넘어지게 하는 역할을 한다. 이야기 속에서는 나사렛 사람들이 놀라고 걸려 넘어지며, 예수께서도 놀라신다. 이야기 밖에서는 독자들이 놀란다. 예수께서는 고향 사람들의 불신앙에 놀라고, 나사렛 사람들은 예수의 지혜와 능력에 놀라

---

32. 양용의, 140.

며 그가 잘 아는 고향 사람이라는 데 걸려 넘어진다. 독자들은 예수의 놀람에 놀라고 무능한 듯한 모습에 걸려 넘어진다. 이를 통해 마가는 무엇이 참으로 놀라운 것인지를 지적한다. 참으로 놀라운 것은 인간의 불신앙이다. 마가는 또한 참으로 걸림이 되는 것이 무엇인지 암시한다. 독자들에게는 예수의 인성이 걸림이 되는데 그것은 그들이 예수의 신성을 믿기 때문이다. 그러나 나사렛 사람들은 예수의 인성으로 인해 예수의 권능(기적)과 지혜를 의아하게 여긴다. 이것은 그들이 예수를 평범한 인간으로 여겼기 때문이다. 본문은 이 두 가지 관점 모두 바른 믿음이 아님을 알려준다. 마가는 독자들이 가진 예수의 인성을 부정하고 신성만을 믿는 믿음을 '그가 ...할 수 없었다'라는 표현으로 무너뜨린다. 예수께서 고향 사람들에 의하여 거절된 것처럼 오늘날 교회들에 의해 나사렛 예수의 인성이 거부되고 있지는 않은가?

예수께서는 약간의 병자들에게는 안수하여 치유를 베푸셨다. 예수를 받아들이지 않았기에 병 고침을 요청한 사람도 적었을 것이다(Bock, 202). 예수께서 믿음에 반응하여 치유하셨음은 마가복음 2:5; 5:34, 36; 9:23-24; 10:52; 11:22-24에서도 볼 수 있다(Bock, 202). 예수께서 믿음으로 반응하지 않은 나사렛 사람들에게 치유를 거의 행하시지 않은 것은 이러한 예수의 스타일에 부합된다.

예수께서는 나사렛에서 배척당하시자 주변 마을들을 계속하여 다니시면서, 가르침 사역을 계속하신다. 배척당한 곳을 떠나 더 큰 사역을 하시는 방식은 이어지는 제자 파송 기사에서 제자들의 선교 사역의 방식으로 명령된다.

제자 파송(6:7-13)

7 그는 열두 제자를 부르시고 그들을 둘씩 파송하시기 시작하셨는데 그들
에게 더러운 영들을 (쫓아내는) 권세를 주셨다. **8** 그리고 그들에게 여행을
위하여 지팡이 외에는 아무것도 갖지 않도록 명하셨다. 빵도 배낭도 전대
에 동전도 갖지 말게 하셨다. **9** 오직 샌달만 신고 속옷도 두 벌 입지 않게
하셨다. **10** 그리고 그들에게 말씀하셨다.

> "너희가 어느 곳에서 집에 들어가든지 그곳을 떠날 때까지 거기 머물
> 러라.
> **11** 어느 곳이든지 너희를 영접하지 않고 너희의 말을 듣지도 않으면
> 그곳에서 나올 때 그들에게 증거하기 위해 너희의 발 아래 먼지를 떨
> 어버려라."

12 그들이 나가서 회개하라고 선포하였다. **13** 또한 귀신을 많이 쫓아내고
기름을 많은 병자들에게 발라주며 치유하기를 계속하였다.

마가복음 1:16-3:6은 예수에 대한 바리새인들의 거절(3:1-6)로 끝나고 3:7-6:6은 고향 사람들의 거절(6:1-6)로 끝이 난다(Hooker, 154). 1:16-6:13은 다음과 같이 제자를 부르시고, 세우시고, 파송하시는 기사로 시작하는 구조를 가진다고 볼 수도 있다(Hooker, 154). 그렇다면 열두 제자 파송을 소개하는 6:7-13는 예수의 사역의 새로운 단계를 소개하기 시작하는 단락이다.

A	(1:16-20)	제자들을 부르심
A′	(3:13-19)	열두 제자를 세우심
A″	(6:7-13)	열두 제자를 파송하심

7절 (열두 제자 파송) 예수께서 열두 제자를 보내셨다. 마가는 '보내다'에 해당하는 헬라어로 '아뽀스뗄로'(ἀποστέλλω)를 사용하였는데 이 단어는 파송을 뜻하는 전문용어이다(A. Y. Collins, 297). 예수께서는 열두 제자를 파송하신다.[33] 또한 그들이 임명받은 목적대로(3:14-15) 그들에게 귀신을 쫓아내는 권세를 주신다(7절).[34] 그리하여, 그들은 실제로 귀신을 쫓아내고 병도 고친다(13절). 제자들은 임명받은 목적대로 선포 사역을 한다. 그 내용은 예수께서 외치셨던 것과 동일하였다. 즉, 회개하라는 것이었다(12절).

마가복음에는 예수께서 배척당하신 후에 파송하는 모티프가 반복된다(5:1 이하 참고). 예수께서 데가볼리 지역에서 거절당하신 후 귀신 들렸던 자를 파송하셨듯이 고향에서 배척당하신 후 제자들을 파송하신다. 이처럼 예수께서는 반대에 직면할 때 더 큰 일을 행하심으로 반응하신다.

예수께서는 제자들을 둘씩 짝을 지어 파송하셨다. 이것은 증인의 수가 둘 이상이어야 하는 율법 규정과 관련된다(신 19:15).[35] 둘씩 보내는 것은 유대인들의 관습이기도 하였다(전 4:9-10).[36] 초기 교회에서는 예수의 가르침을 따라 베드로와 요한(행 3:1-11; 8:14-25), 바울과 바나바(행

---

33. 랍비 전통에 의하면 보냄을 받은 자는 보낸 자와 동일하다(Marcus, 2000: 388). "a man's agent is like to himself"("어떤 사람의 대리인은 그 자신과 같다")(*m. Berakoth* 5:5, trans. Danby, 6).

34. 레위의 유언 18:12에 의하면, 메시아적 대제사장은 그의 자녀들에게 귀신을 제압하는 권세를 줄 것이다(Edwards, 2002: 178). "And Beliar shall be bound by him. And he shall grant to his children the authority to trample on wicked spirits"("그리고 벨리알은 그에 의해 결박될 것이고, 그는 그의 자녀들에게 악한 영들을 밟는 권세를 줄 것이다")(레위의 유언 18:12, trans. Kee, 795).

35. Moloney, 652.

36. Edwards, 2002: 178.

13:42-15:12), 바울과 실라(행 15:40-17:15), 디도와 그의 형제(고후 12:18) 등이 둘씩 짝을 이루어 사역하였다(박윤만, 2017: 428).

8-9절 (제자들의 복장) 예수께서는 파송 받아 사역하는 제자들의 복장을 정하시며, 그들에게 "아무것도 가지지 말라."고 명하신다. 이렇게 짐이 없이 가볍게 전도 여행을 할 것을 명하신 이유는 사역의 급박성 때문이었을 것이다(Hooker, 156). 예수께서는 제자들에게 배낭을 가지고 다니지 말라고 하신다. 배낭은 음식이나 옷을 운반하고, 베개나 담요로 사용하기도 하였다(Osborne, 98). 예수께서는 제자들에게 샌달을 신고 다니라고 하신다. 샌달을 허용한 것은 발 위까지 덮는 신발을 배제한 것으로 볼 수 있다(A. Y. Collins, 299). 예수께서는 제자들에게 "두 벌 옷도 입지 말라."고 명하신다. 두 벌 옷을 금한 것은 두 벌 속옷을 금한 것으로 볼 수 있다(A. Y. Collins, 299).

제자들의 복장 중에 허용된 지팡이는 모세와 이스라엘의 지팡이(출 12:11)를 연상시키며,[37] 빵을 갖지 않는 것은 이집트에서 탈출한 후에 광야에서 생활한 이스라엘을 연상시킨다. 샌달(출 12:11; 신 29:5)과 한 벌 옷(신 8:4)도 그러하다.[38] 따라서 제자들의 복장은 출애굽 주제를 가진다(Marcus, 2000: 389). 이것은 새 출애굽이 예수에 의해 열림을 알려준다(Marcus, 2000: 389).

미쉬나(*m. Berakoth* 9:5)는 지팡이, 샌달, 지갑 등을 성전에 가지고 들

---

37. "너희는 그것을 이렇게 먹을지니 허리에 띠를 띠고 발에 신(ὑποδήματα)을 신고 손에 지팡이를 잡고 급히 먹으라. 이것이 여호와의 유월절이니라"(출 12:11, 개역개정).

38. "주께서 사십 년 동안 너희를 광야에서 인도하게 하셨거니와 너희 몸의 옷이 낡아지지 아니하였고 너희 발의 신(ὑποδήματα)이 해어지지 아니하였으며"(신 29:5, 개정개정; 히브리어 본문은 29:4). "이 사십 년 동안에 네 의복(ἱμάτιά)이 해어지지 아니하였고 네 발이 부르트지 아니하였느니라"(신 8:4, 개역개정).

어가는 것을 금하는데, 이를 배경으로 보면 제자들의 복장은 그들이 하게 되는 전도 사역이 거룩한 사역임을 알려준다고 해석하게 된다(Bock, 204). 그러나 제자들의 경우에는 샌달과 지팡이가 허용되기에 이러한 해석에는 무리가 따른다.

제자들의 복장은 견유학파의 복장과 비교될 수 있다. 견유학파는 지팡이, 가방을 지녔고, 맨발로 다녔으며(Boring, 2006: 175) 누더기 같은 두 벌 외투도 입었으므로(A. Y. Collins, 299), 예수의 열두 제자들의 차림과는 달랐다. 그런데 에세네파의 사자들은 샌달을 신고 무기를 가지고(ἔνοπλοι) 다른 것을 더 지니지 않았으며 동료 에세네파의 집에서 묵었다.[39] 따라서 예수의 열두 제자들은 에세네파와 유사한 방식을 취했다고 볼 수 있다. 이렇게 영접에 의존하는 사역 방식은 보편적으로 적용해야 하는 방법이 아니라 제한된 지역, 제한된 시기에 국한된 특수한 방식이었다고 볼 수 있다(Lane, 207).

10절 (한 집에 유하여야 함) 예수께서는 제자들이 선교 여행을 할 때 영접하는 집이 나오면 그 마을을 떠나기까지 그 집에 머무르라고 명하신다. 이 명령에는 나그네를 영접하는 중동 지역 풍습이 전제되고 있다(France, 250). 요세푸스는 나그네들에게 음식과 의복을 제공하는 사회 복지 사역자들을 가진 유대 도시들과 마을들을 알고 있었던 듯하다(요세푸스, 『유대 전쟁기』 2.125).[40] 에세네파는 그들 공동체의 여행자들을 영접하였다(요세푸스, 『유대 전쟁기』 1.124-27).[41] 제자들의 복장은 이러한 유대인들의 문화 속에서 이해할 수 있다. 그렇지만, 아무것도 지니지 않고 전도 여행을 떠날 때 필요한 믿음의 문제를 고려하지 않을 수 없다. 선포자에게

39. Boring, 2006: 175; A. Y. Collins, 298; 요세푸스, 『유대 전쟁기』 2.8.4 §§124-26.

40. Witherington, 211.

41. Bock, 204.

요구되는 이러한 믿음이 없이는 그들의 선포가 믿을만하지 않을 것이다(Edwards, 2002: 181).

예수께서는 왜 거하는 집을 옮겨 다니지 말라고 분부하셨을까? 더 나은 집으로 거처를 옮기는 것은 처음에 호의를 베푼 사람을 욕되게 하고(양용의, 145), 복음을 거짓말로 만드는 것이므로 금해졌을 것이다(Moloney, 654).

11절 (발 아래 먼지를 떨어야 하는 경우) 제자들을 영접하지 않는 곳에서는 그곳을 떠날 때 발 아래 먼지를 털어야 한다고 예수께서 명하신다. 발의 먼지를 터는 행위는 그들이 떠나는 땅의 불결과 들어가는 땅의 거룩을 암시한다(*m. Oholoth* 2:3; *m. Tohoroth* 4:5; *b. Shabbath* 15b)(Moloney, 654).[42] 발의 먼지를 터는 것은 유대인들이 이방인 지역으로부터 돌아올 때 행한 행위였다(Guelich, 1989: 322). 그러므로 이러한 행위를 유대인들에게 행하는 것은 복음을 받아들이지 않는 유대인들을 이방인으로 간주하는 심판의 행위였다고 볼 수 있다(Hooker, 157 참고). 사도행전 13:51을 보면 바울이 실제로 유대인들에게 그렇게 하는 것을 볼 수 있다. 느헤미야 5:13; 에스드라2서 15:13을 배경으로 할 때에는, 발의 먼지를 터는 행위는 저주를 뜻한다고 볼 수 있다(A. Y. Collins, 301).

12-13절 (제자들의 사역) 제자들은 회개하라고 외치는 선포 사역과 함께 축귀와 치유 사역을 행했다. 치유 사역을 할 때 그들은 기름을 발라주

42. "These convey uncleanness by contact and carrying, but not by overshadowing: ... earth from a foreign country"("이것들은 접촉하거나 운반함으로써 부정함을 옮긴다: … 이방 나라의 흙")(*m. Oholoth* 2:3, trans. Danby, 652). "Because of six uncleannesses whereof there is doubt, Heave-offering must be burnt: ... earth from the land of gentiles"("여섯 가지 부정함들에 관하여 의혹이 있으면 거제 제물을 태워야 한다: ... 이방인들의 땅의 흙")(*m. Tohoroth* 4:5, trans. Danby, 720).

었다. 기름은 구약 시대에 약물로 사용되었다(사 1:6; 렘 8:22; 51:8).[43] 유대인들은 기름 바름을 치유 과정의 하나로 사용하였다(요세푸스, 『유대전쟁기』 1.33.5 §657).[44] 병자에게 기름을 바르며 기도하라고 분부하는 야고보서 5:14도 이러한 배경에서 이해할 수 있다. 그러나 기름은 또한 기쁨이나 영광(시 45:7; 사 61:3), 또는 하나님의 축복(레 14:15-18)을 상징할 수도 있다(Moloney, 251). 레위기 14:15-18을 배경으로 보면 기름은 속죄의 의미도 가진다. 이러한 배경에서는 기름을 발라주는 것이 병자를 존중하는 사랑의 표현이기도 하였을 것이다.

세례 요한의 죽음(6:14-29)

14 헤롯 왕이 (소문을) 들었는데, 이는 그의 이름이 알려졌기 때문이다. 사람들이 말했다.

"세례 요한이 죽은 자들 가운데서 살아난 거야.

그래서 그를 통해서 능력이 나타나는 거야."

15 그런데 다른 사람들은 말했다.

"엘리야다!"

또 다른 사람들은 말했다.

"선지자들 중에 하나와 같은 선지자다!"

---

43. "발바닥에서 머리까지 성한 곳이 없이 상한 것과 터진 것과 새로 맞은 흔적뿐이거늘 그것을 짜며 싸매며 기름으로 부드럽게 함을 받지 못하였도다"(사 1:6, 개역개정). "길르앗에는 유향이 있지 아니한가? 그곳에는 의사가 있지 아니한가? 딸 내 백성이 치료를 받지 못함은 어찌 됨인고"(렘 8:22, 개역개정). "바벨론이 갑자기 넘어져 파멸되니 이로 말미암아 울라 그 상처를 위하여 유향을 구하라. 혹 나으리로다"(렘 51:8, 개역개정).
44. 박윤만, 2017: 432.

16 헤롯은 듣고 말했다.

"내가 목 베어 죽인 요한, 그가 살아났구나!"

17 헤롯 자신이 사람들을 보내어 요한을 체포하고 그를 감옥에 가두었다.
이것은 자기의 형제 필립의 아내 헤로디아 때문인데, 헤롯이 그녀와 결혼
한 것과 관련되었다. **18** 왜냐하면 요한이 헤롯에게 계속하여 말했기 때문
이다.

"당신이 당신의 형제의 아내를 데리고 사는 것은 불법이오!"

19 그래서 헤로디아는 그에게 계속 적개심을 품었고 그를 죽이기 원했다.
그러나 그럴 수 없었다. **20** 왜냐하면 헤롯이 요한이 의롭고 거룩한 사람인
줄 알고 그를 두려워하여 그를 계속 보호하였기 때문이었다. 그는 요한의
말을 듣고 아주 당혹스러워하였으나 기쁘게 그의 말을 꾸준히 들었다. **21**
때마침 헤롯이 그의 생일에 그의 고위급 관료들과 천부장들과 갈릴리의 귀
족들을 위하여 잔치를 베풀었다. **22** 그때 헤로디아의 딸이 들어와 춤을 추
어 헤롯 및 함께 기대어 누운 자들을 즐겁게 하였다. 왕이 소녀에게 말했다.

"나에게 네가 원하는 것은 뭐든지 요구해라. 그러면 내가 너에게 주겠다."

23 그리고 그는 그녀에게 [엄숙하게] 맹세하였다.

"네가 나에게 구하는 것은 뭐든지 네게 주겠다.

나의 왕국의 절반까지라도 말이다."

24 그녀가 그의 어머니에게 나가서 말했다.

"내가 무엇을 구할까요?"

그녀는 말했다.

"세례 요한의 목!"

25 그녀가 즉시 서둘러 들어가 왕에게로 가서 요청했다.

"쟁반 위에 (놓인) 세례 요한의 목을 나에게 당장 주시길 원해요."

26 왕은 매우 근심하였으나 그 맹세들과 (잔치 자리에 와서) 기대어 누워
있던 자들 때문에 그녀에게 거절하기를 원하지 않았다. **27** 그리고 즉시 왕
이 집행관을 보내어 그의 목을 가져오도록 명했다. 그러자 그가 떠나가서
감옥에서 그의 목을 베었다. **28** 그리고 그의 목을 쟁반에 놓아 가져왔고 그
것을 그 소녀에게 주었다. 그 소녀는 그것을 그녀의 어머니에게 주었다. **29**
그의 제자들이 듣고 와서 그의 시체를 가져가서 무덤에 그것을 두었다.

세례 요한의 순교 기사(14-29절)는 제자 파송(7-13절)과 제자들의 돌아옴(30절) 사이에 놓여 있다. 이것은 샌드위치 구조로서 제자도와 순교를 연결시키며 제자도를 위해 각오해야 하는 것이 무엇인지 보여준다(Edwards, 2002: 183). 복음을 선포하는 자에게는 체포당하는 고난이 기다리고 있다. 마가복음에는 선포-체포의 구조가 다음처럼 나타난다(Williamson, 1983: 123).

세례 요한의 선포(1:4-8) - 세례 요한의 체포(1:14; 6:17-29)

예수의 선포(1:14-15) - 예수의 체포(9:31; 10:33; 14-15장)

제자들의 선포(6:7-13) - 제자들이 체포될 것임(13:9-13)

14-16절 (예수의 소문) 제자들의 선교 사역으로 예수의 이름이 '드러났다'(φανερὸν, '파네론'). '드러나다'라는 단어는 마가복음 4:22에도 나오므로 서로 연관된다고 볼 수 있다(A. Y. Collins, 303). 예수는 숨겨질 수 없고 결국 드러나게 되었다.

헤롯 왕도 예수의 소문을 듣게 되었다. 마가가 '헤롯 왕'이라는 표현을 사용하였지만, 헤롯이 분봉왕(τετραάρχης)이라는 것은 코스(Cos)와 델로스(Delos)에서 나온 비문에서 확인된다(A. Y. Collins, 303). 헤롯은 주전 4

년에서 주후 39년까지 갈릴리와 페레아의 분봉왕이었는데, 왕이라고 부른 것은 지역 관습을 따른 것으로 보인다(Lane, 211; Bock, 208).

제자들의 활동으로 인해 예수의 이름이 널리 알려지게 되었다(14절). 사람들은 예수의 소문을 듣고 세례 요한이 부활했다, 엘리야이다, 선지자이다 등의 견해를 보였다(15절). 예수의 제자들의 메시지는 세례 요한을 연상시켰을 것이다. '회개하라'는 제자들의 메시지는 세례 요한의 세례와 관련되기 때문이다(1:4). 이러한 반응은 또한 세례 요한이 죽기 전에는 예수께서 널리 알려지지 않았음을 암시한다(Lane, 212 참고).

예수 당시 유대인들은 선지자의 시대가 이미 끝났다는 생각을 하였고(마카비1서 4:46; 9:27; 14:41; 바룩2서 85:1-3), 엘리야, 예레미야, 이사야 등의 선지자는 종말에 등장할 것이라고 기대하였기에(에스드라2서 2:18), 그러한 선지자의 등장은 종말이 도래하였다는 신호로 이해되었을 것이다(Stein, 419 참고; Evans, 1990: 142 참고).

예수를 보고 세례 요한이 부활하였다고 생각한 사람들의 견해는 예수와 세례 요한의 유사성(예, 회개의 필요성에 관한 선포)에 관한 관찰을 반영한다(A. Y. Collins, 304). 또한 특별히 선한 사람이나 악한 사람은 신비한 과정을 통해 죽은 자들로부터 돌아올 수 있다는 생각이 반영되어 있다(A. Y. Collins, 304). 이렇게 다시 등장한 사람은 보통 사람보다 더 능력 있다고 여겨졌다(A. Y. Collins, 304).

헤롯이 예수를 세례 요한의 연속선에서 파악한 것은 그가 세례 요한을 죽인 것처럼 예수를 박해할 가능성을 함축한다. 마가복음 8:15의 헤롯의 누룩은 이와 관련될 수도 있다(France, 254). 마가가 이곳 이후로 헤롯의 지역에서의 예수의 공적 활동을 거의 기록하지 않는 것은 주목할 만하다(France, 254).

17절 (세례 요한을 감금한 헤롯) 대 헤롯의 아들 헤롯 안티파스(Herod

Antipas)는 대 헤롯과 그의 사마리아인 부인(Malthae) 사이에서 주전 20년에 태어났다(Witherington, 213). 그는 주전 4년에서 주후 39년까지 갈릴리와 페레아(Perea)의 분봉왕이었다(Lane, 211). 그는 나바티아(Nabatea) 왕국의 왕 아레타스(Aretas) 4세의 딸을 버리고 헤로디아(Herodias)와 결혼하는데, 헤로디아는 헤롯 안티파스 자신의 질녀(대 헤롯의 아들 Aristobulus의 딸)이면서 그의 동생 필립의 아내였다(Guelich, 1989: 331). 그런데 헤로디아는 마치 이세벨이 엘리야를 죽이려 한 것처럼 세례 요한을 죽이려 한다.

18절 (세례 요한이 감금 당한 이유) 세례 요한은 헤롯의 결혼을 반대하다가 옥에 갇히게 되었다. 세례 요한이 헤롯의 결혼을 반대한 근거는 레위기 18:16("형제의 아내를 범하지 말라."); 20:21("형제의 아내를 데리고 살면 더러운 일이다.")에 근거한 것으로 볼 수 있다(Hooker, 160; Edwards, 2002: 185).[45]

19-20절 (세례 요한을 죽이고자 한 헤로디아) 헤로디아는 세례 요한을 죽이려고 하였다. 그리하여 헤로디아는 구약성경에서 엘리야를 죽이려고 한 이세벨의 역할을, 세례 요한은 엘리야의 역할을 하는 것으로 그려진다(A. Y. Collins, 307). 헤로디아는 헤롯이 세례 요한의 말을 듣고 자기를 이혼시킬 수도 있다고 여겼기에 세례 요한을 죽이려고 했을 것이다(A. Y. Collins, 307-8). 그렇지만, 헤로디아가 세례 요한을 죽이지 못한 이유는 헤롯이 세례 요한을 보호하였기 때문이었다(20절).

21절 (헤롯의 생일 잔치) 헤롯은 자신의 결혼 잔치에 사람들을 초대하였다. 그중에 그의 대신들(μεγιστᾶσιν αὐτοῦ)이 포함되었는데, 이들은 헤

45. "너는 네 형제의 아내의 하체를 범하지 말라"(레 18:16a, 개역개정). "누구든지 그의 형제의 아내를 데리고 살면 더러운 일이라"(레 20:21a, 개역개정).

롯의 영역의 열 개의 지방 수령들이었을 것이다(A. Y. Collins, 308).

22절 (헤로디아의 딸의 춤) 헤로디아의 딸은 결혼 잔치 때 춤을 추었는데 이 춤은 사람들을 기쁘게 하였다(ἤρεσεν, 원형 ἀρέσκω). 여기에 사용된 '기쁘게 하다'(ἀρέσκω)라는 단어는 70인역에서 성적 관심을 일으키거나 만족시키는 것을 종종 암시한다(창 19:8; 사 14:1A, 14:3A, 14:7A; 에스더 2:4, 9; 욥 31:10)(Marcus, 2000: 396).[46] 헤롯의 성적인 관심은 헤로디아의 딸에 대한 그의 성적 욕망을 암시한다(Hurtado, 98). 22절의 '소녀'(κορασίῳ)라는 단어를 통해서 헤로디아의 딸은 아마도 10대 중반으로서 결혼 적령기였음을 알 수 있다. 이 단어는 에스더(2:2, 9)에서 결혼 적령기의 소녀를 가리키기 때문이다(Lane, 221). 헤로디아의 딸(살로메)은 (이두래와 드라고닛 지방의 분봉왕 헤롯) 필립에게 주후 34년(필립이 사망한 해) 이전에 시집갔을 것이고(요세푸스, 『유대 고대사』 18.5.4 §§136-37),[47] 결혼했을 때 최소한 13세였을 것이므로 적어도 주후 20년경에는 태어났을 것이다(A. Y. Collins, 308). 그러므로 헤로디아의 딸의 춤은 어린아이의 재롱 춤이 아니라 헤롯에게 유혹이 될 만한 소녀의 매혹적인 춤이었을 것이다.

23절 (헤롯의 맹세) 춤을 보고 성적 욕망을 느낀 헤롯은 헤로디아의 딸

46. "내게 남자를 가까이 하지 아니한 두 딸이 있노라. 청하건대 내가 그들을 너희에게로 이끌어 내리니 너희 눈에 좋을(ἀρέσκῃ) 대로 그들에게 행하고 이 사람들은 내 집에 들어왔은즉 이 사람들에게는 아무 일도 저지르지 말라"(창 19:8, 개역개정). "헤개가 이 처녀를 좋게 보고(ἤρεσεν) 은혜를 베풀어 몸을 정결하게 할 물품과 일용품을 곧 주며"(에 2:9a, 개역개정). "만일 내가 허위와 함께 동행하고 내 발이 속임수에 빨랐다면 … 내 아내가 타인의 맷돌을 돌리며 타인과 더불어 동침하기를 바라노라"(욥 31:5, 10, 개역개정). ἀρέσαι ἄρα καὶ ἡ γυνή μου ἑτέρῳ τὰ δὲ νήπιά μου ταπεινωθείη ("그러므로 나의 아내마저 타인과 즐기고[ἀρέσαι] 나의 젖먹이들이 부끄러움을 당하길 바라노라." 욥 31:10, 사역).

47. 박윤만, 2017: 435 참고.

에게 맹세하였다(ὤμοσεν). 구약성경에서 '맹세'(שבועה, ὅρκος)는 자신의 말이 거짓일 때 자신에게 미칠 저주를 언급하는 것이다(A. Y. Collins, 308). 한편 '서원'(נדר, εὐχή)은 하나님께 자신이나 재물을 성전에 희생이나 헌물로서 드리는 것이다(A. Y. Collins, 311). '왕국의 절반'까지 주겠다는 것은 왕비 자리라도 주겠다는 암시였을 것이다. 헤롯이 굳이 맹세를 한 것은 맹세를 지켜야 한다는 핑계로 헤로디아의 딸의 요청을 받아주기 위함이었을 것이다. 그는 은근히 헤로디아의 딸이 왕비의 자리를 요청하기를 기대하였을 것이다.

24-25절 (세례 요한의 목을 요청한 헤로디아의 딸) 헤로디아의 딸은 헤로디아의 요청에 따라 세례 요한의 목을 구한다. 헤로디아가 잔치 자리에 참석하지 않고 있었던 이유는 당시 문화와 관련된다. 비록 로마 시대의 연회에 존경받는 부인들이 참석하기도 했지만 그 시대의 문헌들은 그러한 여인들을 창녀라고 낙인찍었음을 알려준다(A. Y. Collins, 311). 헤로디아가 연회에 참석하지 않고 있는 것은 이러한 맥락에서 이해할 수 있다.

27-29절 (세례 요한의 죽음) 헤롯은 사형집행자를 보내어 세례 요한의 목을 베어오게 한다. 여기서 사형집행자를 가리키기 위해 마가가 사용한 단어인 '스뻬꿀라또라'(σπεκουλάτορα)는 경호원을 가리킬 수도 있다(Marcus, 2000: 397). 이것은 라틴어 '스페큘라토르'(*speculator*)를 차용한 말로서 정찰병이란 뜻이다(A. Y. Collins, 314).

세례 요한이 죽은 후 그의 제자들은 세례 요한의 시체를 장사하였다. 마가는 여기서 "장사하다"는 뜻으로 '그것을 무덤에 두었다'(ἔθηκαν αὐτὸ ἐν μνημείῳ)는 표현을 사용한다. 마가복음 15:46에서는 예수를 장사함을 묘사할 때 비슷한 표현을 반복하여 사용한다(ἔθηκεν αὐτὸν ἐν μνημείῳ).[48]

48. Janes, 447.

세례 요한 기사는 이 점에서도 예수 기사의 패턴이 된다(Janes, 443-67 참고).

오병이어 기적(6:30-44)

30 보냄 받은 자들이 예수께 모였고 자기들이 행하고 가르친 모든 것들을
그에게 보고했다. **31** 그가 그들에게 말씀하셨다.

"너희들 자신은 따로 한적한 곳으로 가서 잠시 쉬어라."

왜냐하면 오고 가는 사람들이 많아서 식사할 겨를도 없었기 때문이었다.

32 그들은 따로 배를 타고 한적한 곳으로 떠나갔다. **33** 그러나 사람들이 그
들이 떠나가는 것을 보았다. 많은 사람들이 알아차리고 도보로 모든 도시
들로부터 함께 그곳으로 달려와서 그들보다 먼저 와 있었다.

34 그가 (배에서) 나와 많은 무리를 보고 그들을 불쌍히 여기셨다. 왜냐하
면 그들은 목자 없는 양들과 같았기 때문이었다. 그래서 그는 그들을 열심
히 가르치시기 시작하셨다. **35** 이미 시간이 많이 지나서 제자들이 그에게
다가와서 말했다.

"장소가 광야이고 이미 시간이 많이 지났습니다.

36 그들을 해산시키세요.

그들이 주변 농장이나 마을에서 먹을 것을 자기들을 위하여 사도록 말입니다."

37 그러나 그가 그들에게 말씀하셨다.

"너희가 그들에게 먹을 것을 주어라."

그들이 그에게 말했다.

"우리가 떠나가서 이백 데나리온 어치 빵을 사서 그들에게 먹도록 줄까요?"

38 그러나 그가 그들에게 말씀하셨다.

"몇 덩이의 빵을 너희가 가지고 있느냐? 가서 보아라!"

그들이 알아보고 말했다.

"다섯이요! 그리고 물고기 두 마리요!"

39 이에 그가 그들에게 모두를 초록 풀 위에 무리 지어 기대어 눕게 하도록
명하셨다. **40** 그래서 그들이 무리 지어 **100**명씩 **50**명씩 기대어 누었다. **41**
그 후에 그가 그 다섯 개의 빵 덩이와 물고기 두 마리를 들고 하늘을 우러
러보시며 감사하셨다. 그리고 빵 덩이들을 떼어 그들에게 나누어 주도록
[그의] 제자들에게 주셨다. 그 두 마리의 물고기도 모두에게 나누어주셨다.
42 그들은 모두 먹고 배불렀다. **43** 그들이 (빵) 부스러기를 열두 바구니 가
득하게 거두었다. 또한 물고기들로부터도 (그렇게 하였다). **44** 그런데 [빵
을] 먹은 남자들은 오천 명이었다.

오병이어 기적이 발생한 장소는 예수께서 제자들과 쉬러 가신 곳으로서(32절) 사람들이 없는 지역이었다(35절). 주린 사람들에게 예수님은 제자들이 가지고 있는 먹을 것을 주라고 하신다(37절). 제자들이 가지고 있는 것은 다섯 개의 빵 덩이와 물고기 두 마리였다(38절). 이것은 아마도 그들이 쉬려고 사람이 없는 지역으로 올 때 가지고 온 비상식량이었을 것이다. 예수께서는 이 비상식량을 무리에게 나누어주라고 하신다. 이처럼 예수께서는 휴가의 포기에 이어 식량을 포기하며 무리를 돌보신다. 그리고 마침내 목숨까지 내어주신다.

오병이어 기적을 담은 이 본문은 출애굽 기사를 연상시킨다. '남자들'(44절), '목자 없는 양'(34절),[49] '백씩,' '오십씩'(40절) 무리 지음(참조,

49. Boring, 2006: 74. 왕상 22:17(//대하 18:16; 참조, 유딧 11:19)에서 '목자 없는 양들'은 지도자 없는 군대를 가리킨다. "그가 이르되 내가 보니 온 이스라엘이 목자 없

출 18:21), '광야'(32절)[50] 등은 군사적 요소를 지닌다고 볼 수 있다(France, 261 참고). 그러나 본문은 특히 이집트 탈출 후 광야에서 먹은 만나를 연상시키며, 예수를 새 모세로 그리고 있다고 볼 수 있다. '목자 없는 양'은 모세를 잃은 이스라엘에 적용된 표현이기도 하기 때문이다(민 27:17) (France, 265).[51]

32절 (광야로 가심) 예수와 제자들은 한적한 곳 즉 광야로 가셨다. 누가복음 9:10은 이 사건을 벳새다와 연관시키고, 요한복음 6:23은 이 사건을 디베랴와 연관시킨다(Bock, 211). 전통은 이 장소를 가버나움 곁의 탑가(Tabgha) 근처로 제시한다(Bock, 211). 오병이어 기적의 장소는 벳새다 서편(눅 9:10), 가버나움 북쪽 언덕이었을 것이다(Edwards, 2002: 190).

33절 (많은 사람들이 옴) 많은 사람들이 예수와 제자들이 가고자 한 곳에 먼저 갔다. 예수께서는 제자들과 쉬러 가셨으나 무리들은 이를 알고 미리 도착해 있었다.

34절 (예수께서 무리를 가르치심) 예수께서는 광야에 온 무리를 목자 없는 양처럼 여기신다. '목자 없는 양'은 강력한 통치자의 부재(유딧 11:19) 또는 악한 지도자 아래서 고통당하는 백성(겔 34:8; 슥 10:2)을 가

는 양 같이 산에 흩어졌는데 여호와의 말씀이 이 무리에게 주인이 없으니 각각 평안히 자기의 집으로 돌아갈 것이니라 하셨나이다"(왕상 22:17, 개역개정). "그가 이르되 내가 보니 온 이스라엘이 목자 없는 양 같이 산에 흩어졌는데 여호와의 말씀이 이 무리가 주인이 없으니 각각 평안히 자기들의 집으로 돌아갈 것이니라 하셨나이다 하는지라"(대하 18:16, 개역개정). καὶ ἄξεις αὐτοὺς ὡς πρόβατα οἷς οὐκ ἔστιν ποιμήν ("그리고 너는 그들을 목자 없는 양들처럼 인도할 것이다")(유딧 11:19).

50. 광야는 출애굽과 연관된 유서 깊은 장소로서 전통적으로 유대인들의 독립 운동의 발생지였다.

51. "모세가 여호와께 여짜와 이르되 여호와, 모든 육체의 생명의 하나님이시여 원하건대 한 사람을 이 회중 위에 세워서 그로 그들 앞에 출입하며 그들을 인도하여 출입하게 하사 여호와의 회중이 목자 없는 양과 같이 되지 않게 하옵소서"(민 27:15-17, 개역개정).

리키기도 한다(Marcus, 2000: 406).[52] 예수께서는 그들을 긍휼히 여기사 (목자 없는 양처럼 여기시고 종말론적 목자로서) 가르치셨다. 이것은 오병이어 기적의 기독론적 의미를 푸는 해석학적 열쇠이다. 예수께서는 에스겔 34:23에 나오는 종말론적 목자로서 등장하신다(Guelich, 1989: 340).[53] 또한 시편 78:70-72에는 다윗이 목자로 그려지고, 솔로몬의 시편 17:23-46에서는 메시아가 목자 용어로 그려진다.[54] 따라서 예수를 목자로

---

52. καὶ ἄξω σε διὰ μέσου τῆς Ιουδαίας ἕως τοῦ ἐλθεῖν ἀπέναντι Ιερουσαλημ καὶ θήσω τὸν δίφρον σου ἐν μέσῳ αὐτῆς καὶ ἄξεις αὐτοὺς ὡς πρόβατα οἷς οὐκ ἔστιν ποιμήν καὶ οὐ γρύξει κύων τῇ γλώσσῃ αὐτοῦ ἀπέναντί σου ὅτι ταῦτα ἐλαλήθη μοι κατὰ πρόγνωσίν μου καὶ ἀπηγγέλη μοι καὶ ἀπεστάλην ἀναγγεῖλαί σοι ("그리고 나는 너를 유대를 통하여 네가 예루살렘 앞에 도착할 때까지 인도할 것이다. 그리고 나는 너의 왕좌를 예루살렘 가운데 둘 것이다. 너는 그들을 목자 없는 양들처럼 인도할 것이다. 개가 너에 대하여 그의 혀를 놀리지 않을 것이다. 왜냐하면 이것들이 나의 예지에 따라 나에게 말해졌고 전해졌고, 나는 너에게 전하도록 보내졌기 때문이다")(유딧 11:19, 사역). "주 여호와의 말씀에 내가 나의 삶을 두고 맹세하노라. 내 양 떼가 노략 거리가 되고 모든 들짐승의 밥이 된 것은 목자가 없기 때문이라. 내 목자들이 내 양을 찾지 아니하고 자기만 먹이고 내 양 떼를 먹이지 아니하였도다"(겔 34:8, 개역개정).
53. "내가 한 목자를 그들 위에 세워 먹이게 하리니 그는 내 종 다윗이라. 그가 그들을 먹이고 그들의 목자가 될지라"(겔 34:23, 개역개정).
54. "또 그의 종 다윗을 택하시되 양의 우리에서 취하시며 젖 양을 지키는 중에서 그들을 이끌어 내사 그의 백성인 야곱, 그의 소유인 이스라엘을 기르게 하셨더니 이에 그가 그들을 자기 마음의 완전함으로 기르고 그의 손의 능숙함으로 그들을 지도하였도다"(시 78:70-72, 개역개정). "And he will be a righteous king over them, taught by God. There will be no unrighteousness among them in his days, for all shall be holy, and their king shall be the Lord Messiah. ... Faithfully and righteously shepherding the Lord's flock, he will not let any of them stumble in their pasture"("그리고 그는 그들 위에 의로운 왕이 될 것이며 하나님에 의해 가르침 받을 것이다. 그의 시대에는 그들 가운데 아무런 불의함이 없을 것이며, 그들의 왕은 주 메시아일 것이다. … 그는 신실하고 의롭게 주님의 무리를 목양할 것이며 그는 그들의 목초지에서 아무도 넘어지지 않게 할 것이다")(솔로몬의 시편 17:32, 40, *OPT* vol.2, 667-68).

묘사하는 마가복음 본문은 예수를 메시아로 그리고 있다고 볼 수 있다 (Marcus, 2000: 406).

38절 (오병이어) 광야에서 배고픈 무리에게 제자들이 줄 수 있는 음식은 오병이어뿐이었다. 빵 덩이는 하나가 2.5cm 두께에 지름이 20cm 정도 된다(Hooker, 166). 다섯 개의 빵 덩이는 토라를 상징한다고 볼 수 있고 (잠 9:5; 신 8:3; Philo, *Names* 259-60; *Genesis Rabbah* 43.6; 54.1; 70.5),[55] 광야에서 먹게 된 빵은 또한 출애굽 당시 광야의 만나를 연상시킨다(Marcus, 2000: 419).

39절 (푸른 풀) 무리들은 음식을 먹기 위해 푸른 풀 위에 기대어 눕게 되었다. 팔레스타인에서는 오직 봄에만 풀이 푸르다(Hooker, 166). 그러므로 이때는 봄이었다고 볼 수 있다. '푸른 풀'은 시편 23편을 배경으로 보면 선한 목자께서 인도하시는 곳이다. 그러므로 푸른 풀의 언급은 예수를 목자로 묘사하는 표현이다. 그리하여 예수께서, 하나님께서 종말론적인 목자가 되어 그의 백성을 눕히시고 먹이시리라고 예언하는 에스겔 34:11-15을 성취하심이 암시된다(박윤만, 2017: 449).

40절 (오십 명씩 백 명씩 무리 지음) 무리는 식사를 하기 위해 50명씩 100명씩 무리 지어 앉게 되었다. 50씩 100씩 앉은 것은 이집트 탈출 후에 광야에서 생활한 이스라엘이 무리 지은 모습을 연상하게 한다(출 18:25). 이러한 이미지는 이제 새 출애굽이 일어나고 있다는 것을 암시한다. 쿰란 공동체는 택함 받은 자의 조직을 유사한 용어로 묘사한다(Hurtado, 105).

41절 (광야의 식사) 예수께서는 기도하시고 빵과 물고기를 나누어 주셨다. 유대교에는 식사 전후에 반드시 기도하는 전통이 있다(*t. Berakoth*

55. Boring, 2006: 183.

4.1; *b. Berakoth* 35a).[56] 예수께서는 이 전통을 따르시는데, 아래를 보는 대신 하늘을 보고 기도하시는 것이 다르다(Lane, 230). 빵을 잡고, 감사 기도를 하고, 빵을 떼고, 제자들에게 주시는 것은 마가복음 14:22이 기록하는 최후의 만찬에서도 동일하게 등장하므로, 성만찬 언어로 간주되기도 한다(Osborne, 106). 그런데 오병이어 기적의 경우에는 물고기가 함께 등장하는 점이 다르다(Osborne, 107).

43절 (열두 바구니) 먹고 남은 떡 조각과 물고기를 거두니 열두 바구니에 가득 찼다. 식사 때 바닥에 떨어진 것을 긁어모으는 전통은 하나님의 선물로서의 빵에 대한 존중을 반영한다(Lane, 231). 열두 바구니가 남은 것은 회복될 새 이스라엘 열두 지파에 관한 소망과 관련된다.[57] 한편, 예수께서 주신 빵은 보존될 수 있었다는 점에서 남은 것이 보존될 수 없었던 만나와 대조된다(출 16:4-5, 13-21)(Boring, 76).

44절 (식사를 한 사람들의 수) 식사를 한 사람들의 수는 5,000명이었다. 근접한 큰 도시인 가버나움이나 벳새다의 주민은 약 2,000-3,000명이었을 것이므로 5,000명의 무리는 매우 큰 규모였다(Lane, 232). 열왕기하 4:42-44에서 보면 엘리사는 빵 덩이 20개로 100명을 먹인다.[58] 이를 배경으로 보면 빵 덩이 다섯 개로 5,000명을 먹이셨다고 기록하는 본문은 예수를 엘리사 보다 큰 분으로 묘사하고 있다(Guelich, 1989: 344). 또한 이 비유는 창조주 하나님의 능력이 예수를 통해 역사하고 있음을 보여

---

56. Lane, 230.
57. Marcus, 2000: 421; A. Y. Collins, 326.
58. "… 보리떡 이십 개와 … 하나님의 사람에게 드린지라. 그가 이르되 무리에게 주어 먹게 하라. 그 사환이 이르되 내가 어찌 이것을 백 명에게 주겠나이까 하나 엘리사는 또 이르되 무리에게 주어 먹게 하라 여호와의 말씀이 그들이 먹고 남으리라 하셨느니라. 그가 그들 앞에 주었더니 여호와께서 말씀하신 대로 먹고 남았더라"(왕하 4:42-44, 개역개정).

준다.

식사를 한 사람들을 셀 때 마가는 '남자'라는 단어를 사용한다. 뛰어서 먼저 호수 건너편에 도착한 사람들 중에는 여자나 아이들은 거의 없었을 것이다. 뛰어가서 목적지에 먼저 도착할 정도로 건장한 남자들로 구성된 5천 명은 군대로 조직될 수 있는 모습을 띤다. 남자만 센 것은 인구 조사가 전쟁에 나갈 남자들만을 대상으로 한 전통과 관련이 있다(민 1:2, 20)(A. Y. Collins, 326).

바다 위를 걸으심(6:45-52)

45 그리고 즉시 그가 그의 제자들에게 배에 타고 건너편 벳새다로 먼저 가
게 독촉하시고 그동안 자신은 무리를 해산시키셨다. **46** 그는 그들과 작별
하고 기도하러 산으로 떠나가셨다. **47** 저녁이 되었을 때 배가 바다 한가운
데 있었고, 그는 홀로 육지에 계셨다. **48** 그들이 노를 저으며 고생하시는
것을 그가 보셨다. 역풍이 불고 있었기 때문이었다. 밤 사경쯤에 그가 바다
위를 걸어 그들에게 오셔서 그들을 지나가려고 하셨다. **49** 그런데 그가 바
다 위를 걷고 있는 것을 본 자들이 그가 유령이라 생각하고 소리 질렀다.
50 왜냐하면 모두 그를 보았고 당황했기 때문이었다. 그러나 그는 즉시 그
들과 말씀을 나누셨다. 그가 그들에게 말씀하셨다.

"힘내거라. 나다. 두려워하지 마라."

51 그가 그들에게 (가서) 배로 올랐다. 그러자 바람이 멎었다. 이에 그들이
[매우] 심하게 놀랐고 또 놀랐다. **52** 이것은 그들이 빵에 관하여 깨닫지 못
하고 그들의 마음이 경직되어 있었기 때문이었다.

45절 (제자들을 먼저 보내신 예수) 예수께서는 제자들을 먼저 호수 건

너편으로 보내신다. 예수께서 급히 제자들을 보내신 이유는 그들이 이 저녁 식사의 기적적 성격을 무리에게 알리게 되어 무리의 (군사적) 메시아 기대에 불을 붙이게 될까 우려하셨기 때문일 것이다(Lane, 234).

예수께서 제자들이 가도록 하신 곳은 벳새다였다. 그런데 제자들은 그들이 목적한 벳새다(45절)가 아닌 게네사렛에 도착하였다(53절). 이것은 저녁에 불기 시작하는 북서풍 샤르키아(Sharkia)에 의한 것일 수도 있다(Edwards, 2002: 202).

물론 제자들은 나중에 마침내 벳새다에 도착한다(8:22). 이것은 마가가 동작의 진행을 중단하는 줄거리 보류(plot suspension) 기법을 사용한 것으로 볼 수 있다(S. H. Smith, 372). 제자들이 이방의 벳새다가 아닌 게네사렛에 도착한 것은 이방 선교를 받아들이지 않는 장벽을 보여준다고 볼 수도 있다(S. H. Smith, 373). 마가복음 8:22에 이르기까지 이방 선교의 장애물이 제거된 후 마침내 벳새다에 도달하게 되는 것이다.[59]

46절 (기도하러 산으로 가신 예수) 예수께서는 무리를 해산시키고 산에 기도하러 가신다. 예수께서 기도하러 가신 이유는 오병이어 표적을 경험한 무리의 열광에 빠져드는 유혹을 피하기 위하심이었을 것이다(Hurtado, 106). 예수께서 기도하신 때는 가버나움에서의 활동 이후(1:35-39), 오병이어 기적 이후(6:45 이하), 최후의 만찬 이후(14:26-42)인데, 이것은 모두 무리의 열광 이후이거나 또는 다가오는 고난 이전이었다(Lane, 235). 한편 산에 기도하러 혼자 오르신 것은 모세 모형론을 담고 있기도 하다(Marcus, 2000: 430). 예수의 모습이 마치 모세처럼 묘사되면서 예수가 새 모세로 소개되고 있다. 그러하여 예수의 사역이 새 출애굽으로 묘사된

---

59. 누가복음에는 막 6:45-8:26의 내용이 담겨 있지 않으므로 줄거리 보류가 없다. 누가복음의 독자들에게는 이방 선교가 당연하므로 막 6:45-8:26의 내용이 불필요했다고 볼 수도 있다.

다.

기도는 신이 하는 것이 아니라 인간이 하는 것이므로 기도는 인성을 반영한다(Boring, 2006: 189). 그런데 이처럼 예수의 인성을 전제하는 기록 후에 신성을 기록하는 기사가 이어진다(아래 48-50절 주해 참고).

48절 (바다 위를 걸어오신 예수) 예수께서 바다 위를 걸어 제자들에게 오신 때는 밤 사경쯤이었다. 밤을 4등분하는 것은 로마의 시간 구분이다(Guelich, 1989: 349). 유대인들은 밤을 3등분한다. 밤 사경은 새벽 3시~6시에 해당하므로 새벽 시간이다. 히브리인들이 홍해를 건넌 시간이 새벽이었으므로(출 14:24), 새벽에 예수께서 바다 위를 걸어오심은 출애굽 사건을 연상시킨다.

본문은 예수께서 바다 위를 걸어오심을 기록함으로써 창조 때 수면을 운행하신 성령과 하나임을 암시한다(창 1:2). 그런데, 마가는 예수께서 지나가려고 하셨다고 기록한다. '그가 그들은 지나가려고 하셨다'(ἤθελεν παρελθεῖν αὐτούς)는 출애굽기 33:19-23; 34:6; 열왕기상 19:11을 배경으로 보면 계시 현상을 표현한다고 볼 수 있다(Guelich, 1989: 350).[60] 특히 욥기 9:8, 11에서는 하나님께서 물 위를 걸으심과 지나가심이 연결되어 나타난다(Edwards, 2002: 198-99).[61] 그중 욥기 9:11은 깨닫지 못함을 언급하는 점에서 제자들의 깨닫지 못함을 언급하는 마가복음 본문과 유사하다(A. Y. Collins, 337).

49절 (제자들의 반응) 예수께서 바다 위로 걸어오심은 구약성경을 배

---

60. "여호와께서 이르시되 내가 내 모든 선한 것을 네 앞으로 지나가게 하고"(출 33:19, 개역개정). "내 영광이 지나갈 때에"(출 33:22, 개역개정). "여호와께서 지나가시는데"(왕상 19:11, 개역개정).

61. "그가 홀로 하늘을 펴시며 바다 물결을 밟으시며"(욥 9:8, 개역개정). "그가 내 앞으로 지나시나 내가 보지 못하며 그가 내 앞에서 움직이시나 내가 깨닫지 못하느니라"(욥 9:11, 개역개정).

경으로 어떤 의미를 가지는가? 시편 77:20(개역 77:19)은 하나님의 길이 물에 있다고 한다(Marcus, 2000: 431). "주의 길이 바다에 있었고 주의 곧은 길이 큰 물에 있었으나 주의 발자취를 알 수 없었나이다." 구약성경에 의하면 물 위를 걷는 분은 오직 하나님뿐이시다(욥 9:8)(Edwards, 2002: 198). 그렇다면, 이 말씀을 배경으로 볼 때, 예수께서 물 위를 걸으신 사건은 예수의 신성을 나타낼 수 있다.

물 위를 걷는 예수의 모습을 본 제자들의 반응은 이를 유령으로 간주하고 놀라 소리를 지르는 것이었다. 헬라, 로마, 유대 문헌들은 물 위를 걷는 것은 신적인 존재이며 유령은 물 위를 걸을 수 없다고 여긴다(Combs, 345-58). 그러므로 제자들이 물 위를 걷는 예수를 보고 유령이라고 여김으로써 분명한 것을 믿지 않고 불가능한 것을 믿은 불합리함을 보였음을 마가는 49절을 통해 지적한다(Combs, 358).

50절 (예수의 말씀) 예수를 유령으로 간주하고 놀란 제자들에게 예수께서는 "나다."라고 말씀하신다. 예수의 대답 '에고 에이미'(ἐγώ εἰμι)는 "다른 사람이 아니라 바로 나다."라는 뜻에 불과한 것이 아니라 불타는 가시떨기에서 계시하신 하나님의 이름 '에흐예'(אהיה)처럼 계시 용어로 볼 수 있다(출 3:14). "있다(be)/행하다(do)"를 뜻하는 히브리어 동사의 미완료형 '에흐예'(אהיה, "I am [continually] being/doing")는 "항상 있는 자/계속 행하는 자"라는 의미를 가진다고 보인다. '에고 에이미'의 뜻을 70인역 이사야 41:4; 43:10의 문맥에서 보면 "항상 있는 자"이다.[62] 물론 '에고 에

62. "이 일을 누가 행하였느냐? 누가 이루었느냐? 누가 처음부터 만대를 불러내었느냐? 나 여호와라. 처음에도 나요, 나중 있을 자에게도 내가 곧 그니라(ἐγώ εἰμι)"(사 41:4, 개역개정). "나 여호와가 말하노라. 너희는 나의 증인, 나의 종으로 택함을 입었나니 이는 너희가 나를 알고 믿으며 내가 그인(ἐγώ εἰμι) 줄 깨닫게 하려 함이라. 나의 전에 지음을 받은 신이 없었느니라. 나의 후에도 없으리라"(사 43:10, 개역개정).

이미'는 인간에 대해서도 사용되었으므로(삿 5:3; 11:35, 37; 룻 4:4),[63] 이 표현만으로 신성이 주장되었다고 할 수는 없다. 문맥에서 떼어 내면 '에고 에이미'는 그저 "나다"라는 뜻이다. 그러나 이 표현은 예수께서 물 위를 걸으신 맥락 속에서는 "항상 있는 자"로서의 예수의 신적 정체를 암시한다. 또한 이 말씀에 이어지는 '용기를 내라,' '두려워 말라'는 말씀은 신적 계시에 사용되는 용어이다(시 115:9 이하; 118:5-6; 사 41:4 이하, 13 이하; 43:1 이하; 44:2 이하; 51:9 이하). '용기를 내라'(θαρσεῖτε)는 표현은 70인역 출애굽기 20:20의 시내산 신현 기사에도 등장한다. '두려워 말라'는 표현은 신현 현상(창 15:1)이나 천사들을 통한 계시(삿 6:23; 단 10:12)와 관련된다(Williamson, 1983: 130-31).[64] 그러므로 이러한 맥락에서 사용된 '에고 에이미'는 예수의 신적 정체성을 드러내는 말씀으로 볼 수 있다(Lane, 237).

51절 (제자들이 심히 놀람) 예수께서 배에 타시자 바람이 그쳤다. 제자들은 심히 놀란다. 놀라움은 구약성경에서 하나님의 출애굽 구원 역사와 관련하여 나타나며(LXX 출 18:9 등), 또한 종말에 하나님께서 사람들을 놀라게 하실 것이라는 기대가 구약성경(LXX 호 3:5; 미 7:15, 17; 슥 14:13)과 유대 문헌(에녹1서 1:4-5; 모세의 유언 10:4; 바룩2서 70:2)에 나타난다(Dwyer, 50). 그러므로 마가복음에 등장하는 사람들의 놀라움 모티프는 놀라움의 대상이 종말에 발생하는 새 출애굽임을 암시한다고 볼 수 있다.

---

63. A. Y. Collins, 334.
64. "이 후에 여호와의 말씀이 환상 중에 아브람에게 임하여 이르시되 아브람아 두려워하지 말라"(창 15:1, 개역개정). "기드온이 그가 여호와의 사자인 줄을 알고 이르되 슬프도소이다 주 여호와여 내가 여호와의 사자를 대면하여 보았나이다 하니 여호와께서 그에게 이르시되 너는 안심하라 두려워하지 말라 죽지 아니하리라 하시니라"(삿 6:22-23, 개역개정). "내가 네게 보내심을 받았느리라 하더라. … 그가 내게 이르되 다니엘아 두려워하지 말라"(단 10:11-12, 개역개정).

52절 (제자들의 마음의 경직성) 마가는 제자들의 놀라움의 원인을 부정적으로 평가한다. "그들의 마음이 경직되어 있었다"(ἦν αὐτῶν ἡ καρδία πεπωρωμένη). 마가복음 3:5에서는 적대자들의 마음이 단단하다고 묘사되었으므로, 제자들의 마음이 경직되었다는 묘사는 제자들이 외부인들과 별로 다를 바 없다고 묘사되는 부분이다(A. Y. Collins, 336). '경직된 마음'은 언약 공동체의 대적자들의 마음 상태 묘사에 사용된 표현이다(CD[A] 3:8-9; 시락서 16:15-16 참고).[65] 그러므로 제자들의 마음이 경직되었다고 묘사함은 제자들에 대한 매우 부정적인 평가를 담는다. 제자들이 예수께서 오병이어 기적을 행하신 것을 잘 이해했다면 물 위를 걷는 기적을 보고 이를 어떻게 받아들일지 몰라 당황하지 않았을 것이다. 빵을 늘어나게 하심도 중력의 법칙을 극복하심도 모두 자연법칙을 벗어나는 기적이다. 그러한 능력이 예수께 작용함을 받아들이기에는 제자들의 생각은 아직 경직되어 있었다.

게네사렛 사역(6:53-56)

> **53** 그들이 육지로 건너가 게네사렛에 정박하였다. **54** 그들이 배에서 내릴 때 사람들이 그를 알아보고 **55** 그 지역 전체를 뛰어 돌아다니며 자리 위에 아픈 자들을 그가 있다고 들은 곳으로 데려오기 시작했다. **56** 그가 마을이나 도시나 농장이나 어디로 가시든지 시장에 병자들을 놓아두고 그들이 그의 옷 술에라도 손을 대도록 (허락해 달라고) 간청하고 또 간청했다. 그리고 그에게 손을 대는 자는 누구든지 치유 받았다.

65. 박윤만, 2017: 464.

56절의 '옷 가'(κρασπέδου, "옷 술")는 민수기 15:38-39; 신명기 22:12 에서 지시된 이스라엘 자손들이 갖추어야 할 복장이다.[66] 이러한 복장을 갖춘 것은 모든 율법을 기억하고 준행하기 위한 것이었다(민 15:39; 아리스테아스의 편지 158 참고).[67] 따라서 우리는 예수께서 율법을 준행한 유대인의 복장을 하고 계셨음을 알 수 있다. 이러한 예수의 모습은 (곧 이어 바리새인들과 율법 준수에 관하여 논쟁을 하시게 될) 예수께서 (유대인들의 전통은 무시하셨지만) 율법을 존중하셨음을 암시한다.

유대 전통에 관련된 논쟁(7:1-23)

> **7:1** 그 후에 바리새인들과 예루살렘에서 온 어떤 율법사들이 그에게 모였다. **2** 그들은 그의 제자들 중에 몇몇이 부정한 손 즉 씻지 않은 손으로 빵을 먹는 것을 보았다. **3** - 바리새인들과 모든 유대인들은 장로들의 전통을 지키어 팔꿈치까지 팔을 씻지 않으면 식사하지 않았다. **4** 그들은 또한 시장에서 (사 온 것은) 씻지 않으면 먹지 않았다. 그들은 또한 지키도록 전수받은 다른 많은 것들을 지켰으며, 잔, 주전자, 놋그릇, 식사용 안락의자를 씻었다. - **5** 바리새인들과 율법사들이 그에게 질문했다.
>
> "무엇 때문에 당신의 제자들은 장로들의 전통에 따라 행하지 않고
> 부정한 손으로 빵을 먹는 거요?"
>
> **6** 그런데 그는 그들에게 말씀하셨다.
>
> "이사야가 그대들 위선자들에 대하여 잘 예언하였소.

---

66. "이스라엘 자손에게 명령하여 대대로 그들의 옷단 귀에 술을 만들고 청색 끈을 그 귀의 술에 더하라. 이 술은 너희가 보고 여호와의 모든 계명을 기억하여 준행하고 너희를 방종하게 하는 자신의 마음과 귀의 욕심을 따라 음행하지 않게 하기 위함이라"(민 15:38-39, 개역개정).

67. Bock, 218.

이렇게 기록된 바와 같이 말이오.

이 백성이 입술로는 나를 공경하지만,

그들의 마음은 나로부터 멀리 떨어져 있구나.

7 헛되이 나를 섬기며

사람들의 계율들을 열심히 가르치는구나.

8 그대들은 하나님의 계명을 버리고 사람들의 전통을 부여잡고 있소."

9 그리고 그들에게 말씀하셨다.

"그대들은 그대들의 전통을 세우려고 하나님의 계명을 잘도 폐하고 있소.

10 왜냐하면 모세는 말하기를 '네 아버지와 네 어머니를 공경하라.

아버지나 어머니에게 악담하는 자는 반드시 죽여라.'고 했기 때문이오.

11 그런데 그대들은 말하기를

'어떤 사람이 아버지나 어머니에게

나로부터 유익하게 될 것은 무엇이든지 고르반 즉 헌물이라고 하면

12 더 이상 그 사람이 아버지나 어머니를 위하여 무언가 하는 것을 허
용하지 말라.'고 하니 말이오.

13 그리하여 그대들이 전수받은 그대들의 전통을 위하여

그대들은 하나님의 말씀을 폐지하고 있소.

또한 이와 유사한 것들을 많이 행하고 있소."

14 그가 다시 무리를 불러 그들에게 말씀하셨다.

"모두 나로부터 듣고 깨달으십시오.

15 사람의 밖에서 그의 안으로 들어가는 것은 아무것도 그를 더럽힐 수
없습니다. **16** 오히려 사람의 안에서 밖으로 나오는 것들이 그 사람을
더럽히는 것들입니다."

17 그가 무리로부터 (떠나) 집 안으로 들어가셨을 때, 그의 제자들이 그에
게 그 비유에 관하여 질문을 퍼부었다. **18** 그러자 그가 그들에게 말씀하셨다.

"이렇게 너희도 깨닫지 못하느냐?
밖에서부터 사람 안으로 들어가는 것은
모두 그를 더럽힐 수 없다는 것을
너희는 깨닫지 못하느냐?
19 왜냐하면 그것들은 그의 마음으로 들어가지 않고
위장으로 들어가 변소로 나가기 때문이다."
그리하여 그는 모든 음식이 정결하다고 선언하셨다.
20 그가 말씀하셨다.
"사람 속에서 밖으로 나오는 것, 그것이 사람을 더럽힌다.
21 안으로부터 즉 사람들의 마음으로부터 밖으로 나쁜 생각들이 나온다.
음행, 절도, 살인,
22 간음, 탐욕, 사악함,
사기, 방탕, 인색,
비방, 교만, 도덕적 무지,
23 이 모든 악한 것들이 안에서 나와서 사람을 더럽힌다."

레위기 11장, 17장의 음식법과 그 아래 놓인 정결 개념은 유대인의 문화와 정체성을 위하여 중심적인 중요성을 지닌 것이다(France, 277). (물론 음식법과 함께 안식일과 할례가 언급될 수 있다.[68]) 레위기 20:24-26에 의하면 하나님께서 이스라엘을 이방 민족들로부터 구별하고자 정결한 음식을 부정한 음식과 구별하셨으므로, 음식의 구별은 이스라엘과 이방인의 구별과 관련된다(Stettler, 478).

음식을 함께 먹는 것은 사회적 통합(intergration)의 가장 기본적인 형

68. France, 277.

태 중에 하나였으며, 유대인들은 구약성경의 음식법을 지키기 위해 이방인들과 음식을 함께 먹지 않았고, 따라서 그들과 통합될 수 없었다(France, 277). 그러나 예수께서는 구약성경의 음식법을 바리새인들의 방식대로 지키지는 않으셨고, 정결을 위해서 도덕법/사회법이 더 중요함을 가르치신다.

1절 (예루살렘으로부터 온 서기관들) 예루살렘으로부터 서기관들이 갈릴리로 내려왔다. 예루살렘과 갈릴리는 종교적·문화적으로 밀접한 연관성을 가졌기 때문에 예루살렘으로부터 서기관들이 갈릴리를 방문하는 것은 있을 법한 일이었다(A. Y. Collins, 344). 바리새인들이 예수를 죽이려고 했다는 것과(3:6) 예루살렘으로부터 온 서기관들이 예수를 음해한 것을 고려할 때(3:22), 이들이 연합하여 예루살렘으로부터 온 것은 예수에 대한 조사위원회의 성격을 가진다고 볼 수도 있다(박윤만, 2017: 475).

2-4절 (바리새인들의 전통) 바리새인들은 식사하기 전에 손을 씻었다(3절). 그들은 아마도 손에 묻은 불결한 것이 음식을 불결하게 하고 음식이 그것을 먹은 사람을 불결하게 하는 것을 방지하고자 하였을 것이다(Marcus, 2000: 453). 3절은 식사 전에 팔꿈치까지(πυγμῇ) 손을 씻었다고 한다.

마가는 '모든 유대인들'이 식사 전에 손을 씻었다고 한다. 이 표현은 마가의 문체상 유대인 전체라기보다 그저 많은 유대인들을 가리킬 수 있다.[69] 마가는 '모든'을 예외를 가진 "많은"의 의미로 쓰기도 한다(1:5, 32,

---

69. 특히 유대인이 이방인들에게 유대 관습을 설명할 때, '모든 유대인들에게'라는 표현이 습관적으로 사용된다고 볼 수 있다(Salyer, 147). 아리스테아스의 편지(*Letter of Aristeas*) 305: "Following the custom of all the Jews, they washed their hands in the sea in the course of their prayers to God"("모든 유대인들의 관습을 따라서, 그들은 하나님께 그들의 기도들을 올리는 중에 바다에서 그들의 손을 씻었다")(Shutt, trans., 33).

37; 3:28; 4:31; 5:40). 고고학적 증거는 많은 1세기 유대인들이 제의적 정결 상태에서 살고자 시도했음을 암시한다(A. Y. Collins, 345). 또한 고고학적 증거는 갈릴리의 많은 유대인 거주민들도 예루살렘 주민들만큼 율법을 준수했음을 보여준다(A. Y. Collins, 346).

제사장들은 성막에 들어가기 전이나 성물을 먹기 전에 손을 씻어야 했지만, 일반인들이 식사 전에 손을 씻는 규례는 율법에 명해진 것이 아니다(출 30:18-21; 40:31; 참조, 레 15:5-27; 16:26, 28; 22:1-16).[70] 2세기경에 가서 이러한 규례는 일반적으로 받아들여지게 되었으나, 그 이전에는 바리새인들의 규례에 불과했다(Luz, 420-21). 일반 식사 전에 손에 물을 부어 씻는 전통은 바리새인들이 비로소 고안한 것이 아니라 하스몬 왕조 시대 이전에 발생했으며, (바리새인만이 아니라 디아스포라 유대인들을 포함하여) 유대인들에 의하여 준수되었다고 레게브(Eyal Regev)는 주장하였다(A. Y. Collins, 345). 제사장이 아닌 일반인들이 식사 전에 손 씻는 전통은 힐렐(Hillel)과 샴마이(Shammai)에게 거슬러 올라간다(*b. Shabbath* 14b). 힐렐 학파와 샴마이 학파는 안식일과 다른 절기들에 손을 씻는 규례를 지켰다(*m. Berakoth* 8:2, 4; *t. Berakoth* 5:26, 28).[71]

---

70. "아론과 그 아들들이 그 두멍에서 수족을 씻되 그들이 회막에 들어갈 때에 물로 씻어 죽기를 면할 것이요, 제단에 가까이 가서 그 직분을 행하여 여호와 앞에 화제를 사를 때에도 그리 할지니라. 이와 같이 그들이 그 수족을 씻어 죽기를 면할지니 이는 그와 그의 자손이 대대로 영원히 지킬 규례니라"(출 30:19-21, 개역개정). "아론과 그의 아들들에게 말하여 그들로 이스라엘 자손이 내게 드리는 그 성물에 대하여 스스로 구별하여 내 성호를 욕되게 함이 없게 하라. 나는 여호와이니라. ... 곧 이런 것에 접촉된 자는 저녁까지 부정하니 그의 몸을 물로 씻지 아니하면 그 성물을 먹지 못할지며 해 질 때에야 정하리니 그 후에야 그 성물을 먹을 것이니라. 이는 자기의 음식이 됨이니라"(레 22:2, 6-7, 개역개정).

71. "The school of Shammai say: They wash the hands and then mix the cup. And the School of Hillel say: They mix the cup and then wash the hands"("샴마이 학파는 말한다: 그들은 손을 씻고 나서 잔을 섞는다. 그런데 힐렐 학파는 말한다: 그들

바리새인들이 이처럼 제사장을 위한 규례(레 22:6)를 지킨 것은 출애굽기 19:6을 따라[72] 모든 유대인들이 제사장이 되는 이상을 구현하기 위한 것이었다고 추측된다(Davies & Allison, 1991: 521).[73] 그런데 포와리에(J. C. Poirier)는 디아스포라 유대인들의 손 씻기 실행을 관찰하여 주장하기를 핵심은 제사장처럼 사는 것이 아니라 음식 섭취를 통한 부정을 피하기 위한 것이었다고 한다(A. Y. Collins, 347). 신체의 내면이 불결하게 되면 기도나 토라 공부에 부적합하게 되기 때문이었다(A. Y. Collins, 347).

미쉬나는 성별되지 않은 음식을 먹을 때나 제2의 십일조 또는 추수 헌물(heave-offering)에 해당하는 음식을 먹기 전에는 물을 흘려(rinse) 손을 씻도록 규정한다(*m. Hagigah* 2:5).[74] 그러나 성전에 봉헌된 거룩한 음식을 먹기 전에는 물에 손을 담궈(immerse) 씻어야 했다(Danby, trans., 213. & n.16).[75] 이러한 전통을 배경으로 본다면 바리새인들이 문제 삼은 것은 예수의 제자들이 물을 흘려 손을 씻지 않은 것이었다고 볼 수 있다.

4절은 유대인들이 씻었던 것들의 목록을 나열한다. 사본들 중에는 '침대'(식사용 안락의자)를 포함한 사본들과 제외한 사본들이 있다. 이 중에서 '침대'(식사용 안락의자)를 언급하는 사본이 원본문을 반영한다고 볼

은 잔을 섞고 나서 손을 씻는다")(*m. Berakoth* 8:2, Danby, trans., 8). "The school of Shammai say: They sweep up the room and then wash the hands. And the School of Hillel say: They wash the hands and then sweep up the room"("샴마이 학파는 말한다: 그들은 방을 청소하고 나서 손을 씻는다. 그런데 힐렐 학파는 말한다: "그들은 손을 씻고 나서 방을 청소한다")(*m. Berakoth* 8:4, Danby, trans., 9).

72. "너희가 내게 대하여 제사장 나라가 되며 거룩한 백성이 되리라. 너는 이 말을 이스라엘 자손에게 전할지니라"(출 19:6, 개역개정).
73. 모든 유대인들의 집이 성전이 되는 이상도 함께 작용하였을 것이다(Marcus, 2000: 449). 미쉬나(*m. Hagigah* 2:5)는 가정은 작은 성전이라는 관점을 보여준다(Bock, 221).
74. A. Y. Collins, 344.
75. A. Y. Collins, 344-45.

수 있다. 레위기(15:4, 21, 23, 26)는 침대가 부정하게 될 수 있음을 언급하며 그럴 경우 분해하여 물에 잠기게 해야 함을 암시한다(A. Y. Collins, 349). 미쉬나(*m. Kelim* 19:1)는 침대를 물에 잠기게 하여 씻는 전통을 전제한다(A. Y. Collins, 349).

5절 (바리새인들의 비판) 바리새인들은 자기들의 방식을 따르지 않는 예수의 제자들의 행위(2절)를 보고 질문했다. "왜 당신의 제자들은 장로들의 전통에 따라 행하지 않습니까?"(5절).[76] 여기서 '장로들'은 과거의 존경받는 율법교사들을 가리키거나(Hurtado, 110), 모세에 의해 세워진 70장로(민 11:16-25)나 여호수아 24:31이 언급하는 장로들을 가리키는 듯하다(A. Y. Collins, 348). 마가가 언급하는 '장로의 전통'은 바리새인들이 이들과 관련시킨 전통일 것이다.

서기관들은 일단 사용되어 확립된 전통은 규범적이라고 가정하였다(France, 283). 바리새인들은 전통이 하나님의 계명을 바르게 지키도록 도와주며, 모세로부터 구전을 통해 전수되어 왔다고 믿었다(*m. Aboth* 1)(Marcus, 2000: 449).[77] 그리하여 바리새인들은 구전 율법이 기록된 율법과 동등한 권위를 가진다고 여겼다(요세푸스, 『유대 고대사』 13.297).[78] 랍

---

76. 나병환자(1:41), 세리(2:13), 이방인(5:1), 하혈하는 여자(5:25), 시체(5:35) 등과의 접촉도 모두 정결규례를 어기는 것으로 여겨졌을 것이다(Edwards, 2002: 205).

77. "Moses receive the Law from Sinai and committed it to Joshua, and Joshua to the elders, and the elders to the Prophets; and the Prophets committed it to the men of the Great Synagogue. They said three things: Be deliberate in judgement, raise up many disciples, and make a fence around the Law"("모세는 시내산에서 율법을 받았고 그것을 여호수아에게 맡겼다. 여호수아는 장로들에게, 장로들은 선지자들에게, 그리고 선지자들은 그것을 대회당의 사람들에게 맡겼다. 그들은 세 가지를 말했다: 재판을 신중하게 하라, 많은 제자들을 키워라, 그리고 율법 주위에 울타리를 만들어라")(*m. Aboth* 1:1, Danby, trans., 446).

78. Edwards, 2002: 208.

비 문헌들에서도 장로들의 가르침이 하나님의 말씀과 동등하다는 주장이 발견된다(A. Y. Collins, 350). 그러나 랍비들은 손 씻는 규례가 굳게 확립된 후에도, 이것을 단지 서기관들의 말로 간주하였고 토라와 같은 권위를 가지는 것으로 여기지 않기도 했다(*b. Erubin 21b*; *b. Hullin* 106a).[79] 미쉬나(*m. Eduyoth* 5:6)는 손 씻는 전통의 정당성을 의심한 엘리아잘(Eleazar b. Enoch)을 언급한다(박윤만, 2017: 476). 그렇지만 이 미쉬나 구절은 그가 죽었을 때 법정이 그의 관에 돌을 올려 놓았다고 하며, 출교당한 자가 죽었을 때 그의 관이 돌로 침을 당한다고 해석함으로써 그가 유대교에서 출교당하였음을 암시한다. 이것은 손 씻는 전통이 얼마나 유대교에서 중요시되었는지 보여준다.

6-9절 (바리새인들의 전통을 비판하신 예수) 예수께서는 바리새인들과 서기관들이 가정하는 전통의 권위에 의문을 던지신다(6절 이하 참고).[80] 예수께서는 이 전통의 상대적 권위마저 부정하고 계신다(France, 283).

예수께서는 바리새인들을 '위선자'라 부르신다. '위선자'(ὑποκριτής)라는 표현은 무대에서 역할을 함을 가리키는 용어에서 온 것으로서 배우처럼 진정성 없이 단지 역할을 감당하는 자를 뜻한다(Edwards, 2002: 209).

예수께서는 우선 이사야 29:13을 인용하시며 대답하신다(6-7절). 구약성경 인용을 통해 예수께서는 "장로들의 전통"을 "인간들의 계명들"로 간주하신다. 8절에서 예수께서는 이러한 해석을 분명히 하신다. "너희가 하나님의 계명을 버리면서 인간들의 전통을 취한다." 9절은 이것을 다시 한 번 반복한다. "너희가 너희들의 전통을 세우기 위하여 하나님의 계명을

79. France, 280. n.7.

80. France, 283.

잘도 폐하고 있구나!" 요세푸스도 바리새인들에 대하여 유사한 비판을 제기한다(요세푸스, 『유대 고대사』 17.41).[81] 한편 쿰란 문헌은 그들을 마음의 완악함을 가진 자들로서 부드러운 것을 추구하는 자들이라고 비판한다(1QH 4:7-15)(Bock, 222).

10-13절 (바리새인들의 전통이 율법을 폐하는 구체적인 예) 예수께서는 구체적인 예를 들어 설명하신다. 모세의 율법(즉 하나님의 계명)에는 "네 아버지와 네 어머니를 공경하라."는 계명과 "아버지나 어머니에게 악한 말을 하는 자는 반드시 사형시켜라."는 계명이 있다(10절).[82] 그러나 바리새인들은 "어떤 사람이 아버지나 어머니에게 이르기를 '당신이 나로부터 [취하여] 유익하게 될 것은 [하나님께 드려진] 헌물[이 되었다]'고 말하면 그 사람이 더 이상 아버지나 어머니에게 무언가 하는 것을 허용하지 말라."고 가르친다(11-12절).[83] 그들은 서원한 것을 지켜야 한다는 율법 규정

81. Bock, 222.

82. 여기서 '악하게 말하다'는 70인역을 직역한 것으로서 히브리어 본문의 "저주하다"에 해당한다(Bock, 223).

83. 예루살렘 주변의 한 유대인 무덤에서 발견된 납골당 항아리 뚜껑에 새겨진 글은 고르반 선언("이 안에 들어있는 자로부터 사람이 이 항아리에서 발견하여 유익하게 할 수 있는 것은 하나님께 고르반이다.")을 담고 있다(Fitzmyer, 93-96). 시체의 부정을 탄 것이 실제로 성전에 바쳐졌다고 볼 수 없으므로, 고르반 선언은 단지 남이 손대지 못하게 만들기 위한 역할을 할 수 있었음을 보여준다. 이것은 고르반 선언을 한 자가 그 재물을 자신의 유익을 위해 사용할 수 있었음을 암시한다. 미쉬나(*m. Nedarim* 6:6)도 이를 암시한다(France, 287). 유대인들은 고르반 서원을 통해 재물을 부모를 위하여 사용하지 않고 자신을 위해서는 사용할 수 있었다(France, 286). 고르반은 적극적으로 하나님께 헌물을 바치기 위한 것보다는 부정적으로 특정인이 재물을 사용하지 못하게 하는 역할을 하였던 것이다(France, 286). 실제로 성전에 바치는 효력이 있는 경우에도 취소가 가능했다. 요세푸스의 기록에 의하면, 남자는 50세겔, 여자는 30세겔을 내고 고르반 서원을 취소할 수도 있었다(Edwards, 2002: 210). 요세푸스, 『유대 고대사』 4.73: "Such also as dedicate themselves to God, as a corban, which denotes what the Greeks call a gift, when they are desirous of being freed from that ministration, are to lay down money for the

(민 30:2-3; 신 23:21-23)에 입각하여 이렇게 했을 것이다(France, 286).[84] 이것이 바로 그들의 전통으로 하나님의 말씀(예, 부모 공경의 계명)을 폐하는 것이다(13절). 이것은 하나의 예이며 그들에게는 이처럼 율법을 무너뜨리는 전통이 많았다(13절).

예수께서는 바리새인들의 고르반(קרבן) 전통이 부모를 공경하라는 계명에 어긋난다고 지적하시고, 바리새인들의 전통 가운데 이렇게 하나님의 계명을 위배하는 것들이 많음을 지적하심으로써 바리새인들의 전통이 따를 만하지 않다는 것을 논증하신다. 고르반 전통을 따르는 경우에는 율법에 의하면 사형에 해당하는 죄를 범하게 된다. 이처럼 바리새인들의 전통을 따를 때에는 하나님의 계명을 어기게 되는 경우가 많다고 지적된다.

이러한 논증을 통해 바리새인들의 전통이 무가치함이 드러난다. 따라서 바리새인들이 이러한 전통을 토대로 하여 타인을 정죄하는 것은 어리석은 일이라는 것도 밝혀진다. 이 논증에는 바리새인들이 그들의 전통을 기준으로 삼아 제자들이 식사 전에 손을 씻지 않은 행위를 정죄하는 것은 잘못된 일이라는 결론이 함축되어 있다. 손을 씻지 않은 제자들은 무죄이고 무고한 제자들을 비판하며 하나님의 계명을 어기는 전통을 강요하는

---

priests; thirty shekels if it be a woman, and fifty if it be a man; but if any be too poor to pay the appointed sum, it shall be lawful for the priests to determine that sum as they think fit"("헬라인들이 헌물이라고 부르는 고르반처럼, 하나님께 자신을 헌신하는 경우도, 그들이 그 직무로부터 자유롭게 되기 원할 때에는 제사장들을 위하여 돈을 내어야 했는데, 여인의 경우에는 30세겔, 남자의 경우에는 50세겔이었다. 그러나 정해진 금액을 지불하기에 너무 가난한 사람은 누구든지 제사장들이 적합하다고 여기는 금액을 정하는 것이 합당할 것이다")(Whiston, trans., 106).

84. 미쉬나(*m. Nedarim* 9:1)는 고르반 서원으로 인해 부모 공경 의무를 저버리는 문제에 관하여 다루는데, 이것은 유대인들 가운데 실제로 고르반 서원이 남용되고 있었음을 알려준다(박윤만, 2017: 481).

바리새인들은 유죄라는 결론도 내포되어 있다.[85]

14-15절 (예수의 비유) 예수께서는 정결과 관련하여 비유로 가르치신다(15절). "사람의 밖에서 그의 안으로 들어가는 것이 그를 불결하게 만드는 것은 없다. 오히려 사람에게서 나오는 것들이 사람을 불결하게 만드는 것이다." 유대인들은 'not A but B' 형식의 표현을 "A보다 B"라는 뜻으로 사용하였는데(출 16:8; 호 6:6; 막 9:37; 아리스테아스의 편지 234),[86] 마가복음 9:37에서도 그렇게 사용한 용례가 발견된다. 이러한 용례에 따라 'A가 아니고 B이다'라는 표현은 'A보다는 B이다'라는 표현으로 이해할 수 있다. 그렇다면 이 비유는 사람의 안으로 들어가는 것보다는 사람에게서 나오는 것이 사람을 불결하게 한다는 의미를 전달한다. 제의적 정결보다는 윤리적 정결이 더 중요하다는 내용이다.

예수의 비유는 정결을 위해 규례를 만들고 특히 불결한 것이 입으로 들어가지 않도록 애쓰는 바리새인들의 전통보다는 악한 생각이 인간의 마음속에서 밖으로 나와서 나쁜 말이나 행동으로 나타나지 않도록 하는 하나님의 계명을 강조한다.

17-23절 (예수의 비유 해석) 제자들은 이 비유를 완전히 이해하지 못하

85. 인간의 전통은 율법을 적용하는 세부조항들이었는데, 이것들은 종종 구약성경의 본래의 의도를 파괴하는 방향으로 만들어진다. 오늘날 교회의 전통들도 이와 같이 될 위험성이 있다. 전통을 절대화하는 바리새주의를 늘 경계하고 성경의 의도를 바르게 적용하는 노력을 계속해야 한다.

86. Sanders & Davies, 314; Hooker, 179; Stettler, 468. n.8. "너희의 원망은 우리를 향하여 함이 아니요 여호와를 향하여 함이로다"(출 16:8, 개역개정). "나는 인애를 원하고 제사를 원하지 아니하며 번제보다 하나님을 아는 것을 원하노라"(호 6:6, 개역개정). "누구든지 내 이름으로 이런 어린아이 하나를 영접하면 곧 나를 영접함이요 누구든지 나를 영접하면 나를 영접함이 아니요 나를 보내신 이를 영접함이니라"(막 9:37, 개역개정). "This is not done with gifts or sacrifices, but with purity of heart and of devout disposition"("이것은 헌물이나 제물로 이루어지지 않고 마음의 정결함과 경건성으로 이루어진다")(아리스테아스의 편지 34, trans. Shutt, 28).

였다(17-18절). 제자들은 마가복음 4:11-12에 언급된 바깥사람들과 동일한 수준에 머무르고 있다(France, 291). 그들을 다르게 하는 것은 그들의 이해 능력이 아니라, 예수로부터 특별한 가르침을 받는 특권이다(France, 291). 그들의 질문에 예수께서 답하신다. 이것은 마가복음에서 예수께서 4:14-20에 이어서 두 번째로 주신 비유 해석이다. 사람의 밖에서 안으로 들어가는 것은 음식을 가리킨다. 즉, "배 속으로"(εἰς τὴν κοιλίαν) 들어가 "변소로"(εἰς τὸν ἀφεδρῶνα) 나가는 것은 바로 음식이다(19절). 이 해석의 열쇠(안으로 들어가는 것 = 음식)에 따라 15절의 비유를 해석하면 "사람을 불결하게 만드는 음식은 없다."고 해석하게 된다. 이것은 결국 모든 음식이 깨끗하다는 해석을 낳게 되어, 결국 구약성경의 음식법이 이방인들에게는 구속력이 없다는 것을 암시할 수 있다. 19절의 '모든 음식을 깨끗하게 하면서'(καθαρίζων πάντα τὰ βρώματα)는 이러한 의미로 해석되어 왔다. 그런데, 이 선언에서 '모든'은 "많은"을 의미할 수 있다(위의 2-4절 주해 참고). 그러므로 이 선언이 율법과 모순된다고 볼 필연성은 없다. 율법이 금한 음식까지 포함하여 깨끗하다고 선언한다고 볼 필요는 없다.

율법과 충돌한다고 볼 경우에도 이 선언은 율법 이전 시대의 원리에 일치하므로 구약성경에 부합하는 측면을 가진다. 창세기 9:3에 의하면 모든 동물들을 먹을 수 있기 때문이다. "모든 산 동물은 너희의 먹을 것이 될지라 채소 같이 내가 이것을 다 너희에게 주노라"(창 9:3).

'모든 음식을 깨끗하게 하셨다'는 표현을 음식법의 폐지로 해석할 수 없는 이유는 문맥 때문이다. 마가복음 7:1-13에서 예수께서는 모세의 율법을 하나님의 말씀으로 간주하시면서, 이를 기준으로 바리새인들의 전통을 비판하신다. 그러한 예수께서 어떻게 율법을 폐지하실 수 있는가? 따라서 우리는 15절의 비유를 음식법을 부정하기보다는 음식법보다 도덕법을 강조한 것으로 이해할 수 있다. 여기서 'A가 아니고 B이다'는 표현은 외양적 정결(A)보다 본질적 정결(B)을 강조하기 위해 쓰였다. 여기서 외양은 부정되지 않고 단지 본질이 더 강조될 뿐이다. 이러한 관점에서 보면, '깨끗하게 하다'는 동사는 19절에서 본질과 관련하여 쓰였다고 볼 수 있다. 외양으로 볼 때에는 제의적으로 부정한 음식이 여전히 있지만, 윤리적 정결이라는 측면에서 볼 때에는 인간을 부정하게 하는 부정한 음식은 없고 모든 음식이 정결하다.

사람의 안에서 밖으로 나오는 것들은 "악한 생각들"(οἱ διαλογισμοὶ οἱ κακοὶ)인데, 예를 들자면, 음행(πορνεῖαι), 도둑질(κλοπαί), 살인(φόνοι), 간음(μοιχεῖαι), 탐냄(πλεονεξίαι),[87] 사악함(πονηρίαι),[88] 사기(δόλος), 방탕(ἀσέλγεια), 악한 시선(악한 의도, 이기심)(ὀφθαλμὸς πονηρός),[89] 비방(βλασφημία),[90] 교만(ὑπερηφανία), (윤리적 지각이 없는) 어리석음(ἀφροσύνη)[91] 등이다(21-22절). 즉, 악한 생각들은 사람의 마음속에서 나오면서 말이나 행위로 표현되는데, 이것들이 사람을 참으로 더럽게 만든다.

악한 생각들은 마음에서 나온다. 마음은 헬라어 '까르디아'(καρδία)를 번역한 것인데, 이 헬라어 단어에 해당하는 히브리어 단어 레브(לב)가 가리키는 마음은 용기, 생각, 계획, 의지뿐 아니라 종교적 도덕적 행위의 뿌리에 해당한다고 여겨졌다(A. Y. Collins, 355).

---

87. 70인역에서 이것은 폭력 등의 부정직한 방식으로 부를 추구하는 것을 가리킨다(A. Y. Collins, 358).
88. 쿰란 문헌에서 사악함(רשע)은 종종 하나님께 대항함을 내포한다(A. Y. Collins, 359).
89. '악한 눈'은 시기함이나 인색함을 가리킨다(A. Y. Collins, 360). 신 15:9; 잠 28:29은 '악한 눈'을 재물의 추구와 연관 짓는다(시락서 14:8-10 참고)(Bock, 226).
90. 21-22절에 언급된 다른 죄들이 인간에 대한 것이므로 이것이 하나님에 관한 모독을 가리키기보다는 다른 인간에 대한 비방을 가리킨다고 볼 수 있다(A. Y. Collins, 361). 막 15:29에서도 이 단어 동사형은 그런 의미로 사용되었다(A. Y. Collins, 361).
91. '어리석음'은 구약성경에서 하나님을 거역하는 것을 가리킨다(Boring, 2006: 205).

사람의 안에서 나와 사람을 더럽히게 하는 대표적인 예가 고르반 서원이다. 이것은 마음속에서 밖으로 나오는 것으로서 그야말로 사람을 더럽히는 것이다. 예수의 비유는 바리새인들의 고르반 전통과 손 씻는 전통을 비유한 것이다. 즉, 손 씻는 전통은 인간을 정결하게 하지 못하고, 고르반 전통은 인간을 더럽게 한다. 따라서 이러한 바리새인들의 전통들은 바리새인들이 추구하는 성결을 이루지 않고 오히려 그 반대로 작용함을 예수께서 지적하신다.

2. 해설

예수께서는 요나처럼 이방인들의 지역 데가볼리로 사역하러 가신다(4:35-41). 그런데 이 지역으로 가시는 과정에서 바다의 풍랑을 명령으로 잠잠하게 하신 예수의 모습은 하나님께서 바다의 파도를 잔잔하게 하실 수 있다고 하는 시편 89:8-9을 배경으로 예수의 신성을 계시한다. 예수께서는 데가볼리에서 축귀를 하셨지만, 이 과정에서 이방인들이 기르는 돼지 떼의 손실을 당한 주민들은 경제적인 손실의 두려움 때문에 예수를 거부한다(5:17). 예수께서는 그 지역을 떠나는 대신 귀신 들렸다가 치유된 자를 이 지역에 파송하신다.

다시 갈릴리 지역으로 오신 예수께서는 혈루병을 앓는 여인을 고치시고 죽은 소녀를 살리신다(5:21-43). 불결은 예수의 능력 앞에 전염력을 상실하여 물러가서 불결한 병이 치유되고 불결한 시체가 살아있는 몸으로 바뀌었다. 이렇게 예수께서는 정결을 보존하는 율법의 의도를 정결을 전파하심으로써 성취하셨다. 율법이 추구하지만 무능하여 하지 못하는 것을 예수께서는 능력 있게 행하셨다. 이러한 사역 속에서 예수께서 율법의 목표를 완성하시는 모습을 볼 수 있다. 예수께서는 죽은 소녀가 살아난 사건이 소문나지 않도록 숨기신다. 이것은 예수께서 메시아이신 증거이므로 유대인들은 자신들의 메시아 사상에 따라 예수를 군사적 메시아로 오해하게 할 수 있는 사건이었다. 예수께서는 이러한 오해를 당분간 피하고자 하셨을 것이다.

예수의 고향 나사렛 사람들은 자신들의 마을에서 메시아가 나올 수 없다고 여기고 예수를 믿지 않았다(6:3). 예수께서는 고향에서 배척당하신 후에 물러서지 않으시고 열두 제자를 파송하여 새 출애굽 소식을 전하며 축귀와 치유 사역을 하도록 하신다(6:7-13). 예수께서는 제자들을 둘씩 파송하셨는데(6:7) 이것은 신명기 19:15에 따라 증인의 역할을 하도록 하심으로 볼 수 있다. 제자들의 복장은 출애굽을 연상시키는 것이었으므로(6:8-9) 그들이 전달하는 메시지는 새 출애굽에 관련된 것으로 볼 수 있다. 그들을 영접하지 않는 곳에서는 나올 때 발의 먼지를 떨어버리면서 그러한 마을의 유대인들이 이방인과 같은 자들임을 선포하도록 예수께서는 분부하셨다(6:11). 이러한 제자들의 복음 사역은 헤롯에게 죽임당한 세례 요한의 경우처럼 고난을 동반할 수 있다.

제자들이 전도 사역에서 돌아온 후 예수께서는 제자들과 광야로 쉬러 가시지만, 무리들이 알고 모인다. 예수께서는 그들에게 빵 다섯 개와 물고기 두 마리로 5,000명(이상)을 먹이는 표적을 베푸신다(6:30-44). 마치 출애굽 때 광야에서 만나를 먹었듯이 그들은 광야에서 기적적인 식사를 하게 된다. 모인 사람들을 100명씩, 50명씩 무리 지은 것도 출애굽한 히브리인들이 광야에서 무리 지은 단위를 연상시키므로(출 18:25), 이 식사를 출애굽 후 광야에서 먹은 만나와 연관짓게 한다. 메시아가 오시면 다시 만나가 내릴 것이라고 기대한 유대인들에게 광야에서의 기적적인 식사는 예수께서 메시아라는 증거로 여겨질 수 있었다. 이어서 예수께서는 바다 위를 걸어 바다 한가운데 있는 제자들이 타고 있는 배로 오시는 표적을 통하여 자신이 신적인 메시아임을 알려주신다(6:45-52).

예수께서는 율법을 잘 지키는 복장을 하고 계셨고(6:56), 율법의 정신대로 사셨지만, 바리새인들은 자기들의 전통을 따르지 않는 예수의 제자들을 비판한다(7:5). 그러나 예수께서는 바리새 전통이 고르반 전통의 경우처럼 율법을 허물어뜨리는 잘못된 전통으로 가득함을 지적하신다(7:6-13). 이어서 제자들에게 외적인 정결보다 윤리적 정결이 더 중요한 정결임을 가르치신다(7:14-23). 바리새인들의 문제는 손 씻는 전통 등을 지킴을 통한 외적인 정결을 지나치게 강조하면서도 사람의 마음에서 나와서 행동하는 것과 관련된 율법은 무시한 데 있었다.

제14장
마가복음 7:24-8:21
예수의 갈릴리 주변 사역

마가복음 7:24-8:21은 예수께서 이방 지역 사역을 시작하심을 보여준다. 두로 지역에서 축귀를 행하시고, 데가볼리 지역에서 귀먹고 말 더듬는 자를 치유하신다. 또한 이 지역에서 빵 일곱 개로 약 사천 명을 먹이는 기적을 베푸신다. 이방 선교는 이미 예수의 공생애 사역 속에 씨앗처럼 자리 잡고 있었다.

1. 번역과 주해

이방 여인의 딸 치유(7:24-30)

24 그는 거기서부터 일어나시어 두로 지역으로 떠나가셨다. 집에 들어가
아무도 알지 못하기를 원하셨으나 숨길 수 없으셨다. **25** 즉시 한 여인이 그
에 관하여 들었는데, 그녀의 딸은 더러운 영에 들려 있었다. 그녀는 와서 그
의 발 앞에 엎드렸다. **26** 그 여인은 헬라 여인이었고, 시리아 남부 지역 출

신이었다. 그녀는 자기 딸에게서부터 귀신을 쫓아내어 달라고 간청했다.

27 그가 그녀에게 말씀하셨다.

"자녀들이 먼저 배 불려지도록 허락하라.

자녀의 빵을 집어서 강아지들에게 던지는 것은 좋지 못하기 때문이다."

28 그러나 그녀는 반응하여 그에게 말했다.

"주님, 강아지들도 식탁 아래에서 아이들의 부스러기들을 먹습니다."

29 이에 그가 그녀에게 말씀하셨다.

"이 말 때문에, 가라, 귀신이 네 딸에게서 나갔다."

30 그녀가 자기의 집으로 떠나가서 아이가 침대에 누워 있고 귀신이 나갔음을 발견했다.

정결 문제가 다루어진 후에 이방 지역(두로)에서 귀신 들린 이방인 소녀를 고치는 이야기가 나온다. 유대인들의 정결 규례를 넘어서면 부정하게 여겨지던 이방인과의 식탁 교제가 가능하게 되어 이방인 선교가 활발하게 이루어질 수 있다. 그러므로 유대인들의 정결 규례를 개혁하는 것은 이방 선교를 위한 준비 과정이 될 수 있다. 그래서 정결 규례에 관한 예수의 가르침은 이방 선교에 관한 함축을 담을 수 있다.

이 본문은 다음과 같은 샌드위치 구조 속에 위치한다(Osborne, 104). A: 제자들과 바리새인들의 실패(6:45-7:23) - B: 이방 여인과 맹인의 믿음(7:24-37) - A′: 제자들과 바리새인들의 실패(8:1-21). 이방인과 병자가 예수의 제자들과 바리새인들과 대조되어 등장하면서 누가 예수와 복음에 잘 반응하는지 보여준다.

예수께서 두로/시돈 지역에서 이방 여인을 위하여 기적을 베푸신 것은 엘리야가 사르밧 과부의 아들을 살린 기사와 평행된다(왕상 17:8-16).[1] 사르밧 과부는 엘리야의 요청에 의해 유대인인 엘리야 자신이 먼저 먹도록 하라고 시험받았으며 이를 통과하였다(왕상 17:13).[2] 예수께서도 유대인이 먼저 먹도록 하라고 하시며 이방 여인을 시험하셨는데 이 여인은 이를 인정하면서도 부스러기에 대한 이방인의 권리를 주장하며 시험을 통과한다.

24절 (두로 지방으로 가신 예수) 예수께서는 두로 지역으로 가셨다. 두로 사람들은 부유하였고, 두로의 주화가 갈릴리에서도 사용되었다(Boring, 2006: 209). 그들은 유대인들과 사이가 좋지 않았으며, 유대인의 적으로 간주되었다(요세푸스, 『아피온 반박』, 1.70; 『유대 전쟁기』 2.478).[3] 예수께로 나온 이 이방 여인도 부자였음은 이 여인의 딸이 가난한 자들이 쓰는 매트리스(κράβαττος)가 아닌 부유한 자들이나 사용할 수 있는 침대(κλίνη)에 누워 있었음에서 암시된다(30절).[4] 이러한 부자 이방 여인의 딸에게 예수께서 치유를 베푸신 것은 예수께서 민족과 빈부의 차이로 사람을 차별하지 않으셨음을 보여준다.

예수께서는 두로 지역에 가셔서 "아무도 모르게 하시려고 하셨다." 이것은 휴식의 필요성과 관련된다(6:30-31 참고).[5] 예수께서 두로 지역으로 가신 목적은 본래 쉬시기 위함이었다.

25-26절 (예수께 나아온 헬라 여인) 한 이방 여인이 와서 예수의 "발 앞에 엎드렸다." 마가복음에서는 귀신 들린 자들을 제외하고는(3:11; 5:6),

---

1. Marcus, 2000: 467 참고.
2. Derrett, 1973: 167.
3. Bock, 227.
4. Boring, 2006: 210.
5. Lane, 260.

오직 회당장과(5:22) 이 헬라 여인이 예수의 발 앞에 엎드린다(Bock, 227). 이 여인은 헬라 여인(Ἑλληνίς)이었다. 따라서 이 여인은 이스라엘의 삶을 잘 모르고 헬라어를 사용하는 여인이었을 것이다(A. Y. Collins, 366).

이 여인은 인종으로는 '쉬로포이니끼싸'(Συροφοινίκισσα) 여인이었다. 헹엘(M. Hengel)은 이 단어가 리비아 지역의 페니키아와 구별하는 표현이며, 이 단어를 사용하는 것은 시리아 지역 사람들에게는 불필요하였기에 서방 지역에서 마가복음이 기록된 증거라고 여겼다(A. Y. Collins, 366). 이 용어는 주전 2세기와 1세기에 로마 저자의 글에서 라틴어로 등장한다(A. Y. Collins, 366). 그러나 타이센(G. Theissen)은 라틴어 '쉬로포에닉스'(*syrophoenix*)가 오히려 헬라어로부터 빌려온 표현이며, 이 헬라어는 동방 지역에서 남부 시리아를 북부 시리아로부터 구별하고자 붙인 것임을 지적한다(A. Y. Collins, 366). 그에 의하면 북부 시리아는 '쉬리아 코엘레'(*Syria Coele*)라고 부르고 남부 시리아는 '쉬리아 포에니케'(*Syria Phoenice*)라고 불렸다(A. Y. Collins, 366). 그러므로 예수께 나아온 이 여인은 남부 시리아 여인이라고 볼 수 있다.

27절 (예수의 비유) 예수께서는 헬라 여인이 자신의 딸을 치유해 달라고 요구하자 비유로 대답하신다. "먼저 아이들이 배불리 먹도록 허락하라. 왜냐하면 아이들의 빵을 취하여 강아지들에게 던지는 것이 좋지 않기 때문이다." 이 비유에서 '자녀'는 유대인들을 가리킨다. 구약성경과 유대인들의 문헌에서 이스라엘 백성은 하나님의 자녀라 불렸기 때문이다(예, 출 4:22; 신 14:1; 32:6; 사 1:2-3; 렘 31:9; 호 11:1; 희년서 1:24-25, 28; 롬 9:5; *m. Aboth* 3:15).[6] '강아지'(κυναρίον, '뀌나리온')라는 단어는 작은 개

6. Lane, 261; Marcus, 2000: 463; Edwards, 2002: 220. "너희는 너희 하나님 여호와의 자녀이니 죽은 자를 위하여 자기 몸을 베지 말며 눈썹 사이 이마 위의 털을 밀지 말라. 너는 네 하나님 여호와의 성민이라. 여호와께서 지상 만민 중에서 너를 택

를 뜻하는 표현이지만 크기와 무관하게 개를 의미할 수도 있다(Marcus, 2000: 463). 구약성경에서 '개'는 무가치한 인간들을 가리킨다(삼상 24:15[개역 24:14]; 삼하 16:9; 사 56:10).[7] 유대인들은 이방인들을 '개'라고 불렀다(France, 298).[8] 따라서 '개'는 이방인을 가리킬 수 있는 용어이다. 이 비유는 이방 여인과 대화하는 문맥 속에 있으므로 이 비유에서 '개'는 이방인을 가리킨다. 이 비유를 문맥 속에서 해석하면 예수께서 우선 유대인들에게 충분히 사역한 후에 이방인들의 때가 되었을 때 그들도 하

하여 자기 기업의 백성으로 삼으셨느니라"(신 14:1-2, 개역개정). "하늘이여 들으라. 땅이여 귀를 기울이라. 여호와께서 말씀하시기를 내가 자식을 양육하였거늘 그들이 나를 거역하였도다. 소는 그 임자를 알고 나귀는 그 주인의 구유를 알건마는 이스라엘은 알지 못하고 나의 백성은 깨닫지 못하는도다 하셨도다"(사 1:2-3, 개역개정). "그가 말씀하시되 그들은 실로 나의 백성이요 거짓을 행하지 아니하는 자녀라 하시고 그들의 구원자가 되사"(사 63:8, 개역개정). "Beloved are Israel for they were called children of God"("이스라엘은 복되도다. 왜냐하면 그들은 하나님의 자녀라고 불렸기 때문이다")(*m. Aboth* 3:15, Danby, trans., 452).

7. Edwards, 2002: 219. "이스라엘 왕이 누구를 따라 나왔으며 누구의 뒤를 쫓나이까? 죽은 개나 벼룩을 쫓음이니이다"(삼상 24:15, 개역개정 24:14). "스루야의 아들 아비새가 왕께 여짜오되 이 죽은 개가 어찌 내 주 왕을 저주하리이까? 청하건대 내가 건너가서 그의 머리를 베게 하소서 하니"(삼하 16:9, 개역개정). "이스라엘의 파수꾼들은 맹인이요, 다 무지하며 벙어리 개들이라. 짖지 못하며 다 꿈꾸는 자들이요, 누워 있는 자들이요, 잠자기를 좋아하는 자들이니"(사 56:10, 개역개정).
8. 미드라쉬(*Midrash Psalms* 4.11)는 이방인들을 종말론적 잔치에 참석하는 개들에 비유한다(Marcus, 2000: 464). 유대인들의 문헌에서 '개'는 종종 평행법, 직유법 등을 통해서 이방인을 가리키는 상징적 용어로 사용된다. *b. Hagigah* 13a: "As the sacred food was intended for men, but not to the dogs, the Torah was intended to be given to the Chosen People, but not to the Gentiles"("거룩한 음식이 사람을 위해 의도된 것이며 개들에게 주고자 한 것이 아님과 같이, 토라는 선택된 백성에게 주고자 의도된 것이었으며, 이방인들에게 주고자 한 것이 아니었다."); *Pirqe Rabbi Eliezer* 29: "Whoever eats with an idolater is like dogs"("누구든지 우상숭배자와 함께 식사하는 자는 개들과 같다."); *Exodus Rabbah* 9.2 on 7:9: "The ungoldy are like dogs"("경건하지 않은 자들은 개들과 같다")(Lane, 262에서 재인용).

나님의 나라의 풍성함에 참여할 것이라는 뜻으로 볼 수 있다.[9] 이것은 이방 여인의 치유 요청에 대한 완곡한 거절이다.

예수께서 이 비유를 통하여 거절하시는 듯 대답하신 이유는 무엇일까? 믿음의 반응을 이끌어내신 후에 치유하시기 위함으로 볼 수 있다. 1세기 헬라 세계에는 대중의 관심을 끈 기적 사역자들이 많았는데, 예수께서는 이러한 미신적·마술적 배경 속에서 치유를 행하시기보다는 믿음에 대한 반응이라는 맥락 속에서 치유를 행하고자 하셨기 때문일 것이다(Lane, 262).

28절 (이방 여인의 반응) 이방 여인은 놀랍게도 자신의 딸을 "강아지"로 분류하시는 예수의 말씀을 받아들인다(28절). 그렇지만 여인은 물러서지 않고 대답한다. "주여, 강아지들도 식탁 아래서 어린이들의 부스러기들을 먹습니다"(28절). 여기서 부스러기는 오병이어 기적 후에 남은 열두 바구니의 부스러기와 연결된다고 볼 수 있다(Thiering, 1). 그렇다면 여인은 유대인들과 동시에 이방인들이 하나님 나라의 구원을 맛볼 수 있는 가능성을 주장한 것이다. 거절하는 듯한 장애물을 극복하는 이러한 대답은 믿음의 특징(장애물 극복)을 잘 보여준다(앞의 5:34 주해 참고). 이 믿음

---

9. 후커(M. D. Hooker)는 이방 여인에 대한 배타적인 듯한 예수의 태도를 잘 해명한다. 비록 구약성경에 이스라엘의 선교적 역할이 언급되지만, 선지자들은 자신들의 역할이 이스라엘 민족에 대한 것으로 보았다. 예수께서 자신의 사역을 메시아적인 것으로 보았다면, 그 사역은 이스라엘을 새롭게 하여 열방 선교를 수행하게 하는 것이었을 것이다. 그렇다면, 예수의 사역은 이스라엘을 향한 것이다(Hooker, 182). 참조, 솔로몬의 시편 17:23-30, 특히 17:24: "To shatter all their substance with an iron rod; to destroy the unlawful nations with the word of his mouth"("그들의 모든 본체를 쇠 몽둥이로 부수고, 율법을 지키지 않는 민족들을 그의 입의 말씀으로 파괴하기 위하여")(trans. Wright, 667). 이 본문에 의하면 메시아는 이방인을 제압하기 위해 세워지며, 그들을 포용하기 위해 세워지지 않는다(Edwards, 2002: 217).

의 대답은 결국, 예수의 치유 선언을 가져왔다(29절).[10] 여인의 요구는 율법에 따라 정당한 것이었다. 가난한 자나 이방인 나그네에게 남은 것을 취하게 하는 것은 율법이 명하는 것이었다(레 19:9-10; 신 24:19; 참조, 룻 2장).[11] 이미 유대인들이 배불리 먹고 열두 바구니가 남았으므로 이제 이방인들이 부스러기를 먹을 차례이다(Marcus, 2000: 470).

이방 여인이 예수와 논쟁한 것은 아브라함, 모세, 욥, 시편 저자 등이 하나님과 논쟁한 것과 유사하다(Boring, 2006: 214). 예수께서는 여인의 말을 인정하시고 계획을 바꾸신다. 이것은 하나님께서 계획을 가지고 계셔도 이 계획에 의하여 구속당하지 않으심을 보여준다(Boring, 2006: 214).

29-30절 (이방 여인의 딸을 치유하신 예수) 예수께서는 유대인들에게 '강아지'로 간주되던 이방인 소녀를 '딸'이라 부르신다(Pokorný, 337). 소녀의 어머니는 주의 집에 속하기 위하여 특권이 없는 식탁 아래에서 부스러기를 먹는 강아지의 자리도 받아들였다. 그러나 그들은 자녀의 지위를 얻는다(Pokorný, 337). 예수께서는 또한 그 소녀에게서 귀신이 나가도록 하신다.

마가(30절)는 이제 치유된 딸을 '아이'라고 부른다(Pokorný, 337). 이 소녀는 더 이상 개가 아니라 자녀이다. 이러한 용어의 변화 속에 이방인이 하나님의 백성이 되는 이방 선교의 주제가 암시되어 있을 수도 있다.

이 소녀의 치유를 백부장의 종의 경우(마 8:5-10; 눅 7:1-10)와 비교하

---

10. 여인이 예수께서 행하신 믿음 테스트에 통과한 것으로 볼 수 있다(Marcus, 2000: 468-69).

11. Pokorný, 329. "너희가 너희의 땅에서 곡식을 거둘 때에 너는 밭 모퉁이까지 다 거두지 말고 네 떨어진 이삭도 줍지 말며 네 포도원의 열매를 다 따지 말며 네 포도원에 떨어진 열매도 줍지 말고 가난한 사람과 거류민을 위하여 버려두라. 나는 너희의 하나님 여호와이니라"(레 19:9-10, 개역개정).

면 이방인 치유와 함께 원거리 치유라는 공통성을 가짐을 관찰할 수 있다 (Bock, 227).

귀먹고 말 어눌한 자를 치유하심(7:31-37)

31 그리고 그가 다시 두로 지역으로부터 나가셔서 시돈을 통하여 데가볼리
지역을 통과하여 갈릴리 바다로 가셨다. **32** 사람들이 귀먹고 말도 제대로
못하는 사람을 그에게 데리고 와서 그에게 손을 얹어 달라고 요청했다. **33**
그러자 그는 그를 무리로부터 따로 데리고 가서 그의 손가락들을 그의 귀
들에 넣고 침을 뱉어 그의 혀를 만졌다. **34** 그가 하늘을 우러러 보시고 한
숨을 쉬셨다. 그리고 그에게 "엪파타." 즉 "열려라."고 말씀하셨다. **35** 이에
[즉시] 그의 귀가 열리고 그의 혀의 결박이 풀려서 정확하게 말하기 시작했
다. **36** 그러자 그는 아무에게도 말하지 말도록 그들에게 명령하셨다. 그러
나 그들에게 (그렇게) 명령할수록 그들은 더욱더 소문을 내고 또 내었다.
37 사람들이 까무러치게 놀라고 또 놀라며 말했다.

"그가 모두 잘 하셨다.
듣지 못하는 자들을 듣게 하셨고, 말 못하는 자들을 말하게 하셨구나."

예수께서는 두로 지역에서 시돈(지역)을 지나 데가볼리를 통과하여 갈릴리 호수에 이르신다.[12] 여기서 청각장애자이면서 말을 제대로 하지 못하는 사람을 무리가 데리고 온다(32절). 이것은 예수께서 이 지역에서도 이미 알려져 있었음을 보여준다. 데가볼리에 예수께서 알려지신 것은 아마도 군대 귀신 들렸던 자의 사역의 결과였을 것이다(Edwards, 2002:

12. 왕하 2장도 유사하게 둘러 돌아가는 여행을 보도한다(Edwards, 2002: 224).

223).

사람들은 예수께 그 장애인에게 손을 얹어 달라고 청한다. 손을 얹는 것은 유대인들의 관습이므로[13] 이 요청을 한 사람들과 그 청각장애자는 유대인이었다고 추측된다(Witherington, 234). 데가볼리 지역에도 거의 모든 도시에 상당한 규모의 유대인 거주지역이 있었다(Lane, 266). 따라서 데가볼리 지역에서 유대인을 만나는 것은 불가능하지 않았다.

예수께서는 이 사람을 따로 데리고 가셔서[14] 손가락을 귀에 넣고 (손에) 침을 뱉어 혀를 만지신다. 침은 그리스-로마 세계와 유대 세계에서 모두 치유하는 성질이 있는 것으로 여겨졌다(Witherington, 234). 플리니(Pliny the Elder)는 침이 치유력을 가진다고 기술한다. 그는 그의 책(*Natural History*)에서 침의 치유적 사용을 약 10회 정도 언급한다(A. Y. Collins, 370). 수에토니우스(Suetonius)는 베스파시안(Vespasian)의 생애를 기록한 책(*Life of Vespasian*)에서 베스파시안의 침이 맹인의 눈을 치유하는 이야기를 기록한다(A. Y. Collins, 371). 이러한 배경을 통해서 볼 때 예수께서 치유하실 때 침을 사용하심은 당시 그 지역 사람들의 문화가 기대하는 것을 따른 것으로 볼 수 있다. 이러한 문화 적응을 통해서 전달되는 것은 병자를 긍휼히 여기시며 배려하시는 예수의 자상하심이었을 것이다. 선교사가 선교지의 문화를 존중하며 그 문화에 적응하며 사역하는 것은 이와 유사하다.

예수께서는 하늘을 우러러 (기도하시고) 말씀하신다. "엘파타흐"(אתפתח, 아람어, "열려라"). 이것은 당시 기적 수행자들이 알아듣지 못하는 주문을 외운 경우와 달리 알아들을 수 있는 언어인 아람어로 말씀하

13. 쿰란 문헌(1QapGen 20:28-29)은 아브라함이 바로(파라오)에게 손을 얹어 치유했다고 기록한다(A. Y. Collins, 370).
14. 비밀의 모티프는 고대 기적 이야기에 자주 등장한다(Marcus, 2000: 477).

신 것이다(Witherington, 234). 아람어는 갈릴리에서 유대인들이 사용한 말일 뿐만 아니라 고대 근동 지역의 국제어였으므로 예수께서 이방 지역에서도 아람어를 사용하신 것은 이상한 일이 아니다.[15] 그가 치유 받은 후 예수께서는 무리에게 아무에게도 알리지 말라고 명하신다(36절). 그러나 그들은 더욱더 알린다.

31절 (갈릴리 호수 동편에 도착하신 예수) 콜린스(A. Y. Collins)는 예수께서 유대 지역으로 돌아오셨다고 주장한다.[16] 그러나 데가볼리를 통해서 갈릴리 바다를 향해 가셨다면 아직 갈릴리 바다 동편에 계신다고 볼 수 있다. 이 지역은 데가볼리 지역으로서 이방인들이 많이 사는 지역이다.

32절 (귀먹고 말 더듬는 자) 사람들은 예수께 귀먹고 말 더듬는 자를 데려왔다. 이 병자는 본래 말을 하다가 근육이 마비되는 질병으로 인해 안면 근육까지 마비되어 말을 제대로 하지 못하게 되었을 것이다(Lane, 266).

이 본문에서 개역성경이 '귀먹고'로 번역하는 헬라어 '꼬포스'(κωφός)는 "말을 못하는" 또는 "듣지 못하는"의 뜻인데, 여기서는 '귀에 손가락을 넣음'(33절)과 그 결과 '듣게 함'(37절)을 언급하는 문맥을 통해서 볼 때 듣지 못함을 가리킨다고 보인다.

여기서 개역이 '말 더듬는'으로 번역하는 헬라어 '모길랄로스'(μογιλάλος)는 "말을 못하는" 또는 "말을 제대로 못하는"이라는 뜻이다. 그런데 비로소 말을 정확하게 했다고 기록하는 35절을 통해서 볼 때 이 단어는 여기서 "말을 제대로 못하는"의 뜻을 가진다고 해석할 수 있다(A. Y. Collins, 370). '모길랄로스'(μογιλάλος, "말을 제대로 못하는")라는

15. France, 304 참고.
16. A. Y. Collins, 369.

단어는 성경에서 마가복음 7:32와 이사야 35:6(LXX)에만 등장하므로 두 본문 사이에는 연관성이 있다고 보아야 한다(France, 302).[17] 귀먹은 자가 듣게 되고, 말을 잘 못하는 자가 말하게 되는 것은 이제 이방 지역에도 이사야서가 기대한 구원의 때가 도래하고 있음을 시사한다(양용의, 179). 이사야 35:5에 나타난 "그 때"(즉 하나님께서 구원하시는 때, 사 35:4)가 도래하였다.

안수는 유대인들의 전통이므로 안수를 요청한 자들은 유대인들이었을 것이다(Witherington, 234). 예수께서 치유하신 후에 이를 숨기고자 하심(36절)은 치유된 자가 유대인이었기 때문이었다고 볼 수 있다. 이 치유는 예수께서 메시아이심을 입증하는 증거였으므로, 군사적 메시아 사상을 가진 유대인들이 예수를 군사적 메시아로 오해하지 않도록 숨기셨을 것이다.

33절 (귀에 손가락을 넣고 침을 혀에 발라주신 예수) 예수께서는 치유를 하실 때 환부를 어루만지시는 신체 접촉을 하신다. 청각장애자에게는 신체적 접촉이 말보다 더욱 적합한 방법이었을 것이다(France, 303). 또한, 육체적 접촉이나 탄식은 당시 치유 방식에서 전형적인 것이었다(Hooker, 186). 낯선 외국어의 사용, 침 뱉기도 그러하다(Marcus, 2000: 474). 환자의 상태와 당시 문화를 고려하면 예수의 행동은 매우 적절한 것으로 이해되어 진다.

34절 (예수의 탄식과 말씀) 예수께서는 하늘을 우러러보시며 탄식하셨다(ἐστέναξεν). 고대에 탄식은 가끔 영적 능력을 끌어들이는 것을 의미했다(A. Y. Collins, 371). 디벨리우스(Dibelius)는 이것을 신비적 마술의 기법

---

17. "그 때에 저는 자는 사슴 같이 뛸 것이며 말 못하는 자의 혀는 노래하리니 이는 광야에서 물이 솟겠고 사막에서 시내가 흐를 것임이라"(사 35:6).

에 해당한다고 한다(A. Y. Collins, 372). 그러나 로마서 8:26에서 이 표현은 사람들을 위한 성령의 기도 행위에 대하여 사용되었는데, 예수의 탄식도 이러한 것으로 간주할 수 있을 것이다. 또한 탄식은 사탄과 싸우며 하나님의 능력에 의지하는 행위로도 볼 수 있다.[18]

35절 (예수의 치유) 예수의 말씀에 따라 귀먹고 말 더듬는 자가 치유된다. 이러한 치유는 이사야 35:5-6의 성취로서 랍비들의 주석 전통 속에서 메시아 시대에 발생할 것으로 기대되었다(*Genesis Rabbah* 95; *Midrash Psalms* 146:8).[19] 그러므로 이 치유는 예수께서 메시아이심을 입증하는 증거이다.

36절 (메시아 비밀) 레인(W. Lane)은 예수께서 메시아 표적인 치유를 숨기고자 하신 이유가 데가볼리 지역에 한동안 더 남아계시고자 하셨으며, 헬라적 기적 사역자로 오해되기를 원하지 않으셨기 때문이라고 주장한다(Lane, 268). 그러나 비록 이방인들이 많이 사는 데가볼리 지역이지만 이 지역에 유대인들도 살았다는 것을 고려해야 한다. 또한 예수께 나와 안수를 요청한 자들은 유대인들이었다고 보아야 한다. 안수는 유대인들의 전통이었기 때문이다. 따라서 이 치유를 알리지 말라는 것은 이것을 이사야서에 따라 메시아 표적으로 알아챌 유대인들을 염두에 둔 것으로 볼 수 있다. 그들은 군사적 메시아를 기대하고 있으므로 메시아 표증이 발생하였음을 들으면 무력으로 열방을 제압하는 메시아가 등장한 것으로 오해할 것이기 때문에 숨기셨을 것이다.

37절 (사람들의 반응) 사람들은 예수의 소문을 듣고 '모든 일들을 잘 행하였다'(καλῶς πάντα πεποίηκεν)고 말한다. 이것은 창세기 1:31(τὰ πάν-

18. Marcus, 2000: 474; 솔로몬의 시편 5:12-13 참조.
19. Lane, 266.

τα ὅσα ἐποίησεν καὶ ἰδοὺ καλὰ λίαν, "그가 만드신 모든 것들 … 그리고 보라 매우 좋았다.")을 연상시킨다(Marcus, 2000: 480-81).[20] 이러한 배경으로 볼 때 이 마가복음 구절은 예수께서 피조물을 새롭게 하시는(새 창조) 하나님의 대행자이심을 암시하기 위해 마가가 기록한 것으로 해석될 수 있는 표현이다(A. Y. Collins, 376).

칠병 기적(8:1-10)

8:1 그 무렵에, 다시 많은 무리가 있었는데 먹을 것이 없었다. 그가 제자들을 불러 그들에게 말씀하셨다.

2 "무리가 불쌍하구나.

이미 나와 함께 삼 일 동안 머물러 있어서 먹을 것이 없구나.

3 내가 그들을 굶주린 채로 그들의 집으로 해산시키면 길에서 지칠 것이다.

더구나 그들 중에 일부는 멀리서 왔다."

4 그의 제자들이 그에게 대답했다.

"어떤 사람이 여기 광야 어디서 이들을 빵으로 먹일 수 있겠습니까?"

5 그러자 그가 그들에게 물었다.

"너희가 빵을 몇 덩이나 가지고 있느냐?"

그들이 말했다.

"일곱이요!"

6 이에 그가 무리에게 명하여 땅 위에 기대어 눕게 하셨다. 그리고 빵 일곱 덩이를 들고 감사하시고 떼어 그의 제자들에게 주셨다. 그들이 나누어 주

---

20. 참조, 시락서 39:16: "모든 것이 주의 일들이다. 왜냐하면 심히 좋기 때문이다."

도록 하시기 위함이었다. 그러자 그들이 무리에게 나누어 주었다. **7** 그들은
또한 물고기 몇 마리를 가지고 있었다. 그런데 그는 이것들과 관련하여 감
사하시고 그것들도 나누어 주라고 말씀하셨다. **8** 그들이 먹고 배불리고 남
은 조각을 일곱 광주리 거두었다. **9** 그들은 약 사천 명이었는데, 그가 그들
을 해산시키셨다. **10** 그리고 그는 즉시 그의 제자들과 함께 배에 타시고 달
마누타 지방으로 가셨다.

마가복음 6:31-9:30은 다음과 같은 평행법 구조를 가진다(Lane, 269). 이러한 구조 속에서 마가복음 8:1-9의 칠병 기적은 마가복음 6:31-44의 오병이어 기적에 평행된다.

A (6:31-44)	군중을 먹이심	A′ (8:1-9)
B (6:45-56)	바다 건너편으로 가심	B′ (8:10)
C (7:1-23)	바리새인들과의 갈등	C′ (8:11-13)
D (7:24-30)	빵에 관한 대화	D′ (8:14-21)
E (7:31-36)	치유	E′ (8:22-26)
F (7:37)	믿음의 고백	F′ (8:27-30)

오병이어 기적을 제자들이 잊어버린 것은 개연성이 없기에 이 기사는 같은 사건의 다른 버전이라고 여겨지기도 했다(Lane, 271). 그러나 마가복음 8:19-20에서 예수께서 제자들에게 두 번에 걸친 기적적인 식사를 회상시킴을 볼 때 두 번의 사건이 있었다고 볼 수 있다(Lane, 272). 제자들은 첫 번째 식사 사건을 잊어버렸다기보다 이방인들이 섞여 사는 지역에서 이방인들을 위하여 광야의 만나 사건 같은 식사 기적이 발생하리라고 기대하지 않았다고 볼 수 있다.

무리는 3일간 계속 예수와 함께 있었다(2절). 그리하여 그들에게는 먹을 것이 남아있지 않았다(2절). 예수께서는 그들이 굶주린 채 돌아가다가 길에서 쓰러질까 걱정하셨다. 특히, 멀리서 온 자들도 있었기 때문이다(3절). 제자들은 어떻게 그들을 먹일지 질문할 때, 예수께서 물으셨다. "너희가 빵을 얼마나 가지고 잇느냐?"(Πόσους ἔχετε ἄρτους;). 제자들은 그들이 가진 빵 덩어리가 7개라고 대답했다(5절). 7은 노아에게 준 7계명을 상징한다고 볼 수도 있다(창 9:3-4; 희년서 7.20).[21] 그렇다면 이것은 이방인들과 관련될 수 있다. 이 빵으로 약 4,000 명이 먹고 일곱 광주리(σπυρίδας)가 남았다(8-9절). 광주리(σπυρίς)는 바구니(κόφινος)보다 큰 것으로서 사람이 들어갈 수 있을 정도로 크기도 하므로(행 9:25) 일곱 광주리 남은 것은 열두 바구니가 남은 오병이어의 기적 때보다 결코 적게 남은 것이 아니다. 이처럼 배불리 먹고 남은 것은 하나님의 나라의 풍요와 충만을 보여준다.

이 사건은 이방인이 유대인과 함께 섞여 사는 데가볼리에서 일어난 것이므로, 이방인이 유대인과 함께 무리 중에 섞여 있었고 식사도 함께 했다고 볼 수 있다.[22] 3절에 언급된 멀리서 온 자들은 이방인일 것이다. 이방인들을 먼 지방과 연관시키거나 하나님으로부터 멀리 떨어진 자들로 묘사하는 구약성경(신 28:49; 왕상 8:41 "먼 지방에서 온 이방인")을 배경으로 볼 때 이러한 추측은 지원받는다.[23] 그러므로 칠병 기적은 이방인과 유대인이 함께 식탁 교제를 나누는 종말론적 사건이라 할 수 있다. 이방인과 유대인 사이의 담이 허물어지고, 하나의 무리 즉, 메시아의 백성이 이루어지는 과정이 시작되었다.

---

21. Boring, 2006: 220.
22. Lane, 275; Guelich, 1989: 403.
23. Marcus, 2000: 492 참고.

1-2절 (예수와 함께 있는 무리) 무리는 예수와 함께 사흘이나 있었다. 3일 모티프는 제3일에 하나님께서 그의 백성을 돕는다는 구약 본문(호 6:2)과 관련된다.[24] 무리들이 오래 남아있는 것을 볼 때 예수께서 그동안 그들을 가르치셨다고 볼 수 있다(Lane, 273). 식사 제공은 가르침에 이어지는 사역이었을 것이다(Lane, 273).

마가복음 7:31에 언급된 데가볼리를 염두에 둘 때, 배경이 되는 장소는 갈릴리 호수 동편으로서 유대인들과 이방인들이 섞여 사는 곳이라 볼 수 있다(Lane, 272).

3절 (이방인을 포함한 무리) 예수께서는 무리 중에 '어떤 자들은 멀리서 왔다.'고 언급하신다. 데가볼리 지역은 요단 서쪽보다 거주지가 적고 황량하므로 멀리서 왔다는 것은 이 지역에 적합한 표현이다(Edwards, 2002: 236). 이 표현은 열왕기상 8:41의 '먼 지방에서 온 이방인'이라는 표현으로 인해 그들이 이방인임을 암시할 수 있다. 또한 이러한 언급은 먼 지역으로부터 하나님의 백성을 모으는 구약성경의 약속(사 60:4, 9; 렘 46:27)이 성취되고 있음을 기억하게 한다(Hurtado, 122).

4절 (제자들의 반응) 제자들은 광야에서 빵을 구할 수 있는 가능성에 대하여 부정적인 견해를 피력한다. 이 사건의 배경이 되는 광야는 하나님의 구원을 광야 속에서 이루어지는 놀라운 기적으로 묘사한 구약 구절들을 연상시킨다(예를 들어, 사 35:1, 6; 43:19-20; 51:3).[25] 그러나 "어떤 사람이 여기 광야 어디서 이들을 빵으로 먹일 수 있겠습니까?"라는 제자들의 말속에서 '광야'는 이러한 신학적 배경이 없는 그저 물리적 장소로서의 광야이다.

---

24. Marcus, 2000: 492. "여호와께서 이틀 후에 우리를 살리시며 셋째 날에 우리를 일으키시리니 우리가 그의 앞에서 살리라"(호 6:2, 개역개정).

25. Hurtado, 122.

그런데 이처럼 의심하는 제자들의 태도에도 출애굽 모형론이 담겨 있다. 이스라엘은 홍해가 갈라진 사건과 만나를 경험하고도 의심하고 불평하였다. 이처럼 제자들도 오병이어 기적을 경험하고도 믿음이 없는 태도를 보인다. 모세오경에는 두 번(출 16장, 민 11장) 광야에서의 기적적인 식사를 기록하는데 이것도 마가복음의 두 번의 광야 식사 기적과 평행을 이룬다.[26] 제자들은 이방인들에게 출애굽 이적을 베푸는 것을 신학적으로 합당하지 않다고 여겼기 때문에 이렇게 반응하였다고 볼 수도 있다(Boring, 2006: 220). 메시아가 유대인들을 위한 것이라는 신학 속에서는 메시아가 유대인들에게 베푼 출애굽 기적을 이방인을 위해서도 베풀 것이라는 기대가 생길 수 없었을 것이다.

5-7절 (칠병 기적) 유대인들은 하나님께서 광야에서 만나를 제공하신 것을 기억하였으며, 메시아에 의해 이 만나 기적이 다시 일어날 것을 기대하였다(Marcus, 2000: 496).[27] 이러한 기대가 이방 지역에서 다시 한번 성취되었다.

예수의 식사 기도를 마가는 '축사하시고'(εὐχαριστήσας)라고 표현하였다. 필로(Philo)는 '에우카리스떼오'(εὐχαριστέω) 동사를 식사 기도를 가리키기 위해 일관성 있게 사용하였고, 찬양이나 축복에 대해서는 '에울로게오'(εὐλογέω) 동사를 사용하였다(A. Y. Collins, 379). 이러한 배경으로 보면 이 단어는 그저 식사 기도를 가리키는 표현이다. 그러나 마가복음에

26. Marcus, 2000: 495 참고.

27. "And it will happen at that time that the treasury of manna will come down again from on high, and they will eat of it in those years because these are they who will have arrived at the consummation of time"("그리고 그때에 만나의 보고가 높은 곳에서부터 다시 내려오게 될 것이다. 그들은 저 해들에 그것을 먹을 것이다. 왜냐하면 이들은 시간의 완성 때에 도래하게 될 사람들이기 때문이다")(바룩2서 29:8, Klijn, trans., 631).

서 '에우카리스떼오'(εὐχαριστέω) 동사는 예수께서 최후의 만찬 때 잔을 들고 감사하심과 관련된 말씀이다(A. Y. Collins, 379). 그래서 마가는 이 사건을 이방인들이 참여하는 성만찬과 연관시키고자 이 단어를 선택했다고 볼 수도 있다(Witherington, 236). 그런데, 최후 만찬 때 빵과 관련해서는 '에울로게오'(εὐλογέω) 동사를 사용하였다(막 14:22). 따라서, 설령 '에우카리스떼오'(εὐχαριστέω) 동사 대신 '에울로게오'(εὐλογέω) 동사를 마가가 사용하였다고 가정해도, 그 경우에도 여전히 최후 만찬과의 연관성이 있다고 해석할 수 있을 것이다.

빵에 대한 감사 기도는 유대인들의 일반적 관습이지만 물고기에 대한 감사는 이방인들에게 일용할 양식에 대한 감사를 가르치기 위해서 행한 것으로 볼 수 있다(Lane, 274).

8절 (일곱 광주리) 빵 조각을 일곱 광주리 거둔 것은 특별한 의미를 가진다고 보인다. 5절, 6절, 8절, 20절에 반복되는 7이란 숫자는 종말론적 풍요성을 상징한다고 보인다(Marcus, 2000: 497). 이 수는 이방 민족의 전체성을 상징할 수도 있다(신 7:1).[28] 신명기 7:1로 인해 7이 이방 민족을 상징할 수 있고, '광주리'도 이방인이 사용하는 용기였으며, 배경이 되는 지역도 이방 지역이고, 이 중에 멀리서 온 사람들이 있다고 지적되므로, 칠병 기적은 이방인과 긴밀하게 연관된다. 실제로 이 기적에는 이방인들이 상당수 참여했을 것이다. 어거스틴은 첫 식사 제공 표적은 유대인들을 위해, 두 번째 식사 제공 표적은 이방인들을 위한 것으로 보았다(Lane, 274). 이러한 해석은 문맥의 지지를 받는다.

10절 (달마누타 지역으로 가심) 예수께서는 배를 타고 달마누타 지역으로 가셨다. 배를 탄 지역이 데가볼리 쪽 갈릴릴 호숫가이므로 달마누타는

---

28. Edwards, 2002: 231 참고.

호수 서편 지역이라 추측할 수 있다. '달마누타'(Dalmanutha)는 막달라(Magdala)와 동일 지역일 수도 있다(Lane, 275). 그러나 달마누타는 아마도 막달라 약간 북쪽에서 1971년에 발견된 정박지일 것이다(Edwards, 2002: 234).

바리새인들의 표증 요구(8:11-13)

> **11** 바리새인들이 나아와서 그와 토론하기 시작했다. 그들은 하늘에서부터 오는 표증을 그에게 요구하였다. 그를 시험하기 위함이었다. **12** 그가 그의 영으로 탄식하며 말씀하셨다.
>
> "어찌하여 이 세대가 표증을 구하는가?
> 내가 진실로 그대들에게 말하오.
> 절대로 이 세대에 표증이 주어지지 않을 것이오."
>
> **13** 그리고 그들을 떠나 다시 배를 타고 건너편으로 떠나가셨다.

후커(M. D. Hooker)는 마가복음 8:1-10 후에 이 기사가 이어지며 두 기사가 병렬된 구조는 마가가 바리새인들이 1-10절의 표증(증거로서의 기적)을 알았다는 것을 가정하고 있음을 보여준다고 주장한다(Hooker, 191). 그렇다면, 바리새인들은 칠병 기적에 관해 듣고도 또 다른 증거를 구하고 있었던 것이다. 이것은 비유가 들을 귀 있는 자들에게만 이해되는 것처럼 표증도 볼 눈이 있는 자만이 볼 수 있음을 암시한다(Hooker, 191). 물론 마가는 바리새인들이 1-10절의 기사를 알았다고 명시하지는 않는다(Marcus, 2000: 503). 그렇지만, 마가복음(3:22 등)에서 바리새인들이 축귀 등의 기적들을 알았음은 분명히 나타난다(Marcus, 2000: 503). 바리새인들은 출애굽 후에 광야에서 불평하던 이스라엘 백성들의 영적 후예들로서 놀라운 기적들을 목격하고도 자기들이 원하는 증거로서의 기적을 요구하며 예수를 거부하였다(Marcus, 2000: 503).

출애굽기에서는 만나 이야기(출 16장) 뒤에 마사와 므리바에서 이스라엘이 하나님을 시험한 기사가 나온다(출 17:1-7). 이것은 본문과 평행을 이룬다.[29] 광야에서 칠병 기적이 발생한 후에 바리새인들은 예수를 시험한다. 이스라엘이 표증을 요구한 목적은 모세의 권위를 제거하기 위한 것이었다(Marcus, 2000: 504). 그렇다면, 본문에서 바리새인들이 예수께 표증을 요구한 목적도 예수의 권위를 제거하기 위한 것이었다고 볼 수 있다.

11절 (바리새인들이 표증을 요구함) 바리새인들이 예수께 나왔다. 바리새인들이 존재함은 이 지역이 갈릴리 호수 서편임을 암시한다(Lane, 276). 바리새인들은 예수를 시험하고자 했다. 그래서 하늘로부터 오는 (즉 하나님이 직접 주시는) 표증(σημεῖον)을 구했다(11절).[30] 표증을 구하는 것 자체는 구약성경에 부합한다. 물론 모든 표증이 받아들여질 필요는 없었다(신 13:1-3).[31] 그러나 참 선지자에게는 표증이 있어야 했고, 종말론적 선지자나 메시아도 표증이 있어야 했다(신 18:22[예언의 성취]; 왕하 20:8-11[초자연적 현상]).[32] 따라서 바리새인들이 표증을 구한 것 자체는 문제가

29. Marcus, 2000: 504 참고.

30. '표증'(σημεῖον)은 단순히 능력을 과시하는 것이 아니라. 진정성에 대한 확증(authentication)으로서의 기적이다(사 7:14)(Guelich, 1989: 413; France, 311 참고).

31. "너희 중에 선지자나 꿈꾸는 자가 일어나서 이적과 기사를 네게 보이고 그가 네게 말한 그 이적과 기사가 이루어지고 너희가 알지 못하던 다른 신들을 우리가 따라 섬기자고 말할지라도 너는 그 선지자나 꿈 꾸는 자의 말을 청종하지 말라. 이는 너희의 하나님 여호와께서 너희가 마음을 다하고 뜻을 다하여 너희의 하나님 여호와를 사랑하는 여부를 알려 하사 너희를 시험하심이니라"(신 13:1-3, 개역개정).

32. Guelich, 1989: 414. "만일 선지자가 있어 여호와의 이름으로 말한 일에 증험도 없고 성취함도 없으면 이는 여호와께서 말씀하신 것이 아니요 그 선지자가 제 마음

되지 않는다. 표증을 구하는 의도가 문제였다(France, 312). 즉, 그들은 예수를 믿기 위해 표증을 구한 것이 아니라, 트집을 잡으려고 구했다. '시험하다'(πειράζω) 동사는 마가복음에서는 언제나 부정적인 어조로 사용되었으며,[33] 객관적 시험이 아니라 약점을 잡기 위한 시험을 가리킨다.[34] 만일 표증을 주시면, 바리새인들은 이것을 거부할 것이다. 서기관들은 이미 귀신을 쫓는 현상을 보고 바알세불(사탄)의 힘으로 쫓아낸다고 해석한 바 있다(3:22). 그들은 그들이 원하는 표증(군사적 메시아임을 입증하는 증거—예를 들어, 로마를 질그릇처럼 무너뜨리는 것; 시 2편 참고)이 아니면 거부할 것이다. 만일 표증을 주시지 않으면 바리새인들은 표증이 없다는 핑계로 예수를 믿지 않을 것이다.

표증은 발언의 참됨이나 행동의 정당성을 입증하기 위한 증표를 가리킨다(Lane, 277). 열왕기하 20:1-11; 이사야 7:10-11과 랍비 문헌(*b. Sanhedrin* 98a; *b. Baba Metzia* 59b)에서 표증은 예언의 보증으로 주어진다(Hooker, 191). 이러한 배경으로 볼 때에 바리새인들의 표증 요구는 바리새인 자신들의 가르침에 모순되는 것을 예수께서 가르치심을 듣고 이러한 가르침의 정당성에 관한 문제 제기이다(Hooker, 191).

그런데, 신명기 13:1 이하에 의하면 기적만으로는 선지자의 말의 참됨이 보증될 수 없다(Hooker, 191). 예언의 성취만이 참된 검증이 될 수 있다(신 18:21 이하)(Hooker, 191). 선지자들의 사역과 관련하여 표증은 예언이 단기간 이내에 성취되거나(삼상 2:30-33; 왕상 20:1 이하; 사 7:10 이하; *b. Sanhedrin* 98a), 발언을 입증하기 위해 곧 발생하는 증표를 가리킨다(Lane, 277).

대로 한 말이니 너는 그를 두려워하지 말지니라"(신 18:22, 개역개정).

33. 박윤만, 2017: 534.

34. Edwards, 2002: 235.

바리새인들이 예수께 구한 표증은 '하늘로부터' 오는 표증이었다. '하늘로부터'라는 표현은 마카비2서 15:8에 등장하는데 여기서 '하늘로부터'(ἀπ' οὐρανοῦ)는 전력의 열세에도 불구하고 하나님의 도우심으로 전쟁에서 승리하는 것을 가리킨다.[35] 이러한 배경으로 보면 바리새인들이 요구한 표증은 전쟁에서 승리하는 군사적 표증이었을 것이다.

12절 (예수의 거부) 바리새인들의 요구에 예수께서는 탄식하셨다(ἀναστενάξας). 탄식은 신뢰의 한계가 닥친 것을 묘사할 때 쓰는 단어이다.[36] 깁슨(J. B. Gibson)은 이 단어가 희망이 없는 상황에서 발생하는 비탄을 가리킨다고 주장한다.[37]

예수께서는 '이 세대'에 (그들이 요구하는) 표증을 주지 않겠다고 하신다. '이 세대'라는 표현은 신명기 1:35; 32:5, 20을 반영하는데(Marcus, 2000: 501), 이 본문들은 광야 세대가 모세에 대항하였기에 약속의 땅에 들어가지 못할 것이라고 선언한다.[38] 그러므로 '이 세대'는 하나님을 대항

---

35. Gibson, 1990: 44. 마카비2서 15:8: καὶ παρεκάλει τοὺς σὺν αὐτῷ μὴ δειλιᾶν τὴν τῶν ἐθνῶν ἔφοδον ἔχοντας δὲ κατὰ νοῦν τὰ προγεγονότα αὐτοῖς ἀπ' οὐρανοῦ βοηθήματα καὶ τὰ νῦν προσδοκᾶν τὴν παρὰ τοῦ παντοκράτορος ἐσομένην αὐτοῖς νίκην ("그는 그와 함께 있는 자들에게 이방인들의 공격을 두려워하지 말라고 권면했다. 그는 그들이 하늘로부터 그들에게 도움이 전에 발생한 것을 염두에 두고, 이제 전능자로부터 그들에게 있을 승리를 기다리도록 강권했다"). 여기서 '하늘로부터의 도움'은 마카비2서 11:8에 묘사하는 흰 옷을 입은 기병(천사)이 나타나 전쟁을 도운 것을 가리킨다. 이것은 유대인들이 적군에게 포위당했을 때, 천사를 보내어 이스라엘을 구해달라고 하나님께 울며 한 기도(마카비2서 11:6)의 응답이었다. 그러므로 바리새인들이 구한 표증은 하나님의 도움으로 인한 전쟁의 승리였다고 볼 수 있다.
36. Edwards, 2002: 236.
37. A. Y. Collins, 384.
38. Marcus, 2000: 504. "이 악한 세대 사람들 중에는 내가 그들의 조상에게 주기로 맹세한 좋은 땅을 볼 자가 하나도 없으리라"(신 1:35, 개역개정). "그들이 여호와를 향하여 악을 행하니 하나님의 자녀가 아니요, 흠이 있고 삐뚤어진 세대로다"(신 32:5, 개역개정). "그가 말씀하시기를 내가 내 얼굴을 그들에게서 숨겨 그들의 종말이 어

하는 예수의 동시대 유대인들을 가리킨다고 보인다. 이처럼, '이 세대'로 언급된 바리새인들도 표증을 받지 못할 것이라고 유사한 맹세 공식(민 14:21-23 참고)을 통하여 선언된다.[39] 이미 보고 들은 것을 받아들이지 않는 자에게 더 표증을 보여도 소용없다(France, 311). 예수께서는 그들에게 아무런 표증을 주시지 않겠다고 하신다.

예수께서 말씀하신 '이 세대에 표적을 주지 아니하리라'(εἰ δοθήσεται τῇ γενεᾷ ταύτῃ σημεῖον)를 직역하면 "이 세대에 표적이 주어진다면"인데, 이 표현은 돈절법(조건절 뒤에 주절이 없는 표현)의 사용으로 볼 수 있다. 그렇다면 이것은 "이 세대에 결코 표적을 주지 않을 것이다."라는 뜻이다. 이러한 표현은 구약성경에서도 사용된 것이다(창 14:23; 민 32:11; 신 1:35).[40] 부정어로 사용된 '에이'(εἰ, "~이라면")는 히브리어적 표현이라고 볼 수 있다. 히브리어 '임'(אִם, "~이라면")은 부정을 뜻할 수 있기 때문이다.[41] '만일 ~이라면 ~할 것이다'는 맹세 공식이다. 이러한 맹세 공식은 강한 부정을 표현한다(A. Y. Collins, 385). 맹세는 대개 그 맹세가 거짓일 경우에 맹세하는 자가 받는 저주를 동반하는데, 스스로 부과한 조건일 경우에는 대개 저주가 생략된다(A. Y. Collins, 385).

떠함을 보리니 그들은 심히 패역한 세대요, 진실이 없는 자녀임이로다"(신 32:20, 개역개정).

39. Marcus, 2000: 504. "그러나 진실로 내가 살아 있는 것과 여호와의 영광이 온 세계에 충만할 것을 두고 맹세하노니 내 영광과 애굽과 광야에서 행한 내 이적을 보고서도 이같이 열 번이나 나를 시험하고 내 목소리를 청종하지 아니한 그 사람들은 내가 그들의 조상들에게 맹세한 땅을 결단코 보지 못할 것이요, 또 나를 멸시하는 사람은 한 사람도 그것을 보지 못하리라"(민 14:21-23, 개역개정).

40. Guelich, 1989: 415. LXX 신 1:35: εἰ ὄψεταί τις τῶν ἀνδρῶν τούτων τὴν ἀγαθὴν ταύτην γῆν ἣν ὤμοσα τοῖς πατράσιν αὐτῶν ("이 사람들 중에 아무도 그들의 조상들에게 내가 [주기로] 맹세한 이 좋은 땅을 보지 못할 것이다").

41. Blass & Debrunner, §454.

믿지 않고 대적하는 자들에게 아무런 능력도 행하지 않으시는 것은 일관된 예수의 특징이다. 오늘날도 이 세대는 우리에게 그들이 원하는 표증을 요구할 것이다. 그것을 보여주면 마치 예수를 믿을 것처럼 또는 그리스도교를 우호적으로 대할 것처럼 우리를 시험한다. 그러나 속지 말아야 한다. 그들의 요구가 복음의 본질로부터 우리를 멀어지게 하는 것이라면 우리는 그러한 요구를 단호하게 거부해야 한다.

바리새인들과 헤롯의 누룩(8:14-21)

14 그들이 빵을 가져가는 것을 무시했다. 그래서 그들에게는 단지 한 덩이
외에는 배 안에 빵이 없었다. **15** 이에 그가 그들에게 명하셨다.

"보라, 바리새인들의 누룩과 헤롯의 누룩을 조심하라."

16 그러자 그들이 그들에게 빵이 없기 때문에 서로 계속 의논했다. **17** 그가
아시고 그들에게 말씀하셨다.

"왜 너희에게 빵이 없기 때문에 의논하느냐?
너희는 아직 이해하지 못하느냐, 깨닫지 못하느냐?
경직된 너희 마음을 너희는 가지고 있구나.
18 너희는 눈을 가지고도 보지 않고 귀를 가지고도 듣지 않는구나!
너희는 또한 기억하지 못하느냐?
19 빵 다섯 덩이를 오천 명에게 나누어 주고 몇 바구니 가득 부스러기
를 모았느냐?"

그들이 그에게 말했다.

"열둘이요."

20 "일곱 (덩이)를 사천 명에게 (나눠주고) 몇 광주리 가득 부스러기를
모았느냐?"

그들이 [그에게] 말했다.

"일곱이요."

21 그가 그들에게 말씀하셨다.

"너희는 아직도 깨닫지 못하느냐?"

14절 (빵을 가져가지 않은 제자들) 제자들은 빵을 가져가기를 '잊었다.' 개역개정이 '잊었다'로 번역한 '에삐란타노마이'(ἐπιλανθάνομαι) 동사는 마가복음에 한 번 등장한다. 마가는 이처럼 한 번만 사용한 단어의 경우 70인역에서 사용된 의미를 따른다(Gibson, 1986: 35). 이 단어는 70인역에서 "의도적으로 무시하다"는 의미로 종종 사용되었다(Gibson, 1986: 35). 예레미야 14:9(μὴ ἐπιλάθῃ ἡμῶν, "우리를 잊지 마소서")에서 이 동사는 "기억하다"는 뜻이 아니라 "버리다"는 뜻으로 사용되었다. 하나님이 기억을 상실할까 염려하여 이렇게 기도할 리는 없기 때문이다. 이사야 49:14(εἶπεν δὲ Σιων ἐγκατέλιπέν με κύριος καὶ ὁ κύριος ἐπελάθετό μου, "그런데 시온이 말했다. '주께서 우리를 버리셨고 주께서 우리를 잊으셨다'.")에서 이 동사는 "버리다"는 뜻의 동사와 평행되므로, "버리다"의 뜻을 가진다고 볼 수 있다. 70인역 시편 118:139(119:139, 개역개정)에서 이 동사는 "무시하다"는 뜻으로 사용된 듯하다. "나의 원수들이 당신의 말씀들을 기억하지 않았습니다"(ἐπελάθοντο τῶν λόγων σου οἱ ἐχθροί μου)에서 이 동사는 단순히 하나님의 말씀을 기억하지 못함을 언급하기보다는 적극적으로 무시함을 가리킨다고 보인다. 70인역 시편 12:2(13:1, 개역개정)에서도 이 말씀은 무관심함을 가리킨다고 보인다. "주여 언제까지 나를 잊으십니까?"(ἕως πότε κύριε ἐπιλήσῃ μου)라는 기도문은 하나님의 망각을 언급한 것이 아니라 하나님의 관심에서 벗어남을 언급한다고 보아야 할 것이다.

제자들은 다시 한번 이방인들을 위해 광야의 만나 사건이 발생하는 것을 막기 위해 의도적으로 빵을 가져가는 것을 무시했을 것이다(Gibson, 1986: 36). 이것은 예수의 출애굽 사역에 이방인들이 포함되는 것을 반대한 것이다(Gibson, 1986: 38 참고).

제자들이 배에 가지고 있었던 것은 오직 빵 한 개뿐이었다. 배 안에 있는 한 개의 빵은 (생명의 빵으로서의) 예수를 상징할 수 있다(Mánek, 1964: 10). 마넥(J. Mánek)은 빵이 하나 있다고 하는 14절과 빵이 없다고 하는 16절은 모순이라고 본다.[42] 그러나 '빵이 없다'는 표현은 빵이 적다는 것을 표현한다고 볼 수 있으므로 모순일 필연성은 없다. 이러한 표현은 마가복음 4:25에서도 나온다. 여기서 '가지지 않는 자'는 "적게 가진 자"라는 뜻으로 쓰였다. 왜냐하면 문맥상 그는 무언가 빼앗길 것이 있는 자로 등장하기 때문이다.

15절 (바리새인들의 누룩과 헤롯의 누룩) 예수께서는 바리새인들의 누룩과 헤롯의 누룩을 조심하라고 말씀하신다. 바리새인들과 헤롯의 누룩은 무엇일까? '누룩'은 '누룩 든 빵'을 뜻하는 것으로 이해되었을 수 있다(Lane, 281). 구약성경에서 '누룩'은 종종 누룩으로 부풀린 빵을 가리킨다(레 7:13). 따라서 본문은 예수께서 제공하시는 빵과 바리새인들과 헤롯이 제공하는 빵을 대조시킨다고 볼 수 있다(Marcus, 2000: 510). 1세기에 아람어 '하미라'(חֲמִירָא, "누룩")와 '아미라'(אֲמִירָא, "말씀," "가르침")는 동음이의어(homonym)이었다(Lane, 281). 그러므로 바리새인들의 누룩이란 그들의 가르침을 가리킨다고 볼 수 있다.

'누룩'은 유대인들의 세계와 헬라 세계에서 부패를 상징하였다(Lane, 280). '누룩'은 신약성경과 랍비 문헌에서 친숙한 은유이며 대개 악한 것

42. Mánek, 1964: 13.

을 상징한다(고전 5:6-8; 갈 5:9).[43] '누룩'은 악한 의도를 상징하는 유대인들의 용어인데, 마가복음 8:17에서는 완악한(단단한) 마음(머리)이 누룩과 연결되고 있다.[44] 그러므로 본문에서 '누룩'은 고정 관념을 가리킨다고 볼 수 있다.

바리새인들의 누룩은 문맥상 예수의 메시아 정체를 의심하는 그들의 메시아사상일 수 있다. 8:11에서 바리새인들이 요구한 표증은 그들이 받아들일 수 있는 메시아 표증이었을 것이다. 즉, 로마 군대를 무력으로 무너뜨리고 정치적 해방을 가져오기 시작하는 사건이었을 것이다. 이러한 것을 예수께서는 거절하셨고, 바로 이것을 조심하라고 제자들에게 주의를 주셨을 것이다.

그렇다면 헤롯의 누룩이란 무엇일까? 헤롯 이야기는 마가복음 6:14 이하에 나오는데, 여기서 헤롯은 예수의 이적을 듣고 예수를 다시 살아난 세례 요한으로 간주한다. 그런데 헤롯은 바로 세례 요한을 죽인 자이다. 헤롯은 아마도 메시아도 세례 요한처럼 죽이려고 할 것이다. 그에게 메시아는 로마를 무너뜨리는 군사적 영웅으로서 결코 반가운 존재가 아니기 때문이다.

예수께서는 바리새인들의 반로마제국주의 메시아 사상이나 헤롯의 친로마제국적인 메시아 사상을 모두 주의하라고 제자들(그리스도인들)에게 경고하신다. 이 모두는 무력에 의존하는 해방과 무력으로 유지되는 평화밖에는 알지 못하는 사상들이다.

17-18절 (제자들의 경직된 마음) 제자들의 깨닫지 못함이 강조된다. 그들에게는 '표증'이 충만히 주어졌지만 아직 깨닫지 못한다(France, 319). 그들은 여전히 유대인 중심의 출애굽을 기대하고 있고 메시아를 통한 군

---

43. Hooker, 194.
44. Marcus, 2000: 510 참고.

사적 승리를 기대하고 있다.

예수께서는 제자들에게 "깨닫지 못하느냐?"(οὐδὲ συνίετε)라고 질문하신다. 깨닫지 못함은 이사야 6:9을 연상시키는데, 마가복음 4:12에서도 외인들에게 이 이사야 구절이 연관되었다. 그러므로 마가복음 8:17에서 제자들을 묘사하는 데 사용된 이 표현은 제자들이 외인들과 비슷함을 알려준다고 볼 수 있다(A. Y. Collins, 387).

예수께서는 제자들의 완악한 마음을 지적하신다. 무지한 마음이 완악해지는 것이 아니라 지식을 가진 마음이 완악해질 수 있는 것이다(Edwards, 2002: 240). '마음'(심장)이 지적 활동을 하는 기관이라 여긴 유대인들의 사고를 배경으로 보면 완악한 마음은 잘 깨닫지 못하고 고정 관념에 사로잡혀 있는 완악한 머리(생각)를 가리킨다고 볼 수 있다.

제자들은 눈을 가지고 있으면서도 보지 못하므로 마가복음 4:11-12에 나오는 '밖에 있는 자들'(보기는 보아도 알지 못하는 자들)과 같은 심각한 상태에 있다. 그러나 본문이 신명기 29:2-4(특히 70인역 본문)을 배경으로 한다면, 신명기 30:1-8에서 이스라엘이 지각 있는 마음과 눈과 귀를 얻게 된다고 하므로 제자들의 심각한 상태는 임시적이라고 할 수 있다.[45]

19-21절 (예수께서 주신 힌트) 예수의 말씀만이 아니라 사역도 예수의 정체에 대하여 암시한다는 점에서 비유적이다(Lane, 282). 예수의 오병이어 기적과 칠병 기적은 무언가 알려주는 바가 있다. 마커스(Marcus)에 의하면, 12, 7의 숫자는 종말론적 풍요를 상징한다고 볼 수 있다.[46] 그러나 마

---

45. Marcus, 2000: 513. "그러나 깨닫는 마음과 보는 눈과 듣는 귀는 오늘 여호와께서 너희에게 주지 아니하셨느니라"(신 29:4, 개역개정). "네 하나님 여호와께서 네 마음과 네 자손의 마음에 할례를 베푸사 너로 마음을 다하며 뜻을 다하여 네 하나님 여호와를 사랑하게 하사 너로 생명을 얻게 하실 것이며"(신 30:6, 개역개정).

46. Marcus, 2000: 514.

가복음의 문맥 속에서 각각 이스라엘과 이방인을 상징한다고 볼 수 있다(앞의 6:30-44; 8:1-10 주해 참고). 이러한 기적을 통해서 볼 때, 예수는 유대인과 이방인 모두를 위한 메시아임을 알 수 있다.

떼어낸 떡은 '아피코만'(אפיקומן)이라고 부르는데, 이것은 헬라어 '아피꼬메노스'(ἀφικόμενος) 즉 오실 자(메시아)에서 온 것이다(Evans, 2001: 390). 따라서 두 가지 종류의 부스러기(κλάσμα, 떼어낸 떡)에 관한 언급은 예수께서 어떤 메시아이신지 암시한다고 볼 수 있다.[47]

마가복음 8:21은 마가복음 제1막의 끝부분이다. 마가복음의 제1막은 예수에 대한 거부로 끝을 맺는다(Boring, 2006: 227). 제1막은 3부로 구성되는데, 모두 예수를 거부하거나 몰이해함으로 끝이 난다. 따라서 마가복음의 재1막은 예수의 메시아 표적과 이에 대한 거부 및 오해를 주제로 한다고 볼 수 있다.

제1부 (3:6) 종교지도자들의 거부

제2부 (6:6) 고향 사람들의 거부

제3부 (8:21) 제자들의 몰이해

2. 해설

예수께서는 부스러기를 유대인과 동시에 얻을 수 있는 이방인의 권리를 인정하시고 이방인에게도 축귀를 베푸신다(7:29). 이방 지역인 데가볼리 지역에서도 말을 못하는 자를 치유하시는 메시아 표증을 행하신다

47. 이승호, 12 참고.

(7:31-37). 이어서 광야의 만나 표적을 연상시키는 제2의 오병이어 표증을 이방인이 포함된 무리에게 이방 지역에서 행하신다(8:1-10). 예수께서 다시 유대인들의 지역에 오셨을 때, 바리새인들은 군사적 표증을 요구하지만 예수께서는 거절하신다(8:11-13). 제자들은 여전히 유대 민족주의적인 메시아 사상에 사로잡혀 있었는데, 예수께서는 그들에게 그러한 잘못된 사상을 조심하라고 가르치신다(8:14-21). 제자들은 예수께서 유대인만이 아니라 또한 이방인의 메시아이심을 깨달아야 했다.

제자들은 이방 지역에서 이방인들에게도 행한 칠병 기적과 같은 것이 이방인이 많은 벳새다에서 다시 발생하지 않도록 빵을 가지고 가지 않았다(8:14). 이러한 모습에 대해 예수께서는 마음이 경직되어 있다고 지적하셨다(8:17).

제자들의 마음(사고의 기관)이 경직되어 있음은 마가복음 6:52에도 기록되어 있다. 제자들은 오병이어 기적을 목격하고도 생각이 경직되어 예수께서 창조의 능력을 가지신 분임을 파악하지 못하였다. 그래서 그들은 예수께서 바다를 잔잔하게 하신 사건을 보고 놀랐다. 그들은 예수를 따르고 있었고 아마도 메시아로 믿었겠지만, 그들에게 메시아는 인간 이상의 존재는 아니었다. 그들은 메시아는 사람에 불과하다는 유대인들의 고정 관념을 벗어나지 못하였다. 그래서 바다를 잔잔하게 하시는 예수의 모습에 그들은 놀랄 수밖에 없었을 것이다.

유대인들의 고정 관념은 메시아 사상만이 아니라 율법 해석과 적용에서도 발견된다. 마가복음 3:5은 유대인들의 경직된 생각에 관해서도 기록한다. 여기서 마음의 완악함은 안식일에 병자를 치유하면 안식일 위반이라고 생각하는 고정 관념이다. 그러나 노예를 해방시키신 출애굽 정신을 담아 종들을 하루 쉬게 하신 안식일의 의도를 바르게 적용하면 질병의 노예를 이날에 치유하여 해방시킬 수 있었다.

물론 이방인에게도 사고의 경직됨이 있을 수 있다. 에베소서 4:18은 이방인의 마음의 경직됨을 언급한다. 그들의 고정 관념은 방탕한 행동으로 드러난다. “그들이 감각 없는 자가 되어 자신을 방탕에 방임하여 모든 더러운 것을 욕심으로 행하되”(엡 4:19). 그리스도인들은 이방인의 방종주의에도 빠지지 말아야 할 것이다.

바리새인들의 누룩과 헤롯의 누룩이 함께 조심해야 할 대상으로 언급된 것은(8:15) 바리새인들과 헤롯파가 함께 연합하여 예수를 대적한 것과 무관하지 않을 것이다(3:6). 바리새인들은 안식일의 정신에 따라 안식일에 병자 치유를 하신 예수님의 안식일 준수 방식을 보고 자기들의 방식과 다르므로 예수를 죽이고자 할 때 헤롯파와 연합하여 의논하였다(3:6). 그들은 마침내 묘안을 내어 예수께서 말로 실수하게 하고자 하였다(12:13). 그들은 함께 와서 로마 황제에게 조공세를 내는 것이 정당한 지에 대해 질문하였다. 어떤 대답을 하든지 예수께 불리하고, 방심하다가는 반로마 정치범으로 몰려서 죽게 될 수 있게 함정을 판 질문이었다.

겉보기는 민족주의 바리새파와 외세에 순응한 헤롯파가 맞서 있으니 그중에 하나는 정의로운 것처럼 보인다. 그 두 집단이 서로 연합하였기에 그들은 옳은 것처럼 보인다. 그러나 이 두 집단의 연합은 예수를 죽이고자 하였다. 오늘날에도 세상에는 바리새파와 헤롯파가 있지만, 그 둘 중에 하나에 진리가 있을 수 있다고 보거나, 그들의 연합에도 진리가 있다고 착각해서는 안 될 것이다.

그리스도인은 바리새파나 헤롯파일 수 없다. 그리스도인들이 그들의 누룩(가르침, 사상)에 물들어서 서로 나누어지고 싸워서는 안 될 것이다. 심지어, 베드로파, 바울파, 아볼로파 등으로 나누어지는 것마저 세상의 모습을 따르는 것이다. 고린도 교회 교인들이 그렇게 나누어졌을 때, 바울은 그들이 세속적이라고 지적하였다(고전 3:3). 세속적인 모습은 파당을 만들어 더 지혜로운 체하고, 더 강한 체하며, 더 영광스러운 체하는 모습이다(고전 4:10). 세속적이지 않은 진정한 그리스도인의 모습은 어떤 것인가? 모욕을 당하면 축복하고, 박해를 받으면 참고, 세상의 쓰레기처럼 여겨지는 바울과 사도들의 모습이다(고전 4:12-13). 이것은 십자가에 못 박힌 그리스도를 따라간 모습이다.

II. 본문 주석

제4부

제2막 (8:22-10:52)

제15장
마가복음 8:22-38
고난받는 메시아의 길과 고난받는 제자도

마가복음 8:22-26의 소경 치유와 10:46-52에 나오는 맹인 치유는 처음과 끝이 유사한 수미상관(*inclusio*) 구조를 이루어 8:22-10:52을 하나로 묶게 한다.[1] 이렇게 묶여진 8:22-10:52은 마가복음의 제2막에 해당한다(France, 320). 제2막에서는 '길에서'(ἐν τῇ ὁδῷ)라는 표현이 계속 등장한다(8:27; 9:33-34; 10:17, 32, 52).[2] 마가는 맹인 치유 기사 사이에 제자도에 관한 내용을 담으면서 예수의 정체에 관한 제자들의 눈먼 상태를 지적하고자 한 듯하다(Hooker, 200).

보링(M. E. Boring)에 의하면 제2막은 다음과 같은 구조를 가진다(Boring, 2006: 91).

---

1. Hooker, 197 참고.
2. France, 320. 후에 초기 교회는 '길'이란 말로 교회 자신을 표현한다(행 9:2; 18:25-26; 19:9, 23; 22:4; 24:14, 22)(France, 321).

은밀한 맹인 치유	8:22-26		
예수에 관한 긍정	8:27-30	9:2-29	10:18, 27
고난 예언	8:31	9:31	10:33-34
새로운 부르심과 가르침	8:33-9:1	9:33-50	10:41-45
공개적 맹인 치유			10:46-52

허타도(L. W. Hurtado)는 마가복음 제2막에서 예수의 수난에 관한 예언 이후에 제자들의 잘못이 교정되는 구조를 발견한다(Hurtado, 157).

수난 예언	제자들의 잘못 교정
8:32-33	8:34-38
9:30-32	9:33-50
10:32-34	10:35-40

1. 번역과 주해

맹인 치유(8:22-26)

22 그들이 벳새다로 갔다. 사람들이 그분에게 맹인을 데려와서 그를 만져
달라고 그분에게 요청했다. **23** 그분은 그 맹인의 손을 붙잡고 그를 마을 밖
으로 데려나갔다. 그리고 그의 눈들에 침을 뱉고 그에게 손들을 얹고 그에
게 물었다.

"무언가 보이느냐?"

24 그가 쳐다보고 말했다.

"저는 사람들을 보고 있습니다.

왜냐하면[3] 나무 같은 것들이 걸어가는 것을 제가 보기 때문입니다."

25 그 후에 그분이 손들을 그의 눈들에 다시 얹었다. 그러자 그가 빤히 바
라보더니 회복되어 모든 것을 명확히 보게 되었다. **26** 그러자 그분은 그를
그의 집으로 보내시며 말씀하셨다.

"저 마을에는 들어가지도 말거라."

이 치유는 이방적인 벳새다에서 일어난다(Guelich, 1989: 431). 벳새다는 필립(Philip)에 의해 건설되었고, 아우구스투스 황제(Caesar Augustus)의 딸 율리아(Julia)의 이름을 따서 벳새다-율리아(Bethsaida-Julia)라 불렀다(Edwards, 2002: 242). 벳새다는 마을의 연합체였으므로 23절에서처럼 마을로 언급하는 것은 정확한 묘사이다(Lane, 284). 벳새다의 인구는 수천 명이었을 것이며(Bock, 238), 주민 대부분은 이방인이었을 것이다.[4]

맹인을 치유한 것은 이사야서의 예언의 성취로서 구원의 시대가 도래한 표증이다(사 35:5). 예수께서는 바리새인들에게 표증을 주시기를 거부하신 후 다시 메시아 표증을 행하신다. 예수께서는 이 표증을 숨기기 위하여 마을 밖으로 나가서 은밀히 행하셨다(23절). 예수께서는 손을 얹어 치유하시는데 구약성경의 경우 손을 얹어 치유하는 경우가 없고, 손과 치유가 연결된 것이 단 한 번(왕하 5:11) 나온다(Edwards, 2002: 243).[5]

22절 (맹인을 데려온 사람들) 예수께서 벳새다에 도착하셨다. 마가는

---

3. 여기서 '호띠'(ὅτι)는 "왜 그렇게 판단할 수 있는가 하면"의 뜻으로 쓰였을 것이다.
4. 박윤만, 2017: 555.
5. "나아만이 노하여 물러가며 이르되 내 생각에는 그가 내게로 나와 서서 그의 하나님 여호와의 이름을 부르고 그의 손을 그 부위 위에 흔들어 나병을 고칠까 하였도다"(왕하 5:11, 개역개정).

벳새다를 마을이라 부른다. 누가복음 9:10; 요한복음 1:44; 요세푸스, 『유대 전쟁기』 3.515는 벳새다를 도시라고 부르지만, 마가가 마을이라 부른 것은 잘못이 아니다(Marcus, 2000: 593). 요세푸스(『유대 고대사』 18.28)에 의하면 헤롯 필립이 마을인 벳새다를 발전시켜 도시로 승격시켰다(Marcus, 2000: 593).

사람들이 예수께 맹인을 데려왔다. 안수를 요청한 것으로 보아 이들은 치유를 원했던 것으로 보인다. 유대인들은 맹인 치유를 죽은 자를 살리는 것보다 더 어려운 기적으로 간주하였다(Witherington, 239). 따라서 예수께 맹인을 데려와 치유를 기대한 사람들에게는 예수에 대한 믿음이 있었을 것이다.

23-24절 (침을 뱉으시고 안수하시는 예수) 예수께서 맹인의 손을 잡고 마을 밖으로 데려가셨다. 손을 잡으신 것은 70인역 이사야 42:1에서 새 출애굽 때에 하나님께서 이스라엘의 손을 잡고, 맹인들의 눈을 뜨게 하시리라고 하신 말씀을 연상시킨다.[6] 치유를 위해 치유 대상자를 따로 데려가신 것은 소통을 위한 것으로 볼 수 있다(Lane, 285). 또는 예수께서 맹인의 손을 잡고 마을 밖으로 이끌어 가신 것은 예레미야 31:32(LXX 38:32); 이사야 42:6-7에 담긴 출애굽 주제를 반영한다고 볼 수 있다.[7] 혹은 단순히 맹인 치유를 숨기기 위한 것으로도 볼 수 있다.

예수께서는 맹인의 눈에 침을 뱉으셨다. 마가는 눈을 표현하고자 '옴마'(ὄμμα)라는 단어를 사용하였다. 이 단어는 시적인 표현으로서 영적인 통찰력의 이미지를 표현하기 위해 종종 사용된 것이다(Marcus, 2009: 593). 마가는 이 단어를 통하여 육체의 눈만이 아니라 영적인 눈을 떠야

---

6. 박윤만, 2017: 557.
7. Marcus, 2009: 598.

함을 강조한 듯하다.

예수께서는 왜 침을 뱉으셨을까? 치유자들이 침을 사용하는 것은 에피다우루스(Epidaurus)에서의 치유자들과 베스파시안(Vespasian) 황제의 경우에서도 볼 수 있다.[8] 아마도 예수께서는 그 시대 그 지역의 문화 속에서 기대되는 치유 행위를 하셨을 것이다. 이것은 유대인들의 문화 속에 성육신하여 그들과 소통하신 모습이다. 굳이 침을 뱉으시지 않아도 치유하실 수 있지만 이러한 소통의 방식을 통하여 친밀하게 다가가시고 사람들의 삶과 문화 속에 함께 하신 것이다.

예수께서는 맹인에게 안수도 하셨다. 고대의 치유자들은 종종 손으로 만져서 낫게 하였다(Marcus, 2009: 593). 그런데 랍비 문헌에는 손을 얹어 치유하는 것이 나타나지 않고, 쿰란 문헌(1QapGen 20:29)은 머리에 손을 얹어 축귀하는 것을 묘사한다(Marcus, 2009: 594).

예수께서는 맹인에게 "무언가 보이느냐?"고 질문하셨다. 마가는 이 질문을 '에이'(εἰ)라는 단어로 도입한다. 이 단어는 70인역에서 종종 직접 의문문에 사용되었는데, 이것은 대개 히브리어 '하'(הֲ) 또는 '임'(אִם)의 번역이다.[9] '에이'(εἰ)는 신약성경에서도 자주 직접의문문을 이끌어 온다(Marcus, 2009: 594).

25절 (맹인이 완전히 치유됨) 눈이 먼 상태는 플라톤의 작품에서 무지의 은유로 사용되고 이사야 6:9-10; 예레미야 5:21에서 백성이 회개하지 않음과 완고함을 가리킨다(A. Y. Collins, 395). 유대인들의 문헌(*Genesis Rabbah* 53.14)에서 랍비 베냐민과 랍비 요나단은 하나님께서 눈을 뜨게 하시기까지 모든 사람은 맹인으로 간주되어야 한다고 말한다(Marcus,

8. Boring, 2006: 233.
9. Marcus, 2009: 594.

2009: 600).

맹인은 우선 사물을 희미하게 보게 되었는데, 예수께서는 다시 안수하여 그를 완전히 치유하신다. 복음서에서 치유가 두 단계로 발생한 것은 이 맹인 치유가 유일하다(Bock, 239). 치유가 두 단계에 거쳐 발생한 것은 제자들이 예수를 메시아로 인식한 후, 이 불완전한 단계를 극복하고 마침내 고난받는 메시아로 인식하게 되는 것을 비유한다고 볼 수 있다(Johnson, 370-83 참고).

쿰란 문헌(CD 1:9; 16:2-6)은 이스라엘 백성을 맹인으로 비유하고, 종말이 오기 전의 시대를 눈이 먼 시기로 비유한다.[10] 이러한 배경으로 볼 때에 맹인 치유는 이스라엘이 새 출애굽을 하게 되는 종말이 다가왔음을 사건을 통해 비유하며 알려준다.

맹인은 치유될 때 우선 '응시하였다'(διέβλεψεν). 그리고는 '명확히 보기 시작했다'(ἐνέβλεπεν). 마가는 이러한 단계를 '디아블레뽀'(διαβλέπω) 동사("응시하다")와 '엠블레뽀'(ἐμβλέπω) 동사("명확히 보다")를 사용하여 표현하였다. 당시 시각 이론에 따르면 '디아블레뽀'는 눈 안에서 빛이 방해물을 통과하여 나가는 것을 가리키고, '엠블레뽀'는 그 빛이 외부의 사물에 도달하는 것을 가리킨다고 보인다(Marcus, 2009: 595). '에네블레뻰'(ἐνέβλεπεν)은 시작의 미완료로 볼 수 있다(Marcus, 2009: 596). 그렇다면 이것은 계속 명확하게 보게 되는 동작이 시작됨을 뜻한다.

26절 (메시아 비밀) 쿰란 문헌(4Q521)에 의하면 맹인 치유는 메시아를 통해서 발생하도록 기대된 표증이었다.[11] 이사야 29:18; 35:5; 42:6-7, 16; 61:1(LXX)은 종말론적 맹인 치유를 언급한다(Marcus, 2009: 600). 그러

10. 박윤만, 2017: 559.

11. Marcus, 2009: 599.

므로 예수께서 맹인을 치유하신 것은 예수께서 메시아이심을 보여주는 표증이었다. 그런데 예수께서는 치유된 자에게 마을로 들어가지 말고 집으로 가도록 함으로써 이 메시아 표증을 숨기셨다. 이것은 군사적 메시아를 기대하고 있던 유대인들에게 군사적 메시아로 오해되는 것을 피하시기 위함이었을 것이다. 이러한 숨김의 주제는 맹인이 유대인이었다고 추측하게 한다. 맹인을 데려온 사람들이 유대인들의 전통인 안수를 요청한 것을 보아 이들은 아마도 유대인들이었을 것이다.

집으로 보내는 것과 마을로 들어가지 말라고 명한 것은 모순된 것처럼 여겨지기도 한다. 그러나 이 맹인은 이 마을이 아니라 주변 농장에서 사는 사람이었다고 보면 모순이 발생하지 않는다(A. Y. Collins, 395).

예수의 메시아 정체를 파악한 베드로(8:27-30)

27 예수와 그의 제자들이 필립의 가이사랴의 마을들로 나가셨다. 그가 길에서 그의 제자들에게 질문하시며 그들에게 말씀하셨다.

"사람들이 나를 누구라고 말하느냐?"

28 그런데 그들이 그에게 말했다.

"세례 요한이라고 합니다.

다른 사람들은 엘리야, 또 다른 사람들은 선지자들 중에 하나라고 합니다."

29 그러자 그가 그들에게 질문하셨다.

"너희는 나를 누구라고 말하느냐?"

베드로가 대답하여 그에게 말했다.

"당신은 그리스도이십니다."

30 그러자 그는 자기에 관하여 아무에게도 말하지 말라고 그들에게 명하셨다.

예수께서 행하신 메시아 표증들을 통하여 베드로와 제자들은 예수께서 메시아라는 것을 깨닫게 된다(29절). 그러나 예수께서는 이것을 아무에게도 말하지 말라고 명하신다(30절). 이러한 명령은 예수께서 메시아 표증을 행하신 후에 숨기신 것과 같은 맥락이다. 베드로가 예수를 군사적 메시아로 오해했다는 것은 곧 밝혀진다. 예수께서 메시아이심을 숨기신 데는 유대인들이 이러한 메시아 사상을 가지고 있었다는 것과 관련이 있었을 것이다.

자신이 메시아이심을 숨기도록 하신 예수께서 자신의 고난에 관하여 제자들에게 명확하게 말씀하신다(32절). 제자들은 예수를 군사적 메시아로 오해한 상황에서 예수를 메시아라고 선포할 것이 아니라 고난의 길을 가시는 예수를 따름으로써 예수는 메시아임을 고백한 신앙을 지켜나갈 수 있을 것이다(Williamson, 1983: 151).

27절 (예수의 질문) 예수께서 자신의 정체에 관하여 제자들에게 질문하신 곳은 필립의 가이사랴로 가는 길이었다. 필립의 가이사랴(가이사의 도시)는 로마와 깊은 관련이 있는 도시로서 가이사(Caesar, 로마 황제)를 주(主)로 시인하기 위해 헌정된 지역인데, 이 지역에서 예수를 메시아로 고백하게 된 것은 신학적으로 유의미하다(Lane, 289). 이 지역에는 헤롯이 로마 황제를 위해 지어 헌정한 신전도 있었다(A. Y. Collins, 400). 이 성전에서 아우구스투스(Augustus) 황제는 신적 영광을 받았다(요세푸스, 『유대 전쟁기』 1.404-6; 『유대 고대사』 15.363-64)(Marcus, 2009: 603).

28절 (사람들의 견해) 예수의 정체에 관한 사람들의 견해는 세례 요한, 엘리야, 선지자들 중에 하나였다. '선지자들 중에 하나'라는 것은 선지자들 중에 하나가 부활하여 등장한 자를 가리킨다고 볼 수 있다(Hooker, 202). 에스드라2서 2:18은 이사야와 예레미야가 종말에 돌아올 것을 기대한다(Hooker, 202).[12] 유대인들에게는 구약 시대의 성도들이 살아 있다는 믿음이 널리 퍼져 있었다(Marcus, 2009: 603). 그러므로 그들에게 구약 시대의 선지자들이 종말에 돌아오리라는 기대는 자연스러운 일이었을 것이다.

29절 (제자들의 견해) 제자들은 예수를 그리스도라고 판단했다. '그리스도'(메시아)는 어떤 존재인가? '메시아'는 일반 명사로서 기름 부음 받은 자를 가리키며 특별한 직위를 위해 하나님에 의해 선택된 사람들을 묘사하는 용어이다(Hurtado, 141). 그런데 쿰란 문헌 1QSa(1Q28a) 2:12에서는 비로소 '메시아'(המשיח)라는 용어가 특별한 어떤 대상을 가리키는 의미로 사용된다.[13] 이 용어는 예수 시대에 와서는 이스라엘을 구원하시고 세상에 공의를 세우기 위해 하나님께서 보내시기로 기대된 자를 가리키게 되었다(Hurtado, 141).

기독교 이전에 '메시아'는 대개 종말론적 왕을 가리켰다(Edwards, 2002: 250). 유대인들은 예레미야 23:5에 따라 다윗과 같은 왕이 세워질 것을 기대하였을 것이다.[14] 예수 이전에는 '여호와의 종'이나 '인자'가 메시아와 연결되지 않았다.[15] 메시아는 군사적 메시아로 기대되었고 그러한 기대는 솔로몬의 시편 17:23-30에 잘 나타난다(Edwards, 2002: 250-51).

30절 (메시아 비밀) 예수께서는 자신이 메시아이심을 알리지 않도록 하신다. 이러한 메시아 비밀은 당시 메시아 사상이 군사적으로 왜곡되어

12. "너를 돕기 위해 나의 종 이사야와 예레미야를 보낼 것이다"(에스드라2서 2:18; 방경혁 역, 417).
13. Edwards, 2002: 249-50.
14. "여호와의 말씀이니라. 보라, 때가 이르리니 내가 다윗에게 한 의로운 가지를 일으킬 것이라. 그가 왕이 되어 지혜롭게 다스리며 세상에서 정의와 공의를 행할 것이며"(렘 23:5, 개역개정).
15. Edwards, 2002: 250.

있었기 때문에 필요하였을 것이다.[16] 예수께서는 군사적 메시아로 오해되는 것을 피하고자 하셨을 것이다(Bock, 242). 브레데(W. Wrede)는 메시아 비밀에 관하여 설명하며, 예수께서 메시아 표증을 행한 적이 없는데 제자들이 이러한 표증의 발생을 선포하게 된 상황에서 마가가 예수를 변증하려는 의도로 고안되었다고 주장하였다. 이러한 주장에 대해 "유통기간을 넘겨 버리고도 팔리고 있다."고 라이트(N. T. Wright)는 지적한다.[17] 브레데의 가설은 예수께서 표증을 행하신 후 알리지 말라고 금하셨으나 예수의 표증이 알려졌다고 마가가 기록하고 있는 현상(1:44-45 등)을 설명하지 못한다. 이처럼 설명력이 없는 가설은 폐기 처분되어야 한다.

고난받는 메시아 예수의 길(8:31-33)

31 이제 그가 그들에게 가르치기 시작하셨다.

"그 인자는 심히 고난을 받아야 한다.
장로들과 대제사장들과 율법사들에게 배척당하여 죽임을 당해야 하고
삼 일 후에 살아나야 한다."

32 그가 명확하게 그 말씀을 하셨다. 그런데 베드로는 그를 붙잡고 꾸짖기
시작했다. **33** 그는 뒤돌아서 그의 제자들을 보시고 베드로를 꾸짖으며 말
씀하셨다.

"나의 뒤로 가라, 사탄아!
왜냐하면 너는 하나님의 일들을 생각하지 않고 사람의 일들을 생각하기 때문이다."

---

16. 예를 들어, 쿰란 문헌(CD 19:10-11)도 메시아는 무력(칼)으로 악한 자들을 정벌하는 역할을 한다(박윤만, 2017: 576).
17. France, 331.

이제 영적으로 눈먼 제자들에 대한 치유가 시작된다. 예수께서는 '그 사람의 아들'이라는 용어로 자신을 소개한다. 이것은 예수의 정체를 보여 준다. 그 정체는 다니엘 7:13-14에 나오는 사람의 아들과 같은 분이다. 수난을 겪고, 죽임을 당하고 삼일 후에 부활할 것을 예언하신다(31절). 이러한 말씀에 베드로는 예수를 한 편으로 데리고 가서 꾸짖는 것으로 반응한다(32절). 베드로는 메시아가 수난을 겪어야 함을 받아들일 수 없었을 것이다. 베드로에 대한 예수의 비판은 신랄하다. 예수께서는 베드로를 사탄이라고 부르신다(33절). 예수에 의하면 베드로의 군사적 메시아 사상은 인간이 원하는 것을 추구할 뿐이며 하나님께서 원하시는 것을 추구하지 않는다(33절).

31절 (예수의 수난 예언) 예수께서는 자신을 '그 인자'라고 부르시며 자신의 고난을 예언하신다. '인자'라는 단어는 팔레스타인 아람어에서 '나'를 가리켰다.[18] 그러므로 제자들은 '인자'를 "나"라는 뜻으로 이해했을 것이며, 예수의 가르침(8:38; 13:26; 참조, 14:62)의 맥락 속에서 비로소 이 표현이 다니엘 7:13-14과 유관함을 알 수 있는 가능성을 가졌을 것이다(Lane, 297). 이 표현은 예수의 정체를 숨기고 드러내는 두 가지 기능에 적합한 표현이었다(Lane, 298).

한편, '인자'는 에녹1서 37-71장; 에스드라2서 13장에서 천상적 메시아로 등장하는데, 마가복음에서는 '그 인자'가 고난받는 메시아로 제시된다(A. Y. Collins, 403). 그렇지만 마가복음에서 '그 인자'가 천상적인 메시아의 특징을 버리는 것은 아니다. 마가복음에서 '그 인자'는 신적인 메시아이면서 동시에 고난을 받는 메시아이다.

18. 팔레스타인 오경 탈굼, 예루살렘 탈무드, *Genesis Rabbah* 등 참고(Lane, 297).

예수를 박해할 집단은 '장로들과 대제사장들과 서기관들'이다. 이들은 산헤드린(예루살렘 의회)을 구성하는 권력집단이다(France, 335). '대제사장'(ἀρχιερεύς)은 마가복음에서 최고 제사장(high priest)만이 아니라 고위급 제사장(chief priest)을 가리킨다. 고위급 제사장은 전직 대제사장과 현직 대제사장 및 그 가족을 포함한다.[19] 그러므로 전직 대제사장 안나스(Annas), 현직 대제사장 카이아파스(Caiaphas), 후계자 요나단(Jonathan), 요나단의 형제 테오필루스(Theophilus)가 포함된다(행 4:6; 요세푸스, 『유대 고대사』 18.26, 95, 124).[20] 유대인들은 메시아가 대제사장과 친화적 관계를 맺을 것이라고 기대했기에(Marcus, 2009: 614), 메시아이신 예수가 대제사장에 의해 버림받고 죽임당한다는 예수의 예언은 제자들에게 충격적이었을 것이다.

예수께서는 자신이 유대 권력 집단에게 배척과 죽임을 당하고 '사흘 후에' 부활하실 것을 예언하신다. 구약성경 호세아 6:2에서는 '이틀 후에'와 '제 삼일에'는 함께 등장하여 이들이 호환성 있는 표현임을 알려준다. 이런 맥락에서 보면 '삼일 후'는 '제 사일'이다. 이러한 배경을 통해서 볼 때 '삼일 후에'라는 표현의 사용은 문자적으로는 주일 아침에 부활하심과 잘 맞지 않으므로 나중에 조작하지 않은 실제 예언이었음의 증거이다. 그런데, 레인(W. Lane)은 셈족어에서 '삼일 후에'가 "제 삼일에"를 뜻할 수 있다고 주장한다(Lane, 303). 또한 유대인들은 날의 일부도 하루로 센다(창 42:17-18; 출 19:11-16 참고).[21] 따라서 예수는 삼일 후에 부활하셨다고

---

19. Edwards, 2002: 254.
20. Edwards, 2002: 254. 샌더스(E. P. Sanders)는 대제사장들이란 최고 제사장(high priest)을 선출하는 4~5개 가족의 남자들을 가리킨다고 추정하였고, 쿡(M. J. Cook)은 그저 더 중요한 제사장들을 가리킨다고 주장했다(A. Y. Collins, 405).
21. Boring, 2006: 241.

볼 수 있다. 더구나 '삼일 후에'는 "짧은 시간 후에"를 뜻하는 헬라어 표현이기도 하다(Hurtado, 142). 유대 전통에서도 이 표현은 가끔 짧은 기간 후를 가리킨다.[22] 이러한 배경에서 보면, '사흘 후에'는 예수께서 실제로 부활한 기사와 잘 일치하는 예언으로 볼 수 있다.

마카비2서(7:9, 14, 21-23; 12:43-45; 14:45-46)에 반영되어 있듯이 유대인들에게는 죽음 후에 부활을 기대하는 사상이 있었다.[23] 이러한 사상은 다니엘서(12:2)에 이미 담겨 있는 내용이다(박윤만, 2017: 582). 그러나 죽은 지 사흘 후에 육체적으로 부활함이나 메시아가 유대 지도자들에게 고난을 당하여 죽고 부활함은 독특한 것이었다.

레인은 예수의 부활 예언이 탈굼(아람어로 번역된 구약성경)에서 부활과 관련된 호세아 6:1-2을[24] 염두에 둔 것이라 볼 수 있다고 한다(Lane, 302). 마커스(J. Marcus)는 이 구약 구절이 종말론적 부활에 관한 예언으로 간주된 랍비 전통을 소개한다.[25] 이러한 배경으로 보면 예수의 부활은 새 시대를 여는 종말론적 사건이다.

마가는 예수의 죽음과 부활 예언에 헬라어 '데이'(δεῖ, "~해야 한다")를 사용한다. 주어가 없는 '데이'(δεῖ)는 하나님께서 행하심을 에둘러 표현하기 위해 사용된다(Marcus, 2009: 605). 다니엘 2:28, 29에서 70인역은 미래(it will)로 번역되어야 할 표현을 '데이'(δεῖ)로 번역한다(Bennett, 125). 이러한 번역은 일어날 사건들이 예정되어 있다는 묵시적 종말론을 배경으로 이루어진 것이다(Bennett, 125).

---

22. Marcus, 2009: 605.
23. 박윤만, 2017: 581.
24. "On the day of the resurrection of the dead he will raise us up and we shall be revived before him"("죽은 자들의 부활의 날에 그는 우리를 일으키실 것이고 우리는 그의 앞에서 부활할 것이다")(Lane, 302에서 재인용).
25. Marcus, 2009: 606.

예수의 고난은 시편 118:22(LXX 117:22)과 관련되어 이해될 수도 있다(12:10 참고).[26] 이 시편 구절은 "배척하다"는 뜻으로 '아뽀도끼마조'(ἀποδοκιμάζω)를 사용하는데, 마가복음 8:31도 동일한 단어로 예수께서 배척당하게 될 것을 예언하기 때문이다. 그렇다면 예수께서는 자신이 이 시편 구절에 나오는 배척당하는 돌에 해당한다고 보셨을 것이다.

32절 (베드로가 예수를 꾸짖음) 예수께서는 '드러내 놓고'(παρρησίᾳ) 자신의 고난에 관하여 예언하셨다. 개역개정판이 '드러내 놓고'로 번역한 헬라어 단어는 '빠레시아'(παρρησίᾳ)이다. 이것은 비유적으로 하지 않고 "명확하게" 말씀하였다는 뜻으로 볼 수 있다(Marcus, 2009: 606).

예수의 고난 예언을 듣고 베드로는 예수를 '붙들었다.' '붙들었다'에 해당하는 헬라어 단어 '쁘로슬라보메노스'(προσλαβόμενος)는 브리스길라와 아굴라가 아볼로를 가르치려고 데려감을 묘사할 때에도 사용한 단어이다(행 18:26, προσελάβοντο). 따라서 이것은 베드로가 예수를 가르치려고 했음을 암시하는 표현이다(Marcus, 2009; 606).

베드로는 예수를 '꾸짖었다.' '꾸짖다'(ἐπιτιμάω)는 귀신을 꾸짖음을 묘사할 때 주로 쓰는 용어이다(Edwards, 2002: 255). 그러므로 베드로가 제자로서 예수께 꾸짖은 것은 매우 예의 없는 행동이었다고 볼 수 있다. 메시아가 고난받는다는 개념이 당시 유대교에는 없었다(Hurtado, 136). 유대인들(탈굼)은 이사야 53장에서 고난을 메시아와 연관시키지 않고 다만 백성들과 연관시킨다(Lane, 303).[27] 당시 유대인들의 메시아 사상을 공유하고 있었던 베드로는 예수의 생각이 틀렸다고 생각하고 예수를 꾸짖었을 것이다.

---

26. Lane, 301 참고.
27. 탈굼의 이 부분이 1세기 해석의 반영인지, 나중에 기독교의 해석에 대한 반작용으로 편집된 것인지에 대해서는 논란의 여지가 있다(Lane, 303. n.92).

33절 (베드로를 꾸짖으신 예수) 예수께서도 베드로를 꾸짖으시며, 베드로를 '사탄'이라고 부르신다. 베드로는 사탄이 하는 역할을 하고 있기에 사탄이라고 불렀을 것이다.[28] 또는 예수께서는 축귀할 때의 경우처럼 베드로 안에 있는 사탄을 불렀을 것이다(Marcus, 2009: 607). 이 구절을 토대로 볼 때 사탄도 베드로처럼 고난받는 메시아의 길을 피하도록 예수를 유혹한 적이 있었다고 추측할 수 있다. 아마도 사탄은 광야에서 예수를 시험할 때 그렇게 했을 것이다.

사탄이라는 히브리어 단어의 의미는 대적자이다(A. Y. Collins, 407). 유대인들의 문헌(*Genesis Rabbah* 56.4)은 아브라함이 이삭을 바치는 것을 거부하도록 사탄이 유혹하다가 실패하는 이야기를 담고 있다.[29] 유사하게 베드로는 (예수께서 고난을 거부하도록 유혹하며) 하나님의 뜻에 대적하는 역할을 하고 있다(A. Y. Collins, 407). 그의 역할이 사탄의 역할과 같으므로 사탄이라고 불렀을 것이다.

예수께서는 베드로의 잘못이 무엇인지 지적하신다. 베드로는 '하나님의 것들'을 생각하지 않고 '사람의 것들'을 생각하고 있다. '하나님의 것들,' '사람의 것들'(τὰ τῶν ἀνθρώπων)은 참조의 목적격(accusative of general reference)으로 볼 수 있다.[30] 이렇게 해석하며, 예수께서는 베드로에게 (사람의 것들과 관련하여 생각하지 말고) 하나님의 것들과 관련하여, 즉 하나님의 방식을 따라 생각하여야 함을 지적하였을 것이다(Boring, 2006: 242). 사람들이 원하는 길은 고난 없이 승리하는 메시아의 길이다. 그러나 하나님께서 원하시는 길은 고난받는 메시아의 길이다.

---

28. A. Y. Collins, 407.
29. Marcus, 2009: 607.
30. Boring, 2006: 242.

제자의 길(8:34-38)

34 이에 그가 무리를 그의 제자들과 함께 부르시고 그들에게 말씀하셨다.
"누구든지 나의 뒤에 따라오기를 원하는 자는
자기 자신을 부정하고 자기의 십자가를 지고 나를 따르도록 하십시오.
35 왜냐하면 누구든지 자기의 목숨을 구하기를 원하는 자는
그것을 잃을 것이기 때문입니다.
누구든지 나와 복음 때문에 자기 목숨을 잃는 자는 그것을 구할 것이
기 때문입니다. **36** 사람이 온 세상을 얻고 자기의 목숨을 잃으면 무엇
이 유익하겠습니까?
37 사람이 무엇으로 자기 목숨을 대체하겠습니까?
38 누구든지 이 음란하고 죄 많은 세대에서
나와 나의 말들을 부끄러워하면
그 인자도 그를 부끄러워할 것입니다.
그 인자가 그의 아버지의 영광 속에서 거룩한 전령들과 함께 올 때에
말입니다."

예수께서는 자신이 어떤 종류의 메시아인지 밝히신 후에 제자들이 어떠해야 하는지 알려주신다. 예수를 따르고자 하면 자기를 부인하고 (즉, 생존을 위한 권리주장을 포기하고) 자기 십자가를 지고 (즉, 처형장으로 가는 죄수처럼) 예수를 따라야 한다(34절). 34절의 예수 말씀 구조는 다음과 같은 교차평행구조(chiasm)이다. 따라서 '자기를 부인함'과 '자기 십자가를 짐'은 동일한 의미를 가진 다른 표현으로 볼 수 있다(Gundry, 435 참고).

A Εἴ τις θέλει ὀπίσω μου ἀκολουθεῖν 예수 따름

B ἀπαρνησάσθω ἑαυτὸν 자기 부정

B′ καὶ ἀράτω τὸν σταυρὸν αὐτοῦ 자기 십자가

A′ καὶ ἀκολουθείτω μοι 예수 따름

한편, 마가복음 8:34-9:1도 다음과 같은 교차평행구조를 가진다(Marcus, 2009: 623).

A (8:34) 그리고 그들에게 말씀하셨다(καὶ` εἶπεν αὐτοῖς)

B (8:35) 왜냐하면 누구든지(ὃς γὰρ)

C (8:36) 왜냐하면 무엇(τί γὰρ)

C′ (8:37) 왜냐하면 무엇(τί γὰρ)

B′ (8:38) 왜냐하면 누구든지(ὃς γὰρ)

A′ (9:1) 그리고 그들에게 말씀하셨다(καὶ ... ἔλεγεν αὐτοῖς)

34-35절 (제자의 길) 예수께서 무리와 제자들을 부르셨다. '부르다'에 해당하는 헬라어 단어(προσκαλεσάμενος)는 70인역 출애굽기 3:18; 5:31에 사용된 것으로서 모세를 따라 광야로 가도록 하나님께서 부르심을 표현한 것이다(Marcus, 2009: 615). 따라서 예수께서 제자들을 '부르심'은 그들을 새 출애굽 사역을 위한 제자의 길로 부르심을 뜻한다고 볼 수 있다.

예수께서는 "누구든지 나의 뒤에 따라오기를 원하는 자는 자기 자신을 부정하고 자기의 십자가를 지고 나를 따르도록 하십시오."라고 말씀하시며 제자의 길을 규정하신다. '누구든지'는 이 제자도가 특수그룹에 해당하지 않음을 분명히 한다(France, 339). 34절에서 '무리'가 청중임도 이를 분명히 한다(Lane, 306).

예수의 제자의 길은 '자기 자신을 부정'하는 길이다. 35절은 자신의 목

숨을 구하려고 하지 않은 것이 34절의 '자기 부정'의 의미임을 알려준다 (A. Y. Collins, 409).

예수의 제자의 길은 '자기의 십자가를 지고' 예수를 따르는 길이다. 유대인들의 문헌(*Genesis Rabbah* 56.3)은 이삭이 자기의 희생을 위해 준비된 나무를 지고 간 것을 "마치 자기 십자가를 자기 어깨에 지고 가는 자처럼"이라고 표현했다(Marcus, 2009: 617). 이러한 배경으로 볼 때에는 자기 십자가를 지는 것은 이삭처럼 하나님께서 명하신 고난의 길을 가는 것을 뜻한다. 한편, 십자가는 사형수의 형틀이므로, 자기 십자가를 진다는 것은 사회적으로 죄인 취급당하는 것을 포함한다.

35절은 34절에서 제시된 제자도의 이유를 제시한다. "왜냐하면 누구든지 자기의 목숨을 구하기를 원하는 자는 그것을 잃을 것이지만, 누구든지 나와 복음 때문에 자기 목숨을 잃는 자는 그것을 구할 것이기 때문입니다." 자기 목숨을 부정하고 예수를 따라야 하는 이유는 그래야 목숨을 구할 것이기 때문이다. '목숨'을 가리키는 단어로 사용된 '프쉬케'(ψυχή)는 구약성경에서 일반적인 목숨(이 경우 '하임'[חַיִּים], '조에'[ζωή]를 씀)보다도 개인의 목숨을 가리킨다(Marcus, 2009: 618). 35절은 세상에서 목숨을 포기하는 자는 영원한 생명을 얻을 것임을 뜻한다.

예수께서는 예수와 복음을 위해서 죽는 자가 살 것이라고 하신다. 마카비2서 7:9은 율법을 위해 죽는 자가 부활할 것이라고 하는데, 이를 배경으로 볼 때 예수의 말씀은 예수와 복음이 구약 율법의 권위를 가졌다는 주장을 담고 있다고 볼 수 있다(박윤만, 2017: 592).

36-37절 (더 소중한 것) 36절은 시편 49:7-8을 연상시킨다(Hooker, 209). "아무도 자기의 형제를 구원하지 못하며 그를 위한 속전을 하나님께 바치지도 못할 것은 그들의 생명을 속량하는 값이 너무 엄청나서 영원히 마련하지 못할 것임이니라"(시 49:7-8, 개역개정). 목숨도 세상보다 귀

중하다면 영생은 더더구나 그러하다(Lane, 309). 예수를 부인하고 온 세상을 얻어도 유익이 없고 절대적인 손실만 있을 뿐이다(Lane, 309). 38절은 이러한 해석이 정당함을 알려준다. 현세에서 취한 예수에 대한 태도는 결국 내세에서의 운명을 좌우할 것이다.

38절 (예수를 부끄러워하지 말아야 할 이유) 예수를 부끄러워하지 말아야 할 이유는 역사 속에서 고난받은 예수는 역사의 끝에 심판자로 등장하시기 때문이다. 종말에 심판자로 오실 인자는 예수이다. 38절에서 '그 인자'는 '나'(예수)와 평행된다. 인자를 예수와 다르다고 생각하여 구분하는 것은 이 본문에 담긴 평행법을 무시하는 것이다(Lane, 310). 평행구절인 마태복음 10:33이 '그 인자' 대신 '나'를 사용함도 '그 인자'가 예수를 가리킴을 알려준다.

'그 인자'는 역사의 끝에 '그의 아버지의 영광'을 가지고 오신다. 이 표현은 그 인자를 하나님의 아들과 일치시키는 표현이다(Hooker, 210 참고). 마가복음에서 하나님의 아들은 예수의 정체에 해당하므로(1:11; 9:7), 종말에 심판자로 오시는 분은 예수이시다.

예수께서는 '거룩한 전령들'과 함께 오신다. 개역개정판이 '천사'로 번역한 단어 '앙겔로스'(ἄγγελος)는 직역하면 '전령'이다. 이 단어는 다니엘 7:27이 말하는 성도들을 가리킬 수도 있다.[31] 데살로니가전서 4:14이 예수께서 성도들과 함께 오신다고 함은 이러한 해석을 지지한다(Marcus, 2009: 620).

그 인자가 오신다는 표현은 다니엘 7:13을 암시하며, 따라서 그 인자가 왕권을 받음을 가리킨다(France, 343). 그 인자가 왕권을 가지고 심판하실 때는 종말이지만, 그 인자가 왕으로 선언되는 때는 요한에게 세례받

31. Marcus, 2009: 620.

으실 때이며, 왕으로 등극하신 때는 십자가에 못 박히실 때이고, 왕권을 받으시는 때는 부활 이후부터이다. 마가복음 8:38이 언급하는 시점은 종말의 심판의 때를 가리키는 듯하지만, 이러한 모든 시점들은 다 그 인자의 오심과 관련되는 시점들이다. 그러나 마가복음 8:38이 언급하는 시점은 종말의 심판의 때를 가리키는 듯하다.

2. 해설

벳새다에서 맹인의 치유를 요구한 사람들은 유대인들의 관습에 따라 안수를 요청한 것으로 볼 때(8:22), 유대인들이었을 것이다. 예수께서는 맹인을 치유하신 후, 이것이 메시아 표증이므로 유대인들에게 숨기고자 하셨을 것이다(8:26). 유대인들에게 메시아는 군사적인 영웅이었으므로, 이 표증을 보고 예수를 군사적인 수단으로 유대인들을 구하는 메시아로 오해하지 않도록 하여야 했을 것이다.

맹인 치유는 희미하게 보이다가 명확하게 보이게 되는 두 단계를 거친다. 이것은 예수의 제자들이 영적인 눈을 뜨는 과정과 유사한 사건으로서 제자들이 어떻게 눈을 뜨는지 보여준다. 예수의 제자들은 예수의 메시아 정체를 자기들의 방식대로 희미하게 알게 된 후, 마침내 명확하게 알게 된다. 그들은 마침내 예수를 고난과 죽음을 통하여 새 언약과 죄 사함의 시대를 가져오시는 메시아로 알게 될 것이다. 그들은 예수를 메시아로 고백했지만(8:29), 베드로의 경우에서 보듯이 예수께서 유대 지도자들에게 배척당하고 죽임을 당해야 함은 받아들이지 않았다(8:32). 그러나 예수께서는 마침내 그들의 눈을 뜨게 하실 것이다.

고난받고 죽임당하고 부활하시는 메시아를 따르는 제자의 길은 예수의 길과 유사할 수밖에 없다. 예수를 따르는 자들은 자신의 목숨을 포기하고 마치 사형수처럼 자기가 못 박혀 죽을 십자가를 지고 죽임을 당하는 길로 예수를 따라가야 한다. 이렇게 예수를 따른 자들의 운명은 예수의 운명과 동일하다. 예수께서 죽음을 이기고 부활하셨듯이 그들은 영원한 생명을 얻을 것이다.

제16장
마가복음 9:1-50
고난받는 메시아의 길과 제자 공동체의 원리

1. 번역과 주해

예수의 변모(9:1-10)

9:1 그리고 그가 그들에게 말씀하셨다.

"나는 진실로 여러분에게 말합니다.
여기 서 있는 사람들 중에 몇몇은
하나님 나라가 능력있게 임하여 있음을 볼 때까지
결코 죽음을 맛보지 않을 것입니다."

2 그런데 육일 후에 예수께서 베드로와 야고보와 요한만 따로 데리고 높은
산에 올라가셨다. 그리고 그는 그들 앞에서 변화되셨다. **3** 그리고 그의 옷
이 지상의 세탁업자가 그렇게 희게 할 수 없을 정도로 매우 희게 빛나게 되
었다. **4** 그들에게 엘리야가 모세와 함께 보였는데 그들은 예수와 대화하고
있었다. **5** 베드로가 반응하여 예수께 말했다.

"랍비여, 우리가 여기 있는 것이 좋습니다.

초막 세 개를 만듭시다.
당신을 위하여 하나, 모세를 위하여 하나, 엘리야를 위하여 하나씩 말입니다."

6 왜냐하면 그는 어떻게 반응해야 할지 알지 못하였고, 두려워졌기 때문이
었다. **7** 구름이 나타나 그들을 덮었고 구름 속에서 소리가 났다.

"이는 나의 사랑하는 아들이다. 너희는 그의 말을 들으라."

8 그리고 갑자기, 그들이 둘러보니, 더 이상 아무도 보지 못하게 되었고 오
직 그들 자신과 함께 계신 예수만 보였다. **9** 그들이 산에서 내려올 때 그는
그들이 본 것들을 인자가 죽은 자들로부터 살아날 때까지는 아무에게도 말
하지 말라고 그들에게 명하셨다. **10** 그래서 그들은 그 말씀을 자기 자신들
에게 간직했다. 그들은 죽은 자들로부터 살아나는 것이 무엇인지 의논했
다.

예수의 변모는 베드로후서 1:16-18에서도 증언되고 있다.[1] 이러한 증언은 예수의 변모 기사의 역사성을 지지한다. 이 변모를 목격한 제자의 수가 세 명이라는 점도 이 기사의 신빙성을 더한다. 세 명이 동시에 동일한 허상을 보거나 동일한 환청을 경험할 수는 없기 때문이다.

예수의 변모 기사는 출애굽기 24-25장과 평행을 이루며 예수를 새 모세(신 18:15과 막 9:7 비교)로 소개한다.[2] 3명의 언급(출 24:1, 9), 구름이

---

1. "우리 주 예수 그리스도의 능력과 강림하심을 너희에게 알게 한 것이 교묘히 만든 이야기를 따른 것이 아니요, 우리는 그의 크신 위엄을 친히 본 자라. 지극히 큰 영광 중에서 이러한 소리가 그에게 나기를 이는 내 사랑하는 아들이요 내 기뻐하는 자라 하실 때에 그가 하나님 아버지께 존귀와 영광을 받으셨느니라. 이 소리는 우리가 그와 함께 거룩한 산에 있을 때에 하늘로부터 난 것을 들은 것이라"(벧후 1:16-18, 개역개정).
2. France, 348. "너희는 그의 말을 들을지니라"(신 18:15, 개역개정). "너희는 그의 말

산을 덮음(출 24:15),[3] 6일(출 24:16), 하나님께서 말씀하심(출 25장 이하; 참조, 출 19:9), 산에 올라감(출 24:16), 영광스런 광경을 봄(출 24:10)은[4] 출애굽기 24-25장과 평행된다. 이러한 평행은 예수의 변모 사건이 새로운 시내산 신현(theophany)으로 이해되게 한다(Lane, 317).

예수의 변모 기사는 어떻게 하나님의 나라가 능력으로 임하였는지 알려준다. 그것은 예수의 변모와 함께 임하였다. 즉, 하나님 나라의 임함은 예수와 밀접하게 관련된다. 예수를 통해 도래하는 하나님 나라가 모세나 엘리야를 통해 역사한 하나님 나라보다 더 크고 위대함은 하늘에서 들려온 음성("이는 나의 사랑하는 아들이다. 너희는 그에게 순종하라.")에 의해서 암시되고(7절), 오직 예수만 남고 모세와 엘리야가 장면에서 사라진 데서도 암시된다(8절).

1절 (하나님 나라의 임함) 예수께서는 하나님 나라가 곧 임한다고 예언하신다. 제자들 중에 몇몇은 죽기 전에 하나님 나라의 임함을 볼 것이라고 말씀하신다. 그들이 누구인지는 곧 밝혀진다. 그들은 '여기 서 있는 자들 중 몇몇'(τινες ὧδε τῶν ἑστηκότων)이라고 지시되었는데, 2절에 등장하는 베드로, 야고보, 요한이다(Gundry, 457). '하나님의 나라가 능력으로 임하는 것'도 2-8절에 나타나는 예수의 변모를 가리킨다. 이러한 변화는 부활하시고 승귀하시는 예수의 모습을 미리 보여주신 것으로 볼 수 있다(Hurtado, 140). 물론 재림하실 예수의 모습을 미리 보여주신 것으로 볼 수도 있다. 베드로후서 1:16-18은 예수의 변모 사건을 재림과 연관시킨다(Osborne, 154).

1절을 재림에 관한 것으로 해석하는 것은 이것을 실패한 예언으로 보

을 들으라"(막 9:7, 개역개정).

3. 구름은 하나님의 임재를 상징한다(Hooker, 217).
4. 양용의, 204.

게 하는 문제가 있다. 그러나 마가 자신은 1절의 예언을 곧바로(6일 후에) 성취된 것으로 본다.[5] 마가는 6일 후에 하나님의 나라가 능력으로 임하는 것을 "보는"(ἴδωσιν) 일이 발생했다고 간주한다. 본문에서 계속 등장하는 '봄'(seeing)의 언어는 이러한 해석을 지지한다(4절 '보였다,' ὤφθη; 8절 '보았다,' εἶδον; 9절 '보았다,' εἶδον). 예수께서 볼 것이라고 예언한 것을 6일 후에 세 제자가 보았다.

예수의 예언에 의하면 몇몇 제자들은 '죽음을 맛보기 전에' 하나님 나라의 임함을 볼 것이다. 에스드라2서 6:25-26에도 마가복음 9:1의 '죽음을 맛보기 전에'와 유사한 표현이 나온다.[6] 그러나 마가복음과 내용상 유사하지는 않다. 헬라어에서 '맛보다'(γεύομαι) 동사는 은유적으로도 사용되지만, '죽음을 맛보다'는 표현은 전형적이지 않다(A. Y. Collins, 413). 70인역에서도 '맛보다' 동사는 은유적으로도 사용되지만, '죽음을 맛보다'는 표현은 등장하지 않는다.[7] 그러나 '죽음을 맛보다'는 표현은 에스드라2서 6:25-26과 랍비 문헌에 등장한다(A. Y. Collins, 413). 요한복음 8:52(οὐ μὴ γεύσηται θανάτου); 히브리서 2:9(γεύσηται θανάτου)에서도 이러한 표현이 발견된다.[8] 그러므로 이 표현은 "죽다"를 뜻하는 유대인들의 표현이라고 볼 수 있다.

예수께서는 '하나님의 나라가 능력있게 임함'의 임박성을 예언하신

5. "죽음을 맛보지 않을 것이다"라는 표현에 관해서는 Chilton, 30-31 참고. 이러한 표현은 셈족어적 강조 표현이다(Evans, 2001: 28; 희년서 16:16을 보라). 에스라4서 6:26; 히 2:9 참조(Hooker, 213).

6. "And they will see the men who were taken up, who from their birth have not tasted death"("그리고 그들은 들리어 올려진 사람들을 볼 것이다. 그들은 그들의 출생 때부터 죽음을 맛보지 않았다")(A. Y. Collins, 413에서 재인용).

7. A. Y. Collins, 413.

8. Marcus, 2009: 621.

다. '하나님의 나라가 능력 있게 임함'이 무엇인지는 "너희는 그(즉 메시아 예수)에게 순종하라."(7절)는 명령에 암시되어 있다. 이것은 하나님께서 그 나라를 메시아 예수께 주셨음을 전제한 명령이다. 하나님의 나라는 능력있게 임하여 예수께 주어졌다.

하나님 나라의 '임함'은 '오다'(ἔρχομαι) 동사의 완료형(ἐληλυθυῖαν)이므로 "와 있는 것"을 뜻한다. 제자들은 하나님 나라가 오는 것을 보게 되는 것이 아니라 하나님 나라가 와 있는 것을 보게 될 것이다(France, 344 참고). 그러나 이 비밀의 계시는 모두가 아니라 일부(τινες)에게만 주어질 것이다.

2절 (높은 산에 올라가심) 예수는 6일 후에 세 제자와 함께 높은 산에 올라가신다. 출애굽기 24:16에 의하면 모세도 구름이 산을 덮은 지 6일 후에 시내산에 오른다(Marcus, 2009: 631). 여기에는 예수와 모세의 공통점을 묘사하며 예수를 소개하는 모세 모형론이 담겨 있다. '6일 후에'는 셈족어적 숙어이며 결정적 행동이 제7일에 발생하게 되는 것으로 묘사된다고 머컬리(F. McCurley)는 주장한다.[9]

예수께서 오르신 '높은 산'은 아마도 헐몬산을 가리킨다. 전통적으로 예수 변모산으로 여겨지는 다볼산(Mt. Tabor)은 높지 않고, 정상에 사람이 거주하였기에 조용하지도 않았다(요세푸스, 『유대 고대사』 13.396).[10] 30절에 의하면 예수께서는 그곳을 떠나 갈릴리로 가시는데 다볼산은 갈릴리에 있으므로 변화산일 수 없다(Edwards, 2002: 283).

예수께서는 높은 산에서 변모되셨다. 여기서 '변모되셨다'(μετεμορφώθη)는 신적 수동태로 볼 수 있다(Pesch, 1984: 72). 그렇다면 하나님

9. A. Y. Collins, 420.
10. Edwards, 2002: 263.

께서 예수를 변모시키셨다는 뜻이다.

3절 (희게 빛난 옷) 예수의 변모와 함께 예수의 옷이 희게 되고 빛이 났다. 빛남은 천상적 존재와 관련된 특징이다(Pesch, 1984: 73). 다니엘 7:9은 하나님의 모습을 묘사하며 "그 옷은 희기가 눈 같고"라고 표현한다. 이러한 표현을 배경으로 보면 예수의 옷의 빛남은 예수의 신적인 측면과 관련된다. 이것은 메시아의 영광을 묘사하기 위해 묵시 문헌들이 사용한 언어이다(Lane, 318). 예수의 변모는 예수에 관련된 종말적 진상의 확증이며, 제자들이 본 것은 예수 재림의 신비를 보여주는 계시이다(Lane, 318).

옷의 빛남은 또한 아담 모형론을 담고 있다고 볼 수 있다(Marcus, 2009: 636). 탈굼(아람어로 번역한 구약성경) 창세기 3:21은 아담의 영광의 옷을 언급한다.[11] 메시아가 종말에 아담의 의복을 회복할 것이라는 기대가 유대인들 가운데 있었다(Marcus, 2009: 636). 이러한 배경으로 볼 때 옷의 빛남은 예수께서 아담의 처음 상태를 회복하시는 종말론적 새 아담임을 암시한다.

4절 (엘리야와 모세의 등장) 엘리야가 모세와 함께 나타났다. 모세와 엘리야는 모두 시내 산에서 하나님을 만난 사람들이기에 공통성이 있다고 볼 수 있다(출 19-24장, 34장; 왕상 19장).[12] 유대인들의 문헌(*Deuteronomy Rabbah* 3.17)에 의하면 엘리야와 모세는 종말에 함께 등장하리라 기대된 인물이다(Marcus, 2009: 633). 그들이 함께 등장한 것은 이러한 배경을 통해 이해해 볼 수 있다. 이들은 또한 모두 메시아와 관련된 인물이라는 공통점을 가진다. 엘리야(메시아 전에 오는 인물)와 모세(메시아의 모형)는 모두 메시아의 보도자들이므로 여기에 등장한다고 볼 수 있다(Hooker,

---

11. Marcus, 2009: 636.
12. Marcus, 2009: 632.

216 참고).

엘리야가 돌아올 것이라는 기대는 쿰란 문헌(4Q558 4-5)에서 발견된다.[13] 그러므로 엘리야의 등장은 이러한 종말론적 기대가 성취된 현상으로 볼 수 있다. 엘리야는 죽지 않고 승천한 선지자이므로 엘리야의 등장은 예수께서도 죽음을 극복할 것(부활)을 암시한다.[14] 이 기사 후에 부활을 언급하는 구절(9:9)이 나오는 것도 이러한 연관을 지원한다(Marcus, 2009: 637).

요한복음 6:14에서는 모세와 같은 선지자와 오실 분이 하나로 융합되고 있다(Marcus, 2009: 634). 이 구절에는 모세와 같은 선지자가 종말에 등장할 것이라는 기대가 담겨 있다. 이러한 배경을 통해서 볼 때, 모세가 등장하여 예수와 이야기를 나누는 모습은 예수께서 모세와 같은 선지자이심을 알려주는 현상으로 해석될 수 있다.

5-6절 (베드로의 제안) 베드로는 예수를 '랍비'(ῥαββί)라고 부른다. 예수 시대에 '랍비'는 아직 전문 용어가 아니었다. 마가복음 10:51의 '랍비'에 해당하는 마태복음 20:33의 용어는 '주'이며, 팔레스타인과 디아스포라의 초기 비문(inscription)도 랍비를 교사가 아닌 영향력 있는 사람에게 사용하였다(Marcus, 2009: 633). 이것은 높은 지위를 가진 사람에게 사용할 수 있는 용어였다.[15] 보링(M. E. Boring)은 변화되신 예수를 목격한 후에 예수를 부르는 호칭으로서 '랍비'는 부적절한 표현이라고 주장한다.[16] 그러나 이것은 유대인들이 존칭으로 사용한 표현이기 때문에, 부적절한 표현이 아니다.

---

13. "I will send Eliyah"("나는 엘리야를 보낼 것이다")(A. Y. Collins, 423에서 재인용).
14. Marcus, 2009: 637.
15. Marcus, 2009: 633.
16. Boring, 2006: 262.

베드로는 '초막'을 세 개를 짓자고 제안한다. 초막은 광야 생활을 기억하며 독립을 염원하는 상징이다. 초막을 만들고 거하는 것은 유대인들이 초막절에 7일간 행한 것으로서 출애굽을 기념하는 행동이었기 때문이다(레 23:41-44).[17] 따라서 베드로는 초막을 세움을 통해(5절) 하나님 나라의 도래가 독립 전쟁의 시작과 함께 이루어진다는 생각을 드러낸 듯하다(행 1:6 참고). 스가랴 14:16-20에서는 초막이 종말론적 의미를 가진다(Osborne, 154). 토비트 13:11은 유대인들이 하나님께서 그 백성들과 함께 거하시는 새 시대를 기대하였음을 보여준다(Bock, 250). 베드로도 이러한 기대 속에서 초막을 짓고자 하였을 것이다.

이어 베드로가 초막 세 개를 짓자고 제안한 이유가 제시된다. 그는 '두려웠기 때문이다.' 이 표현은 마가복음 16:8에서도 등장하는데, 모두 신적 계시에 관련한 두려움이다(Marcus, 2009: 641). 본문은 베드로가 무서워서 말실수를 범했다고 한다. 트랄(M. E. Thrall)은 베드로가 초막 세 개를 짓겠다고 하며, 예수를 엘리야, 모세와 동급으로 보는 실수도 범했다고 주장한다(Thrall, 309). 그러나 베드로의 실수는 오히려 초막을 짓자는 제안을 하며 그의 군사적 메시아 사상을 다시 표출한 데 있었을 것이다. 또는 자기 십자가를 지고 예수를 따르는 제자도를 망각하고 산 위 파라다이스에 머무르려고 한 것이 베드로의 잘못일 수 있다(Marcus, 2009: 639).

7절[18] (구름 속에서 들린 음성) 구름이 제자들을 덮었다. 유대인들은 종

---

17. Evans, 2001: 37. "너희는 매년 이레 동안 여호와께 이 절기를 지킬지니 너희 대대의 영원한 규례라. 너희는 일곱째 달에 이를 지킬지니라. 너희는 이레 동안 초막에 거주하되 이스라엘에서 난 자는 다 초막에 거주할지니 이는 내가 이스라엘 자손을 애굽 땅에서 인도하여 내던 때에 초막에 거주하게 한 줄을 너희 대대로 알게 함이니라. 나는 너희의 하나님 여호와이니라. 모세는 이와 같이 여호와의 절기를 이스라엘 자손에게 공포하였더라"(레 23:41-44, 개역개정).

18. 7절은 '까이 에게네또'(καὶ ἐγένετο)로 시작한다. '까이 에게네또'는 어떤 사건의 시

말에 하나님의 임재의 구름이 다시 나타날 것을 기대하였다(마카비2서 2:8).[19] 임재의 구름의 등장은 이러한 기대의 성취로서 종말론적 현상이다.

구름이 제자들을 덮었다는 것을 묘사할 때 사용된 동사 '덮다'(ἐπισκιάζω)는 출애굽기 40:35(구름이 성막을 채움)에 쓰인 단어이다(Edwards, 2002: 267).[20] 열왕기상 8:10-11(구름이 성전을 채움)에도 유사한 표현이 나온다.[21] 구름은 하나님께서 자신을 계시하시는 장소를 덮은 구름을 연상시키므로(출 16:10; 19:9; 24:15-18; 34:5; 40:34-38), 구름 속에서 난 음성은 하나님의 음성이라 해석하게 된다(Hurtado, 146).

구름 속에서 들린 음성은 '이는 내 사랑하는 아들이다.'였다. '이는 내 아들이다.'는 시편 2:7을 배경으로 보면 메시아 선언이다. 그런데 '내 사랑하는 아들'은 예레미야 31:20을 배경으로 볼 때에는, 예수께서 이스라엘의 대표임을 뜻하며, 이 예레미야 구절의 문맥에서처럼 이스라엘의 회복 및 새 언약과 관련된 표현이라고 볼 수 있다. 그렇다면 이 표현은 예수께서 이스라엘의 대표로서 이스라엘을 회복시키고 하나님과 이스라엘 사이에 새 언약을 맺는 분임을 알려주는 표현이다.

구름에서 들린 음성은 "너희는 그에게 순종하라."고 한다. 이 말씀은 신명기 18:15을 배경으로 해서 볼 때 예수께서 새 모세(모세와 같은 선지자)임을 알려주는 말씀이다.

작을 가리킬 때 쓰이기도 한다(Pesch, 1984: 76 참고).

19. Marcus, 2009: 634.

20. καὶ οὐκ ἠδυνάσθη Μωυσῆς εἰσελθεῖν εἰς τὴν σκηνὴν τοῦ μαρτυρίου ὅτι ἐπεσκίαζεν ἐπ' αὐτὴν ἡ νεφέλη καὶ δόξης κυρίου ἐπλήσθη ἡ σκηνή("그리고 모세는 증거의 장막 안으로 들어갈 수 없었다. 왜냐하면 구름이 그것을 **덮었고** 그 장막이 주의 영광으로 채워졌기 때문이었다")(LXX 출 40:35). 밑줄(고딕)은 필자의 강조.

21. καὶ ἐγένετο ὡς ἐξῆλθον οἱ ἱερεῖς ἐκ τοῦ ἁγίου καὶ ἡ νεφέλη ἔπλησεν τὸν οἶκον("그 제사장들이 그 성소에서 나갈 때 그 구름이 그 집을 **채웠다**")(LXX 왕상 8:10). 밑줄(고딕)은 필자의 강조.

9절 (메시아 비밀) 예수와 세 제자는 산에서 내려온다. '그들이 산에서 내려올 때에'(Καὶ καταβαινόντων αὐτῶν ἐκ τοῦ ὄρους)와 거의 동일한 표현이 70인역 출애굽기 34:29에서 발견된다(καταβαίνοντος δὲ αὐτοῦ ἐκ τοῦ ὄρους).[22] 모세와 관련하여 '내려가다'(καταβαίνω) 동사 + '산에서'(ἐκ τοῦ ὄρους)는 종종 등장한다(출 19:14; 32:1; 34:29; 민 20:28; 신 9:15; 10:5).[23] 그러므로 산에서 내려온다는 표현은 모세 모형론을 함축한다. 예수를 모세와 평행시켜 예수를 새 모세로 그린다.

예수께서는 제자들에게 본 것을 "아무에게도 말하지 말라."고 명하신다. 예수께서는 부활 때까지 변화산 사건을 비밀로 하도록 명하신다. 이 사건은 예수께서 메시아이심을 입증하는 사건이므로, 이 사건을 공개하면 예수께서 메시아라는 메시지가 전해진다. 그런데 유대인들은 메시아를 군사력으로 하나님 나라를 도래시키는 자로 오해할 수 있기에 오해를 방지하려면 이 사건을 비밀로 해야 했을 것이다. 그러나 십자가 부활 이후에는 이 사건을 공개할 수 있다. 예수께서 고난받으시고 죽고 부활하신 후에는 예수께서 어떤 메시아이신지를 바르게 이해할 수 있기 때문이다(Williamson, 1983: 160).

10절 (제자들의 의문) 제자들에게 질문이 생겼다. "그들이 이 말씀을 마음에 두며 서로 문의하였다"(τὸν λόγον ἐκράτησαν πρὸς ἑαυτοὺς συζητοῦντες). '자기 자신들에게 말씀을 붙잡다.'는 표현은 어색하므로, '자기 자신들에게'(πρὸς ἑαυτοὺς)는 '의논하며'(συζητοῦντες)와 연결된다고 볼 수 있다(Marcus, 2009: 643). 마가복음 9:34(πρὸς ἀλλήλους γὰρ διελέχθησαν, "서로에게 논쟁하였다")과 누가복음 22:23(συζητεῖν πρὸς ἑαυτοὺς,

22. Marcus, 2009: 642.
23. Marcus, 2009: 642.

“자기 자신들에게 의논하였다”)은 이러한 해석을 지원한다(Marcus, 2009: 643).

제자들의 의문은 ‘죽은 자 가운데서 살아남’(ἐκ νεκρῶν ἀναστῆναι)에 관한 것이었다. 이것은 모든 사람의 부활과 구분된 예수의 부활을 가리킨다(Marcus, 2009: 643). 유대인들이 기대한 부활은 모든 사람들(또는 의인들)이 부활하는 일반적 부활이었다(요 11:24; 에녹4서 7:31-34).[24] 기독교 이전의 유대인들이 이미 종말 이전의 의로운 개인의 부활 가능성을 믿었다는 주장이 있지만, 근거로 제시되는 마카비2서 7:36은 그러한 내용을 담고 있지 않다(Marcus, 2009: 643). 에녹1서 22:13은 심판의 날에 죽은 자들 중에 일부가 부활할 것을 암시하는 내용을 담고 있다(A. Y. Collins, 429). 그러나 에녹1서 본문에서 전제된 부활은 의로운 개인의 부활이라기보다 종말에 발생하는 많은 사람의 부활에 해당하는 내용이라고 볼 수 있다. 메시아가 개인적으로 부활하리라는 기대는 유대 문헌에서 발견되지 않는다(박윤만, 2017: 1185). 그러므로 제자들의 의문은 예수의 개인적인 부활에 관한 것이었다고 볼 수 있다.

제자들이 ‘죽은 자들 가운데서 일으켜진다.’는 말씀의 의미를 파악하지 못한 이유는 유대인들의 군사적 메시아 사상과도 관련되었을 것이다. 인자가 부활한다는 것은 인자의 죽음을 전제하는데 제자들은 당시에 널리 공유된 승리하는 군사적 메시아 사상에 젖어 있어서 이것을 받아들일 수 없었을 것이다.

24. 박윤만, 2017: 613, 1185.

엘리야와 메시아(9:11-13)

11 그들이 그에게 질문했다.

"왜 율법사들은 엘리야가 먼저 와야만 한다고 말합니까?"

12 그가 그들에게 말씀하셨다.

"엘리야가 정말 먼저 와서 모든 것을 회복한다고?

그렇다면 어떻게 그 인자에 관하여

그가 심히 고난받고 모욕당한다고 기록되어 있는가?

13 그러나 나는 너희에게 말한다.

엘리야도 왔다.

그러나 사람들이 그들이 원하는 바를 그에게 행하였다.

그에 관하여 기록되어 있는 바와 똑같다."

11절 (엘리야에 관한 질문) 제자들은 율법학자들의 이론에 토대하여 예수께 질문하였다. 예수께서 만일 메시아라면, 만일 그 인자가 죽은 자들 가운데서 일으켜진다면, 이는 여호와의 날이 온 것을 의미한다. 그렇다면 엘리야가 그전에 나타났어야 하지 않을까?(11절; 참고, 말 4:5-6). 이러한 제자들의 의문은 당시 유대인들의 메시아 사상을 배경으로 한 것이다. 저스틴(Justin, *Dialogue* 8, 4)에 의하면 트리포(Trypho)는 엘리야가 메시아에게 기름 붓기 전에는 메시아가 알려지지 않는다고 주장했다(Lane, 325). 엘리야가 메시아 전에 온다는 견해를 담은 유대 문헌은 신약성경 이후의 문헌들이어서(*b. Erubin* 43ab; *Targum Pseudo-Jonathan on Deuteronomy* 30:4) 증거력이 없지만, 엘리야가 메시아보다 먼저 온다는 서기관들의 견해를 소개하는 마가복음 9:11 자체는 그러한 유대인들의 견해가 1세기에도 있었다는 증거이다.[25] 이러한 견해는 엘리야가 종말 이전에 등장한다는 말라기 본문과 종말에 메시아가 올 것이라는 유대인들의 기대가 합하여진 결과로 발생하였을 것이다(Marcus, 2009: 644).

제자들의 질문은 예수의 수난 예고를 반대하는 의도를 숨기고 있는 듯하다(Lane, 324). 그들의 질문에는 엘리야가 와서 회복하면 메시아의 수난은 불필요하다는 생각이 담겨 있다(Lane, 324).

12절 (예수의 답변) 예수께서는 제자들의 질문에 우선 수사의문문으로 답변하신다. "엘리야가 정말 먼저 와서 모든 것을 회복한다고?"('Ηλίας μὲν ἐλθὼν πρῶτον ἀποκαθιστάνει πάντα). 이 문장은 메시아의 고난을 언급하는 이어지는 문맥과 모순을 일으키지 않도록 베자 사본에서처럼 의문문으로 읽어야 한다(Marcus, 2009: 644-45). '멘'(μέν)이 질문자의 부정적 대답과 청자의 긍정적 대답을 전제하는 용례(Aristophanes, *Birds* 1214; Euripides, *Ion* 520)라는 사실은 이러한 해석을 지원한다(Marcus, 2009: 644-45).

예수께서는 엘리야가 모든 것을 회복한다는 율법학자들의 주장에 반대하신다.[26] 왜냐하면 (메시아로서의) 그 인자는 (백성들과 함께) 고난을 받는다는 것이 다니엘 7:25에 암시되어 있기 때문이다(12절).[27] 예수께서

---

25. Marcus, 2009: 644.

26. 시락서 48:4, 10은 엘리야가 (종말에) 야곱의 지파들을 회복할 것을 말하는데, 율법학자들의 견해는 이러한 전승에 토대하였을 것이다. ὁ καταγραφεὶς ἐν ἐλεγμοῖς εἰς καιροὺς κοπάσαι ὀργὴν πρὸ θυμοῦ ἐπιστρέψαι καρδίαν πατρὸς πρὸς υἱὸν καὶ <u>καταστῆσαι φυλὰς Ιακωβ</u>("그는 종말에 꾸짖음을 통하여 진노가 폭발하기 전에 분노를 그치게 하고, 아버지의 마음을 아들에게로 돌이키고, **야곱의 지파들을 회복시키도록** 정해졌다")(시락서 48:10, 사역). 밑줄(고딕)은 필자의 강조임.

27. "그가 장차 지극히 높으신 이를 말로 대적하며 또 지극히 높으신 이의 성도를 괴롭게 할 것이며 그가 또 때와 법을 고치고자 할 것이며 성도들은 그의 손에 붙인 바 되어 한 때와 두 때와 반 때를 지내리라"(단 7:25, 개역개정).

는 구약성경이 기록한 대로 메시아가 조롱당한다고 보신다. '조롱하다'(ἐξουδενέω)는 시편 22:6(70인역 21:7);[28] 118:22(70인역 117:22); (아퀼라, 심마쿠스 등의 번역에서 ἐξουδενέω 동사를 사용하는) 이사야 53:3을 연상시킨다.[29] 비록 마가복음의 다른 곳에서 화용되지 않았지만, 시편 89:39-40(LXX은 88장)도 멸시당하는 왕을 언급한다(A. Y. Collins, 431). 예수께서는 이 구약 구절들을 염두에 두시고 메시아의 고난이 성경에 기록되어 있다고 말씀하셨을 것이다.

비록 인자가 고난받는다는 것이 분명히 암시된 구절은 없지만, 쿰란 문헌과 신약성경은 구약성경의 여러 본문을 종합하거나 구약성경 본문을 주해하여 나오는 결론도 '기록되었다'로 언급한다(막 1:2-3; 갈 4:22; 요 7:38; 4Q266 11:3-5; 4Q270 7 1:17-18).[30] 그러므로 메시아의 고난이 구약성경에 기록되어 있다는 예수의 주장은 유대인들이 사용한 '기록되었다'의 용례에 부합된다.

13절 (엘리야의 고난) 예수께서는 엘리야도 (메시아와 함께) 이미 왔음을[31] 선언하시며 세례 요한이 바로 엘리야임을 암시하신다(12-13절).[32] 이를 통해 자신이 메시아임을 간접적으로 주장하신다.

---

28. A. Y. Collins, 431. "나는 벌레요 사람이 아니라. 사람의 비방 거리요 백성의 조롱거리(ἐξουδένημα)니이다"(시 22:6, 개역개정).
29. 자세한 논의는 France, 360 참고. "건축자의 버린 돌이 집 모퉁이의 머릿돌이 되었나니"(시 118:22, 개역개정). "그는 멸시를 받아 사람들에게 버림 받았으며"(사 53:3, 개역개정).
30. Marcus, 2009: 645.
31. καὶ Ἠλίας ἐλήλυθεν("엘리야도 와 있다," 9:13). Gundry, 465 참고.
32. 엘리야가 기록된 것처럼 고난을 받았다는 말씀은 왕상 19:2, 10에 나타난 엘리야와 관련된 기록을 염두에 둔 듯하다(Gundry, 465). 그러나 다니엘 7장이나 이사야 53장을 예수께서 그 인자와 엘리야(요한) 모두에게 적용했을 가능성도 있다(Evans, 2001: 44 참고).

예수께서는 이미 온 엘리야를 "사람들이 함부로 대우하였다."고 지적하시며 이것이 성경대로 이루어졌다고 한다. 이 경우 성경에 기록된 대로 엘리야가 고난받았다는 것은 구약성경에 기록된 예언의 성취가 아니라, 구약성경에 기록된 사건(왕상 19:2, 10)과 유사한 사건이 발생하였음을 가리킨다. 구약 시대에 엘리야가 고난을 받은 것처럼 종말에 온 새 엘리야도 고난받았다는 모형론적 성취를 지적하는 언급이다(*contra* A. Y. Collins, 432).

예수의 축귀(9:14-29)

14 그들이 제자들에게 왔을 때 그들 주위에 많은 무리(가 모인 것과) 율법사들이 그들과 토론하고 있는 것을 보았다. **15** 그리고 즉시 온 무리가 그를 보고 놀라 달려와 그에게 인사하고 또 인사했다. **16** 그가 그들에게 질문하셨다.

"왜 그들과 토론하오?"

17 그러자 무리 가운데 한 사람이 그에게 대답했다.

"선생님, 제가 저의 아들을 당신에게 데려왔습니다.

말 못하는 영에 들린 아이입니다.

18 그것이 그를 사로잡는 곳에서는 어디서든지 그를 바닥에 내동댕이 칩니다.

그러면 그는 거품을 물고 이를 갈고 마비됩니다.

그래서 당신의 제자들에게 그것을 내쫓아달라고 했습니다.

그러나 그들이 할 수 없었습니다."

19 그가 대답하여 그들에게 말씀하셨다.

"오 믿음 없는 세대여,

언제까지 내가 그대들과 함께 있겠소?

언제까지 내가 그대들에 대하여 참겠소?

그를 나에게 데려오시오."

20 그러자 그들이 그를 그에게 데려왔다. 그 귀신이 예수를 보고 즉시 그를
발작하게 해서 그는 땅에 넘어져 거품을 물고 계속 뒹굴었다. **21** 그가 그의
아버지에게 질문하셨다.

"얼마나 오랜 시간 동안 이것이 그에게 발생했는가?"

그가 말했다.

"아이일 때부터입니다.

22 그것이 종종 불 속으로 그를 던지고 물속으로도 던져서 그를 죽이
고자 했습니다. 그렇지만 당신이 무언가 하실 수 있다면,

우리를 긍휼히 여기셔서 우리를 도와주십시오."

23 그런데 예수는 그에게 말씀하셨다.

"'당신이 할 수 있다면'이라니?

그 믿는 자에게는 모든 것이 가능하다."

24 그 아이의 아버지가 즉시 소리치며 말했다.

"내가 믿습니다. 나의 믿음 없음을 도와주십시오."

25 예수께서 무리가 몰려오는 것을 보시고 그 더러운 영을 꾸짖으며 그에
게 말씀하셨다.

"말 못하고 귀먹은 영아,

내가 너에게 명령한다. 그에게서 나가라!

그리고 더 이상 그에게 들어가지 마라!"

26 이에 그것이 소리 지르고 (그를) 심히 발작시킨 후에 나갔다. 그리고 그
는 죽은 자처럼 되었다. 그래서 많은 사람들이 그가 죽었다고 말했다. **27**
그러나 예수께서 그의 손을 붙잡고 그를 일으키자 그가 일어났다. **28** 그분

이 집 안으로 들어가셨을 때 그의 제자들이 따로 그에게 질문했다.

"우리는 왜 그것을 쫓아내지 못하였습니까?"

29 그가 그들에게 말씀하였다.

"이런 종류는 기도 외에는 무엇으로도 쫓아낼 수 없다."

'만일 할 수 있다면'은 예수의 능력에 대한 의심을 담고 있다(22절). 예수께서는 "믿는 자에게는 모든 것이 가능하다."(23절)고 하시며 이러한 의심을 반대하신다. 귀신이 쫓겨난 후 아이가 죽었다고 말하는 사람들이 많이 있었다(26절). 이것 역시 불신앙임이 드러난다. 이러한 불신앙에 입각한 판단이 틀렸음은 곧 확인된다(27절).

15절 (예수를 보고 놀란 무리) 예수께서 산에서 내려오셨다. 무리는 예수를 보고 놀랐다. 후커(M. D. Hooker)는 무리가 놀란 것은 아마도 변형의 결과가 아직 남아 있었기 때문이라고 본다.[33] 모세의 경우에 하나님의 영광이 그의 얼굴에 반영되어 있어서 백성들이 두려워하였는데(출 34:29-30), 예수의 경우에도 그러하였다고 본다(Hooker, 213). 그러나 이러한 해석은 "아무에게도 말하지 말라."(9절)는 예수의 명령과 조화되지 않는다(Edwards, 2002: 276). 무리가 예수의 변화를 알아챌 수 있었다면 비밀로 하라는 명령이 무의미하다. 무리들은 아마도 예수의 갑작스런 출현에 놀랐을 것이다(Edwards, 2002: 277). 또는 예수의 가르침과 권위에 무리가 놀랐다고 하는 마가복음 1:27(ἐθαμβήθησαν)의 경우처럼 이것은 예수의 권위를 강조하는 표현일 수도 있다(A. Y. Collins, 437).

17-18절 (귀신 들린 소년) 한 사람이 예수의 제자들에게 귀신 들린 소년 하나를 데려왔었으나 제자들은 고치지 못하였다. 이 소년의 증세와 간질

33. Hooker, 213.

병에 관한 고대의 묘사를 통해서 볼 때 소년은 간질병에 걸린 것으로 보인다(Marcus, 2009: 652). 간질병은 전염되는 병으로 여겨지기도 했다.[34] 그런데 유대인들과 기독교인들은 간질병의 원인을 종종 귀신들에게 돌렸다(*b. Gittin* 70a).[35] 본문이 언급하는 소년의 간질병의 원인도 귀신이었다.

19절 (예수의 반응) 예수께서는 귀신을 쫓아내지 못한 제자들을 '믿음 없는 세대'라고 비판하신다. '세대'는 종종 넓은 집단을 가리킨다는 점을 고려할 때(8:12, 38; 9:19), 또한 아이 아버지가 예수의 능력을 의심하는 발언을 하고 지적받는 문맥을 통해서 볼 때 '믿음 없는 세대'는 제자들과 함께 무리를 포함한다고 볼 수 있다(Bock, 256). 제자들은 예수께서 고난받아야 한다는 것을 받아들이지 못하였을 뿐 아니라, 광야에서 무리에게 음식이 떨어졌을 때에도, 높은 산에서 엘리야와 모세가 등장했을 때에도 믿음으로 반응하지 못하고, 이번에는 귀신을 쫓아내지 못하여 믿음 없는 세대라고 지적받을 만하였다(Bock, 256).

22절 (소년의 아버지의 요청) 소년의 아버지는 귀신이 그 소년을 죽이려고 하였다고 말한다. 귀신이 죽이려고 했다는 것은 간질병의 증상에 대한 고대의 묘사를 넘어선다(A. Y. Collins, 438). 귀신이 마침내 귀신 들린 자를 죽이려 한다는 것은 요세푸스(『유대 전쟁기』 7.185)에서도 발견된다.[36]

소년의 아버지는 예수께 축귀를 요청하며 "당신이 무언가 하실 수 있

---

34. Marcus, 2009: 655.

35. Marcus, 2009: 652.

36. Pesch, 1984: 92. "Demons, which are no other than the spirits of the wicked, that enter into men that are alive and kill them, unless they can obtain some help against them"("귀신들은 악한 자들의 영들과 다르지 않으며, 살아 있는 사람들에게 들어가서 그들을 죽인다. 그 사람들이 귀신들을 막을 수 있도록 어떤 도움을 받을 수 없다면 그렇게 된다")(요세푸스, 『유대 전쟁기』 7.185, trans. Whiston, 759).

으면"(εἴ τι δύνῃ)이라는 조건을 붙인다. 이 조건을 붙인 치유 요청은 제자들이 축귀에 실패하는 것을 본 후에 보인 신중한 반응이며, 약간의 도움이라도 구하는 것이었다(France, 367).[37]

23절 (예수의 지적) 예수께서는 소년의 아버지의 말을 인용하시며 의문을 표하신다. "할 수 있거든?"(τὸ εἴ δύνη). 중성 정관사(τό)는 여기서 인용된 말 앞에 놓여, 따옴표 역할을 한다(Marcus, 2009: 654).

예수께서는 소년의 아버지의 말을 정정하시기 위해 "그 믿는 자에게 모든 것이 가능하다."고 선언하신다. 여기서 '그 믿는 자'는 예수를 믿는 사람을 가리킬 수도 있다. 그러나 '그 믿는 자'는 믿음의 모범이신 예수를 가리킨다고 볼 수 있다. '믿는 자'가 단수로 되어 있고 정관사까지 동반하여 '그 믿는 자'이므로 이러한 가능성은 더욱 지원받는다. 예수의 말씀이 소년의 아버지가 "당신이 무언가 할 수 있다면"이라고 조건을 달며 예수의 능력에 관하여 의심을 표시한 부분에 대한 반응인 문맥도 "그 믿는 자에게 모든 것이 가능하다."는 말씀을 예수께 축귀가 불가능할 수도 있다는 생각을 정정하는 지적으로 읽게 한다.

또한 마가복음에서 '모든 것이 가능하다'는 표현은 사람의 능력이 아니라 하나님의 전능하심과 관련되어 사용되었다(10:27; 14:36).[38] 아이 아버지는 예수의 능력을 의심하였고, 예수께서 이에 대해 반응하신 것이므로 예수의 대답은 요청하는 사람의 능력이 아니라 예수의 능력을 언급한다고 볼 수 있다(Marcus, 2009: 661 참고). 그런데 마샬(H. Marshall)은 예수께서 의도적으로 두 가지 해석이 가능하도록 애매하게 말씀하셨다고

37. 한편, 막 1:40의 '만일 당신이 원하시면'(ἐὰν θέλῃς)에는 예수의 의지에 대한 나병환자의 의심이 표현되어 있다.

38. Marcus, 2009: 661.

본다.[39]

24절 (소년의 아버지의 반응) 소년의 아버지는 예수의 지적을 받고 "내가 믿습니다."라고 대답한다. 아이 아버지는 예수께서 말씀하신 '믿는 자'(23절)를 자기와 대조시키는 것으로 생각한 듯하다(Marcus, 2009: 661). 그래서 자기의 믿음 없음을 지적받은 줄 알고 믿는다고 대답하였을 것이다. 또한 자기의 믿음 없음 때문에 축귀가 방해된다고 생각하고 "나의 믿음 없음을 도와 주세요."라고 말한 듯하다. 간구하는 자들의 믿음은 종종 기적적인 치유와 관련되었다(5:34; 10:52)(Marcus, 2009: 661). 이러한 배경 속에서 아이 아버지는 자기 자신의 믿음 없음이 치유를 방해하고 있다고 지적받은 것으로 오해할 수 있었을 것이다.

25-27절 (예수의 축귀) 예수께서는 귀신을 꾸짖으신다. 마가는 '꾸짖다'는 단어를 축귀 문맥에서 사용하며, 마가복음 1:41에서는 예수께서 병자를 보고 (그 뒤에 있는 귀신에게) 분노하셨다고 볼 수도 있다(1:41 주해 참고)(Marcus, 2009: 655). 아폴로니우스(Apollonius)는 귀신에게 화를 내며 말했다고 하는데(Philostratus, *Life of Apollonius* 4.20),[40] 독자들은 이러한 배경을 통해서 귀신에게 꾸짖는 축귀 방식을 이해할 수 있었을 것이다.

귀신은 나가면서 소리를 질렀다. 귀신이 소리를 지르고 나간 것은 귀신 자체는 벙어리가 아니고 다만 아이를 벙어리 되게 하였다고 추측하게 한다(참고, 솔로몬의 유언 12:2)(A. Y. Collins, 439).

28-29절 (제자들의 질문과 예수의 대답) 제자들은 자기들이 축귀에 실패한 이유에 관하여 질문하였다. 이 질문에 예수께서 대답하신다. 이런 종류의 귀신(즉 말 못하고 듣지도 못하는 귀신)은 기도를 통해서만 나갈 수

39. Marcus, 2009: 662.
40. Marcus, 2009: 655.

있다. 만일 '이런 종류'를 귀신 일반으로 본다면, 제자들은 자신들의 인간적 능력으로 귀신을 쫓을 수 있는 것이 아니라 예수의 권위에 의존해야 함을 교훈 받고 있다고 해석할 수 있다(France, 370). 축귀를 위해 기도를 하는 것은 유대교로부터 연속되는 측면을 가진다고 볼 수도 있다(Pesch, 1984: 96).

예수의 수난 예언(9:30-32)

> **30** 그곳에서 나가셔서 갈릴리를 통과하여 가셨는데, 사람들이 알기를 원하지 않으셨다. **31** 그가 그의 제자들에게 가르치고 계셨기 때문이다. 그는 그들에게 말씀하셨다.
>
> "그 인자가 사람들의 손에 넘겨질 것이다.
> 그들은 그를 죽일 것이다.
> 그러나 죽임당한 지 삼 일 후에 일어날 것이다."
>
> **32** 그러나 그들은 그 말씀을 이해하지 못하였다. 그렇지만 그들은 그에게 질문하기를 두려워했다.

31절 (예수의 수난 예언) 예수께서는 다시 인자가 사람들의 손에 넘겨져 고난을 받고 죽임을 당하고 삼 일 후에 일으켜진다고 말씀하신다. '손'은 종종 유대, 비유대 문헌에서 모두 힘을 의미한다(예, 수 2:24)(Marcus, 2009: 667). "인자가 사람들의 손들에 넘겨진다."(Ὁ υἱὸς τοῦ ἀνθρώπου παραδίδοται εἰς χεῖρας ἀνθρώπων)는 다니엘 7:25의 "모두 그의 손들에 넘겨질 것이다."(παραδοθήσεται πάντα εἰς τὰς χεῖρας αὐτοῦ)를 배경으로 한다고 볼 수 있다. '넘겨지다'(παραδίδωμι)는 단어는 이사야 53:6, 12(LXX)에서 여호와의 종이 죽음에 넘겨짐을 가리키는 데 사용되었는데,

이것도 본문의 배경이 될 수 있다(Marcus, 2009: 667). 70인역 예레미야 33:24(개역개정은 26:24)의 '죽임을 당하도록 사람들의 손에 넘겨지다'라는 표현도 본문의 배경이 된다(Lane, 337). '사람들의 손에 넘겨지다'는 표현은 예레미야 38:16(LXX 45:16)에서 죽임을 당하는 것을 가리킨다(Marcus, 2009: 667).

예수께서는 자신이 죽고 '삼 일 후에' 부활하실 것도 예언하신다. 삼 일 후에 일으키신다는 것은 호세아 6:2을 배경으로 한다고 볼 수 있다(Evans, 2001: 57 참고). "여호와께서 이틀 후에 우리를 살리시며 셋째 날에 우리를 일으키시리니 우리가 그의 앞에서 살리라"(호 6:2, 개역개정).

32절 (제자들의 몰이해) 제자들은 예수의 말씀을 깨닫지 못했다. 제자들의 무지는 마가복음의 주제 중의 하나이다(6:52; 8:17, 33; 9:32)(Marcus, 2009: 670). 제자들이 묻기를 두려워한 이유는 예수께서 그들이 원하지 않는 답을 하실 것이라고 그들이 추측할 수 있었기 때문일 것이다(France, 372). 제자들이 질문을 두려워한 이유는 더 알게 되면 고통스러우리라 여겼기 때문일 수도 있다(Lane, 337).

평화의 윤리(9:33-50)

33 그들이 가버나움에 왔다. 집에서 계실 때 그가 그들에게 질문하셨다.

"길에서 무슨 논쟁을 계속하였느냐?"

34 그러나 그들이 계속 침묵했다. 왜냐하면 그들은 길에서 누가 더 큰지 서
로 논쟁했기 때문이다. **35** 그가 앉으신 후에 열둘을 불러 그들에게 말씀하
셨다.

"만일 어떤 사람이 으뜸이기를 원하면,

그는 모든 사람 중에 꼴찌와 모두의 종이 될 것이다."

36 그리고 아이를 데려다가 그를 그들의 한가운데 세우고 그를 안고 그들에게 말씀하셨다.

37 "누구든지 이러한 어린아이 중에 하나를 나의 이름으로 영접하면,
그는 나를 영접하는 것이다.
누구든지 나를 영접하면,
나를 영접하는 것이 아니라 나를 보내신 분을 영접하는 것이다."

38 요한이 그에게 말했다.
"선생님, 우리는 어떤 사람이 당신의 이름으로 귀신들을 쫓아내는 것을 보았습니다. 우리는 그에게 계속 금지시켰습니다.
왜냐하면 그가 우리를 따르지 않았기 때문입니다."

39 그러나 예수께서 말씀하셨다.
"너희는 그에게 금지하지 말라.
아무도 나의 이름으로 능력을 행하고
즉시 나에 대해 악담할 자는 없기 때문이다.
40 우리를 반대하지 않는 자는 우리를 위하는 자이기 때문이다.
41 너희가 그리스도께 속하였다는 이유로[41]
너희에게 물 한 잔을 마시도록 주는 자는 누구든지
- 내가 진실로 너희에게 말한다. -
절대로 그의 보상을 잃지 않을 것이기 때문이다.
42 누구든지 [나를 믿는] 이 작은 자들 중에 하나를 넘어지게 하면,
그는 차라리 나귀의 맷돌을 그의 목에 두르고 바다에 던져지는 것이 좋다.
43 만일 너의 손이 너를 넘어지게 하면 잘라버려라.

---

41. '엔 오노마띠 호띠'(ἐν ὀνόματι ὅτι)는 "~라는 이유로"를 뜻한다(Pesch, 1984: 111 참고).

네가 두 손을 가지고 지옥, 꺼지지 않는 불에 들어가는 것보다

불구자로서 생명에 들어가는 것이 좋다.

45 만일 너의 발이 너를 넘어지게 하거든, 그것을 잘라버려라.

네가 두 발을 가지고 지옥에 던져지는 것보다

절름발이로서 영생에 들어가는 것이 좋다.

47 만일 너의 눈이 너를 넘어지게 하거든 뽑아버려라.

네가 두 눈을 가지고 지옥에 던져지는 것보다

애꾸눈으로 하나님 나라에 들어가는 것이 좋다.

48 지옥에는 그들의 벌레가 죽지 않고 불도 꺼지지 않는다.

49 - 모두 불로 소금 침을 당할 것이다. -

50 소금은 좋은 것이다.

그러나 만일 소금이 맛을 잃게 되면 무엇으로 그것을 짜게 하겠는가?

너희 안에 소금을 가지고 서로 평화롭게 지내라."

이 부분은 교차평행(*chiasmus*) 구조를 가진다고 보인다. 이러한 구조 속에서는 평행이 되는 구절들을 통해 해석이 이루어질 수 있다.

A (33-34절) 서로 논쟁함 (πρὸς ἀλλήλους ... διελέχθησαν)

B (35절) 으뜸이 되고자 하는 자는 모두 중에

가장 낮은 자가 될 것이다.[42]

---

42. "먼저인 자"를 "으뜸인 자"로 번역할 수 있는 근거는 막 6:21(τοῖς πρώτοις τῆς Γαλιλαίας)의 용례 때문이다(Evans, 2001: 61 참고). '모든 자들의 식사 시중 드는 자가 됨'은 권력을 탐하는 자가 받는 벌로 볼 수 있다. 참조, Plato, *Gorgias* 491e: "How can a man be happy when he has to serve someone?"("어떻게 어떤 사람이 다른 사람을 섬겨야 할 때 행복할 수 있겠는가?")(Edwards, 2002: 287).

(Εἴ τις θέλει πρῶτος εἶναι, ἔσται πάντων ἔσχατος)

C (36-37절) 어린아이 하나(ἓν τῶν τοιούτων παιδίων)를 영접하는 것은 곧 하나님을 영접하는 것이다.

D (38절) 예수 이름으로 축귀를 한 자를 금한 제자들

E (39-40절) 우리를 반대하지 않는 자는 우리를 위하는 자이다.

D′ (41절) 제자들에게 물 한 잔을 주는 자도 인정하심

C′ (42-48절) 믿는 자 중에 작은 자 하나(ἕνα τῶν μικρῶν τούτων τῶν πιστευόντων)를 실족하게 해서도 안 된다.

B′ (49절) 모두 불로 소금쳐질 것이다(πᾶς γὰρ πυρὶ ἁλισθήσεται).

A′ (50절) 서로 화목하라(εἰρηνεύετε ἐν ἀλλήλοις).[43]

이 본문은 (1) 공동체 내에서 서로 섬김으로써 이루는 평화와 (2) 예수를 믿지만 공동체 밖에 있는 자들에게 관용함으로써 이루는 평화를 가르친다. 이 가르침은 교회 내에서 머리가 되려는 교권주의나 교회 밖이나 다른 교파의 사람들을 배척하는 배타주의를 경계한다.

33-34절 (권력 서열에 관하여 서로 논쟁함) 예수의 제자들이 자기들의 권력 서열에 관하여 토론하였다. 쿰란 공동체도 서열을 가지고 있었고 이에 따라 앉도록 하였다(1QS 2:19-23).[44] 예수의 제자들의 경우에도 자기들의 권력 서열에 관한 토론은 자연스럽게 여겨졌을 것이다.

---

43. 33-34절(A)와 50절(A′)의 수미상관에 관한 인식은 맥도날드(J. I. H. McDonald, 171)에 의해서 이루어진 바 있다. 그 이전에 이미 레인(W. Lane)은 이를 지적했다(Lane, 339). Gundry, 515; Evans, 2001: 74; Hurtado, 152도 그러하다.

44. Bock, 261.

35절 (권력욕을 가진 자가 받는 벌) 권력 서열 다툼을 하는 제자들에게 예수께서 경고하신다. 최고 권력자가 되기 원하는 자는 권력 서열이 가장 낮은 자가 될 것이다. 개역개정판이 '되어야 하리라'고 번역한 헬라어 단어는 '에스따이'(ἔσται)인데, 이것은 직역하면 '될 것이다'이다. 따라서 본문은 으뜸이 되고자 욕심내는 자는 결과적으로 꼴찌가 될 것이라는 경고의 말씀이다.

36-37절 (권력 없는 자에 대한 태도) 예수께서는 어린아이로 상징되는 권력 없는 자를 어떻게 대해야 할지 가르치신다. 그들을 존중해야 한다. 그들을 존중하는 것이 곧 예수를 존중하는 것이며 하나님을 존중하는 것이다.

콜린스(A. Y. Collins)는 유아를 버리지 않고 오히려 버려진 유아를 데려와 키우는 것을 가리킨다고 본문을 해석한다.[45] '아이'로 번역되는 '빠이디온'(παιδίον)은 유아도 가리킬 수 있기에(Marcus, 2009: 675) 이러한 해석은 가능하다. 마커스(J. Marcus)는 어린아이를 영접함이 입양을 가리킨다고 보며, 바벨론의 법문서가 입양 절차를 '세우다'란 표현으로 묘사하고, 플라우투스(Plautus)가 버려진 아이를 구하는 것을 '세우다'로 표현하는 것을 근거로 든다.[46] 36절은 예수께서 어린아이를 데려와서 '세우셨다'(ἔστησεν)고 하므로 이러한 해석이 가능하기는 하다.

그러나 본문에 사용된 '아이'에 해당하는 아람어(טליא)는 "종"도 가리키므로 35절의 "종"에서 "아이"로 넘어가는 것은 자연스러운 연결이다(Lane, 340). 이때 아이는 문자적인 어린아이가 아니라 사회적 신분이 낮은 자를 상징하게 된다.[47] 36-37절에 나타나는 어린아이는 곧 믿는 자 중

45. A. Y. Collins, 446.
46. Marcus, 2009: 675.
47. Evans, 2001: 61 참고.

에 지극히 작은 자(42절)를 가리킨다. 이들을 섬겨야 하며 무시하거나 죄짓게 만들어서는 안 된다.[48]

예수께서는 "누구든지 나를 영접하면, 나를 영접하는 것이 아니라 나를 보내신 분을 영접하는 것이다."라고 말씀하신다. 미쉬나(*m. Berakoth* 5:5)에 나타난 보냄받은 자와 보낸 자의 동등성이 이미 예수 시대까지 거슬러 올라감을 이 말씀을 통해 알 수 있다(Marcus, 2009: 681). 예수께서는 어린아이로 상징되는 낮은 자를 영접하면 자신을 영접한 것이라고 말씀하심을 통해 낮은 자를 영접하는 행위를 예수 자신을 영접하는 행위와 동등하게 간주하시면서 낮은 자를 예수 자신과 동등하게 높여주신다.

38절 (배타적인 제자들) 요한은 축귀 사역자들의 축귀를 금지하였다. 그들이 예수의 제자들을 따르지 않았기 때문이었다. 수난 예고 뒤에 가장 가까운 제자들인 베드로(8:32-33), 요한(9:38), 요한과 야고보(10:35-37)의 반응이 각각 나온다(Lane, 342). 이것은 그들마저도 예수의 수난의 의미를 이해하지 못하였음을 보여준다(Lane, 342). 요한은 예수의 수난 예고를 듣고도 누가 더 큰지 다투는 논쟁을 하며 교권주의에 빠져 있었으며(9:34; 10:35-37), 열두 제자 그룹 밖의 사람들에게 축귀 사역을 금하는 배타주의에도 빠져 있었다.

38절이 언급하는 제자들의 축귀 금지 조치는 제자들이 축귀에 실패한 것과 연관된다(Evans, 2001: 65 참고). 예수의 사도들은 실패하였는데, 무명의 외부인이 축귀에 성공하고 있다. 그러자 그들은 자기들의 사역을 도와주는 축귀 사역자에게 감사하기는커녕 오히려 축귀 사역을 금지하였다. 이러한 배타성은 아마도 시기심에서 출발하였을 것이다.

무명의 축귀자들은 예수의 이름으로 축귀하였다. '이름으로'는 "능력

48. 여기서 심판과 관련된 기술은 과장법으로 볼 수 있다(Evans, 2001: 70 참고).

으로" 또는 "~를 위하여"라는 뜻으로 사용되는 표현이다(Marcus, 2009: 684). 그러나 38절에서는 축귀자들이 예수의 이름을 사용하여 축귀한 것을 가리킨다고 보인다. 이름은 권위를 상징하므로(삼상 25:9),[49] 그들은 예수의 권위를 사용하였고, 귀신들은 예수의 권위 앞에 굴복했다고 볼 수 있다.

요한은 축귀 사역자들에게 축귀를 금지한 이유를 "우리를 따르지 아니하였기" 때문이라고 밝힌다. 이것은 제자들이 배타주의와 권위주의에 사로잡혀 있음을 보여준다. 집단 내부에서 권력 서열을 다투는 경향은 집단 외부 사람을 통제하려는 경향과 통한다. 이렇게 통제되지 않는 사람을 배척하는 배타주의는 결국 권력형 인간이 도달하는 곳이다.

39-40절 (배타주의를 금하신 예수) 예수께서는 축귀 사역자들의 사역을 "금하지 말라."고 명하신다. "그들을 금하지 말라."는 민수기 11:29을 연상시킨다(Evans, 2001: 29).[50] 예수를 따르는 제자들은 자기들을 따르지 않는 자들을 배척하지 말아야 한다. 우리는 우리들의 그룹(교회, 교단, 교파)에 속하지 않는 자들을 용납해야 한다. 우리의 조직 밖에 있는 신자들을 단지 조직 밖에 있다는 이유로 배척하는 일을 하지 말아야 한다. 또한 단지 우리의 통제를 받지 않는다는 이유로 공통적인 목표를 가지고 열심히 사역하는 자들을 배척하지 말아야 한다.

49. 박윤만, 2017: 654.

50. "그 기명된 자 중 엘닷이라 하는 자와 메닷이라 하는 자 두 사람이 진영에 머물고 장막에 나아가지 아니하였으나 그들에게도 영이 임하였으므로 진영에서 예언한지라. 한 소년이 달려와서 모세에게 전하여 이르되 엘닷과 메닷이 진중에서 예언하나이다 하매 택한 자 중 한 사람 곧 모세를 섬기는 눈의 아들 여호수아가 말하여 이르되 내 주 모세여 그들을 말리소서. 모세가 그에게 이르되 네가 나를 두고 시기하느냐? 여호와께서 그의 영을 그의 모든 백성에게 주사 다 선지자가 되게 하시기를 원하노라"(민 11:26-29, 개역개정).

마커스는 '즉시 나를 나쁘게 말할 수 없다.'는 39절의 표현이 그렇게 유혹될 수 있다는 의미이므로, 이 축귀 사역자들은 그리스도인이 아니라고 본다(Marcus, 2009: 684). 그러나 예수의 이름을 남용하는 자들의 경우를 비추어 볼 때(행 19:13-16) 신자만이 참된 능력을 행할 수 있다고 볼 수 있으며, 따라서 저 축귀자들은 참된 신자였다고 추측할 수 있다(Lane, 343).

교차평행 구조의 한가운데에 39-40절이 위치한다. 이것은 이 단락의 핵심에 해당하며 평화의 원리를 담고 있다. 그 원리는 우리를 반대하지 않는 자는 우리를 위하는 자라는 원리이다. 이 원리를 따르면 너그럽게 되며, 평화를 유지할 수 있다.

41절 (배타주의를 피해야 할 이유) 예수의 제자들에게 물 한 그릇을 주는 것이 상을 잃지 않는다면 제자들을 대신하여 축귀 사역을 해 주는 것은 더더구나 상을 잃지 않을 것이다. 귀신을 쫓아내는 일은 열두 제자들이 임명받은 목적 중에 하나였다. 그러므로 누군가가 축귀 사역을 행한다면 그는 이 제자들의 사역을 도와주는 셈이다. 따라서 제자들에게 물 한 잔 주는 것이 인정받는다면, 귀신을 쫓아내는 사역에 참여하는 것은 더더구나 인정받을 것이다. 그러므로 열두 제자들은 그들 대신 축귀를 해 주는 활동을 금하지 말아야 한다(Gundry, 512).

42절 (소자를 무시하는 자들에게 대한 예수의 경고) 예수께서는 예수 믿는 자들 중에 힘없는 자를 무시하지 말도록 가르치신다. 예수는 권력이 없는 자를 '작은 자'라고 부르신다. 콜린스는 '작은 자'는 어린아이와 동의어라고 보며, 42절의 '소자'가 어린아이를 가리킨다고 해석한다(A. Y. Collins, 450). 그러나 36-37절의 '어린아이'가 힘없는 자를 상징하며 사용되었다면, 42절의 '작은 자'도 그렇다고 볼 수 있다. '작은 자'는 구약성경과 유대 문헌에서 연약한 하나님의 백성을 가리킬 수 있는 용어이다.[51] 스가랴 13:7이 특히 연관성 있는 본문이다(Marcus, 2009: 689).

레인(W. Lane)은 42절을 좀 더 근접 문맥인 38절과 관련시켜서 해석한다. '소자들'은 무명의 사도들을 따르지 않고 예수 이름으로 축귀를 한 사람들을 포함한다(Lane, 345). 예수께서는 그들을 배척하느니 차라리 죽는 게 낫다고 경고하신다.

예수께서는 소자에게 범하지 말아야 할 잘못을 '실족하게 함'이라고 지적하신다. 소자를 실족시키는(σκανδαλίζω) 것을 콜린스는 어린아이와 성관계를 하는 것을 뜻한다고 해석한다(시락서 9:5; 솔로몬의 시편 16:7).[52] 그러나 이러한 해석은 권력에 관하여 논하는 문맥에는 부합하지 않는다. 실족시키는 것은 사람이 심각한 죄를 범하도록 함을 가리킨다고 보는 것이 낫다(Bock, 263). 이러한 해석은 43절이 '범죄하게 하다'라는 표현을 사용하는 문맥에 의해서도 지원받는다.

예수께서는 소자를 실족시키기보다 차라리 "연자 맷돌이 그 목에 매여" 바다에 던져지는 것이 낫다고 하신다. 연자 맷돌은 소나 나귀에 의해 돌려지는 것으로서 지름이 6피트(1.8m) 이상 되고 수 톤의 무게가 나가기도 할 만큼 크다(Osborne, 166). '만일 매여진다면'으로 번역되는 헬라어 표현은 '에이 뻬리께이따이'(εἰ περίκειται, "매어진다면")인데, 이것은 비현실적 가정으로 해석할 수 있다. '에이(εἰ) + 완료형'은 비현실적 가정을 도입하기 때문이다(France, 380). 따라서 맷돌을 목에 매고 물에 빠져 죽는 것이 실제로 이루어져야 한다는 뜻은 아니다(France, 380).

43절 (비유적 설명) 예수께서는 소자를 실족시키지 말아야 함을 강조

51. Marcus, 2009: 689.
52. A. Y. Collins, 450.

하시며 비유를 제공하신다. 이 비유에서 '손'은 실족시키는 일을 행하는 사람을 가리킨다고 보이며, 손을 잘라버림은 그를 권징하여 쫓아냄을 가리킨다고 보인다.

'손'에 해당하는 히브리어(יָד, '야드')는 성기를 가리킴과(사 57:8; 11QT 46:13), 미쉬나(*m. Niddah*)에서 남자들의 경우에 자주 [성기를] 살피는 손을 자르라 하고 탈무드(*b. Niddah* 13a-b)가 이를 자위행위 금지를 가리킨다고 해석함에 입각하여, 콜린스는 43절이 언급하는 손의 범죄를 남성이 손으로 하는 자위행위를 가리킨다고 해석한다(A. Y. Collins, 450). 그러나 이러한 해석은 소자를 실족하게 하는 문맥과 맞지 않고, 제자들의 권력 다툼의 문맥과도 맞지 않다. 마가복음 문맥에서 '손'은 예수 믿은 소자를 실족시키는 사람을 가리킨다. '손'은 특히 성적인 죄나 탐욕 등으로 교회 공동체를 파괴하는 사람을 가리킨다.

손을 찍어버리라는 것은 문자적으로 해석하지 말아야 한다. 필로는 신명기 25:11-12의 손 절단 형벌을 문자적으로 해석하지 않으며, 랍비들은 대개 '손에는 손'을 풍유적으로 해석한다.[53] 랍비 타르폰(R. Tarfon)은 미쉬나(*m. Niddah* 2:1)의 '잘라지도록 하라'는 표현을 문자적으로 해석했지만, 다른 랍비는 이것이 법이라기보다는 비난이라고 본다(*b. Niddah* 13b).[54] 또한 신체 훼손은 유대교에서 엄하게 금지된 것이므로(신 14:1; 23:1; 왕상 18:28; 슥 13:6),[55] 실제로 신체를 절단해야 함을 뜻한다고 볼 수 없다. 그러나 이것은 경고를 위한 수사법이므로, 경고를 훼손하는 방식으로 해석되어서는 안 된다. 몸은 종종 공동체를 은유하므로, 따라서 몸에서 지체를

53. Marcus, 2009: 690.

54. Marcus, 2009: 690.

55. Edwards, 2002: 293. "너희는 너희 하나님 여호와의 자녀이니 죽은 자를 위하여 자기 몸을 베지 말며"(신 14:1, 개역개정).

잘라내라는 것은 교회 공동체의 건강을 위하여 공동체를 파괴하는 지체를 권징하라는 명령으로 해석할 수 있다.[56] 개인을 권징하는 것과 공동체 전체가 파괴되는 것 사이의 선택은 고린도후서 13장에도 반영되어 있다(Koester, 153). 작은 자들을 실족시키지 않기 위하여 잘못된 지도자들이 제거되는 것이 낫다는 것은 로마서 9:3에도 암시되어 있다(Henderson, 62). 파괴적인 교회 지도자들에 대한 경고는 마가복음의 주요 관심 중에 하나이다.[57] 교권을 더욱 획득하려는 야심찬 지도자들에게 마가복음은 경고하고 있다(Henderson, 63 참고).

예수의 비유는 교회가 소자를 실족시키는 권력 지향형 인간들에 의해 망가지는 일을 피하지 못하면, 교회 전체가 지옥에 던져지게 된다고 경고한다. 예수 시대에 '게헨나'(지옥)는 악한 자들에 대한 하나님의 최후의 심판을 가리키는 은유적 표현으로 사용되었다.[58] 교회 내에서 권력을 추구하며 사람들에게 상처를 주며 죄짓게 하는 사람들을 교권주의자라고 부른다. 그러한 자들이 교회를 장악할 때 교회는 망가지고 결국 교회는 하나님의 심판을 피할 수 없게 된다.

45절 (발의 비유) 예수께서는 유사한 비유를 하나 더하신다. 발이 몸을 범죄하게 하면 발을 잘라야 한다. '발'에 해당하는 히브리어(רגל)는 남자의 성기를 에둘러 말할 때 사용되기도 한다.[59] 이를 근거로 콜린스는 발로 행하는 잘못이 간음을 가리킨다고 해석한다(A. Y. Collins, 453). 그러나 이 해석은 제자들의 자리다툼을 교정하는 문맥에 부합하지 않는다. 마커스는 '발'이 성기를 가리킨다고 보는 해석을 소개하지만, 발은 죄가 범해지

---

56. Koester, 152-53.

57. Henderson, 63.

58. Hurtado, 157 참고.

59. A. Y. Collins, 453.

는 장소로 이동시키는 수단을 가리킨다는 견해를 취한다(Marcus, 2009: 691). 마가복음의 문맥 속에서 '발'은 교회 공동체를 잘못된 곳으로 가게 하는 사람을 가리킨다.

47절 (눈의 비유) 눈이 몸을 죄짓게 하면 눈을 뽑아야 한다는 것도 비유이다. 눈은 특히 성적 죄와 관계되지만, 교만, 질투, 탐욕과도 관련될 수 있다(Marcus, 2009: 691).

49절 (심판의 경고) 예수께서는 교권주의자들에 의하여 망가진 교회가 당하는 벌을 "불로 소금 치듯 함"으로 소개한다. 소금은 파괴를 가져올 수도 있다(삿 9:45; 습 2:9).[60] 소금은 불이 내리고 롯의 아내가 소금 기둥이 된 소돔 심판을 연상시키기도 한다(창 19:24-26).[61] 소금 제사를 불과 연결시키는 것은 구약성경의 문맥 속에서 자연스럽다(레 2:9-10; 참조, 겔 43:24).[62] 그러므로 49절은 아마도 레위기 2:13을 배경으로 한다고 볼 수도 있다(Marcus, 2009: 692).

그러나 49절에서 불로 소금 침을 당한다는 것은 으뜸이 되고자 하는 자는 가장 낮은 자가 되어 모두를 섬기게 된다는 구절(35절)과 평행을 이루기 때문에 으뜸이 되고자 하는 자는 심판/정화를 받는다는 뜻으로 해석할 수 있다.

50절 (평화의 명령) 33-50절은 본문은 서로 논쟁하는 제자들에게(33-34절)[63] 서로 화목하라는 교훈을 주는 것으로 끝난다(50절). 33-34절과

---

60. Hooker, 233 참고. "아비멜렉이 그 날 종일토록 그 성을 쳐서 마침내는 점령하고 거기 있는 백성을 죽이며 그 성을 헐고 소금을 뿌리니라"(삿 9:45, 개역개정). "장차 모압은 소돔 같으며 암몬 자손은 고모라 같을 것이라. 찔레가 나며 소금 구덩이가 되어 영원히 황폐하리니"(습 2:9, 개역개정).

61. Marcus, 2009: 692.

62. Marcus, 2009: 692.

63. 쿰란 문헌은 하나님 나라에서의 상대적 서열에 관한 토론이 경건한 것이라고 여

50절은 '서로'라는 표현이 평행되어 수미상관(*inclusio*)을 이루며 33-50절을 하나의 통일성 있는 단락으로 묶는다. 이러한 구조 속에서 서로 화목하라는 50절의 권면은 서로 논쟁을 하고 있는 제자들에게 주신 교훈이다.

소금은 마가복음 9:48에 나오는 죽지 않는 벌레를 제거하는 수단(antidote)을 가리킨다는 고대의 해석도 있었다(Marcus, 2009: 692). 소금은 랍비 문헌에서 지혜나 덕스러운 말(골 4:6 비교)을 나타내는데, 이것은 좋은 관계를 위한 건전한 기초이다(France, 385). 소금을 가운데 둔다는 것은 소금을 식탁 가운데에 두고 함께 식사함을 가리키는 표현일 수 있다. 그러므로 이것은 교제와 평화를 뜻할 수 있다(Hooker, 233). 민수기 18:19; 역대하 13:5은 하나님과 사람 사이의 영원한 선의를 보증하는 언약의 소금을 언급하는데, 이 구절들은 이러한 해석을 지지한다(Marcus, 2009: 693). 콜린스는 소금을 안에 둔다는 것이 42-48절이 언급한 죄들로부터 자신을 보호하는 것을 가리킨다는 해석도 가능하다고 본다(A. Y. Collins, 455). 그러나 그도 골로새서 4:6에서 '소금'이 대인 관계와 관련되어 사용된 용례를 제시하며 투쟁 대신 평화로운 관계를 권면하는 것으로 보는 해석이 가능하다고 본다(A. Y. Collins, 455).

소금을 안에 두고 화목하라(50절)는 말씀은 으뜸이 되고자 하는 제자들에게(35절) 불로 소금 칠 것이라고 경고하는(49절) 35절//49절의 평행을 염두에 둔다면 서로 남을 섬기면서 화평하라는 뜻을 가진다고 해석될 수 있다.

겨졌음을 보여준다(Boring, 2006: 280). 1QS 2:20-23; 5:20-24; 6:3-5; 8-10; 1QSa 2:11-22 참고(Lane, 317).

2. 해설

예수의 예언대로 제자들 중에 몇 명(베드로, 야고보, 요한)은 높은 산에서 하나님의 나라가 능력 있게 임하는 모습을 보게 되었다(9:1-3). 그들이 본 것은 예수의 재림하실 때의 모습과 부활 후의 모습을 미리 보여주는 현상으로서, 예수의 십자가 부활을 통해 시작되는 하나님 나라를 미리 보여주는 것이었다. 세 제자는 예수의 천상적인 모습을 보게 되었고(3절), 예수가 메시아이심을 증언하시는 하나님의 음성도 들었다(7절). 예수께서는 세 명의 목격자들에게 그들이 본 것을 예수의 부활 때까지 비밀로 하도록 명하셨다(9절). 이것은 예수께서 메시아이심이 유대인들에게 알려지면 그들은 예수를 그들이 기대하던 군사적 메시아로 오해할 것이기 때문이었을 것이다.

예수의 죽음과 부활에 관하여 들은 세 제자는 메시아가 고난을 받아야 함을 받아들이기 힘들었을 것이다. 그들은 율법학자들의 엘리야에 관한 견해를 언급함으로써 메시아가 고난받아야 한다는 예수의 주장에 문제를 제기한다(11절). 그러나 예수께서는 엘리야가 메시아보다 먼저 온다는 것은 맞지만 엘리야가 와서 모든 것을 회복한다는 기대는 틀렸음을 지적하신다(12-13절). 만일 엘리야가 모든 것을 회복한다면 엘리야 뒤에 오는 메시아는 고난받지 않을 것이다. 그러나 구약성경은 메시아가 고난받을 것이라고 기록한다(12절). 그리하여 엘리야가 와서 모든 것을 회복한다는 당시 율법학자들의 주장은 틀렸음이 입증된다. 엘리야는 이미 왔으며, 구약 시대의 엘리야가 고난받았듯이 새 엘리야(세례 요한)도 그렇게 고난받았다(13절). 세례 요한이 엘리야라면, 엘리야가 모든 것을 회복할 것이라는 율법학자들의 기대는 틀렸음이 입증된다.

산 아래 있던 예수의 제자들은 축귀 요청을 받았으나 축귀에 실패하였다(18절). 그래서 귀신 들린 아이의 아버지는 예수께 축귀를 요청할 때, 의심 반 믿음 반으로 “당신이 만일 하실 수 있다면”이라는 조건을 붙인다(22절). 예수께서는 이러한 조건이 함축한 의심을 지적하시며 “그 믿는 자에게 모든 것이 가능하다.”고 말씀하신다(23절). 이러한 대화의 문맥을 통하여 볼 때, ‘그 믿는 자’는 하나님의 계획에 순종하여 십자가 고난을 향해 가시는 예수 자신을 가리키는 표현이다. 예수께서 축귀를 행하신 후 제자들은 자기들의 실패의 원인이 무엇인지 질문하였다. 예수께서는 그들이 축귀의 권세를 받기는 했으나, 제자들의 말을 못 들은 체하고, 대답도 하지 않는 그런 귀신은 기도를 통하여 쫓아내야 함을 가르치신다(29절).

예수께서는 제자들에게 자신의 죽음과 부활을 예언하셨지만, 이 예언을 들은 제자들은 가버나움으로 가는 길에서 자기들의 권력 서열에 관하여 토론하였다(34절). 예수께서는 그들에게 높은 권력의 자리를 탐내는 자는 가장 낮은 자리에 떨어지는 벌을 받을 것이라고 경고하신다(35절). 예수께서는 어린아이(권력이 없는 자를 상징함)를 환대함은 예수, 나아가 하나님을 환대함에 해당한다고 지적하신다(37절). 또한 제자 공동체(교회) 안에서 권력 없는 자에게 상처를 주어 믿음에서 떠나게 만드는 잘못을 짓지 말도록 경고하신다(42절). 그러한 잘못을 범하는 자는 차라리 죽는 것이 낫다(42절). 제자 공동체가 그러한 교권주의자를 권징하여 축출하는 것이 공동체 전체가 지옥 심판을 받는 것보다 낫다(43-47절).

축귀에 실패한 제자들은 제자 공동체 밖에 있는 사람이 예수 이름으로 축귀하는 것을 보고 그 사람이 자신들을 따르기를 거부한다는 이유로 축귀 사역을 금지하였다(38절). 그러나 예수께서는 이러한 배타주의를 금하신다(39절). 제자들을 적극적으로 따르지 않더라도 그저 반대만 하지 않으면, 그러한 자는 제자들을 위하는 자들로 간주되어야 한다(40절). 제자들 대신 축귀를 행한 자는 하나님께 보상을 받을 자이다. 그리스도의 제자들에게 물 한 잔 준 자도 반드시 보상을 받을 것이므로(41절), 그 이상을 행한 저 축귀 사역자는 더더구나 보상을 받을 것이다. 그러므로 예수의 제자들은 그러한 자에게 텃세를 부리거나 배타적인 태도를 취해서는 안 된다.

제17장
마가복음 10:1-52
고난받는 메시아의 길과 제자의 삶의 원리

1. 번역과 주해

이혼에 관한 예수의 가르침(10:1-12)[1]

10:1 그리고 그가 거기서부터 일어나시어 요단강을 건너 유대 지역으로 가
셨다. 이에 무리들이 다시 그에게로 모였다. 그러자 그가 늘 하시던 대로 다
시 그들을 꾸준히 가르치셨다. **2** 바리새인들이 나아와서 아내를 이혼시키
는 것이 남편에게 허용되는지 그에게 질문하였다. 이것은 그를 시험하기
위한 것이었다. **3** 그러나 그가 대답하여 그들에게 말씀하셨다.

"모세가 그대들에게 무엇을 명하였소?"

4 그들이 말했다.

"모세는 이혼 증서를 써주고 이혼시키는 것을 허락하였소."

5 그러나 예수께서 그들에게 말씀하셨다.

---

1. 이 부분은 신현우, 2007a: 31-50에 토대한 것이다.

"그대들의 완악한 마음 때문에 그가 그대들에게 이 계명을 기록하였소.
6 그러나 창조의 시작부터 '남성과 여성으로 그들을 만드셨소.
7 이 때문에 사람이 그의 아버지와 어머니를 떠나 그의 아내와 연합될
것이오.
8 그리하여 그 둘이 한 육체가 될 것이오.'
그래서 더 이상 둘이 아니고 한 육체인 것이오.
9 그러므로 하나님께서 연합하신 것을 사람이 나누지 못하도록 하시오."
10 그 후에 집에서 제자들이 이에 관하여 그에게 다시 질문하였다. **11** 이에
그가 그들에게 말씀하셨다.
"누구든지 자신의 아내를 이혼시키고 다른 여인과 결혼하면
그녀에 대항하여 간음하는 것이다.
12 또한 그녀가 자신의 남편을 이혼시키고 다른 남자와 결혼하면
간음하는 것이다."

마가복음 10:1-12은 다음과 같은 구조로 되어 있다.

1-9절 예수와 무리의 문답
- 1-4절 사람들의 질문 A
- 5-9절 예수의 대답 B

10-12절 예수와 제자들의 문답
- 10절 제자들의 질문 A′
- 11-12절 예수의 답변 B′

마가복음 10:1-9은 예수와 사람들(바리새인들) 사이의 대화이며,[2] 10:10-12은 예수와 제자들 사이의 대화이다. 대화는 사람들(바리새인들)/제자들의 질문과 예수의 답변으로 진행된다. 사람들의 질문에 대한 예수의 답변(5-9절)은 제자들의 질문에 대한 예수의 답변(11-12절)과 평행이 되며, 11-12절(B′)은 5-9절(B)을 해석하는 역할을 한다. 11-12절은 사람들의 질문(1-4절)에 대한 궁극적인 답변으로서 질문자들의 함정에 빠지지 않기 위하여 오직 제자들에게만 은밀하게 주어진다.

마가복음 10:1-12 앞에 놓인 9:33-50은 제자들의 집단 내의 권력 다툼(33-37절)과 집단 밖의 사람들에 대한 배타성(38-50절)을 다룬다. 제자들의 권력 추구에 대하여 예수께서는 어린아이와 같은 자 즉 권력이 없는 사람을[3] 존중하고 받아들이라고 가르친다(37절). 제자들의 배타주의적인 행동에 대하여 예수께서는 이러한 배타적인 행동으로 소자 하나라도 실족하게 하지 말라고 가르치신다(42절).

마가복음 10:1-12 뒤에 놓인 10:13-16에서 예수께서는 당시 사회적 지위가 전혀 없는 어린아이들을 영접하며 어린아이를 받아들이는 본을 보이셨다. 또한 어린아이와 같이 하나님의 통치를 받아들여야 한다고 가르치신다.

이처럼 본문 앞뒤의 단락들은 제자 집단 내에서 권력을 추구하며 권력이 없는 자를 무시하고 집단 밖의 사람들을 멸시하는 제자들에게 아무 사회적 지위가 없는 자들이나 집단 밖의 소자들을 존중할 것을 가르친다. 이러한 맥락에서 여자를 내보내는(이혼시키는) 것을 허용하는 당시 사회적 관습을 부정하시는 예수의 가르침을 본문은 담고 있다. 여인들은 당시

2. 질문자들은 바리새인들일 수도 있지만, 서방 사본들에 담긴 읽기처럼 익명의 사람들일 수도 있다. 자세한 사본학적 논증을 위해서는 신현우, 2006: 120-23을 보라.

3. Donahue & Harrington, 301.

에 매우 낮은 사회적 지위를 가지고 있었으므로, 다른 여인과 결혼하고자 아내를 내보내는 것을 금지하시는 예수의 가르침은 사회적 약자를 보호하는 측면에서 앞뒤 단락들의 강조점과 일치한다.

12절에서 아내가 남편을 내보내는 것도 금지되는 것은 아내가 남편을 감히 내보낼 수 없는 당시 상황에서 불필요한 말씀이지만, 전 남편과 이혼하고 헤롯과 결혼한 헤로디아를 염두에 둔 지적일 수 있다. 또한 이것은 남자와 여자, 강자와 약자의 구분을 막론하고 자신의 유익을 위하여 타인을 희생시키는 것을 금지하는 말씀으로 볼 수 있다.

1절 (요단강을 건너 유대 지역으로 가심) 예수께서는 요단강을 건너 유대 지역으로 가셨다. 예수께서는 가버나움(9:33)에서 데가볼리 지역과 페레아 지역을 지나 유대 지역으로 가신 듯하다. 유대 지역을 '요단강 건너편'(πέραν τοῦ Ἰορδάνου)이라고 표현한 것은 저자가 요단강 동편에서 기록하고 있는 관점을 보여주는 듯하다.[4]

'요단강 건너편 유대 지방'이라는 표현은 대개 요단 동편을 요단 건너편이라 부르는 관행에 어긋나므로 이해하기 어렵다. 이러한 문제를 해결하고자 '과'(καί)를 추가하여 '유대 지방과 요단강 건너편 지역'으로 쉽게 고친 사본들이 발생한 듯하다.

2절 (이혼에 관한 질문) 예수께 이혼에 관한 질문이 던져졌다. 당시 유대인 사회 속에서 이혼은 가능하였다. 필로도 요세푸스도 그 어떤 랍비도 이혼을 금하지는 않았다(Evans, 2001: 81). 마이어(J. P. Meier)의 관찰에 의하면 쿰란 문헌도 이혼을 완전히 금하지는 않는다.[5] 이혼은 그 자체로 구약성경에 위배되지는 않았다. 신명기 24:1-4은 이혼이 가능하였던 현실을 토대로 주어졌던 법이다. 말라기 2:16도 이혼 금지는 아니며 단지 "그

---

4. Marcus, 2009: 700에 반대된 주장임.
5. Meier, 75.

가 내어 보내기를 싫어한다면"이라는 표현이다(כִּי־שָׂנֵא שַׁלַּח).[6] 시락서 7:26은 이혼하지 말 것을 권한다.[7] 그러나 시락서도 이혼을 완전히 금하지는 않는다. 시락서 25:26은 불순종하는 아내를 이혼시키라고 권한다.[8]

이혼의 가능성을 전제로 유대인들은 이혼의 조건에 관하여 토론하였다. 샴마이(Shammai) 학파는 신명기 24:1에서 이혼의 조건으로 제시된 '합당하지 않은 것'(עֶרְוַת דָּבָר)을 "행실이 나쁨"(신실하지 못함, 즉, 성적인 부정)이라 해석하지만, 힐렐(Hillel) 학파는 단지 요리를 망치는 것(빵을 태우는 것)도 이에 해당한다고 해석했다(*m. Gittin* 9:10; *Sifre Deuteronomy* 269.1.1).[9] 필로의 입장도 힐렐 학파의 견해와 일치한다(Philo, *On the Special Laws* 3.30).[10] 힐렐 학파는 남편을 불쾌하게 하는 것도 그러한 사유에 해당한다고 보았는데, 샴마이 학파는 율법을 잘 지키지 않는 것이 이혼 사유에 해당한다고 보았다(Lane, 353). 이혼에 관한 한 힐렐 학파의 입장이 다수 입장이었다(Safrai, 790).

시락서에 의하면 남편에게 불순종하는 것이 이혼 사유가 될 수 있었으며(시락서 25:26), 미쉬나(*m. Ketuboth* 7:6)에 의하면 아내가 다른 남자와 이야기하는 것, 부모를 면전에서 저주하는 것, 길거리를 배회하는 것 등도 이혼시킬 수 있는 사유가 되었다. 랍비 아키바(Akiva)는 남자가 (자기 아내보다) 더 아름다운 여인을 발견하기만 해도 아내를 이혼시킬 사유

---

6. Meier, 76.
7. γυνή σοί ἐστιν κατὰ ψυχήν μὴ ἐκβάλῃς αὐτήν καὶ μισουμένῃ μὴ ἐμπιστεύσῃς σεαυτόν ("너에게 미운 아내가 있어도 이혼시키지 말라. 그러나 네가 미워하는 여인에게 너 자신을 의탁하지도 말라").
8. εἰ μὴ πορεύεται κατὰ χεῖράς σου ἀπὸ τῶν σαρκῶν σου ἀπότεμε αὐτήν ("만일 그녀가 너의 지도를 따라 행하지 않으면, 그녀를 너희 육체로부터 분리시켜라").
9. Keener, 2000: 6.
10. Safrai, 790.

가 된다고 보았다(Evans, 2001: 83-84).

요세푸스의 자서전은 남편이 아내를 이혼하여 내버리기가 매우 쉬웠음을 보여준다. "나는 이 시기에 내 아내와 이혼하였다. 내가 그녀의 행동을 좋아하지 않았기 때문이다"(『생애』 426).[11] 당시 팔레스타인에서 유대인 남편들은 사실상 어떤 사유로든지 간에 이혼을 할 수 있었다(요세푸스, 『유대 고대사』 4.253).

예수께 이혼에 관한 질문을 던진 사람들의 의도는 예수를 '시험'하는 것이었다. 예수께서 무리를 가르치실 때(1절), 그들 중에 어떤 사람들이 예수를 시험하려는 의도로 질문하였다. 마가복음에서 '시험하다'(πειράζω) 동사는 다른 곳에서 세 번 사용되었다. 마가복음 1:13에서는 사탄이 예수를 시험하며, 8:11에서는 바리새인들이 예수를 시험하여 하늘로부터 오는 표징을 구한다. 12:15에서는 바리새인들과 헤롯당들이 예수를 시험하며 로마 황제에게 세금을 내는 것이 율법에 의하여 허용되는지 물었다. 12:15에서와 같이 본문에서는 '시험하다' 동사가 질문과 관계되어 사용된다. 이때 질문의 의도는 순수하게 모르는 것을 알고자 함이 아니라 대답을 어떻게 하려는지 보려고 함이다. 대답하기 어려운 질문을 던져서 곤란하게 하거나, 함정을 가진 질문을 던져서 올무에 걸리게 하고자 했을 것이다.[12]

남편이 아내를 버리는 것이 합법적인가 하는 질문은 1세기 유대인들의 사회에서 이미 답이 정해진 것처럼 보인다. 왜냐하면, 당시에는 남편이 아내를 마음껏 버릴 수 있었기 때문이다. 이혼을 부정적으로 본 집단이

11. 양용의, 229에서 재인용.
12. 에드워즈(J. R. Edwards)는 '시험하다'(πειράζω)는 덫에 걸리게 하려는 의도를 가진 시험을 가리킴을 지적한다(8:11; 12:15)(Edwards, 2002: 300).

있다면 오로지 쿰란 공동체뿐이었을 것이다.[13] 그렇지만 이혼이 가능한지에 관한 질문은 헤롯이 아내를 버리고 동생의 아내와 결혼한 것을 반대하다가 죽임을 당한 세례 요한을 염두에 둘 때에는 특별한 의미를 가지게 된다. 예수께서 세례 요한의 입장을 택하는 것은 곧 헤롯을 반대하는 정치적 의미를 가지므로 이러한 질문이 예수를 시험하는 질문이 될 수 있었을 것이다(Evans, 2001: 81 참고).

3-4절 (모세의 율법) 예수께서는 "모세가 너희에게 무엇을 명하였냐?"고 역질문을 던지심으로 질문자들이 숨겨놓은 올무를 피하신다. 곧바로 대답하시기를 피하시고 질문자들 스스로 답을 하도록 유도하시기 위해 질문을 던지신다. 이때 사용된 '명하였느냐'(ἐνετείλατο)는 단어는 이혼이

13. 쿰란 문헌 11QTemple 57:17-29과 CD 4:19-5:2은 일부다처제를 금하며 아내와 사별할 경우에만 재혼을 할 수 있게 허용한다(Herron, 275). 쿰란 문헌 11QTemple 57:16-19은 이스라엘 왕이 이혼하는 것을 금한다(Marcus, 2009: 700). 그러나 쿰란 문헌 CD 13:15-18은 이혼이 쿰란 공동체 속에서도 실재하고 있음을 언급한다(A. Y. Collins, 462). 박윤만은 쿰란 문헌 11QTemple 57:17-19이 일반적으로 이혼을 금지하는 내용을 담았다고 간주하고, 시락서 7:26이 이미 이혼 금지를 가르친다고 보며 예수님의 이혼 금지에 혁명적 측면이 있다고 보는 필자의 주장에 문제를 제기한다(박윤만, 2017: 672). 그러나 박윤만이 제시한 본문은 당시 유대교에서도 이미 이혼이 금지되어 있었다는 증거가 되지 못한다. 인용된 쿰란 문헌 구절은 왕의 이혼을 금지하는 주장을 담았을 뿐이며, 시락서 25:26에는 불순종하는 아내를 이혼시키라는 명령도 나오기 때문이다. 예수의 이혼 금지 가르침은 남자들이 어떤 사유든지 트집을 잡아 아내를 이혼시킬 수 있었던 당시 주류 유대교의 흐름에 명확히 차별되는 가르침이었으며 이것은 당시 사회적 약자였던 여인들을 보호하기 위한 가르침이었기에 긍정적인 의미로 '혁명적'이었다고 볼 수 있다. 박윤만도 예수의 이러한 가르침이 "당시의 전통과 관습이 용인하는 표준을 뛰어넘는 혁신 그 자체였다."고 하며 예수의 가르침의 혁신성을 인정한다(박윤만, 2017: 713). 예수께서 당시 사회를 정치적으로나 군사적으로 전복하지 않았고 새로운 공동체로서의 교회가 출범하게 되었기에 정치적·군사적 혁명을 했다고 볼 수는 없지만, 가르침이 완전히 새로운 부분에 대해서 '혁신적' 또는 '혁명적'이라고 부를 수 있을 것이다.

명령된 적이 없음을 지적하기 위하여 선택된 단어일 수 있다.

질문자들은 "모세는 이혼 증서를 써주고 이혼하는 것을 허용하였습니다."라고 대답한다. 그들은 구약성경에 의하여 이혼이 허용됨을 인정한다. 구약성경에서 이혼이 명령된 곳은 없으며 단지 허용되고 있음을 그들은 알고 있었다.

유대인 남편은 아내에게 이혼 증서를 써 주고 이혼시킬 수 있었다. 이 경우 이혼 증서는 반드시 법정에서 작성될 필요가 없었다.[14] '이혼 증서'(βιβλίον ἀποστασίου)는 아뽀스따시온 문서인데, 여기서 '아뽀스따시온'(ἀποστασίον)은 포기, 철회를 뜻하는 법적 용어이다(Marcus, 2009: 701). 따라서 이혼 증서란 "포기 증서"이다. 미쉬나(*m. Gittin* 9:3)에 의하면 이혼 증서에는 "당신은 어느 남자에게든지 자유롭게 결혼할 수 있다."라는 기록이 있어야 했다(France, 393).[15]

그런데, 당시 유대인들의 법에는 아내가 남편을 이혼시키는 개념이 없었다(France, 390).[16] 다만 남편이 결혼의 의무를[17] 다하지 않거나 몹시

14. Safrai, 790. *m. Gittin* 9:4에 의하면 남편이 직접 쓰고, 날짜를 적고, 두 증인이 서명하기만 하면 이혼 증서는 효력이 있었다.

15. "The essential formula in the bill of divorce is, 'Lo, thou art free to marry any man'. R. Judah says: 'Let this be from me thy writ of divorce and letter of dismissal and deed of liberation, that thou mayest marry whatsoever man thou wilt'. The essential formula in a writ of emancipation is, 'Lo, thou art a freewoman: lo, thou belongest to thyself'"("이혼증서에 담기는 필수적인 문구는 '보라, 당신은 어떤 남자에게든지 자유롭게 결혼할 수 있다'이다. 랍비 유다는 말했다: '나로부터 (전해 받은) 당신의 이혼 문서와 면직 편지와 해방의 행위는 이렇게 (기록)되도록 하라. 당신은 당신이 원하는 어떤 남자와도 결혼할 수 있다.' 해방 칙서에 담기는 필수적 문구는 '보라, 당신은 자유로운 여인이다. 보라, 당신은 당신 자신에게 속한다.'이다."

16. 유대법에 의하면 여인들이 남편을 이혼시킬 수 없었다(요세푸스, 『유대 고대사』 15.259).

17. 결혼의 의무에 관하여는 *m. Ketuboth* 5:6 참조.

싫을 때에는, 아내가 이혼을 원할 수 있었고, 이 경우 남편에게 이혼을 허락해달라고 요청하거나, 법정에 요청하여 남편의 허락을 득하여야 하였다(Safrai, 791). 미쉬나(*m. Arakhin* 5:6)는 남편의 허락이 있어야만 이혼이 가능하였음을 암시한다. 그런데, 요세푸스(『유대 고대사』 15.259)에 의하면, 살로메는 이러한 유대법을 어기고 남편에게 이혼 증서를 써주어 이혼시킨다.[18] 2세기 후반에는 서기관이 대신 작성해 주는 이혼 증서를 통하여 아내가 남편을 이혼시킬 수도 있었음을 보여주는 증거가 발견된다(A. Y. Collins, 464).

5절 (예수의 율법 해석) 이제 예수께는 더 이상 대답하실 의무가 없다. 질문자들이 이미 자기들의 질문의 답을 알고 있기 때문이다. 그러나 예수께서는 질문자들을 비판하는 말씀을 덧붙이시며 말씀을 시작하신다.

예수께서는 모세 율법이 사람들의 '완악함'을 전제하고 주신 것이라고 보신다. 구약성경에서 '완악함'이라는 단어는 주로 하나님께 대한 태도에 대하여 사용되었다.[19] 따라서 본문에서 이것은 아내에 대한 잔인함이 아니라 하나님의 뜻에 대한 반항을 가리킨다(France, 391). 모세가 이혼이 발생하는 것을 전제하면서 재결합에 제한을 두는 계명(신 24:1)을 기록한 이유는 "너희"(질문자와 같은 사람들)의 "완악함" 때문에 그렇게 한 것이

---

18. Χρόνου δὲ διελθόντος ἐπισυνέβη τὴν Σαλώμην στασιάσαι πρὸς τὸν Κοστόβαρον καὶ πέμπει μὲν εὐθὺς αὐτῷ γραμμάτιον ἀπολυομένη τὸν γάμον οὐ κατὰ τοὺς Ἰουδαίων νόμους ἀνδρὶ μὲν γὰρ ἔξεστιν παρ' ἡμῖν τοῦτο ποιεῖν γυναικὶ δὲ οὐδὲ διαχωρισθείσῃ καθ' αὑτὴν γαμηθῆναι μὴ τοῦ πρότερον ἀνδρὸς ἐφιέντος("그런데 시간이 흐른 후 살로메는 코스토바로스와 싸우게 되었다. 그리하여 그녀는 즉시 그에게 이혼 증서를 보냈다. 이러한 행위는 유대법을 어기는 행위였다. 왜냐하면 우리(유대인들)에게는 남편이 이러한 일(이혼 증서를 써서 배우자를 이혼시키는 행위)을 행하도록 허용되며, [남편을] 떠난 아내는 전남편의 허락(이혼증서) 없이 스스로 [다른 남자와] 결혼할 수도 없기 때문이다." 사역).
19. France, 391; 신 10:16; 렘 4:4; 겔 3:7 참고.

라고 예수께서는 지적하신다. 질문자들은 이혼이 허용된다는 것을 알면서도 예수께 이혼이 허용되는지 질문하였다. 그들은 예수께서 이혼이 허용된다고 답하면 헤롯을 인정하였다고 몰아붙이려고 하였을 것이다. 그러면서도 그들 자신은 아내를 이혼을 시키는 권리를 누리고자 하였을 것이다. 이것은 여자들을 억누르고 특권을 향유하려는 완악함이며, 타인(예수)에게는 잔혹하고 자신에게는 너그러운 완악함이다. 이러한 완악함은 단지 사람에 대한 완악함이 아니라 이웃을 사랑하라고 명한 하나님의 뜻에 대한 반항이다(France, 391 참고). 이러한 완악함 때문에 율법(신 24:1-4)은 이혼 현상을 전제한 상태에서 출발한다. 이혼과 재혼은 허락되지만, 이혼당한 아내가 재혼한 후 홀로 되었을 때 다시 데려오는 것만은 금하고 있다. 이러한 모세법의 목적은 이혼을 권장하기 위함이 아니라 여인들을 보호하기 위함이었다(Evans, 2001: 84).

6-8절 (구약성경의 본래의 의도) 모세 율법은 인간의 완악함으로 인해 이혼을 허용하지만, 범하지 말아야 하는 최소한을 언급한다. 예수께서는 사람이 추구하여야 할 이상적인 모습을 보여주기 위하여 창조 질서를 언급하신다. 창조 질서는 모세법보다 시간적으로 우선하는 원리로서 모세법보다 상위에 있다(France, 392 참고).[20] 창조 때 하나님은 남녀를 만드셨고 창세기 2:24에 의하면 남편은 그의 아내와 결합하여 하나의 육체가 된다. 예수께서는 이를 해석하여 이제 부부는 둘이 아니라 한 육체라고 하신다.

---

20. 그러나 마가의 논리는 더 오래된 법이 우선한다는 원리라고 볼 필요는 없다(Marcus, 2000: 702). 쿰란 문헌 CD 4:20-21은 '창조의 시작부터'라는 표현으로 시작하는데, 두 명의 아내를 (동시에) 취하는 것을 간음으로 간주한다(Marcus, 2009: 703).

9절[21] **(창조 질서에 입각한 예수의 명령)** 예수께서는 창세기에 명시된 창조 질서에 입각하여 "하나님께서 합하신 것을 사람이 나누지 못하게 하라(μὴ χωριζέτω)."고 명하신다. 여기서 '나누다'(χωρίζω) 동사는 어떤 의미를 가지는가? '나누다'(χωρίζω)는 헬라어 파피루스들에서 "이혼하다"는 뜻으로 사용되었다(Hooker, 236). 이 단어는 고린도전서 7:10에서 결별을 통한 사실상의 이혼도 가리킨다. 이 구절에서 바울은 예수의 명령을 인용하며 아내는 남편에게서 나누이지 말라고(μὴ χωρισθῆναι) 권한다. 이것은 아내에게 이혼 권한이 없는 당시 배경으로 볼 때, (이혼 증서를 받지 않은 상태에서) 남편을 떠나지 말라는 명령으로 볼 수 있다. 즉 이것은 별거 등을 통한 사실상의 이혼을 금지하는 말씀이다. 요세푸스는 이혼 증서를 통한 법적 이혼과 결별을 통한 사실상의 이혼을 구분한다. 이때, 요세푸스는 이혼 증서 없이 아내가 남편을 결별하는 것을 바울이 사용한 '코리조'(χωρίζω) 동사와 유사한 '디아코리조'(διαχωρίζω) 동사로 표현한다.[22] 이러한 용례를 통하여 보면 '나누지 못하게 하라'는 예수의 가르침은 부부가 법적 절차 없이 서로 결별하는 사실상의 이혼도 금하신 것으로 해석할 수 있다.[23]

---

21. 막 10:1-12, 특히 막 10:9의 역사적 진정성 논증과 현대적 적용에 관해서는 신현우, 2007a: 31-50 참고.
22. μὲν γὰρ ἔξεστιν παρ' ἡμῖν τοῦτο ποιεῖν γυναικὶ δὲ οὐδὲ διαχωρισθείσῃ καθ' αὑτὴν γαμηθῆναι μὴ τοῦ πρότερον ἀνδρὸς ἐφιέντος("왜냐하면 우리[유대인들]에게는 남편이 이러한 일[이혼 증서를 써서 배우자를 이혼시키는 행위]을 행하도록 허용되며, [이혼 증서 없이 남편을] 떠난 아내는 전남편의 허락 없이 스스로 [다른 남자와] 결혼할 수도 없기 때문이다." 요세푸스, 『유대 고대사』 15.259, 사역).
23. 고전 7:3-5은 부부가 상대방의 성적 요구를 들어주어야 하며 거절하지 말아야 한다고 하는데, 이것은 바울이 "나누이지 말라"는 주의 명령을 적용한 것으로 볼 수 있다. 바울은 "하나님이 합하신 것을 사람이 나누지 않게 하라."는 예수의 명령을 해석할 때 이것이 이혼만을 금지하신 것이 아니라, 부부 사이의 성적인 거절도 금지한 것으로 보고 적용한 것이다. 바울은 기도하기 위하여 부부간에 서로 합의하

예수께서는 창세기 2:24에 내포된 원리를 끌어내신다. 그것은 부부를 하나로 만드시는 분은 하나님이시라는 원리이다.

1. 하나님께서 남자와 여자를 만드셨다. (창 1:27)

2. 남자와 여자가 결합하면 한 육체가 된다. (창 2:24)

3. 둘을 하나로 결합시키시는 분은 하나님이다. (1, 2로부터의 추론)

하나님께서 남자와 여자를 따로 만드셨는데, 그 둘이 결합하여 한 육체가 됨은 신비이다. 일상적 경험 속에서 볼 때에는 남녀는 결혼하여도 여전히 두 개의 다른 육체이기 때문이다. 그러나 창세기 2:24은 둘이 하나의 육체가 된다고 선언한다. 이것은 오로지 하나님께서 이루시는 신비이다.

예수께서는 사람들이 하나님께서 만드신 신성한 결합, 오직 하나님께서만 이루실 수 있는 기적적인 일치를 파괴할 능력이 인간에게 없음을 지적하신다. 그러한 결합이 인간적으로 가능한 일이었으면 얼마든지 인간이 분리할 수 있다. 그러나 인간이 결합시킬 수 없었던 것은 분리시킬 수도 없다. 그리하여 예수께서는 이혼이 원칙적으로 불가능함을 지적한다. 사람들이 법적으로 이혼하여도 하나님께서 만드신 결합까지 해체할 수 없으며 하나님 편에서 볼 때 이혼은 무효라는 것이다. 또한 하나님께서 둘을 하나로 만드셨다면 그들이 분리되는 것은 하나님의 뜻이라고 할 수 없다(Evans, 2001: 84).

모세 율법은 아내를 버리라고 명한 법이 아니라, 아내를 버릴 경우에

여 일정 기간 동안 금욕하는 것은 허용하지만 서로 합의함 없이 또는 일방적으로 장기간 금욕하는 것을 금지함으로 '나누지 말라.'는 예수의 가르침을 적용한다.

라도[24] 이혼 증서를 주어서 그녀가 (음행한 여인으로 간주되지 않고 재혼할 수 있도록) 보호하는 것을 전제하는 법이다.[25] 따라서, 아내를 버리는 것을 금하는 예수의 가르침은 아내가 남편에게 생계를 의존해야 하는 당시 사회 속에서 이혼 증서 제도에 담긴 여인 보호 의도를 더욱 철저화하므로, 이 가르침은 율법을 폐지하지 않는다. 마가는 여기서 율법을 폐지하는 예수가 아니라, 완성하는 예수를 그린다(Hooker, 235 참고). 예수의 가르침은 구약성경의 의도를 철저히 하면서도 당시 유대교와 철저히 달랐다. 남편들이 마음대로 이혼할 수 있었던 당시 문화 속에서 아내 이혼시키기를 금한 예수의 가르침은 매우 대조적인 것이었다.

10-12절 (이혼에 관한 예수의 가르침) 하나님이 짝 지어 주신 것을 사람이 나누지 못하게 하라는 가르침은 비유적인 가르침이다. 제자들이 이 비유에 관하여 질문하였을 때, 예수께서는 비유를 풀어주신다. "누구든지 자기 아내를 이혼시키고 다른 여자와 결혼하면 그녀에게 간음하는 것이다."[26] 첫 아내를 이혼시켜도 하나님 편에서 볼 때에는 둘이 아직 하나이므로 다른 여자와 결혼하여 관계를 맺는 것은 간음이다. (물론 이혼하고 혼자 살면 간음죄를 범하는 것은 아니다.) 이것은 이혼시킬 권리와 재혼할 권리를 가진 당시 남편들에게 그러한 권리가 존재하지 않음을 선언하시며, 당시에 이혼을 당하기 쉬웠던 약자들인 여인들을 보호하시는 말씀

---

24. 신 24:1은 '키'(כִּי, "if")로 시작하므로, 명령이 아니라, 가정이다. 명령은 신 24:4에 나온다. 한 번 아내를 버린 남편은 그 아내가 재혼한 후 다시 버림받을 경우를 가정하고, 처음 남편이 그녀를 다시 받을 수 없다고 명령한다.

25. 예수께서는 구약성경에서 허용된 것은 곧 하나님에 의해 명령된 것이라는 해석학적 가정을 반대하신다(Evans, 2001: 84).

26. 막 3:24-26; 13:8, 12에 나오는 '에삐'(ἐπί) + 목적격(the accusative) 용법을 고려할 때, '에빠우뗀'(ἐπ' αὐτήν)은 "그녀와"보다는 "그녀(전처)에게"로 번역할 수 있다(France, 394).

이다.

예수께서는 배우자를 이혼시키고 하는 재혼을 간음으로 간주하신다. '간음하다'(μοιχάομαι)는 단어는 무슨 뜻인가? 레위기 20:10(LXX)에 의하면 간음이란 (어떤 남자가) 다른 남자의 아내와 행하는 것이다. 예레미야 36:23(LXX) 문맥도 간음을 (남자들이) 이웃의 아내들과 행하는 것으로 묘사한다. 에스겔 16:32은 결혼한 여자가 자기 남편이 아닌 다른 남자를 취하는 것을 간음이라고 본다.[27] 그러므로 간음이란 결혼한 여인과 (결혼한 남자 혹은 미혼의) 다른 남자 사이에 발생하는 것이다.[28] 레위기 20:10은 간음을 행한 남자와 여자 둘 다 죽이라고 명한다.[29] 신명기 22:22도 동일한 명령을 한다. 다만 강간의 경우에는 남자만 죽여야 한다고 신명기 22:25-27은 명한다.

시락서 23:23은 여인이 간음의 결과로 다른 남자의 자녀들을 출산할 가능성을 언급한다. 이것은 간음이 출산과 관련된 성적 관계임을 암시한다.[30] 요세푸스(『유대 고대사』 3.274)는 모세가 간음을 금하였음을 언급하며, "자녀들이 진짜라는 것은 도시들과 가정들에 유익하다."고 한다. 이 역시 간음이 출산과 관련된 성행위임을 암시한다.

---

27. "자기 남편 대신 다른 남자들을 취하는 간음하는 여인"(האשה המנאפת תחת אישה תקח את־זרים).

28. 어떤 사람이 결혼하지 않은 여인과 동침한 경우, 간음으로 간주되지 않고, 남자가 값을 지불하고 (그 여인의 아버지가 거부하지 않는 경우) 그 여인을 아내로 맞이하여야 하였다(출 22:16-17; 신 22:28-29).

29. ἄνθρωπος ὃς ἂν μοιχεύσηται γυναῖκα ἀνδρὸς ἢ ὃς ἂν μοιχεύσηται γυναῖκα τοῦ πλησίον θανάτῳ θανατούσθωσαν ὁ μοιχεύων καὶ ἡ μοιχευομένη ("어떤 남자가 다른 남자의 아내와 간음하거나 그가 이웃의 아내와 간음하면, 그 간음한 남자와 그 간음한 여자를 사형시켜라." 사역). 요세푸스(『아피온 반박』 2.215)도 간음죄가 사형에 해당한다고 한다.

30. ἐν πορνείᾳ ἐμοιχεύθη καὶ ἐξ ἀλλοτρίου ἀνδρὸς τέκνα παρέστησεν ("그녀는 음행을 통하여 간음하였으며 다른 남자로부터 자녀들을 출산하였다." 사역).

남편이 아내를 이혼시키고 재혼함으로써 간음을 행하는 경우 고통을 당하는 사람은 본처이다. 개역개정이 '본처에게 간음을 행함이요.'로 번역한 표현은 직역하면 '그녀에 대항하여 간음을 행한다'(μοιχᾶται ἐπ' αὐτήν)이다. 이것은 첫 아내에 대항하여 (둘째 아내와) 간음을 행한다는 뜻으로 볼 수 있다(Marcus, 2009: 705). 유대인들의 전통 속에서는 간음이란 아내가 자기의 남편을 배신함으로써 남편에게 범하거나 남자가 다른 남자에 대하여 (손해를 가함으로써) 범하는 것인데, 자신의 아내에 대항하여 간음을 범한다는 것은 새로운 개념의 가르침이다(Lane, 357).

예수께서는 간음이 나쁘다고 전제하고 이 가르침을 주신다. 간음은 십계명이 금하는 것이다. 간음이 나쁜 신학적 이유는 배우자와 이웃의 신뢰를 저버리는 행위일 뿐 아니라 하나님과의 언약 관계의 파괴이기 때문이다(Plümacher, 437). 예수께서는 재혼을 위한 이혼도 그러한 언약 관계의 파괴로 간주하신다.

아내가 남편을 이혼시키고 재혼하는 것도 간음으로 간주된다(12절). 개역개정이 '아내가'로 번역한 단어는 문자적으로 번역하면 '그녀가'(αὐτή)이다. 12절은 그녀가 남편을 이혼시키고 다른 남자와 결혼하는 것도 간음하는 것이라 한다. 여기서 '그녀'는 그러한 일을 하는 여인의 대표로서 헤로디아를 염두에 둔 표현으로 볼 수 있다(Hooker, 236 참고). 이것이 '여인'이라는 단어 대신에 '그녀'라는 단어를 사용한 이유일 것이다. 당시 유대 여인들이 남편을 이혼시킬 권리가 없었던 상황 속에서(10:4 주해 참고), 12절은 헤로디아를 염두에 두지 않았다면 불필요한 구절이었을 것이다. 예수께서 보실 때, 남편에게 이혼 증서를 보내어 이혼시키고 헤롯과 재혼한 헤로디아는 분명히 간음죄를 범한 여인이다.

이처럼 이혼 후의 재혼을 금함은 율법이 허용한 것에 대한 금지이므로, 율법과 모순되지 않는다. 허용이 곧 명령은 아니기 때문이다. 오히려 예수의 이 가르침은 창세기 2:24에 담긴 구약성경의 정신을 더 철저화시키며 구약성경에 담긴 약자 보호법을 철저화시켜 적용하신 것으로 볼 수 있다.

예수께서 이러한 이상적인 가르침을 주신 이유는 모세의 율법이 제시하는 하한선을 넘는 것으로 자신이 의롭다고 여기거나 이혼 또는 재혼을 위한 이혼을 권리로 간주하는 태도를 가진 사람들에게 이혼이 결코 정상적인 것이 아님을 가르치시기 위함이었을 것이다(Hooker, 237 참고). 율법이라는 하한선을 넘은 사람들도 예수께서 제시하시는 완전한 기준 앞에서 겸허하여야 한다.

유대법에는 여자가 남자를 이혼시키는 개념이 없다(France, 390).[31] 그러나 예수께서는 12절에 이를 언급하신다. 아내에 대한 간음이라는 개념도 유대 전통에는 없다(France, 394). 예수께서는 남녀평등의 관점에서 말씀하시고 계시며, 남편을 버리고 헤롯과 재혼한 헤로디아를 염두에 두고 계신다고 볼 수 있다(Hooker, 236). 로마법은 아내가 이혼 절차를 시작할 수 있게 하므로(Marcus, 2009: 706) 12절은 이방 그리스도교인들을 위하여는 필요한 말씀이다. 미쉬나에 의하면 유대인들의 경우에는 특별한 경우에 아내가 남편을 이혼시키는 것이 가능하였으나 법정을 통하여 남편에게 강제로 이혼하게 해야만 했다(Marcus, 2009: 706). 그러나 유대 사회에서도 여인들이 먼저 남편을 이혼시킨 경우가 있었다는 것이 연구를 통해서 드러나고 있다(Marcus, 2009: 706). 헤로디아의 이혼은 유대법에

31. 미쉬나에 의하면, (1) 남자의 병, 직업, 성불능 등으로 부부관계의 의무를 감당하지 못할 경우, (2) 남편에 의하여 강요된 결혼을 하였을 경우, (3) 여자가 미성년일 때, 아내 쪽에서 이혼을 요청할 수 있었다(Edwards, 2002: 304). 아내가 남편에게 쓴 이혼증서가 발견되기는 하였으나 그것은 2세기 문서이다(Edwards, 2002: 304). 1세기에 아내가 이혼 증서를 쓰는 경우가 있었다고 해도 그것은 아주 예외적이었을 것이다.

어긋난 것이라는 요세푸스의 지적을 통해서 볼 때 1세기에는 아내가 남편을 이혼시킬 수 없는 할라카가 있었음에도 불구하고 남편을 이혼시키는 여인이 있었음을 알려준다(Marcus, 2009: 707). 그렇다면 유대 그리스도교인들을 위해서도 여인들이 남편을 이혼시키는 것을 금지한 이 가르침은 필요한 것이었다고 볼 수 있다.

어린아이와 하나님 나라(10:13-16)

13 그가 그들을 만져주시도록 사람들이 그에게 어린아이들을 계속 데려왔
다. 그러나 제자들은 그들을 계속해서 꾸짖었다. **14** 그런데 예수께서 분노
하시고 그들에게 말씀하셨다.

"어린아이들이 나에게 오는 것을 허용하라.
그들을 금하지 말라.
왜냐하면 하나님 나라가 이러한 자들의 것이기 때문이다.
15 내가 진실로 너희에게 말한다.
누구든지 하나님 나라를 어린아이처럼 받아들이지 않으면
절대로 그것에 들어가지 못할 것이다."

16 그리고 그는 그들을 안고 손들을 그들 위에 얹고 축복하셨다.

13절 (아이들을 데려온 사람들을 꾸짖은 제자들) 사람들이 어린아이들을 예수께 데리고 왔다. 속죄일에 어린이들을 랍비에게 축복받도록 데려오는 관습이 있었다(France, 396). 아마도, 이 일은 속죄일에 발생했을 것이다(France, 396). '어린아이'(παιδίον)는 유아로부터 12세까지의 아동을 가

리킨다.[32] 본문은 사람들이 이들을 '데려왔다'고 하며 '쁘로스페로' 동사를 사용하는데, 70인역에서 대부분의 경우 '쁘로스페로'(προσφέρω)는 "인도하다"보다는 "데려오다"는 뜻으로 사용되므로, 여기서 '빠이디온'(παιδίον)은 유아를 가리킨다고 보인다.[33] 따라서 제자들이 꾸짖은 대상은 유아들을 데려온 어른들이라 할 수 있다(Marcus, 2009: 714).

시내산 사본, 바티칸 사본 등은 예수께서 '그들을 꾸짖었다'(ἐπετίμησαν αὐτοῖς)고 하는데 이 표현은 마태복음 19:13에 조화된 독법인 듯하다.[34] 서방 사본들과 비잔틴 사본들에 나오는 미완료형을 사용한 읽기인 '(아이들을) 데려온 자들을 계속하여 꾸짖었다'(ἐπετίμων τοῖς προσφέρουσιν)가 원독법인 듯하다. 역사적 현재형을 새로운 단락 도입에 사용하고, 미완료형을 새 장면이 시작할 때 사용하는 마가의 용례를 고려하면[35] 미완료형이 원독법이라고 간주할 수 있을 것이다. 미완료형의 뜻을 살려 해석하면 제자들이 아이들을 데려온 사람들을 계속하여 꾸짖었다고 볼 수 있다.

14절 (예수의 반응) 익명의 축귀 사역자를 금하지 말라는 가르침(9:39)

---

32. Donahue & Harrington, 299.
33. Marcus, 2009: 714.
34. '그들을 꾸짖었다'(ἐπετίμησαν αὐτοῖς)는 막 10:14의 "그들(어린이들)을 금하지 말라"에 조화시키기 위해 발생하였을 수도 있었다.
35. 10:1에서는 장소가 바뀌므로 역사적 현재형(ἔρχεται)이 사용되고, 10:2에서는 장면이 바뀌므로 미완료형(ἐπηρώτων)이 사용된다. 10:10에서도 미완료형(ἐπηρώτων)이 사용되었기에, 장면이 다시 바뀌는 10:13에서도 부정과거보다는 미완료형(ἐπετίμων)이 등장하는 것이 기대된다. 이와 같이 장면이 다시 바뀌는 10:17에서도 미완료형(ἐπηρώτα)이 사용되었고, 장소가 바뀌는 10:23에서는 역사적 현재형이 다시 등장한다. 그러나 곧이어 10:24에서는 미완료형(ἐθαμβοῦντο)이 사용되고 10:32에서도 미완료형이 사용된다. 새 등장인물이 나오는 10:35에서 현재형이 사용되고, 장소가 바뀌는 10:46에서도 현재형이 사용된다. 새로운 등장인물이 소개되는 10:48에는 미완료형(ἐπετίμων)이 다시 사용된다.

에 이어 어린이들을 금하지 말라는 가르침이 주어진다(Lane, 359). 그들은 모두 무시당할 수 있는 사람들이었는데, 예수께서는 그들을 무시하지 않도록 명령하신다. 어린아이를 금하지 말라는 것을 유아 세례를 금하지 말라는 뜻으로 해석하기도 하지만, 본문이 유아 세례를 지원한다는 본문상의 증거가 없다(Marcus, 2009: 715).

예수께서는 하나님의 나라가 '이런 자'의 것이라고 가르치신다. '이런 자'는 어린아이의 지위를 가진 자를 가리킬 것이다(France, 397). 즉, 사회적으로 낮은 자, 권력이 없는 자를 상징한다.[36] '하나님의 나라가 …의 것이다'는 표현은 15절에 나오는 '하나님의 나라에 들어가다'와 평행되므로 서로 동의어이다.

15절 (예수의 구원론) 하나님의 나라를 어린아이처럼 받아들이지 않는 자, 즉 하나님의 주권에 순복하지 않는 자는(Evans, 2001: 94) 절대로 그 나라에 들어가지 못한다. 다시 말하자면, 하나님의 나라에는 어린아이처럼 하나님의 나라(통치)에 순종하는 자가 들어간다. 자신의 권위와 권력을 버리고 하나님의 통치에 순복할 때 하나님의 통치는 우리에게 임한다. 자신의 권위를 주장하는 자는 하나님의 통치를 맛보지 못할 것이다. 하나님의 통치를 이 땅에서 맛보는 자들이 하나님의 나라에 들어간다. 즉 그들이 영생을 얻게 된다.

예수께서는 하나님의 나라를 받는 자가 하나님의 나라에 들어간다고 한다. '하나님의 나라를 받는다'(δέξηται τὴν βασιλείαν τοῦ θεοῦ)는 표현은 하나님의 뜻에 순종한다는 뜻이다(France, 397). 앰브로직(A. M. Ambrozic)에 의하면 '받는다'(δέχομαι) 동사는 지혜 문학에서 지혜를 기꺼이

36. Donahue & Harrington, 301.

이해하며 받아들이는 것을 묘사하는 전문 용어이다.[37] 하나님 나라는 (인간이 성취할 수 있는 것이 아니므로) 초월적이며 (미래에 그 완전한 성취가 있으므로) 종말론적이다. 하나님의 나라를 이러한 것으로 인식하는 (그래서 겸손히 받아들이는) 사람만이 하나님 나라에 들어갈 수 있다.[38]

16절 (어린아이를 축복하신 예수) 1세기 헬라 사회에서는 어린아이들에게 냉담하게 대했다(Lane, 361). 어린아이를 안고 안수해 주신 예수의 모습은 그러한 헬라 문화와도 대조된다.

예수와 율법(10:17-31)[39]

17 그가 여정을 떠날 때 어떤 사람이[40] 달려와 그에게 무릎을 꿇고 질문하였다.

“선한 선생님, 제가 영생을 상속받기 위하여 무엇을 할까요?”

18 그런데 예수께서 그에게 말씀하셨다.

“어찌하여 나를 선하다고 말하는가?

하나님 한 분 외에는 아무도 선하지 않다.

19 네가 계명들을 안다.

‘살인하지 말라, 간음하지 말라, 도적질하지 말라,

위증하지 말라, 사취하지 말라, 네 부모를 공경하라’.”

20 그런데 그가 예수께 말했다.

---

37. France, 397. n.17.
38. Donahue & Harrington, 301.
39. 이 부분은 신현우, 2007b: 747-73과 일부 겹친다.
40. ‘헤이스’(εἷς)가 따르는 소유격 복수 명사 없이 부정대명사(indefinite pronoun)처럼 사용하는 것은 히브리어(쿰란 히브리어, 원미쉬나 히브리어)나 아람어에서 발견된다. 그러므로 이것은 셈족어적 표현이다(Maloney, 130-31).

"선생님, 이 모든 것들을 제가 젊을 때부터 지켰습니다."

21 이에 예수께서 그를 응시하시고 그를 사랑스러워하시고 말씀하셨다.

"네게 하나가 부족하구나.

가서 네가 가진 것들을 팔아 가난한 자들에게 주어라.

그리하면[41] 네가 하늘에서 보화를 가질 것이다.

그리고 와서 나를 따르라."

22 그러나 그는 이 말씀에 충격을 받고 슬퍼하며 떠나갔다. 왜냐하면 그가
토지를 많이 소유하고 있었기 때문이었다. 23 예수께서 둘러보시고 그의
제자들에게 말씀하셨다.

"재산들을 가진 자들이 하나님 나라에 들어가는 것이 얼마나 어려운가?"

24 이에 제자들이 그의 말씀에 놀랐다. 그러나 예수께서 다시 반응하여 그
들에게 말씀하셨다.

"얘들아, 하나님의 나라에 들어가는 것이 얼마나 어려운가?

25 낙타가 바늘귀로 통과하는 것이

부자가 하나님의 나라에 들어가는 것보다 더 쉽다."

26 이에 그들이 더욱더 놀라며 서로에게 말했다.

"그렇다면[42] 누가 구원받을 수 있겠는가?"

27 예수께서 그들을 응시하시고 말씀하셨다.

"사람에게는 불가능하지.

그러나 하나님께는 그렇지 않다.

하나님께는 모든 것이 가능하기 때문이지."

---

41. '까이'(καί) + 미래 직설법'의 구문에서 '까이'는 "그리하면"(and then, and so)의 뜻을 가질 수 있다(Maloney, 69).

42. '까이'(καί)는 결과절(apodosis)을 이끌고 오기도 하는데 이것은 아마도 히브리어적 표현이다(BDF, §442).

28 베드로가 그에게 말하기 시작했다.

"보십시오! 우리는 모든 것을 버려두고 당신을 따랐습니다."

29 예수께서 말씀하셨다.

"내가 진실로 너희에게 말한다.

집이나 형제나 자매나 어머니나 아버지나 자녀나 토지를

나와 복음 때문에 버려둔 자는

30 지금 현세에 핍박과 함께

집과 형제와 자매와 어머니와 자녀와 토지를 백배나 받을 것이다.

그는 또한 내세에 영생을 받을 것이다.

31 그런데 으뜸인 자들이 꼴찌가 되고

꼴찌인 자들이 으뜸이 되는 경우가 많을 것이다."

마가복음 10:17-31의 구조는 다음과 같이 분석될 수 있다.

A (17-22절) 영생의 길

B (23-27절) 부자와 영생

A′ (28-31절) 영생의 길

A와 A′는 예수를 따르기 위해 토지를 포기한 자는 반드시 영생을 얻음을 지적한다. 이 사이에 놓인 B에서는 부자가 영생을 얻기 심히 어려움을 지적한다. 이것은 토지를 포기하기 심히 어려움을 암시한다. 그러나 하나님께서 이러한 포기를 하게 하실 수 있음이 27절에 암시되어 있다. 물론 하나님은 그러한 포기를 하지 못한 사람도 구원하실 수 있다. 그러나 그것도 인간의 자격이 아니라 하나님의 은혜일 뿐이다.

본문은 재혼을 위하여 이혼하는 것을 금하는 10:1-12, 어린아이와 같은 자들이 하나님 나라에 들어간다고 하는 10:13-16 이후에 놓여 있고, 예수께서 죽임을 당하고 살아나신다고 하는 10:32-34, 권력을 가지려 하는 자는 가장 낮은 자가 될 것이라고 하는 10:35-45 이전에 놓여 있다. 이처럼, 본문의 앞뒤 문맥은 이혼, 사회적 신분, 권력 등을 다루며 예수께서 어떠한 최후를 맞이하실지 알려준다. 그리하여 참된 제자도가 어떤 것인지를 가르친다. 예수를 따르는 길은 쾌락, 부, 권력을 향하여 가는 길이 아니라 예수처럼 죽고 부활하는 길이다. 본문은 이러한 맥락 속에서 특별히 율법을 어기면서 부를 추구하는 것이 제자도와 상반되는 것임을 알려준다. 제자도는 죽으러 가는 길 같지만 부활하는 길이요 영생의 길이다. 이러한 제자도를 위해서는 불법적인 부를 포기할 수 있어야 한다. 율법을 어기는 방식으로 부를 축적하는 행위를 포기하고, 특히 그러한 방식으로 축적한 부를 다시 가난한 자들에게 환원시킬 수 있어야 제자의 길을 갈 수 있으며 그래야 부활과 영생에 참여할 수 있다.

17절 (영생의 길에 관한 질문) 한 사람이 예수께 영생을 얻으려면 무엇을 해야 하는지 질문하였다. 그는 예수를 '선한 선생님'이라 부르면서 질문한다. '선한 선생님'이라는 호칭은 유대 문헌에서 사용된 경우가 사실상 없다(Lane, 364-65). 그러나 헬라 문헌에서는 '오 선한 분이여'(ὦ ἀγαθέ)라는 표현이 발견된다(Lane, 365. n.41).

'영생'은 마가복음 10:30에서 내세와 관련된다. 다니엘 12:2에 의하면 '영생'은 죽은 자들이 부활하여 얻을 수 있게 되는 결과 중에 하나로서 영원한 벌에 반대되는 것이다. 마태복음 25:46도 영생을 영벌과 대조시킨다. 요한복음 5:24에서도 영생은 정죄와 대조된다. 로마서 6:23에서 영생은 죄의 벌로서의 죽음과 반대된다. 마카비서에서 '영생'은 부활 후에 얻는 것으로 간주된다. 마카비2서 7:9은[43] '생명의 영원한 부활'(αἰώνιον ἀναβίωσιν ζωῆς)을 순교적 죽음 후에 하나님께서 주시는 것으로 서술한다. 마카비4서 15:3에서[44] '영생'(αἰωνίαν ζωὴν)은 문맥상 순교자들과 관련된다. 이러한 본문들에서 영생은 부활 후에 (내세에) 맞이하는 심판에서 정죄되지 않고 맞는 복된 상태를 가리킨다. 그러므로 '영생'은 현재의 목숨의 연속이 아니라 죽음 후에도 부활하여 맞이할 수 있는 영원한 삶으로 볼 수 있다.

물론 '영생'을 이스라엘의 회복과 관련하여 이해할 수도 있다. 다니엘 12:2에서 부활하여 영생을 얻음은 이스라엘의 회복에 참여함을 비유적으로 묘사한다(Goldingay, 307). 이러한 배경을 통하여 보면, 마가복음 10:17에 나오는 질문 "제가 영생을 상속받기 위하여 무엇을 할까요?"는 "이스라엘의 회복을 위하여 우리가 무엇을 하여야 할까요?"라는 질문과 같다. 어떠한 일을 행하면 이스라엘이 회복되고 어떠한 일을 행하면 회복된 이스라엘에 참여하는 자가 될까 하는 질문일 수 있다.

영생을 얻는 방법으로 예수께서 율법 준수를 명하시는 것(10:19)을 보아도 이러한 해석이 가능함을 알 수 있다. 구약성경에 의하면, 이스라엘은 율법을 지킬 때 살 것이며(레 18:5; 신 4:1), 율법을 무시하면 언약의 땅이 그들을 토해내어 적에게 멸망 당하게 될 것이다(레 26:38, 43). 그러나 그들이 허물을 자복하고 형벌을 받으면 하나님은 그들을 완전히 멸하지는 않으실 것이다(레 26:40-42). 율법을 어긴 것이 이스라엘 멸망의 원인이

43. ὁ δὲ τοῦ κόσμου βασιλεὺς ἀποθανόντας ἡμᾶς ὑπὲρ τῶν αὐτοῦ νόμων εἰς αἰώνιον ἀναβίωσιν ζωῆς ἡμᾶς ἀναστήσει ("그러나 세상의 왕은 그의 율법을 위하여 죽는 우리를 생명의 영원한 부활로 일으키실 것이다").

44. τὴν εὐσέβειαν μᾶλλον ἠγάπησεν τὴν σῴζουσαν εἰς αἰωνίαν ζωὴν κατὰ θεόν ("그녀는 하나님으로 인하여 영생에 이르도록 구원하는 경건을 더욱 사랑하였다").

라면 이스라엘의 회복은 회개하고 율법을 지킴으로 말미암는다. 탈굼이 율법 지킴과 관련된 레위기 18:5을 영생과 관련하여 번역함은 영생과 율법 지킴을 연관시키는 해석을 지지한다(Evans, 2001: 95).

> 그는 그것들로 인하여 영생 속에 살 것이다. (탈굼 온켈로스 레 18:5)
> 그는 그것들로 인하여 영생 속에 살 것이며 의의 분깃을 할당받을 것이다. (탈굼 위-요나단 레 18:5)

본문 24절과 25절에서 '영생을 상속받는다'는 표현에 평행되어 '하나님의 나라에 들어간다'는 표현이 반복되고 있다. (9:45에서도 '영생에 들어간다'는 표현은 9:47에 나오는 '하나님의 나라에 들어간다'는 표현과 평행된다.) 이것은 26절에서 '구원받는다'는 단어로 표현된다. 구원받는다는 표현은 8:35에서도 영원한 생명을 얻음과 동일시됨을 볼 수 있다. 에녹1서 40:9에도 '영생을 상속받는다'는 표현이 나온다. 여기서도 이 표현은 구원받음을 가리킨다.[45]

'하나님의 나라에 들어간다'는 표현이나 '구원받는다'는 표현이 '영생을 얻는다'는 표현과 같은 뜻을 가진다면, 이러한 표현들은 '영생을 얻는다'는 표현처럼 "회복된 이스라엘에 참여한다"는 뜻으로 이해할 수 있다. 마가복음 9:47에서 '하나님 나라에 들어간다'는 표현은 '게헨나에 던져진다'는 표현과 대조되어 쓰였다. 그렇지만 '게헨나에 던져진다'는 표현도 이스라엘의 회복에 참여하지 못함을 뜻하는 비유적 표현으로 이해할 수도 있다.

그러나 마가복음 10:30은 영생을 내세와 연관시키므로 본문에서 언

45. 솔로몬의 시편 14:9-10; 시빌의 신탁 3:46-49; *m. Aboth* 5:19 참조(Bock, 272-73).

급되는 영생은 현세에 관한 것이 아니라고 보아야 한다. 현세와 대조되어 사용된 '내세'는 종말 이후의 시대이다. 물론 이것이 이스라엘이 회복되는 시대를 가리킬 가능성이 있고, 이스라엘이 회복되어 하나님께서 통치하시는 시대에 회복된 이스라엘의 일원이 됨이 하나님의 나라에 들어감이며 영생을 얻음이라고 표현되었을 수도 있다. 그렇지만, 이렇게 해석할 경우에도 '영생'이나 '하나님의 나라'의 미래적 차원은 완전히 사라지지 않는다. 이스라엘의 회복이 교회를 통하여 이루어지고, 그 속에서 생명과 구원을 맛보고 있다고 할지라도 이것은 영생의 전부가 아니다. 마가복음 10:30은 교회를 통하여 현세에 100배나 얻는 것(집, 형제, 자매, 어머니, 자녀, 토지)과 내세에 얻는 영생을 대조하고 있다. '내세'는 단지 새로운 시대로서 메시아의 시대, 이스라엘이 회복된 시대를 가리킬 수도 있지만, 묵시 문헌(에녹2서 65:8 참고)이 기대하는 영원한 시대를 가리킨다고 볼 수도 있다. 교회 시대를 현세로 간주하는 마가복음 10:30에서도 이 시대와 대조되어 나오는 '내세'가 영생과 관련된 영원한 시대를 가리킨다고 해석할 수 있다. 따라서 설령 영생을 질문한 사람의 관심이 이스라엘이 회복된 시대에 있었다고 가정하더라도 마가의 관심은 그 이후의 영원한 시대에 있다고 볼 수 있다.

18절 (선한 분) '왜 나를 선하다고 말하느냐?'는 예수의 말씀은 질문자가 예수께 아부하는 발언을 했음을 지적한다고 보인다. '선한 선생님'이라는 표현은 유대인들이 거의 사용하지 않는 표현이기에 이러한 표현의 동기는 아부로 볼 수 있다. 본문의 문맥은 기독론이 아니라 구원론이 주제가 되므로, "하나님 한 분만 선하다."는 예수의 말씀은 자신의 기독론적 정체성에 대한 주장이라기보다 아부 받기를 피하시는 겸손한 발언으로 볼 수 있다.

19절 (영생의 길) 영생을 어떻게 얻는가에 대한 질문에 예수께서는 계명(십계명)을 지키라고 하신다. 즉, 계명을 지키면 영생을 얻는다. 이것은 레위기 18:5("너희는 내 규례와 법도를 지키라 사람이 이를 행하면 그로 말미암아 살리라.")을 생각나게 하는 말씀이다. 1세기 유대교 맥락 속에서 '계명'은 최소한 모세 율법의 조항들을 가리킨다.[46] 바리새인들에게는 계명이 구전 율법을 포함하며, 쿰란파에게는 의의 교사에 의해 해석된 율법을 가리킨다(A. Y. Collins, 477). 마가복음 문맥 속에서는 바리새파식으로 해석 적용되지 않고 예수의 방식으로 (즉 율법이 의도한 정신에 따라) 해석된 구약 율법을 가리킨다고 볼 수 있다.

예수께서는 십계명을 나열하시다가 '사취하지 말라'(μὴ ἀποστερήσῃς)를 덧붙이신다. 이것은 십계명에 포함되지 않은 계명인데 계명을 언급하는 본문에 포함되어 있다.[47] 70인역 출애굽기 21:10에도 '사취하지 말 것이다'(οὐκ ἀποστερήσει)라는 표현이 나오는데 이 표현은 첫 부인의 권리(음식, 옷, 부부관계)를 박탈하지 말아야 한다는 문맥에서 사용되었다. 70인역 말라기 3:5에도 이 동사가 등장하는데, 근로자의 품삯을 제대로 주어야 한다는 맥락에서 사용된다. 70인역 신명기 24:14(A 사본)에는 '사취하지 말 것이다'(οὐκ ἀποστερήσεις)가 등장하는데,[48] 역시 근로자의 품삯을 제대로 주어야 한다는 맥락에서 사용된다. 그러므로 '사취하지 말라'는 합당한 권리를 박탈하지 말고 마땅히 받을 바를 제공하라는 의미로 이해할 수 있다. 시락서 4:1에는 '가난한 자의 생명을 사취하지 말라'(τὴν ζωὴν τοῦ πτωχοῦ μὴ ἀποστερήσῃς)는 말씀이 나오는데 여기서 '사취하지 말

46. A. Y. Collins, 477.
47. 마커스(J. Marcus)는 '사취하지 말라'가 제10계명을 달리 표현한 것으로 간주한다(Marcus, 2009: 721). 그는 이 계명이 본문에 나오는 부자를 고용된 품꾼의 임금을 주지 않는 지주와 연관시킨다고 한다(Marcus, 2009: 722).
48. Rahlfs, ed., 330 참고.

라'(μὴ ἀποστερήσῃς)는 마가복음 10:19에 나오는 계명과 정확하게 일치한다. 따라서 마가복음에서 이 계명은 시락서 4:1에 담긴 전통을 염두에 두고 언급된 것으로 볼 수도 있다. 그렇다면 이것은 가난한 근로자가 받아 생명을 유지하는 품삯이나 그들의 생활의 터전이 되는 토지 등을 속여 빼앗지 말라는 계명이다.

예수께서 십계명에 나오는 계명들을 언급하시면서 이 계명을 추가하여 말씀하시는 이유는 이 계명이 질문한 자의 상황에 관련되기 때문이었을 것이다. 예수께 질문한 사람은 근로자들에게 정당한 품삯을 제대로 지급하지 않거나 (희년이 되어도 토지를 돌려주지 않거나) 남의 토지를 속여 빼앗거나 함으로써 "사취하지 말라."는 계명을 어기고 있었을 것이다 (아래 22절 주해 참고).[49]

20절 (질문자의 대답) 질문자는 '어릴 때'부터 계명들을 다 지켰다고 대답한다. '어릴 때'는 율법의 멍에를 진 12세 소년 때를 가리킨다(Lane, 366). 이때 이후로 이 계명들을 다 지켰다고 대답한 것이다.

21절 (예수의 요구) 율법을 지킨다고 답하는 자에게 예수께서 호의를 보이셨다.[50] 예수는 분명 반율법주의자가 아니셨다. 예수께서는 율법을 잘 지키는 자들을 미워하지 않으시고 오히려 사랑하신다. 그러나 율법을 잘 지킨다고 예수께 자랑할 수 없다. 예수께서는 율법 지킴에 있어서 부족한 점을 지적하실 것이다.

---

49. 근로자들이 정당한 임금을 받지 못하고 착취되는 나라, 토지가 소수에 의하여 독점되는 나라에는 가난한 자들이 많이 생겨나게 된다. 그러한 나라는 적국에 멸망하기 쉽다. 하나님은 율법을 주셔서 이스라엘이 그러한 나라가 되지 않도록 하셨다. 그러나 이스라엘은 율법을 지키지 않아서 레 26:38, 43의 말씀대로 적국에 의해 멸망당하게 되었다. 새 이스라엘인 교회는 이러한 전철을 밟지 말아야 한다.

50. '사랑했다'(ἠγάπησεν)는 어깨를 잡는 등의 구체적인 행위를 표현할 수 있다 (Gundry, 554).

예수께서는 질문자에게 부족한 점을 지적하시며 소유를 팔라(πώλησον)고 명하신다. 마가복음 11:15에서 '팔다'(πωλέω) 동사는 성전 뜰에서 비둘기를 파는 행위를 가리킨다. 이것은 임대가 아니라 매매이므로 마가는 이 동사를 매매를 가리키기 위해 사용했다고 볼 수 있다. 물론, '호사 에케이스'(ὅσα ἔχεις)는 '네 있는 것들을 다'라고 번역될 필연성이 없다. 마가복음 3:28에서처럼 '호사'(ὅσα)는 예외를 가질 수 있다. 또한 마가는 '모두'라고 할 때에도 히브리적 개념으로 사용하기 때문에, '호사'도 예외 없는 논리적 전체를 가리키지 않고 그저 많음을 가리킨다.[51]

예수께서는 소유를 팔아 가난한 자들을 구제할 것을 명하신다. 이것이 율법을 온전히 지키는 길이며 마가복음 10:17의 질문을 염두에 둘 때 이것이 예수께서 답하신 영생의 길이다. 토비트 4:10에서도 가난한 자들을 돕는 것이 생명의 길과 관련된다.[52] 이것은 우리가 평소에 가난한 자들을 도우면 후에 우리가 굶주려 죽게 되었을 때 도움을 받는다는 의미로도 해석될 수 있다. 그렇지만, 마가복음 10:21에서 가난한 자를 돕는 것은 다른 맥락에서 명해졌다. 이것은 언급된 계명들을 지킴에 있어서 부족함을 채우는 방법으로 제시되었다. 19절에 언급된 "사취하지 말라."는 계명을 온전히 지키려면 사취한 것을 갚아야 한다. 그러기 위해 자신의 소유를 팔아 사취당한 가난한 자들에게 주어야 한다.

삭개오는 토색한 경우 네 배를 갚겠다고 한다(눅 19:8). 이것은 양을 훔칠 경우 네 배를 갚도록 한 출애굽기 22:1을 적용한 것이다. 레위기 6:5

51. 예를 들어, 마가는 1:5에서 "온 유대 지방과 예루살렘 사람이 다 나아가 자기 죄를 자복하고 요단 강에서 그에게 세례를 받더라."라고 했는데 예루살렘 사람들 중에 최소한 대제사장들과 서기관들과 장로들은 요한의 세례를 받지 않았을 것이다(11:31).

52. διότι ἐλεημοσύνη ἐκ θανάτου ῥύεται καὶ οὐκ ἐᾷ εἰσελθεῖν εἰς τὸ σκότος ("왜냐하면 자선은 죽음으로부터 구원하고 어둠 속으로 들어가는 것을 막아주기 때문이다").

과 민수기 5:6-7에는 훔친 것을 갚고 5분지 1을 추가해 돌려주도록 명한다. 미쉬나(*m. Baba Kamma* 7:1-5)는 소나 양의 경우에 두 배 내지 네 다섯 배를 갚는 규정을 소개하고 있으며, 두 배를 갚는 규정이 물건과 가축 모두에 널리 적용됨을 언급한다. 그러므로 구약성경과 미쉬나 사이에 놓인 시대인 예수 당시에도 훔친 것을 두 배 내지 네 배 갚는 전통이 지켜지고 있었을 것이다. 삭개오의 경우에는 공권력을 사용하여 합법적으로 빼앗은 것도 이러한 법에 따라 갚겠다고 하였다. 이렇게 갚으면 전 재산을 다 처분하여 돌려주어도 모자라는 상황이 발생할 수 있다.

이러한 배경에서 "네가 가진 것을 팔아 가난한 자들에게 주라."(10:21)는 예수의 말씀이 이해될 수 있다. 그 부자는 아마도 사취하여 재산을 늘렸을 것이다. 아니면 (그가 그러한 율법을 어릴 때부터 지켰다고 말하였고 예수께서 그에게 사랑을 표했다는 마가복음의 진술을 감안할 때) 조상이 사취한 재산(토지)을 물려받아 가지고 있었을 수도 있다. 예수께서는 십계명을 언급하시면서 "사취하지 말라."는 말씀을 추가하여 이것을 지적하시고, 사취한 재물을 율법에 따라 돌려줄 것을 명하신다.

사취로 인해 모아진 재산을 상속하여 가지고 있을 경우, 사취당한 사람이 지금 살아 있지 않을 수 있다. 이 경우, 누구에게 재산을 되돌려 줄 것인가? 예수께서는 "가난한 자들"에게 주라고 하신다.

예수께서는 이 명령을 따를 때 주어지는 영생을 하늘의 '보화'라고 비유적으로 표현하시며 약속하신다. "네가 하늘에서 보화를 가질 것이다." 또한 이 명령을 따르는 조건부로 그 부자를 제자로 부르신다. "그리고 와서 나를 따르라."[53] 예수께서는 이 사람이 제자가 되는 것을 허락하신다(France, 403). 버리는 것은 없어질 세상의 것들이지만 얻는 것은 없어지

53. 따름은 삶의 방식을 모방함을 함축한다(Evans, 2001: 99).

지 않을 영생(하늘의 보화)과 예수 제자로서의 신분이다. 이것은 결코 손해 보는 투자가 아니었지만 둘 다를 원하는 자에게는 주저되는 선택이었다(22절).

22절 (부자의 반응) 예수의 가르침을 듣고 질문자는 슬퍼하며 갔다. 그에게 재물이 많았기 때문이다. 개역개정판에서 '재물'로 번역된 단어는 '끄떼마따'(κτήματα = κτῆμα의 복수형)이다. 이 단어는 다른 번역 성경들에서 possessions(ASV, DBY, DRA, ESV, GNV, KJV, NAB, NKJ, NLT, NRS, RSV, RWB, WEB, YLT), property(BBE, NAS, NAU), wealth(NIB, NIV, NJB), 재산(새번역, 표준새번역, 공동번역, 공동번역개정판) 등으로 번역되었다. 그러나 이 단어는 본문에서 토지를 가리킨다고 볼 수 있다. '끄떼마'(κτῆμα)는 재물 중에서 특별히 토지를 가리키는 용어로 사용되기도 한다. 잠언 23:10은 지계표를 옮기지 말고 고아의 토지(κτῆμα)에 들어가지 말라고 하는데 여기서 '끄떼마'(κτῆμα)는 '사데'(שדה, "땅")의 번역어이다. 잠언 31:16에서 '끄떼마'(κτῆμα)는 '케렘'(כרם, "포도원")의 번역어이다. 사도행전 5:1에서도 '끄떼마'(κτῆμα)는 땅값을 언급하는 문맥상(행 5:3) 땅을 가리킨다.

22절은 21절에서 예수께서 팔라고 명한 것이 무엇인지 알게 해 준다. 그것은 토지이다. 그러므로 "네가 가진 것들을 팔아 가난한 자들에게 주라."는 21절 말씀은 "네 토지를 팔아 가난한 자들에게 주라."를 뜻한다고 해석할 수 있다.

예수께서 토지를 팔라고 명하신 이유는 그 토지가 구약성경에 나타난 하나님의 토지법을 어기고 사취된 토지였기 때문일 것이다. 구약성경의 토지법을 따르면 토지를 많이 가질 수 없었다. 지계표를 옮길 수 없었기 때문이다. "그 이웃의 지계표를 옮기는 자는 저주를 받을 것이라"(신 27:17). 잠언 23:10의 말씀도 지계표를 옮기지 말라고 명한다. 레위기의 토지법에 의하면 토지를 영구 매매하면 안 되고(레 25:23), 희년 때까지 임대될 수 있을 뿐이다(레 25:14-16, 28). 희년이 되면 토지를 원주인에게 돌려주어야 했다.[54] 그러므로 구약성경의 토지법을 따르면서 토지를 많이 가질 수는 없었다. 그런데, 예수께 영생의 길을 질문한 이 사람은 토지를 많이 가지고 있었다. 하나님의 법을 어기지 않고 토지를 많이 가질 수는 없었기에 그는 율법을 어기고 있는 사람이었다. 아니면 최소한 조상이 율법을 어기고 사취하거나 영구매매한 토지를 물려받아 소유하고 있는 사람이었다. 이렇게 불법적으로 소유하고 있는 재산은 다 처분하여 구제하여야 한다. 이것은 재산의 5분지 1 이상을 구제하는 데 사용하지 말라고 한 랍비들의 가르침과 비교된다(*b. Ketuboth* 50a; *m. Arakhin* 8:4).[55] 랍비들의 가르침과 비교할 때 예수의 가르침은 철저하고, 본질적이다.

토지를 많이 가지고 있는 사람에게 예수께서는 조금의 타협도 없이 명확하게 지적하신다. "네가 가진 것들을 팔아 가난한 자들에게 주라." 이것이 율법을 바르게 지키는 길이며 이것이 영생의 길이다.

예수께서 토지를 많이 가진 자에게 "네 소유를 팔아 가난한 자들에게 주라."고 명하심은 예수께서 구약성경의 토지법을 전제하고 계심을 보여준다. 예수께서는 구약성경의 토지법을 받아들이신다. 나아가 그 토지법을 어긴 사람에게는 어떻게 회개하여야 하는지 알려주신다. 토지를 팔아 가난한 자들에게 주어야 한다.[56] 그러므로 구약성경의 토지법은 신약시대

54. 땅은 궁극적으로 하나님의 것이다(레 25:23). 하나님께서 그들에게 땅을 주셨기 때문이다(민 32장; 수 13장 이하). 나봇이 자신의 포도원을 아합 왕의 땅과 교환하기를 거부한 것은(왕상 21:3) 이러한 토지법을 배경으로 한 것으로 볼 수 있다.

55. Lane, 367.

56. 나의 유익을 위하여 남을 희생시키며 불로소득을 누리는 삶의 방식은 예수께서 보여주신 십자가의 길도 아니다. 예수를 따라가며 남을 위해 나를 희생하지 못할지언정 나의 유익을 위해 남을 희생시키는 일은 하지 말아야 한다. 부동산 투기, 이것

에는 효력이 없다거나, 예수께서 토지에 관하여 언급하지 않으셨으므로 토지 투기와 대토지 소유가 가능하다고 변명할 수 없다.[57]

개역개정판은 부자가 '슬픈 기색을 띠고' 갔다고 번역한다. 그런데, '스뚱나조'(στυγνάζω) 동사는 '미워하다'라는 뜻의 어근에서 온 것이므로, 분노나 적개심을 표현한다고 볼 수도 있다(Marcus, 2009: 723). 이 부자는 예수의 말씀을 듣고 분노하는 반응을 보였을 수 있다. 그는 자신이 가진 재산이 오히려 신명기 28:1-14에 따라 하나님의 축복의 표지라고 보았다면 분노하였을 것이다. 그는 토지가 많은 경우에 그러한 축복의 표지가 될 수 없고 오히려 율법 위반이 될 수 있음을 간과하였을 수 있다.

23절 (부자와 하나님 나라) 예수께서는 재물이 많은 자가 하나님 나라에 들어가기 어렵다고 가르치신다. '재물'은 '크레마따'(χρήματα)의 번역이다. 이 단어는 22절의 '끄떼마따'(κτήματα)보다는 넓은 의미의 재산을 가리킨다. 다니엘 11:28은 '크레마'(χρήμα)가 이동 가능한 재산을 가리킬 수 있음을 보여준다.[58] 사도행전 4:37에서 '크레마'는 토지를 팔고 받은 돈을 가리킨다. 그런데 마가복음 10:23에서 이 단어는 토지를 포함한 일반적 부를 가리키는 용어로 쓰였을 것이다. 22절에 나온 '토지'를 가리키는 용어(κτήματα)를 염두에 두고 이 단어가 쓰였을 것이기 때문이다. 토지를

은 십자가의 도의 원수로 행하는 것이며 이웃을 사랑하지 않는 길로서 비성경적인 길이다. 이것은 하나님 대신 재물을 섬기는 삶의 방식이다. 예수께서는 다른 율법을 잘 지켜온 사람이라 할지라도 이러한 잘못을 범하는 것을 용납하지 않으셨다.

57. 가격이 오르기를 바라며 투기적으로 많은 토지나 부동산을 소유하는 것은 가격이 오른 후에 다른 사람이 그 토지를 비싼 값으로 살 것을 기대하는 행위이다. 그러므로 이러한 목적으로 많은 토지/부동산을 소유하는 것은 토지/부동산을 갖지 못한 사람들을 착취하는 것과 다름없다. 이것은 "사취하지 말라."는 계명을 어기는 행위이다.

58. ἐπιστρέψει εἰς τὴν χώραν αὐτοῦ ἐν χρήμασι πολλοῖς("그가 많은 재산[χρήμασι]을 가지고 그의 나라로 돌아갈 것이다").

많이 가진 사람이 예수의 말씀을 듣고 슬퍼하며 돌아갔다. 이에 예수께서 '크레마따'가 많은 자는 하나님 나라에 들어가기 어렵다고 말씀하신다. 그러므로 여기서 '크레마따'는 토지를 제외한 유동성 재물을 가리킨다고 볼 수 없다. 토지를 포함한 부 일반을 가리킬 것이다.

마태복음 21:31에는 '천국에 먼저 들어간다'는 표현이 나오는데 이것은 천국이 어떤 의미로 사용되었는지 알려준다. 이는 먼저 예수의 복음을 믿고 하나님의 통치를 받아들인다는 뜻이다. 이것을 내세적 의미로 읽으면 먼저 죽는다는 의미로 읽어야 하기 때문에 문맥에 맞지 않는다. 마가도 '하나님 나라에 들어간다'는 표현을 하나님의 통치를 받아들인다는 의미로 썼다고 볼 수 있다(위 17절 주해 참고). 그렇다면 재물이 있는 자는 하나님의 나라에 들어가기 심히 힘들다는 예수의 말씀은 그래서 하나님의 토지법을 어기고 토지를 많이 소유하거나 부당한 수단으로 재물을 많이 늘린 자는 하나님의 통치를 받아들이기 힘들다는 뜻으로 볼 수 있다. 그러한 자는 하나님께서 회복하시는 새 이스라엘에 들어가기 힘들다. 그렇지만, '하나님 나라에 들어가다'는 표현 속에서 내세적인 의미가 배제될 수는 없다. '하나님 나라에 들어가다'는 표현은 본문에서 '영생을 상속 받다'(17절)는 표현과 같은 뜻으로 사용되었으며 영생은 30절에서 내세와 연관되어 언급되기 때문이다. 내세적인 의미로 읽으면 부자가 하나님 나라에 들어가기 어렵다는 말씀은 부자가 구원받기 어렵다는 뜻이다. 이 말씀이 구원에 관한 것이라고 보는 26절 문맥("누가 구원을 얻을 수 있는가?")은 이러한 해석을 지지한다.

24-26절 (부와 구원) 유대교에서 부는 하나님이 축복의 표지였으므로, 이것이 구원의 방해물이라고 생각할 수 없었다(Lane, 369). 그런데 예수께서는 부자가 구원받기 매우 힘들다고 지적하신다. 이러한 말씀에 제자들은 놀란다. 축복을 받은 사람들로 여겨진 부자들이 하나님 나라에 들어

갈 수 없다는 것은 놀라운 일이었을 것이다. 제자들의 놀라움은 그들도 재물을 하나님의 축복의 표지로 간주하였음을 보여준다(신 28:1-14 참고).[59] 부가 하나님의 축복의 표지로 여겨진 문화 속에서는 부자가 구원받지 못한다면 누가 구원받겠는가 하는 의문이 생긴다(France, 405). 제자들의 놀라움은 '재물을 많이 가진 자들'이 열심히 일하여 재물을 획득한 사람들을 포함하는 것으로 이해되었음을 보여준다. 물론, 문맥상(22절) '재물을 많이 가진 자들'은 토지를 많이 가진 자들을 특별히 염두에 두고 그러한 부자들을 포함하는 말로 볼 수 있다.

그런데, '토지' 대신 '재물'이란 말을 쓴 이유는 무엇인가? 그것은 일반화를 위한 것으로 볼 수 있다. 부당한 방법으로 얻은 재물만이 아니라 정당한 방법으로 얻은 재물도 하나님 나라에 들어가는 데 큰 방해물로 작용함을 지적하기 위한 것이다. 하나님의 나라에는 세상에서 부를 누리는 자들이 들어가기 어렵다. 하나님의 나라가 그들에게 이 세상에서 누리는 것을 포기하라고 하는데 그러한 포기는 쉽지 않기에 그들은 하나님의 나라에 쉽게 들어갈 수 없을 것이다.[60]

부자가 구원받는 어려움의 정도는 불가능에 비유된다. "낙타가 바늘

---

59. Donahue & Harrington, 304. "네가 네 하나님 여호와의 말씀을 청종하면 이 모든 복이 네게 임하며 네게 이르리니 성읍에서도 복을 받고 들에서도 복을 받을 것이며 네 몸의 자녀와 네 토지의 소산과 네 짐승의 새끼와 소와 양의 새끼가 복을 받을 것이며 네 광주리(טַנְאֲךָ, "바구니")와 떡 반죽 그릇이 복을 받을 것이며 네가 들어와도 복을 받고 나가도 복을 받을 것이니라"(신 28:2-6, 개역개정).

60. 재물을 많이 가진 자, 토지를 많이 가진 유대인은 이스라엘의 회복을 바라게 되지 않는다. 로마의 지배 하에서 부를 누리고 있기 때문에 그들에게는 부족함이 없다. 이스라엘이 회복되면 로마의 지배 하에서 부를 누린 그들은 이스라엘 민족 공동체 밖으로 축출될 것이다. 마찬가지로 부자들은 하나님의 나라와 내세의 영생을 소망하지 않게 된다. 세상에서 누리는 것이 많기 때문이다. 하나님의 나라가 도래할 때 그들은 그 나라의 백성이 되기를 거부하기 쉽고 그리하여 내세의 영생을 받기도 힘들게 된다.

귀에 들어가는 것보다 어렵다."는 것은 불가능함을 뜻하는 비유적인 표현이다(France, 404). 랍비 문헌(*b. Berakoth* 55b; *b. Baba Metzia* 38b; *b. Erubin* 53a)은 불가능의 이미지로서 코끼리가 바늘귀로 나간다는 비유를 쓴다(France, 404). 동일한 이미지를 위해 팔레스타인에서 가장 큰 동물인 낙타는 자연스러운 선택이다(France, 405). 26절의 반응은 25절의 비유가 불가능함을 뜻한다고 해석되었음을 보여준다.

바늘귀를 예루살렘 성문 중에 하나로 보아 낙타가 무릎을 꿇고 통과할 수 있었다고 보는 해석은, 제자들이 25절의 말씀을 불가능하다는 뜻으로 이해했음을 보여주는 26절 문맥에 맞지 않는다. 또한 그러한 성문이 9세기 이전에 있었다는 증거가 없다(Edwards, 2002: 314).

27절 (구원을 가능하게 하시는 하나님의 능력) 구원은 인간에게 불가능한 것이지만, 하나님께 가능한 기적이다(France, 406). 예수께서는 부자는 구원받기 힘들지만 가난한 자들은 구원받기 쉽다고 말씀하시지 않는다. 부자가 구원받기 힘들면 가난한 자들은 더더구나 구원받기 힘들다는 생각을 전제한 제자들의 질문에 예수께서는 그 전제가 잘못되었다고 지적하지 않으신다. "사람에게 불가능하다."는 말씀은 가난한 자들도 부자들처럼 구원받기 힘들다는 것을 인정한다. 부자들이 21절 말씀대로 소유를 팔아서 가난한 자들에게 줌으로 영생을 얻는다면(30절), 가난한 자들은 어떻게 구원을 얻을 것인가? 그들이 언제 많은 재산을 모아 부자가 되어 소유를 팔아 가난한 자들에게 줄 수 있겠는가? 그들이 구원받는 것도 역시나 힘들다. 그러나 "하나님께는 모든 것이 가능하다." 하나님은 부자든지 가난한 자든지 모두 구원하실 수 있다.[61] 하나님의 나라는 부자들의 거

61. 26-7절은 은혜로 구원받음을 가르치지 않고 하나님의 능력으로 구원받음을 가르친다(Gundry, 566).

부에도 불구하고 이 땅에 임한다. 권력자들과 부자들 중에도 결국 하나님께 무릎을 꿇고 그 뜻에 순복하게 되는 자들이 나올 것이다. 오순절 성령 강림은 이를 실제로 가능하게 하였다(행 4:34-37). 하나님은 하나님의 나라를 위해 소유를 포기할 능력을 주신다(Hurtado, 165).

하나님의 전능성을 언급하는 마가의 세 개의 본문은 열매 맺음을 방해하는 세 가지 원인인 귀신(9:22-23), 재물(10:23-27), 배교(14:36-50)와 연관된다(Marcus, 732). 하나님의 전능성은 사탄과의 싸움에서 승리하는 능력으로 나타난다. 이것은 불의한 재물을 누리는 것을 눈감아 주시는 값싼 은혜가 아니라 그리스도의 십자가 보혈과 성령의 능력으로 재물의 유혹을 이기게 하심으로 나타난다.

28절 (모든 것을 버림) 28절 시작에는 화제 전환을 알리는 표지가 있다. 첫 단어로 등장한 '아르코마이'(ἄρχομαι, "시작하다") 동사는 마가복음에서 화제 전환 표지(a transition marker)로 26번 사용된다(Donahue & Harrington, 305). 그러므로 28절에서 화제가 약간 전환된다고 볼 수 있다.

베드로는 "우리가 모든 것을 버렸습니다(ἀφήκαμεν)."라고 말한다. 이때 '버리다'라고 번역된 단어는 '아페까멘'(ἀφήκαμεν)이다. '아피에미'(ἀφίημι) 동사는 마가복음에서 "허락하다"(1:34; 5:37; 7:12, 27; 10:14; 11:6, 16), "용서하다"(2:5, 7, 9, 10; 3:28; 4:12; 11:25[x2]), "거절하다"(5:19; 7:8), "남기다"(12:19, 20, 22; 15:37), "남아있다"(13:2), "간섭하지 않고 내버려 두다"(14:6; 15:36) 등의 뜻으로 사용되었으나 이러한 의미는 마가복음 10:28 문맥에는 맞지 않는다.

이 동사는 마가복음에서 "떠나다"는 의미로도 종종 사용되었다. 마가복음 1:31에서 이 동사는 열병이 떠나가는 것을 가리킨다. 4:36; 8:13; 12:12; 14:50에서 이 동사는 사람들을 떠나가는 문맥에서 사용되었다. 13:34에서 이 동사는 집을 떠나는 문맥에서 사용되었다. 1:18에서는 그물을 관리하기를 중단하고 떠나는 것을 가리킨다. 1:20에서 이 동사는 아버지 세베대를 돕는 것을 중단하고 떠나는 것을 가리킨다. 10:28의 문맥은 제자들이 1:18, 20을 연상시키는 문맥이므로 여기서 '아페까멘'(ἀφήκαμεν)은 "떠나다"의 의미를 가진다고 볼 수 있다. 베드로와 안드레는 집을 버리지 않았으며(1:29, "시몬과 안드레의 집"), 가족을 버리지도 않은 듯하고, 아마도 배도 계속 소유하고 있었던 듯하다(3:9; 4:1, 36 참고). 따라서 '버림'은 이러한 것들이 우선순위에서 밀려나는 것을 가리킴을 뜻한다고 볼 수 있다(양용의, 239). 이것은 순회 사역 기간 동안 가족이나 소유를 떠나는 것을 뜻한다고 보아야 한다(France, 407-8). 그러므로 본문은 "우리가 모든 것을 떠났습니다."라고 번역하는 것이 좋을 것이다. 열두 제자들은 재물을 모두 완전히 버린 것은 아니지만 생업을 포기하고 가족을 떠났다.

베드로는 이어서 '우리가 당신을 따랐습니다.'(ἠκολουθήκαμέν σοι)라고 말한다. 마가복음에서 '아꼴루테오'(ἀκολουθέω) 동사는 제자로서 따른다는 뜻으로 사용된다(1:18; 2:14[x2]; 2:15; 6:1; 8:34[x2]; 9:38; 10:28, 32; 15:41). 마가복음에서 이 동사는 개인 또는 무리가 (제자 됨과 관련 없이) 뒤따른다는 의미로도 사용된다(3:7; 5:24; 10:52; 11:9; 14:13, 54). 그런데 10:28에서 이 동사는 문맥상 제자로서 따랐다는 의미를 가진다고 볼 수 있다. 그러므로 모든 것을 버리고 예수를 따랐다는 베드로의 발언은 모든 것을 떠나 (즉 가족과 함께 살며 생업에 종사하는 것을 포기하고) 예수의 제자가 되어 뒤를 따르며 예수의 전도 여행에 동참했음을 뜻한다고 볼 수 있다.

29-30절 (구원을 반드시 받는 사람) 예수께서는 누가 구원을 반드시 받게 되는지 알려주신다. 예수와 복음을 위하여 가족이나 토지를 버린 자는 반드시 구원받는다. 버림은 무엇을 뜻하는가? 본문에서 '버리다'로 번역

된 '아피에미'(ἀφίημι) 동사는 마가복음에서 "떠나다"는 의미를 가진다. 그러므로 집이나 가족, 땅을 버림은 그것들을 떠난다는 의미로 이해할 수 있다. 복음을 전하기 위하여 가족이나 집을 떠남을 뜻할 수 있다. 물론 토지의 경우에는 21절의 예수의 요구에서 보듯이 (기업으로 할당받은 이상의 토지를 불법으로 취한 경우 그러한) 토지의 소유를 포기하고 가난한 자들에게 나누어 주는 것을 뜻할 것이다. 또한 예수를 믿기 때문에 토지를 상속받지 못하는 것을 가리킬 수도 있다(A. Y. Collins, 482).

그런데 이러한 포기의 이유는 예수와 복음 때문이어야 한다. 예수께서는 '나와 복음을 위하여'라는 단서를 언급하셨다. 가족과 재물의 상대화 내지는 가난 그 자체가 30절의 언급된 약속을 받을 조건이 되지는 않는다. 예수께서는 빈곤 자체를 칭찬하는 것이 아니라 예수와 복음을 위한 버림에 대해 칭찬하신다(France, 407).

예수와 복음을 인하여(예수를 믿고 그의 계명을 따르기 위하여) 집,[62] 형제들, 자매들, 어미, 아비, 자식들(τέκνα),[63] 농장들을 포기한 자는[64] 이 세대에서 집들, 형제들, 자매들, 어머니들, 자식들, 농장들을 100배 받되 핍박도 받을 것이다.[65] 이것은 교회가 곧 가족임을 지적한 것이다.[66] 바울은 오네시모를 자신의 자식(τέκνον)이라고 부르고, 루포의 어머니를 자기

62. 가족이 예수 믿는 것을 반대하여 집에서 버림받고, 그리하여 자신의 몫(토지와 가옥 등)의 상속권을 박탈당한 경우를 가리킬 것이다.

63. 어린아이를 가리키는 '빠이디아'(παιδία) 대신 '떼끄나'(τέκνα)를 쓴 것은 어린아이들을 부양할 의무를 회피하지 않게 하기 위한 것이다(Gundry, 558).

64. '아내'가 빠진 것은 막 10:9에서 이혼을 금한 것과 관련이 있다.

65. '핍박과 함께'는 마가복음의 독자들이 처한 핍박의 상황을 반영하는 듯하다(Hooker, 240).

66. 초대 교회에서 기독교인들은 서로 '형제,' '자매'라 불렀다(Donahue & Harrington, 308). 또한 선교 여행 때 기독교인 형제들에 의하여 제공하는 집들은 결과적으로 많은 집들을 소유하게 한다(Donahue & Harrington, 308).

의 어머니라고 부른다(롬 16:13). 초기 기독교인들은 서로 형제, 자매라 불렀다.[67] 여기서 "아버지"가 없음은 예수의 새로운 공동체에는 하나님 외에 아버지의 자리가 없음을 암시한다(막 3:31-35).[68] 재물을 "버림" 또는 "떠남"은 재물의 상대화, 또는 나눔을 뜻한다고 이해될 수 있다. 주 안에서 제자들이 자신의 몫(기업) 이상의 집이나 토지를 포기하고 내어놓을 때, 그들은 새 가족을 통해 모두 많은 집들과 토지를 함께 누리게 된다. 또한 그들은 오는 세대(내세)에서 반드시 영생을 받을 것이다. 예수께서는 그들에게 영생의 확실성을 보장하셨다. 그러므로 그들은 구원의 확신을 가질 수 있다.[69]

제2성전기 유대 묵시 문헌은 시대를 현세와 내세로 나누는 특징을 보인다(에스라4서 8:46; 에녹1서 48:7; 71:15).[70] 에스라4서에 의하면 '내세'는 현세와 달리 영원한 시대이다(A. Y. Collins, 483). 그러므로 내세에 얻는 영생은 영원한 구원이다. 내세는 이미 현재 하늘에 있다고 여겨지기도 했다(참고, 에녹1서 71:15).[71] 이러한 배경에서 보면 내세에 누릴 영생은 땅에서 실현되지 않았지만 이미 하늘에서 실현되고 있다. 우리는 하늘에서 실현된 영생을 성령을 통하여 현재적으로 미리 맛보며 누린다.

31절 (먼저된 자와 나중된 자) 예수께서는 "먼저인 자들이 나중인 자들

---

67. Donahue & Harrington, 308.
68. 100배 받는 목록 속에 아버지가 언급되지 않는 것은 교회에서는 하나님이 아버지이시며 가부장적 권위를 행사하는 전통적인 아버지가 없음을 암시한다(Gundry, 558-59). 마 23:9 참고; Donahue & Harrington, 306 비교.
69. 마가복음의 관점에서도 구원은 단지 예수를 메시아로 고백하는 지식적 믿음으로 가능한 것이 아니다. 예수의 가르침을 순종하는 실천적 믿음으로 가능하다. 구원은 믿는 자의 자의적인 구원의 확신으로 받는 것이 아니라 순종하는 믿음으로 받는 것이다. 이러한 점에서 마가복음의 구원론은 야고보서의 구원론과 일치한다.
70. 박윤만, 2017: 695.
71. Marcus, 2009: 733. 에녹1서 48:7 참고(Bock, 277).

이 되고 나중인 자들이 먼저인 자들이 되는 경우가 많을 것이다."고 하시며 말씀을 마치신다. 이 구절은 제자들에게 하신 약속과 부자들에게 하신 경고를 모두 요약한다(Hooker, 243).

마가복음 6:21에서 '갈릴리의 첫째들'(τοῖς πρώτοις τῆς Γαλιλαίας)은 개역개정판에서 "갈릴리의 귀인들"로 번역되었는데, 갈릴리의 권력자들을 가리킨다. 여기서 '첫째'(πρῶτος)는 시간적 순서를 나타내는 용어가 아니라 권력의 서열을 나타낸다. 9:35(εἴ τις θέλει πρῶτος εἶναι)에서도 '첫째'(πρῶτος)는 '디아꼬노스'(διάκονος, "식사 시중 드는 종")에 대조되어 쓰였으므로 섬김을 받는 권력자를 가리킨다. 10:44에서 '첫째'(πρῶτος)는 '둘로스'(δοῦλος, "종")에 대조되어 쓰여서 종을 부리는 권력자를 가리킨다. 그러므로 10:31에서 주어로 사용된 '첫째들'(πρῶτοι)은 권력자 또는 문맥상 부자를 가리킨다고 볼 수 있다. 여기서 술어로 쓰인 '첫째들'(πρῶτοι)은 시간적 의미를 가진다고 볼 수 있다. 그렇다면 31절은 부자들이 예수의 복음을 나중에 받아들이게 되고, 가난한 자들이 먼저 예수의 복음을 받아들임을 지적하는 말씀이다.[72] 같은 장 46-52절에 나오는 바디매오는 그러한 예이다.

한편, 우리가 남들보다 시간적으로 먼저 예수를 믿고 더 헌신했다는 것이 천국에서 더 큰 자가 되는 권리를 우리에게 부여하는 것은 아니라는 적용점도 본문에서 얻을 수 있다(France, 409 참고).

수난과 부활 예고(10:32-34)

32 그들이 예루살렘으로 올라가는 길에 있었다. 예수께서 그들보다 앞서가

---

72. A. Y. Collins, 483은 31절이 부자가 하나님 나라에 들어가지 못하고 가난한 자들이 들어갈 것임을 뜻한다고 해석한다.

고 계셨다. 사람들이 놀랐고, 그를 따르는 자들이 두려워하였다. 그가 다시 열둘을 데려다가 자신에게 곧 발생할 일들을 말씀하기 시작하셨다.

33 "보라. 우리가 예루살렘으로 올라가고 있다.
그 인자가 대제사장들과 율법사들에게 넘겨질 것이다.
그들이 그를 사형에 해당한다고 정죄할 것이다.
그리고 그들은 그를 이방인들에게 넘겨줄 것이다.
34 그들이 그를 조롱할 것이며 그에게 침을 뱉고 그를 채찍질하고 죽일 것이다.
그러나 그는 삼일 후에 일어날 것이다."

32절 (놀람과 두려움) 예수께서 예루살렘으로 올라가고 계셨는데, "그들이 놀랐고, 그를 따르는 자들이 두려워하였다." 후커(M. D. Hooker)는 이것을 일행(예수 + 제자들)이 놀라고, 제자들은 두려워하였다는 뜻으로 해석한다.[73] 그러나 마커스(J. Marcus)는 마가가 예수를 따르는 그룹을 열둘, 따르는 자들(제자들), 좀 더 넓은 동조자들의 무리의 세 종류로 나눈다고 본다.[74] 마가복음 4:10은 열둘보다 넓은 제자 집단을 알려주고, 8:34은 예수께서 무리도 따르도록 부르셨음을 알려준다(Marcus, 2009: 742). 이렇게 구분하면 놀란 사람들은 함께 가는 무리들이고, 두려워한 자들은 '따르는 자들'이므로 제자들이라고 볼 수 있다.

33-34절 (수난 예언) 예수께서는 자신이 당할 '능욕,' '침 뱉음,' '채찍질,'[75] '죽임'을 예언하신다. '능욕,' '침 뱉음'(사 50:6), '채찍질'(사 50:6; 53:5), '죽임'(사 53:8-9, 12)은 모두 이사야서에 나오는 종의 고난을 생각

73. Hooker, 245.

74. Marcus, 2009: 742.

75. 로마법에서 채찍질은 언제나 사형을 동반했다(Lane, 376).

나게 한다(France, 413).[76] 이러한 연관성을 통하여 예수의 고난은 이사야서에 예언된 종의 사명을 감당하기 위한 것으로 이해될 수 있다.

야고보와 요한의 요청(10:35-40)

35 그 후에 세베대의 아들 야고보와 요한이 그에게 나아와서 그에게 말했다.

"선생님, 무엇이든지 우리가 당신에게 요구하는 것을

우리에게 해 주시기를 원합니다."

36 그가 그들에게 말씀하셨다.

"내가 너희에게 무엇을 해 주기를 원하느냐?"

37 그런데 그들이 그에게 말했다.

"당신의 영광의 때에

하나는 당신의 오른편에 하나는 왼편에 앉도록 우리에게 허락해 주십시오."

38 그러나 예수께서 그들에게 말씀하셨다.

"너희가 무엇을 요구하고 있는지 너희는 알지 못하는구나.

너희는 내가 마시는 잔을 마실 수 있느냐?

---

76. "나를 때리는 자들에게 내 등을 맡기며 나의 수염을 뽑는 자들에게 나의 뺨을 맡기며 모욕과 침 뱉음을 당하여도 내 얼굴을 가리지 아니하였느니라"(사 50:6, 개역개정). "그가 찔림은 우리의 허물 때문이요, 그가 상함은 우리의 죄악 때문이라. 그가 징계를 받으므로 우리는 평화를 누리고 그가 채찍에 맞으므로 우리는 나음을 받았도다"(사 53:5, 개역개정). "그는 곤욕과 심문을 당하고 끌려 갔으나 그 세대 중에 누가 생각하기를 그가 살아 있는 자들의 땅에서 끊어짐은 마땅히 형벌 받을 내 백성의 허물 때문이라 하였으리요? 그는 강포를 행하지 아니하였고 그의 입에 거짓이 없었으나 그의 무덤이 악인들과 함께 있었으며 그가 죽은 후에 부자와 함께 있었도다"(사 53:8-9, 개역개정).

또는 내가 받는 세례를 받을 수 있느냐?"

39 그런데 그들이 그에게 말했다.

"우리는 할 수 있습니다."

그러나 예수께서 그들에게 말씀하셨다.

"내가 마시는 잔을 너희가 마실 것이다.

그리고 내가 받는 세례를 너희가 받을 것이다.

40 그러나 나의 오른편이나 왼편에 앉는 것은 내가 허락할 것이 아니다.

그것이 그들을 위하여 준비된 그들에게 주어질 것이다."

마가복음 10:37-40은 구조적 통일성을 가지며, 이것은 이 본문의 역사적 진정성을 지지하는 요소 중에 하나이다(Davies & Allison, 1997: 86).

A (37절) 주십시오

B (37절) 오른편에 … 왼편에

C (38절) 예수께서

내가 마시는 잔

내가 받는 세례

C′ (39절) 예수께서

내가 마시는 잔

내가 받는 세례

B′ (40절) 오른편에 … 왼편에

A′ (40절) 주다

야고보와 요한이 예수께 요청하였다. "당신의 영광의 때에 한 사람은 오른편에 한 사람은 왼편에 앉도록 임명하소서"(37절). 예수께서는 그들이 무엇을 구하는지 모른다고 지적하신다(38절). 그들이 구하는 오른편 자리와 왼편 자리는 예수의 잔과 세례를 함께 받는 자리이다(38절). "세례"는 물과 관련되는데, 물은 구약성경에서 재난을 은유하고(시 42:7; 사 43:2), 당시 헬라어에서 '세례받다'(βαπτίζομαι)는 재난을 당하는 것을 가리킨다(눅 12:50 참고)(Hooker, 247).[77] 구약과 유대 문헌에서 '잔'은 종종 불순종에 대한 하나님의 심판을 가리킨다(시 75:8-9; 애 4:21; 1QpHab 11:14-15; 솔로몬의 시편 8:14; 바룩2서 13:8).[78] 그러나 예레미야 49:12에서는 '잔'이 무죄한 자가 당하는 고난을 가리킨다(Marcus, 2009: 747). 탈굼에서는 '죽음의 잔'이라는 표현이 발견된다(*Tg. Neof.* 창 40:23; *Tg. Neof.* 신 32:1).[79] 후기 문헌에서 '잔'은 순교를 가리키기도 한다(Marcus, 2009: 747).

물론 '잔'이 좋은 것을 가리키기도 한다(시 23:5).[80] 그렇지만, '잔'은 마가복음 14:24, 36에서 예수의 고난을 가리킨다. 이러한 마가복음의 용례를 따르면, 예수께서 마실 이 '잔'은 예수의 십자가 고난을 가리킨다. 예수께서는 야고보와 요한이 그들이 모르고 요청한 대로 고난을 받을 것을 예언하신다. 그러나 십자가 위에서 함께 고난을 받게 될 사람은 하나님께서 선택하실 것이라고 말씀하신다(40절). 결국 두 강도(역도)가 예수의 오른편 자리와 왼편 자리를 차지할 자들로 선택되었다.

---

77. 비교, 롬 6:3-4: "무릇 그리스도 예수와 합하여 세례를 받은 우리는 그의 죽으심과 합하여 세례를 받은 줄을 알지 못하느냐. 그러므로 우리가 그의 죽으심과 합하여 세례를 받음으로 그와 함께 장사되었나니 이는 아버지의 영광으로 말미암아 그리스도를 죽은 자 가운데서 살리심과 같이 우리로 또한 새 생명 가운데서 행하게 하려 함이라"(개역개정). 여기에서는 기독교인들의 "세례"가 예수의 죽음과 연관된다.
78. Boring, 2006: 301.
79. 양용의, 245.
80. Hooker, 246.

35-37절 (야고보와 요한의 요청) 야고보와 요한은 "당신의 영광의 때에" 높은 권력의 자리를 차지하게 해달라고 요청한다. 개역개정판이 '주의 영광중에서'로 번역한 부분은 직역하면 '당신의 영광의 때에'이다. 예수의 영광은 재림 때의 영광을 가리키기도 한다(8:38; 13:26; 14:62). 그러나 여기서는 야고보와 요한이 재림을 염두에 두기보다는 군사적 메시아가 승리한 후 이스라엘(과 세상)을 통치하는 때로 보았을 것이다. 에녹1서 45:3은 종말에 메시아가 영광의 보좌에 앉으심을 묘사한다(A. Y. Collins, 495). 제자들도 이러한 기대를 하였을 것이다. 그러므로 야고보와 요한이 말한 "당신의 영광의 때"는 예수를 통해 이스라엘이 회복되는 때를 가리킨다고 보인다(Evans, 2001: 116). 그러나 그들의 기대와 달리 예수께서 왕으로 취임하신 때는 십자가에 매달리신 때였다.

야고보와 요한이 요구한 '우편,' '좌편'은 영예스러운 자리들이다(France, 415).[81] 특히 왕의 오른편 자리는 왕 다음으로 높은 자리이다(A. Y. Collins, 495). 왕의 우편은 왕을 제외하고는 최고 권력자나 왕과 가장 친한 자의 자리였고(왕상 2:19; LXX 시 44:10; 109:11[개역 110:1]; 시락서 12:12), 좌편은 그 다음 자리였다(요세푸스, 『유대 고대사』 6.11.9 §235).[82] 그러므로 야고보와 요한이 요구한 자리는 메시아 왕국의 최고의 권좌들이었다(Hooker, 246). 그들은 아마도 예수께서 다윗의 왕좌 계승권을 주장하기 위해 예루살렘으로 가신다고 생각했을 것이다(Hooker, 246). 쿰란 문헌(1QSa 2:11-13)에 의하면 종말론적 공동체의 회원들은 종말의 날의 모임에 자신의 영광에 따라 자리에 앉는다(Marcus, 2009: 747). 야고보와 요한도 이러한 생각 속에서 영광의 자리를 요청하였을 것이다.

---

81. 왕상 2:19; 시 110:1; 에스드라1서 4:29; 전 12:12; 요세푸스, 『유대 고대사』 6.11.9 참고(Lane, 379).

82. 박윤만, 2017: 706.

38-40절 (예수의 반응) 예수께서는 야고보와 요한이 오해하고 있는 바를 지적하신다. 예수께서는 그들에게 "너희는 너희의 구하는 것을 알지 못한다."고 말씀하신다. 이 말씀은 예수의 영광의 때는 십자가에서 처형당하실 때와 일치됨을 암시한다(Hooker, 247). 예수께서 죽임당하시는 때를 예수께서 영광 받으실 때라고 지칭하는 요한복음(12:23)에서는 이것이 더 명백해진다(Hooker, 247). 그들이 요청한 것은 예수께서 십자가에 못 박히실 때 그 좌편과 우편을 차지하는 것이다. 예수께서는 자신의 잔을 함께 마실 수 있느냐는 질문으로 이것을 넌지시 알리신다. 잔을 함께 마신다는 것은 운명을 함께 하는 것을 가리키는 표현이기 때문이다(Lane, 379-80).

예수께서는 야고보와 요한이 예수의 잔을 마실 것을 예언하신다. 야고보는 예수의 예언대로 순교의 잔을 마신다(행 12:2: "요한의 형제 야고보를 칼로 죽이니"). 요한도 고난을 당하였다(Hooker, 247).

예수께서는 자신의 우편과 좌편을 야고보와 요한에게 허락하지 않으신다. 예수의 좌우편에는 강도(역도)들이 선택되었다(France, 418). 예수께서는 세상의 왕들과 달리 고통과 부끄러움의 십자가를 왕좌로 택하시고 십자가에 못 박힌 강도(역도)들과 함께 왕으로 취임하신다. 나중 된 자가 먼저 되는 종말론적인 사건이 발생한다.

하나님 나라와 정치(10:41-45)[83]

41 그런데 열 명이 듣고 야고보와 요한에 대하여 분노하기 시작했다. **42** 예수께서 그들을 불러서 그들에게 말씀하셨다.

83. 이 부분은 신현우, 2005: 11-25와 일부 겹친다.

> "이방인들을 통치한다고 여기는 자들이 그들을 압제하고
> 그들 중에 큰 자들은 그들에게 권세를 부린다는 것을 너희는 안다.
> **43** 그렇지만 너희들 중에서는 이러하지 않다.
> 누구든지 너희 가운데서 크게 되고자 하는 자는 너희들의 종이 될 것
> 이다.
> **44** 또한 누구든지 너희 중에서 으뜸이기를 원하는 자는 모두의 노예가
> 될 것이다. **45** 왜냐하면 심지어 그 인자마저도 섬김을 받으러 오지
> 않았고 섬기러 왔으며
> 자신의 목숨을 많은 사람들을 대신하는 대속물로 주려고 왔기 때문이다."

으뜸이 되고자 하는 제자들에게 예수께서 가르침을 주신다. 세상의 통치자들의 지배 방식과는 다른 원리가 하나님의 통치 영역에서 작용한다. 이곳에서는 권력자가 되려고 하는 자가 종이 될 것이다(43-44절). 이러한 원리가 작용하는 이유는 인자(예수)가 섬기려고 하고, 자기 목숨을 많은 사람들을 위한 대속물로 주려고 오셨기 때문이다. 하나님 나라의 최고 권력자 예수께서 가장 낮은 십자가를 향하여 가시기 때문에 이 절대 권력에 가까이 가는 자는 예수와 함께 낮은 자리에 처하게 될 것이다.

41절 (열 제자의 분노) 열 제자는 야고보와 요한이 예수께 권력의 자리를 요구한 것을 듣고 분노한다. 다른 제자들의 태도도 권력을 추구하는 점에서는 다를 바 없음이 드러난다(Hooker, 247).

42절 (이방인 권력자들의 모습) 예수께서는 이방인 권력자들이 어떻게 권력을 사용하는지 지적하신다. 개역개정판에서 '집권자들'로 번역된 단어는 '호이 도꾼떼스'(οἱ δοκοῦντες)인데 이 표현은 드러나 보이는 리더들

을 가리키는 전문용어이다(예, 갈 2:2, τοῖς δοκοῦσιν).[84] 그들은 사람들은 억누르는 방식으로 권력을 행사한다. 개역개정판에서 '임의로 주관하고'로 번역된 단어(κατακυριεύουσιν)는 억압적 권력 사용을 뜻한다(France, 419). 70인역에서 이 단어는 대부분의 경우에 폭력적 정복을 가리킨다(Marcus, 2009: 748).

43-44절 (예수의 제자들의 모습) 마가복음 10:44은 크게 되고자 하는 자가 "너희의(즉 제자들, 또는 새 이스라엘의) 종"이 되고 더 욕심을 부려 으뜸이 되고자 하는 자는 "모두의(즉 새 이스라엘과 이방인 모두의) 노예"가 될 것이라고 표현하여 점층법적인 평행법 구조를 가진다. '종'은 노예만이 아니라 자유인도 행할 수 있는 상태이지만(Bock, 282), '노예'(δοῦλος)는 자원하지 않는 종살이 상태로서[85] 가장 낮은 사회적 신분이다(Bock, 282).

크게 되고자 하는 자 → 너희의 종

으뜸이 되고자 하는 자 → 모두의 노예

더 높은 자가 되고자 할수록 더 낮은 자리에 처하게 될 것이며, 더 욕심을 부릴수록 더 비참한 결과에 도달할 것이라는 경고의 말씀이 이 평행법 구조에 담겨 있다.

개역개정판에서 '되고,' '되어야 하리라'로 번역된 단어들은 모두 '에스따이'(ἔσται, "will be")이다. 이 단어는 직역하면 "~일 것이다"이지만, 문맥에 따라 "~여야 한다"를 뜻할 수도 있다. 건드리(R. H. Gundry)는 '에스

84. Edwards, 2002: 325.

85. Marcus, 2009: 748.

따이'(ἔσται)가 명령을 뜻하지 않고 미래에 관한 예측을 뜻한다고 본다.[86] 마가복음 10:43-44에 등장하는 '원하다' 동사는 10:35-36에 나오는 '원하다' 동사를 반복한다(Gundry, 580). 10:35-36에 의하면 더 크게 되고자 하는 자, 으뜸이 되고자 하는 자는 예수의 좌우편 권좌를 차지하기를 소망한 야고보와 요한이다. 예수께서는 야고보와 요한에게 어떻게 하면 권좌를 차지할 수 있는지 가르치시지 않았으며 오히려 권좌는 추구할 성질의 것이 아님을 말씀하신다(10:40). 그러므로 10:43-44은 야고보와 요한에게 그리고 이들 못지않게 권좌에 앉기를 원하는 다른 제자들에게 권력을 탐하지 말 것을 가르치는 말씀이라고 볼 수 있다. 이것은 그들이 어떻게 하면 권력을 얻을 수 있는지 가르치신 말씀이 아니다. 따라서 문맥은 '에스따이'(ἔσται)를 미래적 의미로 해석하는 것이 옳다. 권력을 탐하면 오히려 가장 낮은 자가 "될 것이다."

마가복음 10:39은 이러한 해석을 지원한다. 여기서 예수께서는 권좌를 원하는 야고보와 요한에게 "너희는 내가 받는 세례를 받을 것이다(βαπτισθήσεσθε)."라고 대답하신다. 여기서 '세례를 받을 것이다'는 미래형으로 되어 있으므로 "받아야 한다"라는 명령이라기보다는 "받게 될 것이다"라는 미래에 관한 예측으로 볼 수 있다. 만일 명령으로 읽는다면 예수께서 받는 세례를 받는 것이 예수 좌우편의 권좌를 차지하는 방법으로 제시된 것이다. 그러나 이러한 해석은 불가하다. 왜냐하면 40절은 권좌가 그러한 세례를 받는 자의 몫이 된다는 보장이 없음을 말하고 있기 때문이다. 이렇게 10:39에서 미래를 예측하는 미래형이 사용된 것처럼, 10:43-44에서 사용된 미래형도 미래를 예측하는 미래형일 것이다(Gundry, 580). 이것은 10:39과 다음과 같이 평행이 된다.

---

86. Gundry, 580.

10:39	권좌를 탐한 야고보와 요한은 고난을 받을 것이다.
10:43-44	크게 되고자 하는 자는 낮아질 것이다.

이러한 평행 구조로 볼 때 10:43-44은 야고보와 요한처럼 예수를 따르면서 권력을 추구하는 자들에 대한 경고를 담은 예측으로서 권력을 탐하지 말라는 교훈을 담고 있는 듯하다.

45절 (권력을 추구하는 자가 오히려 낮아지는 이유) 마가복음 10:45은 "왜냐하면(γὰρ) 심지어(καὶ) 그 인자도 섬김을 받으러 온 것이 아니라 섬기러 왔고 자기 목숨을 많은 사람들을 위한 대속물로 주고자 하기 위함이기 때문이다."라고 하며 권력욕을 가진 자가 종의 자리로 내려가게 되는 이유를 설명한다. '그 인자'(ὁ υἱὸς τοῦ ἀνθρώπου, "the Son of Man")는 다니엘 7:13에 등장하는 "인자 같은 이"를 연상시킨다. 이 구절에서 "인자 같은 이"는 하나님("옛적부터 항상 계신 자")으로부터 권세와 영광과 나라를 받는다(단 7:14). 그런데 이러한 최고의 권력자인 그 인자도 세상에 종처럼 섬기러 왔다. 이러한 인자로서의 예수를[87] 따르며 제자의 길을 간다고 하면서 섬기러 오신 모습을 배우지 않고 예수께서 구원하신 새 이스라엘 공동체 속에서 권력의 길을 추구하는 자는 하나님의 징계를 받지 않을 수 없을 것이다.

예수께서 '자기 목숨을 주려'(δοῦναι τὴν ψυχὴν αὐτοῦ) 하심은 이사야 53:12의 '그가 자기 목숨을 버려 사망에 이르게 하며'(παρεδόθη εἰς θάνατον ἡ ψυχὴ αὐτοῦ)를 연상시킨다(France, 420). 이 표현은 마카비1서 2:50; 6:44에서 순교를 가리키는 용어로 사용된다(Donahue & Har-

87. 마가복음에서 '그 인자'는 예수를 가리킨다. 막 2:10-11; 8:31; 9:9, 31; 10:33; 14:21, 41, 62에서 문맥상 '그 인자'는 예수를 가리키기 때문이다.

rington, 313).[88]

예수께서는 자신의 죽음의 의미를 '대속물'이라는 단어로 표현한다. 이것은 '뤼뜨론'(λύτρον)의 번역이며 노예와 포로를 풀어주기 위한 속전을 가리킨다(France, 420). 동사 '뤼뜨로오'(λυτρόω)는 70인역에서 출애굽에 대하여도 사용되었다(France, 420). 레위기 19:20에서 '뤼뜨론'은 노예 해방과 관련하여 사용되었고, 이사야 45:13에서 이 단어는 전쟁 포로의 석방과 관련된다(A. Y. Collins, 501). 이러한 배경 속에서 볼 때, 자신의 목숨을 대속물로 주러 오신 예수는 사탄의 포로를 풀어주는 새 출애굽을 행하기 위해 대신 고난받는 분이라고 볼 수 있다.

그러나 다른 사람들을 위하여 목숨을 대신 지불하는 것은 노예 해방을 위한 속전이라기보다는 대신 형벌을 당하는 대속이다. 목숨을 내어주는 것은 이사야 53:10을 연상시킨다(France, 420).[89] 민수기 35:11-13에서 '뤼뜨론'은 죄 값을 치루는 방편이다(A. Y. Collins, 502). 1세기에 기록된 마카비4서 17:21은 순교자들의 죽음을 "민족의 죄를 위한 희생"으로 묘사한다(Hooker, 250).[90] 다니엘 7장에도 이러한 주제가 나타난다(Hooker,

88. "Now, my children, show zeal for the law, and give your lives (δότε τὰς ψυχὰς ὑμῶν) for the covenant of our ancestors"("이제, 나의 자녀들아, 율법을 향한 열심을 보이고, 너희 목숨을 우리 조상의 언약을 위해 드려라")(마카비1서 2:50, NRS). "So he gave his life (ἔδωκεν ἑαυτὸν) to save his people and to win for himself an everlasting name"("그리하여 그는 그의 백성을 구하고 영원한 이름을 자신을 위하여 얻고자 그의 목숨을 바쳤다")(마카비1서 6:44, NRS).

89. "여호와께서 그에게 상함을 받게 하시기를 원하사 질고를 당하게 하셨은즉 그의 영혼을 속건제물(אָשָׁם)로 드리기에 이르면 그가 씨를 보게 되며 그의 날은 길 것이요 또 그의 손으로 여호와께서 기뻐하시는 뜻을 성취하리로다"(사 53:10, 개역개정).

90. "... the tyrant was punished, and the homeland purified - they having become, as it were, a ransom (ἀντίψυχον) for the sin of our nation"("폭군은 징벌을 받았고 고토는 정화되었다. 그들은 말하자면 우리 민족의 죄를 위한 희생양이 되었다")(마카비 4

250). '뤼뜨론'이 대신하여 받는 형벌을 가리키는 용례는 소아시아의 비문에도 나타난다(A. Y. Collins, 502). 이러한 배경으로 볼 때에는 예수께서 자신의 목숨을 많은 사람을 대신하여(ἀντί) '뤼뜨론'으로 지불하신 것은 많은 사람을 대신하여 죄의 형벌로서의 사형을 당함을 가리킨다.

예수께서는 자신의 죽음이 자신의 목숨을 "많은 사람의"(πωλλῶν) 대속물로 주는 죽음이라고 알려주신다. 이때 '많은 사람'은 대속 받지 않은 자를 배제하는 의미로서 전체가 아니라는 배타적인 의미로 쓰였기보다는 셈족어적으로 포괄적 의미를 가진다고 볼 수 있다(Hooker, 249). 즉, 대속을 받는 자들을 대속하는 자와 대조하여 "많은 자들"이라고 한 것이라 볼 수 있다.[91] 이러한 대조는 이사야 53:11 이하에서도 볼 수 있다(Hooker, 249).[92]

에스라4서 8:3은 '많은'이 "모든"이라는 의미를 가질 수 있음을 보여준다.[93] "많은 사람들이 창조되었으나 약간만 구원받을 것이다."[94] 예레미야스(J. Jeremias)는 셈족어 문헌에서 '많은'이 "모든"의 뜻을 가질 수 있으며 이사야서에서 '많은'은 이방인을 포함하므로(52:14-15), 마가복음 10:45의 '많은'은 인류 전체를 가리킨다고 주장하고 디모데전서 2:6을 근거로 댄다.[95]

그러나 쿰란 문헌(1QS 6:1, 7-25; CD 13:7; 14:7)에서 '많은 사람'은 참

서 17:21, NRS).

91. Hooker, 249.

92. "나의 의로운 종이 자기 지식으로 많은 사람을 의롭게 하며 또 그들의 죄악을 친히 담당하리로다"(사 53:11, 개역개정).

93. Donahue & Harrington, 313.

94. "Many have been created, but few will be saved"(에스라4서 8:3, trans. Metzger, 1983: 542). 한국어 번역은 위 본문 참고.

95. Marcus, 2009: 750.

이스라엘로서의 (스스로를 새 언약 공동체로 간주한) 쿰란 공동체 자신을 가리키는 용어로 쓰였다(Hooker, 249).[96] 랍비 문헌에서도 이 표현은 선택받은 백성 전체를 가리킨다.[97] 그러므로 이 표현은 하나님의 백성을 가리키며, 예수를 따르는 참 이스라엘을 가리킨다고 볼 수 있다(Hooker, 249). 제자들의 공동체(교회)를 가리키는 '너희 가운데'를 언급하는 근접 문맥(43-44절)은 이러한 해석을 지원한다(Marcus, 2009: 750).

맹인 치유(10:46-52)

46 그들이 여리고로 들어갔다. 그와 그의 제자들과 큰 무리가 여리고에서 나올 때, 띠마이오스의 아들인 맹인 거지 바르띠마이오스가 길가에 계속

---

96. "... no-one should raise a matter against his fellow in front of the Many unless it is with reproof in the present of witnesses"("증인들이 있는 가운데 책망하는 것이 아니라면 아무도 **많은 사람** 앞에서 그의 동료에 대항하여 문제를 제기하지 말아야 한다")(1QS 6:1, trans. Martínez & Tigchelaar). "And the Many shall be on watch together for a third of each night of the year in order to read the book, explain the regulation"("그리고 **많은 사람**이 그 책을 읽고 그 규율을 설명하기 위하여 그 해의 매일 밤 3분지 1 동안 함께 지켜볼 것이다")(1QS 6:7, trans. Martínez & Tigchelaar). "This is the Rule for the session of the Many"("이것은 **많은 사람**의 의회를 위한 규율이다")(1QS 6:8, trans. Martínez & Tigchelaar). "And in the session of the Many no-one should utter anything without the consent of the Many"("그리고 **많은 사람**의 의회에서 아무도 **많은 사람**의 동의 없이 아무 말도 하지 말아야 한다")(1QS 6:11, trans. Martínez & Tigchelaar). "that man should stand up and say: 'I have something to say to the many'"("그 사람은 일어나서 '나는 **많은 사람**에게 할 말이 있다.'라고 말해야 한다")(1QS 6:13, trans. Martínez & Tigchelaar). "He shall instruct the Many"("그는 **많은 사람**을 가르칠 것이다")(CD 13:7, Dupont-Sommer, ed., Vermes, trans., 157). "And the priest who is overseer of the Many shall be aged between thirty and sixty years"("그리고 **많은 사람**의 감독자인 그 제사장은 30세에서 60세 사이여야 한다")(CD 14:6-7, Dupont-Sommer, ed., Vermes, trans., 159). 고딕은 필자의 강조.
97. Marcus, 2009: 750.

앉아 있었다. **47** 그가 나사렛 사람 예수이시라는 말을 듣고 소리 질러 말하기 시작했다.

"다윗의 자손 예수여, 나를 불쌍히 여기소서."

48 그러자 많은 사람들이 그를 계속 꾸짖어 조용하게 하려고 했다. 그러나 그는 더욱더 크게 계속 소리질렀다.

"다윗의 자손이여, 나를 불쌍히 여기소서."

49 예수께서 멈춰 서서 말씀하셨다.

"그를 불러라."

이에 사람들이 그 맹인을 부르며 그에게 말했다.

"힘내라. 일어나라. 그가 너를 부르신다."

50 그런데 그는 그의 외투를 벗어 던지고 튀어 일어나 예수께로 갔다. **51**
그러자 예수께서 반응하시어 그에게 말씀하셨다.

"내가 너에게 무엇을 하기를 원하는가?"

그런데 그 맹인이 그에게 말했다.

"라부니여, 보기를 원합니다."

52 그러자 예수께서 그에게 말씀하셨다.

"가라, 너의 믿음이 너를 구하였다."

이에 즉시 그가 볼 수 있게 되었고 길에서 그를 계속 따라갔다.

46절 (여리고 도착) 예수 일행이 여리고에 도착했다. 여리고는 요단강에서 서쪽으로 8km 예루살렘에서 북동쪽으로 29km 정도 떨어져 있다(Lane, 386). 마가복음과 마태복음(20:29)은 소경치유 사건이 예수 일행이 여리고를 떠날 때 발생한 것으로 기록하는데, 누가복음 18:35은 일행이 여리고에 접근할 때 이 사건이 발생한 것으로 기술한다. 이러한 차이는 옛 여리고 성과 헤롯이 건설한 새 여리고성이 있었기에 발생한 것으로 설명될 수 있다(Osborne, 184).

47-49절 (예수가 메시아임을 선포한 맹인) 한 맹인이 예수를 다윗의 자손이라 불렀다. '다윗의 자손'은 메시아 칭호였다. 이 표현은 솔로몬의 시편 17:21에서 최초로 메시아 칭호로 등장하는데(Hooker, 252), 죄인들을 벌하는 군사적 영웅의 모습을 가진다(Edwards, 2002: 330).[98] 쿰란 문헌(4QPatriarchal Blessings 1:3-4)에는 '의로운 메시아, 다윗의 가지'라는 표현이 나온다(Lane, 387). 이러한 표현도 다윗의 자손이 메시아 칭호임을 보여준다. 마가복음 12:35에서도 '다윗의 자손'이 메시아 칭호였음을 확인할 수 있다(Hurtado, 174).[99]

바디매오(바르띠마이오스)는 예수를 '다윗의 자손'이라고 큰 소리로 부름으로써 예수께서 메시아이심을 사람들에게 선포한다. 마가복음에서 예수를 메시아로 처음 선포한 자는 제자들이 아니라, 맹인 바디매오였다.

무리들이 바디매오를 꾸짖으며 조용히 하라고 한 것은 맹인을 죄인 취급하였기 때문이라고 볼 수 있다. 그들은 바디매오와 같은 맹인은 신명기 28:28에 따라 악행에 대한 벌을 하나님께로부터 받은 자라고 간주하였을 것이다. 그래서 그들은 바디매오가 하는 행동을 부정적으로 보게 되었을 것이다.

50절 (겉옷을 버리고 예수께 나아온 맹인) 이 맹인은 자신의 겉옷을 버

---

98. "See, Lord, and raise up for them their king, the son of David, to rule over your servant Israel in the time known to you, O God"("주여, 보소서, 당신에게 알려진 때에 당신의 종 이스라엘을 통치하도록 그들을 위하여 그들의 왕, 다윗의 자손을 일으키소서. 오 하나님이시여!")(솔로몬의 시편 17:21, trans. Wright, 667). "... and their king shall be the Lord Messiah"("그리고 그들의 왕은 주 메시아가 될 것이다")(솔로몬의 시편 17:32, trans. Wright, 667).

99. 한편 솔로몬이 유대 전승 속에서 치유자이며 축귀자로 묘사되었으므로, '다윗의 아들'은 축귀자, 치유자를 가리킨다고 볼 수도 있다(Donahue & Harrington, 317).

리고 예수께 나아왔다. 자신의 전 소유와 다름없는 겉옷을 버리고 예수께 로 간 이 거지의 모습은 소유를 포기하지 못하고 예수를 떠나간 부자의 모습과 대조된다(Boring, 2006: 306). 이러한 바디매오의 모습은 그물을 버리고 예수를 따른 베드로와 안드레(1:18), 아버지를 버려두고 예수를 따른 세베대의 아들들(1:20)의 모습과 유사하다(A. Y. Collins, 511).

51절 (맹인이 눈을 뜨기 원함) 이 맹인은 예수를 '라부니'라고 부른다. '랍비'나 '라부니'가 당시에 이미 유대 선생들을 가리키는 전문 용어였는지는 의문이다.[100] '라부니'나 '랍비'는 자신보다 높은 위치에 있는 사람을 부르는 호칭이었다(A. Y. Collins, 511). 예수의 시대에는 이 용어가 이러한 일반적 의미로 사용되었을 수 있다. 아람어 '라부니'는 '랍비'의 강조형인데,[101] '라부니'는 '랍비'보다 더 존칭이다(Hooker, 253). '라부니'는 심지어 랍비들 자신이 하나님을 부를 때 사용한 단어였다.[102] 그러므로 바디매오가 예수를 '라부니'라고 부른 것은 예수에 대한 그의 존경심을 잘 표현한다.

바디매오는 예수께 "눈을 뜨기를 원합니다."라고 한다. 이 맹인은 예수께서 기적적인 치유를 하실 수 있음을 믿었다. 이러한 믿음은 종말에 맹인이 눈을 뜰 것을 예언하는 이사야 35:5에 토대하였을 것이다. 1세기 말의 유대인들의 문헌 에스라4서 6:25-26; 7:26-29; 13:49-50 등은 메시아가 기적을 행하리라 기대한다(A. Y. Collins, 510). 유대 문헌 에스겔의 묵시, 파편 5는 메시아적 존재가 치유를 행할 것을 기대한다(박윤만, 2017: 731). 마가복음 본문은 이 맹인도 이러한 기대를 하였음을 보여준다. 단지 눈을 뜨기를 기대한 바디매오의 모습은 높은 자리를 원하였던

---

100. Donahue & Harrington, 318.

101. Donahue & Harrington, 318.

102. Gundry, 602; Boring, 2006: 306.

야고보와 요한의 모습과 대조된다(A. Y. Collins, 511).

52절 (바디매오의 믿음과 예수 추종) 바디매오는 사람들이 외치기를 금해도 더 크게 소리쳤다(48절). 본문은 이것을 믿음이라 표현한다(52절). 마가에 의하면 방해물을 극복하는 것이 믿음이다(2:5 주해). 믿음은 장애물을 극복하면서 표현된다. 놀라운 것은 이 맹인이 예수를 따랐고, 예수께서 이를 허용하셨다는 것이다. 율법을 잘 준행하는 부자는 돌아갔지만, 이 가난한 소경은 예수의 제자가 되었다. 실로 나중 된 자가 먼저 되는 일이 발생했다.

마가복음은 바디매오가 "예수를 길에서 따랐다"고 한다. 마가복음에서 '길,' '따르다'는 제자도를 표현하는 말들이다(France, 425). 그러나 예수께서 바디매오에게 하신 "가라"(ὕπαγε)라는 말씀을 고려할 때, 바디매오는 제자로서 예수를 따른 것이 아니라, 눈을 뜬 것에 대해 감사 예물을 드리러 예루살렘으로 갔다고 볼 수도 있다(Lane, 389). 그런데, '가라'(ὕπαγε)는 치유 후에 종종 사용된 말씀이다(1:44; 2:11; 5:19).[103] 따라서 '가라'는 용어를 바디매오가 제자로서 예수를 따르지 않았음을 암시하는 언어로 간주할 필요는 없다(A. Y. Collins, 511).

레위기 21:18과 22:22은 맹인들이 예루살렘으로 들어가는 것을 금한다(Marcus, 2009: 759). 이러한 배경으로 볼 때 바디매오가 눈을 뜨게 된 것은 예루살렘에 들어갈 수 있게 된 의미를 가진다. 사무엘하 5:6-8에 의하면 예루살렘을 취하는 과정에서 방해물인 맹인(과 절름발이)을 제하여야 하는데, 예수께서는 맹인을 치유함으로써 (제하시고) 예루살렘 진입의 조건을 만드신다(Lane, 389).

예수께서는 맹인 치유 표적을 많은 사람들이 보는 가운데서 공개적으

---

103. A. Y. Collins, 511.

로 행하신다. 이 치유를 사람들에게 알리는 것을 금하시지도 않으신다. 이제 '메시아 비밀'이 느슨해진다(Lane, 387). 이것은 아마도 바디매오가 이미 군중들 가운데서 예수께서 메시아이심을 선포하였기 때문이며, 예수께서도 예루살렘에 나귀를 타고 들어가시며 메시아임을 스스로 선포하실 것이기 때문이기도 하다.

2. 해설

마가복음의 제2막인 8:22-10:52은 맹인 치유에서 시작하여 맹인 치유로 마치면서 영적 맹인 상태에 있는 제자들이 예수께서 군사적 메시아가 아니라 고난받는 메시아임을 깨닫도록 하는 내용을 담고 있다. 이러한 깨달음은 제자들이 어떤 제자의 길을 가야 하는지도 알려준다. 제자들은 권력욕에 사로잡혀서는 안 되며, 배타주의에 빠져서도 안 되고, 예수 믿는 신자들 가운데 낮은 자를 배척하지 말고 환대해야 한다(9장). 야고보와 요한은 예수의 가르침을 듣고도 권력의 자리를 요청하였으나 예수께서는 자신의 목숨을 하나님의 백성을 위해 대속물로 주려고 오셨으므로 예수께 가까이 다가오는 자는 권력의 자리가 아니라 낮은 자리를 향해 가게 됨을 말씀하신다(10:44-45).

예수를 따르려면 이혼을 금한 예수의 가르침을 따라야 한다(10:1-12). 이혼을 금한 예수의 가르침은 모세 율법보다 더 철저한 것이므로 모세 율법의 명령을 폐지하는 것이 아니라 약자를 보호하는 구약성경의 정신을 잘 구현한 것이다. 여인이 이혼당하면 생계를 꾸려갈 수 없었던 당시 사회 속에서 이혼 금지는 여성의 인권을 보호하는 역할을 할 수 있었기 때문이다. 오늘날에도 많은 어린이들이 이혼으로 인하여 고통을 겪는 것을 고려한다면 또한 이들을 보호하기 위해서 이혼은 바람직하지 않다고 볼 수 있다. 물론 이혼을 함으로써 약자가 보호되는 특수한 상황이 있을 수 있다. 그러나 강자의 특권을 위하여 행하여지는 이혼은 결코 정당화될 수 없을 것이다.[104]

예수를 따르는 제자도는 부에 대한 태도를 포함한다(10:17-31). 부에 대한 태도는 영생 즉 구원을 얻는 방법에 관한 질문에 대한 답이므로 기독교 윤리의 일부일 뿐 아니라 구원론적 함축도 가지고 있다. 예수께서는 "속여 취하지 말라."는 가르침을 십계명과 함께 언급하심으로 율법을 어기는 방식으로 부를 축적하지 말아야 함을 가르치신다(10:19). 속여 취하는 행위에는 희년이 되어도 남의 토지를 돌려주지 않음으로써 삶의 터전을 빼앗거나, 근로자에게 정당한 임금을 지불하지 않는 행위 등이 포함된다. 예수를 따르기 위해서, 또한 영생을 얻기 위해서는 이러한 삶을 청산하여야 한다. 이러한 삶을 청산하기 위하여 예수께서는 토지를 많이 가진 부자에게 그것을 팔아서 가난한 자들에게 주라고 하신다(10:21). 이것은 소유지가 매매를 통하여 늘어날 수 없도록 하여 모두가 토지를 소유한 사회를 유지하도록 정한 구약의 토지법(레위기 25장)을 적용한 것이다. (자신의 분량 이외의) 대토지를 처분하여 가난한 자들에게 주라는 명령은 구약성경의 말씀(출 22:1, 레 6:5, 민 5:6-7)을 적용한 것이다. 이 규정들에 의하면 남의 것을 토색한 경우에는 많게는 4배를 갚아야 하므로 토색한 것

104. 한편, 예수께서는 이혼의 희생자들을 정죄하시지는 않는다. 따라서 부당하게 이혼을 당하는 사람들이나 이혼된 가정의 자녀들은 우리가 긍휼히 여겨야 할 대상이며 정죄해야 할 대상이 아니다. 단지 이혼당하였다는 사실로 인하여 정죄하는 것은 예수의 말씀을 잘못 적용한 결과이며 한 번 피해를 당한 약자를 두 번 죽이는 일이다. 자신의 특권을 향유하기 위해 배우자를 이혼을 시키고 재혼하면 간음으로 여겨지지만(10:11-12) 이혼을 당하는 것 자체는 (특히 상대방이 불신자일 때) 죄로 여겨지지 않기 때문이다(고전 7:15).

이 많을 경우에는 대부분의 소유를 처분해야 할 것이다.

예수께 질문한 부자의 경우에는 토지를 많이 가지고 있었다. 구약의 토지법(레위기 25장)을 따르면 분배받은 토지가 유지되므로, 대토지 소유자가 발생할 수 없었다. 그런데 예수께 와서 질문한 이 부자가 토지를 많이 가지고 있었음은 그 자신이나 그의 조상들이 구약의 토지법을 어겼기 때문에 가능하였을 것이다. 그러므로 그 토지들은 남의 것을 토색한 것과 다름없으므로 돌려주어야 한다. 원소유주들이 누구인지 모를 만큼 시간이 지났을 경우에는 누구에게 돌려 줄 것인가? 예수께서는 가난한 자들에게 주라고 하신다(10:21). 농경 사회였던 당시 유대인 사회에서는 가난의 원인은 삶의 기본적인 터전인 토지를 잃은 것과 밀접한 관련이 있기 때문이었을 것이다. 예수의 명령은 결국 토지를 잃은 자들에게 토지를 돌려주라는 명령이다. 이것은 구제의 문제에 그치지 않고 권리의 회복에 해당한다.

예수께서는 부와 구원의 관계를 가르쳐주신다. 부를 많이 소유한 자들은 구원받기 심히 어렵다(10:25). 그러나 부, 특히 예수의 복음을 따르기 위해 (하나님의 토지법을 어기고 획득한 부당한 소유로서의) 토지를 포기한 사람에게는 구원이 약속된다(10:30). 이처럼 부를 상대화하는 것은 제자도이면서 동시에 구원의 길로 제시된다.[105]

---

105. 구약의 토지법은 예수의 가르침을 통해서 폐지되지 않았고 오히려 전제되고 있다. 그러므로 신약 시대에 구약의 토지법은 폐지되었다고 할 수 없다. 예수의 가르침 속에서 구약의 토지법은 인정되고 있을 뿐 아니라 예수를 따르는 제자도 및 구원의 길과 관련되고 있다. 그러므로 구약의 토지법은 신약 시대에도 신적 권위를 가진다. 구약에 계시된 하나님의 토지법을 무시하는 자는 예수를 따를 수 없다. 하나님의 토지법에 따라 자신의 토지를 관리한 후에야 예수의 제자가 될 수 있다. 또한 하나님의 토지법을 따르기 위하여 대토지 소유를 포기하는 사람들은 예수의 제자가 될 수 있을 뿐 아니라 구원의 확신을 가질 수 있다. 예수의 가르침을 따르기 위하여 땅을 포기한 그들에게 새 하늘과 새 땅은 반드시 기업으로 주어질 것이다. 행

예수를 따르는 길을 방해하는 또 하나의 요소는 권력욕이다. 예수께서 죽임을 당하기 위하여 예루살렘으로 가시는 길에서 야고보와 요한은 예수 다음의 최고 권력의 자리를 구한다(10:37). 그러나 예수께서는 자신이 대속의 죽임을 당하기 위해 오셨기에 권력을 추구하는 것은 제자의 길이 아님을 알려주신다(43-44절).

마가복음에서 예수가 메시아이시라고 가장 먼저 선포한 자는 거지 맹인 바디매오였다(47절). 그는 영적 맹인 상태에 빠져 권력을 구한 제자들과 달리 단지 눈을 뜨기를 구하였다(51절). 그리고 그는 부를 포기하지 못하여 예수를 따르기를 주저한 한 부자와 달리 겉옷을 버리고 예수께 왔으며(50절), 눈을 뜨게 된 후 예수를 따라갔다(52절).

2:45은 예루살렘 성도들이 토지(κτήματα)를 팔아 각 사람의 필요를 따라 나눠주었다고 한다. 이것은 토지를 팔아서 가난한 자들에게 주라는 막 10:21에 기록된 예수의 명령을 따라 행한 것이다. 그 결과 예루살렘 교회는 온 백성의 칭송을 받고 날로 성장하였다. "온 백성에게 칭송을 받으니 주께서 구원받는 사람을 날마다 더하게 하시니라"(행 2:47). 토지를 팔아 가난한 자들에게 주라는 예수의 가르침을 적용하여 모든 사람이 생산 수단을 가지는 사회를 추구할 때, 그 사회는 건강한 사회가 될 것이다. 교회가 이러한 정의와 사랑의 실천에 모범을 보일 때 오늘날에도 예루살렘 교회에서와 같은 부흥이 경험되지 않겠는가?

II. 본문 주석

제5부

제3막 (11:1-16:20)

제18장
마가복음 11:1-26
예루살렘 입성과 성전 심판

예수께서 예루살렘에 나귀를 타고 들어가신다. 예수께서는 성전이 '강도의 소굴'이 되었다고 비판하심으로써 성전이 파괴될 것을 암시하신다.[1] 그러므로 이 사건은 성전을 정화하여 회복하신 것이 아니라 성전을 심판하신 사건이다. 예수의 성전 심판은 무화과나무에 대한 저주와 다음처럼 평행을 이루며 겹 샌드위치 구조를 이루고 있다. 이러한 구조는 부패한 성전이 열매 없는 무화과나무처럼 끝장나게 됨을 암시한다.

A (11:12-14) 무화과나무를 저주하심

B (11:15-19) 성전 심판

---

1. 파피아스(Papias)에 의하면 마가는 자신의 계획대로 마가복음의 자료를 배열하였으므로, 예수께서 단지 한 주 정도 예루살렘에 머무는 것으로 되어 있는 마가복음이 최소한 네 달 정도 머무신 것으로 되어있는 요한복음보다 더 역사성이 있다고 볼 필요는 없다(Edwards, 2002: 333). 또한 예수께서 예루살렘을 방문하신 기사를 한 번 소개하는 마가복음이 여러 번 소개하는 요한복음보다 더 역사성이 있는 것으로 간주할 필요도 없다(Marcus, 2009: 776).

A′ (11:20-25)[2] 무화과나무가 마름

B′ (11:27-12:12)[3] 성전 심판 관련 논쟁

1. 번역과 주해

예루살렘 입성(11:1-11)

11:1 그들이 예루살렘을 향하여 벳바게와 올리브 산 옆에 있는 베다니로 다
가갈 때에 그가 그의 제자들 중에 둘을 보내셨다. **2** 그가 그들에게 말씀하
셨다.

"너희들의 맞은편 마을로 가라.
그곳에 들어가면 즉시 나귀 새끼가 매어 있는 것을 발견할 것이다.
아직 아무도 타지 않은 나귀 새끼이다.
그것을 풀어 데려오라.
3 만일 누군가 너희에게 '왜 이것을 행하시오?'라고 말하면 너희는 말
하라.
'주께서 그것을 필요로 하시오.'
그러면 즉시 그것을 이리로 보낼 것이다."[4]

4 이에 그들이 떠나가서 나귀 새끼를 발견했다. 그것은 바깥 큰길 가 문 옆
에 매여 있었다. 그들은 그것을 풀었다. **5** 그곳에 서 있던 사람들 중에 어떤
사람이 그들에게 말했다.

2. France, 436 참고.
3. S. G. Brown, 84 참고.
4. 더 어려운 읽기를 제공하는 비잔틴 사본들에 담긴 읽기를 따라 번역함.

"나귀 새끼를 풀어 무엇을 하려오?"

6 그러나 그들은 예수께서 말씀하신 대로 그들에게 말했다. 그러자 그가
그들에게 허락하였다. **7** 그들이 그 나귀 새끼를 예수께 데려왔다. 사람들이
그 위에 그들의 외투들을 얹었고, 그가 그 위에 앉으셨다. **8** 그러자 많은 사
람들이 그들의 외투를 길에 폈다. 다른 사람들은 잎이 난 나뭇가지들을 들
에서 꺾어왔다. **9** 앞에 가는 사람들과 따라가는 사람들이 계속 소리쳤다.

"호산나! 복되도다! 주의 이름으로 오시는 분이여!
10 복되도다. 다가오는 우리 조상 다윗의 나라여!
호산나, 지극히 높은 곳에서!"

11 그가 예루살렘으로 들어가 성전으로 들어가셨다. 그리고 모든 것을 둘러
보셨다. 이미 때가 저녁이 되어 열둘과 함께 베다니로 나가셨다.

1절 (예수 일행이 벳바게와 베다니에 다가감) 예수 일행이 벳바게와 베다니에 다가갔다. 벳바게는 아마도 베다니 옆에 있는 지금의 아부 디스(Abu Dis)일 것이다.[5] 이 마을은 예루살렘에서 약 0.8km 떨어져 있는데, 탈무드(*b. Menahoth* 78b)는 이 마을의 외벽이 예루살렘의 가장자리에 접하여 있다고 한다(Bock, 287).

마가복음에서 헬라어 전치사 '쁘로스'(πρός)는 방향 대신 근접을 나타낼 수 있다(France, 430). 따라서 '베타니안 쁘로스 또 오로스 똔 엘라이온'(Βηθανίαν πρὸς τὸ Ὄρος τῶν Ἐλαιῶν)은 "올리브 산에 근접해 있는 베다니"라고 번역할 수 있다. 베다니는 올리브 산의 동쪽 경사면에 있으며(Marcus, 2009: 771), 예루살렘 동쪽으로 약 3.2km 떨어져 있고 지금은 엘-아자리예(El-Azariyeh)라 부른다(Donahue & Harrington, 321).

5. Marcus, 2009: 771.

감람산(올리브 산)은 예루살렘 동쪽에 위치한다.[6] 감람산에 관한 언급이 불필요함에도 불구하고 굳이 언급한 것은 메시아적 암시를 위한 것일 수 있다(슥 14:4).[7] 스가랴 14:4에 의하면 감람산은 최후 심판의 장소이며, 랍비들과 요세푸스(『유대 고대사』 20.169)는 이를 메시아의 오심과 관련시키기 때문이다(Edwards, 2002: 334).[8]

2절 (나귀 새끼를 준비시키시는 예수) 예수께서 두 제자에게 나귀 새끼를 준비시키신다. 헬라어 '뽈로스'(πῶλος)는 망아지를 가리킬 수 있으나[9] 이집트나 팔레스타인 문헌에서는 그러한 예가 없다(France, 431). 또한 만일 망아지였으면 너무 값비싼 것이었으므로 길에 두었을 리가 없다.[10] 70인역에서 이 단어가 사용된 6회 중 5회는 히브리어 본문의 '아이르'(עַיִר, "숫나귀")를 가리킨다(France, 431). 여기서는 아무도 타지 않았음을 언급하는 문맥을 고려할 때, 어린 숫나귀를 가리킨다고 볼 수 있다.

미쉬나(*m. Sanhedrin* 2.5)에 의하면 왕의 말은 아무도 탈 수 없다(Hooker, 258).[11] 따라서 (이 미쉬나 전통이 당시 유대교를 반영한다면) 아

---

6. Donahue & Harrington, 321.
7. France, 430.
8. "그 때에 여호와께서 나가사 그 이방 나라들을 치시되 이왕의 전쟁 날에 싸운 것 같이 하시리라. 그 날에 그의 발이 예루살렘 앞 곧 동쪽 감람산에 서실 것이요, 감람산은 그 한가운데가 동서로 갈라져 매우 큰 골짜기가 되어서 산 절반은 북으로, 절반은 남으로 옮기고"(슥 14:3-4, 개역개정). "Moreover, there came out of Egypt about this time to Jerusalem, one that said he was a prophet, and advised the multitude of the common people to go along with him to the Mount of Olives"("더구나 이때 즈음에 이집트에서 예루살렘으로 온 사람이 있었다. 그는 선지자라 불리는 자였으며, 그는 일반 백성의 무리에게 자기와 함께 올리브 산으로 가자고 했다")(요세푸스, 『유대 고대사』 20.169, trans. Whiston, 536).
9. '뽈로스'(πῶλος)는 항상 어린 나귀를 가리키는 것은 아니고 망아지를 가리킬 수도 있다(Evans, 2001: 142).
10. Derrett, 1973: 248.
11. "None may ride on his horse and none may sit on his throne and none may make use

직 아무도 타지 않은 망아지(또는 나귀)를 타는 것은 영광스러운 일이라고 할 수 있다(Evans, 2001: 142). 또한 '아직 아무 사람도 타지 않은 나귀'는 스가랴 9:9의 "새 나귀"(πῶλον νέον)를 연상시킨다(France, 431). 나귀를 타고 예루살렘으로 오는 왕을 예언하는 스가랴 9:9을 배경으로 하면[12] 이 나귀를 타신 예수는 예루살렘의 왕으로서 예루살렘에 입성하셨다고 볼 수 있다. 이 예루살렘의 왕은 곧 '유대인의 왕'이다. 그러므로 스가랴 9:9을 배경으로 볼 때, 예수께서 나귀를 타고 예루살렘에 입성하심은 예수께서 자신이 유대인의 왕임을 주장하신 행동으로 간주될 수 있다(France, 435). 마가복음 15:2, 9, 12, 18, 26(참조, 15:32)에 '유대인의 왕' 칭호가 계속 등장함은(France, 435) 이러한 추측을 지지한다.

스가랴 9:9과 창세기 49:10-11의 관계는 유대 문헌(*Genesis Rabbah* 98.8[창 49:11 부분])에서 강조되며 교부들의 주석에서도 흔히 발견된다(Lane, 396). 그러므로 스가랴 9:9을 연상시키는 예수의 예루살렘 입성이 창세기 49:10-11도 연상시켰을 것이다. 창세기 49:11은 '나귀를 … 매며'라는 표현을 가지므로 이러한 연결이 가능하였을 것이다. 창세기 49:10의 '실로가 오시기까지'는 그리스도교 이전 유대 문헌에서 이미 메시아적으로 해석되었다(Lane, 395). 따라서 예수께서 나귀를 타고 예루살렘에 입성하심은 예수께서 메시아이심을 선포하는 행위로 이해될 수 있었다.

---

of his sceptre. None may see him when his hair is being cut or when he is naked or when he is in the bath-house, for it is written, Thou shalt in anywise set him king over thee - one whose awe shall be over thee"("아무도 그의 말을 탈 수 없으며, 아무도 그의 왕좌에 앉을 수 없으며, 아무도 그의 홀을 사용할 수 없다. 아무도 그의 머리카락을 자를 때나 그가 벌거벗었을 때나 그가 목욕탕에 있을 때에 그를 볼 수 없다. 왜냐하면 '너는 어떻게 해서든지 그를 네 위에 왕으로 세워 그를 경외하라.'고 기록되었기 때문이다")(*m. Sanhedrin* 2.5).

12. 이 스가랴 구절은 랍비 문헌에서 종종 메시아 예언으로 간주되었다(Marcus, 2009: 772).

3절 (예수의 예언) 예수께서는 나귀 주인이 나귀를 "즉시 이리로 보내리라."고 예언하신다. 개역개정판의 번역은 비잔틴 사본들의 본문을 따라간다. 비잔틴 사본들은 '다시'(πάλιν)를 가지고 있지 않는데, 이것은 더 어렵지만 의미가 통하는 읽기이다. "'주께서 그것을 필요로 하신다.'라고 말하라. 그리하면 즉시 그가 그것을 여기로 보낼 것이다"(εἴπατε, Ὁ κύριος αὐτοῦ χρείαν ἔχει, καὶ εὐθὺς αὐτὸν ἀποστέλλει ὧδε). 이것은 제자들이 가서 말하면 나귀 주인이 즉시 보낼 것이라는 예언이기 때문에 왜 이렇게 말씀하셨는지 이해하기 어렵다. 따라서 더 어려운 독법을 선호하는 사본학의 원리에 따라 이것이 마가복음에 원래 기록된 형태였다고 볼 수 있다. '다시'가 있는 사본들의 본문을 번역하면 "'주께서 그것을 필요로 하신다. 그리고 즉시 그가 그것을 다시 여기로 보낼 것이다.'라고 말하라."가 된다. 이것은 제자들이 가서 나귀 주인에게 나귀를 쓰고 돌려주겠다고 말하라는 분부이다. 이것은 나귀를 빌릴 때 주인을 안심시키는 말을 하라고 한 것이므로 이해하기 쉽다. 그러므로 이것은 더 쉬운 읽기이며 나중에 필사자들이 이해하기 쉽게 변경한 결과로 볼 수 있다.

예수께서는 제자들에게 "주께서 필요로 하신다."고 말하도록 명하신다. 여기서 '주'(κύριος)는 "하나님," "예수," 또는 "나귀 주인"을 가리킬 수 있다. (1) 마가복음에서 주격 '뀌리오스'(κύριος)는 예수의 칭호로 사용되지 않았으므로, 예수를 가리키지는 않았을 것이다(France, 432). '뀌리오스'는 마가복음 2:28; 12:37에서 예수와 관련되지만 이 경우에는 "안식일의 주," "다윗의 주"로서 일반 용어로 쓰였다. (2) 마가복음 11:3에서 '뀌리오스'는 나귀의 주인을 가리킬 수도 있다.[13] 나귀 주인이 예수와 함께 있다고 가정할 수도 있고, 궁극적으로 예수께서 나귀의 주인이시라고 간주될

13. Evans, 2001: 143.

수도 있다(Evans, 2001: 143). (3) 그렇지만 '뀌리오스'를 하나님을 가리키는 말로 볼 때 가장 어렵지만 심오한 말씀이 된다. 단지 하나님께서 나귀를 필요로 하신다고 할 때 곧바로 나귀를 내어주는 것은 상식적으로 이해가 안 되지만 나귀를 사용할 메시아를 기다리고 있는 사람에게는 충분히 가능한 반응이다.

물론, 예수께서 미리 그 나귀에 관하여 나귀 주인과 약속을 하여 예비하셨을 가능성도 있다(박윤만, 2017: 745). 그러나 이것은 본문에 명시되어 있지 않다. 나귀 주인이 값비싼 나귀를 쉽게 내어주는 것을 설명하고자 이러한 추측을 할 뿐이다. 이러한 추측에는 본문의 표면적 흐름 속에 담겨 있는 예수의 권위와 예지에 관한 강조를 본문에 전혀 명시되지 않은 추측으로 설명하여 없애는 문제가 있다. 마가는 독자에게 예수의 선지자적 예지 능력과 메시아적 권위를 전달하는데, 해석자는 이 사건을 합리적으로 설명하여 그러한 예수의 능력과 권위에 관한 본문의 암시를 없앤다면 저자의 의도를 파악하는 정당한 주해라 할 수 없을 것이다.

나귀를 요구하는 것은 이동을 강요하는 의무(*angaria*) 원리에 토대한 것일 수 있으며, 예수는 이러한 원리를 사용하기에 충분한 지위를 가진 분이었고, '주'는 이러한 분을 암시하는 표지였다고 해석할 수도 있다(Bock, 288).

4-6절 (길에 매여 있는 나귀 새끼) 개역개정판이 '거리'로 번역한 헬라어 단어인 '암포돈'(ἀμφόδον)은 본래 거리가 교차하는 도시의 구역이나[14] 양쪽에 집이 있는 거리를 가리킨다.[15] 이 용어는 '거리'를 가리키기 위해 사용되는 일반적 단어가 아니며, 메시아 예언으로 간주되는 창세기 49:10-12이 언급하는 '암펠론'(포도나무)과 발음이 비슷하여 선택되었을

14. Marcus, 2009: 773.

15. Donahue & Harrington, 322.

것이다(Marcus, 2009: 773).

7절 (나귀 새끼에 타신 예수) 예루살렘 순례자들은 주로 걸어서 입성하였으므로, 나귀를 타고 들어가는 것은 권위의 주장이다(Hooker, 257). 따라서 이것은 겸손의 표현으로 볼 수 없다(Hooker, 257). 고대 사회에서 왕이 나귀에 타는 것은 적합하였으며, 오직 전쟁터에서나 나귀와 말의 구분이 있었다(Hooker, 257). 나귀를 타고 예루살렘에 입성함은 솔로몬을 왕으로 기름 붓기 위해 다윗의 노새에 태웠음을 언급하는 열왕기상 1:38, 44을 배경으로 볼 때에도 왕권을 주장하는 행위라 할 수 있다(Marcus, 2009: 779).

스가랴 9:9에서도 '겸손한'은 탈굼과 70인역(πραΰς)의 번역을 따른 것이며, 이에 해당하는 히브리어 본문의 단어 '아니'(עָנִי)는 "고난을 당한"이라는 뜻을 가질 수 있으므로(Hooker, 257), 예수께서 나귀를 타신 것을 겸손과 연관시킬 필연성이 없다. 오히려 자신이 메시아이심을 드러내신 선포 행위로 볼 수 있다.

8절 (겉옷과 나뭇가지를 길에 깐 사람들) 사람들은 겉옷이나 나뭇가지를 길에 깔았다. 길 위에 옷을 깐 사람들은 주의 길을 예비하였다고(1:3) 볼 수 있다(Hooker, 259). 이러한 행위는 예후를 왕으로 삼을 때 옷을 깔고 예후를 앉힌 것을 배경으로 하여 볼 때 예수를 왕으로 선포하는 의미를 가진다(왕하 9:13).[16] 로마 문화를 배경으로 볼 때에는 길에 옷을 까는 행위는 그 길을 지나가는 사람에 대한 존경의 표시로 볼 수 있다.[17] 푸른 나뭇가지와 교창은 하스모니안 5형제 중 막내인 시몬의 예루살렘 개선

---

16. Donahue & Harrington, 322. "무리가 각각 자기의 옷을 급히 가져다가 섬돌 위 곧 예후의 밑에 깔고 나팔을 불며 이르되 예후는 왕이라 하니라"(왕하 9:13, 개역개정).

17. 박윤만, 2017: 746.

입성을 연상시킨다(마카비1서 13:51)(Lane, 396).

9-10절 (사람들이 호산나를 외침) 9-10절은 시편 118:25-26으로부터의 인용이다.[18] 이것은 성전으로 가는 순례자들이 부른 마지막 찬양시였다.[19] 예루살렘으로부터 예수를 영접하러 온 군중은 없었으며 소리친 사람들은 예수와 동행한 사람들이었다(Williamson, 1983: 203).

사람들은 호산나를 외쳤다. '호산나'(הושיעה נא)는 "제발 구해주소서"라는 뜻이며, 유대인들은 이것을 외국인들의 지배로부터 그의 백성을 구해달라는 호소로 이해하였다(Hooker, 259). 그런데 이것은 할렐루야처럼 환호의 외침이나 순례자나 유명한 랍비를 환영하는 인사말로 사용될 수 있었다(Lane, 397). 시편 118:26은 절기를 맞이하여 예루살렘으로 오는 순례자를 제사장들이 축복하는 내용을 담고 있으므로 마가복음 11:9b도 이러한 의미를 가진다고 해석할 수 있다(Lane, 397). 그러나 호산나 외침을 나귀를 타신 예수, 옷이나 나뭇가지를 길에 깐 군중과 관련시키면 이것은 다분히 메시아 기대를 담았다고 볼 수 있다. 신약성경의 구절들(마 23:39//눅 13:35; 막 12:10; 행 4:11; 벧전 2:7)은 시편 118:26을 (논증 없이) 메시아 본문이라 간주하므로 당시 유대인들은 이미 이 시편 구절을 메시아 기대를 담은 본문으로 간주했다고 볼 수 있다.[20] 시편 미드라쉬(*Midrash Psalms*)가 시편 118:24의 '이 날'을 메시아가 이스라엘을 해방시키는 날로 해석하는 것도[21] 유대인들이 이어서 나오는 25-26절을 메시아 기대를 담은 구절로 이해했다는 증거이다.

---

18. "여호와여 구하옵나니 이제 구원하소서. 여호와여 우리가 구하옵나니 이제 형통하게 하소서. 여호와의 이름으로 오는 자가 복이 있음이여 우리가 여호와의 집에서 너희를 축복하였도다"(시 118:25-26, 개역개정).
19. Williamson, 1983: 203.
20. Marcus, 2009: 774-75.
21. 박윤만, 2017: 749.

사람들은 '오는 우리 조상 다윗의 나라여'라고 외친다. 왕국의 옴의 개념은 마가복음 1:15; 9:1에도 나타난다(France, 434). 그런데 다윗의 나라는 군사적인 메시아 사상을 배경으로 깔고 있다. '다윗의 자손'이 메시아 칭호임은 쿰란 문헌(4Q252 col. 5)에서도 확인된다.[22] 솔로몬의 시편 17:32에서도 "그들의 왕은 주 메시아일 것이다."라고 하므로, '다윗의 자손'은 결국 메시아 칭호이다.[23] 그런데 '다윗의 자손'은 솔로몬의 시편 17을 배경으로 보면 군사적인 이스라엘의 왕을 가리킨다.[24] 그러나 예수는 바디매오가 자신을 '다윗의 자손'이라 부른 것을 교정하시지 않으신 것처럼(10:48) 군중들의 이러한 반응을 교정하지 않으신다.[25] 예수께서는 이제 곧 고난을 당하실 것이므로 이러한 오해를 굳이 정정하실 필요가 없었을 것이다.

호산나 외침과 관련되는 대상은 '가장 높은 곳에서'이다. 이것은 하나님의 이름에 대한 완곡어법이다(참조, 눅 2:14).[26] 이것은 '가장 높은 곳에 계신 하나님이여'의 축약적 표현으로 볼 수 있다.

11절 (예수께서 성전을 둘러보심) 요세푸스의 기록에 의하면 시리아의 총독 비텔리우스(Vitellius)가 예루살렘을 방문할 때 주민들이 열렬하게 환영한다.[27] 그러나 예수께서는 성안에서 영접을 받지 못하신다. 마태복음 21:1-11; 요한복음 12:12-19과 달리 마가복음에서 예수의 예루살렘 입성은 승리의 입성이라 부를 수 없다(Edwards, 2002: 338).

---

22. 박윤만, 2017: 750.
23. Donahue & Harrington, 325 참고. "... and their king shall be the Lord Messiah"("그들의 왕은 주 메시아가 될 것이다")(솔로몬의 시편 17:32, trans. Wright, 667).
24. Donahue & Harrington, 323.
25. Boring, 2006: 316.
26. France, 434.
27. A. Y. Collins, 521.

예수께서는 성전을 둘러보셨다. 여기서 '성전'(ἱερόν)은 성소와 지성소를 포함한 '나오스'(ναός, "성소")를 가리키는 것이 아니라 바깥 뜰, 아마도 이방인의 뜰을 가리킬 것이다. 예수께서는 성전을 둘러보실 때 성전 안에서 매매하는 것과 환전하는 것을 보셨을 것이다(France, 442 참조).

성전을 둘러보신 후에 예수께서는 베다니로 돌아가신다. 오직 유월절 밤에만 예루살렘 지경 내에서 자는 것이 의무적이었다(France, 442). 나중에 유월절 식사 후에는 겟세마네로 성벽 가까이 이동하시지만(France, 442), 다른 날에는 베다니에 가셔서 숙박하신다. "고난받는 자의 집"(בית עניה)이라는 뜻을 가지는 베다니는[28] 고난받으러 오신 예수의 숙박 장소로 적합한 곳이었다.

성전 심판(11:12-25)

12 다음 날 그들이 베다니로부터 나가실 때 그는 배가 고프셨다. **13** 멀리서
잎을 가진 무화과나무를 보시고, 거기에 무언가 찾을 수 있을까 하여 가셨
다. 그러나 가서 거기에서 잎사귀 외에는 아무것도 찾지 못하였다. - (아직)
무화과가 (많이) 익는 때는 아니었다. - **14** 그가 그 나무에게 반응하여 말씀
하셨다.

"너로부터 영원히 더 이상 아무도 열매를 먹지 못하기를!"

그의 제자들이 듣고 있었다.

15 그들이 예루살렘으로 들어갔다. 그가 성전으로 들어가서 성전에서 파는
자들과 사는 자들을 내쫓기 시작하셨다. 그리고 환전하는 자들의 상들과
비둘기 파는 자들의 의자들을 뒤엎으셨다. **16** 그리고 아무도 성전을 통하

---

28. A. Y. Collins, 516.

여 물건을 운반하지 못하게 하셨다. **17** 그리고 그들에게 가르치시며 말씀
하셨다.

"이렇게 기록되어 있지 않소?

'나의 집은 모든 민족들을 위한 기도의 집이라고 불릴 것이다.'

그러나 그대들은 그것을 역도들의 소굴로 만들었소."

18 대제사장들과 율법사들이 듣고 어떻게 그를 죽일까 계속 궁리했다. 왜
냐하면 그들은 그를 두려워했기 때문인데, 그 두려움의 이유는 모든 무리
가 그의 가르침에 계속 경탄했기 때문이었다. **19** 저녁이 되었을 때, 그들은
도시 밖으로 나갔다.

20 그들이 아침 일찍 지나가다가 그 무화과나무가 뿌리로부터 마른 것을
보았다. **21** 베드로가 기억하고 그에게 말했다.

"랍비여, 보소서. 당신이 저주한 무화과나무가 말라버렸습니다."

22 이에 예수께서 대답하여 그들에게 말씀하셨다.

"하나님을 믿으라.

23 내가 진실로 너희에게 말한다.

누구든지 이 산에게 말하여 옮겨져 바다에 던져지라고 하고

그의 마음에 의심하지 않고

그가 말한 것이 발생하리라고 믿으면

그에게 이루어질 것이다.

24 이 때문에 내가 너희에게 말한다.

너희가 기도하고 구하는 모든 것을 받았다고 믿으라.

그리하면 너희에게 이루어질 것이다.

25 너희가 서서 기도할 때에 누군가에게 (원한이) 맺힌 것이 있다면 용
서하라.

그래야 하늘에 계신 너희의 아버지께서도 너희의 죄를 너희에게 용서

하실 것이다.

26 그러나 너희가 용서하지 않으면,

하늘에 계신 너희의 아버지께서도 너희의 죄를 용서하지 않으실 것이다."

무화과나무에 대한 저주는 당시 부패한 성전이 멸망할 것을 암시하며, 오늘날에는 교회에 대한 경고로서 적용될 수 있다.[29] 오늘날 교단 총회 등에서도 예수 당시 고위급 제사장들이나 서기관들을 닮은 모습을 쉽게 발견할 수 있다(Williamson, 1983: 210). 우리의 교회들에서도 잎만 무성한 열매 없는 무화과나무 같은 모습을 어렵지 않게 발견할 수 있다(Williamson, 1983: 210).

12-14절 (열매 없는 무화과나무) 예수의 행위는 구약 시대 선지자들의 경우처럼(사 20:1-6; 렘 13:1-11; 19:1-13; 겔 4:1-15), 상징적인 행동이라 할 수 있다(Lane, 400). 선지자들은 종종 하나님 앞에서의 이스라엘의 상태를 가리키기 위해 무화과나무를 언급하였으며(렘 8:13; 29:17; 호 9:10, 16; 욜 1:7; 미 7:1-6), 무화과나무의 파괴는 심판과 연관되었다(호 2:12; 사 34:4).[30] 그러므로 예수께서 무화과나무를 사용하여 예루살렘 멸망을 예고하셨다고 해석할 수 있다(Lane, 400).

감람산 동편 지역에서는 무화과나무에 3월 말 4월 초에 잎이 난다(Lane, 401). 무화과나무의 경우 잎이 나기 전에 열매가 맺힌다는 것을 감안할 때, 무성한 잎이 열매를 기대하게 만드는 것은 당연하다(Evans, 2001: 154). 제철이 아니더라도 잎이 나타난 뒤, 늦은 봄에 익는 이른 무화과 열매를 기대할 수 있다(Evans, 2001: 155). 무화과의 본격적인 수확기

29. Williamson, 1983: 209.
30. Lane, 400.

는 8-9월이지만(8월 35%, 9월 28%, 10월 19%), (3월 말에) 잎이 나오기 전에 3월(중순)부터 열매를 맺는다.[31] 이러한 열매는 아주 맛있지는 않아도 먹을 수 있었으며 파김(*paggim*)이라 불린다.[32] 그러므로 "무화과의 때가 아니었기 때문에"는 앞에 나오는 "혹시 거기서 무엇인가 발견할 수 있을까 하여 가셨다."에 연결된다고 볼 수 있다(Evans, 2001: 157). 무화과가 많이 수확되는 8-9월은 아니었지만, 혹시나 파김(*paggim*)을 얻을 수 있을까 하여 가신 것이다(Edwards, 2002: 340).

무화과의 철이 아니라는 문구는 미가서 7:1 "내 마음에 사모하는 처음 익은 무화과가 없도다."를 연상시킨다는 설이 있으며, 이사야 28:4 "여름 전에 처음 익은 무화과와 같으리니"를 연상시킨다는 설도 있다(Lane, 401). 무화과의 열매가 많이 열리는 '시기'를 가리키기 위하여 식물에 관한 용어를 사용하지 않고 마가복음 1:14-15에 사용된 종교적 용어인 '까이로스'(καιρός)를 사용한 것은 무화과나무가 열매 없는 성전을 상징한다고 볼 수 있게 한다(Osborne, 195).

예수께서는 무화과나무를 '가서 보셨다.' 이것은 11:11에 나타난 성전 조사에 관한 상징적인 주석이다(S. G. Brown, 83). 이를 통하여 11:11에서는 성전이 맺어야 하는 열매가 성전에 있는지 예수께서 가서 보셨음을 암시한다.

예수께서는 열매 없는 무화과나무에게 그 나무로부터 "아무도 못 먹을 것"이라고 말씀하신다. 이 선언은 임박한 예루살렘의 멸망을 가리킬 수도 있다(Hooker, 267). 열매를 먹을 사람들이 다 죽으면 아무도 먹지 못

31. Oakman, 257. 에슬러(P. F. Esler)는 무화과는 3월에 옛 가지와 새 가지 모두에 잎이 나고, 수확의 10%는 3-6월에는 옛 가지에, 나머지 90%는 7~10월에 새 가지에 맺힌다며 오크맨(D. E. Oakman)의 연구를 소개한다(Esler, 47).

32. Edwards, 2002: 339; Osborne, 195.

하게 되기 때문이다. 그러나 본문의 문맥은 무화과나무가 말라 죽어서 아무도 먹지 못하게 됨을 알려준다(11:20).

무화과나무에 대한 저주는 구약성경 호세아 9:10, 16-17; 미가 7:1; 예레미야 8:13을 배경으로 이해할 수 있다(Hooker, 261).[33] 이러한 구약성경 구절들과 예레미야 24:1-10 등에서 '열매'는 언약 백성에게 합당한 삶을 상징하므로,[34] 부패한 성전을 열매 없는 무화과나무로 상징할 수 있었을 것이다. 열매 없는 무화과나무에 대한 심판의 말씀은 곧이어 나오는 성전 심판과 평행을 이룬다. 따라서 이것은 제사장들에 대한 경고의 말씀으로 볼 수 있다.[35] 성전이 무너지고 제사가 끝이 날 것이라는 경고가 비유적으로 선언된 것이다.

15절 (성전에서의 환전과 매매를 금하신 예수) 예수께서는 성전에서 매매하는 자들을 내쫓으셨다. 감람산에는 순례자들이 비둘기 등을 살 수 있는 4개의 시장이 있었다(*j. Taanith* 4.8).[36] 이처럼 제사 드릴 짐승들이 감람산에서 판매되었다는 증거가 있으며, 그것들이 성전의 이방인의 뜰에서 판매되기 시작한 것은 최근의 일이었을 것이다(France, 444). 이것은 대제사장(카이아파스)이 허가하여 이루어졌을 것이다(Hurtado, 187). 주후 30

33. "옛적에 내가 이스라엘을 만나기를 광야에서 포도를 만남 같이 하였으며 너희 조상들을 보기를 무화과나무에서 처음 맺힌 첫 열매를 봄 같이 하였거늘 그들이 바알브올에 가서 부끄러운 우상에게 몸을 드림으로 저희가 사랑하는 우상 같이 가증하여졌도다"(호 9:10, 개역개정). "재앙이로다 나여, 나는 여름 과일을 딴 후와 포도를 거둔 후 같아서 먹을 포도송이가 없으며 내 마음에 사모하는 처음 익은 무화과가 없도다"(미 7:1, 개역개정). "여호와의 말씀이니라. 내가 그들을 진멸하리니 포도나무에 포도가 없을 것이며 무화과나무에 무화과가 없을 것이며 그 잎사귀가 마를 것이라. 내가 그들에게 준 것이 없어지리라 하셨나니"(렘 8:13, 개역개정).

34. 박윤만, 2017: 759.

35. Evans, 2001: 154 참고.

36. Lane, 403.

년 이전에는 성전에서 이러한 매매가 이루어진 증거가 없다(Lane, 403).

예수의 질책은 상인들의 부당한 이익보다는 잘못된 장소에서 이러한 일을 행하는 것에 대한 것일 수 있다(France, 444). 감람산에 허가된 시장이 있는데, 성전의 이방인의 뜰을 시장으로 사용하는 것은 어떤 논리로도 정당화할 수 없었다(Lane, 404).

예수께서 매매하는 자들을 내쫓으셨음을 묘사할 때 마가가 사용한 '내쫓다'(ἐκβάλλω)는 마가복음에서 축귀를 묘사할 때에도 사용된 단어이다(1:34, 39; 3:15, 22-23 등).[37] 이 단어의 사용은 성전에서 매매하는 자들이 더러운 귀신들처럼 사탄의 도구들로서 성전을 더럽히는 자들임을 암시한다(Marcus, 2009: 782).

예수의 매매 금지는 성전산에는 지팡이, 샌달, 지갑 등을 가지고 갈 수 없다는 유대인들의 규례(*m. Berakoth* 9.5)를 적용한 것이기도 하다(Lane, 406). 이것은 성전에 상인이 없으리라는 스가랴 14:21의 성취이기도 하다.[38] 스가랴 14:21에서 '케나아니'(כְּנַעֲנִי)는 70인역에서처럼 '가나안인들'(Χαναναῖος)로 해석할 것이 아니라 탈굼에서처럼 '상인들'로 이해되어야 한다. 요한복음 2:16의 '상점'(οἶκον ἐμπορίου)도 이러한 해석을 전제하고 있다. 성전을 이렇게 정화하시는 것은 하나님께서 의로운 이방인들을 성전으로 모으실 날(슥 14:16 참고)을 만드는 조건과 관련된다(Lane, 406). 이것은 주께서 성전을 정화하실 것이라는 말라기 3:1-4의 약속의 성취이기도 한다(Hooker, 265).[39]

---

37. Marcus, 2009: 782.
38. Evans, 2001: 173. "그 날에는 만군의 여호와의 전에 가나안 사람이 다시 있지 아니하리라"(슥 14:21, 개역개정).
39. "만군의 여호와가 이르노라. 보라. 내가 내 사자를 보내리니 그가 내 앞에서 길을 준비할 것이요, 또 너희가 구하는 바 주가 갑자기 그의 성전에 임하시리니 곧 너희가 사모하는 바 언약의 사자가 임하실 것이라. 그가 임하시는 날을 누가 능히 당하

아마도 장사하는 자들은 이방인들이 접근할 수 있는 바깥뜰을 점유하고 있었을 것이며, 예수께서는 그들을 이 뜰로부터 몰아내셨을 것이다.[40] 이방인의 뜰의 넓이는 500 x 325야드(450 x 300m[41])로서 35에이커(약 140km^2, 약 43,000평)에 해당한다.[42] 이들은 제사장들에 의해 허가를 받고 매매 행위를 하였을 것이지만 예수께서는 메시아적 권위로 이들을 몰아내신다.

예수께서는 '돈 바꾸는 자들'의 상을 뒤엎으셨다. 반 세겔의 성전세(출 30:11-16)를 내려면 특별한 은전이 필요하였다.[43] 그래서 환전이 필요하였다. 순도 90% 은전인 두로(Tyrian) 세겔(*Shekel*)이 성전세를 내는 돈으로 사용되었는데(*m. Bekhoroth* 8:7), 여기에는 한 면에는 멜카르트(Melkart) 신이 새겨져 있었고, 다른 한 면에는 독수리가 새겨져 있었으며, '거룩하고 범할 수 없는 두로'라는 글이 새겨져 있었다(Richardson, 512, 515). 성

며 그가 나타나는 때에 누가 능히 서리요. 그는 금을 연단하는 자의 불과 표백하는 자의 잿물과 같을 것이라. 그가 은을 연단하여 깨끗하게 하는 자 같이 앉아서 레위 자손을 깨끗하게 하되 금, 은 같이 그들을 연단하리니 그들이 공의로운 제물을 나 여호와께 바칠 것이라"(말 3:1-3, 개역개정).

40. Evans, 2001: 171 참고.
41. Boring, 2006: 320. 이것은 미식축구장 35개에 해당하는 넓이이다(Osborne, 196). 여기에는 35피트(약 10m) 높이의 대리석 기둥들이 세워진 주랑도 있었다(Osborne, 196).
42. Edwards, 2002: 341.
43. France, 443. "네가 이스라엘 자손의 수효를 조사할 때에 조사 받은 각 사람은 그들을 계수할 때에 자기의 생명의 속전을 여호와께 드릴지니 이는 그것을 계수할 때에 그들 중에 질병이 없게 하려 함이라. 무릇 계수 중에 드는 자마다 성소의 세겔로 반 세겔을 낼지니 한 세겔은 이십 게라라. 그 반 세겔을 여호와께 드릴지며 계수 중에 드는 모든 자 곧 스무 살 이상 된 자가 여호와께 드리되 너희의 생명을 대속하기 위하여 여호와께 드릴 때에 부자라고 반 세겔에서 더 내지 말고 가난한 자라고 덜 내지 말지며 너는 이스라엘 자손에게서 속전을 취하여 회막 봉사에 쓰라. 이것이 여호와 앞에서 이스라엘 자손의 기념이 되어서 너희의 생명을 대속하리라"(출 30:12-16, 개역개정).

전에서 이러한 은전을 받는 것은 형상을 만들지 말라는 계명에 어긋난 것이었으며 이방신을 인정하는 행위였다. 예수께서는 이 때문에 환전상들의 상을 엎었을 수 있었다(Richardson, 523).

(반 세겔의) 인구조사세는 20세가 넘은 후 남자가 일생에 한 번 드리는 것으로 해석할 수 있다(4Q159).[44] 그런데 삼분의 일 세겔의 성전세는 매년 내어야 했다(느 10:32).[45] 예수 당시에도 이러한 성전세가 매년 드려지도록 되었던 듯하다(*m. Shekalim* 6:5).[46] 리처드슨(P. Richardson)은 예수께서 환전상들의 상을 뒤엎은 것은 성전세를 매년 내는 것에 대한 비판일 수 있다고 보는데,[47] 매년 드리는 성전세가 느헤미야에 근거를 가진 것으로 볼 수 있기에, 리처드슨의 설명은 율법을 존중한 예수의 모습에 부합하지 않는다. 또한 환전상들이 성전에서 환전하는 행위는 이미 실행되고 있었고 그 해에 비로소 생겨난 것이 아니므로, 예수께서 지적하신 것은 환전 행위 자체가 아니라 그들이 높은 환차익을 챙긴 것과 관련되었다고 볼 수도 있다(Hurtado, 187). 나아가 위에서 지적한 바처럼 우상 숭배적인 두로 은전이 성전 안에 들어오는 것을 비판하셨을 수 있다.

예루살렘에서 환전상들은 성전세를 내야하는 날(니산월 1일) 전 5일

44. "... the money of valuation which one gives as ransom for his own person will be half [a shekel,] only on[ce] will he give it in all his days"("⋯ 자기 자신을 위하여 몸값으로 내는 금액은 반 세겔일 것이며, 평생 단 한 번 낼 것이다")(4Q159, *frags.* 1 col. II + 9, 6-7).

45. "우리가 또 스스로 규례를 정하기를 해마다 각기 세겔의 삼분의 일을 수납하여 하나님의 전을 위하여 쓰게 하되"(느 10:32, 개역개정).

46. Richardson, 512-13. "'New Shekel dues', 'Old Shekel dues', ... - those for each [present] year ..."("새 세겔 세금, 옛 세겔 세금, ⋯ 매 해를 위한 것들")(*m. Shekalim* 6:5, trans. Danby, 159).

47. Richardson, 518.

동안만 환전 테이블을 성전에 차릴 수 있었다(*m. Shekalim* 1:3).[48] 그러므로 예수의 성전 심판 사역은 이 기간, 즉 유월절 약 2주 전에 행해졌을 것이다(Hurtado, 187).

16절 (성전을 통한 물건 운반을 금지하신 예수) 미쉬나(*m. Berakoth* 9:5)는 성전을 지름길로 활용하여 질러가는 행위도 성전에서 금지되는 항목에 포함한다.[49] 예수께서는 아마 예루살렘 한 지역에서 다른 지역으로 물건을 나르기 위해 성전을 지름길로 이용하는 것을 금하셨을 것이다.[50] 17절과 관련시켜 볼 때 이러한 금지의 이유는 기도하는 것을 방해하기 때문이었다고 볼 수 있다.

17절 (만민이 기도하는 집이 역도의 소굴이 되었다는 예수의 선언) 예수께서는 성전이 '만민이 기도하는 집'이라 선언하신다. 이사야 56:7은 새 시대에 이방인들에게 하나님을 예배할 온전한 권리가 주어질 것을 약속한다.[51]

예수께서는 이 기도의 집을 '너희'가 역도의 소굴로 만들었다고 비판하신다. '너희'는 백성의 지도자들, 특히 18절이 언급하는 대제사장들과

48. Hurtado, 187; Lane, 405.

49. France, 444. "He may not enter into the Temple Mount with his staff or his sandal or his wallet, or with the dust upon his feet, nor may he make of it a short by-path; still less may he spit there"("그는 그의 지팡이나 그의 샌달, 또는 그의 지갑이나 발 아래 먼지를 가지고 성전 산에 들어갈 수 없으며, 지름길로 그것을 사용할 수 없으며, 더구나 그곳에 침을 뱉어서는 안 된다")(*m. Berakoth* 9:5, trans. Danby, 10).

50. Betz, 462 참고.

51. "또 여호와와 연합하여 그를 섬기며 여호와의 이름을 사랑하며 그의 종이 되며 안식일을 지켜 더럽히지 아니하며 나의 언약을 굳게 지키는 이방인마다 내가 곧 그들을 나의 성산으로 인도하여 기도하는 내 집에서 그들을 기쁘게 할 것이며 그들의 번제와 희생을 나의 제단에서 기꺼이 받게 되리니 이는 내 집은 만민이 기도하는 집이라 일컬음이 될 것임이라"(사 56:6-7, 개역개정).

서기관들이 이에 해당한다.[52] 비판의 초점은 성전 자체나 백성 전체라기보다는 지도자들에게 있다(A. Y. Collins, 532).

개역개정판이 '강도'로 번역한 단어는 역도를 가리킬 수 있다. 마가의 시대에 '강도'(ληστής)는 도둑질을 하는 자가 아니라 체제전복을 시도하는 역도를 가리킨다(막 15:27 참고).[53] 스트라보(Strabo)나 요세푸스의 작품들에는 이 단어가 반정부 게릴라 전쟁에 참여한 자들을 가리키는 용어이다(Lane, 407). 이러한 배경으로 볼 때 '강도의 굴혈'은 극악한 일(하나님 나라를 전복시키는 반역)을 행한 자들에게 안전을 제공하는 곳을 의미할 수 있다(S. G. Brown, 84 참고).

예레미야 7:11을 연상시키는 '역도의 소굴'(σπήλαιον ληστῶν)이란 용어가 선택된 것은 당시 성전에 실제로 강도들이 있지 않았다는 것을 감안할 때, 매매 행위를 허가한 대제사장들이 역도임을 지적한다고 볼 수 있다.[54] 성전을 역도의 소굴로 만들었다는 지적은 하나님 나라의 관점에서 당시 종교/정치 지도자들을 체제 전복자로 규정한 선지자적 경고이다.

예수께서는 그들을 그들이 가장 싫어하는 그룹인 '역도'(ληστής, '레스떼스')라 부르신다(Dormandy, 2003b: 333). 로마에 속국인 상태로 있는 유대 통치자인 대제사장에게 가장 피하고자 했던 것은 아마도 그들이 반로마 군사집단을 지원한다는 소문이었을 것이다.[55] '역도'는 무력으로 체제를 전복하고자 하는 무장 혁명 세력인데, 대제사장들은 이들과 동일시되고 만다. 로마에 빌붙어 권력을 유지하는 권력자들이 폭력 혁명을 노리는 자들과 동일시된 것이다. '역도'라는 용어를 통하여 예수께서는 종교지

52. A. Y. Collins, 532.
53. France, 446 참고.
54. Dormandy, 2003b: 333.
55. Dormandy, 2003b: 333.

도자의 탈을 쓴 대제사장들의 잔인한 자기 이익 추구를 폭로하신다(Dormandy, 2003b: 334). 그들의 정체는 하나님의 통치에 대항하는 '역도'이다. 그런데, 예수께서 예레미야 7장의 언어를 사용하신 것은 회개와 회복의 가능성을 암시한다(렘 7:5-6).[56] 또한 성전을 역도의 소굴로 만들었다는 예수의 지적은 대제사장의 잘못이 무엇인지도 암시한다. 그것은 아마도 (자신의 권력 유지를 위한 비용을 마련하고자) 성전을 이용해 환전이나 매매를 하게 하여 이익을 추구하고 이방인을 위한 공간을 이러한 목적에 사용하여 그들을 압제한 것이다.

성전이 '역도의 소굴'이 되었다는 선언은 이 표현이 등장하는 예레미야 7:11에 이어지는 7:14과 관련하여 보면 성전이 파괴될 것을 암시하는 선언임을 알 수 있다.[57] 또한 예레미야 7:8-11을 배경으로 보면 '역도의 소굴'은 거짓말, 도둑질, 살인, 간음, 거짓 맹세, 바알 숭배를 하며 성전에 와서는 "우리가 구원을 얻었나이다."라고 말하는 것과 관련된다.[58] 이것은 악을 계속 행하기 위해 죄 사함을 받을 수 있는 곳으로 성전을 남용하는 행위이다. 이러한 행위는 성전을 역도에게 안전을 제공하는 곳으로 만드

56. Evans, 2001: 179 참고. "너희가 만일 길과 행위를 참으로 바르게 하여 이웃들 사이에 정의를 행하며 이방인과 고아와 과부를 압제하지 아니하며 무죄한 자의 피를 이 곳에서 흘리지 아니하며 다른 신들 뒤를 따라 화를 자초하지 아니하면 내가 너희를 이 곳에 살게 하리니 곧 너희 조상에게 영원무궁토록 준 땅에니라"(렘 7:5-7, 개역개정).

57. "그러므로 내가 실로에 행함 같이 너희가 신뢰하는 바 내 이름으로 일컬음을 받는 이 집 곧 너희와 너희 조상들에게 준 이 곳에 행하겠고 내가 너희 모든 형제 곧 에브라임 온 자손을 쫓아낸 것 같이 내 앞에서 너희를 쫓아내리라 하셨다 할지니라"(렘 7:14-15, 개역개정).

58. "내 이름으로 일컬음을 받는 이 집에 들어와서 내 앞에 서서 말하기를 우리가 구원을 얻었나이다 하느냐? 이는 이 모든 가증한 일을 행하려 함이로다. 내 이름으로 일컬음을 받는 이 집이 너희 눈에는 도둑의 소굴로 보이느냐? 보라. 나 곧 내가 그것을 보았노라. 여호와의 말씀이니라"(렘 7:10-11, 개역개정).

는 것이다.[59] 이것은 성전이 본래의 기능을 상실한 모습이다.

18-19절 (예수를 죽이고자 하는 지도자들) '대제사장과 서기관들'은 예수를 죽이고자 하였다. 이들 가운데 바리새인이 빠져있음에 주목할 필요가 있다. 그러나 서기관들의 상당수는 바리새파였을 것이다.

20-21절 (무화과나무가 뿌리째 마름) 무화과나무가 '뿌리부터'(ἐκ ῥιζῶν) 말랐다. 이것은 심판당하는 모습을 묘사하는 욥기 18:16("그의 뿌리가 마르고")와 에스겔 17:9("뿌리를 뽑으리라")를 연상시킨다(A. Y. Collins, 533).

22절 (하나님의 신실하심) 예수께서는 제자들에게 '하나님을 믿으라'(ἔχετε πίστιν θεοῦ)고 말씀하신다. 마가복음 4:40의 '너희가 아직 믿지 않느냐?'(οὔπω ἔχετε πίστιν;)와 연관시켜볼 때 언급된 믿음은 기적과 관련된 믿음을 가리킨다고 볼 수 있다(A. Y. Collins, 534). 나사렛에서 사람들이 믿지 않아 기적을 별로 행하시지 않은 예수의 모습도(6:5-6) 사람들의 믿음과 기적의 관련성을 보여준다.[60] 그렇지만 이 표현은 '너희가 하나님의 신실하심을 가지고 있다.'로 번역할 수도 있다(Lane, 409). 하나님의 신실하심은 반드시 약속을 성취하신다(Marcus, 2009: 785). 이러한 관점에서 보면 무화과나무가 말씀대로 말라죽은 것은 성전도 반드시 말씀대로 파괴될 것을 비유적으로 알려주는 사건이다.

23절 (성전 파괴의 암시) 예수께서는 '이 산'이 바다에 던져지라고 해도 그렇게 된다고 말씀하신다. '이 산'은 이사야 2:2-3의 기억으로 인해 성전

---

59. 세상에서 계속하여 악을 행하면서도 교회에 와서 구원의 확신 속에서 "우리가 구원을 받았습니다."라고 말하는 것도 교회를 역도의 소굴로 만드는 행동이다. 역도의 소굴이 된 성전을 주께서 멸하셨듯이, 역도의 소굴이 된 교회도 주께서 멸하실 수 있다.

60. A. Y. Collins, 534.

산을 가리킬 수 있다.[61] 랍비 문헌은 성전산을 '이 산'이라 부르곤 한다(*b. Pesahim* 87b; *b. Gittin* 56b).[62] '이 산'이라는 언급이 발생한 장소는 베다니와 예루살렘 사이였음도(11:12, 20), '이 산'이 성전산을 가리킨다는 증거이다.[63] 물론 '이 산'이 스가랴 14:3-4에 따라 감람산을 가리킬 수도 있다. 그러나 유대인은 감람산을 주로 '감람산'이라고 부르므로(Esler, 45), 이러한 가능성은 낮다.

이 산이 던져지는 '바다'는 여기서 멸망의 장소를 가리킨다(5:13; 9:42 참조).[64] '산이 바다에 던져지다'는 불가능을 나타내는 격언적 말씀이다(France, 448). 후기 랍비 문헌에서는 '산을 옮기다'는 표현이 특별하거나 불가능한 일을 행한다는 뜻으로 사용되었다(France, 448). 열심당이 '로마를 바다에 빠뜨림'을 반로마 항쟁의 목표로 삼은 것을 배경으로 볼 때,[65] 성전을 바다에 빠뜨린다는 선언은 성전이 파괴될 것이라는 선언이라 볼 수 있다.

성전산이 바다에 던져진다는 표현은 성전 파괴를 뜻한다. 이것은 유대인들이 보기에 불가능한 일이었겠지만, 무화과나무가 마른 것처럼 성전도 그렇게 무너질 수 있다. 우리가 성전산이 바다에 던져지기를 기도해서 그렇게 될 수 있다면, 예수께서는 더더구나 그렇게 하실 수 있다.

61. France, 449 참고. "말일에 여호와의 전의 산이 모든 산 꼭대기에 굳게 설 것이요, 모든 작은 산 위에 뛰어나리니 만방이 그리로 모여들 것이라. 많은 백성이 가며 이르기를 오라 우리가 여호와의 산에 오르며 야곱의 하나님의 전에 이르자 그가 그의 길을 우리에게 가르치실 것이라 우리가 그 길로 행하리라 하리니 이는 율법이 시온에서부터 나올 것이요, 여호와의 말씀이 예루살렘에서부터 나올 것임이니라"(사 2:2-3, 개역개정).

62. Marcus, 2009: 785.

63. 박윤만, 2017: 775.

64. Hooker, 270.

65. 박윤만, 2017: 776.

성전산이 바다에 던져지라고 해도 '그대로 되리라'고 예수께서 말씀하신다. 이때 개역개정판이 '그대로 되리라'로 번역한 표현에 해당하는 헬라어(ἔσται αὐτῷ)는 의미상 신적 수동태에 해당한다고 볼 수 있다. 그렇다면 이 표현은 하나님께서 그렇게 행하실 것이라는 뜻이다(Donahue & Harrington, 329). 유대인들은 이사야 2:2; 미가 4:1; 스가랴 4:7 등의 말씀에 의지하여 종말에 성전이 세계의 중심이 되리라고 기대하였겠지만, 예수께서는 종말에 성전이 설 자리가 없을 것임을 지적하신다(Marcus, 2009: 787). 구약성경이 예언하는 성전의 높아짐은 헤롯 성전이 아니라 참된 성전인 예수와 예수의 교회를 통하여 실현된다.

24절 (기도) 예수께서는 믿으면 기도가 이루어진다고 말씀하신다. 믿으면 기도가 이루어질 것이라는 말씀은 과장법으로 볼 수 있다. 그렇게 보지 않으면 기도의 궁극적인 성취가 하나님이 아니라 인간의 믿음에 의존하게 되기 때문이다(Williamson, 1983: 209). 과장은 문자적인 참이 아니지만 거짓도 아니다.[66] 24절은 과장법 사용을 통하여 기도가 응답받음을 강조한다. 이를 통하여 기도하라는 메시지가 강력하게 전달된다. 레인(W. Lane)은 여기서 염두에 두어진 기도는 특히 하나님의 통치 수립을 비는 유월절 기도라고 본다.[67] 성전 파괴는 이미 하나님께서 정하신 것이므로 이를 간구하는 것은 하나님의 뜻과 일치되는 믿음이며 그 기도는 이루어진다.

예수께서는 기도하고 구하는 것은 받았다고 믿으라고 말씀하신다. '받았다'는 표현에 헬라어 부정과거형이 사용된 것은 미래에 발생할 일을 마치 이미 발생한 것처럼 묘사하기 위한 것으로 볼 수 있다(Marcus,

66. Williamson, 1983: 209.

67. Lane, 410.

2009: 787).

25-26절 (용서) 25절은 마가가 원래 기록한 것이 아니라 마태복음 6:14에 조화된 것이라는 주장이 있으나, 25절은 이 마태복음 구절과 표현이 다르므로 조화된 읽기라고 볼 수 없다(Lane, 411). 우리는 25절이 마가복음의 원본문에 속한 것으로 볼 수 있다.

예수께서는 '서서 기도할 때' 다른 사람이 나에게 잘못한 것을 용서하라고 말씀하신다. 비록 유대인들은 무릎을 꿇고 기도하기도 하였지만(왕상 8:54; 단 6:10), 주로 서서 기도했다(왕상 8:14, 22; 시 134:1; 마 6:5; 눅 18:11, 13).[68] 성전이 파괴된다면 성전의 기능인 죄 사함을 어디서 얻을 것인가? 마가복음은 기도할 때 남을 용서하면 죄 사함을 받는다고 알려준다. 즉, 기도와 용서가 성전의 기능을 대신하게 된다.

주로 비잔틴 사본들에 나타나는 26절은 다른 사본들에서는 유사종결(τὰ παραπτώματα ὑμῶν)로 인해 실수로 생략된 구절이라고 볼 수 있다. 즉, 26절은 마가복음의 원본문에 속한 것으로 볼 수 있다.

25-26절은 용서를 가르친다. 우리는 용서해야 한다. 이 말씀은 마가복음의 청중들에게 그들의 길을 산처럼 막아선 장애물인 유대인들을 옮겨 주시기를 기도하되 그들을 용서하라는 메시지를 전달할 수 있었다(Williamson, 1983: 208). 오늘날에는 우리가 하나님께 옮겨달라고 기도할 때 우리가 용서해야 하는 대상은 당시 대제사장들의 경우와 같이 열매 없는 무화과나무처럼 된 어떤 교회들과 그 지도자들일 수도 있다(Williamson, 1983: 210).

68. Donahue & Harrington, 330; 박윤만, 2017: 777.

2. 해설

예수께서는 나귀를 타고 예루살렘에 입성하심으로써 자신이 메시아임을 드러내신다(11:7). 예수께서는 열매 없는 무화과나무처럼 되어버린 성전에 심판을 선언하신다(11:17). 하나님께 반역하는 자들이 안전을 꾀하는 '역도의 소굴'이 된 솔로몬 성전이 파괴된 것처럼 그렇게 된 헤롯의 성전도 파괴될 것이다. 계속 죄를 지으면서도 안전을 꾀하기 위한 수단으로 성전을 남용하는 자들은 심판을 면하지 못할 것이다. 구원의 확신을 가지고 죄를 담대히 짓고, 죄를 계속 짓기 위해 구원의 확신이 필요하고 그래서 예배당에 온다면 예배당을 역도의 소굴로 만드는 것이다. 교회를 그러한 역도들로 가득 채워 역도의 수가 늘어난다면 그것은 결코 교회 성장이 아니며 부흥은 더더구나 아니다.

예수께서는 성전이 사라진 시대에 제사의 역할을 대신하는 기도와 용서에 관하여 가르쳐 주신다(11:25). 남이 나에게 지은 죄를 용서하는 일은 성전이 없고 제사가 사라진 신약시대에 제사의 기능을 대신한다. 우리는 남을 용서함으로써 하나님께 용서받은 자답게 살 수 있다. 남을 용서하지 않음은 하나님으로부터 받은 큰 용서를 망각한 배은망덕이다.

제19장
마가복음 11:27-12:44
성전에서 행하신 토론과 가르침

마가복음 11:27-12:44은 예수께서 성전에서 행하신 토론과 가르침을 담고 있다. 예수의 권위의 기원, 로마 황제에게 내는 세금, 부활, 가장 큰 계명, 다윗의 자손 등에 관해 다루신 후에, 서기관들의 사상과 행태를 비판하시며 가르침을 마치신다. 이어서 매우 적은 헌금을 낸 가난한 과부를 칭찬하신다.

1. 번역과 주해

예수의 권위의 기원에 관한 논쟁(11:27-33)

27 그들이 다시 예루살렘으로 들어갔다. 그가 성전에서 걸으실 때에 대제
사장들과 율법사들과 장로들이 그에게 왔다. **28** 그들이 그에게 말했다.

"당신은 무슨 권세로 이것들을 행하오?

아니면 누가 당신에게 이것들을 행하도록 이러한 권세를 주었소?"

29 그런데 예수께서 그들에게 말씀하셨다.

"내가 그대들에게 한 마디 질문하겠소.

나에게 대답하시오.

그러면 나도 내가 어떤 권세로 이 일들을 행하는지 말하겠소.

30 요한의 세례가 하늘로부터였소? 사람들로부터였소?

나에게 대답하시오."

31 그들이 계속하여 서로 의논하였다.

"우리가 만일 '하늘로부터'라고 말하면,

'[그렇다면] 무엇 때문에 그를 믿지 아니하였소?'라고 그가 말할 것이다.

32 그렇지만 우리가 '사람들로부터'라고 말하겠는가?"

- 그들은 무리를 두려워하였다. 왜냐하면 그들이 모두 요한이 선지자였다
고 여겼기 때문이었다. **33** 그래서 그들은 예수께 대답하여 말했다.

"우리는 모르오."

그래서 예수께서 그들에게 말씀하셨다.

"나도 그대들에게 내가 무슨 권세로 이 일들을 행하는지 말하지 않겠소."

27절 (배경과 등장인물) 마가는 여기서 새로운 장면과 등장인물을 동사 현재형으로 소개한다. 현재형은 강조를 위해서도 사용되지만, 마가복음에서는 과거형 대신 사용하는 현재형(이른바 역사적 현재형)이 새로운 사건의 도입을 위해 종종 사용된다.[1]

28절 (유대 지도자들이 예수의 행위를 문제 삼음) 유대 지도자들은 예수께 무슨 권위로 이것들을 행했는지 질문한다. '이것들'은 성전 심판 행위를 가리킨다(Hooker, 271). '이것들'은 또한 예수께서 나귀를 타고 입성하

1. 이와 관련하여 필자의 논문 Shin, 2012: 39-51 참고.

며 자신의 메시아 정체를 선포한 행위도 가리킬 수 있다.[2] '이것들'은 또한 공식적인 지위가 없는 예수께서 성전 장사를 금지하신 행위를 가리킬 수 있다(Lane, 413). 권위를 누구에게서 받았느냐는 질문은 함정을 가진 질문이다. 만일 대제사장을 능가하는 권위를 하늘로부터 받았다고 하면 이것은 (예수의 신적 권위를 애당초 믿지 않는) 대제사장들과 정면충돌하게 될 것이다. 그들은 신적 권세를 받은 것을 입증하라고 다그칠 것이며, 입증하지 못할 경우에는 신성모독을 하였다고 정죄할 것이다(A. Y. Collins, 539-40). 만일 권위를 받은 적이 없다고 하면 예수는 그분을 따르는 자들 앞에서 부끄러움을 당하게 될 것이다. 그렇게 되면 그들은 좀 더 쉽게 예수를 제거할 수 있게 될 것이다.

29-30절 (예수의 역질문) 예수께서는 질문에 대답을 하시지 않고 역질문을 던지신다. 역질문은 랍비들이 사용하는 기본적 방식이었다(Donahue & Harrington, 334). 예수께서 이 질문을 받고 세례 요한의 권위를 언급하신 이유는 조직 속에서의 지위 없이도 하나님으로부터 오는 권위를 가질 수 있음을 지적하고자 하셨기 때문일 것이다(Lane, 414 참고).

예수께서는 요한의 세례가 하늘(하나님)로부터[3] 온 것인지 사람들에게서 온 것인지를 질문하신다(30절). 이 질문은 하나님으로부터 오는 권위가 존재함을 지적하는 기능을 한다. 또한 이것은 역으로 대제사장들과 서기관들과 장로들을 곤경에 빠뜨리는 질문이었다. 예수의 질문은 다음과 같은 논증을 암시하고 있다. 요한은 (예수를) 자기보다 더 큰 자로 소개

---

2. Donahue & Harrington, 332.
3. '하늘'은 하나님을 가리킨다(1:11; 8:11; 11:25)(France, 455). 단 4:26; 눅 15:18, 19; 마카비1서 4:10, 24에서도 '하늘'이 하나님을 가리킨다(Marcus, 2009: 796-7). 마 3:2; 4:17; 5:3, 10 등에서 '하늘들의 나라'가 '하나님의 나라' 대신 사용되는 것도 '하늘'이 하나님을 가리키는 용례이다(Marcus, 2009: 297).

하였다(1:8). 따라서 요한의 권위가 하늘로부터 왔으면 요한보다 더 큰 예수의 권위는 더더구나 하늘로부터 온 것이다. 그러므로 그들이 요한의 권위를 인정하면 더더구나 예수의 권위를 인정해야 할 것이다.[4]

예수께서 자신의 성전 심판 행위의 권위와 관련하여 하필 요한의 권위의 출처를 질문한 것은 요한의 죄 사함의 세례 역시 반성전적이었기 때문이라고 볼 수도 있다.[5] 요한의 세례는 성전 제사 대신 세례를 통하여 죄 사함을 받는 것이었기에 당시 성전을 무시하는 측면이 있었다. 예수께서는 그 성전을 역도의 소굴이 되었다고 하여 비판의 정도를 더욱 높이셨다.

31-32절 (유대 지도자들의 고심) 유대 지도자들은 어느 쪽으로 대답해도 책잡히게 되어 있었다. 요한의 세례(사역)의[6] 권위가 하늘로부터 온 것임을 인정하면, 요한의 세례를 거부한 그들은 자기모순을 범하게 된다(31절). 만일 그들이 요한의 세례의 신적 기원을 거부하면 세례 요한을 선지자라고 믿는 백성들의 견해와 충돌하게 될 것이다(32절). 또한 세례 요한의 신적 권위를 인정하면 예수의 권위를 부정할 근거도 없기 때문에 요한의 권위가 신적 기원을 가짐을 인정할 수 없었던 측면도 있었을 것이다.

유대 지도자들은 '사람으로부터라 말할까?' 고려한다. 여기에 '말할까?'로 번역된 헬라어는 심사숙고의 가정법으로 볼 수 있다.[7] 세례 요한의 권위가 하늘로부터 왔다는 부분은 '만약에'(ἐάν)로 시작하였지만, 사람으로부터 왔다고 말할지 고려하는 부분에는 '만약에'라는 단어가 없는 것은

---

4. France, 454 참고. Hellerman, 227도 같은 입장이다.
5. Hellerman, 226 참고.
6. '요한의 세례'는 요한의 사역 전체를 가리키는 표현으로 볼 수 있다(Marcus, 2009: 797).
7. Marcus, 2009: 797.

그들이 이러한 입장을 취하고 있음을 암시한다(Bock, 299).

33절 (유대 지도자들의 대답) 백성의 지도자들은 어느 쪽으로도 답할 수 없어서 어쩔 수 없이 "우리는 모른다."는 대답을 선택하였는데, 이것은 무리들 앞에서 자기들의 무지를 인정하게 된 불명예스러운 대답이었다. 그들은 예수를 함정에 빠뜨리는 질문을 준비해 왔으나 그들은 오히려 자기들이 함정에 빠질 위기에 봉착하였고 이를 피하기 위해 자신들의 무지를 인정하는 불명예를 택하게 되었다.

포도원 농부 비유(12:1-12)

12:1 이어서 그가 비유들로 그들에게 말씀하시기 시작했다.

"어떤 사람이 포도원(에 포도)을 심었소.

그는 담을 두르고 포도즙 틀을 파고 망대를 세웠다네.

그는 농부들에게 그것을 임대해 주고 떠났소.

2 그가 때가 되어 그 농부들에게 한 종을 보냈소.

이것은 그 농부들에게서 포도원의 열매 중 일부를 받기 위한 것이었다네.

3 그러나 그들은 그를 잡아서 때리고 빈손으로 보냈소.

4 그가 다시 그들에게 다른 종을 보냈소.

그들이 그도 머리를 때리고 모욕했다네.

5 이에 그가 다른 종을 보냈소.

그들이 그마저 죽였다네.

그래서 그는 다른 많은 종들을 보냈소.

그들은 일부를 채찍으로 치고 일부는 죽였다네.

6 그에게는 아직 사랑하는 아들이 한 명 있었소.

그가 그를 마지막으로 그들에게 보내며 말했소.

'그들이 나의 아들은 존경할거야.'

7 그러나 저 농부들은 서로에게 말했소.

'이 자는 상속자다.

오라, 우리가 그를 죽이자.

그러면 그 유산이 우리 차지가 될거야.'

8 그들이 그를 붙잡아 죽이고 그를 포도원 밖으로 내던졌소.

9 [그러므로] 포도원의 주인이 어떻게 하겠소?

그가 와서 그 농부들을 죽이고 그 포도원을 다른 사람들에게 줄 것이오.

10 그대들은 이 성경을 읽지 않았소?

'건축자들이 버린 돌,

이것이 모퉁이의 머리가 되었다.

11 이것은 주에 의해 이루어진 것이며

우리들의 눈에 놀랍다'."

12 그들은 그를 체포하고자 시도하였다. 그들은 그가 이 비유를 자기들에 대하여 말씀하셨음을 알았기 때문이었다. 그러나 그들은 무리를 무서워하였다. 그래서 그들은 그를 놓아두고 떠나갔다.

예수께서는 비유를 통해 자신이 하나님의 아들의 권위로 성전 심판을 하셨음을 알려준다. 이 비유는 또한 하나님의 아들 예수를 죽일 유대 지도자들에 대한 비유였고, 그들(대제사장들/서기관들/장로들)은 비유를 듣고 이것을 알아챘다(12절). 유대 지도자들은 이 비유에 나오는 농부들과 같다. 그들은 하나님께서 보낸 선지자들을[8] 때리고, 능욕하고, 죽였다.[9]

---

8. '종'은 선지자를 가리킬 수 있다. '나의 종들 나의 선지자들'이라는 표현이 렘 7:25-26; 25:4; 암 3:7; 슥 1:6에 나타나기 때문이다(Marcus, 1992: 113. n.8).
9. 대하 36:15-16은 이러한 모습을 잘 보여 준다. "그 조상들의 하나님께서 그의 백성

마침내 그들은 하나님의 아들(메시아)도 잡아 죽인다.[10] 이 비유에는 더더구나 논법(*a minori ad maius*)이 숨어 있다. 포도원 주인에게 잘못한 농부들이 처벌받게 된다면, 이스라엘의 주이신 하나님께 잘못한 지도자들은 더더구나 처벌받게 된다(Evans, 2001: 235 참고).

이 본문은 오늘날 교회의 지도자들에게도 적용할 수 있다(Williamson, 1983: 216). "이것은 나의 교회이다."라는 생각은 상속자를 죽이고 포도원을 차지하려 했던 소작인들의 생각과 유사하다(Williamson, 1983: 216). 교회를 사유화하고 교권을 세습하는 자들은 비유 속의 소작인들과 흡사하다.

1절 (포도원을 농부에게 맡긴 주인) 예수께서 '비유로' 말씀하셨다. '비유로'로 번역한 부분을 직역하면 '비유들로'이다. 제시된 비유는 하나의 이야기인데 마가가 복수형을 사용한 것은 하나의 이야기 속에 여러 가지 비교들이 있기 때문일 것이다(Marcus, 2009: 801).

예수의 비유는 어떤 사람이 포도원을 만들었다는 말씀으로 시작된다. 포도나무나 포도원은 구약성경에서 종종 이스라엘을 상징한다(시 80:8-18; 렘 2:21; 12:10; 겔 19:10-14; 호 10:1).[11] 이사야 5:7에서 포도원은 이스

과 그 거하시는 곳을 아끼사 부지런히 그의 사신들을 그 백성에게 보내어 이르셨으나 그의 백성이 하나님의 사신들을 비웃고 그의 말씀을 멸시하며 그의 선지자를 욕하며 여호와의 진노를 그의 백성에게 미치게 하여 회복할 수 없게 하였으므로"(대하 36:15-16, 개역개정).

10. '하나님의 아들'은 메시아를 가리키는 칭호로 사용될 수 있을 것이다. 에스라4서 7:28에 나오는 '나의 아들 메시아'라는 표현은 이러한 가능성을 암시한다(Charlesworth, 1988: 150-51 참조). "For my son the Messiah shall be revealed with those who are with him, and those who remain shall rejoice four hundred years"("왜냐하면 나의 아들 메시아가 자신과 함께 있는 자들과 함께 나타날 것이며, 남은 자들은 400년 동안 기뻐할 것이기 때문이다")(에스라4서 7:28, trans. Metzger, 1983: 537).

11. France, 456. "주께서 한 포도나무를 애굽에서 가져다가 민족들을 쫓아내시고 그

라엘이며 포도나무는 유대인들이다(A. Y. Collins, 545). 그런데 이사야 5장에서는 포도원 자체가 문제이지만, 마가복음의 이 비유에서는 농부들이 문제이며, 이것은 이스라엘 백성이 아니라 이스라엘의 지도자들에게 이 비유가 향하고 있음을 암시한다(Lane, 419). 포도원이 이스라엘을 가리킨다면 포도원 주인은 하나님을 가리킨다. 랍비들의 비유에서도 하나님이 밭의 주인에 비유된다(Marcus, 2009: 802).

1절은 70인역 이사야 5:2을 연상시킨다(France, 458). "땅을 파서 돌을 제하고 극상품 포도나무를 심었도다. 그 중에 망대를 세웠고 또 그 안에 술틀을 팠도다. 좋은 포도 맺기를 바랐더니 들포도를 맺었도다." 그런데, 열매를 맺지 못하는 포도나무가 문제가 된 이사야 5:1-7에서와는 달리 마가복음 12:1-12에서는 열매를 주인에게 주지 않으려 한 소작인들의 행위가 문제된다(Williamson, 1983: 214).

포도원 주인은 포도원에 '울타리'를 두르고 '즙 짜는 틀'을 만들고 '망대'도 지었다. 유대 문헌(4Q500, 에녹1서 89:56, 66-67)은 이사야 5장에서 망대는 성전을, 즙 짜는 틀은 성전 제단을 가리키는 것으로 해석한다.[12] 그렇다면 '울타리'는 예루살렘 성벽을 가리킬 것이다(Marcus, 2009: 802).

2-5절 (포도원 주인이 종을 보냄) 포도원 주인이 '적합한 때'에 종을 보내었다. 과일나무를 심은 후 3년간은 수확을 하면 안 되고, 4년째는 하나

것을 심으셨나이다"(시 80:8, 개역개정). "내가 너를 순전한 참 종자 곧 귀한 포도나무로 심었거늘 내게 대하여 이방 포도나무의 악한 가지가 됨은 어찌 됨이냐"(렘 2:21, 개역개정). "이스라엘은 열매 맺는 무성한 포도나무라. 그 열매가 많을수록 제단을 많게 하며 그 땅이 번영할수록 주상을 아름답게 하도다"(호 10:1, 개역개정).

12. Marcus, 2009: 802.

님께 드리고, 5년째부터 수확하여 먹을 수 있었다(레 19:23-25).[13] 그러므로 5년째가 소작료를 받기 적합한 때라 할 수 있다.

포도원 농부들은 주인이 보낸 종들을 박해한다. 그들은 종의 머리를 치기도 했다. '머리를 치다'는 표현은 목이 잘려 죽은 세례 요한을 염두에 둔 표현으로 볼 수 있다.[14] 이 비유를 엄밀한 풍유로 해석하지 않을 때에는 이러한 해석이 가능하다(A. Y. Collins, 546). 그러나 이 비유를 엄밀한 풍유로 보면 목 베임을 당한 선지자와 메시아 사이에 다른 선지자들이 등장하므로 정확하게 세례 요한과 예수에 대응하지 않는 문제점이 있다.

6절 (아들을 보낸 주인) 포도원 주인은 '최후로' 아들을 보냈다. '최후로'는 '날들의 마지막에'처럼(민 24:14; 신 4:30; 32:20; 사 2:2; 렘 30:24; 단 10:14) 종말론적 맥락에서 사용했다고 볼 수 있다(Marcus, 2009: 803). 아들이 온 시점은 한 시대의 마지막 때이다.

주인은 자신의 '사랑하는 아들'을 보낸다. 마가복음 1:11; 9:7에 의하면 '사랑하는 아들'은 예수를 가리킨다.[15] 그러므로 마가복음의 문맥에서 볼 때, 비유 속의 아들은 예수를 가리킨다. 종들이 배척당하고 죽임도 당한 마당에 아들을 보낸다는 것은 비현실적이지만, 이것은 리꾀르(Paul Rocoeur)의 주장처럼 청자를 놀라게 하여 소통 효과를 극대화시키기 위한 비유의 기법으로 보인다(박윤만, 2017: 800).

7-8절 (아들을 죽인 농부들) 데렛(J. D. M. Derrett)은 주장하기를 유대

13. "너희가 그 땅에 들어가 각종 과목을 심거든 그 열매는 아직 할례 받지 못한 것으로 여기되 곧 삼 년 동안 너희는 그것을 할례 받지 못한 것으로 여겨 먹지 말 것이요, 넷째 해에는 그 모든 과실이 거룩하니 여호와께 드려 찬송할 것이며 다섯째 해에는 그 열매를 먹을지니 그리하면 너희에게 그 소산이 풍성하리라. 나는 너희의 하나님 여호와이니라"(레 19:23-25, 개역개정).
14. Williamson, 1983: 214.
15. Donahue & Harrington, 338.

법에 따르면 4년간 임대료를 지불하지 않고 점유한 토지에 대해서는 소유권이 인정된다고 한다.[16] 그의 주장에 의하면, 아마도 농부들은 4년째 임대료를 내지 않고 넘어가려고 아들을 죽인 셈이다. 그러나 이 주장의 법률적 근거는 계속 논란의 여지 속에 있다(France, 461).

농부들은 주인이 이미 죽었다고 가정하고, 이제 아들만 제거하면 포도원을 차지할 수 있다고 생각하였을 수도 있다(Lane, 418-19). 그러나 로마 법정에서도 유대 법정에서도 농장 소유자를 죽인 소작인들의 소유권 주장을 인정하지 않았을 것이다(Marcus, 2009: 804). 예수께서 농부들이 포도원을 차지하려는 의도를 가지고 주인의 아들을 죽였다고 묘사하신 것은 유대 지도자들이 이스라엘을 계속 차지하려고 메시아 예수를 죽이고자 함을 비유하기 위함이었을 것이다.

9절 (포도원 주인의 심판) 예수께서는 포도원 주인이 농부들을 심판하리라 예측하며 비유를 마무리하신다. 물론 "와서 그 농부들을 진멸하고 포도원을 다른 사람들에게 줄 것이다."는 청중의 답변이었을 가능성도 있다(Evans, 2001: 236). 포도원을 빼앗기게 되는 것은 이스라엘 땅을 잃게 됨을 비유할 수 있다. 본문의 배경이 되는 이사야 5:6 본문은 탈굼에서 유대인들이 본토로부터 떠나 유배됨을 가리킨다고 해석된다(Marcus, 2009: 808).

그런데 본문에서 '농부'들은 특별히 포도원으로 비유된 이스라엘을 다스리는 유대 지도자들을 가리킨다. '다른 자들'은 아마도 예수의 제자들 중에서 임명되리라고 제자들은 기대하였을 수 있다. 지도자의 교체는 에스겔 34장에서도 다루어진다(Williamson, 1983: 213). 그동안 이스라엘을 대제사장과 산헤드린이 이끌었으나 이제 예수의 열두 제자들이 새 이스

16. France, 461.

라엘을 이끌게 될 것이다.

10절 (시편 인용) 예수께서는 포도원 농부 비유의 내용을 담고 있는 시편 118:22을 인용하신다. 포도원 농부 비유는 이 시편의 내용을 설명한 것이다. 예수께서 비유 이야기를 설명하기 위해서 이 구절을 인용하실 필요는 없었을 것이다. 그러나 비유 이야기에 성경적 권위를 부여하기 위해서 이 성경 구절을 인용하셨을 것이다(A. Y. Collins, 548).

포도원 농부 비유에 등장하는 농부에 해당하는 자는 시편 118:22에서 '건축자'이다. 랍비 문헌에서 '건축자'는 배운 자와 동일시된다.[17] 사도행전 4:11에서 '너희 건축자들'은 문맥상 유대인들의 지도자들(대제사장, 관원, 장로, 서기관들)을 가리킨다.[18] 이러한 용례들을 고려한다면, 예수 당시에도 '건축자들'은 지도자들을 가리키는 용법으로 사용될 수 있었다고 볼 수 있다. 이들은 포도원 농부 비유 속에 나오는 농부들처럼 당시 유대인들의 지도자들을 가리키는 듯하다.

시편 118:22에서 건축자들은 '돌'을 배척한다. 이 본문에서 '버림받은 돌'은 이스라엘이나 다윗 계통의 왕을 가리키는데, 카이로 게니자에서 발견된 문헌 조각은 이를 다윗 계통의 메시아로 해석한다.[19] 쿰란 문헌(4QpIsad 1:3; 1QS 8:8; 1QH 6:25-27)은 이사야 54:12을 해석하며 그들의 모임을 돌에 비유하였다.[20] 요세푸스의 글(『유대 전쟁기』 5.6.3 §272)에서도 돌이 아들을 뜻하는 상징으로 사용되었다.[21] 랍비 문헌에서도 시편 118:22의 '버림받은 돌'은 아브라함, 다윗, 또는 메시아를 가리킨다(Lane,

17. Str-B, vol.1, 876.
18. "이 예수는 너희 건축자들의 버린 돌로서 집 모퉁이의 머릿돌이 되었느니라"(행 4:11, 개역개정).
19. Marcus, 2009: 808.
20. 박윤만, 2017: 793-94.
21. 박윤만, 2017: 793.

420). 그러므로 마가복음 본문에서도 돌(אבן, '에벤')은 비유에 나오는 '아들'(בן, '벤')로서 메시아(예수)를 가리킬 것이다. 여기에 발음이 비슷한 '에벤'(אבן)과 '벤'(בן) 사이의 언어유희가 있다.[22]

시편 118:22은 버림받은 돌이 모퉁이의 머리가 되었다고 한다. '모퉁이의 머리'는 기초석일 수도 있지만 건물 꼭대기에 놓이는 관석(capstone)일 수도 있다(Donahue & Harrington, 340). 유대인들의 문헌 솔로몬의 시편 22:7-9; 23:1-4에서 '모퉁이 돌'을 성전 꼭대기에 올려 성전에 관을 씌우듯이 '모퉁이의 머리'에 두려고 했다는 내용이 나온다(Marcus, 2009: 808-9). 이것은 '모퉁이의 머리'가 건물이나 아치 꼭대기에 놓이는 돌임을 알려주는 증거이다. 버림받은 돌이 나중에 다시 사용되는 문맥도 이 돌이 기초석이 아니라 관석임을 알려준다(Marcus, 2009: 809). 기초석은 건축을 할 때 초기에 사용하며, 나중에 사용할 수는 없기 때문이다. 버림받은 돌로서의 메시아가 모퉁이의 머리가 되는 것은 예수의 십자가 수난과 부활로 성취된다.

12절은 유대 지도자들이 이 비유를 듣고 "자기들을 가리켜 말씀하심인 줄 알았다."고 한다. 여기서 예수의 비유는 해석이 있어야 명확히 깨달을 수 있는 측면이 있지만, 청중이 깨달을 수 있는 측면도 있음을 알 수 있다.

"자기들을 가리켜 말씀하심인 줄 알았다."는 어절은 '가르'(γάρ, "왜냐하면")로 시작한다. 그러나 이 어절은 바로 앞에 나오는 문장과 연결되어

22. 이러한 언어유희(wordplay)는 출 28:12, 17, 21; 39:6, 7, 14; 수 4:6-7; 애 4:1-2; 슥 9:16; 사 54:11-13에도 나타난다(Snodgrass, 113-4). "슬프다 어찌 그리 금이 빛을 잃고 순금이 변질하였으며 성소의 돌들이 거리 어귀마다 쏟아졌는고. 순금에 비할 만큼 보배로운 시온의 아들들이 어찌 그리 토기장이가 만든 질항아리 같이 여김이 되었는고"(애 4:1-2, 개역개정).

그들이 무리를 두려워한 이유로 제시된 것이 아니며, 이 문장을 건너뛰어서 그들이 "예수를 잡고자 하였다."의 이유로 제시된 것으로 볼 수 있다(Marcus, 2009: 809). 그들이 예수를 잡고자 한 이유는 예수께서 자기들을 악한 포도원 농부로 비유하였기 때문이었다. 개역개정판의 번역은 이러한 해석을 따른 것이다.

로마 황제에게 내는 세금에 관하여(12:13-17)

13 사람들이 그에게 바리새인들과 헤롯파 중에 몇을 보냈다. 이것은 그를
말로 책잡기 위함이었다. **14** 그들이 와서 그에게 말했다.

"선생님, 우리는 압니다.
당신은 진실하시고 아무것도 개의치 않으십니다.
왜냐하면 당신은 사람의 눈치를 보지 않고
오직 진실하게 하나님의 도를 가르치시기 때문입니다.
로마 황제에게 세금을 내는 것이 허용됩니까, 안 됩니까?
우리가 낼까요, 말까요?"

15 그러나 그는 그들의 위선을 알고 그들에게 말씀하셨다.

"왜 나를 시험하시오?
나에게 데나리온을 가져와 내가 보도록 하시오."

16 그들이 가져왔다. 그러자 그가 그들에게 말씀하셨다.

"이 형상과 글자가 누구의 것이오?"

그들이 그에게 말했다.

"로마 황제의 것이오."

17 예수께서 그들에게 말씀하셨다.

"로마 황제의 것들은 로마 황제에게 돌려주시오.

그러나 하나님의 것들은 하나님께 돌려드리시오."

그러자 그들이 그로 인하여 놀라고 또 놀랐다.

13절부터 이어지는 질문들은 랍비적인 질문의 주요 네 가지 유형과 관련된다(Osborne, 212). 이것들은 지혜에 관한 것(12:13-17), 비웃음에 관한 것(12:18-27), 도덕적 행위에 관한 것(12:28-34), 성경 해석에 관한 것(12:35-37)이다(Osborne, 212).

13절 (예수를 말로 책잡으러 온 바리새파와 헤롯파) 대제사장들과 서기관들과 장로들은 헤롯당과 바리새인들을 예수께 보냈다.[23] 헤롯당은 헤롯 왕가의 지지자들, 특히 헤롯 안티파스(Antipas)의 지지 세력이었다.[24] 이들은 아마도 유월절을 맞이하여 예루살렘에 와 있었을 것이다(Donahue & Harrington, 343). 헤롯 왕가는 로마 제국에 의해 존속될 수 있었으므로 로마 황제에게 세금을 내는 것을 찬성하였을 것이다.[25] 한편, 바리새파는 로마에 세금 내는 것을 반대하는 그룹의 대표로서 이 이야기 속에 등장한다고 보인다(Donahue & Harrington, 344).

이들은 예수를 "말로 책잡으려고" 왔다. 누가복음 20:20은 말로 책잡고자 한 목적이 예수를 총독에게 넘기려고 함이었음을 알려준다(A. Y. Collins, 556). 그들은 예수께서 세금을 반대하는 대답을 하면 그를 반로마 사상을 가진 정치범으로 고발하고자 하였을 것이다.

14절 (아부와 질문) 14절 상반부는 예수를 무장해제 시키기 위한 아첨으로 볼 수 있다(Owen-Ball, 7 참고). 그들은 예수께서 아무도 고려하지 않는다고 말한다. '아무도' 고려하지 않는다는 것은 로마 황제도 두려워하지

23. Williamson, 1983: 216.
24. Donahue & Harrington, 343.
25. Donahue & Harrington, 344.

않음을 내포한다. 이러한 아부는 예수로 하여금 로마 황제의 권위에 도전하게 하려는 의도를 가진다(Marcus, 2009: 816). 그들은 또한 예수가 "사람의 얼굴을 보지 않는다."고 말한다. '얼굴을 보다'는 표현은 "편파성을 보이다"를 뜻하는 셈족어 표현인 '얼굴을 받아들이다'의 변형으로 볼 수도 있겠지만(Marcus, 2009: 816), 문맥상 "눈치를 살피다"라는 뜻으로 사용된 듯하다. 이 말에는 사람 눈치를 살피지 않고 용기 있게 진리를 말하라는 격려가 담겨 있는 듯하지만, 그 이면에는 그런 말을 하면 문제 삼으려는 간계가 숨어 있다.

이들은 가이사에게 세금 바치는 것이 옳은지 질문한다. '가이사'(Caesar, '카이사르')는 본래 율리우스(Julius)의 성이었는데, 후에 율리우스의 자손이 아닌 황제 클라우디우스(Claudius)와 네로(Nero)가 이 이름을 사용한 것으로 볼 때, 그들의 때에는 이미 이 단어가 로마 황제의 칭호가 되었음을 알 수 있다.[26] 이 칭호는 황제를 뜻하는 독일어 '카이저'(*Kaiser*)와 러시아어 '차르'(*Tsar*)로 여전히 남아 있다(Marcus, 2009: 817).

'세금'으로 번역된 헬라어 단어(κῆνσος)는 인구조사를 뜻하는 라틴어 *census*(켄수스)에서 온 차용어인데, 헬라어로는 인두세를 뜻하게 되었으며, 히브리어와 아람어 속에서는 벌금을 뜻하게 되었다(Marcus, 2009: 817). 이 세금은 주후 6년에 제정된 인두세(poll tax)로서 세액은 1데나리온이었다(Edwards, 2002: 363). 주후 6년에 유대, 사마리아, 이두매가 로마 제국의 통치하에 들어가면서 이 지역 사람들에게 세금이 부과되었다(Hooker, 279). 이 세금은 독립 국가 내부의 세금이 아니라 식민지 백성이 제국에 내는 세금이므로 조공세에 해당했다. 이러한 세금 부과는 유대인

26. France, 468; Marcus, 2009: 817.

들에게 내정 간섭으로 여겨졌고, 결국 유다의 반란(행 5:37)이나[27] 유대 전쟁(주후 70년)의 원인이 된다(Hooker, 279). 갈릴리 지역은 로마의 직접 통치를 받는 지역이 아니었기에 이 세금과는 무관하였지만, 그들에게도 이 세금 문제는 토론의 주제일 수밖에 없었다(Osborne, 213).

로마 황제가 신격화된 시대 속에서 이 세금은 이방신에게 재물을 바치는 것에 해당한다고 여겨질 수도 있었다. 그래서 바리새파는 아마도 로마에 세금 내는 것을 우상숭배로 생각했을 것이다.[28] 이러한 상황 속에서 로마에 세금을 내라고 대답하면 예수는 유대 민족주의자들의 적이 될 것이다. 그러나 하나님의 법에 토대하여 로마에 내는 세금을 반대하면 로마 정부에 대항하는 정치범이 될 것이다(France, 468). 친외세(로마 제국)적 헤롯당과 민족주의적 바리새파가 함께 있는 자리에서는 어느 쪽으로 답해도 이러한 함정에 빠지게 될 것이다.

바리새파와 헤롯파는 이러한 세금이 옳은지 질문한다. 개역개정판에서 '옳다'로 번역된 단어는 헬라어 '엑세스띤'(ἔξεστιν)이다. 마가복음에서 '엑세스띤'(ἔξεστιν)은 "신적인 법에 의하여 허용된다"는 뜻으로 쓰였다(2:24, 26; 3:4; 6:18; 10:2).[29] 로마 제국에 세금을 내는 것이 로마법에 의하여 명해지지만, 하나님의 법에 의하여는 허용되지 않을 수도 있다. 신명기 8:17-19은 재물을 다른 신들을 위해 사용하는 것에 대하여 경고한다(Owen-Ball, 5). 당시 로마 황제인 티베리우스 카이사르(Tiberius Caesar)는 자신의 신성을 주장하지 않았지만, 로마 제국의 동방지역에서 어느 정도 황제 숭배를 받아들였으므로(Owen-Ball, 5), 로마 황제에게 세금을 바

27. 갈릴리 사람 유다는 주후 6년에 이 세금에 반대하여 봉기하였다(요세푸스, 『유대 전쟁기』 2.118)(Osborne, 213).

28. Evans, 2001: 244 참고.

29. France, 468.

치는 것은 곧 이방신을 섬기는 것에 해당될 수 있었다. 실제로 로마 제국에 세금을 내는 것은 하나님의 주권 대신 로마의 주권을 인정한다고 유대인들에 의해 정죄되기도 하였다(Owen-Ball, 5). 이스라엘 땅은 하나님의 기업이므로 외국인이 유대인에게 세금을 부과할 권리가 없다고 믿는 유대인들이 있었다(Marcus, 2009: 818).

15-16절 (데나리온) 예수께서는 로마에 세금 낼 때 사용하는 로마 은전인 데나리온을 가져오라고 하신다. '데나리온'은 하루 임금에 해당하는 금액의 로마 은전으로서 로마 황제의 형상과 각인이 새겨져 있었다(Evans, 2001: 247). 어떤 형상이든지 만들지 말도록 하는 계명(출 20:4-6; 신 5:8-11)을 지키는 유대인들은 이러한 로마 은전을 지니는 것도 우상숭배로 여겼을 것이므로, 이러한 로마 은전을 가지고 온 사람은 민족주의적 바리새파가 아니라 친로마적 헤롯파였을 것이다. 철저한 유대인, 예를 들어 에세네파는 이 은전을 만지기도 거부했다(Finney, 636). 랍비 나훔 등 경건한 유대인들은 평생 이러한 주화에 새겨진 형상을 보지 않았다고 한다(Marcus, 2009: 818). 이 주화에는 '폰티펙스 막시무스'(*pontifex maximus*, "대제사장")라는 각인이 새겨져 있었다(Bock, 306). 더구나 *Tiberius Caesar Divi Augusti Filius Augustus*('티베리우스 카이사르 디비 아우구스티 필리우스 아우구스투스,' "신성한 아우구스투스의 아들 티베리우스 아우구스투스 황제")라는 각인은 로마 황제의 신성을 주장하는 것이므로 이 은전을 소지하는 것은 하나님의 계명을 위배할 소지가 있었다.[30] 예수께서는 데나리온을 가지고 있지 않았으나, 그들은 그것을 가지고 있었다. 따라서 이미 우상을 숭배하며 로마와 타협한 그들은 (예수께서 세금을 내라고 대답하시더라도) 예수를 책잡을 자격이 없었다(France, 466).

30. Donahue & Harrington, 345 참고.

17절 (가이사의 것과 하나님의 것) 예수께서는 가이사의 것은 가이사에게 돌려주고 하나님의 것은 하나님께 돌려드리라고 대답하신다. 이 말씀은 도마복음에도 나오는데(어록 100), 쾨스터(H. Koester)는 도마복음에 담긴 말씀이 더 오래된 것이라고 주장하며, 그 근거로 도마복음에는 이야기(내러티브) 부분이 없기 때문이라고 한다(A. Y. Collins, 556). 그러나 구체적이고 자세한 것이 더 오래된 것일 수 있으므로 쾨스터의 주장에는 근거가 없다(A. Y. Collins, 556).

'가이사의 것'은 문맥상 데나리온을 가리킨다. 데나리온에 가이사가 새겨져 있기 때문이다. 가이사의 형상이 새겨진 주화의 소유자는 가이사(로마 황제)라고 여겨졌을 것이다(Lane, 424). '하나님의 것'은 사람을 가리킨다고 볼 수 있다. 하나님의 형상은 사람에게 새겨져 있다. 따라서 '하나님의 것'은 사람을 가리킨다고 터툴리안은 해석한다.[31] 우리는 하나님의 형상인 우리의 존재를 하나님께 돌려드려야 한다. 예수께서는 우리의 전 존재를 다해 하나님을 섬기라고 가르치신다. 사람의 하나인 가이사도 하나님의 형상이므로 결국 하나님께 돌려드려야 하는 존재이기에, 가이사의 영역은 하나님의 영역 아래 복속해야 하는 영역이다(Osborne, 214).

예수께서는 가이사에게 세금을 주라고 말씀하시지 않으셨고, 데나리온을 돌려주라고 하셨다. '줄까요?'(δῶμεν)라는 질문에 예수께서는 '도떼'(δότε, "주라")가 아니라, '아뽀도떼'(ἀπόδοτε, "돌려주라")라는 말씀으로 대답하신다. 이것은 로마 황제에게 속한 것을 그에게 되돌려 주라는 뜻이다(France, 468). 이것은 로마 황제의 형상이 새겨진 데나리온은 로마 황제의 것이므로 이것을 가지고 있지 말고 로마 황제에게 되돌려 주라는

31. Owen-Ball, 11; Marcus, 2009: 818. 터툴리안에 의하면 우리가 하나님께 돌려드릴 수 있는 것은 우리의 목숨이다(A. Y. Collins, 57).

뜻이다. 따라서 이를 "로마에 세금을 내라."는 뜻으로 확대해석할 필요가 없다. 더구나 이 말씀을 식민지 백성은 제국에 무조건 복종하라는 의미이거나 그리스도인은 세속 권력에 무조건 복종하라는 의미였다고 볼 필연성이 없다. 만일 이 말씀이 그리스도인은 무조건 세속 권력에 순종하라는 의미였다면, '하나님의 것은 하나님께'라는 구절이 추가되지 않았을 것이다(Owen-Ball, 13).

어느 쪽으로 대답을 해도 함정에 빠지는 진퇴양난(딜레마) 질문에 예수께서는 어느 쪽에서 보아도 트집을 잡을 수 없게 대답하신다. 세금 내는 것을 반대하는 자들은 예수의 대답을 로마 황제에게 속한 것은 아무것도 없고 하나님께는 모든 것이 속하였다고 해석할 수 있었고, 세금 내는 것을 찬성하는 자들은 로마 황제에게 속한 것은 세금이고 하나님께 속한 것은 예배라고 해석할 수 있었다(Evans, 2001: 247).

예수께서 함정을 피하는 맥락에서 대답하셨음을 염두에 두고 예수의 이 말씀을 해석해야 한다. 예수께서 성전세로부터도 자유로운 하나님의 자녀들이(마 17:26) 로마에 무조건 세금을 내야 한다고 생각하셨을 리는 없다. 따라서 17절은 뒤에 강조가 놓이는 대조평행법으로 볼 수 있다. 강조된 것은 가이사의 것이 아니라 하나님의 것이다. 따라서 하반절을 도입하는 '까이'(καί)는 히브리어 '베'(ו)처럼 문맥에 따라 "그러나"로 해석할 수 있다. 이러한 해석에 따라 번역하면 "가이사의 것은 가이사에게 돌려주어야 한다. 그러나 하나님의 것은 하나님께 돌려드려야 한다."가 된다. 세상 군주의 요구와 하나님의 뜻은 늘 일치하지는 않기 때문에, 우리가 이 둘을 모두 만족시킬 수 없는 경우가 발생하게 된다. 그러한 경우, 우리는 하나님을 선택할 수밖에 없다(Boring, 2006: 336).

이 본문에서 예수의 말씀은 세속 권력을 정당화하시지도 부정하시지도 않는다. 이 말씀은 세속 정권 영역의 정당성을 인정하는 말씀이 아니라 그 현실성을 전제하는 말씀일 뿐이다. 예수의 말씀은 자신을 말로 책잡고자 하는 자들의 의도에 휘말리시지 않고, 세속 권력과의 불필요한 충돌도 피하신다. 따라서 이 본문은 교회가 세속 정권에 불필요하게 충돌하지 않는 지혜로운 태도를 가지도록 인도한다. 나그네로서 세상에 사는 성도들의 궁극적 소속은 하나님 나라이며 그들의 시민권은 하늘에 있고 오직 하나님을 섬겨야 한다. 그렇지만, 이것은 세상 나라를 신정국가로 바꾸어야 함을 의미하지 않고, 세상 나라와 늘 충돌하는 것을 의미하지도 않는다. 하나님의 법대로 사랑의 원리를 실천하며 살아가면 대개의 경우 정의의 원리에 토대한 세상의 법을 지키고도 남게 된다.[32] 물론 예수의 이 말씀이 세상 나라에 늘 순복해야 함을 뜻하지 않음도 분명하다.

부활 논쟁(12:18-27)

18 사두개인들이 그에게 왔다. 그들은 부활이 없다고 말하는 자들이었다.
그들이 그에게 질문하였다.

19 "선생님, 모세가 우리를 위하여 기록해 주었습니다.
'어떤 사람의 형제가 죽고 부인이 남았는데 자식을 남기지 않았으면
그의 형제가 그 여인을 맞이하여 그의 형제를 위하여 후손을 일으
켜라.'

---

32. 성도들은 교회의 영역과 국가의 영역에 동시에 소속하게 되며, 자연스럽게 교권과 정권에 순종하며 살게 된다. 그러나 교권이 부패할 때에나 정권이 부패할 때에는 하나님의 말씀의 원리에 따라 교회개혁이나 시민 불복종의 길을 택하게 된다. 민주적 체제 속에서는 투표와 선거를 통해 부패한 교권과 부패한 정권의 심판이 제도적으로 가능하다. (또한 부정선거로 인하여 이러한 심판 제도의 근간이 파괴될 때에도 그러한 부정을 통해 탄생한 권력에 저항할 수 있을 것이다.) 교권과 정권의 결정이 서로 충돌하게 될 경우에 선택의 기준은 오직 하나님의 말씀이다.

20 칠 형제가 있었습니다.

첫째가 아내를 맞아들였으나 죽을 때 후손을 남기지 않았습니다.

21 둘째가 그녀를 맞아들였으나 후손을 남기지 않고 죽었습니다.

셋째도 그와 같이 했습니다.

22 그리하여 일곱이 후손을 남기지 못했습니다.

마침내 그 여인도 죽었습니다.

23 부활 때에, [만약 그들이 부활한다면,] 그녀는 누구의 아내이겠습니까?

그 일곱이 그녀를 아내로 맞아들였으니 말입니다."

24 예수께서 그들에게 말씀하셨다.

"그대들은 이것 때문에 헤매고 있는 것이지 않소?

성경도 모르고 하나님의 능력도 모르기 때문이 아니오?

25 왜냐하면 사람들이 죽은 자들로부터 부활할 때에는

장가가지도 않고 시집가지도 않으며,

하늘에 있는 천사들과 같을 것이기 때문이오.

26 죽은 자들이 부활함에 관해서는

모세의 책에 가시떨기에 관한 부분에서

하나님께서 그에게 어떻게 말씀하셨는지 읽지 못하였소?

'나는 아브라함의 하나님, 이삭의 하나님, 야곱의 하나님이다.'

27 그분은 죽은 자들의 하나님이 아니라 산 자들의 하나님이오.

그대들은 많이 헤매고 있소이다."

본문에서 사두개인들은 부활의 부당성을 율법의 영원한 타당성으로부터 논증하고자 한다. 그들의 질문은, 부활을 염두에 두면, 신명기 25:5-10(형사취수법)의 율법이 어떻게 타당하겠느냐는 문제 제기였다(23절). 그들의 논지는 율법의 타당성을 위해 부활의 가능성을 부정해야 한다는

것이다.[33] 예수께서는 사두개인들이 신뢰하는 모세 오경으로부터 답을 하신다.[34] 출애굽기 3:6, 16에 의하면 하나님은 아브라함의 하나님, 이삭의 하나님, 야곱의 하나님이시다. 그런데, 하나님은 오직 산 자의 하나님이다.[35] 그러므로 하나님께서 죽은 아브라함, 이삭, 야곱의 하나님으로 자신을 소개하심은 그들을 산 자들로 간주하신 셈이다. 하나님께서 죽은 자를 산 자로 간주하심은 하나님께서 부활을 인정하심으로 볼 수 있다(26-27절).[36] 전능하신 하나님께서 부활을 인정하셨다면 부활은 있다고 보아야 한다.

18절 (사두개인들의 등장) 사두개인들이 예수께 나아왔다. 사두개인들은 신학적으로는 보수적이지만, 문화적으로는 헬레니즘을, 정치적으로는 로마 제국의 통치를 받아들였다.[37] 그들의 구성원은 주로 사회경제적 지배층에 국한되었다(Marcus, 2009: 827). 그들은 하스몬 왕조의 정당성을 지지하였기에, 왕권과 제사장권의 분리를 주장하는 세력과 대립하였을 것이며, 다윗 왕조의 중흥을 기대하는 사람들과도 대립했을 것이다(Lane, 426). 하스몬 왕조의 몰락 후, 그들은 단지 바리새파를 반대하는 소극적 역할을 하였을 것이다(Lane, 427).

사두개인들은 부활이 없다고 주장했다. 부활은 구약성경에 희미하게 나타나 있다(사 26:19; 겔 37장; 단 12:2; 시 73:23).[38] 마카비2서 7:11에는

33. Evans, 2001: 254 참고.

34. 사두개인들은 모세오경의 권위가 구약성경의 다른 책들의 권위보다 훨씬 더 크다고 보았다(Hooker, 282).

35. 구약성경의 관점에 의하면, 죽은 자들은 하나님을 찬양할 수 없고, 그들의 죽음은 불결하므로 하나님과 무관하다(Mays, 38). 사 38:18-19 참고.

36. Evans, 2001: 256.

37. Edwards, 2002: 365.

38. Edwards, 2002: 365. "주의 죽은 자들은 살아나고 그들의 시체들은 일어나리이다. 티끌에 누운 자들아 너희는 깨어 노래하라. 주의 이슬은 빛난 이슬이니 땅이 죽은

신체적 부활의 소망이 나타나 있다.[39] 에스라4서 7:28-44은 400년간의 메시아 시대 후에 부활이 온다고 보았는데, 이 부활은 지상적인 것과 대조되는 성격의 것으로 묘사된다(A. Y. Collins, 561). 바리새-랍비 유대교는 부활을 믿었다.[40] 쿰란 문헌(4Q521 2 ii 12)에서도 부활을 기대한다. 그러나 사두개인들은 부활이 없다고 주장하였다(행 23:8). 그들이 그렇게 주장한 이유는 그들이 신뢰하는 모세오경에는 부활의 근거가 없다고 보았기 때문이었을 것이다.

19-23절 (사두개인들의 논증) 사두개인들은 형사취수법에 토대하여 부활을 부정한다. 신명기 25:5-10의 형사취수법(후사가 없이 죽은 형제의

자들을 내놓으리로다"(사 26:19, 개역개정). "땅의 티끌 가운데에서 자는 자 중에서 많은 사람이 깨어나 영생을 받는 자도 있겠고 수치를 당하여서 영원히 부끄러움을 당할 자도 있을 것이며"(단 12:2, 개역개정). 사 25:8의 "사망을 영원히 멸하실 것이라."는 육체의 부활을 말하는 구절이라고 보기에는 문맥상 적합하지 않다. 문맥 속에서 이것은 하나님께서 하나님의 백성을 수치로부터 구하시는 것을 가리킨다. 겔 37:1-14은 육체의 부활을 말하지만, 이것은 하나님의 백성을 회복시켜 고토로 돌아가게 할 것에 대한 비유이다. 호 6:2도 문맥상 하나님의 백성의 회복에 관한 비유적 말씀이다. 욥 19:26은 "내가 육체 밖에서 하나님을 보리라."고 하지만 이것은 육체의 부활을 말하는 구절이 아니다.

39. Donahue & Harrington, 350. "After him, the third was the victim of their sport. When it was demanded, he quickly put out his tongue and courageously stretched forth his hands, and said nobly, 'I got these from Heaven, and because of his laws I disdain them, and from him I hope to get them back again'"("그의 뒤에, 셋째가 그들의 농락의 희생양이었다. 그것이 요구되었을 때, 그는 재빨리 그의 혀를 내밀었고, 용기 있게 그의 팔들을 펴며, 품위 있게 말했다. '나는 이것들을 하늘로부터 받았다. 그의 율법 때문에 나는 그것들을 무가치하게 여긴다. 나는 그분으로부터 그것들을 다시 받기를 소망한다'")(마카비2서 7:10-11, NRS).

40. Edwards, 2002: 366. "And these are they that have no share in the world to come: he that says that there is no resurrection of the dead prescribed in the Law ..."("그리고 이들은 오는 세상에서 몫이 없는 자들이다. 율법에 규정된 죽은 자들의 부활이 없다고 말하는 자 …")(*m. Sanhedrin* 10:1, trans. Danby, 397).

대를 잇기 위해 그의 형제가 그 형제의 아내를 통해 아들을 낳아주는 법)은[41] 자손이 없이 죽은 남편의 대를 잇고 그의 몫인 토지와 재산을 보존하기 위한 법이었다(Donahue & Harrington, 349). 이 법에 따르면 형이 아들 없이 죽은 경우 동생이 형수를 취하여 대를 이어주게 되는데, 부활이 있다면 형이 살아나므로 이 여인이 누구의 아내가 되느냐 하는 문제가 발생한다. 이러한 문제를 해결하려면 부활이 없어야 한다는 것이 사두개인들의 논증이다.

24-25절 (예수님의 논박) 예수께서는 율법이 없다고 주장하는 사두개인들에게 그들이 하나님의 능력도 성경도 몰라서 그렇게 주장한다고 지적하신다. 예수께서는 우선 부활이 형사취수법과 모순되지 않음을 지적하신다. 하나님의 능력에 의하여 사람들은 부활할 때 현세의 모습과 같지 않고 "하늘에 있는 천사들과 같다."[42] 유대인들은 천사들에게 성(性)이 있다고 믿었지만(에녹1서 15:4),[43] 천사와 같다는 언급은 부활 후에는 (영생

---

41. 70인역, 요세푸스(『유대 고대사』 4.254), 그리고 랍비 문헌은 아들과 딸이 모두 없을 때 이 법이 해당한다고 본다(Bock, 308).

42. 부활체가 천사들과 같으리라는 생각은 1세기에 알려져 있었다(바룩2서 51:10)(Edwards, 2002: 368). "For they will live in the heights of that world and they will be like the angels ..."("왜냐하면 그들이 저 세상의 높은 곳에서 살 것이며, 천사들과 같을 것이기 때문이다")(바룩2서 51:10, trans. Klijn, 638). 바룩2서 51:11-12은 부활 때의 의인의 빛남은 천사의 빛남을 능가한다고 한다(A. Y. Collins, 562). 탈무드(*b. Berakoth* 17a)는 부활 때 먹지도 마시지도 않고 아이를 낳지도 않는다고 한다(Bock, 310).

43. France, 474. n.50. "Surely you, you [used to be] holy, spiritual, the living ones, [possessing] eternal life; but (now) you have defiled yourselves with women, and with the blood of the flesh begotten children, you have lusted with the blood of the people, like them producing blood and flesh, (which) die and perish"("분명히 너희는 거룩하고 영적이며 살아 있는 영생하는 존재들이었다. 그러나 너희는 여인들과 아이들을 낳은 육체의 피로 너희를 더럽혔다. 너희는 사람들의 피를 탐했으며, 그들이 죽고 멸망하는 피와 살을 생산하기를 원했다")(에녹1서 15:4, trans. Isaac, 21).

하므로) 생식이 필요 없고 따라서 결혼할 필요가 없다는 주장으로 해석할 수 있다(France, 474). 이 말씀은 부활 때에는 결혼과 같은 현세의 사회적 관계가 지속되지 않음을 지적한다(Hooker, 284). 부활 후의 상태를 묘사하기 위해 현재 시제 형태가 사용되었지만, 이것은 미래를 나타내는 현재형으로 볼 수 있다(Marcus, 2009: 828). 부활 후에는 결혼하지 않으므로 형사취수법을 따라 실천하여도 부활 후에 누가 누구의 아내인가 하는 문제가 발생하지 않는다. 그러므로 부활은 율법과 모순되지 않는다.

26-27절 (예수의 부활 논증) 예수께서는 사두개인들이 받아들이지 않는 선지서나 시편으로부터 부활을 논증하시지 않고 그들이 받아들이는 모세 오경으로부터 부활을 논증하신다. 예수께서는 출애굽기 3:6을 인용하신다. 이 구절에서 하나님은 자신을 "아브라함의 하나님, 이삭의 하나님, 야곱의 하나님이다."라고 소개하셨다. 이 구절은 유대인들이 보기에는 아브라함, 이삭, 야곱이 죽지 않고 살아 있다는 뜻으로 이해될 수 있었다. 마카비4서 7:19; 16:25에도 이들이 죽지 않고 살아 있다는 생각이 담겨 있다(Bock, 310). 미드라쉬 탄후마(*Tanhuma* [Buber] 1.16)에는 '나는 너의 아버지의 하나님이다.'라는 표현을 듣고 모세는 자기의 아버지 암람이 살아 있다고 생각하는 내용이 나온다(Marcus, 2009: 830).

27절에서 예수께서는 "죽은 자의 하나님이 아니요, 산 자의 하나님이시라."는 말씀을 더하신다. 이것은 이사야 38:18-19에 담긴 내용이라고 볼 수 있다(A. Y. Collins, 563). 이것은 비록 모세오경의 내용이 아니지만, 사두개인들도 받아들이는 일반적인 사상이었기에 예수께서 사용하셨을 것이다. 하나님은 산 자가 경배하는 대상으로서 산 자의 하나님이신데, 하나님은 자신을 죽은 아브라함, 이삭, 야곱의 하나님이라고 소개하셨다. 그리하여 하나님은 죽은 아브라함, 이삭, 야곱을 살아 있는 자로 간주하셨다. 전능하신 하나님께서 죽은 자를 살아 있다고 간주하셨음은 부활이 실제로 발생할 것임을 믿을 수 있는 근거이다.

가장 큰 계명에 관하여(12:28-34)

28 율법사들 중에 하나가 나아와서 그들이 토론하는 것을 들었다. 그분이
그들에게 잘 대답하시는 것을 보고 그는 그분에게 질문했다.

"어느 계명이 모든 계명들 중에 첫째입니까?"

29 예수께서 대답하셨다.

"첫째는 이것이오.

'들으라, 이스라엘아!

주는 우리의 하나님, 오직 주만이!

30 그러므로 너는 주 너의 하나님을 사랑하라,

너의 온 마음과 너의 온 목숨과 너의 온 정신과 너의 온 힘으로!'

31 둘째는 이것이오.

'너의 이웃을 너 자신처럼 사랑하라.'

이것들보다 더 큰 다른 계명은 없소."

32 그 율법사가 그에게 말했다.

"좋습니다, 선생님! 당신은 참되게 말씀하셨습니다.

그분은 한 분이시고 그분 외에는 다른 신이 없기 때문입니다.

33 또한 그를 온 마음과 온 정신과 온 힘으로 사랑함과

이웃을 자신처럼 사랑함이 모든 번제와 제물보다 낫습니다."

34 예수께서 그가 지혜롭게 대답하는 것을 보시고 그에게 말씀하셨다.

"그대는 하나님 나라로부터 멀지 않소."

이에 더 이상 아무도 그에게 감히 질문하지 못하였다.

28절 (한 율법학자의 질문) 한 서기관(율법학자)이 으뜸(첫째) 계명이[44] 무엇인지 예수께 질문하였다. 힐렐(주전 40년-주후 10년)은 "남이 네게 하기 원하지 않는 바를 남에게 행하지 말라."로 율법을 요약하였다.[45] 이것은 유대인들이 율법의 핵심 원리에 관심이 있었음을 보여준다. 예수께 질문한 서기관도 그러하였다.

29-31절 (예수님의 답변) 예수께서는 하나님 사랑의 계명과 이웃 사랑의 계명을 으뜸 계명이라고 대답하신다. 유대인들은 십계명 중에 첫째 부분(하나님과 관련된 부분)을 종종 신명기 6:5로 요약한다(Marcus, 2009: 839).

하나님을 사랑할 때 '뜻'을 다하여 사랑하라는 부분은 신명기 6:5에 추가된 것이다. 개역개정판에서 '뜻'으로 번역된 단어 '디아노이아'(διανοία)는 "정신," "이해력," "생각"을 가리킨다. 따라서 마가는 하나님을 섬김에 있어서 지적인 측면을 강조하였다고 볼 수 있다(France, 480). 이 단어가 추가된 이유는 '마음'이 지적 능력을 포함함을 분명히 하기 위함이었을 것이다(Hurtado, 208). 마커스(J. Marcus)는 쿰란 문헌(1QS 1:11-12)에서 '지식,' '힘'이 신명기 6:5의 '메오드'(מְאֹד, "힘")를 의역하는 듯한 용례에 근거하여 '디아노이아'가 신명기 6:5의 '힘'에 해당한다고 본다.[46] 그러나 마가가 쿰란 문헌의 해석을 따라 지식이 가진 힘의 측면을 강조하고자 '디아노이아'라는 단어를 사용해야 할 필연성은 없다.

'힘을 다하여' 사랑함은 무슨 의미인가? 힘에 해당하는 히브리어 '메

44. '첫째'는 중요성과 관련된 우선성뿐 아니라 시공간적 우선성을 가리키기도 한다(Marcus, 2009: 837). 여기서 첫째 계명은 가장 중요한 계명 내지 가장 기초적 원리를 제공하는 계명을 가리키는 듯하다.
45. Edwards, 2002: 371; Lane, 432.
46. Marcus, 2009: 837.

오드'(מְאֹד)는 "힘," "풍요함," "많음" 등을 가리키며 탈굼에서는 "재물"로 번역되었다(France, 479). 쿰란 문헌(CD 9:10b-12; 1QS 1:11-15; 3:2-3)도 그렇게 번역한다(A. Y. Collins, 590). 예수께서도 힘을 언급하실 때 재물을 염두에 두셨을 것이다.

첫째 계명에 관한 질문에 둘째 계명도 언급한 것은 그 둘이 분리될 수 없기 때문일 것이다(Lane, 433). 십계명의 둘째 부분(이웃과 관련된 부분)은 주로 레위기 19:18로 요약된다(Marcus, 2009: 839). 당시 유대인들은 자신처럼 사랑해야 할 '이웃'이 레위기 19:18 앞부분의 "너 자신의 백성들의 아들들"(개역개정판에는 '동포'로 번역됨)을 가리킨다고 이해했다(Lane, 433). 구약성경에서 이웃은 이스라엘 동족을 가리키지만, 예수 당시에는 이스라엘 중에 거하는 비유대인 거민들을 포함하는 개념으로 확대된다(Hooker, 288). 마가복음 본문에서는 문맥상 '이웃'에 이스라엘이나 교회 밖의 사람들이 포함되지만, 모든 사람이 다 포함된다고 볼 수는 없다(Marcus, 2009: 839).

사랑이 강조되는 본문이 마가복음에서 여기에 위치하는 것은 성전이 파괴될 것을 선언하심과 관련된다. 마가는 성전이 파괴된 후에 사랑의 계명이 중심적인 역할을 하게 됨을 말하고자 이 본문을 여기에 위치시켰을 것이다(Boring, 2006: 346).

32-33절 (서기관의 반응) 서기관은 예수의 대답을 듣고 동의한다. 그는 예수의 대답을 자신의 말로 반복한다. "그는 한 분이시며 그분 외에 다른 분이 없습니다."는 신명기 4:35; 이사야 45:21; 출애굽기 20:3에 나타나는 구약성경의 신관이다.[47] 예수께서는 29절에서 "주는 우리의 하나님, 오직

47. οὐκ ἔστιν ἔτι πλὴν αὐτοῦ("더구나 그분 외에는 없다." 신 4:35). οὐκ ἔστιν ἄλλος πλὴν ἐμοῦ("나 외에는 다른 신이 없다." 사 45:21). οὐκ ἔσονταί σοι θεοὶ ἕτεροι πλὴν ἐμοῦ("나 외에 다른 신들을 너에 있지 않게 하라." 출 20:3).

주만이 우리의 하나님이다."라고 말씀하시며 여호와만이 섬김의 대상으로서의 하나님이심을 강조하는데, 서기관은 하나님만이 존재하신다는 유일신론을 진술한다.

서기관은 하나님을 사랑할 때 마음, 지혜, 힘을 다하여 사랑해야 한다고 한다. '지혜'(συνέσις)는 "지성," "이해력," "통찰력"을 가리킨다. 따라서 하나님을 경배함에 있어서 지적 측면을 강조한 것이다(France, 481). 하나님 사랑이 지적인 측면도 포함한다고 보는 서기관의 견해는 예수의 가르침과 동일하다. 그러나 서기관 진술은 목숨을 다하여 하나님을 사랑해야 함을 생략하는 점에서 예수의 가르침과 다르다.

서기관은 하나님 사랑이 제사보다 더 낫다는 의견을 덧붙인다. 제사보다 사랑이 우선한다는 내용은 구약성경 여기저기에서(호 6:6; 렘 6:20; 미 6:6-8) 발견되며 쿰란 문헌(1QS 9:4; 4Q266 10 i 13)에도 담겨 있다(Bock, 312).

34절 (예수의 평가) 예수께서는 서기관의 말을 듣고 그가 "하나님 나라에서 멀지 않다."고 평가하신다. 이러한 표현 방식은 '리토테스'(*litotes*, λιτότης)라고 불리는데, 부정을 통해 긍정을 표현하는 것이다(A. Y. Collins, 577). 그가 '하나님 나라에서 멀지 않다'는 것은 그가 하나님 나라에 아직 속하지 않았다는 사실보다는 하나님 나라에 가깝다는 것을 강조하는 표현이다(A. Y. Collins, 577). 제사보다 사랑이 낫다고 한 서기관의 대답이 예수께 인정을 받은 것이다(Donahue & Harrington, 356).

예수께서 이렇게 말씀하신 후에 예수께 "감히 묻는 자가 없었다." "이스라엘이 '들으라, 오, 이스라엘아'라고 말할 때, 천사들은 침묵하고 그들의 날개를 접는다."라는 미드라쉬(*Genesis Rabbah* 65.21)의 표현에서 보듯이 침묵은 종교적 경외의 표현일 수 있다(Marcus, 2009: 840). 이러한 유대 지도자들의 침묵은 축귀와 함께 스가랴 13:2의 성취로서 거짓 선지자들의 축출에 해당한다고 볼 수 있다.

율법사들의 신학 비판(12:35-37)

35 예수께서 (이에) 반응하여 성전에서 가르치며 말씀하셨다.
"어찌하여 율법사들은 그리스도가 다윗의 자손이라고 주장합니까?
36 다윗 자신은 성령으로 말했습니다.
'주께서 나의 주에게 말씀하셨다.
너는 나의 오른편에 앉으라,
내가 너의 원수를 너의 발아래 둘 때까지.'
37 다윗이 그분을 주라고 불렀습니다.
그러니 그분이 어떻게 그의 자손이겠습니까?"
그러자 많은 무리가 그의 가르침을 계속 즐겁게 들었다.

'다윗의 자손'은 랍비 문헌에서 일반적으로 메시아를 가리킨다.[48] 예를 들어 탈무드(*b. Sanhedrin* 28a; *b. Yoma* 10a)는 메시아를 '다윗의 자손'이라고 부른다(Osborne, 225). 솔로몬의 시편 17:21도 메시아를 '다윗의 자손'이라 부른다(Osborne, 225). 이러한 배경 문헌을 통해서 볼 때 아마 예수 당시에도 '다윗의 다손'은 메시아를 가리키는 칭호였다고 볼 수 있다.

예수께서는 시편 110:1에 근거하여 메시아는 다윗의 주이심을 논증하신다. 이를 통해서 메시아는 단지 다윗의 자손에 불과하지 않고 그 이상이라고 주장하신다(Hooker, 292). 당시의 메시아 칭호 '다윗의 자손'은 군사적 메시아 칭호였을 것이며 예수께서는 이러한 메시아 개념을 거부하

---

48. Evans, 2001: 272.

기 위해 시편 110:1을 사용하셨을 것이다(Williamson, 1983: 232-33). 당시에 유대 민족의 구원은 다윗과 같은 (군사적) 지도자를 통하여 이루어질 것을 서기관들만이 아니라 유대교 종파들도 모두 기대하였던 듯하다(Lane, 435). 예수께서는 이러한 메시아 사상을 비판하시기 위해 메시아를 '다윗의 자손'이라고 부르는 것을 비판하셨을 것이다.

35절 (예수의 그리스도론 강론의 시작) 예수께서는 성전에서 무리에게 그리스도론을 강론하시기 시작하신다. 이 강론은 질문으로 시작한다. "왜 서기관들은 그리스도를 다윗의 자손이라 주장합니까?" '그리스도'(메시아)는 "기름부음 받은 자"라는 뜻이지만, 신구약 중간기에 종말론적 구원자의 칭호로 발전하였다(France, 485). 사무엘하 7:12-16을 배경으로 하여[49] '다윗의 자손'은 하나님의 백성을 해방시키고 구원할 자의 칭호로 적합했다. 사무엘하 22:51과 시편 18:50에는 메시아, 왕, 다윗의 자손이 연관되어 등장한다.[50] '다윗의 자손'은 주전 1세기 문헌 솔로몬의 시편 17:21에서 처음 메시아 칭호로 등장한다(France, 486).[51] 솔로몬의 시편 17:21-32에 의하면 '다윗의 자손'은 이스라엘의 왕으로서 예루살렘을 이방인들로부

---

49. "네 수한이 차서 네 조상들과 함께 누울 때에 내가 네 몸에서 날 네 씨를 네 뒤에 세워 그의 나라를 견고하게 하리라. 그는 내 이름을 위하여 집을 건축할 것이요, 나는 그의 나라 왕위를 영원히 견고하게 하리라. … 네 집과 네 나라가 내 앞에서 영원히 보전되고 네 왕위가 영원히 견고하리라 하셨다 하라"(삼하 7:12-16, 개역개정).

50. "여호와께서 그의 왕에게 큰 구원을 주시며 기름 부음 받은 자에게(לִמְשִׁיחוֹ) 인자를 베푸심이여 영원하도록 다윗과 그 후손에게로다"(삼하 22:51, 개역개정).

51. ἰδέ κύριε καὶ ἀνάστησον αὐτοῖς τὸν βασιλέα αὐτῶν υἱὸν Δαυιδ εἰς τὸν καιρόν ὃν εἵλου σύ ὁ θεός τοῦ βασιλεῦσαι ἐπὶ Ισραηλ παῖδά σου("See, Lord, and raise up for them their king, the son of David, to rule over your servant Israel in the time known to you, O God." 솔로몬의 시편 17:21, trans. Wright, 667). "보소서, 주여, 그리고 그들에게 그들의 왕, 다윗의 자손을 당신이 선택한 때에 일으키소서. 그리하여 당신의 종 이스라엘을 다스리게 하소서"(사역).

터 정화시키며 거룩한 백성을 모아 열방을 심판하고 메시아가 될 것이다.[52] 주전 1세기 이전에는 '다윗의 자손'이라는 칭호가 사용된 것이 발견되지 않지만, 이 용어는 등장한 후 곧 일반적인 메시아 칭호가 되었다(Lane, 435).

36절 (예수의 시편 인용) 예수께서는 다윗의 자손 그리스도론을 비판하시기 위해 시편 110:1을 인용하신다. 예수께서 인용하신 시편 110:1 구절은 아마도 당시에 메시아에 관한 본문으로 이해되었을 것이다.[53] 그렇다면 이 구절은 당시의 군사적 메시아 사상을 논박하는 데 효과적으로 사용될 수 있었을 것이다.

예수께서는 시편을 다윗이 '성령에 감동하여' 말한 결과라고 보신다.

---

52. Donahue & Harrington, 361. "Undergird him with the strength to destroy the unrighteous rulers, to purge Jerusalem from gentiles who trample her to destruction"("불의한 통치자들을 파괴하도록 그를 능력으로 뒷받침하소서. 그리하여 예루살렘을 짓밟아 파괴하는 이방인들로부터 정화하소서." 솔로몬의 시편 17:22, trans. Wright, 667). "To shatter all their substance with an iron rod; to destroy the unlawful nations with the word of his mouth"("그들의 모든 실체를 쇠몽둥이로 부숴뜨리고, 무법적 민족들을 그분의 입의 말씀으로 파괴하기 위하여," 솔로몬의 시편 17:24, trans. Wright, 667). "And he will have gentile nations serving him under his yoke, and he will glorify the Lord in (a place) prominent (above) the whole earth. And he will purge Jerusalem (and make it) holy as it was even from the beginning"("그리고 그는 이방 민족들이 그의 멍에를 매고 그를 섬기도록 할 것이며, 주님을 온 땅 위에 뛰어난 곳에서 영화롭게 할 것이다. 그리고 그는 예루살렘을 정화하고 그것을 처음부터 그러하였던 것처럼 거룩하게 만들 것이다." 솔로몬의 시편 17:30, trans. Wright, 667). "And he will be a righteous king over them, taught by God. There will be no unrighteous among them in his days, for all shall be holy, and their king shall be the Lord Messiah"("그리고 그는 그들 위에 의로운 왕이 되어 하나님에 의하여 가르침 받을 것이다. 그들 중에는 불의한 자가 없을 것인데, 이는 모두가 거룩할 것이기 때문이며, 그들의 왕이 주 메시아일 것이기 때문이다." 솔로몬의 시편 17:32, trans. Wright, 667).
53. Hooker, 293; Marcus, 2009: 846.

구약성경(삼하 23:2)은 다윗을 성령을 통하여 말씀하신 자로 묘사하며 쿰란 문헌(11QPsa 27:2-4, 11), 사도행전(1:16, 4:25), 랍비문헌(*b. Berakoth* 4b; *b. Arakhin* 15b)도 그러하다.[54] 사도행전(2:30-31)과 요세푸스(『유대 고대사』 6.166)도 다윗을 선지자로 묘사한다(France, 487).[55]

시편 110:1에서 하나님은 다윗의 주(메시아적 존재)에게 자신의 오른편에 앉으라고 하신다. 왕의 '오른편'은 고대 왕정에서 왕을 위하여 행정권을 행사하기 위해 뽑힌 사람이 앉는 자리였다(Hurtado, 209). 시편 110:1은 메시아의 원수의 자리가 메시아의 '발아래'에 위치하리라고 한다. 고대 근동의 전쟁에서 패배한 군주는 승리한 왕의 발아래 목을 놓게 되어 있었다(Hurtado, 209).

37절 (예수의 논증) 예수께서는 아버지가 아들을 '주'라고 부를 수 없다는 전제를 토대로 하여, 다윗이 '주'라고 부른 메시아는 다윗의 아들(자손)일 수 없다고 논증하신다(Marcus, 2009: 847). 고대 근동에서 아버지는 아들보다 우월하다고 간주되어야 했고 아들은 아버지에게 순종해야 했다(Hurtado, 209). 그러므로 "메시아가 다윗의 아들일 수 없다."는 말씀은 메시아가 다윗보다 더 큰 존재임을 뜻한다(Hurtado, 209).

4세기에 아다만티우스(Adamantius)는 여기서 '어떻게'(πόθεν)가 사용되어 이 문장이 이사야 1:21에서처럼 부정이 아니라 긍정을 의문문의 형

---

54. Marcus, 2009: 846.

55. "그는 선지자라. 하나님이 이미 맹세하사 그 자손 중에서 한 사람을 그 위에 앉게 하리라 하심을 알고"(행 2:30, 개역개정). "But the Divine Power departed from Saul, and removed to David, who upon this removal of the Divine Spirit to him, began to prophesy"("그러나 신적인 능력이 사울로부터 떠나 다윗에게로 옮겨갔다. 다윗은 신성한 영이 이렇게 자신에게 이동하자 예언하기 시작하였다." 요세푸스, 『유대 고대사』 6.166, trans. Whiston, 164).

식으로 표현한다고 보았다.[56] 그러나 마가복음에서 서기관들의 가르침은 계속하여 반박되기에 여기서도 반박된다고 보아야 한다(Marcus, 2009: 847).[57]

예수의 강론을 "많은 사람이 즐겁게 들었다." 이것은 요세푸스(『유대 고대사』, 18.63)가 예수를 '진리를 기쁘게 받아들이는 사람들의 교사'(διδάσκαλος ἀνθρώπων τῶν ἡδονῇ τἀληθῆ δεχομένων)라고 묘사한 바와 일치한다(Marcus, 2009: 848).

율법사들의 행위 비판(12:38-40)

38 그가 그의 가르침 중에 말씀하셨다.

"율법사들을 조심하십시오.

그들은 예복을 입고 걸어 다니기를 좋아하고

시장에서 인사받기를 좋아합니다.

39 그들은 회당에서는 으뜸석을 좋아하고 연회에서도 특별석을 좋아합니다.

40 그들은 과부의 가산을 삼키고 겉치레로 길게 기도합니다.

이런 자들은 더 심한 심판을 받을 것입니다."

38절 (서기관들의 명예욕) 예수께서는 사람에게 인정받기를 좋아하는

---

56. Marcus, 2009: 847.

57. 에반스(C. Evans)가 주장한 바와 같이, 초기 교회는 예수를 다윗의 자손이라고 변증하였기에(롬 1:3; 15:12; 딤후 2:8; 행 2:30; 계 3:7; 5:5; 22:16), 예수께서 메시아가 다윗의 자손이 아니라고 강론하신 내용을 초기 교회가 창작했을 리는 없다(박윤만, 2017: 847).

서기관들의 행동을 비판하신다. '서기관'(율법사)들은 행정의 전문가이면서 율법의 전문가였다.[58] 그들은 긴 옷을 입고 다니길 좋아한다. '긴 옷'으로 번역된 단어(στολή, '스똘레')는 일상복이 아니라 예복을 가리킨다(France, 490).[59] 이것은 흰색 외투였다(Lane, 439). 서기관들은 율법에 대한 그들의 헌신을 표시하고자 발에까지 닿는 흰 아마포 옷을 입었을 것이다(Hurtado, 205). '스똘레'는 70인역에서 제사장들의 의복을 가리키며, 필로와 요세푸스도 '스똘레'를 제사장들과 연관시키므로, 이것을 입은 것으로 묘사된 서기관들은 아마도 제사장이었을 수도 있다(Marcus, 2009: 852).[60] 그러나 일반 유대인들도 잔치(눅 15:22)나 절기 때(*b. Berakoth* 24b, 51a; *b. Megillah* 16a) 스똘레를 입었다.[61] 서기관들이 인사받기를 좋아한다고 지적하는 문맥상 그들이 스똘레를 입는 목적은 그들의 신분을 드러내어 대우를 받기 위한 것으로 볼 수 있다. 서기관들이 시장에 지나갈 때 (노동하고 있는 자들을 제외하고) 모두 일어나 인사하도록 되어 있었기 때문이다(Edwards, 2002: 378). 또한 그들은 '랍비,' '아버지,' '주군'(Master)이라는 존칭으로 불리었다(Lane, 440). 그들이 스똘레를 입지 않고 다니면 이러한 대우를 받지 않을 수도 있었을 것이다.

39절 (서기관들의 권력욕) 서기관들은 높은 자리를 좋아함으로써 일종의 권력욕도 보인다. 그들은 회당의 상좌를 좋아한다. '회당의 상좌'는 회중을 바라보며 앉도록 놓인 의자들을 가리킨다.[62] 이것은 토라 두루마리들 가까이 위치하였다(Osborne, 226). 서열에 따라 앉는 것은 쿰란 문헌

---

58. Donahue & Harrington, 362.

59. 이것은 학자들의 예복(*regalia*)을 포함한다(Williamson, 1983: 235).

60. 요세푸스(『유대 고대사』 20.180-81, 205-7)는 사두개인들에 대하여 유사한 비판을 담고 있다(Bock, 316).

61. 박윤만, 2017: 856.

62. France, 490-91; Lane, 440.

(1QS 6:8-9)에서도 나타난다(Bock, 315).

40절 (서기관들의 재물욕) 서기관들은 그들의 직업과 관련하여 돈을 받는 것이 금해졌기에, 주로 후원에 의존하여 살았다(Lane, 440). 남편이 죽으면서 과부될 아내를 위하여 재산을 관리하도록 유언을 남길 경우, 서기관들이 이러한 일을 맡을 수 있었다(Derrett, 1972: 3). 구약과 랍비 문헌은 부유한 과부들을 언급하기도 한다(A. Y. Collins, 585). 서기관들은 그러한 과부들의 재산을 관리할 기회를 얻을 수 있었을 것이다. 서기관들의 긴 기도는 과부들의 재산을 맡아 관리하도록 위탁받은 후, 제대로 관리되고 있는지에 관한 의심을 없애기 위한 위장된 경건이었을 수 있다.[63] 이러한 위장된 경건의 실질적 목적은 과부의 가산을 삼키는 죄악을 저지르는 것이었다. '가산'(οἰκία)은 가옥만이 아니라 전 재산을 가리킨다.[64] 구약성경에 의하면 과부를 억울하게 하는 자는 저주를 받을 것이므로(신 27:19), 과부의 가산을 삼킨다는 지적은 이 서기관들에게 저주를 선언하는 것이나 다름없다(G. Smith, 34).

가난한 과부를 칭찬하심(12:41-44)

> **41** 그가 헌금함 맞은편에 앉아서 무리가 헌금함에 동전을 어떻게 던지는지 계속 보고 계셨다. 많은 부자들이 많이 던졌다. **42** 그런데 한 가난한 과부가 와서 두 렙돈 즉 한 고드란트를 던졌다. **43** 그가 그의 제자들을 부르시고 그들에게 말씀하셨다.
>
> "내가 진실로 너희에게 말한다.
>
> 이 가난한 과부가 그 헌금함에 던진 모든 사람들보다 더 많이 던졌다.

63. Derrett, 1972: 8.

64. Donahue & Harrington, 363.

44 왜냐하면 모두들 그들의 풍족함으로부터 던졌지만,
그녀는 자신의 가난함으로부터 자신이 가진 모든 것을 던졌기 때문이다.
그것은 그녀의 전 재산이었다."

41절 (부자들이 헌금을 많이 함) 예수께서 사람들이 헌금하는 장면을 보고 계셨다. 이 일은 트럼펫 모양의 헌금함이 13개 있는 여인들의 뜰에서 일어났을 것이다.[65] 이 헌금함에 봉헌된 것은 성전 유지용으로 사용되었다(*m. Shekalim* 6:5)(박윤만, 2017: 861).

예수께서 성전에서 앉으셨다. 사무엘하 7:18(= 대상 17:16)은 다윗이 성막에 들어가서 앉았다고 하며, 이에 따라 몇몇 랍비들은 다윗적인 왕만이 그렇게 앉을 수 있다고 주장하였다(Marcus, 2009: 857). 그러나 다른 랍비들은 그러한 존재에게도 앉는 것은 허락되지 않는다고 주장하였다(Marcus, 2009: 857). 만일 이러한 논쟁이 1세기 상황도 반영한다면, 예수께서 성전에서 앉으셨음은 예수께서 다윗적인 왕 또는 그 이상의 존재임을 주장한 것이다.

42절 (가난한 과부의 헌금) 가난한 과부가 등장한다. 과부는 상속권이 없었기에 자녀들이 없으면 오직 자선에 의존해야 하였다(Donahue & Harrington, 363). 그래서 과부는 종종 가난할 수밖에 없었다.

이 과부는 두 렙돈을 헌금하였다. 렙돈은 가장 작은 헬라 주화 단위이지만, 멜라이나(melaina)라고 불린 (58렙돈 이상의 가치를 가진) 나바티아 은화를 가리키기도 한다(A. Y. Collins, 589). 이것은 또한 시리아-나바티아 지역의 작은 주화 단위의 통칭으로 사용되기도 하였다.[66] 마가복음에

65. Hooker, 296; Marcus, 2009: 857-58.
66. A. Y. Collins, 589.

서 이것은 주후 6년 이후 대헤롯 치하에서 유대에서 주조된 가장 작은 주화인 프루타(*prutah*)를 가리킬 수도 있다(A. Y. Collins, 589). 왜냐하면 두 프루타는 한 고드란트였는데,[67] 마가복음은 두 렙돈이 한 고드란트라고 하기 때문이다.

2 렙돈은 1 고드란트(*quadrans*)이고 4 고드란트는 1 앗사리온(*assarion*)이고, 이것은 16분의 1 데나리온이다. 그러므로 1 고드란트는 데나리온의 64분의 1이다. 그러므로 1 렙돈은 128분의 1 데나리온이다(Hooker, 296). 데나리온(농업 근로자의 하루 품삯)을 10만원으로 잡을 경우, 1 렙돈은 780원에 해당한다. 당시에 두 렙돈은 밀가루 한 줌 살 정도의 금액이었다(Evans, 2001: 283). 고드란트는 로마 화폐 단위이므로, 이것은 마가복음이 로마시에서 기록되었음을 알리는 단서일 수도 있다.[68] 그러나 고드란트가 로마시에서만 통용된 것은 아니므로 이것만으로 마가복음이 로마시에서 기록되었다고 주장할 수는 없다. '렙돈'은 가벼운 동전을 가리키는 일반 용어이기도 하기에 이 애매한 용어를 정확한 용어로 설명하기 위해 마가는 '고드란트'로 환산하여 설명했을 것이다(Marcus, 2009: 858). 또한 '고드란트'라는 라틴어는 이미 히브리어에서도 차용되어 사용된 단어였기에,[69] 로마시에서만 사용될 수 있는 단어가 아니었다. 시리아와 유대 지역에서는 로마 주화와 지역 주화가 공존하였는데, 지역의 주화는 로마 주화의 단위를 통하여 이해되었다.[70] 따라서 두 렙돈의 언급은 오히려 마가복음이 로마 제국의 동쪽 지역에서 기록되었다는 증거일 수도 있다(A. Y. Collins, 589).

---

67. A. Y. Collins, 589.
68. Donahue & Harrington, 364.
69. Marcus, 2009: 858.
70. A. Y. Collins, 589.

과부가 '두 렙돈'을 헌금하였음은 그중에 하나만 헌금하고 하나는 자신이 취할 수도 있었으나 그렇게 하지 않았음을 알려준다(Lane, 443). 그렇지만, 과부가 헌금한 금액은 너무 작아서 인색하다는 비난을 받을 여지가 있었다(Marcus, 2009: 860).

43절 (과부를 칭찬하신 예수) 서기관들의 거짓된 경건에 가난한 과부의 참된 경건이 대조된다(Williamson, 1983: 234). 예수께서는 과부가 헌금한 두 렙돈을 매우 큰 헌금으로 간주하신다. 그리하여 헌금은 절대 금액으로 평가할 것이 아니라 헌금을 낸 사람의 경제적 형편을 고려하여 평가해야 함을 알려주신다. 가난한 자를 비웃지 않는 것은 시편 22:24의 정신에 일치한다.

44절 (칭찬의 이유) 예수께서 과부를 칭찬하신 이유는 두 렙돈이 과부의 전 재산이었기 때문이었다. '생활비'로 번역되기도 하는 단어 '비오스'(βίος)는 재산을 가리키기도 하는 말이다(눅 8:43; 15:12, 30).[71] 한 서기관은 힘(재산)을 다하여 하나님을 사랑하라는 계명을 알아서 칭찬받았지만, 이 과부는 이 계명을 지킴으로써 칭찬받는다(A. Y. Collins, 590 참고).

43절은 칭찬이지만 44절은 제사장들의 헌금 강요에 대한 한탄일 수도 있다. "그녀의 모든 재산을 던진"[72] 과부의 모습은 자신의 목숨을 내던진 예수의 모습과 유사하다(Williamson, 1983: 234). 예수의 목숨을 앗아간 자들이 당시 유대 지도자들이었듯이 과부의 재산을 앗아간 자도 40절이 암시하듯이 당시 유대 지도자들(서기관들)이었을 것이다. 그렇다면 본문에서 과부들의 재산을 앗아간 서기관들과 자신의 재산을 헌금한 과부

71. Marcus, 2009: 858-59.

72. '비오스'(βίος)는 눅 15:12에서처럼 재산을 가리킬 수 있다. 그렇다면 이 과부는 그녀의 전 재산을 헌금하였으며, 이러한 행위를 통하여 목숨을 포기하였다고 볼 수 있다.

가 대조된다고 볼 수 있다(A. Y. Collins, 590).

2. 해설

성전에서 장사하는 자들을 내쫓으시며 성전이 역도의 소굴이 되었다고 지적하신 예수의 권위는 하나님의 아들로서의 권위이다. 이 권위는 사람으로부터 오는 권위가 아니라 하나님으로부터 오는 권위이다. 이 하나님의 아들 예수를 마침내 죽이게 된 유대 지도자들은 하나님 나라의 상속자를 죽이고 하나님의 나라를 차지하고자 한 역도들이다(12:7). 이 역도들은 성전을 자신들의 소굴로 삼아 하나님을 대항하는 일을 하고 있었다. 하나님께서는 그들의 소굴을 마침내 파괴하실 것이다.

로마 황제에게 유대인들이 세금을 내어야 하는가 하는 질문에 답하며, 예수께서는 로마 황제의 것은 로마 황제에게 돌려주라고 하신다. 로마 황제의 형상이 새겨져 있고, 그를 신의 아들이라고 우상화하는 글이 새겨진 데나리온은 로마 황제에게 돌려주어야 한다. 그러나 하나님의 형상이 새겨져 있는 사람의 전 존재는 하나님께 드려야 한다는 지적이 예수의 강조점이다(12:17).

사두개인들은 모세오경에는 부활 사상이 없다고 보고 부활을 부정하였다. 그러나 예수께서는 모세오경이 부활을 전제하고 있음을 논증하신다. 모세오경을 보면, 하나님은 아브라함, 이삭, 야곱의 하나님(섬김의 대상)이라고 모세에게 자신을 소개하셨는데, 이것은 하나님께서 이미 죽은 아브라함, 이삭, 야곱을 산 자로 간주하신 것이다(12:26). 전능하신 하나님께서 산 자로 간주하는 사람은 죽어도 다시 살 것이므로 부활을 인정해야 한다.

예수께서는 가장 큰 계명에 관하여 묻는 서기관의 질문을 받고 하나님 사랑과 이웃 사랑의 계명을 가장 큰 계명이라 가르치신다(12:30-31). 이어서 예수께서는 서기관들의 가르침을 비판하시며 메시아는 다윗의 자손이 아니라 다윗의 주이심을 시편 구절에 근거하여 지적하신다. 예수께서는 또한 서기관들의 행위도 비판하신다. 그들은 명예를 좋아하고 과부의 재산을 빼앗는 자들이다(12:38-40). 예수께서는 아마도 그러한 서기관에게 재산을 빼앗겼을 가난한 과부가 드린 하루 품삯의 64분의 1에 해당하는 헌금을 보고 그 과부의 전 재산이라고 하시며 가장 큰 헌금을 했다고 간주하신다(12:43). 가난한 성도가 드린 적은 금액의 헌금은 매우 소중한 헌금일 뿐 아니라 매우 많은 헌금이다. 헌금의 양과 관계없이 그들은 칭찬받아야 한다. 헌금의 양을 너무 강조하고 비교하여 가난한 성도들이 전 재산을 바치게 만드는 일은 과부의 가산을 삼키는 서기관들의 후예들이 하는 일이며, 결코 예수의 제자들이 할 일은 아니다.

제20장
마가복음 13:1-37
성전 파괴의 징조와 때

마가복음 13장을 묵시록이라고 간주하기도 하지만, 마가복음 13장에는 그리스도교 묵시 문헌의 특징(이 시대와 오는 시대의 구분, 하늘과 땅의 대조, 교회에 속한 자와 속하지 않은 자의 구분)이 없다.[1] 또한 유대 묵시문헌의 특징(환상, 부활, 최후의 심판)도 나타나지 않는다(Edwards, 2002: 384). 묵시문헌들은 대개 1인칭 단수로 환경을 기술하지만 마가복음 13장은 2인칭 복수로 되어 있는 것도 마가복음 13장을 묵시록이라고 간주할 수 없는 이유이다(Edwards, 2002: 385).

마가복음 13장은 예루살렘 성전 파괴의 때와 징조에 관한 예언이며, 13:3-23은 다음과 같은 구조로 한 단락을 형성한다.

A (3-4절) 제자들이 질문함

B (5-6절) 거짓 그리스도

C (7-8절) 재난의 시작

---

1. Edwards, 2002: 384.

D (9-13절) 복음 증거와 성도의 고난

C′ (14-20절) 환란의 날

B′ (21-22절) 거짓 그리스도/선지자

A′ (23절) 예수께서 말씀하심

1. 번역과 주해

성전 파괴 예언(13:1-4)

13:1 그가 성전에서 나오셨을 때 그의 제자들 중에 하나가 그에게 말했다.
"선생님, 보십시오. 얼마나 놀라운 돌들이며 얼마나 놀라운 건축물들
입니까?"
2 예수께서 그에게 말씀하셨다.
"네가 이 큰 건축물들을 보느냐?
돌 위에 무너지지 않은 돌이 결코 여기 남아 있지 않을 것이다."
3 그가 성전 맞은편 올리브 산에 앉으셨을 때 베드로와 야고보와 요한과
안드레가 따로 그에게 질문하였다.
4 "우리에게 말씀해 주십시오.
언제 이 일들이 있게 됩니까?
이 모든 일이 곧 이루어지려고 할 때 (발생하는) 징조는 무엇입니까?"

1-2절 (성전 파괴 예언) 1-2절은 11-12장의 결론에 해당한다(France, 494). 당시에 성전은 계속 지어지고 있었는데, 이것은 주전 20년부터 시작하여 최소한 주후 62년까지 계속되었다(Bock, 321). 헤롯은 325 x 500

미터의 규모로 성전을 확장하였는데 이것은 축구장 12개만큼의 넓이이다 (Edwards, 2002: 387). 성전에 사용한 돌은 길이 25규빗(11.25 m) x 높이 8 규빗(3.6 m) x 두께 12규빗(5.4m)의 흰색 돌들이었다고 한다(요세푸스, 『유대 고대사』 15.11.3)(Lane, 451).

예수께서는 성전을 무너뜨리겠다고 하시지 않으셨고, 무너질 것이라고 예언하신다. 그런데 마가복음 14:57-58; 15:29을 보면, 사람들은 예수께서 성전을 무너뜨리겠다고 말씀하신 것처럼 오해한다(France, 495). 성전 파괴 예언은 이미 열왕기상 9:6-8; 미가서 3:12; 예레미야 7:12-15; 26:6에 등장한다.[2] 예레미야는 이러한 예언을 하고도 미가의 예언에 대한 기억으로 인해 무사했으나(렘 26:10-19), 우리야는 이러한 예언으로 인하여 죽임을 당했다(렘 26:20-23).[3] 예수와 동시대인인 랍비 요하난 벤 자카

2. "만일 너희나 너희의 자손이 아주 돌아서서 나를 따르지 아니하며 내가 너희 앞에 둔 나의 계명과 법도를 지키지 아니하고 가서 다른 신을 섬겨 그것을 경배하면 내가 이스라엘을 내가 그들에게 준 땅에서 끊어 버릴 것이요 내 이름을 위하여 내가 거룩하게 구별한 이 성전이라도 내 앞에서 던져버리리니 이스라엘은 모든 민족 가운데에서 속담거리와 이야기 거리가 될 것이며"(왕상 9:6-7, 개역개정). "그들의 우두머리들은 뇌물을 위하여 재판하며 그들의 제사장은 삯을 위하여 교훈하며 그들의 선지자는 돈을 위하여 점을 치면서도 여호와를 의뢰하여 이르기를 여호와께서 우리 중에 계시지 아니하냐 재앙이 우리에게 임하지 아니하리라 하는도다. 이러므로 너희로 말미암아 시온은 갈아엎은 밭이 되고 예루살렘은 무더기가 되고 성전의 산은 수풀의 높은 곳이 되리라"(미 3:11-12, 개역개정). "그러므로 내가 실로에 행함 같이 너희가 신뢰하는 바 내 이름으로 일컬음을 받는 이 집 곧 너희와 너희 조상들에게 준 이 곳에 행하겠고"(렘 7:14, 개역개정). "내가 이 성전을 실로 같이 되게 하고 이 성을 세계 모든 민족의 저줏거리가 되게 하리라 하셨느니라"(렘 26:6, 개역개정).

3. France, 495. "유다의 왕 히스기야 시대에 모레셋 사람 미가가 유다의 모든 백성에게 예언하여 이르되 만군의 여호와께서 이와 같이 말씀하셨느니라. 시온은 밭 같이 경작지가 될 것이며 예루살렘은 돌 무더기가 되며 이 성전의 산은 산당의 숲과 같이 되리라 하였으나 유다의 왕 히스기야와 모든 유다가 그를 죽였느냐. 히스기야가 여호와를 두려워하여 여호와께 간구하매 여호와께서 그들에게 선언한 재앙

이(Rabbi Johanan ben Zakkai)도 성전 파괴를 그것이 일어나기 40년 전에 예언하였다(*b. Yoma* 39b).[4] 성전은 하나님의 임재의 상징이었기 때문에 이러한 예언은 신성모독으로 간주될 수 있었다(Hooker, 304).

성전이 파괴되었을 때, 유대인들은 그 원인이 하나님께서 성전을 떠났기 때문이라고 여겼을 것이다. 그리고 하나님께서 성전을 떠나신 것은 백성의 죄로 인한 것이라고 생각했을 것이다. 실제로 많은 유대 문헌들이 예루살렘 (성전) 파괴는 백성의 죄로 인한 것이라 여겼다(*b. Shabbath* 119b)(Lane, 453).

예수께서는 "돌 하나도 돌 위에 남지 않고" 성전이 다 무너진다고 예언하신다. 이 예언은 성전이 완전히 파괴된다고 하는데, 충분히 정확하게 성취되었다(Hooker, 305). 로마 황제는 예루살렘과 성전을 바닥에 허물라고 명했고 그대로 집행되었다(요세푸스, 『유대 전쟁기』 7.3).[5] 오늘날 남아 있는 서쪽 벽(통곡의 벽)은 성전의 일부가 아니라, 성전터의 기초 구조물이다(France, 496).

3-4절 (성전 파괴에 관한 제자들의 질문) 네 제자가 감람산에서 예수께

에 대하여 뜻을 돌이키지 아니하셨느냐. 우리가 이같이 하면 우리의 생명을 스스로 심히 해롭게 하는 것이니라"(렘 26:18-19, 개역개정). "또 여호와의 이름으로 예언한 사람이 있었는데 곧 기럇여아림 스마야의 아들 우리야라. 그가 예레미야의 모든 말과 같이 이 성과 이 땅에 경고하여 예언하매 ... 그들이 우리야를 애굽에서 연행하여 여호야김 왕에게로 그들 데려오매 왕이 칼로 그를 죽이고 그의 시체를 평민의 묘지에 던지게 하니라"(렘 26:20-23, 개역개정).

4. Hooker, 304.

5. Edwards, 2002: 388-89. "but for all the rest of the wall, it was so thoroughly laid even with the ground by those that dug it to the foundation, that there was left nothing to make those that came thither believe it had ever been inhabited"(요세푸스, 『유대 전쟁기』 7.3, trans. Whiston, 751). "그런데 그 도시의 모든 성벽은 파괴하는 자들에 의하여 이렇게 지면에까지 무너뜨려졌다. 그리하여 방문한 사람들이 그곳에 언젠가 사람들이 거하였다는 것을 믿을 수 없을 정도였다"(헬라어 본문 사역).

질문한다. 성전보다 더 높은 감람산에 앉으면 성전이 보인다. 미쉬나(m. *Middoth* 2.4)에 의하면 감람산의 정상에서 성소의 입구가 보이게 되어 있다(Edwards, 2002: 389).[6]

네 제자들은 성전 파괴가 일어날 때와 그 징조에 대하여 질문한다. 성전 파괴 예언은 공개적으로 이루어진 반면, 그 시기와 징조에 관한 설명은 오직 네 제자에게 사적으로 주어진다(France, 505). 시기에 대한 답은 30절에 나타난다. 즉, 성전 파괴는 한 세대 안에 이루어진다. 징조에 관한 답은 5-23절에서 주어진다.

성전 파괴의 징조(13:5-23)

5 예수께서 그들에게 말씀하시기 시작하셨다.

"누군가가 너희를 속이지 않도록 조심하라.

6 많은 사람들이 나의 이름으로 와서 '내가 (그리스도)이다.'라고 말할 것이다.

그리하여 많은 사람들을 속일 것이다.

7 그러나 전쟁들에 관하여 들을 때에나 전쟁들의 소문을 들을 때에 너희는 놀라지 말라.

그것들은 발생해야만 하지만, 아직 끝은 아니다.

8 왜냐하면 민족이 민족을 나라가 나라를 대항하여 일으켜질 것이고,

6. "All the walls there were high, save only the eastern wall, because the [High] Priest that burns the [Red] Heifer and stands on the top of the Mount of Olives should be able to look directly into the entrance of the Sanctuary when the blood is sprinkled"("그곳의 모든 벽들은 높았는데 동쪽 벽만은 예외였다. 왜냐하면 [붉은] 어린 암소를 태우고 올리브 산 정상에 선 [대]제사장이 그 피가 뿌려질 때에 성소의 입구를 똑바로 볼 수 있어야 하기 때문이다." *m. Middoth* 2:4).

곳곳에 지진이 발생하며, 기아가 발생할 것인데

이것들은 산통의 시작이기 때문이다.

9 그렇지만 너희는 조심하라.

사람들이 너희를 의회에 넘겨줄 것이며, 너희는 회당에서 채찍에 맞을 것이다.

너희는 나 때문에 총독들과 왕들 앞에 그들에게 증언하기 위하여 설 것이다.

10 - 모든 민족들에게 우선 복음이 전파되어야 한다. -

11 사람들이 너희를 넘기려고 데려갈 때 무슨 말을 할지 미리 걱정하지 말아라.

무엇이든지 그 시에 너희에게 주어지는 것, 이것을 말하라.

왜냐하면, 너희가 아니라 성령이 말씀하시는 분이기 때문이다.

12 형제가 형제를, 아버지가 자식들을 사형당하도록 넘겨줄 것이다.

자식들이 부모들을 대적하여 일어설 것이며 그들을 죽도록 할 것이다.

13 너희가 나의 이름 때문에 모든 사람들에게 미움받을 것이다. 그러나 끝까지 견딘 자, 이 사람은 구원받을 것이다.

14 그러나 멸망의 혐오스러운 것이 서지 말아야 할 곳에 서 있는 것을 너희가 볼 때,

- 읽는 자는 깨달도록 하시오. -

그때 유대에 있는 자들은 산으로 도망가도록 하라.

15 지붕 위에 있는 자는 내려오지도 말고

무언가 가지러 자기 집으로 들어가지도 말도록 하라.

16 밭에 있는 자는 자신의 외투를 가지려고 뒤돌아서지 말도록 하라.

17 저 날들에 임신한 자들과 수유하는 자들에게 화로다.

18 그것이 겨울에 발생하지 않도록 기도하라.

19 왜냐하면 저 날들에 환란이 발생할 것인데,
그와 같은 환란은 하나님이 창조하신 창조의 시작 때부터 현재까지
발생하지 않았고
(앞으로도) 결코 발생하지 않을 것이기 때문이다.
20 만일 주께서 그 날들을 단축하시지 않으면 모든 육체가 구함 받지
못할 것이다. 그러나 그가 택하신 선택받은 자들을 위하여 그가 그 날
들을 단축하셨다.
21 그때 누군가 너희에게 '보라 여기 그리스도다.' '보라 저기다.'라고
말하여도 믿지 말라.
22 왜냐하면 거짓 그리스도들과 거짓 선지자들이 일으켜질 것이고
표증과 기적을 베풀어 가능하면 선택받은 자들을 속이고자 할 것이기
때문이다.
23 그러나 너희는 조심하라.
내가 너희에게 모든 것을 미리 말하였다.

5-6절 (거짓 그리스도의 등장) 예수께서 성전 파괴의 징조를 알려주신다. 5-23절은 성전 파괴의 징조를 담고 있다. 우선 제시된 징조는 거짓 메시아의 등장이다. 많은 사람들이 예수(또는 메시아)의 이름으로 올 것이다(6절). 즉 거짓 메시아가 많이 등장할 것이다. 그들은 "내가 그(즉 메시아, 또는 예수)다."라고 주장할 것이다.[7] 실제로 성전 파괴 이전에 많은 사람들이 등장하여 메시아라고 주장했다.[8] 40년대 중반에는 튜다스(Theu-

7. '내 이름'은 아마도 '그리스도'라는 이름일 것이며, 따라서, '내가 그로다.'는 주장은 "내가 그리스도이다."는 주장이라 할 수 있다. 따라서 이러한 주장을 하는 자는 22절의 "거짓 그리스도"에 해당한다.
8. 주후 132년에 반란을 일으킨 바르 코크바(Bar Kokhba)도 그런 유형의 인물이다

das)가 일어나서 요단강을 가르는 등 표적을 행하고자 했다(요세푸스, 『유대 고대사』 20.97-98).[9] 66년에 등장한 메나헴(Menahem), 67년에 등장한 기스칼라의 요한(John of Gischala), 69년에 등장한 시몬 바-기오라(Simon Bar-Giora) 등도 거짓 메시아에 해당한다고 볼 수 있다(A. Y. Collins, 604-5).

거짓 메시아들은 등장하여 '많은 사람들을 속일 것이다'(6절). 여기서, '많은 사람들'은 반드시 그리스도인일 필연성은 없다(Hooker, 307). 거짓 메시아들은 유대교인들도 속일 것이기 때문이다.

7절 (전쟁의 발생) 또 하나의 징조는 전쟁들과 전쟁들의 소문이다. 실제로 성전 파괴 전에 전쟁이 발생했다. 주후 36년부터 로마와 파르티아

(Hooker, 306). 그러나 그는 성전 파괴 이후의 인물이다.

9. Edwards, 2002: 391. "Now it cam to pass, while Fadus was procurator of Judea, that a certain magician, whose name was Theudas, persuaded a great part of the people to take their effects with them, and follow him to the river Jordan; for the told them he was a prophet, and that he would, by his own command, divide the river, and afford them an easy passage over it; and many were deluded by his words. However, Fadus did not permit them to make any advantage of this wild attempt, but sent a troop of horsemen out against them; who, falling upon them unexpectedly, slew many of them and took many of them alive. They also took Theudas alive, and cut off his head, and carried it to Jerusalem"(요세푸스, 『유대 고대사』 20.97-98, trans. Whiston, 531). "이제 파두스가 유대 총독일 때, 튜다스라는 이름을 가진 어떤 마술사가 많은 백성을 설득하여 그들의 재산들을 정리하여 가지고 그를 따라 요단강으로 가도록 하는 일이 발생했다. 그는 자신이 선지자라고 그들에게 말했으며 그가 요단강을 명령하여 가르고 길을 내겠다고 했다. 그리하여 많은 사람들이 그의 말에 현혹되었다. 그러나 파두스는 그들에게 이러한 어리석은 시도를 이용하도록 허락하지 않았다. 그가 보낸 기병대는 그들에게 갑자기 들이닥쳐 많이 죽이고 다수를 생포했다. 그들은 또한 튜다스를 생포하여 그의 목을 베고 그것을 예루살렘으로 가져왔다"(사역). 행 5:36("이 전에 드다가 일어나 스스로 선전하매 사람이 약 사백 명이나 따르더니 그가 죽임을 당하매 따르던 모든 사람들이 흩어져 없어졌고")에서 언급된 튜다스(드다)는 주후 7년, 과세 때 봉기한 자로서 다른 인물이다(Whiston, 531).

사이에 전쟁이 있었다(France, 511). 주후 36-37년에는 헤롯(안티파스)과 나바티아 왕 아레타스(Aretas) 사이에 전쟁이 있었다(France, 511). 구약성경을 따르면 전쟁과 전쟁의 소문은 하나님의 심판의 방식으로 이해될 수 있다(렘 4:16 이하; 슥 14:2).[10] 그런데, 예수께서는 전쟁이 발생해도 아직 "끝은 아니다."라고 말씀하신다. 전쟁이 발생한다고 해서 곧 성전 파괴가 되는 것은 아니다.

8절 (지진과 기근) 또 하나의 징조는 민족이 민족을 대항하고, 왕국이 왕국을 대항하여 일으켜지는 것이다.[11] 실제로 성전 파괴 전에는 그러한 분쟁이 발생했다. 로마와 파르티아 사이의 국경분쟁이 로마의 북동 지역에서 일어났다.[12] 이스라엘과 로마 제국 사이의 전쟁이 발생하기 전에 마을과 도시들이 서로 공격하였다(Evans, 2001: 307).

도처에 발생하는 지진도 성전 파괴의 징조이다. 실제로 주후 61년에 라오디게아에 지진이 발생했고, 주후 62년에는 폼페이와 헤르쿨라네움(Herculaneum)에 지진이 일어났다.[13] 주후 67년에는 예루살렘에 지진이 있었다.[14] 주후 61년 소아시아에 발생한 지진으로 열두 개의 도시가 하룻밤 사이에 무너졌다(Marcus, 2009: 877).

기근도 성전 파괴 이전에 발생하는 징조이다. 사도행전 11:28과 요세

10. Hooker, 308. "너희는 여러 나라에 전하며 또 예루살렘에 알리기를 에워싸고 치는 자들이 먼 땅에서부터 와서 유다 성읍들을 향하여 소리를 지른다 하라. 그들이 밭을 지키는 자 같이 예루살렘을 에워싸나니 이는 그가 나를 거역했기 때문이니라. 여호와의 말씀이니라"(렘 4:16-17, 개역개정).

11. 유사한 표현이 에스라4서 13:31에 나온다. "그들은 도시가 도시를, 장소가 장소를, 민족이 민족을, 왕국이 왕국을 대항하여 서로 전쟁을 하려고 계획할 것이다"(Donahue & Harrington, 369에서 재인용).

12. Evans, 2001: 307.

13. Evans, 2001: 308; Bock, 324.

14. 요세푸스, 『유대 전쟁기』 4.286-87; Bock, 323; France, 512.

푸스(『유대 고대사』 3.320; 20.101)는 클라우디우스 황제 때(주후 41-54년)의 기근을 언급한다.[15] 이때(주후 46년경) 유대에도 기근이 있었다.[16] 로마인들은 네로 황제 치하에서도 기근을 겪었다(Marcus, 2009: 877). 또한 (군사적) 메시아 주장을 하는 사람들이 일으킨 전쟁도 필연적으로 기근을 낳을 수밖에 없었을 것이다.[17] 지진(사 13:13; 렘 4:24)과 기근(사 14:30; 욜 1장)은 구약성경의 선지자적 선포와 묵시론적 기대에도 포함되어 있다(Hooker, 308).[18]

예수께서는 전쟁, 지진, 기근을 '재난의 시작'이라고 말씀하신다. 개역개정판이 '재난의 시작'으로 번역한 표현은 문자적으로는 '산고의 시작'(ἀρχὴ ὠδίνων)이다. '메시아의 산고들'이라는 용어가 랍비들에 의해 종말에 선행하는 고난을 가리키기 위해 사용되었는데, 이 용어는 이미 1세기에 전문 용어였을 수도 있다(Hooker, 308). 구약성경에서 이러한 이미지는 새로운 시작을 위한 진통의 상징이다(사 26:17 이하; 66:8 이하; 호 13:13; 미 4:9 이하)(Hooker, 308).[19]

9절 (제자들이 박해당함) 제자들(그리스도인들)이 의회,[20] 회당에 넘겨

---

15. Marcus, 2009: 877; Bock, 324.
16. Evans, 2001: 308.
17. Hooker, 308 참고.
18. "그러므로 나 만군의 여호와가 분하여 맹렬히 노하는 날에 하늘을 진동시키며 땅을 흔들어 그 자리에서 떠나게 하리니"(사 13:13, 개역개정). "가난한 자의 장자는 먹겠고 궁핍한 자는 평안히 누우려니와 내가 네 뿌리를 기근으로 죽일 것이요, 네게 남은 자는 살륙을 당하리라"(사 14:30, 개역개정).
19. "이제 네가 어찌하여 부르짖느냐? 너희 중에 왕이 없어졌고 네 모사가 죽었으므로 네가 해산하는 여인처럼 고통함이냐? 딸 시온이여 해산하는 여인처럼 힘들여 낳을지어다. 이제 네가 성읍에서 나가서 들에 거주하며 또 바벨론까지 이르러 거기서 구원을 얻으리니 여호와께서 거기서 너를 네 원수들의 손에서 속량하여 내시리라"(미 4:9-10, 개역개정).
20. '의회'(συνέδριον)는 71명으로 구성된 예루살렘 의회만이 아니고 지방 의회도 가리

져 맞게 되는 것도 성전 파괴 전에 발생하는 징조이다. 그들은 통치자들과[21] 왕들 앞에 예수 때문에 서게 되어 증언하게 될 것이다. 실제로 바울은 펠릭스(Felix) 총독과 페스투스(Festus) 총독 앞에 서게 되었고(행 24:10-27; 25:1-12; 26:24-32) 아그리파(Agrippa) 왕 앞에도 서게 되었다(행 25:23-26:32).

10절 (복음의 편만한 전파) 모든 민족들에게 복음이 전파되는 것도 성전 파괴 전에 발생한다. 이방 선교는 구약(사 42:6; 49:6; 12:52; 60:6; 시 96편)과 유대교(솔로몬의 시편 8:17, 43; 11:1)에서 기대된 것이기도 하다(Bock, 324). 10절은 마가가 설명을 위하여 추가한 것이라는 주장도 있다. 이러한 주장을 위해 도나휴와 해링턴(J. R. Donahue & D. J. Harrington)은 '복음'은 마가가 좋아하는 용어이며, 10절은 9절에서 11절로 흘러가는 흐름을 끊기 때문이라고 근거를 댄다.[22] 만일 그렇다면 이것은 성전 파괴 또는 재림이 왜 속히 일어나지 않는가에 대한 마가의 설명으로 보인다. 그렇지만 예수께서 하신 말씀에 '복음'이라는 단어가 나오면 안 되는 이유도 없고, 예수께서 하신 말씀의 중간에 예수 자신의 부연 설명이 있으면 안 되는 이유도 없다. 따라서 10절도 예수의 말씀으로 간주될 수 있다.

개역개정판에서 '만국'으로 번역된 것을 좀 더 정확하게 번역하면 '모든 민족'이다. '모든 민족'은 로마 제국 안과 밖의 모든 민족들을 가리킬 수 있다(Evans, 2001: 310). 바울은 예루살렘에서부터 일루리곤까지 그리스도의 복음을 충만하게 전하였다고 하는데, 이것은 로마 제국 내에서 편

킨다(France, 515). 미쉬나 산헤드린 1:6은 23명으로 구성된 지방 의회를 언급한다(France, 515). "The greater Sanhedrin was made up of one and seventy [judges] and the lesser [Sanhedrin] of three and twenty"("더 큰 산헤드린은 71명으로 구성되고 작은 산헤드린은 23명으로 구성된다." *m. Sanhedrin* 1:6, trans. Danby, 383).

21. '관장들'(ἡγεμών)은 로마의 지방 통치자를 가리킨다(France, 515).
22. Donahue & Harrington, 370.

만한 복음 전파가 이루어졌음을 보여준다(롬 15:19; 참조, 롬 1:8; 16:26; 골 1:6, 23).[23] '모든 민족'은 마가의 '모든'의 용법에 따라 "많은"을 의미할 수 있다. 성전 파괴 전에 많은 민족에게 복음이 전파된 것은 분명하다. 여기서 '모든 민족'은 앞 문장에 걸릴 수도 있다. 그렇다면 "그들과 모든 민족들에게 증거되게 하려 함이라. 먼저 복음이 전파되어야 한다."로 번역할 수 있다.[24] 이렇게 번역하면 제자들이 당하는 고난은 복음 전파를 위한 것이다(Hooker, 312 비교).

11-13절 (박해당하는 제자들을 위한 약속) 제자들은 박해당하여 심문이나 재판을 받을 때 성령께서 할 말을 주신다. 성령께서 말하게 하심은 이사야 11:1-2; 42:1; 61:1-2; 요엘 2:28 등을 통해서 볼 때, 종말론적 사건이라 할 수 있다(Marcus, 2009: 883).

9절에 제시된 고난에 이어 고난 목록이 12절에 추가된다. 형제가 형제를 아비가 아이를 죽도록 넘길 것이고, 아이들이 부모를 대항하여 일어나 그들이 죽도록 할 것이다. 실제로 네로의 박해 때 성도들이 단지 그리스도인이라는 이유로 죽임을 당하였고, 타인의 증언에 의하여 정죄되었다(Tacitus, *Annals* 15.44).[25] 13절은 제자들이 모두에게 예수의 이름으로 인하여 미움 받음을 징조로 제시한다. "끝까지 견디는 자는 구원을 받으리라."(13절)에서 '구원을 받는다'는 표현은 죽음을 면한다는 뜻이 아니라, 마가복음 8:35에서처럼 참된 생명을 얻음을 가리킨다(France, 519). 박해에 굴하지 않는 제자는 목숨을 잃어도 영생을 얻는다. 예수로 인해 고난받는 자들은 궁극적으로 실패자가 되지 않을 것이다(France, 519).

14절 (성전이 더럽혀짐) 또 다른 징조는 멸망의 혐오스러운 것이 서지

23. France, 517; Bock, 324.
24. Hooker, 310 참고.
25. France, 518.

못할 곳(성전)에 서는 것이다. '멸망의 혐오스러운 것'은 다니엘 12:11(LXX)을 연상시킨다.[26] 다니엘 12:11에 나타나는 '멸망의 가증한 것'이란 표현은 안티오쿠스 에피파네스(Antiochus Epiphanes)가 주전 167년에 명하여 성전에 세운 이방 제단을 가리키며, 마카비1서 1:54, 59에서도 성전 번제단 위에 세워진 이방신의 제단을 가리킨다.[27] '멸망의 혐오스러운 것'에 해당하는 히브리어는 '시쿠츠 쇼멤'(שִׁקּוּץ שֹׁמֵם)으로서[28] "황폐하게 만드는 혐오스러운 것"을 뜻한다(Evans, 2001: 318). 구약성경에서 '혐오스러운 것'(βδέλυγμα)은 이방 종교나 우상과 관련되어 사용되었다(신 29:17; 왕상 11:5, 7; 왕하 23:13, 24; 사 66:3; 렘 4:1; 7:30; 겔 5:11)(Evans, 2001: 318; Bock, 326).[29]

'멸망의 혐오스러운 것이 서지 못할 곳에 선 것'을 열심당이 임명한 대제사장 판니(Phanni)를 가리킨다고 보기도 하고, 주후 70년에 티투스(Titus) 장군이 성전으로 들어옴으로 보기도 한다(Evans, 2001: 319 참고). 그

26. Evans, 2001: 317.

27. France, 520, 522-23; Edwards, 2002: 396. "매일 드리는 제사를 폐하며 멸망하게 할 가증한 것(τὸ βδέλυγμα τῆς ἐρημώσεως)을 세울 때부터 천이백구십 일을 지낼 것이요"(단 12:11, 개역개정). "Now on the fifteenth day of Chislev, in the one hundred forty-fifth year, they erected a desolating sacrilege (βδέλυγμα ἐρημώσεως) on the altar of burnt offering. They also built altars in the surrounding towns of Judah"("그리고 155년 카셀레우 15일에, 그들은 번제단 위에 황폐함의 혐오스러운 것을 세웠다. 그들은 또한 유대의 주변 도시들에 제단들을 세웠다." 마카비1서 1:54, NRS).

28. 이 용어는 바알 샤멘(Baal Shamen)이라는 신을 풍자한 것으로 볼 수 있다(Donahue & Harrington, 371).

29. "또 예루살렘 앞 멸망의 산 오른쪽에 세운 산당들을 왕이 더럽게 하였으니 이는 옛적에 이스라엘 왕 솔로몬이 시돈 사람의 가증한 아스다롯과 모압 사람의 가증한 그모스와 암몬 자손의 가증한 밀곰을 위하여 세웠던 것이며"(왕하 23:13, 개역개정). "여호와께서 말씀하시되 유다 자손이 나의 눈 앞에 악을 행하여 내 이름으로 일컬음을 받는 집에 그들의 가증한 것을 두어 집을 더럽혔으며"(렘 7:30, 개역개정). 추가적인 예들을 위하여는 사 66:3; 렘 4:1; 13:27; 16:18; 겔 5:11; 슥 9:7 참고.

러나 좀 더 가능성이 있는 것은 열심당의 성전 장악 사건이다. 기스칼라의 요한이 이끄는 열심당은 주후 67~68년 겨울에 성전을 장악한다(France, 525). 그들은 "성전을 자신들의 본부로 삼고, 판니를 대제사장으로 세워 조롱조로 제사 의식을 행했고, 성전 경내에서 난폭한 행동과 싸움을 벌인"다(요세푸스, 『유대 전쟁기』 4.150-57, 196-207). 그들은 지성소에서 죄인들이 자유롭게 다니도록 하였으며(『유대 전쟁기』 4.3.10), 성전 경내에서 살인을 행했다(『유대 전쟁기』 4.4.4).[30] 양용의는 "이 사건이 베스파시아누스(Vespasianus)가 68년 초 유대 지역 전면전을 펼치기에 바로 앞서 일어났다는 점을 고려할 때, 이는 유대 지역 그리스도인들의 피난을 위한 징조로서 충분한 가능성을 갖는다."고 주장한다.[31] 이러한 해석은 문법의 지원을 받는다. '헤스떼꼬따'(ἑστηκότα)는 남성형 분사로서 주어(τὸ βδέλυγμα)의 성(중성)과 일치하지 않는다.[32] "읽는 자는 깨달으라."는 이러한 문법적 특성을 주의하여 깨달으라는 뜻으로 해석할 수도 있다(Donahue & Harrington, 372). 이것은 어쩌면 '또 브델뤼그마'(τὸ βδέλυγμα)가 (중성이지만) 사람을 가리킨다는 암시일 수 있다.[33] '읽는 자'는 마가복음을 청중 앞에서 읽는 낭독자를 가리킨다(참조, 계 1:3).[34] 그렇다면, "읽는 자는 깨달으라."는 것은 서지 못할 곳에 선 자들이 누구인지 깨닫고 청중에게 설명해 주라는 지시이다. 열심당이 성전을 장악한 것을 보고 이것이 바로 예수의 예언과 관련된다고 마가는 지적하고 있는 듯하다.

예수께서는 성전과 관련된 징조가 발생하면 "산으로 도망하라."고 하

30. Lane, 469.
31. 양용의, 305.
32. Donahue & Harrington, 372.
33. Lane, 467; Bock, 325.
34. Boring, 2006: 366.

신다. 유대 성읍들과 예루살렘은 대개 산에 있기 때문에, 산으로 도망하라는 말은 성읍을 포기하고 성 밖 산허리로 피하라는 뜻을 담는다(France, 524). 에스겔 7:15-16은 산을 피난 장소로 언급한다(Lane, 470). 산은 구약성경(창 14:10; 19:17; 렘 16:16; 참조, 마카비1서 2:28)에서 종종 피난의 장소로 언급되는데, 그러한 배경이 여기에 반영되어 있다고 볼 수 있다(양용의, 306). 물론 예루살렘도 이상적인 피난 장소로 여겨졌다(사 16:3; 렘 4:6; 슥 2:11).[35] 그렇지만 예수께서는 예루살렘 대신 산으로 피난하라고 하신다. 요세푸스에 의하면 주후 68년 봄까지는 예루살렘을 떠나는 것이 어렵지 않았다(요세푸스, 『유대 전쟁기』 4.6.3; 4.7.3)(Lane, 468).

15-16절 (피난의 긴급성) 예루살렘이 포위될 때에 유대의 시골에 있는 자들에게는 아직 도망할 기회가 있었다(France, 526). 주후 300년경에 기록된 유세비우스의 교회사(3.5.3)에 의하면 예루살렘에 살던 그리스도인들은 요단강 동편의 펠라(Pella)로 달아났다.[36] 펠라는 산기슭의 작은 언덕에 위치해 있다(Lane, 469). 따라서 펠라로 피하는 것은 산으로 도망하는 것에 해당했다. 또한 유대 산지로 피난한 유대 그리스도인들이 후에 데가볼리의 펠라로 이주했다고 볼 수도 있다. 데가볼리 지역에는 이미 이방 그리스도인들이 있어서 예루살렘 난민들을 도울 수 있었을 것이다(Lane, 469).

유대 그리스도인들이 산으로 피하였다는 기록은 요세푸스의 기록에는 없다. 요세푸스의 기록으로 성경을 평가하며, 요세푸스의 기록에는 없지만 성경에는 기록된 내용의 진정성을 부정하는 학자들이 있다. 그러나 우리는 요세푸스의 책이 당시 예루살렘에 일어난 모든 일을 다 알려주지

35. Lane, 467.
36. Evans, 2001: 320; Hurtado, 220.

는 못한다는 것을 명심해야 한다(France, 520). 따라서 예수의 예언의 성취 여부를 요세푸스를 기준으로 평가할 수는 없다.

17-18절 (피난을 위한 기도) 임신한 여인이나 수유하는 여인은 피난할 때 고생한다. 또한 겨울에는 와디(wadi) 물이 불어서 건너기 어렵고, 따라서 도망이 쉽지 않다(Hooker, 315). 그리고 겨울에는 춥고 비가 내리며 들에서 먹을 것을 구하기 어렵다(Donahue & Harrington, 372). 실제로 주후 68년 봄에 폭우로 인해 요단 강물이 불어나 가다라 난민들이 요단강을 건너기 어렵게 되었다(요세푸스, 『유대 전쟁기』 4.7.5).[37] 그러므로 피난하는 계절이 겨울이 되지 않도록 기도할 필요가 있다.

19절 (유대 역사상 가장 끔찍한 환란) 19절은 다니엘 12:1을 인용한 것이다.[38] 이것은 이 고난의 시기 후에 시대의 종말이 온다고 보는 관점을 내포한다(Hooker, 316). 구약성경에서는 '앞으로 일어나지 않을 것이다'라는 표현을 극심한 환란을 묘사할 때 종종 사용한다(출 10:14; 11:6; 욜 2:2).[39] 따라서 이 표현은 극심한 환란을 뜻하는 통상적 표현으로 간주할 수 있다. 레인(W. Lane)은 이 표현이 담은 미래형을 문자적으로 해석하여, 묘사되고 있는 환란이 세상 끝 날에 있는 것이 아니라고 지적한다(Lane, 472). 요세푸스의 기록(『유대 전쟁기』 5.424-38, 512-18, 567-72; 6.193-213)은 예루살렘 주민들이 겪었던 극심한 고통에 관하여 잘 전해준다.[40] 요세푸스에 의하면 유대 전쟁 때 너무 많은 유대인들이 십자가에 못 박혀서 십자가를 만들기 위해 언덕들은 나무들이 다 베어져 벌거숭이가 되었다

---

37. Lane, 470-71.

38. Hooker, 315. "그 때에 네 민족을 호위하는 큰 군주 미가엘이 일어날 것이요, 또 환난이 있으리니 이는 개국 이래로 그 때까지 없던 환난일 것이며 그 때에 네 백성 중 책에 기록된 모든 자가 구원을 받을 것이라"(단 12:1, 개역개정).

39. 양용의, 306.

40. 양용의, 306.

(Hurtado, 220).

20절 (환란의 날이 감해짐) 예수께서는 하나님께서 "그 날들을 감하셨다."고 하신다. 미래에 대하여 부정과거형을 사용한 것은 구약성경 히브리어의 예언적 완료형에 해당한다고 볼 수 있다(Marcus, 2009: 894). 이 예언처럼 예루살렘의 포위는 단지 5개월간 지속되었다(France, 528). 하나님은 다니엘 2:21에서처럼(때와 계절을 바꾸시는 하나님), 예정된 기간을 감하실 수 있는 분이다(Boring, 2006: 369 비교).

예수께서는 환란의 날이 감해지지 않으면 '모든 육체'가 구원을 얻지 못한다고 말씀하신다. 이때 '모든 육체'는 모든 동물(창 6:13, 17, 19), 특히 사람을 가리키는 셈족어적 숙어이다(창 6:12; 민 16:22; 시 65:2; 사 40:5-6; 렘 25:31).[41] 문맥상 '모든 육체'는 예루살렘에 피신한 유대인들을 가리킨다고 보인다. 예루살렘 포위 기간이 길어지면 그들은 모두 굶어 죽게 될 것이다.

하나님께서는 택하신 자들을 위해 예루살렘 포위 기간을 줄이셨다. 이때 '택하신 자들'은 에녹1서에서 종말론적 공동체 즉 이스라엘의 의로운 남은 자들을 가리킨다.[42] 쿰란 문헌에서 이러한 표현은 이스라엘의 남은 자로서 새 언약의 백성을 가리키는데 쿰란 공동체를 가리키기도 한다(A. Y. Collins, 612). 마가복음에서는 이 표현이 유대인과 대조되어 사용되므로 예수를 따르는 그리스도인들을 가리킨다.

21-23절 (거짓 그리스도들과 거짓 선지자들의 등장) 마지막으로 또 하나의 징조가 소개된다. 거짓 메시아들, 거짓 선지자들이 일어나 표적과 이적을 베풀어 선택받은 자들도 속인다. 이것은 5-6절이 언급한 징조와 유사하므로 수미상관을 이루면서 5-23절을 성전 파괴의 징조를 언급하는 하

41. Marcus, 2009: 894.

42. A. Y. Collins, 611.

나의 단락으로 묶어준다.

갈릴리의 유다스의 아들 메나헴(Menahem)은 주후 66년경에 마치 왕인 양 예루살렘에 입성하였으며 왕의 옷을 입었다(France, 528). 주후 69년에 시몬 바-기오라(Simon Bar-Giora)는 왕으로 간주되었고, 디도의 승리 후에 처형되었다.[43] 자신이 왕이라는 주장은 유대적 배경 속에서는 자신이 메시아라는 주장을 내포한다(France, 528). 그러므로 이러한 인물들의 등장은 거짓 메시아의 등장이었다. 성전 파괴 전에 거짓 선지자들도 등장하였다. 요세푸스는 자칭 선지자들이 실제로 출현하였다고 전한다(Evans, 2001: 305).

22절은 거짓 그리스도들과 거짓 선지자들이 택하신 백성까지 유혹할 것이라고 한다. 여기서 '택하신 백성'은 예루살렘에 있는 그리스도인들을 가리킨다고 보인다(France, 528). 십자가에 못 박히고 부활하신 나사렛 예수를 메시아로 믿는 그리스도인들을 거짓 그리스도들이 유혹하기는 쉽지 않았을 것이다. 그러나 그들은 "할 수만 있으면" 그리스도인들도 유혹하고자 할 것이다.

이스라엘의 멸망과 성전 파괴(13:24-27)

24 그러나 저 날들에 저 환란 후에
해가 어두워질 것이며
달이 그의 빛을 내지 않고
25 별들이 하늘로부터 떨어질 것이며
하늘에 있는 능력들이 흔들릴 것이다.

---

43. France, 528.

26 그리고 그때 그 인자가 구름을 타고
많은 능력과 영광을 가지고 오는 것을
사람들이 볼 것이다.
27 그때 그가 그의 전령들을 보낼 것이며
[그의] 선택받은 자들을 사방에서 땅 끝에서 하늘 끝까지 모을 것이다.

5-23절에서 성전 파괴의 징조를 언급한 후에 24-27절은 성전/이스라엘의 멸망 자체를 언급한다. 24-27절은 특히 정권 교체를 가리킨다. 기존 성전 권력이 끝장나고 인자가 등극한다(France, 501).

24-25절 (이스라엘의 멸망) 예수께서는 이제 징조에 관한 묘사들을 마치고 이 징조들이 가리키는 성전 파괴 사건을 묘사하신다. 예수께서는 그 사건의 발생의 때를 '저 날들에'(ἐν ἐκείναις ταῖς ἡμέραις)라고 부르신다. 이 표현은 구약성경에서 종종 종말론적 연관을 가지고 사용되었다(렘 3:16, 18; 31:29; 33:15-16; 욜 2:28[히브리어 본문 3:1]; 슥 8:23).[44] 마가복음의 문맥에서 이 표현은 성전이 파괴되는 때이다.

예수께서는 이날에 "해가 어두워지며 달이 빛을 내지 않을 것이다."라고 하신다. 이 표현은 에스겔 32:7; 요엘 2:10, 31; 3:15; 아모스 8:9; 특히 70인역 이사야 13:10(바벨론 멸망의 예언)의 언어를 반영하므로, 이들 구약 구절에서처럼 특정한 민족의 임박한 멸망을 가리킨다.[45] '해가 어두워

44. Lane, 474.
45. France, 532-33. "그 앞에서 땅이 진동하며 하늘이 떨며 해와 달이 캄캄하며 별들이 빛을 거두도다"(욜 2:10, 개역개정), "해와 달이 캄캄하며 별들이 그 빛을 거두도다."(욜 3:15, 개역개정)는 두로와 시돈과 블레셋에 내리는 재앙을 가리킨다. "주 여호와의 말씀이니라. 그 날에 내가 해를 대낮에 지게 하여 백주에 땅을 캄캄하게 하며"(암 8:9, 개역개정)는 이스라엘의 멸망을 가리킨다. "하늘의 별들과 별 무리가 그 빛을 내지 아니하며 해가 돋아도 어두우며 달이 그 빛을 비추지 아니할 것이로

지며'는 아모스 8:9에서 이스라엘의 운명을 가리키고, 요엘 2:10에서는 유다에서의 메뚜기 재앙을 가리킨다(France, 533). 마가복음 문맥상 이것은 이스라엘에게 임하는 큰 재앙 즉 유대인들의 나라의 멸망을 가리킨다.

예수께서는 이날에 "별들이 하늘에서 떨어질 것이다."라고 하신다(25절). 이 표현은 이사야 34:4에서 에돔의 멸망을 가리키는데, 마가복음 문맥 속에서는 이스라엘의 멸망을 가리킨다.

예수에 의하면 이때 "하늘에서 권능들"이 흔들린다. '하늘의 권능들'은 24-25절의 해, 달, 별들과 평행된다. 이것은 제4행이 1-3행을 요약하는 히브리시의 형식과 유사하다(Hurtado, 226). 해, 달, 별들이 세상사를 움직이는 신들을 대표하고, 하나님께서 행동하실 때 이 하늘의 권능들이 흔들릴 것이라고 믿었던 유대인들의 세계관을 배경으로 본문을 해석할 수 있다(Hurtado, 222). 선지서와 유대 묵시문헌에서는 우주적 구조의 붕괴가 하나님의 역사 간섭과 역사의 중요한 전환점을 가리키는 은유적 표현으로 사용되었다(Lane, 475).

26절 (그 인자의 오심) 이때 인자가 구름을 타고 오신다. 프란스(R. T. France)는 여기서 '인자의 오심'이 재림을 가리키는 것이 아니라 인자가 하나님의 우편에 앉으시는 것을 가리킨다고 주장한다.[46] 마가복음 14:62에서도 '인자의 오심'은 하나님의 우편에 등극하심을 가리키기 때문이다(France, 503). 프란스에 의하면 인자가 하나님 앞에 나아오는 장면은 지상이 아니라, 천상에서 일어나는 장면이다(France, 534). 인자가 구름을 타고 하나님께 오셔서 권세를 받으시는 다니엘 7:13을 배경으로 볼 때 이러한 해석은 가능하다.

다."(사 13:10, 개역개정)는 바벨론의 멸망을 가리킨다.

46. France, 501.

예수께서는 사람들이 인자의 오심을 '보리라'고 한다. 에녹1서 62:2-11은 세상 통치자들이 인자가 영광 중에 나타나는 것을 볼 것이라고 한다(Marcus, 2009: 904). 이러한 배경을 통해서 볼 때 인자를 본다는 것은 세상 사람들(특히 권력자들)이 인자의 권세와 영광을 목격하게 됨을 뜻한다고 할 수 있다.

27절 (택한 자들을 모음) 그 인자는 온 세상에서 택한 자들을 모으신다. 스가랴 2:6에는 하나님의 백성이 흩어짐에 관한 내용이 나온다.[47] '모음'은 이러한 흩어짐의 반대로서 신명기 30:4에서처럼 유대 포로 귀환을 가리킨다.[48] 따라서 인자가 그의 천사(전령)들을 보내어 선택된 자들을 모은다는 것은 이스라엘의 회복을 뜻한다. 그전에는 성전이 흩어진 백성을 모으는 중심이었는데, 성전이 파괴된 후에도 하나님의 새 백성은 모여질 것이다(Lane, 477). 성전이 파괴되면 성전은 전권을 넘겨받은 그 인자로 대체된다(France, 534). 성전 파괴와 함께 발생하는 온 세상에서 모인 택한 백성의 모임(27절)은 이에 대한 증거이다(France, 535). 성전을 대체하는 그 인자(예수)를 중심으로 그들은 모일 것이다.

그 인자는 천사들을 보내어 택한 자들을 모으신다. 이때 '천사'로 번역된 헬라어(ἄγγελος)는 문자 그대로 전령을 가리킬 수 있다. 그렇다면, 이 단어는 말씀을 전하는 사역자들을 가리킬 수 있다. 그 인자는 말씀 사역자들을 보내어 택한 자들을 모은다. '택하신 자' 즉 '선택된 자'는 하나님의 백성 이스라엘을 가리키는 용어이다(솔로몬의 지혜 3:9; 4:15; 시락서

47. "오호라. 너희는 북방 땅에서 도피할지어다. 여호와의 말씀이니라. 이는 내가 너희를 하늘 사방에 바람 같이 흩어지게 하였음이니라. 여호와의 말씀이니라"(슥 2:6, 개역개정).

48. France, 536. "네 쫓겨간 자들이 하늘 가에 있을지라도 네 하나님 여호와께서 거기서 너를 모으실 것이며 거기서부터 너를 이끄실 것이라"(신 30:4, 개역개정).

46:1, 2; 에스드라2서 15:21; 16:73-74).[49] 본문에서는 예수를 따르는 새 이스라엘을 가리킨다.

그 인자는 새 이스라엘을 "땅 끝에서 하늘 끝까지" 모으신다. '땅 끝에서 하늘 끝까지'는 '모든 곳에서'에 해당하는 구약성경의 두 가지 표현을 결합한 것이다(신 4:32; 30:4; 시 19:7; 신 13:7-8; 렘 12:8).[50] 마커스(J. Marcus)는 '하늘 끝까지'를 예수께서 재림하실 때 이미 죽은 자들을 모으심과 관련된다고 보며 에녹1서 39:3-7을 배경으로 제시한다.[51] 그러나 마가복음 본문이 문맥상 재림과 관련된 것이 아니므로 이러한 해석을 따를 필요는 없다.

성전 파괴의 때(13:28-32)

28 너희는 무화과나무로부터 비유를 배우라.
그것의 가지가 이미 연하여지고 잎이 나면, 너희는 여름이 가까움을 안다.
29 이처럼 너희도 이것들이 발생함을 보면 그것이 문 앞에 가까움을 알라.
30 내가 진실로 너희에게 말한다.
이 모든 일이 발생하기까지는 이 세대가 절대로 지나가지 않을 것이다.
31 하늘과 땅은 사라질 것이다.
그러나 나의 말은 절대로 사라지지 않을 것이다.
32 그러나 저 날이나 그 시에 관하여는 아무도 모른다.
하늘에 있는 천사들도, 아들도 모르고 오직 아버지만 아신다.

---

49. Boring, 2006: 373.
50. Lane, 477.
51. Marcus, 2009: 905.

28절 (무화과나무 비유) 예수께서는 무화과나무의 잎이 여름의 징조임을 지적하신다. 팔레스타인에서 무화과나무에는 4~5월에 잎이 나므로 (France, 537), 무화과나무 잎은 여름이 가까운 징조이다. 무화과는 겨울에 잎이 지며, 비교적 늦게 잎을 내므로, 무화과가 잎을 내면 여름이 가깝다 (Lane, 479). 여름은 히브리어로 '카이츠'(קַיִץ)이며, 끝은 '케츠'(קֵץ)이므로 여름이 끝을 가리키는 비유 속에 언어유희가 섞여 있다.[52]

29절 (징조와 때) 성전 파괴의 징조들을 보면 성전 파괴의 때가 가까이 온 것을 알아야 한다. 예수께서 언급하신 '이런 일'은 5-23절에서 언급된 성전 파괴의 징조들이다. 후커(M. D. Hooker)는 이 표현이 24절 이하의 내용을 가리킨다고 보는데,[53] 4절 이하의 징조들을 가리킬 수도 있다 (Lane, 480). 예수께서 아직 성전 파괴의 때에 관하여 답을 하시지 않았고, 그 답은 30절에 주어지므로, 성전 파괴 이전에 발생하는 이런 일은 성전 파괴의 징조들을 가리킨다고 보아야 한다. 그렇다면 '이런 일'은 5-23절이 언급한 징조들을 가리킨다.

개역개정판은 "인자가 곧 문 앞에 이른 줄 알라."고 번역하는데, 이때 언급한 '인자가'는 원문에 없는 것을 번역하여 추가한 것이다. 따라서 이 번역은 성전 파괴에 관하여 다루는 문맥에 잘 부합하지 않는다. 문맥상 '인자'(재림하는 예수)가 주어가 아니라 성전의 파괴의 때가 숨은 주어라고 볼 수 있다.

30절 (성전 파괴의 때) 성전 파괴는 "이 세대가 지나가기 전에" 발생한

52. Marcus, 2009: 910. 이러한 말놀이는 아모스 8:1-2에서도 발견된다(Marcus, 2009: 910).
53. Hooker, 320.

다. '이 세대'는 마가복음에서 예수의 동시대를 가리킨다(8:12, 38; 9:19).[54] '이 세대'는 특히 40년간 광야를 방황한 이스라엘의 자손들을 연상시킨다(Marcus, 2009: 912). 한 세대를 40년으로 계산하는 것은 기원전 6세기의 밀레투스의 헤카타이우스(Hecataeus of Miletus)에게로 거슬러 올라간다.[55] 쿰란 문헌(CD 20:13-15)에서는 구속의 시작과 완성 사이에 40년 간격을 두기도 한다(Marcus, 2009: 912). 70인역에서 '세대'(γενεά)는 히브리어로 "시대," "동시대의 세대" 등을 뜻하는 '도르'(דּוֹר)의 번역이다.[56] 예수께서 종말의 때에 관하여 예언하였다고 여기고 아퀴나스(Thomas Aquinas)는 '세대'가 유대인, 그리스도인, 또는 인류 일반을 가리킨다고 해석하였다(Marcus, 2009: 912). 그러나 이러한 해석은 예언하고 있는 때가 임박하였다고 보는 문맥에 맞지 않는다(Marcus, 2009: 912).

예수께서 예언하신 후 한 세대 내에 즉 40년 내에 '이 모든 일들'이 발생한다. 허타도(R. Hurtado)는 예수께서 언급하신 '이 모든 일들'이 29절의 '이런 일들'을 가리킨다고 보고, 29절이 종말의 징조로서의 '이런 일들'과 구분하여 문 앞에 가까이 왔다고 한 종말 자체는 '이 모든 일들'에 포함되지 않는다고 본다.[57] 그러나 성전 파괴의 때에 관한 질문에 답하는 30절의 성격상 '이 모든 일들'에는 성전 파괴가 포함되어야 한다. 복(D. Bock)은 '이 모든 일들'을 성전의 파괴와 그 징조로 보는 해석을 좀 더 선호하면서, '세대'라는 단어가 동시대인을 가리키는 마가복음의 용례들(8:12, 38; 9:19)을 증거로 제시한다(Bock, 331). 이 모든 일들은 본문이 언급하지 않는 재림을 포함하지 않더라도 한 세대 내에 발생한 성전 파괴는

54. Lane, 480.
55. Marcus, 2009: 912.
56. Marcus, 2009: 912.
57. Hurtado, 223.

포함할 수 있다.

31절 (예수의 말씀의 영원성) 예수께서는 자신의 말씀이 없어지지 않는다고 하신다. 이사야 40:7-8을 배경으로[58] 예수의 말씀의 권위가 하나님의 말씀의 권위와 동일시되고 있다(France, 540). 영원한 하나님의 말씀처럼 예수의 말씀도 영원하다면 예수의 말씀의 권위는 하나님의 말씀의 권위와 동등하다.

'천지는 없어지겠으나' 예수의 말씀은 없어지지 않는다. 이것은 천지가 없어지는 것이 어렵다는 것과의 비교를 통하여 예수의 말씀의 확실성을 강조하는 표현이다(France, 540). 즉, 천지가 없어지는 것이 어렵다면, 예수의 말씀이 없어지는 것은 더더구나 어렵다는 뜻이다. 이것은 곧 예수께서 말씀하신 성전 파괴 예언은 반드시 이루어진다는 뜻이다.

32절 (저 날과 그 시) 양용의는 32-37절을 재림에 관한 구절이라고 보는데, 32절의 '뻬리 데'(Περὶ δέ)가 주제의 전환을 지시해 주며, '헤 헤메라 에께이네'(ἡ ἡμέρα ἐκείνη, "저 날") 또는 '헤메라 에께이네'(ἡμέρα ἐκείνη, "저 날")가 종종 "선행사 없이 전문적으로 예수님의 재림을 지칭"하기 때문이라고 주장한다(마 7:22; 눅 10:12; 고전 3:13; 딤후 1:12, 18; 4:8).[59] 물론 이러한 표현은 구약성경에서 여호와께서 나타나시는 날을 가리킨다(암 8:3, 9, 13; 9:11; 미 4:6; 5:9; 7:11; 습 1:9-10; 3:11, 16; 옵 8; 욜 3:18; 슥 9:16; 12-14장 등).[60] 그러나 마가복음 13장에서 이러한 표현이 재림을 가리킨다고 보기에는 근접 문맥의 지원이 부족하다. 성전 파괴의 때에 관한 질문에 답하는 마가복음 13장의 문맥 속에서 '저 날'과 '그 시'는 성전 파

---

58. "풀은 마르고 꽃은 시드나 우리 하나님의 말씀은 영원히 서리라 하라"(사 40:8, 개역개정).
59. 양용의, 314-15.
60. Lane, 481.

괴의 구체적인 날과 시에 관한 것으로 보는 것이 오히려 더 자연스럽다.

그 인자가 날과 시를 모른다는 것은 예수의 인성에 해당하는 것으로 이해할 수 있다(Marcus, 2009: 914). 물론 이 표현은 예수께서 성전 파괴의 날을 알려주지 않겠다는 뜻으로 사용하셨을 수도 있다. 예수께서 성전 파괴의 날과 시를 알려주지 않으셨다면 재림의 날과 시는 더더구나 알려주시지 않을 것이다. 시한부 종말론자들의 예언은 구체적인 날과 시를 언급하기도 하는데 그들의 이러한 예언이 거짓 예언임은 이 본문을 통하여 짐작할 수 있다.

종말을 준비하는 태도(13:33-37)

33 조심하라, 깨어 있으라.
너희는 언제가 그 때인지 알지 못하기 때문이다.
34 이것은 마치 자기 집을 떠나 여행하는 어떤 사람과 같다.
즉 그가 자신의 종들에게 권한을 주고 각자에게 그의 일을 맡기고
문지기에게 깨어 있으라고 명함과 같다.
35 그러므로 너희는 깨어 있으라.
왜냐하면 너희는 집 주인이 언제 오실지 알지 못하기 때문이다.
저녁에, 한밤중에, 닭 울 때, 또는 새벽에 오실지 말이다.
36 그가 갑자기 오셔서 너희가 자고 있는 것을 발견하지 않도록 하라.
37 그런데 내가 너희에게 말하는 것은 곧 내가 모두에게 말하는 것이다.
너희는 깨어 있으라."

33절 (준비하고 있어야 함) 우리는 구체적인 날과 시를 알지 못하므로 그 날을 대비하고 있어야 한다. 이것은 일차적으로 예루살렘과 성전의 파

괴를 준비하기 위한 것이었지만, 오늘날에는 재림을 준비하는 태도로 적용될 수 있다.

34-36절 (문지기 비유) 예수께서는 늘 종말을 준비하고 있어야 함에 관하여 문지기 비유로 가르치신다. 문지기에 해당하는 사람들은 베드로, 야고보, 요한, 안드레와 같은 지도자들이며, 이들은 거짓 메시아나 거짓 선지자를 잘 분별하도록 깨어 있어야 한다(A. Y. Collins, 618).

예수께서는 문지기가 주인이 언제 올지 모른다고 지적한다. '저물 때,' '밤중,' '닭 울 때,' '새벽'(실은 "아침"이라는 뜻)은 그리스-로마의 밤 시간(에 관한 유대인들의) 명칭이라는 견해가 신약학계에 지배적이다(Martin, 686 참고). 그러나 밤이 4등분될 경우, '밤중'은 저녁 9:00-12:00가 되므로 '닭 울 때'는 밤 12:00-3:00가 되는 부적합성이 발생하는데, 이것은 유대교의 3등분이 로마식 4등분 체계로 넘어가면서 발생한 듯하다(Martin, 693). 3등분 체계에서는 저녁 6:00-10:00가 "저물 때"이며 밤 10:00-2:00가 '밤중'이고 '닭 울 때'는 새벽 2:00-6:00이다(Martin, 694). 여기에 '아침'을 붙여서 로마식 4등분 체계와 맞게 만든 것은,[61] 제2성전시대 로마 치하의 예루살렘을 그 배경으로 한다(Martin, 701). 이 4등분 체계에서 '저물 때'는 저녁 9시까지이고, '밤중'은 저녁 9:00-12:00이며, '닭 울 때'는 새벽 3시까지이며 '새벽'은 오전 3:00-6:00이다.

37절 (깨어 있으라) 예수께서 네 제자에게 하신 말씀은 모든 사람을 위한 말씀이다. '모든 사람'은 얼마나 넓은 범위를 가리키는가? 이것은 (네 제자를 비롯한) 교회 지도자가 아닌 모든 그리스도인을 가리킨다고 볼 수 있다(A. Y. Collins, 619). 프란스에 의하면, 32-37절은 네 제자가 아니라 모든 사람들에게 해당한다(France, 509). 그러나 여기서 '모든'이 반드시

---

61. Martin, 694.

모든 이방인을 포함할 필연성은 없다. 따라서 32-37절이 재림에 관한 구절이라고 볼 필요도 없다. 마가복음 문맥에서는 이것을 성전 파괴의 때를 준비하는 자세에 관한 본문으로 볼 수 있다.

성전 파괴의 때를 어떻게 준비해야 하는지를 예수께서 알려주신다. "깨어 있으라." 출애굽기 12:42이 유월절을 여호와를 위하여 '깨어 있는 밤'(개역개정판은 '여호와의 밤'이라 번역함)이라고 부른 것은 깨어 있으라는 말씀이 유월절을 언급하는 14:1과 자연스럽게 연결되게 한다(Marcus, 2009: 920). 깨어 있음은 무엇을 가리키는가? 이에 관하여 마가복음은 자세한 내용을 기록하지 않는다. (그런데, 마태복음은 25장에서 이에 관하여 자세하게 기록하면서 재림을 준비하는 삶의 방식에 관한 예수의 가르침을 전해준다. 마태복음 24장은 성전 파괴만이 아니라 재림에 관해서도 다룬다.)

35절의 집 주인의 오심도 26절이 언급하는 인자의 오심과 관련하여 성전 파괴를 동반하는 인자의 등극을 뜻할 수 있다. 성전 파괴 후에 13장의 말씀은 이미 실현된 예언의 말씀으로서 재림의 징조와 때에 관련시켜 적용될 수 있는 말씀이다. 재림 이전에도 성전 파괴 이전에 발생하는 징조들과 비슷한 징조들이 발생할 것이다. 성전 파괴의 때만이 아니라 재림의 때도 정확히 알 수 없다. 성전 파괴를 준비하는 삶의 방식만이 아니라 재림을 준비하는 삶의 방식도 깨어 있는 방식이어야 한다.

2. 해설

성전 파괴의 때와 징조를 묻는 제자들의 질문에 예수께서는 성전 파괴가 한 세대(약 40년) 내에 반드시 일어날 것을 알려주시지만(13:30) 정확한 날과 시는 알려주시지 않고 다만 깨어 있으라고 하신다(32-33절). 성전 파괴의 징조로는 거짓 메시아의 등장, 거짓 선지자의 등장, 전쟁, 지진, 기근, 신자들이 박해당함, 편만한 복음의 전파, 성전에 들어서는 멸망의 가증한 것을 제시하신다(5-23절). 이러한 징조들은 세상의 종말의 모형인 작은 종말로서의 예루살렘과 성전 파괴의 징조였다. 그러므로 이러한 징조들은 예수의 재림 때 이루어질 큰 종말의 징조일 수 있다. 우리는 이러한 징조가 오늘날 발생하는 것을 보면서 경각심을 가져야 한다. 우리는 비록 재림의 정확한 날과 시를 예언하는 시한부 종말론자들을 경계해야 하지만, 재림을 준비하지 않고 방종하며 사는 느슨한 삶의 방식도 경계해야 한다. 그리스도인의 삶은 언제 예수께서 재림하시든지 반갑게 맞을 수 있는 준비된 삶이어야 한다. 그리스도인은 예수께서 재림하실 때 당황하게 되는 그런 삶의 방식으로 살아서는 안 된다.

제21장
마가복음 14:1-16:8
예수의 수난과 부활

마가복음 14:1-16:8은 예수의 유월절 식사, 체포, 심문, 재판, 처형, 부활에 이르는 사건을 자세히 다룬다. 이 부분은 며칠 내에 발생한 사건들이지만 많은 지면에 걸쳐 자세히 기록되어 있다. 그러므로 이 부분의 내용은 마가복음에서 가장 핵심적이라 할 수 있다.

1. 번역과 주해

예수를 죽이려는 음모(14:1-2)

14:1 이제 이틀 후면 유월절과 무교절이었다. 대제사장들과 율법사들이 어떻게 그를 속임수를 써서 체포하여 죽일까 계속 궁리했다. **2** 그들은 말했다. "명절은 피하자. 그렇지 않으면 민란이 발생할 것이다."

1-2절 (예수를 죽이고자 의논하는 유대 지도자들) 마가는 시간적 배경을 알려준다. "이틀 후면 유월절과 무교절이었다." '이틀 후에'는 유대인들이 날을 세는 방식을 따른 것으로서 "다음 날"이라는 뜻으로 볼 수 있다(비교, 8:31, '사흘 만에').[1] 그렇다면 이 시점은 유월절 하루 전날이다. 그러나 유월절 이틀 전으로 볼 가능성을 배제할 수는 없다. '과'(καί)는 설명의 기능을 할 수도 있으므로 '유월절과 무교절'은 "유월절 즉 무교절"이라고 번역할 수 있다(Marcus, 2009: 932). 요세푸스의 글(『유대 전쟁기』 17.203)은 '유월절'과 '무교절'이 모두 이 둘을 합한 전체를 가리킬 수 있음을 보여준다(Bock, 333). 유월절과 무교절은 본래 서로 구별된 절기이지만 유월절 후 곧바로 이어지는 무교절은 점차 유월절과 구분되지 않게 되었을 것이다.

대제사장들과 서기관들은 예수를 죽이고자 의논하였다. 예수에 대한 대제사장들과 서기관들의 적대감은 시기심(15:10)과 두려움(11:18) 때문이었다(Williamson, 1983: 249). 여기 등장하는 '서기관'은 아마도 성전의 서기관일 것이다(A. Y. Collins, 640). 대제사장과 함께 언급되는 것으로 보아 아마도 이 서기관들은 대제사장을 수장으로 하는 산헤드린(공의회)의 구성원이었을 것이다.

예수께 기름 부은 여인(14:3-9)

> **3** 그가 베다니에 나병환자 시몬의 집에 있을 때였다. 그가 기대어 누워 계실 때 한 여인이 값비싼 순수 나드 향유를 담은 설화 석고병을 가지고 왔다. 그녀는 그 병을 깨뜨려 그의 머리에 (향유를) 부었다. **4** 그런데 어떤 자

1. Edwards, 2002: 411.

들은 서로에게 분노하고 또 분노했다.

"무엇을 위해 이러한 향유의 허비가 발생했는가?
5 이 향유를 삼백 데나리온 이상에 팔아서 극빈자들에게 줄 수 있었을 것이다."

그리고 그들은 그녀를 심하게 비판하고 또 비판하였다. **6** 그러나 예수는 말씀하셨다.

"그녀를 놓아주어라. 왜 그녀를 괴롭히느냐?
그녀는 나에게 좋은 일을 하였다.
7 왜냐하면 극빈자들은 항상 너희에게 있을 것이고,
너희가 원하면 그들에게 잘할 수 있을 것이지만,
나는 너희에게 항상 있지는 않을 것이기 때문이다.
8 그녀는 할 수 있는 것을 행하였다.
그녀는 나의 장례를 위하여 나의 몸에 미리 기름 발랐다.
9 그런데 내가 진실로 너희에게 말한다.
온 세상에 복음이 선포되는 곳마다 어디든지
그녀가 행한 것도 그녀를 기억하기 위하여 이야기될 것이다.

3절 (향유를 예수의 머리에 부은 여인) 사건의 배경은 베다니였다. 베다니는 감람산에 있으며, 예루살렘에서 동쪽으로 약 2마일(3.2km) 떨어져 있다(Lane, 492).

베다니의 나병환자(였던) 시몬의 집에서 예수는 기대어 누워 식사하고 계셨다. 구약시대에는 대개 앉아서 식사하였으며 누워서 식사하는 것은 매우 사치스러운 것으로 여겨졌다(암 6:4-7).[2] 이후 헬라 문화의 영향

2. Marcus, 2009: 933.

으로 이스라엘 땅에서도 누워서 식사할 수 있게 되었지만, 가난한 자들은 대개 바닥에 앉아서 식사했으며 안락의자에 누워서 식사하는 것은 부유한 사람들이나 할 수 있는 일이었다(Marcus, 2009: 933).

식사 때 한 여인이 등장한다. 남자들이 공식적인 식사를 할 때, 여인들은 식사 시중을 들기 위한 경우를 제외하고는 함께 있을 수 없었다(Hurtado, 231). 이름이 언급되지 않은 이 여인은 예수께 호의를 표하고 이름이 언급되는 예수의 제자(유다)는 예수를 배신하는 극적인 역설이 발생한다(A. Y. Collins, 641).

이 여인은 '값비싼' 향유를 예수의 머리에 부었다. '값비싼'에 해당하는 헬라어 단어(πολυτελής)는 70인역(외경 제외)에 10번 사용되고, 신약성경에 3번 사용되는 단어이다. 이것은 요한복음의 평행구절이 사용한 해당 헬라어 단어(πολύτιμος, 70인역에 사용되지 않음, 신약성경에 3번 사용)보다 더 흔히 쓰이는 표현이므로 요한복음이 마가복음에 의존하였다고 볼 수 없다(Marcus, 2009: 934). 요한복음 저자가 더 흔히 사용되는 단어를 덜 흔히 사용되는 단어로 바꾸었을 가능성이 낮기 때문이다.

마가는 이 향유를 '나드'라고 한다. 나드는 인도나 동방의 다른 지역으로부터 수입되는 값비싼 향유였다.[3] 고대의 향수는 알콜이 아니라 기름에 토대한 것이었다(Marcus, 2009: 934). 기름 붓는 것은 잔치와 관련된 일반적인 관습이었다(시 23:5; 141:5; 눅 7:46 참고).[4] 그러나 왕이나 특별한 인물에게 행하는 기름 부음도 있었다(왕하 9:6; 출 29:7; 삼상 10:1; 시 133:2).[5] 이 여인이 이러한 배경을 염두에 두었다면 그녀는 예수께서 어떤 분인지 고백하는 의미를 담아 기름 부었을 것이다(Bock, 335).

3. Keener, 1999: 618.
4. Lane, 492-93.
5. Bock, 335.

이 여인은 향유를 한 번에 붓기 위해 향유 병(목)을 깨뜨렸다. 병목을 깨뜨리지 않으면 기름이 방울방울 떨어질 뿐이므로, 여인은 기름을 부을 수 있도록 병목을 깨뜨렸을 것이다(Marcus, 2009: 934-35).

4절 (어떤 사람들이 화를 냄) 사람들은 여인의 행위를 보고 화를 낸다. 개역개정판이 '화를 내어 서로'라고 번역한 표현(ἀγανακτοῦντες πρὸς ἑαυτούς)은 주로 "서로에게 화를 내어"를 뜻한다(A. Y. Collins, 620). '쁘로스 헤아우뚜스'(πρὸς ἑαυτούς)는 마가복음에서 "마음 속으로"가 아니라 "서로에게"라는 뜻으로 사용된다(1:27; 9:10; 10:26; 11:31; 12:7).[6] 그러므로 "서로"라는 번역에는 문제가 없다. 사람들이 서로에게 화를 낸 이유는 이 여인이 예수께 기름을 붓는 행위를 왜 막지 못했는지 서로에게 책임 추궁을 했기 때문일 수 있다.

5절 (여인을 비판한 사람들) 사람들은 향유를 아까워하였다. 그 향유의 값은 약 삼백 데나리온으로 추산되었다. 데나리온은 농업 노동자의 하루 임금에 해당하는 금액이었다.[7] 따라서 삼백 데나리온은 약 일 년 치 임금에 해당하는 금액이다(Marcus, 2009: 935). 이러한 향유를 한 번에 부어 사용하기보다 차라리 팔아서 가난한 자들에게 주었으면 더 좋았겠다는 것이 여인을 비판한 사람들의 의견이었다. 이러한 비판은 유월절 직전인 시점과 관련된다. 유월절이 시작되는 저녁에 선물을 통하여 가난한 자들을 기억하는 관습이 있었다(*m. Pesahim* 9:11; 10:1; 참조, 요 13:29).[8] 절기 기간에 예루살렘에서 제2의 십일조의 일부를 자선을 위해 드리는 관습도 있었다(Lane, 493). 향유를 팔아서 유월절에 가난한 자를 구제하는 것이 그것을 한 번에 부어 사용하는 것보다 더 의미 있게 유월절을 보내는 방

6. Marcus, 2009: 935.
7. Marcus, 2009: 935.
8. Lane, 493.

식이라고 그들은 생각했을 것이다.

6-9절 (예수께서 여인을 변호하심) 예수께서는 가난한 자를 돕는 것을 권장하신다. 가난한 자에 관한 배려는 신명기 15:1-11에도 담겨 있다. 그렇지만 예수께서는 여인의 행동도 변호하신다. 예수께서는 이 여인이 예수의 장례를 위해 기름을 부었다고 변호하신다(8절). 이때 기름부음을 표현하기 위해 사용된 헬라어 '미리조'(μυρίζω)는 신약성경에서 오직 여기에만 사용되었으며 시체에 기름을 바르는 행동을 가리킨다(Bock, 336). 시체에 기름을 바르는 것은 당시 장례 관습이었을 것이다. 장례를 위해서는 값비싼 향유를 한 번에 다 사용하여도 비난받을 일이 아니기 때문에, 예수께서는 자신의 장례를 위한 것이었다는 한마디 말씀으로 여인에 대한 비난을 잠재우실 수 있었다. 동시에 기름 부음이 자신의 장례를 준비하는 것이라는 선언을 통해 예수께서는 자신의 죽음을 예언하신다. 그러나 이 여인은 예수의 죽음을 미리 예측하지는 못했을 것이다. 따라서 이 기름부음이 장례를 위한 것임은 결과적으로 발생하는 의미이며, 기름을 부은 여인의 의도는 아니었을 것이다.

여인이 예수의 머리에 기름을 부은 의도는 예수께서 기름 부음을 받은 자(메시아)이심을 고백하기 위함이었을 것이다. 여인이 예수께 기름 부은 이야기가 복음이 전해지는 곳에 따라다닌다고 하신 예수의 말씀은 이러한 추측을 가능하게 한다. 복음 전파는 예수께서 그리스도(기름 부음 받은 자)시라는 내용을 담게 되므로 예수께서 기름 부음 받으신 이야기가 함께 전해지게 된다고 볼 수 있다. 예수는 그리스도라는 선포를 들은 사람들은 예수께서 누구에게 기름 부음을 받았느냐고 질문할 수 있으므로, 이 이야기는 자연스럽게 복음 선포에 따라다니게 되었을 것이다. 이 이야기가 마침내 마가복음에도 기록된 것은 그러한 과정의 결과였을 것이다.

메시아 예수께서는 이름 없는 여인에게 기름 부음을 받고 이러한 행위를 인정하심으로 당시에 천대받던 여인을 높이셨다. 그런데 본문은 왕으로 기름 부음 받는 올리브 기름이 아니라 향유를 언급하므로 향유(μύρον)를 언급하는 아가서(70인역)를 배경으로 해석할 수도 있다.[9] 이 경우 아가서 4:10은 '나의 신부'라고 불리는 여인의 향유를 언급하므로, 향유를 부음 받은 예수는 신랑에 비유된다고 볼 수 있다(A. Y. Collins, 642). 예수께서는 이 기름 부음을 자신의 장례와 연관시키면서 이러한 신랑의 이미지를 가진 예수의 죽음을 예언하신다. 이러한 신랑으로서의 예수의 죽음은 이미 마가복음 2:20에서 결혼식 손님들이 신랑을 빼앗긴다고 하신 예수의 말씀에 암시된 바 있다.

유다의 배신(14:10-11)

> **10** 열둘 중에 하나인 그리욧 사람 유다가 대제사장들에게 갔다. 이것은 그분을 그들에게 넘기고자 함이었다. **11** 듣는 자들이 기뻐하며 그에게 은을 주겠다고 약속하였다. 그리하여 그는 어떻게 그분을 적당한 때에 넘겨줄지 궁리하고 또 궁리했다.

유다가 왜 예수를 배신하게 되었는지 마가복음의 본문은 전혀 알려주지 않는다. 독자들은 그 이유를 추측할 수 있을 뿐이다. 군사적 메시아의 길을 거부하는 예수의 모습을 보고 실망하였을까? 예수께서 위기에 처하면 군사적 메시아의 길을 선택하리라 믿고 일부러 그렇게 하였을까? 어떤 이유에서든지 유다의 배신으로 인하여 대제사장들은 본래의 계획을 수정한다. 본래 그들은 민란을 우려하여 유월절에는 예수를 잡아 죽이지 않기

9. A. Y. Collins, 642.

로 했었다(14:2). 그러나 가룟 유다로 인해 그들은 예수를 앞당겨 죽일 수 있게 되었다.

유월절 만찬 준비(14:12-21)

12 무교절 첫째 날, 유월절 양을 잡는 때에 그의 제자들이 그에게 말했다.

"우리가 어디로 떠나가서 유월절 식사를 위하여 준비하기를 원하십니까?"

13 그래서 그가 그의 제자들 중에 둘을 보내며 그들에게 말씀하셨다.

"시내로 가라.

그러면 물 항아리를 나르는 사람이 너희를 만나게 될 것이다.

너희는 그를 따라가라.

14 어디든지 그가 들어가는 곳에서 집주인에게 말하라.

'선생님께서 말씀하셨소.

나의 제자들과 함께 유월절 식사를 할 방이 어디에 있소?'

15 그러면 갖추어지고 준비된 넓은 위층의 방을

그가 너희에게 보여줄 것이다.

거기서 우리를 위하여 준비하라."

16 제자들이 밖으로 나가서 시내로 들어갔다. 그들은 그가 그들에게 말씀
하신 대로 발견하여 유월절을 준비하였다. **17** 저녁이 되어 그가 열둘과 함
께 오셨다. **18** 그들이 기대어 누워 식사하고 있을 때 예수께서 말씀하셨다.

"내가 진실로 너희에게 말한다.

너희 중에 하나, 나와 함께 식사하는 자가 나를 배신할 것이다."

19 그들이 슬퍼하며 그에게 한 명씩 한 명씩 말하기 시작했다.

"설마 나는 아니지요?"

20 그런데 그가 그들에게 말씀하셨다.

"열둘 중에 하나이다.
그는 나와 함께 (같은) 접시에 (빵을) 담그는 자이다.
21 인자는 그에 관하여 기록된 대로 가지만,
그를 통하여 인자가 넘겨지는 그 사람에게는 화로다.
그 사람은 태어나지 않았다면 자기 자신에게 좋았을 것이다."

마가복음 14:12-16은 나귀를 발견하는 11:1-6과 유사한 '발견 이야기'이며, 사무엘상 10:1-8과 유사하게 기능한다.[10] 이러한 예언의 성취들은 하나님께서 이러한 사건을 주관하셨다는 증표이다(Williamson, 1983: 251).

마가복음 14:18-72에서는 다음과 같은 예언과 성취의 구조를 볼 수 있다(France, 574). 한 제자가 배신할 것이라는 예언은 유다의 배신으로 성취되고(43-49절), 제자들이 흩어질 것이라는 예언과 베드로가 예수를 부인할 것이라는 예언도 모두 성취된다.

A	14:18-21	한 제자의 배신 예언
	14:22-25	유월절 식사
B	14:26-28	제자들의 흩어짐 예언
C	14:29-31	베드로의 부인 예언
A′	14:43-49	성취 1: 유다의 배신
B′	14:50-52	성취 2: 제자들의 흩어짐
	14:53-65	산헤드린 심문
C′	14:66-72	성취 3: 베드로의 부인

10. Williamson, 1983: 251.

12절 (유월절 준비를 위한 질문) 예수 시대에는 무교절과 유월절이 하나의 절기로 간주되어 8일간 진행되는 절기를 '유월절' 또는 '무교절'로 부를 수 있었을 것이다(양용의, 319). 1세기 유대 문헌들에는 유월절과 무교절의 구분이 잘 나타나지 않는다(Lane, 490). 요세푸스는 무교절이 니산월 14일에 시작한다고 말하고(『유대 전쟁기』 5.3.1 §99), 무교절을 8일간 지켰다고 하기도 하는데(『유대 고대사』 2.15.1 §317) 이것은 유월절을 무교절에 포함시키는 관점을 보여준다(박윤만, 2017: 956).

유월절(니산월 14일)에 유월절 어린양들이 성전에서 도살된다면, 해 진 후(따라서 니산월 15일)에 유월절 식사가 시작된다(France, 548). 출애굽기 12:6에 따를 경우에는 양들이 니산월 14일이 시작되는 저녁에 도살된다. 그런데 순례자 수가 많아지면서 13일 오후부터 도살되게 되었다.[11] 미쉬나(*m. Zebahim* 1:3)에 의하면 유월절 양은 13일에 도살되었다.[12]

무교절은 본래 유월절 곧 니산월 14일에 이어 15일부터 21일까지이다(민 28:16-17).[13] 그러나 마가복음 14:12의 '무교절 첫날'은 마가가 유월절 준비일인 13일을 가리키는 용어로 사용한 것으로 보인다. 본래 유월절 준비일이던 것이 나중에 무교절의 첫날인 것처럼 간주된 듯하다.[14]

---

11. Donahue & Harrington, 392.
12. Edwards, 2002: 419. "If a Passover-offering was slaughtered on the morning of the 14th [of Nisan] under some other name, R. Joshua declares it valid, as though it had been slaughtered on the 13th"("만일 유월절 제물이 [니산월] 14일 아침에 다른 어떤 이름 하에 도살된다면, 랍비 요슈아는 마치 그것이 13일에 도살된 것처럼 타당하다고 선언한다." *m. Zebahim* 1:3, trans. Danby, 468). 추가적 증거 문헌에 관하여는 Marcus, 2009: 944를 보라.
13. 양용의, 318.
14. 이것은 그리스-로마식으로 해가 뜰 때를 기준으로 날짜 계산을 한 결과인 듯하다(Marcus, 2009: 944 참고). 구약성경과 요세푸스도 때로 해가 뜰 때를 기준으로 날을 나누기도 하므로 마가가 때로 그렇게 하는 것은 이상한 일이 아니다(Marcus, 2009: 944).

그렇다면, 유월절 식사 때는 14일이 시작되는 저녁이다(유대인들은 저녁부터 하루가 시작된다고 간주한다). 따라서 예수께서 처형되신 날은 이 저녁 시간에 이어지는 니산월 14일이며 금요일인데(15:42), 니산월 14일과 금요일이 만나는 날은 주후 33년이며 이날은 태양력으로 4월 3일이었다(Sanders, 285).

제자들은 유월절 전날(주후 33년 4월 2일)에 어디로 가서 유월절 식사를 준비할지 질문한다. 신명기 16:5-8에 따라 유월절은 오직 예루살렘 성안에서만 기념하게 되어 있었다.[15] 미쉬나(*m. Pesahim* 7:9)도 유월절 식사를 예루살렘 성안에서 하도록 규정한다(Lane, 497). 요세푸스의 기록에 의하면, 주후 66년 유월절에는 256,500마리의 양이 성전에서 도살되었다(Edwards, 2002: 419). 이를 토대로 요세푸스는 약 270만 명이 그해 유월절에 예루살렘에 있었다고 계산하였다(『유대 전쟁기』 6.420-27).[16]

---

15. Edwards, 2002: 419. "유월절 제사를 네 하나님 여호와께서 네게 주신 각 성에서 드리지 말고 오직 네 하나님 여호와께서 자기의 이름을 두시려고 택하신 곳에서 네가 애굽에서 나오던 시각 곧 초저녁 해 질 때에 유월절 제물을 드리고 네 하나님 여호와께서 택하신 곳에서 그 고기를 구워 먹고 아침에 네 장막으로 돌아갈 것이니라"(신 16:5-7, 개역개정).

16. Edwards, 2002: 419-20. "So these high priests, upon the coming of their feast which is called the Passover, when they slay their sacrifices, from the ninth hour till the eleventh, but so that a company not less than ten belong to every sacrifice (for it is not lawful for them to feast singly by themselves), and many of us are twenty in a company, found the number of sacrifices was two hundred and fifty-six thousand five hundred; which, upon the allowance of no more than ten that feast together, amounts to *two million seven hundred thousand and two hundred persons* that were pure and holy"("그래서 이 대제사장들이 유월절이라 부르는 명절이 되어 9시에서 11시까지 제물들을 도살할 때, 10명 이상의 무리가 각각의 제물에 속했다. 혼자서 명절을 보내는 것은 그들에게 불법이었기 때문이다. 우리 중에 다수는 20명으로 된 무리였다. 그런데 희생된 제물의 수가 256,500였다. 10명 이상이 명절을 함께 보냈다고 보면, **2,700,200명의 정결하고 거룩한 사람들**에 해당한다." 요세푸스, 『유대 전쟁기』 6.423-25, trans. Whiston, 749, 이탤릭/고딕은 필자의 강조).

13-15절 (예수의 지시) 예수께서는 유월절 준비를 어떻게 할지 지시하신다. 예루살렘으로 가서 물동이를 가지고 가는 남자를 만나면 그를 따라가라고 하신다. 물동이는 주로 여자들이 운반하였기에 남자가 물동이를 운반하는 것은 눈에 쉽게 뜨였을 것이라는 의견이 있다(Edwards, 2002: 420). 남자들은 물을 가죽 부대에 담아 운반했다고도 지적된다(Lane, 499). 그러나 이러한 의견은 현대적 관습이 1세기 관습을 그대로 반영한다는 전제를 가진다(Marcus, 2009: 945). 구약성경은 남자가 물을 운반하기도 했음을 알려주며(신 29:10-11; 수 9:21-27), 그리스-로마 문헌은 포도주 항아리를 운반하는 남자 노예들을 묘사한다(Marcus, 2009: 945). 그러므로 물동이를 운반하는 남자가 1세기 예루살렘에서 아주 이상하게 보였을 필연성은 없다.

예수께서는 물동이를 운반하는 남자를 따라가서 집 주인에게 객실이 어디 있는지 질문하면 그가 '큰 다락방'을 보일 것이라고 하신다(15절). 큰 다락방이 있음은 이 집이 단층집보다는 상대적으로 부유한 집임을 암시한다(France, 565). 이 방은 사도행전 1:13; 12:12에 묘사된 마가의 어머니 마리아의 다락방일 수도 있다(Edwards, 2002: 421 참고).

예수께서는 이 다락방에서 '우리를 위하여' 유월절 식사를 준비하라고 하신다. 예수께서는 그의 가족 대신 제자들과 유월절 식사를 하신다. 이것은 이 제자들이 예수의 새 가족을 대표함을 암시한다(Boring, 2006: 388). 예수께서 제자들에게 "거기서 준비하라."고 지시하신 이유는 음식 때문일 것이다. 방이 이미 준비되어 있어도, 음식은 따로 준비되어야 한다(Marcus, 2009: 946).

16절 (제자들이 유월절 식사를 준비함) 제자들은 예수의 지시대로 유월절 식사를 준비했다. 유월절 만찬은 성전에서 제사 드린 양의 구운 고기, 쓴 나물, 과일 페이스트, 무교병, 붉은 포도주로 이루어졌다(Hurtado,

238). 만찬은 오랜 시간 지속되었지만, 자정 이전에 마쳐야 했다(Hurtado, 238).

17-21절 (한 제자의 배신을 예언하신 예수) 예수와 제자들이 기대어 누워 유월절 식사를 했다. 유월절과 같이 특별한 절기에는 기대어 누워 식사하는 것이 선호되었다(France, 566). 유월절에는 가장 가난한 사람들도 기대어 식사하도록 되어 있었다(*m. Pesahim* 10.1).[17] 누워서 식사하는 것은 헬라 제국의 지배를 받게 된 시기부터 시작된 유대인들의 관습이었다(Hurtado, 238).

식사 중에 예수께서는 “나와 함께 식사하는 자가 나를 넘겨줄 것이다.”라고 예언하신다. ‘나와 함께 식사하는 자’는 시편 41:9을 상기시키며,[18] 매우 가까운 사람을 가리킨다(Boring, 2006: 389). 유다의 배신은 시편 41:9의 성취임이 암시된다. 또는 예수께서 당하시는 고난이 구약성경에 예언된 대로 이루어지는 것이며, 따라서 하나님의 계획 속에 있는 것임이 간접적으로 암시되었다고 볼 수 있다.

‘넘겨줄 것이다’(παραδώσει)는 70인역 이사야 53:6(παρέδωκεν)과 53:12(παρεδόθη)에도 나오므로(Bock, 341), 이사야 53장을 배경으로 이해할 수 있는 표현이다. 예수의 죽음이 많은 사람들의 죄를 대신 지고 형벌을 당하는 죽음임이 암시된다.

제자들은 ‘나는 아니지요?’라고 말한다. 사용된 헬라어 부정어(μήτι)는 부정적 대답을 기대하는 역할을 한다(Marcus, 2009: 950). 제자들은 자기는 배신자가 아님을 확인하고 싶어 하였을 것이다.

예수께서는 “나와 함께 접시에 담그는 자”가 배신할 것이라고 하신다.

---

17. Lane, 497.
18. France, 566; Hurtado, 233. “내가 신뢰하여 내 떡을 나눠 먹던 나의 가까운 친구도 나를 대적하여 그의 발꿈치를 들었나이다”(시 41:9, 개역개정).

음식을 소스에 찍어 먹는 것은 그리스-로마식 식사의 일반적 모습이었다.[19] 유월절 식사의 경우에도 그러하였는데, 미쉬나(*m. Pesahim* 10:4)는 유월절 만찬의 경우에는 평소의 만찬과는 달리 음식을 소스에 두 번 찍어 먹는다고 한다(Marcus, 2009: 951).

예수께서는 자신의 죽음이 성경에 기록된 대로 이루어진다고 말씀하시면서도 자신을 배신하는 자에게는 화가 있다고 지적하신다. 예수의 말씀 속에서 예수의 고난에 관한 하나님의 계획과 예수를 배신한 인간의 책임 중 어느 하나도 부정되지 않는다(Bock, 341).

최후의 만찬(14:22-26)

22 그들이 식사할 때, 빵을 들고 감사하시고 떼어 그들에게 주시며 말씀하셨다.

"받으라, 이것은 나의 몸이다."

23 그리고 잔을 들고 감사하시고 그들에게 주셨다. 그래서 모두 그것으로부터 마셨다. **24** 그리고 그가 그들에게 말씀하셨다.

"이것은 나의 피다.
많은 사람을 위하여 붓는 언약의 피다.
25 내가 진실로 너희에게 말한다.
나는 포도나무에서 난 것을 더 이상 절대로 마시지 않을 것이다.
내가 하나님 나라에서 새로 그것을 마시는 그 날까지는 말이다."

26 그들이 찬양하고 올리브 산으로 나갔다.

---

19. Marcus, 2009: 951.

22절 (예수께서 빵을 떼어 주심) 예수께서는 빵을 떼어 주시며 그것이 자신의 몸이라고 하신다. '몸'에 해당하는 아람어는 "자신"을 뜻하므로, '내 몸'은 "나 자신"을 뜻한다(Hurtado, 239). 살아계신 예수께서 빵을 나의 '몸'이라 하시므로, 빵이 몸 자체인 것(화체설)이 아니라, 빵이 몸(예수 자신)을 상징할 뿐이다(상징설)(Hurtado, 235).

'몸'으로 번역된 헬라어('소마')는 70인역에서 '살'에 해당하는 히브리어를 번역하는 단어이므로(Marcus, 2009: 957) 여기서 '내 몸'은 예수의 살을 가리키며, 따라서 빵이 예수의 살을 상징한다고도 볼 수 있다. 이 경우, 빵은 채찍에 맞고 십자가에 못 박혀 찢기신 예수의 수난 당하신 몸을 예시한다.

예수께서 떼어낸 빵을 자기 자신이라고 부르심은 자신이 메시아임을 암시한 것이기도 하다.[20] 떼어낸 빵은 '아피코만'(אפיקומן)이라고 부르는데, 이것은 "오시는 자"를 뜻하는 헬라어 '아피꼬메노스'(ἀφικόμενος)에서 온 것이므로, 종말에 오실 자(메시아)를 암시하기 때문이다(Evans, 2001: 390-91).

23절 (예수께서 잔을 주심) 예수께서는 잔도 제자들에게 주신다. 유월절 식사는 네 부분으로 나누어졌는데, 각각은 포도주를 마시는 것으로 끝난다.[21] 자정이 다 되어서야 유월절 식사는 시편 116-118편으로 찬양하고 네 번째 포도주 잔을 마시는 것으로 끝이 났다(Edwards, 2002: 423). 포도주는 특별한 때를 위해 비축되었으며, 특히 유월절에 사용되었다(*m. Pesahim* 10:1).[22] 일상적 저녁 식사는 늦은 오후에 이루어졌지만, 유월절 식사는 저녁부터 시작되어 밤늦게까지 계속된다(출 12:8; 희년서 49:12)(Lane,

20. Evans, 2001: 390-91.
21. Edwards, 2002: 423.
22. Lane, 497.

497).

예수께서는 감사 기도를 하시고 제자들에게 잔을 주신다. 감사는 아마도 유대인들이 유월절에 사용한 감사 어구인 "복되도다! 주 우리의 하나님, 포도나무의 열매를 창조하신 우주의 왕이시여!"(*m. Berakoth* 6:1)와 유사했을 수 있다(Bock, 341). 이 잔과 관련된 예수의 말씀이 많은 사람의 구원을 언급하는 것으로 보아, 이 잔은 유월절 식사 중 하나님의 구원을 찬양하고 감사를 표현하는 세 번째 잔일 것이다(Bock, 342).

제자들은 예수께서 주시는 잔을 모두 마셨다. 그들은 미쉬나의 규례와는 달리 하나의 잔으로 함께 마셨다(France, 569). 그들은 "모두" 마셨고(23절), "모두" 예수를 부인하지 않으리라 맹세했으나(31절), "모두" 예수를 버리게 될 것이다(Edwards, 2002: 426).

24절 (잔의 의미) 예수께서는 잔의 의미를 설명하시며 그것이 "많은 사람을 위하여 붓는 나의 언약의 피"라고 하신다. 식사와 관련된 해석의 제공은 유월절 식사에서 핵심적인 부분이었다(Lane, 497). '흘리는/쏟는 피'는 출애굽기 24:6; 레위기 4:7, 18 등을 반영할 수도 있다(양용의, 330). 그러나 '피를 흘리다'는 표현은 죽음을 가리키는 성경적 표현이다(Boring, 2006: 391). 이것은 셈족어적 표현으로서 폭력을 당해 죽는 것을 가리킨다(창 4:10-11; 9:6; 신 19:10; 왕하 21:16; 시 106:38; 렘 7:6; 마 23:35 참고)(Hurtado, 236).

예수께서는 자신의 죽음의 의미를 설명하신다. 그것은 대속과 언약을 위한 죽음이다. '많은 사람을 위하여'는 이사야 53:11-12(LXX)을 배경으로 하며,[23] 예수의 죽음에 대속적 의미를 부여한다(France, 570). '언약의 피'

---

23. Evans, 2001: 393. "그가 자기 영혼의 수고한 것을 보고 만족하게 여길 것이라. 나의 의로운 종이 자기 지식으로 많은 사람을 의롭게 하며 또 그들의 죄악을 친히 담당하리로다. 그러므로 내가 그에게 존귀한 자와 함께 몫을 받게 하며 강한 자와 함

는 출애굽기 24:8; 예레미야 31:31-34; 스가랴 9:11(LXX)을 상기시킨다.[24] 스가랴 9:11에는 '피,' '언약'이 모두 나오므로 마가복음 본문과 긴밀한 연관성을 보인다.[25] 유대인 랍비들은 '언약의 피'를 오직 할례와 관련해서 말한다(Edwards, 2002: 426). 그러나 본문은 할례가 아니라 출애굽기 24:8의 언약 체결을 위한 피와 관련하여 '언약의 피'를 말한다. 출애굽기 24:8을 배경으로 하면 예수의 '언약의 피'는 하나님의 백성의 새로운 시작을 암시한다(France, 570).

만찬에 사용된 포도주는 피를 상징하는 용도로 사용되었으므로, 적포도주였다고 볼 수 있다(Marcus, 2009: 957). 포도주와 피의 연관은 이미 창세기 49:11; 신명기 32:14 등에서 볼 수 있다.[26] 제자들이 피를 문자적으로 이해하였다면 피를 마시지 말라는 율법(레 7:26)을 기억하고 포도주를 마시고자 하지 않았을 것이다. 그들이 마셨음은 포도주가 피로 변했다고

게 탈취한 것을 나누게 하리니 이는 그가 자기 영혼을 버려 사망에 이르게 하며 범죄자 중 하나로 헤아림을 받았음이니라. 그러나 그가 많은 사람의 죄를 담당하며 범죄자를 위하여 기도하였느니라"(사 53:11-12, 개역개정).

24. France, 570. "모세가 그 피를 가지고 백성에게 뿌리며 이르되 이는 여호와께서 이 모든 말씀에 대하여 너희와 세우신 언약의 피니라"(출 24:8, 개역개정). "여호와의 말씀이니라. 보라, 날이 이르리니 내가 이스라엘 집과 유다 집에 새 언약을 맺으리라. 이 언약은 내가 그들의 조상들의 손을 잡고 애굽 땅에서 인도하여 내던 날에 맺은 것과 같지 아니할 것은 내가 그들의 남편이 되었어도 그들이 내 언약을 깨뜨렸음이라. 여호와의 말씀이니라. 그러나 그 날 후에 내가 이스라엘 집과 맺을 언약은 이러하니 곧 내가 나의 법을 그들의 속에 두며 그들의 마음에 기록하여 나는 그들의 하나님이 되고 그들은 내 백성이 될 것이라. 여호와의 말씀이니라. 그들이 다시는 각기 이웃과 형제를 가리켜 이르기를 너는 여호와를 알라 하지 아니하리니 이는 작은 자로부터 큰 자까지 다 나를 알기 때문이라. 내가 그들의 악행을 사하고 다시는 그 죄를 기억하지 아니하리라. 여호와의 말씀이니라"(렘 31:31-34, 개역개정). "또 너로 말할진대 네 언약의 피로 말미암아 내가 네 갇힌 자들을 물 없는 구덩이에서 놓았나니"(슥 9:11, 개역개정).
25. Marcus, 2009: 958.
26. Marcus, 2009: 958.

(화체설) 여기지 않고 포도주가 피를 상징했다고 여겼기에(상징설) 가능했을 것이다(Stein, 1992: 543).

대제사장은 예수로 인해 반로마 폭동이 일어나고 로마군의 개입으로 인해 유대인들이 큰 피해를 입을 것을 우려하여 예수를 희생양으로 삼았을 수 있다. 그런데 예수께서는 그러한 정치적 희생양일 뿐 아니라 동시에 인류의 죄 사함과 언약 체결을 위한 희생제물이 되신다. 또한 대제사장은 예수를 죽임으로써 이스라엘의 멸망과 성전 파괴를 막으려고 했지만, 결국 성전은 예수의 예언대로 파괴되고 말았다. 대제사장의 의도는 이루어지지 않았고 예수께서 뜻하신 바는 모두 이루어졌다.

25절 (하나님 나라 도래 시점에 관한 예수의 예언) 예수께서는 하나님 나라에서 포도주를 다시 마실 때까지는 포도주를 마시지 않는다고 하심으로써 언제 하나님 나라 시대가 시작되는지 알려주신다.

'포도나무에서 난 것'은 포도주를 가리키는 셈족어적 표현이다(Hurtado, 240). 새 포도주는 하나님께서 모든 것을 새롭게 만드실 때 벌어지는 메시아의 잔치에 대한 기대와 연관된다(사 25:6-9 참고).[27] 그러므로 포도주를 하나님 나라에서 다시 마신다는 표현은 메시아 시대가 시작됨을

---

27. France, 572. "만군의 여호와께서 이 산에서 만민을 위하여 기름진 것과 오래 저장하였던 포도주로 연회를 베푸시리니 곧 골수가 가득한 기름진 것과 오래 저장하였던 맑은 포도주로 하실 것이며 또 이 산에서 모든 민족의 얼굴을 가린 가리개와 열방 위에 덮인 덮개를 제하시며 사망을 영원히 멸하실 것이라. 주 여호와께서 모든 얼굴에서 눈물을 씻기시며 자기 백성의 수치를 온 천하에서 제하시리라. 여호와께서 이같이 말씀하셨느니라. 그 날에 말하기를 이는 우리의 하나님이시라. 우리가 그를 기다렸으니 그가 우리를 구원하시리로다. 이는 여호와시라. 우리가 그를 기다렸으니 우리는 그의 구원을 기뻐하며 즐거워하리라 할 것이며"(사 25:6-9, 개역개정). "... they shall eat and rest and rise with that Son of Man forever and ever"("그들이 저 인자와 함께 영원무궁히 먹고 쉬고 일어날 것이다." 에녹1서 62:14, trans. Isaac, 44).

암시한다.

예수께서는 "새로" 포도주를 마시게 될 때를 내다보신다. 헬라어 '까이논'은 형용사로서 '포도나무에서 난 것'(즉 포도주)을 가리킬 수도 있으나, 목적격이므로 부사어로 사용되어 '마시지 않겠다'를 한정한다고 볼 수도 있다.[28] 이 경우 이 단어는 "다시" 또는 "새로운 방식으로"라는 뜻을 가지는데, '까지'라는 시간적 한정이 있는 문맥 속에서 "다시"라는 뜻이 가장 문맥에 적합하다(Marcus, 2009: 959). 페쉬타와 시내산 시리아어 역본이 모두 이 부분에서 "다시" 또는 "새로운 방식으로"라는 뜻의 시리아어를 사용하는 것도 이러한 해석을 지지한다(Marcus, 2009: 959). 포도주를 하나님 나라 이전에는 마시지 않겠다고 말씀을 하신 후에 예수께서는 아마도 유월절 식사의 마지막 잔인 네 번째 잔을 마시지 않으셨을 것이다(Bock, 343).

여기서 하나님 나라는 유월절과 다음 유월절 사이, 또는 최후의 만찬과 예수께서 부활하신 후 다시 식사하시는 때 사이에 시작되는 새로운 시대로서 십자가, 부활 이후의 시대를 가리킨다고 추측할 수 있다. 예수께서 십자가에 매달리셔서 다시 포도주를 마시신 것을 통해서 볼 때(15:36) 이 시대는 십자가 고난을 통해서 시작되었다고 볼 수도 있다.

제자들이 부활 후에 예수와 함께 식사를 하였음을 언급하는 사도행전 10:41은 이 시대를 부활 이후로 해석하게 한다. 그러나 마가복음 자체의 문맥(15:36, 신 포도주를 마심)은 예수의 십자가 수난 때에서부터 하나님 나라가 시작되었음을 암시한다.

26절 (올리브 산으로 가심) 예수 일행은 찬미하고 올리브 산으로 간다. 미쉬나(*m. Pesahim* 10)에 의하면 유월절 의식에서는 시편 113-118편을 암

28. Marcus, 2009: 959.

송하였다.[29] 시편 113-114편은 유월절 식사 전에 불렀고, 식사 후에는 시편 115-118편을 불렀다(*m. Pesahim* 10:5-7)(France, 574).

예수 일행이 베다니로 돌아가지 않고 올리브 산에 머무신 이유는 유월절에 예루살렘 지경 안에 머물러야 했기 때문이다(France, 574).

제자들이 예수를 버릴 것을 예언하심(14:27-31)

27 예수께서 그들에게 말씀하셨다.

"너희가 모두 넘어질 것이다. 다음처럼 기록되었기 때문이다.

내가 목자를 칠 것이다.

그러면 양들이 흩어질 것이다.

28 그러나 내가 부활한 후에 너희들보다 먼저 갈릴리로 갈 것이다."

29 그러나 베드로는 그에게 말했다.

"비록 모두 다 넘어질지라도 나는 아닙니다."

30 예수께서 그에게 말씀하셨다.

"내가 진실로 너에게 말한다.

오늘 이 밤에 닭이 두 번 울기 전에 네가 세 번 나를 부인할 것이다."

31 그가 더욱 강력하게 말했다.

---

29. Edwards, 2002: 423. "How far do they recite [the *Hallel*]? The School of Shammai say: To *A joyful mother of children*. And the School of Hillel say: To *A flint-stone into a springing well*"("어디까지 그들은 할렐을 암송하는가? 샴마이 학파는 말하기를 '자녀들의 즐거운 어머니까지'라고 하고, 힐렐 학파는 '부싯돌을 샘물 속으로까지'라고 말한다." *m. Pesahim* 10:6, trans. Danby, 151). "또 임신하지 못하던 여자를 집에 살게 하사 자녀들을 즐겁게 하는 어머니가 되게 하시는도다. 할렐루야"(시 113:9, 개역개정). "그가 반석을 쳐서 못물이 되게 하시며 차돌로 샘물이 되게 하셨도다"(시 114:8, 개역개정).

"내가 당신과 함께 죽어야 할지라도 결코 당신을 부인하지 않겠습니다."

그런데 모두 역시 그렇게 말했다.

예수께서는 자신이 고난받을 때 제자들이 모두 자신을 버릴 것을 예언하신다. 근거로 스가랴 13:7이 인용되는데 70인역과 히브리어 본문은 하나님의 대행자가 목자를 치지만 마가복음에서는 하나님께서 직접 치신다는 점이 다르다.[30] 마가복음의 기록에서는 예수의 고난을 하나님의 계획에 의한 것으로 보는 관점이 분명하다(A. Y. Collins, 670).

베드로는 예수의 예언을 듣고 자기는 절대로 예수를 배신하지 않겠다고 주장한다. 하지만 후에 첫 번째 닭 울음소리를 듣고도 이를 무시하고 예수를 계속 부인한 베드로의 모습은 그의 연약함과 자기 몰두를 분명히 보여준다고 볼 수도 있다(A. Y. Collins, 672).

겟세마네에서 기도하심(14:32-42)

32 그들이 겟세마네라는 지명을 가진 장소로 들어갔다. 그가 그의 제자들에게 말씀하셨다.

"내가 기도할 동안 너희는 여기 앉아 있으라."

33 그가 베드로와 야고보와 요한을 데리고 함께 갔다. 그가 슬퍼하고 근심하기 시작했다. **34** 그래서 그가 그들에게 말씀하셨다.

"나의 영혼이 죽음에 이르기까지 매우 슬프다.

너희는 여기 남아서 깨어 있으라."

35 그리고 그는 약간 나아가서 땅에 엎드려 (하나님께는) 가능하므로 그 시

30. A. Y. Collins, 670.

가 자신으로부터 지나가도록 기도하셨다. **36** 그가 말씀하셨다.

"아바 - 아버지 - 당신에게는 모든 것이 가능합니다.

이 잔을 나에게서 옮겨 주십시오.

그러나 내가 원하는 것이 아니라 당신이 원하는 것을 (하십시오.)"

37 그 후에 그가 와서 그들이 자고 있는 것을 발견하고 베드로에게 말씀하
셨다.

"너는 자고 있느냐? 너는 한 시간도 깨어 있을 수 없느냐?"

38 깨어 있으라. 그리고 기도하라.

그리하여 시험에 빠지지 않게 하라.

영은 원하지만 육체가 약하구나."

39 그리고 그가 다시 떠나가셔서 동일한 말씀을 하시며 기도하셨다. **40** 그
리고 다시 오셔서 그들이 자고 있는 것을 발견하셨다. 그들의 눈이 무거웠
기 때문이었다. 그들은 그에게 뭐라고 대답해야 할지 몰랐다. **41** 그가 세 번
째 오셔서 그들에게 말씀하셨다.

"아직도 자고 쉬는구나!

됐다! 그 시간이 왔다. 보라 인자가 죄인들의 손에 넘겨질 것이다.

42 일어나라, 가자. 보라! 나를 넘겨주는 자가 가까이 와 있다."

32-33절 (깨어 있으라 명하신 예수) 예수 일행은 겟세마네로 간다. 예수께서는 베드로, 야고보, 요한은 좀 더 멀리 데리고 가셨고, 매우 슬퍼하셨다. 시락서 30:9에서는 '엑탐베오'(ἐκθαμβέω) 동사가 "슬퍼하다"는 뜻으로 쓰였다고 볼 수 있는데, 여기서도 '근심하다'와 짝을 이루므로(33절) "슬퍼하다"는 뜻으로 취할 때 문맥에 맞는다(A. Y. Collins, 676). 그러나 이 단어를 "놀라다"라는 뜻으로 읽는 것이 옳다고 볼 수도 있다. 이것은 겉보기에는 문맥에 맞지 않는 듯하지만, 더 깊은 의미를 가진 어려운 읽

기로 간주될 수 있기 때문이다.

34절 (예수께서 세 제자에게 하신 분부) 예수께서는 "나의 영혼이 죽음에 이르기까지 매우 슬프다. 여기 남아서 깨어 있으라."라고 말씀하신다. "나의 영혼이 죽음에 이르기까지 매우 슬프다."는 시편 42:6(개역개정 42:5, LXX 41:6), 42:12(개역개정 42:11, LXX 41:12); 43:5(LXX 42:5)을 배경으로 보면,[31] 불의한 대적으로 인한 고통 속에서 하나님을 바라보는 상태를 가리킨다고 볼 수 있다.

35-36절 (예수의 기도) 예수께서는 기도하실 때 하나님을 '아바'라 부르신다. '아바'는 어린이들이 아버지를 부르는 아람어 용어였다(Hurtado, 245). 어른도 '아바'라는 용어를 사용할 수 있었는데(*m. Eduyoth* 5:7), '아바'는 아이가 사용하는 경우와 같은 친밀감을 표현할 수 있었다.[32] 시락서 23:1, 4에서는 하나님을 "아버지"(πάτερ)라고 부르며,[33] 유대교 기도에서 하나님은 '우리 아버지'라 부르고, 시편 89:26; 4Q460 5:5; 4Q372 1:16은 하나님을 '나의 아버지'라 부르지만, 하나님을 개인적으로 '아바'라 부르는 경우는 기독교 이전 문헌에서 발견되지 않았다(Marcus, 2009: 978). 예수의 '아바' 사용의 경우는 이 단어의 사용이 높은 빈도수를 보인다는 점, '나의' 등의 소유격으로 된 수식어가 없다는 점도 독특하다(박윤만, 2017: 1016). 그러므로 하나님을 기도 속에서 '아바'라 부르는 것은 예수께 독특한 것이었다고 할 수 있다(Hurtado, 339).

---

31. France, 582. "내 영혼아 네가 어찌하여 낙심하며 어찌하여 내 속에서 불안해 하는가? 너는 하나님께 소망을 두라. 그가 나타나 도우심으로 말미암아 내가 여전히 찬송하리로다"(시 42:5, 개역개정). "내 영혼아 네가 어찌하여 낙심하며 어찌하여 내 속에서 불안해 하는가? 너는 하나님께 소망을 두라. (나는) 그가 나타나 도우심으로 말미암아 내 하나님을 여전히 찬송하리로다"(시 42:11; 43:5, 개역개정).
32. Marcus, 2009: 977-78.
33. 박윤만, 2017: 1015.

예수께서는 하나님께 "모든 것이 가능하다."고 하신다. 이 말씀에 이어지는 요청의 내용을 살펴볼 때, 이 말씀에는 하나님께서 예정된 계획을 바꾸실 수 있음이 내포되어 있다. 고난의 잔이 치워질 수 있음은 이사야 51:17-23에도 담겨 있는데, 예레미야 49:12은 에돔을 가리켜 형벌의 잔을 반드시 마셔야 할 악한 자로 언급한다(Lane, 517). 예수의 경우에 고난의 잔을 마시는 것이 하나님의 계획이지만, 예수께서 보시기에 이것은 전능하신 하나님께는 변경 가능한 것이다.

예수께서는 자신이 마실 '잔'이 지나가도록 기도하신다. 중간기 문헌에서 '잔'은 하나님의 종말적 심판과 연관되었고, 이후 유대교 문헌에서는 개인의 죽음을 상징하였다(Marcus, 2009: 978).

예수의 기도의 내용을 제자들이 어떻게 알고 전하여 복음서에 기록되었을까? 예수의 기도의 내용은 예수께서 자주 기도하시던 내용이었을 것이다(히 5:7 참고).[34] 또한 세 제자가 곧바로 잠든 것이 아니기에 그들은 기도 내용의 일부를 들을 수 있었을 것이다.

37-38절 (잠든 제자들에게 다시 깨어 기도하도록 예수께서 분부하심) 예수께서는 잠든 제자들을 보고 영은 원하지만 육체가 약하다고 지적하시며 깨어 기도하라고 분부하신다. 성경 히브리어에서 '육체'는 인간 존재를 '영'은 하나님의 능력을 가리킨다(Boring, 2006: 400). 쿰란 문헌에서 '육체'는 인간의 죄성의 자리이고 '영'은 그러한 경향을 극복하도록 하나님께서 주신 능력이다(Marcus, 2009: 979). 그러므로 38절은 인간의 약함/죄성을 하나님께서 주시는 능력으로 이기려면 기도해야 한다는 가르침이다. 또한 기도의 내용 자체도 시험에 들지 않도록 간구하는 내용이어야 한다는 가르침이라고 볼 수 있다(박윤만, 2017: 1029).

---

34. Marcus, 2009: 976.

41-42절 (예수께서 잡혀가시는 때가 옴) 예수께서 계속 자는 제자들을 보고 말씀하신다. "아직도[35] 자고 쉬는구나! 됐다! 그 시간이 왔다." '됐다!'는 헬라어 '아뻬케이'(ἀπέχει)의 번역이다. 이 동사는 "끝났다," "충분하다"의 뜻을 가지는데, 여기서는 문맥상 제자들에게 깨어 있으라고 당부할 수 있는 시간이 이제 다 끝났다는 뜻으로 사용되었을 것이다(Bock, 347 참고).

'그 시간(때)'(ἡ ὥρα)은 하나님의 심판과 구원의 시간을 가리킨다(13:32; 14:25, 30, 35; 비교, 계 9:15).[36] '그 시간이 왔다'는 '인자가 죄인들에게 넘겨진다'와 평행이므로(Lane, 552), '그 시간'은 문맥상 인자가 고난받는 때를 가리킨다.

예수께서는 자신이 '죄인들'에게 넘겨진다고 말씀하신다. '죄인'이라는 단어는 갈라디아서 2:15의 경우처럼 이방인을 가리킬 수 있다. 그러나 마가복음의 문맥 속에서는 대제사장들, 서기관들, 장로들이 이 '죄인들'에 해당함을 43절에서 알 수 있다.

예수께서 체포되심(14:43-50)

> **43** 그리고 즉시 그가 아직 말씀할 때에 열둘 중에 하나인 유다가 다가왔다. 그와 함께 검과 곤봉을 든 무리가 대제사장들과 율법사들과 장로들의 보냄을 받고 왔다. **44** 그를 넘겨주는 자가 신호를 그들에게 주며 말했었다.
>
> "내가 누구에게든지 입 맞추면 바로 그 자다. 그를 체포하여 단단히 잡아가라."

35. '로이뽄'(λοιπόν)은 "아직도"라는 뜻으로 사용되기도 하는데(박윤만, 2017: 1005), 여기서도 그러한 뜻으로서 문맥에 부합한다.
36. Boring, 2006: 397.

45 그가 와서 즉시 그에게 나아와 말했다.

"랍비여!"

그리고 그는 그에게 입을 맞추었다. **46** 그들이 그에게 손을 대어 그를 체포

했다. **47** 곁에 서 있는 사람들 중에 하나가 검을 뽑아서 대제사장의 종을

쳐서 그의 귀를 잘랐다.

48 예수께서 그들에게 반응하여 말씀하셨다.

"너희는 역도에게 하듯이 검과 곤봉을 가지고 나를 잡으러 나왔구나.

49 내가 날마다 성전에서 너희 옆에서 가르치고 있었다.

그렇지만 너희는 나를 체포하지 않았다.

그러나 성경이 성취되기 위함이다."

50 그러자 모두 그를 버려두고 달아났다.

43절 (예수를 체포하러 온 무리) 일단의 무리가 예수를 체포하러 왔다. '무리'는 여기서 성전 경찰의 무리를 가리킬 것이다(A. Y. Collins, 684). 베다니는 대제사장의 경찰력 관할 밖의 지역이었다(Hurtado, 243). 따라서 성전 경찰은 평소에는 저녁이 되면 베다니로 돌아가 숙박하시는 예수를 체포할 수 없었다. 그러나 예수께서 예루살렘 인근에서 야영할 때는 그들이 예수를 체포할 수 있는 기회였다.

44절 (무리와 유다 사이에 약속한 신호) 가룟 유다는 예수를 식별하기 위한 신호를 입맞춤으로 하기로 무리와 약속했다. 랍비 문헌 중에는 인사를 위한 키스가 1세기 이스라엘 땅에서 사라졌다고 볼 수 있게 하는 구절이 있다(*Genesis Rabbah* 70.12).[37] 그러나 누가복음 7:45은 인사로서의 입맞춤을 언급하며, 필로도 명확하게 인사로서의 입맞춤에 관하여 말한다

37. Marcus, 2009: 991.

(Marcus, 2009: 991). 후기 랍비들은 인사로서의 입맞춤에 반대하지만 이것은 그들이 반대하는 관습의 존재를 입증한다.[38] 초기 기독교에 인사로서의 "거룩한 입맞춤"이 있었음도 유대인 가운데서 있었던 인사 관습을 적용한 것으로 볼 수 있다(롬 16:16; 고전 16:20; 고후 13:12; 살전 5:26).[39] 마가가 사용한 헬라어 용어(κατεφίλησεν)는 창세기 31:28, 55; 출애굽기 4:27 등에서 인사를 위한 입맞춤을 가리키는 용어로 사용되었으므로 이 용어의 사용이 가룟 유다의 입맞춤이 특별히 강렬했음을 입증하지는 않는다(Marcus, 2009: 991).

45-46절 (무리가 예수를 체포함) 유다는 예수에게 입 맞추었고, 무리는 예수를 체포한다. 입맞춤은 손, 머리, 얼굴 등 다양한 곳에 할 수 있었는데, 가룟 유다가 어디에 입맞춤을 했는지는 알 수 없다(Marcus, 2009: 992).

47절 (칼로 대제사장의 종의 귀를 친 사람) "곁에 서 있는 사람들 중에 하나"가 칼로 예수를 잡으러 온 대제사장의 종의 귀를 친다. 이 사람이 제자 중에 하나였다면 마가가 분명히 밝혔을 것이며, 마가가 제자를 '곁에 서 있는 사람'으로 표현한 곳은 없기에 제자 중의 하나로 보기 어려운 점이 있지만, 이 사람이 제자 중에 하나일 가능성이 높다(Marcus, 2009: 993).

칼에 맞은 대제사장의 종은 요한복음 18:10에 의하면 말쿠스(Malchus)이다. 이 이름은 나바티아 사람의 이름이므로 그는 아랍인 내지 시리아 사람이었을 수 있다(Bock, 349).

48-49절 (순순히 체포당하시는 예수) 예수께서는 자신을 잡으러 온 무리에게 역도를 잡으러 온 것처럼 무기를 가지고 왔느냐고 질책하신다. 예

38. Marcus, 2009: 991.

39. Marcus, 2009: 991-92 참고.

수께서 날마다(낮 시간에) 성전에 계셨지만 그들이 잡지 않았는데 이렇게 밤에 잡으러 온 것은 성경을 이루려 함이라고도 지적하신다. '날마다'로 번역된 헬라어 표현(καθ' ἡμέραν)은 무리가 예수를 체포하러 온 밤 시간에 대조되어 "낮 시간에"라는 뜻으로 사용되었을 수도 있다(Marcus, 2009: 994). "성경을 이루려 함이니라."고 하실 때 예수께서는 어느 구약성경 구절을 염두에 두셨을까? 예수의 고난을 통하여 성취된 구약성경 본문들 중에는 아마도 이사야 53:12; 스가랴 13:7이 있었을 것이다(Lane, 526). 초기 교회가 메시아의 고난을 이해하는 데는 이사야 53장, 시편 22편, 69편들이 도움을 주었을 것이다(Lane, 487). 마가복음 문맥 안에서 보면, 특히 마가복음 12:10에서 예수께서 인용하신 시편 118:22과 마가복음 14:27에서 예수께서 화용하신 스가랴 13:7을 예수께서 염두에 두셨다고 볼 수 있다.

맨몸으로 도망친 청년(14:51-52)

> **51** 어떤 청년이 맨 몸에 세마포를 두르고 그를 계속 따라왔다. 그러자 사람들이 그를 체포하였다. **52** 그러나 그는 세마포를 버려두고 맨몸으로 달아났다.

한 청년이 '맨몸'에 세마포를 두르고 예수를 따라왔다. '세마포'(σινδών)는 부유한 사람이 입던 것이므로 이 청년은 다락방이 있는 집의 자제인 마가일 가능성도 있지만, 본문 속의 증거가 충분하지는 않다.[40] '귐노스'(γυμνός)의 의미에는 "속옷을 입고"라는 뜻도 있지만, "나체로"라

40. 박윤만, 2017: 1053.

는 뜻이 좀 더 문맥에 맞는 듯하다(Marcus, 2009: 995).

옷을 버리고 도망한 청년은 10:50에 등장하는 겉옷을 내어버리고 예수를 따른 바디매오와 대조를 이루고 있다.[41] 이것은 아모스 2:16("용사 가운데 그 마음이 굳센 자도 그 날에는 벌거벗고 도망하리라.")의 예언을 생각나게 한다(Edwards, 2002: 441).

공의회 심문(14:53-65)

53 그들이 예수를 대제사장에게 데려갔다. 모든 대제사장들과 장로들과 율
법사들이 모였다. **54** 베드로가 멀리서 그를 따라가 안쪽으로 대제사장의
안뜰까지 들어갔다. 그리고는 하인들과 함께 앉아 불을 쬐고 있었다. **55** 대
제사장들과 온 의회가 예수를 죽이려고 그에게 불리한 증거를 계속 찾고
있었다. 그러나 그들은 찾지 못하였다. **56** 많은 사람들이 그에 대하여 거짓
증언을 하였지만, 증언들이 일치하지 않았기 때문이다. **57** 그런데 어떤 사
람들이 일어나 그에 대하여 거짓 증언하며 말했다.

58 "우리는 그가 말하는 것을 들었습니다.
'내가 이 손으로 만든 성소를 허물겠다.
그리고 삼일 동안에 손으로 만들지 않은 다른 성소를 건축할 것이다.'
라고 했습니다."

59 그러나 역시 그들의 증언도 마찬가지로 일치하지 않았다. **60** 대제사장
이 한가운데 일어나 예수께 질문했다.

"아무 대답도 하지 않느냐?
왜 그들이 너를 대항하여 증언하느냐?"

---

41. Jackson, 1997: 288.

61 그러나 그는 계속 침묵하고 아무 대답도 하지 않으셨다. 대제사장이 다
시 그에게 질문하며 말했다.

"너는 그리스도, 찬송 받은 자의 아들이냐?"

62 예수께서 말씀하셨다.

"내가 (그리스도)이다.

너희가 인자가 권능의 우편에 앉은 것과 하늘 구름을 타고 오는 것을
볼 것이다."

63 대제사장이 자신의 속옷을 찢고 말했다.

"왜 더 이상 증인들이 필요하겠소?

64 여러분은 신성모독을 들었소. 여러분에게는 어떻게 보이시오?"

그들은 모두 그가 사형에 해당한다고 정죄하였다. **65** 어떤 자들이 그에게
침을 뱉고 그의 얼굴을 가린 후 그를 때리고 그에게 말하기 시작했다.

"예언하라."

그리고 하인들이 그를 손바닥으로 때렸다.

53-54절 (산헤드린이 모임) '대제사장들과 장로들과 서기관들'이 예수를 심문하러 모였다. 이들은 예루살렘 시의회인 산헤드린을 구성하는 사람들이다. '대제사장들'은 주후 18-37년에 재임한 가야바(카이아파스)와 그의 장인 안나스를 포함한다(France, 603). 대제사장들은 전현직 대제사장들, 성전 경비대장, 성전 청지기, 성전 재무관을 가리키며, 장로들은 주로 부유한 지주들로 구성되어 있었던 듯하다(Lane, 532). '대제사장들'은 당시에 대제사장을 배출하는 네 가문(Boethus, Annas, Phaibi, Kamith 가문)의 제사장들을 가리킬 수도 있다(요세푸스, 『유대 고대사』 18.2.2 §35)(박윤만, 2017: 1062).

미쉬나(*m. Sanhedrin* 4:1)에 의하면 사형과 관련된 정죄 결정은 하루

만에 이루어질 수 없었으며, 따라서 이러한 재판은 안식일 저녁이나 명절에는 열 수 없었다.[42] 그러나 신명기 13:12; 17:13; 21:21은 특별히 중요한 사안에 대해서는 "온 이스라엘이 듣고 두려워" 하도록 하라고 하는데, 토셉타(*t. Sanhedrin* 11.7)는 이 구절이 절기 때 처형하는 것을 뜻한다고 해석한다(Lane, 529-30). 그러므로 명절 직전에 재판을 열고 명절에 처형하는 것이 가능하였을 수 있다.

그런데, 미쉬나에 의하면 이러한 재판은 대제사장 집에서 열 수 없었다(France, 601). 그러나 이러한 미쉬나의 규정이 예수 시대를 반영하는지는 불확실하다(France, 601). 더구나, 53절 이하의 모임은 공식적 재판이 아니라 심문에 불과하였을 수 있다(France, 602). 그렇다면 대제사장 집에서도 이러한 모임이 열릴 수 있었을 것이다.

55-59절 (예수에 대한 거짓 증인들) 온 공의회가 예수를 죽이기 위해 증거를 찾았다. '온 의회(산헤드린)'는 마가의 과장적 표현일 수 있다.[43] 또한 산헤드린(의회)이 71명으로 구성된다고 하는 미쉬나 구절(*m. Sanhedrin* 1:6)도 주후 70년 이전을 반영하지 않을 수 있다(Donahue & Harrington, 421). 다(Donahue & Harrington, 421). 왜냐하면 미쉬나는 주후 200년경에 편집된 문헌이기 때문이다. 미쉬나는 23명이면 산헤드린 정족수가 된다고 하므로(Lane, 531), 다 모이지 않아도 의결이 가능했을 것이다. 이 모임이 재판이 아니라 빌라도에게 고발하기 위한 심문이었다면 더더구나

42. Edwards, 2002: 443 참고. "... in capital cases a verdict of acquittal may be reached on the same day, but a verdict of conviction not until the following day. Therefore trials may not be held on the eve of a Sabbath or on the eve of a Festival-day"("사형 판결과 관련된 경우에는 석방 선고는 당일 이루어질 수 있다. 그러나 유죄 선고는 그 다음 날이 되기까지는 이루어질 수 없다. 그러므로 재판은 안식일 전야나 명절날 전야에 열릴 수 없다." *m. Sanhedrin* 4:1, trans. Danby, 387).

43. Donahue & Harrington, 421.

그러했을 것이다.

증인들이 증언하였으나 "증언이 서로 일치하지 않았다." 사형 판결을 위해서는 최소한 두 명의 증인의 세부까지 일치하는 증언이 필요했다(*m. Sanhedrin* 4:1)(Lane, 533).

증인들은 예수께서 성전을 파괴할 것이라고 말했다고 주장했다. 그리스-로마 세계에서 신전의 파괴는 사형에 해당한다고 여겨졌으며, 예레미야는 성전 파괴의 예언만으로도 사형당할 죄인으로 왕실 법정에 잡혀왔었다(렘 26:1-19; 요세푸스, 『유대 고대사』 10.6.2).[44] 성전에 대한 폭력의 위협만으로도 산헤드린에게는 사형에 해당하는 죄로 여겨졌던 듯하다(*t. Sanhedrin* 13:5; *b. Rosh ha-Shanah* 17a; *j. Berakoth* 9.13b).[45] 주후 70년 성전 파괴 직전에는 예수 벤 아나니아스가 성전 파괴를 예언하다가 로마 총독에게 넘겨져 채찍질을 당하였고, 동일 예언을 계속하다가 돌에 맞아 죽었다(박윤만, 2017: 1070).

구약과 유대교에서는 메시아가 성전을 파괴할 것을 기대한 증거를 발견하기 어렵다.[46] 그러나 다니엘 9:26-27(Theodotion 역)에는 메시아가 성소를 파괴할 것이라는 비밀스런 예언이 담겨있다(Marcus, 2009: 1003). 그러므로 예수께서 자신이 성전을 파괴할 것이라고 주장하셨다면 자신이 메시아임을 주장하신 것으로 이해될 가능성이 있었다.

1세기에는 메시아가 성전을 다시 지을 것이라는 믿음이 있었다(France, 607). 이러한 믿음은 사무엘하 7:13; 스가랴 6:12에 토대하며, 에스겔 40-48장도 메시아 시대에 새 성전이 세워진다는 믿음의 토대가 된다(양용의, 348). 따라서 성전을 다시 짓겠다는 주장은 자신이 메시아라는

44. Lane, 534.
45. Lane, 534.
46. Marcus, 2009: 1003.

주장과 다름없었다(France, 608).

거짓 증인들은 예수께서 성전을 '손으로 만든' 성전이라고 불렀다고 주장한다. '손으로 만든'(χειροποίητον)은 70인역과 중간기 문헌에서 우상숭배와 관련하여 사용되었다(Marcus, 2009: 1003). 따라서 이 용어를 성전에 적용하면 성전을 매우 부정적으로 평가한다는 인상을 주게 된다.

거짓 증인들의 진술은 서로 일치하지 않았다. '일치하지 않았다'는 것은 성전을 다시 지을 것이라는 말씀에 관한 해석이 일치하지 않았다는 뜻일 수 있다(Donahue & Harrington, 442). 그러나 이 불일치는 요한복음 2:19과 비교하면 드러나듯이 예수의 말씀에 대한 진술의 차이일 것이다. 요한복음 2:19은 예수께서 "이 성전을 헐라."고 말씀하셨다고 하는데, 이것은 자신이 성전을 파괴하겠다는 진술과는 거리가 멀다. 거짓 증인들의 공격은 70인역 시편 26:12; 34:11을 연상시킨다(A. Y. Collins, 704).

60-61절 (대제사장의 심문) 대제사장은 예수께 찬송 받을 이의 아들 그리스도이냐고 질문한다. 메시아가 성전을 재건하리라는 기대를 배경으로 하여 성전 재건에 관한 논의는 메시아 정체에 관한 질문을 낳을 수 있었다(Bock, 354-55). '찬송 받을 자(하나님[47])의 아들,' 즉 '하나님의 아들'은 낯설지 않은 메시아 칭호였다(France, 609). 쿰란 문헌 4Q246 2:1은 메시아가 하나님의 아들이라 불릴 것이라고 말하며, 다른 구절(4Q174 1:10-11)은 다윗의 가지(메시아)를 사무엘하 7:12-14의 아버지-아들 이미지와 동일시한다.[48] 쿰란 문헌 1QSa 2:11-12도 하나님의 아들은 메시아를 가리킨

---

47. 흑해 부근의 고르기피아(Gorgippia)에서 발굴된 41년의 회당 비문에 '가장 높으신 하나님, 전능하시고, 찬송 받으실 분'이라고 적혀 있는 것은 '찬송 받으실 자'가 하나님을 가리키는 표현이었다는 증거이다(Marcus, 2009: 1004). 미쉬나(*m. Berakoth)* 7:3; 에녹1서 77:2에서도 '찬송 받으실 자'(the Blessed One)는 하나님을 가리킨다(Bock, 355).

48. Edwards, 2002: 448. "He will be called son of God, and they will call him son of the

다(Bock, 355).

'찬송받을 자(하나님)의 아들'은 '그리스도'를 한정하는 말일 수도 있다. 즉, 어떤 종류의 메시아인지 한정하고 있다고 볼 수 있다(Marcus, 1989a: 125-41). 탈무드(*b. Sukkah* 52a)에는 '다윗의 아들 메시아'와 '요셉의 아들 메시아'라는 표현이 등장한다.[49] 쿰란 문헌에는 '아론과 이스라엘의 메시아들'이란 표현이 등장한다.[50] 어떤 유대인 집단은 한 명 이상의 메시아를 기다리기도 하였다.[51] 다윗의 아들 메시아는 다윗 왕국을 재건할 것으로 기대되었으며,[52] 하나님의 아들 메시아는 그 이상의 존재였을 수 있다. 이러한 다양성에도 불구하고 유대인들에게 있어서 '하나님의 아들'은 메시아를 가리키는 용어로 사용되었고, 이 경우 인간적 존재를 가리켰다(Lane, 535).

군사적 메시아 사상을 가진 유대인들이 보기에는 힘없이 법정에 체포당하여 온 사람이 메시아일 수는 없다고 여겨졌을 것이다(Lane, 536). 그래서 그들은 예수께서 메시아라고 주장해도 이러한 주장을 받아들이기보

Most High"("그는 하나님의 아들이라 불릴 것이며, 그들은 그를 지극히 높으신 분의 아들이라고 부를 것이다." 4Q246 2:1, trans. Martínez & Tigchelaar, vol. 1, 495). "[And] YHWH [de]clares to you that 'he will build you a house. I will raise up your seed after you and establish the throne of his kingdom [for ev]er. I will be a father to him and he will be a son to me'."("그리고 야훼는 너에게 이렇게 선언할 것이다. '그는 너에게 집을 건축할 것이다. 나는 너의 후에 너의 씨를 일으키고 그의 왕국의 왕좌를 영원히 세울 것이다. 나는 그에게 아버지가 되고 그는 나에게 아들이 될 것이다'." 4Q174 1:10-11a, trans. Martínez & Tigchelaar, vol. 1, 353).

49. Marcus, 1989a: 130-31.

50. Marcus, 1989a: 131-32. CD 12:23-13:1; 14:19를 보라.

51. Marcus, 1989a: 134. "... the coming of the Anointed of Aaron and Israel ... "("… 아론과 이스라엘의 기름부음 받은 자의 오심 …" CD 12:23-13:1; ed. Dupont-Sommer, trans. Vermes, 156).

52. Marcus, 1989a: 137.

다는 로마 당국에 고발할 준비가 되어 있었을 것이다. 그들은 예수가 군사적 메시아가 아니라고 믿으면서도, 로마 당국에 고발할 때에는 예수를 죽이기 위해 로마에 대항하는 군사적 메시아(유대인들의 왕)라고 누명을 씌워 고발한다(15:2-3).

62절 (예수의 대답) 예수께서는 자신이 메시아이심을 시인하신다. 이어서 어떤 메시아인지 부연 설명을 통하여 알려주신다. 예수의 말씀은 여기서 시편 110:1과 다니엘 7:13의 조합이다(France, 611). 권능(하나님[53])의 우편에 앉는다는 것은 시편 110:1을 암시하므로,[54] 이것은 예수께서 (대제사장을 포함하여) 원수들을 심판하게 되실 것을 뜻한다(Evans, 2001: 451). 이집트의 왕은 신의 우편에 앉는 것으로 그려지며 이스라엘의 왕궁은 성전 우편에 놓이는 것을 통해서 볼 때 하나님의 우편에 앉는다는 것은 하나님의 통치에 참여함을 뜻한다(Marcus, 2009: 1007).

구름을 타고 오심은 하나님의 우편에 앉음에 대구를 이루며 다시금 강조하는 중복적 표현으로 볼 수도 있다. 따라서 이 표현이 재림을 가리킨다고 해석할 필요는 없다(France, 612 참고). 다니엘 7:13에서 '오는'은 땅으로 내려오는 것이 아니라 하나님께로 나아가는 것을 뜻하기 때문이다(양용의, 350).[55] 물론 하나님의 우편에 앉음에 관한 묘사 후에 구름을 타고 옴이 언급됨은 오는 방향이 아래를 향하는 것이라고 볼 수도 있다

53. '찬송 받을 자'와 마찬가지로 '권능'은 하나님을 가리킨다(Lane, 537). 필로는 하나님을 '가장 높고 가장 위대한 권능'이라고 불렀으며, 랍비 문헌은 종종 하나님을 '권능'이라 부른다(Marcus, 2009: 1007). 이것은 하나님의 구원 사역과 관련하여 유대 문헌(*Sifre Numbers* on 15:31; 에녹1서 62:7; *b. Erubin* 54b; *b. Yebamoth* 105b)에서 사용되는 용어이다(Bock, 355).

54. "여호와께서 내 주에게 말씀하시기를 내가 네 원수들로 네 발판이 되게 하기까지 너는 내 오른쪽에 앉아 있으라 하셨도다"(시 110:1, 개역개정).

55. 유대 문헌에도 메시아가 하나님의 우편에 앉으며, 하늘 구름을 타고 온다고 보는 견해가 발견된다(시편 2:7; 18편에 대한 *Midrash Psalms*)(Lane, 537).

(Marcus, 2009: 1008). 그러나 하나님 우편에 앉음과 구름 타고 옴이 평행을 이루는 표현임을 고려할 때 시간적 순서를 따른다고 볼 필연성은 없다. A와 B라는 연결 표현은 시간적 순서만이 아니라 설명을 서로 보충하기 위해 사용하기도 하기 때문이다(박윤만, 2017: 1080). 구약성경에서 구름을 타는 존재는 오직 신적 존재이기에(출 14:20; 34:5; 민 10:34; 시 104:3; 사 19:1),[56] 이 표현은 예수의 신성 주장에 해당한다. 유대 문헌에는 이러한 존재를 묘사하기도 하지만(에녹1서 45:3; 46:1-3; 51:3; 61:8; 62:2-8; 70:2; 71:1-17), 유대인들(특히 사두개인들)은 예수의 이러한 신적 자기 정체 주장을 받아들일 수 없었을 것이다(Bock, 356). 예수께서 자신을 다니엘서에 나오는 인자 같은 이라고 주장하심에는 산헤드린 의회가 다니엘서에 나오는 심판 받게 되는 네 짐승에 해당한다는 주장이 내포된다(박윤만, 2017: 1078).

예수께서는 예수의 정체성과 관련하여 산헤드린 회원들이 볼 것이라고 하신다. '볼 것이다'는 표현은 랍비 문헌에서 그리스도인이 참 이스라엘이라는 주장을 반박할 때 사용되었다(Marcus, 2009: 1006). 그러므로 예수께서 이 표현을 사용하심에는 산헤드린 회원들의 주장은 틀렸다는 주장이 내포되었고, 예수께서 참으로 메시아이심이 드러나게 될 것이라는 주장이 담겨 있었을 것이다.

63절 (대제사장의 반응) 대제사장은 예수의 대답을 듣고 옷을 찢는다. 옷을 찢는 것은 미쉬나에 의하면 신성모독을 들은 후 행하는 의식이다(France, 614). 여기서 '옷'은 피부 바로 위에 입는 긴 속옷을 가리킨다(Edwards, 2002: 448). 레위기 21:10에 의하면 예복을 입은 제사장은 그의 옷을 찢지 말도록 규정하므로, 대제사장이 예복을 입은 상태였다면 이 율법

56. Bock, 356.

을 어긴 것이다(Marcus, 2009: 1008).

64-65절 (신성모독죄에 해당한다고 판단함) 산헤드린은 예수의 자기 정체 주장을 신성모독으로 간주하였다. 메시아 주장 자체는 신성모독일 필연성이 없다.[57] 미쉬나(*m. Sanhedrin* 7:5)에 의하면 하나님의 이름('야훼')을 부르면 이미 신성모독이다(France, 614). 그러나 예수께서는 하나님의 이름을 부르지는 않았으므로 이 조항에 걸리지 않는다. 탈무드는 '찬송 받을 자,' '권능' 등으로 하나님을 둘러 표현할 때에는 신성모독이 되지 않음을 언급한다(Marcus, 2009: 1008). 그러나 하늘 보좌에 앉는다는 주장이 신성모독일 수 있었다는 것은 탈무드(*b. Sanhedrin* 38b)에 암시되어 있다(Marcus, 1989a: 140-41). 필로도 자신을 하나님과 같다고 주장하는 자들을 신성모독자라고 비난한다.[58] 탈무드(*b. Sanhedrin* 38b)에서 랍비 요세는 랍비 아키바가 다니엘 7:9의 '보좌들'이라는 표현이[59] 하나님 곁에 메시아가 좌정함을 알려준다고 해석하여 신성모독을 범했다고 주장하였다.[60] 예루살렘 탈무드(*j. Taanith* 2.1)에서 랍비 아바후는 자신이 인자라고 주장하거나 하늘로 올라간다고 주장하는 자를 정죄한다(Marcus, 2009: 1009). 따라서 하나님 우편에 앉고 구름을 타고 오는 인자로서의 메시아 주장은 신성모독으로 간주될 수 있었다. 그러나 유대 문헌은 아담, 아벨, 아브라함, 욥, 모세, 다윗 등이 하나님의 보좌에 하나님과 함께 앉게 되는 것을 묘사하므로, 유대 전통 속에서 인간이 하늘 보좌에 앉는 것 자체가 반드

57. 메시아 주장 자체는 신성모독이 아니다. 자신을 하나님과 동일시하는 것이 신성모독이다(France, 615). 순교자 저스틴(Justin, *Dialogue with Trypho* 49)이 후에 인정하였듯이 메시아는 단지 "사람들 중에 하나"일 것이다(Edwards, 2002: 448).

58. Marcus, 2009: 1008.

59. 쿰란 문헌(11Q17 7:4), 에녹3서, 랍비문헌 등은 하늘에 두 보좌가 있다는 생각을 표현한다(Marcus, 2009: 1009).

60. Marcus, 2009: 1009.

시 신성모독이 되는 것은 아니다(Marcus, 2009: 1009). 그렇지만 살아 있는 사람이 자신이 그렇게 보좌에 앉게 될 것이라고 주장하면 신성모독으로 여겨질 수 있었을 것이다(Marcus, 2009: 1009). 특히 다니엘 7:13에서 하늘 구름을 타는 존재는 신적 존재이므로, 하늘 구름을 탄다는 주장은 신성모독으로 여겨질 수 있었을 것이다.

프란스(R. T. France)는 예수께서 심판자의 자리에 앉으심을 말씀하신 것(62절)이 출애굽기 22:27(개정개역 22:28)에 언급된 백성의 지도자를 모독한 죄를 범한 것으로 해석될 수 있었다고 주장한다(France, 616). 그러나 지도자 모독죄가 신성모독과 동일시될 수 있는지는 의문이다.

산헤드린 회원들은 예수가 사형에 해당한다고 판단한다. 신성모독죄는 레위기 24:16에 의하면 사형에 해당하는데, 산헤드린은 이를 예수께 적용한다. '사형에 해당한 자로 정죄하고'는 공식적 재판의 판결이 아니라 빌라도에게 넘기기 위한 심문의 결과임을 나타내는 표현이다(Boring, 2006: 415).

예수께 신성모독 죄를 덮어씌워 사형에 해당한다고 결정한 후 종교형에 처하지 않고 유대인의 왕이라는 죄목으로 로마 당국에 넘긴 이유는 무엇일까(15:1-2)? 예수께서 유대인들에게는 군사적 존재인 '그리스도,' 왕적인 존재인 '하나님의 아들'이심을 시인하셨으므로, 예수는 로마 법정에서 유죄 판결을 받을 수 있다고 그들이 생각했기 때문일 것이다. 그들은 또한 자신들의 손에 피를 묻히기보다 로마 총독을 이용하여 예수를 죽이는 것이 유리하다고 판단했을 것이다. 그들이 로마 법정에 예수를 고발하여 넘김에는 예수를 십자가형에 처함으로써 율법(신 21:23)에 의해 저주받은 나무에 달린 자가 되게 하여 예수의 메시아 주장을 무효화시키려는 대제사장의 음모도 숨어있었을 것이다.

그러나 이처럼 교묘한 음모는 성공하는 것 같았으나 부활이라는 하나님의 한 수로 인하여 반전되었다. 십자가형에 담긴 율법의 저주 선언을 무효화시키는 사건(부활)이 없이는 십자가에 못 박힌 예수는 메시아로 믿어질 수 없었을 것이다. 그런데 예수는 부활하셨고, 유대인들은 예수를 메시아로 믿기 시작하였다. 부활을 목격하지 못한 우리의 입장에서 말하자면, 예수를 믿는 신앙이 유대인들 가운데 발생하였다는 사실이 그들이 예수의 부활을 실제로 목격하였음을 입증한다고 볼 수 있다.[61]

사형에 해당한다고 판단한 후 사람들은 예수를 조롱하기 시작한다. 그들은 예수를 때리고 "예언하라."고 말한다. 이것이 성전 파괴에 관하여 예언하라는 의미라는 주장이 있지만(A. Y. Collins, 707), 얼굴을 가리고 때리면서 한 말이므로 문맥상 누가 때렸는지 맞추어 보라는 뜻일 수도 있다. 뺨을 때린 것은 이사야 50:6을 연상시킨다(A. Y. Collins, 707). 따라서 예수의 뺨을 때렸다는 마가복음의 묘사는 예수의 고난이 의로운 자의 고난임을 암시한다.

예수를 세 번 부인한 베드로(14:66-72)

66 베드로가 아래 안뜰에 있었는데 대제사장의 여종들 중에 하나가 왔다.
67 그녀는 베드로가 불을 쬐고 있는 것을 발견하자 그를 응시하고 말했다.

"당신도 그 나사렛 사람 예수와 함께 있었죠?"

68 그가 부인하며 말했다.

"나는 자네가 무엇을 말하는지 알지도 못하고 이해하지도 못하겠소."

그리고는 밖으로 나가 안뜰 앞으로 갔다. [그리고 닭이 울었다.] **69** 그 여종
이 그를 보고 옆에 서 있는 자들에게 다시 말하기 시작했다.

61. 필자는 이러한 논증을 김세윤 교수의 강의(총신대학교 신학대학원, 1989년)로부터 배웠다.

"이 사람은 그들 중에 하나예요."

70 그러나 그는 다시 부인했다. 잠시 후에 곁에 서 있는 자들이 다시 베드로에게 말했다.

"참으로 당신은 그들 중에 하나요. 당신은 갈릴리 사람이기 때문이오."

71 그러나 그는 저주하고 맹세하기 시작했다.

"나는 당신들이 말하는 이 사람을 알지 못하오."

72 그리고 즉시 두 번째로 닭이 울었다. 이에 베드로가 예수께서 그에게 하신 말씀을 기억했다. "닭이 두 번 울기 전에 네가 세 번 나를 부인하리라." 고 하신 말씀이었다. 그래서 그는 넘어져 울고 또 울었다.

베드로는 우선 그가 예수의 제자들 중에 하나였음을 부인하고 이어서 예수와 자신의 관계를 부정한다. 그리고 마침내 자기 자신을 저주한다. 세 번 반복되는 형식은 법정에서 피고가 의혹받는 집단에 소속된 것을 세 번 부인하는 절차와 관련된다(Pliny, *Letters* 10.96.3; *Martyrdom of Polycarp* 9-10)(Boring, 2006: 415).

68절 (베드로의 부정) 베드로는 자신이 예수와 관련되었음을 부정하며 "나는 자네가 무엇을 말하는지 알지도 못하고 이해하지도 못하겠소."라고 말한다. '당신이 무슨 말을 하는지 알지 못하겠다'는 미쉬나(*m. Shebuoth* 8:3)에서 발견되는 법적인 부정 형식이다.[62] 다른 유대 문헌(요셉의 유언 13:2)에서도 '당신이 무슨 말을 하는지 나는 알지 못한다'는 표현이 발견된다(Marcus, 2009: 1019).

베드로는 예수와 같이 다녔음을 이렇게 부정한 후 안뜰 앞으로 나간다. '안뜰 앞'은 안뜰로 들어가기 전에 있는 공간이다(Marcus, 2009:

62. Lane, 542; Bock, 357.

1019).

71절 (베드로의 저주) 베드로를 예수 일행으로 인식하는 사람이 또 나타나자 베드로는 저주한다. '저주하고'에는 누구를 저주했는지 알려주는 목적어가 없는데, 베드로가 자기 자신이 거짓말을 하는 경우에 자신이 저주 받을 것이라고 말했을 수 있다(Lane, 542-43). 그러나 여기서 '저주하다'에 해당하는 헬라어는 다른 곳에서 자기 자신이 아니라 다른 사람을 목적어로 취하는 타동사로 사용되므로 저주의 대상은 예수였을 수 있다(Marcus, 2009: 1020). 베드로는 예수를 저주하는 모습을 통하여 자신이 예수의 제자가 아님을 입증하고자 했을 것이다.

72절 (베드로의 통곡) 닭이 두 번째 울자 베드로는 "예수께서 자기에게 하신 말씀"(τὸ ῥῆμα ὡς εἶπεν αὐτῷ ὁ Ἰησοῦς)을 기억한다.[63] 예수의 말씀을 기억하고 베드로는 "넘어져" 운다. '넘어져'에 해당하는 헬라어 단어(ἐπιβάλλω)는 "(자신의 마음을) 던지다"를 뜻할 수 있으므로 베드로가 예수의 말씀을 기억하고 이를 "생각하며" 울었다고 해석할 수도 있다(Marcus, 2009: 1021). 그러나 이 단어는 대제사장 집 밖으로 나온 동작을 가리킨다고 볼 수도 있다(Marcus, 2009: 1021).

밤 12시-3시를 '닭 울 때'라고 부른 1세기의 예루살렘에서 닭이 첫 번째 울 때는 자정 후 30분경, 닭이 두 번 째 울 때는 밤 1시 30분경, 닭이 세 번째 울 때는 2시 30분경이었으며, 각각의 경우에 닭은 3-5분 정도 울었고 곧 잠잠해졌다(Lane, 543). 레인(W. Lane)은 이러한 배경으로 볼 때 베드로가 한 시간 내에 세 번 예수를 부인하였다고 주장하였다(Lane, 543). 그러나 우리는 베드로가 언제 예수를 부인하기 시작했는지 알 수 없기에

63. '호스'(ὡς)는 드물지만 관계대명사처럼 쓰일 수 있으며, 이 경우에 '~한 바'(which)로 번역될 수 있다(Birdsall, 272-75).

이러한 결론을 내릴 수 없다. 그렇지만 이러한 예루살렘에서의 닭울기와 관련된 배경을 통해서 볼 때, 베드로가 예수를 세 번째 부인한 때는 밤 1시 30분 직전이었을 것이라고 볼 수는 있다. 19-20세기에 예루살렘에서 닭이 우는 시간을 관찰한 결과 주로 새벽 3-5시 사이였지만(Marcus, 2009: 1020), 이것을 1세기 예루살렘에 적용할 수 없다. 그리스-로마 문헌에서 두 번째 닭 울 때는 새벽과 연관되어졌지만(Marcus, 2009: 1020), 이것도 1세기 예루살렘에 적용할 필연성은 없다. 예수 당시 예루살렘에서 '닭 울 때'라고 부른 밤 12-3시에 인위적으로 닭이 세 번 울도록 하였다면, 그 당시의 방식을 배경으로 마가복음 본문을 해석해야 할 것이다.

미쉬나의 한 구절(*m. Baba Kamma* 7:7)은 사람들이 예루살렘에서 닭을 사육하는 것을 금하며 제사장의 경우에는 이스라엘 땅에서 닭을 기르는 것을 금하지만, 다른 곳(*m. Eduyoth* 6:1)에서는 예루살렘에 닭이 있음을 인정한다(Marcus, 2009: 1020). 예루살렘에서의 닭 울음에 관한 마가복음의 기록은 예루살렘에 닭이 있음을 인정하는 미쉬나 구절과 함께 다중 증언을 형성한다.

빌라도의 재판(15:1-15)

15:1 그리고 즉시 대제사장들이 장로들과 율법사들과 온 의회와 함께 이른 아침에 심의를 하였다. 그들은 예수를 결박하여 데려가 빌라도에게 넘겼다. **2** 빌라도가 그에게 질문하였다.

"당신이 유대인들의 왕이오?"

그러나 그는 그에게 대답하셨다.

"당신이 말하고 있소!"

3 그러자 대제사장들이 열심히 그를 고소하고 또 고소했다. **4** 그러나 빌라

도는 다시 그에게 물었다.

"당신은 아무 대답도 하지 않소?

보시오, 그들이 얼마나 많이 당신을 고소하고 있는지 말이요."

5 그러나 예수는 더 이상 아무 대답도 하시지 않으셨다. 그래서 빌라도는
놀랐다. **6** 그런데 그는 명절마다 사람들이 석방을 요구하는 죄수를 한 명
그들에게 풀어주어 왔다. **7** 그런데 바라바라고 불리는 자가 감옥에 갇힌 역
도들과 함께 있었다. 그들은 반란 때 사람을 죽인 자들이었다. **8** 그래서 무
리가 올라가 그가 그들에게 해오던 대로 하기를 요청하기 시작했다. **9** 빌
라도는 그들에게 대답했다.

"여러분은 내가 유대인들의 왕을 여러분에게 풀어주기를 원하시오?"

10 왜냐하면 그는 대제사장들이 시기로 인해 그분을 넘겨준 것을 알고 있
었기 때문이었다. **11** 그렇지만 대제사장들은 무리를 선동하여 차라리 바라
바를 그들에게 풀어주도록 하고자 했다. **12** 빌라도는 다시 그들에게 대답
하여 말했다.

"그렇다면 내가 당신들이 유대인들의 왕이라고 부르는 자를 어떻게 해야겠소?"

13 그러나 그들은 다시 소리쳤다.

"그를 십자가에 못 박으시오."

14 빌라도는 그들에게 말했다.

"그가 무슨 악을 행하였기 때문이오?"

그러나 그들은 더욱 크게 소리쳤다.

"그를 십자가에 못 박으시오."

15 빌라도는 무리를 만족시키기 원하여 그들에게 바라바를 풀어주었다. 그
리고 예수를 채찍으로 친 후에 십자가에 못 박히도록 넘겨주었다.

1절 (의회가 예수를 로마 총독에게 넘김) 예루살렘 의회(산헤드린)는 새벽에 예수를 로마 총독 빌라도에게 넘긴다. '새벽에'("아침 일찍")는 오전 3~6시를 가리킨다. 로마는 재판을 새벽에 시작하였다.[64] 그래서 이 재판 이전에 산헤드린이 모여야 했을 것이다. 15:1이 언급하는 산헤드린 회의는 14장이 언급하는 모임을 다시 한번 언급한 것일 수도 있고(Marcus, 2009: 1026), 밤에 모인 결정을 공식화하기 위한 별도의 모임일 수도 있다.

만일 산헤드린이 예수를 돌로 쳐서 죽일 수도 있었다면,[65] 총독 빌라도에게[66] 넘긴 것은 예수를 십자가에 못 박기 위한 것으로 추측된다. 굳이 십자가에 못 박으려 한 이유는 예수를 구약 율법(신 21:23)에 따라 하나님의 저주받은 자로 이해되게 만들기 위함이었을 것이다. 산헤드린은 민사 및 형사 문제를 다룰 수 있었고(Lane, 547), 산헤드린에도 사형권이 원칙적으로는 있었으나 실제적으로는 총독에게만 사형권이 있었다(Lane, 530). 그래서 그들이 누군가 사형시키려면 빌라도에게 고발할 수밖에 없었을 것이다. 이 경우에도 그들이 예수를 '유대인의 왕'(역도들의 우두머리)이라는 정치범으로 십자가에 못 박혀 죽게 한 것은 신명기 21:23을 적용하여 예수를 하나님의 저주받은 자로 선언함으로써 유대인들이 더 이상 예수를 믿지 못하게 하려는 의도를 가졌을 것이다. 또한 예수를 따르는 자들을 역도들로 몰아서 로마제국의 박해를 받게 하려는 의도를 가졌을 것이다.

---

64. Seneca, *On Anger* 2.7; Edwards, 2002: 457.
65. 행 4:1-22; 5:17-42; 7:55 이하; 26:10-11 등을 고려할 때, 산헤드린에 사형을 시킬 권한이 있었다고 볼 수도 있다(Horvath, 179). 그러나 요 18:31 등은 산헤드린에 사형 권한이 없었다고 보게 한다(양용의, 345).
66. 빌라도는 조세 및 재정을 담당하는 수세관(procurator)이 아니라 민사 및 형사 문제를 담당하는 지방 관료(prefect)였다.

2절 (빌라도의 질문과 예수의 대답) 빌라도는 예수께 '유대인들의 왕'이냐고 질문한다. 산헤드린에서 정한 죄명은 신성모독인데, 이것은 로마법으로 처벌할 수 있는 사항이 아니었다(Lane, 547). 그래서 대제사장은 로마법으로 처형할 수 있는 죄목(유대인의 왕)으로 예수를 기소했을 것이다. 대제사장은 유대 민족주의적 메시아 사상(군사적 메시아)에 적합하지 않으면서 자신이 메시아임을 시인한 예수가 메시아가 아니라고 확신한 듯하다. 그런데, 그는 로마 법정에 예수가 '유대인의 왕' 메시아 즉 군사적 메시아라고 기소하여 사형 판결을 받게 하고자 하는 비일관성을 보였다(Lane, 550-51). '유대인의 왕'은 알렉산더 얀네우스(Alexander Jannaeus)와 대헤롯에게 부여된 칭호였다(요세푸스, 『유대 고대사』 14.36; 15.373; 16.311).[67] 따라서 이러한 칭호가 다른 사람에게 적용되면 유대 왕국을 재건하고자 하는 자라는 의미를 가진다(Marcus, 2009: 1027). 이러한 자는 로마 당국에서 볼 때에는 반로마 역도들의 두목으로서 정치범에 해당했다.

로마 총독 빌라도에게 '메시아'는 '유대인들의 왕'으로 번역되어야 이해될 수 있었을 것이다. 빌라도가 예수께 "네가 바로 유대인의 왕이냐?"라고 질문한 이유는 산헤드린이 예수를 유대인의 왕이란 죄목으로 빌라도에게 기소했기 때문일 것이다. '유대인들의 왕'은 반로마 역도들의 우두머리를 가리키는 용어이다.[68] 빌라도의 질문에 예수께서는 '쉬 레게이

67. Marcus, 2009: 1027.

68. Lane, 550. 요세푸스(『유대 고대사』 17.285)는 폭도들의 지도자들이 대개 '왕'이라 불렸음을 언급한다(France, 628. n.9). "And now Judea was full of robberies; and, as the several companies of the seditious lighted upon anyone to head them, he was created a king immediately"("그런데 유대는 역도들로 가득찼다. 그리고 이 역도들의 여러 집단이 어떤 사람을 그들의 우두머리로 삼게 되면 그는 즉각 왕이 되었다." 요세푸스, 『유대 고대사』 17.285).

스'(Σὺ λέγεις, "네가 말하고 있다")라고 말씀하신다. 이것은 문맥상 '유대인들의 왕'이라는 용어로 정의되기를 거절하시는 표현이라고 볼 수 있다(Evans, 2001: 478 참고). 만일 이 대답이 유대인들의 왕임을 긍정하는 것이라면 빌라도는 즉시 예수를 처형하라고 판결했을 것이다(Lane, 551). 빌라도가 그리하지 않았음은 예수의 대답이 유대인들의 왕임을 문자 그대로 인정하지 않은 것으로 이해했음을 보여준다. 예수께서는 자신이 유대인들의 왕 즉 군사적인 메시아가 아님을 뜻하는 대답을 하셨고 빌라도는 이 대답의 의미를 이해하였을 것이다.

그런데 왜 예수께서는 유대인들의 왕임을 명확히 부정하는 표현을 사용하시지 않고 "네가 말하고 있다."고 애매하게 말씀하셨을까? 이것은 아마도 예수께서 자신이 군사적 메시아로서의 유대인들의 왕은 아니지만, 마가복음 14:61-62에서 보듯이 메시아이심을 인정하시기 때문이었을 것이다.

3절 (대제사장들의 반응) 예수의 대답을 듣고 대제사장들은 예수를 열심히 고소한다. 그들은 예수가 로마를 반대하는 민란을 일으킬 수 있는 위험인물이라고 주장했을 것이다. 이렇게 반응한 이유는 혹시라도 빌라도가 예수를 무죄 석방할까 염려했기 때문이었을 것이다.

4-5절 (예수의 침묵) 예수께서는 대제사장들의 고소에 침묵하신다. 이러한 침묵은 이사야 53:7("그가 곤욕을 당하여 괴로울 때에도 그의 입을 열지 아니하였음이여 마치 도수장으로 끌려 가는 어린 양과 털 깎는 자 앞에서 잠잠한 양 같이 그의 입을 열지 아니하였도다.")을 연상시킨다.[69] 이러한 연관성은 예수께서 이사야 53장이 예언하는 여호와의 종으로서 많은 사람의 죄를 대신 지고 죽임을 당하셨다고 이해하게 한다.

---

69. Evans, 2001: 479. 예수의 침묵은 시 38:13-14도 연상시킨다(Marcus, 2009: 1027).

빌라도는 침묵하는 예수께 반론의 기회를 준다. 빌라도가 예수께 반론의 기회를 준 것은 로마 관원이 재판할 때 해야 하는 의무를 다하기 위함이었을 것이다(A. Y. Collins, 713). 예수께서는 반론하지 않으시고 계속 침묵하신다. 로마법에 의하면 자신을 방어하지 않는 사람은 유죄인 것으로 간주되기 때문에 예수의 침묵은 빌라도를 놀라게 한다.[70]

6절 (유월절에 죄수를 놓아주는 관습) 요한복음 18:39은 유월절에 죄인을 풀어주는 관습을 기록한다(Marcus, 2009: 1028). 유월절은 외세에서 해방됨을 기념하는 절기이므로 죄수를 해방하는 날로서 적절하게 여겨졌을 것이다.[71] 해마다 죄수를 풀어주었다는 증거가 신약성경 밖에서 발견되지는 않지만, 가끔 풀어주었다는 증거는 약간 발견된다.[72] 미쉬나(*m. Pesahim* 8:6)는 유월절에 죄수를 풀어주는 경우를 언급하며, 요세푸스(『유대 고대사』 20.9.5 §215)는 주후 62-63년에 유대에 황제 대리인으로 있던 알비누스(Albinus)가 죄수들을 사면한 이야기를 전한다(박윤만, 2017: 1102-3).

7-14절 (예수 대신 바라바를 풀어줌) 빌라도는 예수가 군사적으로 위협적인 존재가 아님을 알고 있었다. 나아가, 그는 대제사장이 예수를 넘겨준 이유는 그들의 시기 때문임도 알고 있었다(10절). 그는 예수께서 어떤 악한 일을 행하지 않았음도 알고 있었다(14절). 반면에 바라바는 정치적/군사적 반란을 일으킨 자들 중에 하나였다(7절). 요한복음 18:40은 바라바를 '레스떼스'(λῃστής)라고 부르는데, 이 단어는 요세푸스가 유대 혁명가들을 가리키기 위해 사용한 용어이다(Marcus, 2009: 1029). 또한 7절에

---

70. Evans, 2001: 479. 초기 순교자들 재판의 경우를 보면, 자기변호를 거부하는 자들에게는 판결을 내리기 전에 세 번 자기변호를 하도록 권고하였다(Lane, 551).

71. Marcus, 2009: 1028.

72. Marcus, 2009: 1031.

사용된 '반란'에 해당하는 헬라어 단어(στάσις)도 요세푸스 책에서 대개 단순한 소요가 아닌 정치적/종교적 무장 폭동을 가리킨다.[73] 이 반란은 아마도 빌라도가 성전 기금을 착복함에 대한 항거였을 수도 있다(Evans, 2001: 481). 또는 빌라도가 금으로 만든 방패들을 예루살렘 성안으로 들여오려고 한 것에 대한 항거였을 수도 있다(Marcus, 2009: 1029). 이 반란은 주후 31년경에 발생한 것이다.[74] 빌라도는 이러한 반란에 참여한 바라바를 풀어주기 싫었을 것이다. 아마도 그래서, 빌라도는 유대인의 왕이란 죄명으로 넘겨진 예수를 풀어줄 것을 제안하였을 것이다(9절).

로마법에 의하면, 아직 죄가 확정되지 않은 사람을 석방하는 아볼리티오(*abolitio*)와 이미 죄가 정해진 죄수를 사면하는 인둘겐티아(*indulgentia*)의 두 가지 종류의 사면이 가능하였다(Lane, 552). 이것은 군중의 요구에 반응하여 이루어질 수 있었다(Lane, 553). 주후 85년에 이집트에서도 총독이 유사한 사면을 행하였다(Bock, 362).

헤롯의 궁은 예루살렘의 서쪽 언덕(지금 Jaffa 문이 있는 곳)에 위치해 있었으므로, 그곳에서 재판이 열리면 무리들은 빌라도에게 올라와야 했다(8절).[75] 그들은 올라와서 바라바의 사면을 요구한다. 따라서 이 무리는 예수를 따르던 무리가 아니라 바라바를 지지하는 무리였을 것이다. 예수를 따르던 무리들은 예수께서 잡혀서 재판을 받고 있음을 아직 알지 못하고 있었을 것이다. 그래서 그들은 예수의 사면을 요구하기 위해 나올 수 없었을 것이다. 예수를 따르던 무리들이 변심한 것이 아니라 전혀 다른 성격의 무리가 모였기 때문에 그들은 예수 대신 바라바를 풀어달라고 요구하였을 것이다.

---

73. Marcus, 2009: 1029.
74. Marcus, 2009: 1029.
75. Edwards, 2002: 461, 466.

13절의 '빨리'(πάλιν)은 "다시"라는 의미로서 문맥에 잘 맞지 않게 보이지만, 15:8-9이 이미 군중이 소리친 것을 암시한다고 보면 문맥에 맞는다(Marcus, 2009: 1030). 로마법에는 군중의 소리침에 의하여 노예를 해방하는 제도가 있었다(A. Y. Collins, 717). 이 제도에 따라서 군중은 소리치며 석방을 요구했을 것이다.

15절 (빌라도의 판결) 빌라도는 마침내 예수를 채찍질하고[76] 십자가에 못 박도록 넘겨준다(15절).[77] '넘겨주다'(παραδίδωμι)는 이사야 53:6, 12(LXX)을 연상시키는 표현이다(Lane, 557). 이것도 메시아 예수와 고난받는 여호와의 종을 연결시킨다.

빌라도가 예수의 무죄함을 알면서도 처형하게 한 것은 단지 정치적 고려 때문이었을 것이다. 그는 군중들을 만족시키고자 예수를 유죄 판결하였다(15절). 빌라도는 예수를 고발한 대제사장의 입장도 고려하였을 것이다. 빌라도는 대제사장 카이아파스(가야바)와 서로 협력하는 관계였던 듯하다. 빌라도가 성전의 코르바나스로부터 (즉 하나님께 드려진 헌물로부터) 돈을 취하였을 때, 카이아파스가 침묵한 것은 이러한 관계를 보여준다.[78] 빌라도가 주후 37년에 관직으로부터 물러났을 때, 카이아파스도 대제사장 자리를 잃게 되는데, 이것도 빌라도와 카이아파스의 긴밀한 관계를 보여준다(Evans, 2001: 478).

---

76. 채찍은 종종 뼈와 내장을 드러나게 만들었다(Edwards, 2002: 464).

77. 채찍질은 십자가 처형 이전에 행해지는 일반적인 과정이었을 것이다(Evans, 2001: 483). 이 채찍은 아마도 플라겔룸(*flagellum*)으로서 가죽 끈에 여러 조각의 뼈나 납을 단 것이었다(Lane, 557).

78. Evans, 2001: 478.

예수의 십자가 수난(15:16-41)

16 병사들이 그를 안뜰 곧 본부 안으로 데려갔다. 그리고 대대 전체를 모았
다. **17** 그들이 그에게 자주색 옷을 입히고 가시나무 왕관을 엮어서 그에게
씌웠다. **18** 그리고 그에게 인사하기 시작했다.

"안녕하시오, 유대인의 왕이여!"

19 그들은 그의 머리를 갈대로 치고 또 쳤다. 그들은 그에게 계속 침을 뱉
고 무릎을 꿇고 그에게 경배하였다. **20** 그들이 그를 조롱한 후, 그에게서
자주색 옷을 벗기고 그에게 그 자신의 옷을 입혔다. 그리고 그를 십자가에
못 박으려고 데리고 나갔다. **21** 그리고 그들은 어떤 구레네 사람 시몬이 시
골에서 와서 지나가는데 강제로 그분의 십자가를 지고 가도록 하였다. 그
는 알렉산드로스와 루포스의 아버지였다. **22** 그들이 그를 골고다라는 곳으
로 데려갔다. 그것은 번역하면 '해골의 장소'이다. **23** 그리고 그들은 그에
게 몰약을 탄 포도주를 주고자 했다. 그러나 그는 받지 않았다. **24** 그들은
그를 십자가에 못 박았다. 그리고 그들은 그의 옷들을 나누어 가졌다. 누가
무엇을 가질지 제비를 뽑아서 그렇게 했다. **25** 그런데 그들이 그를 십자가
에 못 박은 때는 제 삼시였다. **26** 그의 죄목을 적은 패에는 '유대인들의 왕'
이라고 쓰여 있었다. **27** 그들은 그와 함께 두 역도를 십자가에 못 박았는
데, 하나는 그의 오른편에 하나는 그의 왼편에 있었다. **29** 지나가는 자들이
그들의 머리를 흔들어 그를 계속 모욕하며 말했다.

"우아, 성소를 허물고 삼일 동안 짓는 자여,

30 십자가에서 내려와 너 자신을 구원하라."

31 대제사장들도 이와 같이 율법사들과 함께 그를 조롱하며 서로에게 말했다.

"남들은 구하고, 자기 자신은 구하지 못하는구나.

32 그리스도, 이스라엘의 왕이 지금 십자가에서 내려오도록 하라.

우리가 보고 믿도록 말이다."

그와 함께 십자가에 못 박힌 자들도 그를 욕하고 또 욕했다. **33** 제 육시가
되었을 때 온 땅에 어둠이 임하여 제 구시까지 계속되었다. **34** 제 구시에
예수께서 큰 소리로 외치셨다.

"엘로이 엘로이 레마 사바크타니."

이것은 번역하면 "나의 하나님 나의 하나님 어찌하여 나를 버리셨습니까?"
이다. **35** 옆에 서 있던 자들 중에 몇몇이 듣고 말했다.

"보라, 그가 엘리야를 부른다."

36 어떤 사람이 달려가 해면에 포도주 초를 채워 갈대에 꿰어 그에게 계속
마시도록 하고 말했다.

"놓아둬라. 엘리야가 그를 내려주러 오는지 보자."

37 예수께서 큰 소리로 외치신 후에 숨을 거두셨다. **38** 이에 성소의 휘장이
위에서 아래로 둘로 찢어졌다. **39** 그의 맞은편으로부터 곁에 서 있던 백부
장은 그가 그렇게 숨을 거두시는 것을 보고 말했다.

"참으로 이 사람은 하나님의 아들이셨다."

40 그런데 멀리서 보고 있던 여인들도 있었다. 그들 중에는 막달라 여인
마리아, 작은 야고보와 요세의 어머니 마리아, 그리고 살로메가 있었다. **41**
그분이 갈릴리에 계실 때 그들이 그분을 계속 따라다녔고, 그분을 위하여
봉사하였다. 또한 그분과 함께 예루살렘으로 올라 온 다른 많은 여인들이
있었다.

16절 (로마군 대대가 소집됨) 병사들이 예수를 안뜰로 데려갔다. '뜰'(αὐλή)은 헤롯의 왕궁의 아트리움(*atrium*)을 가리키는 말로 사용되었으나 안토니아(Antonia) 요새에 있는 장소를 가리키는 말로 사용되지는 않았다(Edwards, 2002: 466). 그러므로 재판 장소는 헤롯 궁의 안뜰이었을 것

이다.[79] 명절에 총독은 안토니아 요새보다는 더 크고 사치스러운 헤롯의 궁에 와서 거하였을 것이다.[80] 그리하여 이곳은 총독의 본부(*praetorium*)가 되었을 것이다(A. Y. Collins, 725).

예수 처형을 위해 대대 전체가 모였다. '대대'로 번역된 헬라어 단어(σπεῖρα)는 로마 군단(*legio*)의 10분의 1로서 약 600명으로 구성되는 부대를 가리킨다(Edwards, 2002: 465). 외인 부대의 경우에는 500-1000명으로 구성된다.[81] 유대인들은 군복무가 면제되었으므로(A. Y. Collins, 724), 이들은 이방인들로 구성되었을 것이다.

17절 (예수께 자색 옷을 입히고 가시관을 씌움) 병사들은 예수께 자색 옷을 입히고 가시관을 씌운다. 자색 옷을 입고 금으로 도금된 나뭇잎 화관을 쓰는 것은 헬라 제국 속국 왕의 표지였다(Lane, 559). 가시관을 씌움은 고통을 주기 위함이었다기보다는 조롱하기 위함이었을 것이다(Lane, 559). 고급 자색 옷은 매우 비쌌으나 상대적으로 값싼 자색 옷은 비교적 구하기 쉬웠다(Marcus, 2009: 1040).

18절 (병사들이 예수께 경례함) 병사들은 예수께 "평안할지어다, 유대인들의 왕이여!"(χαῖρε, βασιλεῦ τῶν Ἰουδαίων)라고 인사한다. 이것은 로마 황제에게 하는 인사 '아베, 카이사!'(*Ave, Caesar!*)에 해당한다(Lane, 560). 무릎을 꿇는 것은 통치자에 대한 헬라식 예에 해당한다(Lane, 560). 이 모든 행동은 예수를 조롱하기 위함이었을 것이다.

19절 (예수의 머리를 치고 침을 뱉고 경배함) 병사들은 예수의 머리를 치고 침을 뱉는다. '갈대'에 해당하는 헬라어 단어(κάλαμος)는 가끔 막대기를 가리키기도 한다(Marcus, 2009: 1040). 이것은 왕이 들고 다니는 홀

79. Edwards, 2002: 466.
80. Edwards, 2002: 466.
81. A. Y. Collins, 725.

을 가리킬 수도 있으며, 이 경우 이것으로 머리를 친 주된 목적은 놀리기 위한 것이다(A. Y. Collins, 727). 침 뱉음은 이사야 50:6을 연상시킨다.[82] 이러한 연상을 통해 독자들은 예수의 수난을 의로운 자의 고난으로 이해하게 된다.

20절 (조롱을 마침) 병사들은 예수를 조롱하기를 마쳤다. '조롱하다'(20a)는 고문에 대한 완곡어법일 수 있다(Evans, 2001: 490). 십자가형을 당한 죄수는 나체로 십자가를 운반하게 되지만 예수의 경우에는 유대인의 관습을 존중하여 옷을 다시 입히게 된 듯하다(박윤만, 2017: 1119).

21절 (시몬에게 예수의 십자가를 지움) 십자가에 처형되는 자는 자신의 십자가를 지고 가게 되어 있었다.[83] 루포스(루포)의[84] 아버지 구레네 사람 시몬이 대신 십자가를 지게 한 것은 예수께서 채찍을 맞고 십자가를 질 수 없는 상태가 되었기 때문으로 볼 수 있다(Donahue & Harrington, 441). 강제로 짐을 지게 하는 권한이 로마 군인에게 있었다(마 5:41; 요세푸스, 『유대 고대사』 13.52)(France, 640). 로마 군인들은 이러한 권한을 사용하여 루포스가 십자가를 운반하게 하였을 것이다.

'구레네'는 키레나이카(Kyrenaica, 현재의 리비아에 해당)의 수도였다(Marcus, 2009: 1040). 구레네 사람 시몬이 시골에서 왔다는 것은 이날이 유월절이 아니라 그 전날이라는 암시를 준다.[85] 왜냐하면 안식일이나 명

---

82. "나를 때리는 자들에게 내 등을 맡기며 나의 수염을 뽑는 자들에게 나의 뺨을 맡기며 모욕과 침 뱉음을 당하여도 내 얼굴을 가리지 아니하였느니라"(사 50:6, 개역개정).

83. Lane, 562. Plutarch, *Moralia* 554A: "Each of the condemned bore his own cross"("정죄된 자마다 자기 자신의 십자가를 졌다." Evans, 2001: 499에서 재인용).

84. 루포스는 롬 16:13의 루포스(루포)와 동일 인물일 수도 있으나, 이것('Ροῦφος, Rufus)은 유대인이나 이방인 중에서 흔한 이름이었으므로 반드시 같은 인물일 필연성은 없다(Lane, 563).

85. Marcus, 2009: 1041.

절에는 2천 규빗(약 3천 피트, 9백 미터)을 초과하여 걸을 수 없었기 때문이다(Marcus, 2009: 1041). 유월절은 예루살렘이나 성벽 주변에서 보내야 하는 관습을 고려할 때에도 이날이 유월절이 아니고 그 전날이라고 추측할 수 있다.[86] 그러나 시몬이 이러한 관습을 어겼을 가능성을 배제할 수 없으므로, 시몬의 행위를 근거로 이날이 유월절이 아니라고 단정할 수는 없다.

십자가를 벌거벗은 상태에서 지고 가며 채찍에 맞는 것이 관습이었지만(요세푸스, 『유대 고대사』 19.4.5; Dionysius of Halicarnassus 7.69), 예수는 이미 채찍에 맞았으므로 그렇게 할 필요가 없었을 것이다(Lane, 560).

22절 (골고다에 도착함) 예수는 골고다에 도착했다. 골고다는 성 밖의 처형 장소였던 듯하며, 그렇다면 빌라도가 거주하던 헤롯 궁전으로부터의 이동 거리는 약 300미터 정도였을 것이다(양용의, 367). 이곳은 지형이 해골을 닮았기 때문에 그렇게 불렸을 것이다(Marcus, 2009: 1042).

병사들이 예수를 데려갔다. '데려가다'는 동사가 사용되었지만(φέρουσιν), 이 단어가 예수께서 걸을 수도 없어서 물건처럼 운반되었다는 암시를 준다고 볼 필요는 없다. 이 단어는 마가복음 7:32; 8:22에서 사람을 데려올 때 사용되었고, 11:7은 나귀를 끌고 온 것을 묘사한다. 그러므로 이 단어의 사용은 문맥에 따라 인도하여 오거나 끌고 오는 것을 뜻할 수도 있다.

23절 (몰약을 탄 포도주를 거절하신 예수) 예수께서 포도주를 거절하신 것은 최후의 만찬 때의 약속(14:25)과 관련이 있을 것이다(Donahue & Harrington, 442). 몰약을 탄 포도주는 시편 69:21을 기억나게 한다.[87] 이

86. Marcus, 2009: 1041.

87. Edwards, 2002: 467. "그들이 쓸개를 나의 음식물로 주며 목 마를 때에는 초를 마시게 하였사오니"(시 69:21, 개역개정).

러한 기억을 통하여 독자들은 예수의 죽음이 의로운 자의 수난에 해당한다는 암시를 전달받게 된다.

1세기 때, 로마 군대의 의사였던 디오스코르데스 페다니우스(Dioscordes Pedanius)에 의하면 몰약에는 마취 성분이 있다(*De materia medica* 1.64.3).[88] 마취 음료를 제공하는 것은 처형당하는 사람의 고통을 덜어주기 위한 것이었을 것이다(*b. Sanhedrin* 43a).[89] 이러한 인도적 관습은 잠언 31:6-7에 토대한 것이었다(Lane, 564). 이러한 관습은 로마 관습이 아니라 유대 관습이었을 가능성이 있으므로(*b. Sanhedrin* 43a), 음료를 제공한 사람은 유대 여인들이었을 것이다(Lane, 564). 그러나 몰약을 탄 포도주는 고급스러운 음료였으므로 이러한 포도주를 제공하고자 한 것은 (병사들이 행한) 조롱의 일종으로 볼 수도 있다(A. Y. Collins, 741).

예수께서는 포도주를 거절하심으로 포도주를 하나님 나라에서 마실 때까지는 다시 마시지 않겠다고 하신 말씀을 지키신다(14:25). 예수께서 포도주를 거절하심을 통해서 독자들은 이 시점에는 아직 하나님 나라가 시작되지 않았음을 알 수 있다.

24절 (예수의 옷을 제비뽑아 나누어 가짐) 사람들은 예수의 옷을 제비뽑아 나누어 가진다. 예수의 옷을 나눈 것은 시편 22:18의 성취이다.[90] 이 시편을 통해서 예수의 고난은 예언을 성취하기 위한 고난이며 의로운 고난으로 이해될 수 있다.

25절 (십자가에 못 박히신 예수) 제3시에 예수는 십자가에 못 박히신다. 요한복음 19:14은 재판을 시작한 때가 제6시경이었다고 한다. 따라서 십

88. Lane, 564.
89. Lane, 564.
90. Edwards, 2002: 467. "내 겉옷을 나누며 속옷을 제비 뽑나이다"(시 22:18, 개역개정).

자가형은 제6시 이후에 이루어진 것이므로 마가복음의 기록과 어긋난다. 그러나 이것은 요한복음의 시간 계산 방법이 달랐기 때문에 생긴 차이일 수 있다. 요한은 한밤중을 0시로 잡고 아침의 시작을 6시 정도로 잡는 (로마식) 시간 기준을 사용한 듯하다.

십자가에 처형된 사람들은 대개 나체로 매달렸으나(Artemidorus 2.61), 유대인의 관습은 완전히 나체로 처형하는 것을 금했다(*m. Sanhedrin* 6:3).[91] 로마인들이 이러한 유대인의 관습을 얼마나 고려했는지는 알려지지 않았다(Lane, 566). 아마도 이스라엘 땅에서는 유대인들을 고려하여 완전 나체로 처형하지는 않았을 것이다(Marcus, 2009: 1040).

26절 (죄패의 기록) 십자가 위에 단 죄패에는 '유대인들의 왕'이라고 기록되어 있었다. 예수를 십자가에 못 박도록 한 자들은 예수를 유대인들의 왕으로 믿지 않았기에 '유대인들의 왕'이라는 죄목은 그들의 자기모순을 보여준다(Bock, 368 참고). 이 죄목은 로마가 임명하지 않았으나 유대인들의 왕으로 행세하였다는 의미를 가지는 점에서 메시아적 함축을 가지므로, 사람들이 예수 부활 후에 비로소 예수를 메시아로 여기기 시작했다는 주장이 옳지 않음을 보여준다(Bock, 369). 예수는 십자가에 못 박히기 전에 이미 메시아로 간주되었고 바로 그러한 이유로 인해 십자가에 못 박혔다.

27절 (함께 십자가에 못 박힌 역도들) 요세푸스에 의하면 십자가형은 가장 비참하게 죽는 방식이었다(Lane, 561). 로마 제국에서 십자가형은 공공질서 유지를 위한 일상적 수단이었다(Lane, 561).

로마법에 의하면 도둑질이나 강도질(무력으로 훔치는 것)은 사형에 해당하지 않았다(Lane, 568). 또한, 요세푸스는 '레스떼스'(ληστής)라는 단

91. Lane, 566.

어를 로마에 무장 저항한 열심당에 대하여 사용하였다(Lane, 568). 그러므로 여기서 주로 '강도들'로 번역되는 헬라어 단어(λῃσταί)는 노상강도(눅 10:30)라기보다는 로마에 무력으로 저항한 역도들일 것이다(양용의, 369).

29절 (예수를 모욕하는 자들) 지나가는 자들은 예수를 보고 머리를 흔들며 조롱한다. 조롱하며 머리를 흔드는 것은 시편 22:7의 성취이다.[92] 머리를 흔드는 것은 시편 109:25; 예레미야애가 2:15; 예레미야 18:16에서 보듯이 조롱의 표시이다(Bock, 369).

마가는 사람들이 예수를 모독하였다고 한다. 예수는 산헤드린에서 신성모독 죄에 해당한다고 부당하게 정죄되었지만, 역설적이게도 실제로 신성모독죄를 범한 것은 예수가 아니라 그를 모독한 자들이었다(Evans, 2001: 505 참고).

30-32절 (예수에게 자기 자신을 구원하라고 조롱하는 사람들) 미드라쉬(*Midrash Tannaim* 3.23)에는 자신을 구하라는 말의 배경이 되는 유대인들의 사상을 알려줄 수 있는 구절이 있다.[93] 자신을 구하지 못하는 자를 유대인들은 믿을 만하게 여기지 않았다.

유대인들은 예수가 십자가에서 내려오면 믿겠다고 말하며 예수를 조롱한다. 우리가 믿도록 십자가에서 내려오라는 말의 배경이 되는 유대인

---

92. Edwards, 2002: 468. "나를 보는 자는 다 나를 비웃으며 입술을 비쭉거리고 머리를 흔들며 말하되"(시 22:7, 개역개정).

93. *Midrash Tannaim* 3.23 "Before a man puts his trust in flesh and blood, (i.e. another man) and asks him to save him, let him (i.e. the other) save himself from death first"("어떤 사람이 혈과 육[다른 사람]을 신뢰하여 그에게 자기를 구해 달라고 요청하기 전에 그[다른 사람]에게 그 자신을 먼저 죽음으로부터 구하도록 해야 한다." Lane, 569에서 재인용).

들의 사상을 솔로몬의 지혜 2:17-18에서 발견할 수 있다.[94] 유대인들에게는 자신을 구할 수 있는 사람이 신뢰할 만한 사람이었다.

33절 (온 땅에 어둠이 임함) 온 땅이 어두워진 것을 일식 현상으로 간주할 수 없다. 일식은 온 땅을 어둡게 하지는 않으며, 8분 이상 지속되지도 않고(Marcus, 2009: 1054), 보름달이 뜰 때(유월절) 발생하지도 않기 때문이다(Edwards, 2002: 475). 이 현상은 아모스 8:9("그 날에 내가 해를 대낮에 지게 하여 백주에 땅을 캄캄하게 하며"); 요엘 2:2, 10, 31을 연상시키며,[95] 예수의 십자가에 종말론적 의미를 부여한다(Williamson, 1983: 276). 구약성경은 어두움을 심판과 관련시킨다(출 10:21-22; 신 28:29; 사 13:10).[96] 필로는 일식이나 월식 현상을 왕의 죽음이나 도시의 멸망을 의미한다고 하는데(Philo, *On Providence* 2.50),[97] 이것도 땅이 어두워진 현상을 어떻게 해석했을지에 대한 배경을 제공한다.

알렉산더 대왕이나 시이저(Caesar, '카이사르')의 죽음이 어둠과 연관되었다는 점도 헬라인, 로마인들에게 어둠의 의미를 해석하게 하는 배경을 제공한다. 이 어둠은 예수가 왕이심을 보여주는 증거로 여겨졌을 것이다.

---

94. Edwards, 2002: 468. ἴδωμεν εἰ οἱ λόγοι αὐτοῦ ἀληθεῖς καὶ πειράσωμεν τὰ ἐν ἐκβάσει αὐτοῦ εἰ γάρ ἐστιν ὁ δίκαιος υἱὸς θεοῦ ἀντιλήμψεται αὐτοῦ καὶ ῥύσεται αὐτὸν ἐκ χειρὸς ἀνθεστηκότων(솔로몬의 지혜 2:17-18, "Let us see if his words are true, and let us test what will happen at the end of his life; for if the righteous man is God's son, he will help him, and will deliver him from the hand of his adversaries." RSV). "그의 말들이 참된지 보자. 그리고 그에게 결국 어떤 일들이 발생할지 시험하자. 만일 그가 하나님의 의로운 아들이면 하나님이 그를 도우시고 그의 적들의 손에서 그를 구하실 것이다"(사역).
95. Marcus, 2009: 1054.
96. Bock, 370.
97. Lane, 571.

34절 (크게 소리치신 예수) 예수께서는 시편 22:1(히브리어 성경은 22:2)을 큰 소리로 인용하신다. 예수의 구약성경 인용은 탈굼과 유사한 면이 있다(Lane, 572). '레마' 대신 사용한 '라마'를 사용한 사본이 있는데, 이것은 히브리어로 볼 수도 있지만 아람어 방언으로 볼 수도 있다(Marcus, 2009: 1054-55).

시편 22:1은 하나님께 왜 나를 버렸느냐고 절망적 질문을 던지는 내용인데 이것을 인용하신 이유는 나무에 달린 자는 하나님의 저주를 받았다고 하는 신명기 21:23과 관련되었을 수도 있다(Lane, 573). 그러나 '엘로이 엘로이 레마 사바크타니'는 시편 22:2(개역개정 22:1, LXX 21:2)의 인용으로서 시편 22편 전체를 그 첫 절인 2절을 언급하며 인용한 것일 수 있다(히브리어 성경에서 22:1은 이 시편의 제목임). 그렇다면, 이 말씀은 시편 22편이 지금 성취되고 있음을 암시한 것으로 볼 수 있다. 시편 22:19(개역개정 18절, LXX 21:19)의 "내 겉옷을 나누며 속옷을 제비 뽑나이다."가 성취되었음은 마가복음 15:24의 "그 옷을 나눌새 누가 어느 것을 가질까 하여 제비를 뽑더라."를 통해서 확인된다. 시편 22:8(개역개정 7절)의 "나를 보는 자는 다 나를 비웃으며 입술을 비쭉거리고 머리를 흔들며 말하되"의 성취는 마가복음 15:29의 "지나가는 자들은 자기 머리를 흔들며"를 통하여 확인된다. 시편 22:17(개역개정 22:16, LXX 21:17)이 언급하는 개들이 에워싸과 수족을 찌름은 로마 군인들이 예수를 희롱하고, 십자가형에 처함을 통하여 성취된다(막 15:16-19, 24). 이러한 성취를 전제하면 예수를 십자가에 처형한 세력들을 시편 22편에 따라 "악한 무리"(시 22:17[개역개정 22:16])로 간주된다.

예수께서 소리를 치신 때가 제9시(오후 3시)라는 언급은 예수께서 숨지셨을 때가 매일의 어린 양 제사 때인 제9-10시(오후 3-4시)와 일치함을 알려준다(A. Y. Collins, 752). 그리하여 예수께서 유월절 어린 양처럼 제물이 되셨음을 암시한다.

36절 (신 포도주를 마신 예수) 한 사람이 예수께 신 포도주를 마시게 한다. 신 포도주는 시편 69:21을 연상시킨다.[98] 이것은 "희석한 포도주 식초로서 군인들과 노동자들이 갈증을 해소하기 위해 마시던 값싼 음료수였던 것 같다"(양용의, 373). 신 포도주의 제공은 시편 68:22(LXX)을 배경으로 볼 때 조롱의 일종으로 볼 수 있다(A. Y. Collins, 758-59). 시편 69:21이 성취됨을 통하여 마가복음은 예수의 죽음이 의로운 자의 고난임을 암시한다.

마가복음 14:25을 염두에 두고 볼 때에는 예수께서 십자가 위에서 포도주를 마심은 하나님 나라 시대가 시작되었기에 예수께서 다시 포도주를 마시기 시작하셨다고 해석할 수 있다. 그렇다면 하나님 나라는 예수의 십자가 수난으로 시작된 새로운 시대이다.

마커스(J. Marcus)는 포도주를 '마시게 하였음'에 해당하는 헬라어 '에뽀띠젠'(ἐπότιζεν)을 시도를 나타내는 미완료형으로 본다(Marcus, 2009: 1055). 그는 마가복음 15:23에서 포도주를 제공함을 표현한 '에디둔'(ἐδίδουν)이 시도의 미완료 용법으로 사용되었다는 것과 마시게 하였음을 언급하는 15:36의 다음 절인 15:37이 '그러나 예수는'(ὁ δὲ Ἰησοῦς)으로 시작하여 포도주를 마시게 하는 시도가 불필요했음을 암시한다는 것을 근거로 제시한다.[99] 그러나 15:23에서와 달리 15:36은 예수께서 받지 않으셨다는 내용이 없다. 또한 15:37의 '그러나 예수는'은 포도주를 제공한 것과 대조되기보다는 바로 앞에 서술된 엘리야가 와서 구하는지 보자는 내용과 대조된다. 따라서 '그러나 예수는'은 포도주 제공이 불필요했음

98. Edwards, 2002: 477; 베드로 복음 16장 참조.

99. Marcus, 2009: 1055.

을 암시하는 것이 아니라 (예수께서 숨을 거두셨기에) 엘리야가 와서 구하는지 기다릴 필요가 없었음을 말하기 위한 대조이다. 그러므로 예수께서 포도주를 마셨다고 볼 수 있다. 요한복음 19:30은 예수께서 이 포도주를 마셨음을 명확히 기록한다.

예수의 외침 속의 '엘로이 엘로이'는 엘리야를 부르는 것으로 오해된다. 통속 유대교는 엘리야가 위기에 의인들을 구하러 올 것이라고 믿었다(Edwards, 2002: 476). 엘리야는 아람어 '엘리'로 불렸기에 '엘로이'(히브리어 '엘리')는 엘리야를 가리키는 것으로 오해될 수 있었다(Edwards, 2002: 477).

37절 (숨을 거두신 예수) 예수께서는 큰 소리를 지르시고 마침내 숨을 거두신다. 마커스는 큰 소리를 지르심에 대한 묘사가 34절을 다시 언급하신 것으로 본다(Marcus, 2009: 1056). 그러나 37절은 36절에 이어지는 대조이므로 이러한 주장은 문맥에 부합하지 않는다.

38절 (성소의 휘장이 찢어짐) 예수께서 큰 소리를 지르실 때 성소 휘장이 찢어진다. 성소 휘장이 찢어졌음은 예수의 수세 때에 하늘이 찢어졌음을(1:10) 연상하게 한다. 이것은 하나님과 인간 사이의 담이 허물어지는 계시적 사건이라고 볼 수 있다. 이스라엘의 뜰 앞의 성전 휘장을 "하늘 전체의 파노라마"로 묘사하는 요세푸스의 글(『유대 전쟁기』 5.212)은 이러한 이해를 지원한다.[100] 지성소와 성소를 나누는 휘장의 경우도 하늘을 상

100. Evans, 2001: 509; Edwards, 2002: 478. "but before these doors there was a veil of equal largeness with the doors. It was a Babylonian curtain, embroidered with blue, and fine linen, and scarlet, and purple, and of a contexture that was truly wonderful. Nor was this mixture of colors without its mystical interpretation, but was a kind of image of the universe; for by the scarlet there seemed to be enigmatically signified fire, by the fine flax the earth, by the blue the air, and by the purple the sea; two of them having their colors the foundation of this resemblance; but the fine flax and the purple

징하므로(『유대 고대사』 3.6.4 §§122-23), 이 휘장이 찢어졌다고 보아도 의미는 동일하다(A. Y. Collins, 762).

휘장이 찢어진 것은 언젠가 성전이 파괴될 것을 암시하기도 한다(Evans, 2001: 509). 초기 교부들은 이 사건을 성전이 파괴될 것을 경고하는 표적으로 보았다(Lane, 575). 탈무드(*b. Yoma* 39b)는 성전 파괴 이전 40년 동안에 성소의 문들이 저절로 열릴 것이라고 한다(Bock, 372). 이러한 유대교 후기 전통을 배경으로 볼 때에도 성소 휘장의 찢어짐은 성전 파괴의 징조로 이해될 수 있을 것이다.

39절 (백부장의 고백) 백부장은 예수께서 숨을 거두실 때 성전 휘장이 찢어진 일이 일어난 보고를 받았거나 직접 목격하였을 것이다.[101] 그는 예수께서 참으로 하나님의 아들이라고 말한다. 이번에 언급되는 것은 하늘

---

have their own origin for that foundation, the earth producing the one, and the sea the other"("그러나 이 문들 앞에 문들의 크기와 동일한 크기의 휘장이 있었다. 그것은 바벨론 휘장이었는데 청색, 정교한 아마포, 주홍색, 자주색으로 수놓은 실로 놀라운 직물이었다. 이 색들의 조합은 신비한 의미를 가지며, 우주의 이미지의 일종이었다. 주홍빛은 불을 암시하고, 정교한 아마포는 땅을, 청색은 공기를, 자주색은 바다를 암시하였다. 그것들 중에 둘은 이 유사성의 기초로서 그들의 색을 가졌으나, 정교한 아마포와 자주색은 그 기초를 위한 기원과 관련된다. 땅은 그중 하나의 기원이며, 바다는 다른 하나의 기원이다." 요세푸스, 『유대 전쟁기』 5.212-13, trans. Whiston).

101. 잭슨(H. M. Jackson)은 이때 찢어진 휘장이 성소 문들 앞에 걸린 80피트(약 24미터) 높이의 휘장(요세푸스, 『유대 전쟁기』 5.211-12)으로서 멀리서도 (감람산 쪽에서) 볼 수 있는 것이었다고 주장한다(Jackson, 1987: 24). 그러나 양용의는 '까따뻬따스마'(καταπέτασμα)는 70인역에서 주로 내부 휘장을 가리키며, 외부 휘장은 대개 '깔륍마'(κάλυμμα)라는 말로 가리킨다고 지적한다(양용의, 374). 그렇지만, 유대인 및 유대 그리스도인 전승은 성소 입구의 휘장의 찢어짐을 말하고 있다(Lane, 575). 또한 구약성경은 성소 외부의 휘장에 대해서도 '까따뻬따스마'를 사용한다(출 26:37; 38:18; 민 3:26; 요세푸스, 『유대 전쟁기』 5.5.5 §219)(Marcus, 2009: 1056; 박윤만, 2017: 1148). 그러므로 당시에 찢어진 휘장은 성소 외부의 휘장일 수 있다. 물론 이때 성소 내부의 휘장이 동시에 찢어졌을 가능성은 배제할 수 없다.

에서 들려온 소리 대신 로마 군인의 입에서 나오는 고백이다. 이러한 고백이 로마 황제를 하나님의 아들로 여기는 고백이 로마인의 입에서 나온 것은 놀라운 일이다(Evans, 2001: 510 참고).

코이네 헬라어에서 명사 주격 술어가 동사 앞에 나올 때에는 관사 없이 사용된다(Edwards, 2002: 480). 신약성경에서 마태복음 4:3; 8:9; 14:33; 27:40, 43; 27:54; 마가복음 5:7; 15:39; 누가복음 1:35; 4:3, 9; 8:28은 이를 지원한다.[102] 그러므로 예수는 하나님의 아들이었다(υἱὸς θεοῦ ἦν)고 말한 백부장의 고백은 예수를 '하나님의 아들 중에 하나'(a son of God)로 고백했다고 해석할 필연성은 없다(Edwards, 2002: 480). 그는 술어적 의미(Son of God)로 이 표현을 사용했다고 볼 수 있다. 바벨론 유수 때 '하나님의 아들'은 점점 메시아 대망과 연결되었다.[103] 이 백부장은 이방인이지만 유대인들의 메시아 대망과 관련된 '하나님의 아들'의 의미를 아는 배경에서 예수를 '하나님의 아들'로 고백하였을 가능성을 배제할 수 없다.

40-41절 (예수 처형 장면을 멀리서 바라보는 여인들) 막달라 마리아, 작은 야고보의 어머니 마리아, 살로메 등이 예수 처형 장면을 멀리서 바라보고 있었다. 예수와 마리아 사이에 거리를 두는 마가복음 3:31; 6:3을 고려할 때, 작은 야고보의 어머니는 예수의 어머니와 동일인을 가리킨다고 볼 수도 있다(Edwards, 2002: 485). 그러나 기독교 전통 속에서 '작은 야고보'는 '큰 야고보'(세베대의 아들 야고보)와 대조하여 알패오의 아들 야고보를 가리키므로, 이 야고보의 어머니 마리아는 예수의 어머니 마리아와 다른 인물일 수 있다(Marcus, 2009: 1060).

102. Edwards, 2002: 480. n.74.

103. Edwards, 2002: 482.

'막달라'는 탈무드(*b. Pesahim* 46b)에 나오는 미갈 눈나야(Migal Nunnaya)라고 추정되는데, 헬라어 지명으로는 타리카이아이(Tarichaeae) 또는 타레카이아이(Tarechaeae)로서 갈릴리 호수 서안에 있었을 것이다(Marcus, 2009: 1059).

예수의 몸을 무덤에 둠(15:42-47)

> **42** 이미 저녁이 되어 준비일 즉 안식일 직전이었다. **43** 존경받는 의회 회원인 아리마대 출신 요셉이 왔다. 그도 하나님 나라를 기다리는 사람이었다. 그는 감히 빌라도에게로 들어가서 예수의 몸을 요구했다. **44** 그런데 빌라도는 벌써 그가 죽었을까 하며 놀랐다. 그는 백부장을 불러 그에게 그가 이미 죽었는지 물었다. **45** 그는 백부장으로부터 알아보고 요셉에게 그 시체를 주었다. **46** 그가 아마포를 사서 그를 내리고 아마포로 싸서 그를 바위에 판 무덤에 두었다. 그리고 무덤 입구로 돌을 굴려 놓았다. **47** 막달라 여인 마리아와 요세의 어머니 마리아는 어디에 두는지 지켜보고 있었다.

42-43절 (예수의 시체를 요구한 아리마대 사람 요셉) '이미 저녁이 되어'가 안식일이 이미 되었음을 뜻하지는 않음이 '준비일'이라는 추가적인 한정에서 드러난다. '준비일'(παρασκευή)은 안식일을 준비하는 시기를 가리킨다(Donahue & Harrington, 453). '저녁'은 해가 지기 전의 늦은 오후도 가리키는 말이다(마 14:15; 20:8).[104] 그러므로 이 시점은 안식일이 되기 직전, 곧 해 지기 직전의 시간이다.

이때 아리마대 사람 요셉이 빌라도에게 예수의 시체를 요구한다. '아

104. Marcus, 2009: 1070.

리마대'는 70인역의 번역을 통하여 볼 때(삼상 1:19) 사무엘의 출생지인 라마를 가리킨다고 볼 수 있다(Marcus, 2009: 1070).

로마법에 따르면 십자가에 처형된 자는 대개 장사 지내지 않고 방치한다.[105] 그러나 실제로는 시체를 가족이나 친척이 요구할 때에는 대개 내어주었다(Lane, 578). 그렇지만, 반역죄의 경우는 내어주지 않았다(Lane, 578). 그러나 유대 지역에서는 예외가 허용되었던 것 같다(양용의, 376). 유대인들에게 장례는 존경을 표시하는 경건한 행위였으며(삼하 21:12-14; 토비트 1:17-19; 2:3-7; 12:12-13; 시락서 7:33; 38:16),[106] 요세푸스는 "우리는 심지어 적들도 묻어 주는 것을 의무로 여긴다."고 했다(『유대 전쟁기』 3.8.5).[107] 십자가에 처형된 자도 적절한 장례를 치르게 허용되었음은 그렇게 처형당한 자의 유골함이 발견됨으로 인하여 입증된 바 있다(박윤만, 2017: 1162).

요셉이 시체를 요구한 이유는 아마도 신명기 21:23에 따라 시체를 밤새 매달아 두지 않으려고 했기 때문일 것이다(Evans, 2001: 519). 일몰 전에 장사하는 것은 악인들이 처형되었을 경우에도 행하여졌다(요세푸스, 『유대 전쟁기』 4.316-17).[108]

44-45절 (빌라도가 예수의 시체를 내어줌) 빌라도 총독은 예수께서 이미 죽었음을 듣고 이상히 여겼다. 십자가에 매달린 사람은 대개 2-3일간

105. 양용의, 376. *Annals* 6.29에 의하면 사형 선고받은 자는 재산을 몰수당하고 장사될 권리도 박탈당했다(Lane, 578).

106. Bock, 375.

107. Lane, 578.

108. Edwards, 2002: 487. "... the Jews used to take so much care of the burial of men, that they took down those that were condemned and crucified, and buried them before the going down of the sun"("유대인들은 사람을 장사 지내는 것을 매우 신경쓰는 관습을 가지고 있어서, 정죄받고 십자가에 처형된 자들도 내려서 해가 지기 전에 묻었다." 요세푸스, 『유대 전쟁기』 4.317).

살아있었기 때문에, 빨리 죽는 것은 특이한 것으로 여겨질 수 있었다(Lane, 579). 예수의 경우는 심한 채찍질로 인하여 십자가를 지고 갈 수 없을 정도로 상처를 입었기에 빨리 사망하였을 것이다.

빌라도는 백부장에게 예수의 죽음을 확인하고 시체(πτώμα)를 내어준다. '쁘또마'는 특히 폭력을 당해 죽은 사람의 사체를 가리키는 용어이다(Marcus, 2009: 1071).

46-47절 (예수의 시체를 무덤에 둠) 요셉이 예수의 시체를 세마포(아마포)로 싸서 바위에 판 무덤에 둔다. 시체를 씻는 것은 매우 중요하게 여겨져서 안식일에도 행해졌기에(*m. Sabbath* 23.5; 참조, 행 9:37; *b. Moed Katan* 28b), 요셉이 아마포를 준비했으면서도 시체를 씻지 않고 피 묻은 채로 장례 지냈을 리는 없다고 볼 수도 있다(Lane, 580). 그러나 기름을 바를 시간이 없었다는 것을 고려할 때(16:1), 씻을 시간도 없었을 가능성이 있다.

마커스는 유월절에는 사고파는 행위가 불가능했기에(레 23:7-8; 느 10:31; 암 8:5), 요셉이 아마포를 샀다는 것은 그 날이 유월절이 아니라 그 전날이었음을 알려준다고 주장한다(Marcus, 2009: 1070). 그러나 장례를 위한 준비의 경우에는 예외가 적용되었을 수 있었을 것이다.

바위에 판 무덤에는 약 0.6 x 0.6 x 1.8미터로 판 공간들이 있었으며, 여기에 시체를 넣어 두고, 후에 뼈를 추려 항아리에 넣었다(Marcus, 2009: 1071-72). 무덤 입구에 돌을 굴렸다는 것은 입구를 막는 돌이 원형으로 된 것임을 알려준다. 예루살렘과 그 주변에서 발굴된 900여 개의 제2성전기 무덤 중에 4개가 원형의 돌로 닫혀 있다(Marcus, 2009: 1072). 이러한 희소성은 원형 돌문이 부유한 자들의 무덤에 사용되었다고 추측하게 한다(박윤만, 2017: 1168). 이 돌들은 지름이 최소한 1.2미터는 되고 헤롯 시대의 것의 경우 두께가 0.75미터 이상이었다(Marcus, 2009: 1073).

급한 장례는 기절한 사람을 장사할 위험을 내포하였기에 유대인들은 정기적으로 무덤을 방문하여 점검하였다(Edwards, 2002: 487).

아마포로 시체를 '쌌다'는 표현을 위해 마가는 '에네일레오'(ἐνειλέω) 동사를 사용하는데 때로 이 동사는 강제성을 내포한다(A. Y. Collins, 778). 마태복음과 누가복음은 비슷한 의미를 가지지만 더 고상한 표현인 '엔튈리쏘'(ἐντυλίσσω) 동사를 사용한다(A. Y. Collins, 778).

예수의 부활(16:1-8)

16:1 이제 안식일이 지나갔을 때 막달라 여인 마리아와 야고보의 어머니 마
리아와 살로메가 아로마를 사서 가서 그에게 기름을 바르고자 했다. **2** 한
주의 첫 날 매우 이른 아침 해 뜰 때에 그들이 무덤에 왔다. **3** 그들이 서로
에게 말했다.

"누가 우리를 위하여 돌을 무덤 문으로부터 굴려내지?"

4 그들이 바라보니 돌이 굴려져 있는 것이 보였다. 그것은 매우 큰 돌이었
다. **5** 그들이 무덤 안으로 들어가 한 젊은이가 희고 긴 옷을 입고 오른편에
앉아 있는 것을 보았다. 그래서 그들은 놀랐다. **6** 그가 그들에게 말했다.

"놀라지 마시오.

당신들은 십자가에 못 박힌 나사렛 사람 예수를 찾고 있소?

그는 부활하셨소. 여기 없소. 그를 두었던 곳을 보시오.

7 가서 그의 제자들과 베드로에게 말하시오.

그가 당신들보다 먼저 갈릴리로 가신다고 말이오.

거기서 당신들은 그를 볼 것이오. 그가 당신들에게 말씀하신 대로요."

8 그들이 나와서 무덤에서 달아났다. 두려움과 황홀함이 그들을 사로잡았
다. 그들은 아무에게 아무 말도 하지 않았다. 그들은 계속 두려워하였기 때

문이었다.

1-4절 (예수의 무덤으로 가는 여인들) 안식일이 지난 날 아침에 여인들이 예수의 시체에 향유를 바르고자 무덤으로 간다. 향유를 바르는 목적은 시체에서 나는 냄새를 약화시키기 위함이었다(Donahue & Harrington, 455). 예수께서 기름을 바르지 못하고 묻힘은 예수께서 자신에게 향유를 부은 여인이 자신의 장례를 위하여 그렇게 한 것이라고 하신 말씀(14:8)에서 암시되었다.

여인들은 무덤 앞의 돌을 어떻게 굴릴지 걱정한다(3절). 무덤을 막는 돌은 주로 사각형이었으나 부유한 자의 무덤의 경우는 원형일 수 있었다(Bock, 380). 4절은 "왜냐하면 그것은 매우 컸기 때문이다."라고 하는데, 이것은 앞 문장("돌이 굴려져 있는 것이 보였다.")에 연결되지 않는다. 이것은 한 문장 건너뛰어 3절의 "누가 우리를 위하여 그 돌을 무덤 문으로부터 굴려낼 것인가?"에 걸린다(Evans, 2001: 535). 여인들이 돌을 어떻게 굴릴지 걱정한 이유는 그 돌이 매우 컸기 때문이었다.

이 여인들은 예수께서 부활하셨다는 천사의 증언을 듣는다. 유대교에서 여인은 증인의 자격이 없었으므로 조작된 이야기라면 여인들을 부활의 증인으로 내세우지 않았을 것이다(Edwards, 2002: 492).

5절 (무덤 안에 앉아 있는 천사) 여인들은 무덤 안에 들어가서 흰 옷 입은 청년을 보았다. 흰 옷을 입은 청년은 천사를 가리킨다고 보인다. 구약성경(창 18:2, 16, 22; 19:1)과 유대인들의 문헌(마카비2서 3:26, 33; 10:29-31; 11:8-12; 요세푸스, 『유대 고대사』 5.277)에서 천사는 젊은이로 묘사되기 때문이다(Bock, 380).[109] 흰 옷도 천사와 연관이 되는 용어이다.[110] 사도행전 1:10-11도 천사를 흰 옷 입은 사람으로 묘사한다(Marcus, 2009: 1080). 구약성경, 신약성경, 고대 유대문헌 등에서 천사는 사람의 모습으로 나타나서 사람으로 착각되기도 함을 기록한다(Marcus, 2009: 1080).

6절 (천사가 예수의 부활을 증언함) 천사는 예수의 부활을 증언한다. 유대인들에게 부활은 육체적 부활 내지 천사와 같은 영광스런 몸으로 부활함이었다(Bock, 378). 다니엘 12:2에서는 부활이 땅의 먼지로부터 깨어나는 것이라 묘사되며, 마카비2서 7:10-11은 부활을 육체를 돌려받는 것으로 이해하고, 에녹1서 39:4-7; 104:2-6은 부활한 몸이 천사와 같으리라 기대한다(Bock, 378).

유대인들은 죽은 메시아 개념이나 죽은 자들로부터 부활하는 메시아 사상이 없었다(Bock, 378-79). 그러므로 예수께서 실제로 부활하시지 않았다면 메시아이심의 증거를 위하여 부활을 조작할 이유도 없었을 것이다. 한편, 예수께서 스스로를 메시아적 존재로 간주하시지 않았다면 부활은 예수께서 메시아이시라는 증거로 작용하지 않았을 것이다(Bock, 379. n.786 참고). 부활이 그러한 증거로 작용한 것은 예수께서 스스로 메시아적 존재이심을 주장한 바 있었기 때문이었을 것이다.

7절 (예수께서 먼저 갈릴리로 가심) 예수에 관해 증언하는 천사의 모습은 마가복음의 초두에서 예수를 증언하는 세례 요한의 모습과 수미상관을 이룬다(박윤만, 2017: 1181). 천사가 제자들에게 알리라고 하면서 특히 베드로에게 말하라고 따로 언급한 것은 베드로가 예수를 부인하였음에도 불구하고 예수께서는 그를 버리지 않으셨음을 암시한다(A. Y. Collins,

109. 요세푸스(『유대 고대사』 5.8.2)에서는 '청년'(νεανίας)이 천사를 가리키는 단어로 사용되었다(Lane, 587).

110. Evans, 2001: 536.

797). 예수께서 제자들을 다시 만나겠다는 것도 그들을 용서하시겠다는 약속으로 이해할 수 있다(양용의, 381). 제자들은 갈릴리에서 예수를 볼 것이다. '볼 것이다'가 반드시 재림을 가리킨다고 볼 필연성은 없다. 왜냐하면 이 표현은 요한복음 16:16, 17, 19 등에서 부활하신 주를 보는 것을 가리키기도 하기 때문이다(Marcus, 2009: 1081).

'너희보다 먼저 갈릴리로 갈 것이다.'라는 번역 대신 '너희를 갈릴리로 인도할 것이다.'라는 번역을 선택할 수도 있다. '쁘로아고'(προάγω) 동사는 자동사와 타동사 모두로 사용되므로 "먼저 가다"와 "인도하다"의 뜻이 모두 가능하기 때문이다.[111] 그러나 곧이어 등장하는 "그곳에서 너희가 그를 볼 것이다."라는 문장과 더 적합하게 연결되는 것은 "먼저 가다"는 의미이다(A. Y. Collins, 797).

8절 (여인들이 두려워함) 여인들은 두려워서 아무 말도 하지 못한다. 여인들이 두려워하였다는 진술은 마가복음 9:6의 '제자들이 두려워하였다'는 진술과 평행된다(Lane, 590). 여기서 두려움은 신적 계시에 대한 인간의 반응이다(Lane, 590). 마가복음 9:32은 제자들이 예수께서 죽고 부활할 것이라고 예언하시는 말씀을 듣고 질문하기를 두려워하였다고 한다. 예수의 부활하심을 들은 여인들도 유사하게 두려워하는 반응을 보인다(박윤만, 2017: 1174). 마가복음 16:8의 두려움 모티프는 마가복음을 통하여 흐르는 놀라움과 두려움 모티프와 일치한다(Lane, 591). 그러므로 '그들이 두려워하였다'는 진술은 마가복음의 결론으로서 매우 적합하다(Lane, 592). '두려워하였다'는 표현은 창세기 18:15에서 사라가 불가능한 일이 일어날 것을 천사가 약속하는 것을 듣고 두려워하였다고 언급한 기

111. A. Y. Collins, 796. 박윤만은 이 동사가 현재형으로 사용된 것을 강조적 현재형이라고 보지만(2017: 1188), 이것은 문맥상 미래적 현재 용법으로 볼 수 있다.

록을 기억나게 하여 이삭-예수 모형론을 암시하기도 한다(Marcus, 2009: 1082). 한편, 여인들이 아무 말도 하지 않은 것은 독자들에게는 이들과 달리 증인 역할을 감당하도록 도전한다(양용의, 382).

마가복음이 16:8에서 끝났다면 마가복음의 갑작스런 종결은 이야기를 독자의 현재 속으로 가져가 독자로 하여금 예수 이야기가 그들의 삶 속에서 어떻게 계속될지 결정하도록 하기 위한 것으로 볼 수 있다(Boring, 1991: 69). 플라톤의 대화록 프로타고라스 328D 부분에서 프로타고라스는 2,500단어 연설을 '왜냐하면'(γάρ)으로 마치는데 이에 대해 소크라테스는 프로타고라스가 무언가 더 말할 것을 기대한다(Marcus, 2009: 1092). 이를 통해서 우리는 마가복음이 16:8에서 '왜냐하면'(γάρ)으로 끝이 났다면 이것은 아직 이야기가 끝이 나지 않았다는 인상을 남기기 위한 것이었다고 볼 수 있다(Marcus, 2009: 1092).

구약성경과 신약성경에는 이야기의 끝이 열려 있는 이야기들이 담겨 있다(Marcus, 2009: 1093). 열왕기하는 바벨론 포로 귀환 이야기 없이 종결되며, 요나서도 하나님의 질문으로 마칠 뿐 요나의 반응은 소개하지 않는다.[112] 사도행전도 바울의 재판 결과를 언급하지 않고 마친다(Marcus, 2009: 1093-94).[113] 여인들이 두려워 도망치는 것으로 마가복음이 마치는 것도 이러한 종결 방식과 유사하다. 이미 예수의 부활하심과 제자들에게 나타나심을 분명히 들어 알고 있는 독자들에게 이것을 언급하지 않고 책을 끝내는 것은 예수의 이야기가 우리의 이야기가 되게 하는 효과가 있다

112. Marcus, 2009: 1093-94.

113. 창 18:15; 45:3; 사 29:11에서도 문장이나 이야기가 '가르'(γάρ)로 마치는 경우가 발견된다(박윤만, 2017: 1173). 판 데어 호르스트(P. W. van der Horst)는 내러티브 문헌은 아니지만 헬라 문헌에서 그러한 예가 있음을 제시한다(박윤만, 2017: 1173). 아이버슨(K. R. Iverson)은 내러티브 문헌에서 그러한 예를 발견하여 제시한다(박윤만, 2017: 1173).

(Marcus, 2009: 1096). 이러한 효과를 통하여 마가복음은 그 제목처럼 예수의 복음의 '시작'이며 이제 독자들이 그것을 이어가야 한다는 메시지가 전달된다(Marcus, 2009: 1096).

예수의 부활을 믿을 수 있는 이유는 단지 복음서가 증거하기 때문만은 아니다. 십자가형은 신명기 21:23을 배경으로 보면 하나님의 저주와 관련되므로, 십자가에 달려 죽은 예수를 하나님의 아들로 고백하는 신앙은 십자가형을 무효화시키는 사건(부활)에 의해서만 발생할 수 있다. 그러므로 초대교회의 신앙의 발생을 설명하는 부활은 역사 속에 실제로 일어났을 것이다. 예수를 메시아로 믿는 신앙의 발생은 그 원인으로서의 부활의 실재성을 요청하며 입증한다.[114]

2. 해설

메시아 예수께서는 '메시아'(기름부음 받은 자)라는 말의 의미대로 기름부음을 받으신다. 그러나 예수께 기름 부은 자는 한 이름 없는 여인이었다. 예수께서는 이 기름부음이 자신의 장례를 위한 것이라는 의미를 부여하시며 그 여인을 비난받지 않게 변호하신다(14:8). 이어서 예수께서는 복음이 전해지는 곳에 이 여인의 기름부음 이야기가 함께 전해질 것이라고 하심으로써(9절) 이 기름부음이 예수를 메시아이심을 고백하는 성격이 있었음을 암시하신다.

예수께서는 최후의 만찬 때 자신의 죽음이 대속과 언약을 위한 것임을 알려주신다(14:24). 또한 이 죽음을 통하여 하나님 나라가 임함도 암시

114. 이 논증은 필자가 김세윤 교수의 강의(1989년, 총신대학교 신학대학원)로부터 배운 것이다.

하신다. 예수께서는 하나님 나라에서 포도주를 다시 마실 때까지 마시지 않겠다고 하셨는데(25절), 십자가에 못 박히시기 전에 포도주를 거부하시고(15:23), 십자가에 못 박히신 후에는 포도주를 마시신다(15:36). 이것은 예수의 십자가 수난을 통하여 하나님 나라 시대가 시작됨을 알려준다.

예수께서는 체포되어 의회에서 심문당하실 때, 자신이 메시아임을 인정하신다(14:62). 뿐만 아니라 자신이 메시아이면서 동시에 신적인 존재이심을 다니엘 7:13을 연상시키는 '하늘 구름을 타고 오다'는 말씀을 통하여 주장하신다(14:62). 이러한 주장은 의회에서 신성모독 죄로 간주되어 사형에 해당한다고 정죄받는다.

예수께서는 빌라도에게 재판을 받으실 때 빌라도로부터 '유대인들의 왕'인지 질문받으신다(15:2). 이것은 반로마 세력의 우두머리(즉 군사적 메시아)인지 묻는 질문이다. 이 질문을 받고 예수께서는 "네가 말하고 있다."고 대답하신다(2절). 이것은 자신이 반로마 무장 세력을 이끄는 군사적 지도자임을 인정하지 않으신 말씀이다. 빌라도는 예수의 무죄를 믿으면서도(14절) 무장 폭도였던 바라바를 놓아주지 않으려고 무리에게 예수와 바라바 중에서 선택을 하게 하다가(9절) 결국 바라바를 놓아주고 예수를 죽게 하고 말았다.

예수께서는 십자가에서 시편 22편 전체를 그 첫 절을 통해 인용하시면서(15:34) 시편 22편이 성취되고 있음을 암시하셨다. 이 인용은 예수의 고난은 시편 22편이 보여주는 의로운 자의 고난임을 주장하며 이스라엘 온 회중뿐 아니라 모든 나라와 모든 백성이 하나님 앞에 돌아와 예배하는 날을 기대한다(시 22:27). 그러므로 "나의 하나님 나의 하나님, 어찌하여 나를 버리셨습니까?"라는 예수의 시편 인용은 하나님께 버림받은 고통이 아니라 하나님께서 예수를 승귀시키시고 온 세상을 구원하실 소망을 선포한 것이다.

예수께서 숨을 거두실 때 하늘을 상징하는 성소 휘장이 찢어졌다(15:38). 성소 휘장은 하늘을 상징하므로, 이것이 찢어짐은 하늘과 땅이 소통하는 새 시대의 시작을 암시한다. 이때 이방인인 백부장이 예수를 하나님의 아들이라고 고백한다(39절). 십자가에 못 박혀 죽은 예수를 보고, 아직 부활하지 않으셨음에도 불구하고, 한 이방인이 예수를 메시아로 고백한 것이다. 이방인이 예수 믿고 하나님의 백성이 되는 시대가 시작되었다.

예수께서는 스스로 예언하신 대로 부활하셨다(16:6). 이 부활하신 예수를 만나러 제자들은 갈릴리로 가야 한다(7절). 우리도 부활하신 예수를 만나러 갈릴리로 가야 한다. 갈릴리는 중앙 무대가 아닌 변방이다. 이 변방이 부활하신 예수를 만날 장소이며 새로운 역사가 시작되는 장소이다. 우리는 중앙으로만 향하는 걸음을 돌이켜 변방으로 갈 수 있어야 한다. 그곳은 예수께서 먼저 가신 곳이며, 예수를 만날 수 있는 곳이다.

제22장
마가복음 16:9-20
부활하신 예수의 사역

마가복음 16:9-20은 고대 사본에는 없지만 오래된 것이다. 이 본문의 나이는 최소한 2세기로 거슬러 올라간다. 이 부분은 이미 주후 155년경 저스틴(Justin)의 글(*1 Apology* 45)과 주후 185년경에 이레니우스(Irenaeus)의 글(*Against Heresies* 3.10.5)에 인용되며,[1] 약 172년경에 저술된 타티안(Tatian)의 디아테싸론(*Diatessaron*)에도 나타난다.[2] 따라서 이 부분은 이미 고대에 존재하였으며, 교회는 이 부분을 포함한 마가복음을 정경으로 수납하고 사용하여 왔다. 몇몇 교회 회의에서는 이 부분을 정경의 일부로 받아들였다.[3] 트렌트(Trent) 회의도 이것을 정경의 일부로 선언했다(Wall, 172). 10세기 아르메니아 역본에는 "장로 아리스톤(Ariston)의"라는 말이 9절 이전 행간에 등장한다. 아리스톤(Ariston)은 (예수의 칠십 제자 중에 하나로서) 1세기 말까지 활동한 아리스티온(Aristion)일 수 있다(France, 687). 그렇다면 마가복음 16:9-10은 1세기 전통을 담고 있다고 볼 수 있다.

1. Marcus, 2009: 1088.
2. Thomas & Alexander, 163.
3. Thomas & Alexander, 166.

원전성이 정경성의 기준이 아니고 사도성이 기준이었음을 기억한다면 마가복음 16:9-20이 결국 사도적 전통으로 거슬러 올라가기에 이 부분이 마가가 기록한 것이 아니라 해도, 다른 사도적 저자에 의한 것이라면 정경성이 있다고 할 수 있다. 또한 이 부분이 교회에서 광범위하게 받아들여진 사실은 이 부분의 정경성을 부정할 수 없게 한다.

특히 17-18절은 오순절 운동에 중요한 영향을 미친 구절이다. 우리는 이 구절을 사본학적 근거만으로 정경에서 잘라 낼 수 없으며, 마가복음의 원문이 아닌 부분에 토대하였다는 이유로 오순절 운동을 정죄할 수 없다. 오히려, 이 말씀을 통해 역사하신 성령을 찬양하고 하나님께 영광을 돌려야 할 것이다.

그렇지만, 마가복음 16:9-20이 마가복음의 원문이 아니라면 이 부분은 마가의 신학을 반영하지는 않는다. 따라서 마가의 신학을 연구할 때에는 이 부분의 내용을 사용할 수는 없다. 그러므로 마가복음 연구자에게는 이 부분에 관한 사본학적 고찰이 필요하다.

사본학에서 어떤 읽기(독법, reading)의 원문성을 따지는 객관적인 기준 중에 하나는 사본의 고대성이다. 이 기준에 의하면 마가복음 16:9-20은 원문이 아니다. 이 기준과 관련하여 다음과 같은 증거를 제시할 수 있다.

(1) 가장 오래된 사본들인 시내산 사본과 바티칸 사본에는 마가복음 16:9-20이 없다. 또한 고대 라틴어 역본 k, 시나이 시리아어 역본, 100여 개의 아르메니아 역본들, 2개의 조지아 역본에도 이 부분이 나타나지 않는다(Metzger, 1994: 102). 또한 사히딕 역본 1개에도 이 부분이 생략되어 있다(NA28, 174).

(2) 클레멘트(Clement of Alexandria)와 오리겐(Origen)은 이 구절들의 존재를 알지 못했다(Metzger, 1994: 103).

(3) 유세비우스(Eusebius, *To Marinus*)와 제롬(Jerome, *Letter* 120.3), 예루살렘의 헤시키우스(Hesychius of Jerusalem), 안티오크(안디옥)의 세베루스(Severus of Antioch)는 정확한 마가복음 사본은 16:8에서 끝이 난다고 주장하였다.[4] 주후 500년경에 안티오크(안디옥)의 빅토르(Victor of Antioch)는 마가복음 16:9-20의 원문성을 주장하면서도 당시 대부분의 사본에 16:9-20이 발견되지 않음을 시인하였다(Marcus, 2009: 1089).

(4) 3세기 초의 유세비우스의 캐논(the Eusebian canons)은 마가복음 16:9 이하를 가지고 있지 않다.

(5) 마가복음 16:9-20은 주로 후기 사본(비잔틴 사본들)에서 발견되고 이 중 가장 초기 사본은 5세기 사본인 W[5] A C D 등이다. (비잔틴 사본들을 사용한 에라스무스의 성경 본문(TR)과 이를 번역한 킹 제임스 역본(AV)에도 이 부분이 등장한다.)

(6) 후기 사본 중에 f^{1} 22 등은 16:9 이하의 원문성을 의심하는 표시나 언급을 하고 있다(France, 686).

이러한 외증은 마가복음 16:9-20이 원문이 아니라고 볼 수 있게 한다. 사본학에서 원문성을 가리는 기준에는 외증과 함께 내증이 있으며, 내증을 따지는 기준 중에는 대표적으로 설명가능성 원리가 있다. 마가복음이 16:8에서 끝났을 경우 필사자들이 부활 기사를 추가하기 위해 9-20절을 추가하였을 것이라고 설명되지만, 9-20절이 본래 있었을 경우 이것을 삭제할 이유는 설명되지 않는다(Marcus, 2009: 1090). 따라서 9-20절은 원문이 아니라고 볼 수 있다.

설명가능성과 함께 저자의 문체와 문맥을 내증으로서 고려할 수 있

---

4. Marcus, 2009: 1089; France, 685 참고.

5. France, 686.

다. 9-20절은 다음처럼 근접 문맥에도 맞지 않고 마가의 문체에도 맞지 않으므로 원문성이 없다고 판단된다.

(1) 9절은 8절에 자연스럽게 이어지지 않는다. 8절의 주어는 여인들이며, 예수가 여기 등장하지 않는 반면, 9절은 예수를 숨은 주어로 하여 시작한다(France, 687). 마가복음 15:40, 47; 16:1은 이미 막달라 마리아를 언급하고 있는데, 9절은 막달라 마리아를 마치 처음 등장하듯이 자세히 소개한다(France, 687). 16:1-8에 등장한 다른 여인들(야고보의 어머니 마리아, 살로메)은 이제 잊힌다(Metzger, 1994: 105). 만일 마가 자신이 9절 이하도 기록하였다면 이렇게 연결이 부자연스럽지 않을 것이다.

(2) 9-20절에는 마가복음에서 전혀 쓰이지 않은 단어들이 많이 등장한다(Metzger, 1994: 104).

절	등장한 표현		동사의 기본형
10절	πορευθεῖσα	(가서)	πορεύομαι
11절	ἐθεάθη	(보이셨다)	θεάομαι
12절	μετὰ ταῦτα	(그 후에)	
	πορευομένοις	(가는)	πορεύομαι
14절	ὕστερον	(후에)	
	θεασαμένοις	(나타나사)	θεάομαι
15절	πορευθέντες	(가서)	πορεύομαι
16절	ὁ ἀπιστήσας	(믿지 않는 자)	ἀπιστεύω
18절	βλάψῃ	(해를 입히다)	βλάπτω
20절	συνεργοῦντος	(함께 역사하사)	συνεργέω
	βεβαιοῦντος	(확증하며)	βεβαιόω
	ἐπακολουθούντων	(동반하는)	ἐπακολουθέω

이 중에서 15절의 '뽀레우텐떼스'(πορευθέντες)는 마태복음 28:19과 문자적으로 일치한다. 이 동사는 마태복음이 즐겨 쓰는 동사이다(29회; 신약성경에는 총 51회). '뽀레우텐떼스'(πορευθέντες)라는 형태로는 신약성경에서 15회 등장하는데, 이곳을 제외하고는 마태복음에서 7회 누가복음에서 7회 나타난다. 이 표현은 마가복음의 다른 곳에서는 한 번도 사용되지 않은 것이다. 그러므로 이것은 마가 자신이 기록한 것이 아닐 가능성이 높다. 따라서 마가복음 16:15은 마가가 아닌 다른 저자에 의해 기록되었을 가능성이 높으며, 이 부분은 아마도 마태복음 28:19에서 왔을 것이다.

(3) 9-20절에는 마가복음만이 아니라 신약성경 전체에서 여기에만 나오는 단어/표현들이 등장한다(Metzger, 1994: 104). 이것은 마가복음의 문체가 아닐 수 있다.

10절 τοῖς μετ' αὐτοῦ γενομένοις
(그와 함께 있던 사람들 = 제자들)

18절 θανάσιμον (독)

(4) 10, 11, 13, 20절에서 대명사처럼 사용되는 '에께이노스'(ἐκεῖνος)는 마가의 문체에 부합하지 않는다(박윤만, 2017: 1202).

(5) 두려움의 반응을 소개하면서 이야기를 마치는 것은 마가복음 4:41; 9:32에서 발견되는 마가의 문체에 부합한다(박윤만, 2017: 1196). 그러므로 마가복음은 16:8에서 마쳤을 수 있다.

위의 내증과 외증을 토대로 우리는 16:9-20이 마가복음의 원문이 아니라고 판단할 수 있다. 마가복음 우선설을 가지고 이러한 판단을 부정하는 것은 불가능하다. 왜냐하면 이 가설을 사용한다고 해도 마가복음은 개개의 기사를 살펴볼 경우 마태복음과 누가복음보다 대개 더욱 자세하므로, 마태복음과 누가복음의 부활 기사와 비교해 볼 때 덜 자세한 마가복음 16:9-20을 마태복음과 누가복음보다 먼저 기록한 마가복음의 원문이라고 설명할 수 없다(Marcus, 2009: 1090).

어떤 사본들에는 마가복음 16:9-20 직전에 천사들이 명한 것을 여인들이 베드로와 함께 있는 자들에게 전하였고, 그 후 “거룩하고 불멸하는 영원한 구원의 소식이 동쪽에서부터 서쪽으로” 전해졌다고 하는 내용이 추가되어 있다. 이 부분은 ‘짧은 종결’(shorter ending)이라 부른다. 이 내용은 16:8과 16:9 사이에 놓이기에는 문맥상 부적합한 측면이 있으므로 원문이 아니라고 볼 수 있다(Marcus, 2009: 1089 참고). 또한 이 짧은 종결 부분에는 마가복음의 다른 곳에서 사용되지 않는 단어가 잔뜩 나타나는 것도 이 부분이 원문이 아닌 증거가 된다(Marcus, 2009: 1089).

이러한 사본학적 결론은 어떤 신학적 함축을 가지는가? 마가복음 16:9-20이 마가가 본래 기록한 원본문의 일부가 아니라면 이 부분을 마가복음의 특징적 신학의 근거 구절로 사용할 수는 없다.

마가복음 16:8까지만 원문이라고 해도 우리는 마가복음의 원래의 끝부분이 손실되었을 가능성을 고려할 수 있다. 마가복음은 본래 16:8에서 끝났는가? (초기 사본들에서 보듯이) 16:8에서 끝났을 수도 있다. 많은 헬라어 문장이 ‘왜냐하면’(γάρ)으로 끝나며, 한 장(chapter)이 그렇게 끝나는 경우도 있다(Marcus, 2009: 1092). 더구나 책이 ‘왜냐하면’(γάρ)(동사 + γάρ)으로 끝날 수도 있다.[6] 그러므로 마가복음도 그렇게 끝났을 수 있다.

---

6. BAGD 151b. 1.a. 참조, 위-데메트리우스(Ps.-Demetrius), *Formae Epistolicae*의 편지의 끝은 ὀφείλω γάρ (“For I am indebted.” “왜냐하면 나는 빚졌기 때문이다.”)이다. *Vitae Aesopi* I c 67에서는 이야기의 끝이 οὐκ ἔχεις γάρ (“For you do not have any

마가복음이 '가르'(γάρ, "왜냐하면")로 끝나는 것은 어색하다는 논증은 충분한 설득력이 없다. 한 문장만이 아니라, 한 작품이 '가르'로 끝나는 것이 가능하기 때문이다(Evans, 2001: 538). 더구나 마가복음은 (이유를 제시하기 위한 맥락이 아니라) 단지 설명을 추가하기 위해 '가르'를 종종 사용하므로, 16:8에서도 그렇게 사용되었다면 이미 추가된 설명 (여인들이 두려워하였다는 설명) 후에 더 이상 설명을 덧붙여야 할 필요가 없다(A. Y. Collins, 799).

마가복음이 16:8에서 끝나지 않았다는 주장의 이유로 '두려워하였다'(ἐφοβοῦντο) 뒤에 목적어나 부정사 또는 '~ 않도록'의 절이 이어져 나와야 한다고 지적함도 적절하지 않다. 왜냐하면 마가복음 5:15, 33, 36; 6:50; 10:32에서도 이 동사는 뒤에 이러한 요소가 나오지 않고 사용되기 때문이다.[7] 또한 더구나 (여인들이) 무엇을 두려워하였는지는 문맥 속에서 이미 명확하기 때문에 다시금 언급할 필요가 없기 때문이다(A. Y. Collins, 799).

그러나 마가복음이 본래 16:8에서 끝이 나지 않았을 수도 있다. 이를 위하여 다음과 같은 논증을 할 수 있다.

(1) 마가는 예수님의 여러 예언들의 성취를 지속적으로 기술하기 때문에 (예, 변화, 나귀 준비, 다락방 준비, 한 제자의 배신, 열두 제자의 흩어짐, 베드로의 부인, 수난) 제자들이 갈릴리에서 예수를 만나는 과정이 이어져 나올 것이 기대된다.[8] 마가복음 14:28과 16:7에 예수께서 부활 후에 먼저 갈릴리로 가실 것이 예언되었다(Gundry, 1010). 그러므로 이 예언의 성취를 담은 본문이 마가복음에 포함되었을 수 있다.

[understanding]." "왜냐하면 너는 가지고 있지 않기 때문이다.")이다.

7. A. Y. Collins, 799.

8. Evans, 2001: 539; Gundry, 1009.

따라서 고대 사본들에 빠져 있는 16:9-20이 원문이 아니라 해도, 건드리(R. H. Gundry) 등의 주장대로 마가복음의 원래의 끝부분은 떨어져 나가서 사라졌을 수도 있다(A. Y. Collins, 798; France, 673 참고).

(2) 마가복음은 때로 두려움으로 끝마치는 경우도 있지만(4:41; 9:32; 11:18; 12:12), 두려움에 관한 언급으로 문단을 마치지 않는 경우가 더 많다(5:33; 6:20, 50; 9:6; 10:32; 11:32)(Gundry, 1011).

(3) 마가복음에서 '가르' 절로 문단이 끝나는 경우가 있지만(1:38; 3:35; 6:52; 10:45; 11:18c; 12:44; 참조, 4:25), 이것은 마가복음에 나오는 66개의 '가르' 절의 일부일 뿐이다(Gundry, 1011). 그러므로 '가르' 절 후에 다른 내용이 이어질 수 있다.

(4) 책이 '가르'로 끝나는 것은 없거나, 극히 드물다(Gundry, 1011). 그러므로 마가복음이 16:8에서 '가르'로 끝났기보다는 계속 이어졌을 가능성이 높다.

(5) 많은 사본들이 16:8에서 만족하지 않고 끝을 붙인 것은 16:8이 고대인들에게도 자연스러운 끝이 아니었음을 입증한다(Gundry, 1011 참고). 아마 마가 자신에게도 16:8에서 끝내는 것은 어색하였을 것이다. 그렇다면 그는 본래 무언가 더 적었을 것이다.

(6) 고대 사본들 가운데는 처음 부분과 끝 부분이 떨어져 나간 경우가 종종 있으며 두 개의 사본(2386과 Rom. Vat. Arab. 13)에서는 정확히 마가복음 16:8 뒤에 이어지는 쪽들이 떨어져 나갔다.[9] 이처럼 마가복음 원본의 끝 부분도 그러한 일을 겪었을 수 있다(Marcus, 2009: 1091).

이러한 논증은 마가복음이 16:8에서 끝나지 않았을 가능성을 지지한다. 그러나 이러한 논증은 마가복음이 16:8에서 끝나지 않았다는 확증은

9. Marcus, 2009: 1091.

아니다. 더구나 이 논증에 대한 반박이 가능하다. 예를 들자면, 예언의 성취가 나와야 하므로 16:8에서 마칠 수 없다는 논증은 논박될 수 있다. 마가복음은 성취되지 않은 예언도 담고 있기 때문이다. 마가복음의 성전 파괴 예언은 마가복음 본문 내에서 성취됨이 기록되지 않는다(Bock, 387). 따라서 갈릴리에서 예수를 만나리라는 예언이 성취되는 본문이 마가복음에 포함되어야 한다는 논증은 충분한 설득력이 없다(Bock, 387). 그러므로 마가복음이 16:8에서 끝나지 않았다고 확정할 수는 없다.[10]

1. 번역

⟦**9** 그런데 그가 한 주의 첫 날에 아침 일찍 일어나 최초로 막달라 여인 마
리아에게 나타나셨다. 그는 그녀로부터 일곱 귀신을 쫓아내셨었다. **10** 그
와 함께 있던 자들이 슬퍼하며 울고 있었는데 그녀가 가서 그들에게 알렸
다. **11** 그러나 그들은 그가 살아나셨고 그녀에게 보이셨다는 것을 듣고도
믿지 않았다. **12** 이 일 후에 그들 중에 둘이 시골로 걸어서 갈 때에 다른 모
습으로 나타나셨다. **13** 그래서 그들은 떠나가서 다른 자들에게 알렸다. 그
러나 그들은 그들도 믿지 않았다. **14** [그런데] 그는 나중에 열 하나가 기대
어 누워 있을 때 그들에게 나타나셨다. 그는 그들의 믿지 않음과 경직된 마
음을 꾸짖으셨다. 왜냐하면 그들이 그가 부활하였음을 본 자들을 믿지 않
았기 때문이다. **15** 그리고 그는 그들에게 말씀하셨다.

"온 세상에 가서 모든 피조물에게 복음을 선포하라.

---

10. 고려해야 하는 또 하나의 가능성은 저자가 본의 아니게 16:8에서 끝을 낸 가능성이다. 마가는 어쩌면 상황(병, 죽음 등) 때문에 책을 마치지 못하였을 수도 있다(France, 673).

16 믿고 세례받는 자는 구원 받을 것이다.

그러나 믿지 않는 자는 심판 받을 것이다.

17 그런데 믿는 자들에게는 이러한 표증들이 따라올 것이다.

그들은 나의 이름으로 귀신들을 쫓아낼 것이다.

그들은 새 방언들을 말할 것이다.

18 그들은 [손으로] 뱀들을 제압할 것이다.

그들이 어떤 독을 마시더라도 결코 그들을 해치지 못할 것이다.

그들이 병든 자들에게 손들을 얹으면 나을 것이다."

19 주 예수께서 그들에게 말씀하시기를 마치신 후에 하늘로 들리어 올리셨
다. 그리고 그는 하나님의 우편에 앉으셨다. **20** 그들은 나가서 도처에서 선
포하였다. 주께서 함께 행하시어 따르는 표증들을 통하여 그 말씀을 확증
하셨다.⟧

2. 주해

마가복음 16:9-20의 내용은 대부분 마태복음, 누가복음, 요한복음의 내용의 병합으로서 성경의 다른 부분의 내용과 충돌하지 않는다. 독특한 내용은 17-20절이다. 그러나 17-18절마저도 우리의 신학책들보다 더 권위 있는 초기 교회의 전통이므로 무시할 수 없다.

9-11절 (예수의 제자들에게 예수의 부활 소식을 알린 여인들) 여인들이 가서 제자들에게 예수의 부활을 알렸다는 기록은 요한복음 20:18과 마태복음 28:8에 의존하는 듯하다.[11] 예수의 제자들이 막달라 마리아의 말을

11. A. Y. Collins, 808.

믿지 않았다는 것은 누가복음 24:11에 의존한다고 볼 수 있다(A. Y. Collins, 808).

12-13절 (예수의 부활 소식을 알린 두 제자) 12절은 누가복음 24:13-31의 요약인 듯하다(A. Y. Collins, 808). 13절은 누가복음 24:32-35의 요약으로 볼 수 있다.

14-16절 (부활하신 예수의 명령) 예수께서는 복음을 전하는 사역을 완악하고 믿음이 없는 자들에게 위탁하신다.[12] 이 부분은 마태복음 28:16-20과 비슷하다(A. Y. Collins, 808).

17-18절 (믿는 자에게 따르는 표적) 믿는 자들에게 따르는 표증은 (1) 축귀 (2) 방언 (3) 뱀을 제압함 (4) 독을 극복함 (5) 치유 등이다. 이 표증들이 모든 믿는 자에게 필연적으로 나타나야 함은 아닐 수 있다. 표증은 믿는 자에게 따르면서 믿는 자의 믿음을 증명하는 역할을 하지만, 표증이 없는 자는 믿지 않는 자임을 입증하는 역할도 한다고 볼 수는 없다.

20절은 복음이 전파될 때 표증이 따랐다고 한다. 그러므로 문맥상 '믿는 자들'은 복음을 두루 전파하는 사람들을 가리킨다(20절)(Williamson, 1983: 288). 그들에게 표증이 나타난다. 표증이 따를 것이라는 말씀은 요한복음 14:12; 사도행전 5:12을 반영한다(양용의, 388). 축귀는 사도행전 16:18, 방언은 사도행전 2:3-4; 10:46; 19:6을 반영한다.[13] 병자에게 손을 얹으면 낫는다는 것은 사도행전 9:12, 17을 반영한다(양용의, 388). 독을 마시고 해를 입지 않는 이야기는 유세비우스, 『교회사』 3.39에 등장한다. 물론 모든 믿는 자가 믿음을 증명하기 위해 독을 마셔야 할 필요는 없을 것이다.

"뱀을 집을 것이다."는 바울이 독사에게 물리고도 무사했음을 담은 사

---

12. Williamson, 1983: 288.
13. 양용의, 388.

도행전 28:3-6과 관련이 될 수 있고 누가복음 10:19("내가 너희에게 뱀과 전갈을 밟으며 원수의 모든 능력을 제어할 권세를 주었으니 너희를 해할 자가 결단코 없으리라.")에 토대할 수도 있다. 여기서 뱀은 사탄/귀신을 비유하는 말일 것이다.

표증이 선교에 동반되었음을 사도행전 14:3; 고린도후서 12:12이 기록하며, 표증이 선교에 효과적임은 로마서 15:18-19에서 지적된다(A. Y. Collins, 811). 이러한 표증은 사도들 외에도 예수 믿는 자들이 행할 수 있었음이 고린도전서 12:28-30; 14:22-23에 암시되어 있다.[14] 이러한 가능성은 요한복음 14:12이 분명히 하는 바이기도 하다(A. Y. Collins, 811).

신약성경이 다 기록된 이후 시대에도 표증들이 계속 발생하였음은 초기 기독교 문헌들을 통해 확인할 수 있다. 2세기 말의 이레니우스는 자신의 시대에도 축귀, 예언, 치유, 죽은 자의 소생이 발생했음을 암시한다(*Against Heresies* 2.32.4).[15] 3세기 후반 작품으로 보이는 『피스티스 소피아』(*Pistis Sophia* 3.110)에는 말씀을 전할 때 병자 및 장애자의 치유, 죽은 자를 살리는 신비가 발생하였음을 암시한다(A. Y. Collins, 812-13). 2세기 중반의 저스틴 글(*Dialogue* 30.3)은 그의 시대에 예수 이름으로 축귀가 이루어졌음을 언급한다.[16] 기적들과 선교 활동 간의 연관은 2세기의 기독교 문헌들(특히 행전과 변증 문헌)에 널리 기록되어 있다(A. Y. Collins, 817).

19-20절 (예수의 승귀와 표적) 예수께서는 승천하여 하나님 우편에 앉으신다. 하나님 우편에 앉는다는 표현은 하나님께서 예수를 높이셨다는 뜻으로서 사도행전 2:30-33을 반영하는 듯하며(행 7:55-56 참고), 선교 활동 기록도 사도행전을 요약한 것으로 볼 수 있다(양용의, 388).

---

14. A. Y. Collins, 811 참고.
15. A. Y. Collins, 812.
16. A. Y. Collins, 813.

3. 해설

부활하신 예수께서 유대인만이 아니라 세상 만민에게 복음을 전하라고 명령하신다. 예수를 믿는 자들이 복음을 전할 때는 말씀을 확증하는 표증이 발생한다. 그 표증은 치유, 축귀 등이다(17-18절). 예수께서는 승천하셨지만, 제자들이 말씀을 전할 때 함께 일하시면서 표증을 통하여 전해지는 말씀을 확증하신다(20절). 이러한 표증은 제자들이 전하는 예수는 메시아라는 선포를 입증하는 증거로서 신약성경이 다 기록된 교부 시대 및 그 이후에도 계속 발생해 왔다. 물론 기적은 거짓 선지자들이 사람들을 현혹하기 위해 사용하기도 한다(13:22). 그러나 예수께서도 복음의 참됨을 확증하시고자 표증을 주신다(16:20). 그러므로 아무 표증이나 다 인정하는 것은 맹목적이지만, 어떠한 표증도 인정하지 않는 것은 공허하다. 참된 복음 선포자를 이단으로부터 분별하는 기준은 표증 없음이 아니라 하나님의 뜻대로 행하는 열매 있음이다(마 7:15-23).

III. 참고문헌

III. 참고문헌

Baarda, T., "Het Evangelie van Thomas," *Het Evangelie van Thomas*, ed. by T. Baarda, VU-segmenten 5, Zoetermeer: Meinema, 1999: 9-45.

Bauckham, R., "Jesus and the Wild Animals (Mark 1:13)," *Jesus of Nazareth: Lord and Christ*, ed. by J. B. Green & M. Turner, Grand Rapids: Eerdmans, 1994: 3-21.

Bauer, Walter, *A Greek-English Lexicon of the New Testament and Other Early Christian Literature*, ed. by Frederick William Danker, 3rd ed., Chicago: The Univ. of Chicago Press, 2000. (= BDAG)

Baljon, J. M. S., *Commentaar op het Evangelie van Markus*, Utrecht: J. van Boekhoven, 1906.

Bennett, W. J., "'The Son of Man Must ...,'" *NovT* 17, 1975: 113-29.

Betz, Hans Dieter, "Jesus and the Purity of the Temple (Mark 11:15-18)," *JBL* 116, 1997: 455-72.

Birdsall, J. N., TO ʽPHMAʽΩΣ ΕΙΠΕΝ ʼΑΥΤΩ ʽΟ ʼΙΗΣΟΥΣʼ, *NovT* 2, 1959: 272-75.

Black, M., *An Aramaic Approach to the Gospel and Acts*, 3rd ed., Oxford: Clarendon, 1967.

Blass, F. & A. Debrunner, *A Greek Grammar of the NT and Other Early Christian Literature*, trans. by R. W. Funk, Chicago: University of Chicago Press, 1961. (= BDF)

Blass, F. & A. Debrunner, *Grammatik des neutestamentlichen Griechisch*, bearbeitet von Friedrich Rehkopf, 17th ed., Göttingen: Vandenhoeck & Ruprecht, 1990.

Blomberg, C. L., "Interpreting the Parables of Jesus," *CBQ* 53, 1991: 50-78.

Bock, D., Mark, *New Cambridge Bible Commentary*, Cambridge: Cambridge University Press, 2015.

Boring, M. E., "Mark 1:1-15 and the Beginning of the Gospel," *Semeia* 52, 1991: 43-81.

________, *Mark: A Commentary*, The New Testament Library, Louisville: Westminster John Knox, 2006.

Brooks, J. A., *Mark*, NAC 23, Nashville, Tennessee: Broadman, 1991.

Brown, R. E., "Parable and Allegory Reconsidered," *NovT* 5, 1962: 36-45.

Brown, Schuyler, "'The Secret of the Kingdom of God' (Mark 4:11)," *JBL* 92, 1973: 60-74.

Brown, Scott G., "Mark 11:1-12:12: A Triple Intercalation?," *CBQ* 64, 2002: 78-89.

Burkill, T. A., "Mark 3 7-12 and the Alleged Dualism in the Evangelists Miracle Material," *JBL* 87, 1968: 409-17.

Buse, I., "The Markan Account of the Baptism of Jesus and Isaiah LXIII," *JTS* n.s. 7, 1956: 74-75.

Buth, R., "Mark 3:17 BONEREGEM and Popular Etymology," *JSNT* 10, 1981: 29-33.

Campbell, C. R., *Verbal Aspect, the Indicative Mood, and Narrative*, New York: Peter Lang, 2007.

Caneday, A. B., "Mark's Provocative Use of Scripture in Narration: 'He Was with the Wild Animals and Angels Ministered to Him,'" *Bulletin for Biblical Research* 9, 1999: 19-36.

Carlston, C. E., *The Parables of the Triple Tradition*, Philadelphia: Fortress, 1975.

Carson, D. A. & D. Moo, 『손에 잡히는 신약개론』, 안세광 역, 서울: IVP, 2015.

Cave, C. H., "The Leper: Mark 1.40-45," *NTS* 25, 1978/1979: 245-50.

Charlesworth, J. H., ed., *The Old Testament Pseudepigrapha*, 2 vols., New York: Doubleday, 1983-1985. (= *OTP*)

________, *Jesus within Judaism*, London: SPCK, 1988.

Chilton, Bruce D., "'Not to Taste Death': A Jewish, Christian and Gnostic Usage,"

Studia Biblica 1978, II, JSNTS 2, Sheffield: JSOT Press, 1980: 29-36.

Collins, A. Y., *Mark*, Minneapolis: Fortress, 2007.

Collins, J. J., trans. & intr., 'Sybilline Oracles,' *The Old Testament Pseudepigrapha* 1, ed. by J. H. Charlesworth, New York: Doubleday, 1983: 317-472.

Combs, J. R., "A Ghost on the Water?," *JBL* 127, 2008: 345-58.

Couroyer, B., "De la mesure dont vous mesurez il vous sera mesuré," *Revue Biblique* 77, 1970: 366-70.

Cranfield, C. E. B., *The Gospel According to St Mark*, Cambridge: Cambridge University Press, 1959.

Croy, N. C., "Where the Gospel Text Begins: A Non-Theological Interpretation of Mark 1:1," *NovT* 43, 2001: 105-27.

Culpepper, R. A., *Mark*, Smyth & Helwys Bible Commentary, Macon, Georgia: Smyth & Helwys, 2007.

Daley, R. J., "The Soteriological Significance of the Sacrifice of Isaac," *CBQ* 39, 1977: 45-75.

Danby, H., ed. & trans., *The Mishnah*, Oxford: Oxford University Press, 1933.

Davies, W. D. & Dale C. Allison, *The Gospel According to Saint Matthew*, vol.2, The International Critical Commentary, Edinburgh: T & T Clark, 1991.

________, *A Critical and Exegetical Commentary on the Gospel According to Saint Matthew*, vol.3, Edinburgh: T. & T. Clark, 1997.

Decker, R. J., *Temporal Deixis of the Greek Verb in the Gospel of Mark with Reference to Verbal Aspect*, New York: Peter Lang, 2001.

Derrett, J. D. M., "'Eating Up the Houses of Widows': Jesus's Comment on Lawyers?," *NovT* 14, 1972: 1-9.

________, "Law in the New Testament: The Syro-Phoenician Women and the Centurion of Capernaum," *NovT* 15, 1973: 161-86.

________, " vHSAN GAR 'ALIEIS (MK. I 16): Jesus's Fishermen and the Parable of the Net," *NovT* 22, 1980: 108-37.

Dewey, J., "The Literary Structure of the Controversy Stories in Mark 2:1-3:6," *JBL* 92, 1973: 394-401.

Dillon, R. J., "'As One Having Authority'(Mark 1:22): The Controversial Distinction of Jesus' Teaching," *CBQ* 57, 1995: 92-113.

Dodd, C. H., *The Parables of the Kingdom*, revised ed., New York: Scribner's, 1961.

Donahue, J. R. & D. J. Harrington, *The Gospel of Mark*, Sacra Pagina Seres 2, Collegeville, Minnesota: The Liturgical Press, 2002.

Dormandy, Richard, "Jesus' Temptation in Mark's Gospel: Mark 1:12-13," *The Expository Times*, vol.114, 2003a: 183-87.

________, "Jesus' Cutting Irony: Further Understanding of Mark 11:17," *The Expository Times*, vol.114, 2003b: 333-34.

Dupont-Sommer, A., ed., *The Essene Writings from Qumran*, trans. by G. Vermes, Cleveland & New York: World Publishing Company, 1961.

Dwyer, T., "The Motif of Wonder in the Gospel of Mark," *JSNT* 57, 1995: 49-59.

Eckey, W., *Das Markusevangelium*, Neukrichen-Vluyn: Neukirchener, 1998.

Edersheim, A., *The Life and Times of Jesus the Messiah*, Peabody: Hendrickson, 1993.

Edwards, J. R., "The Baptism of Jesus According to the Gospel of Mark," *JETS* 34, 1991: 43-57.

________, *The Gospel According to Mark*, Grand Rapids: Eerdmans, 2002.

Ehrman, B. D., "A Leper in the Hands of an Angry Jesus," *New Testament Greek and Exegesis*, ed. by A. M. Donaldson & T. B. Sailor, Grand Rapids: Eerdmans, 2003: 77-98.

Epstein, I., ed. & trans., *Hebrew-English Edition of the Babylonian Talmud*, 30 vols., London: Soncino, 1960-1990.

Esler, P. F., "The Incident of the Withered Fig Tree in Mark 11," *JSNT* 28, 2005: 41-67.

Evans, Craig A., *Luke*, NIBC, Peabody: Hendrickson, 1990.

________, *Mark 8:27-16:20*, Word Biblical Commentary 34B, Nashville: Thomas Nelson Publishers, 2001.

Fitzmyer, J. A., *Essays on the Semitic Background of the New Testament*, Missoula: University of Montana, 1974.

Fowler, R. M., *Let the Reader Understand*, Harrisburg, Pennsylvania: Trinity Press International, 1996.

France, R. T., *The Gospel of Mark*, Grand Rapids: Eerdmans, 2002.

Freedman, H., trans., *Midrash Rabbah, Genesis*, vol.1, London: Soncino, 1983.

Funk, R. W., "The Wilderness," *JBL* 78, 1959: 205-14.

Finney, Paul Corby, "The Rabbi and the Coin Portrait (Mark 12:15b, 16)," *JBL* 112, 1993: 629-44.

Garland, D. E., "'I Am the Lord Your Healer': Mark 1:21-2:12," *Review & Expositor* 85/2, 1988: 327-43.

Garnet, P., "The Baptism of Jesus and the Son of Man Idea," *JSNT* 9, 1980: 49-65.

Gerhardsson, B., "The Parable of the Sower and Its Interpretation," *NTS* 14, 1968: 165-93.

Gero, S., "The Spirit as a Dove at the Baptism of Jesus," *NovT* 18, 1976: 17-35.

Gibbs, J. A., "Israel Standing with Israel: The Baptism of Jesus in Matthew's Gospel (Matt 3:13-17)," *CBQ* 64, 2002: 511-26.

Gibson, J. B., "The Rebuke of the Disciples in Mark 8.14-21," *JSNT* 27, 1986: 31-47.

________, "Jesus' Refusal to Produce a 'Sign'(Mk 8.11-13)," *JSNT* 38, 1990: 37-66.

________, "Jesus' Wilderness Temptation According to Mark," *JSNT* 53, 1994: 3-34.

Gnilka, J., *Das Evangelium nach Markus (Mk 1-8,26)*, EKKNT II/1, Zürich: Benziger, 1978.

Goldschmidt, L., trans., *Der babylonische Talmud*, 3. Auflage, Band 8, Berlin:

Jüdische Verlag, 1981.

Goldingay, J. E., *Daniel*, Word Biblical Commentary 30, Dallas: Word Books, 1989.

Guelich, R. A., "'The Beginning of the Gospel' Mark 1:1-15," *Papers of the Chicago Society of Biblical Research* 27, 1982: 5-15.

________, *Mark 1-8:26*, Word Biblical Commentary 34A, Dallas: Word Books, 1989.

Gundry, Robert, H., *Mark*, Grand Rapids: Eerdmans, 1993.

Gutiérrez, G., "Mark 1:14-15," *Review & Expositor* 88/4, 1991: 427-31.

Hagner, D. A., *Matthew 1-13*, Word Biblical Commentary 33A, Dallas, Texas: Word Books, 1993.

________, 『신약개론』(*The New Testament*), 김귀탁 역, 서울: 부흥과개혁사, 2014.

Heil, J. P., "Reader-Response and the Narrative Context of the Parables about Growing Seed in Mark 4:1-34," *CBQ* 54, 1992: 271-86.

________, "Jesus with the Wild Animals in Mark 1:13," *CBQ* 68/1, 2006: 63-78.

Hellerman, J. H., "Challenging the Authority of Jesus: Mark 11:27-33 and Mediterranean Notions of Honor and Shame," *JETS* 43, 2000: 213-28.

Henderson, I. H., "'Salted With Fire'(Mark 9.42-50)," *JSNT* 80, 2000: 44-65.

Hengel, M., *The Charismatic Leader and His Followers*, trans. by J. G. Eugene, Oregon: Wipf & Stock, 1968.

van Henten, J. W., "The First Testing of Jesus: A Rereading of Mark 1.12-13," *NTS* 45, 1999: 349-66.

Herron, Jr., R. W., "Mark's Jesus on Divorce: Mark 10:1-12 Reconsidered," *JETS* 25/3, 1982: 273-81.

Hooker, M. D., *The Gospel According to Saint Mark*, London: A. & C. Black, 1991.

Horvath, T., "Why was Jesus Brought to Pilate?," *NovT* 11, 1969: 174-84.

Hurtado, L. W., *Mark*, NIBC, Peabody, MA: Hendrickson, 1983.

van Iersel, B. M. F., *Mark: A Reader-Response Commentary*, JSNTS 164, Sheffield: Sheffield Academic Press, 1998.

Isaac, E., trans., '1 Enoch,' *The Old Testament Pseudepigrapha*, vol.1, ed. by J. H. Charlesworth, New York: Doubleday, 1983: 13-89.

Jackson, H. M., "The Death of Jesus in Mark and the Miracle from the Cross," *NTS* 33, 1987: 16-37.

________, "Why the Youth Shed His Cloak and Fled Naked: The Meaning and Purpose of Mark 14:51-52," *JBL* 116, 1997: 273-89.

Janes, R., "Why the Daughter of Herodias Must Dance (Mark 6.14-29)," *JSNT* 28, 2006: 443-67.

Jastrow, M., *A Dictionary of the Targumim, the Talmud Babli and Yerushalmi, and the Midrashic Literature*, New York: The Judaica Press, 1992.

Jeremias, J., *New Testament Theology*, trans. by J. Bowden, New York: Charles Scribner's Sons, 1971.

Johnson, E. S., "Mark 8.22-26: The Blind Man from Bethsaida," *NTS* 25, 1979: 370-83.

Josephus, F., *The Works of Jesephus*, trans. by W. Whiston, new updated ed., Peabody, MA: Hendrickson, 1987.

Keck, L. E., "Mark 3 7-12 and Mark's Christology," *JBL* 84, 1965: 341-58.

Keck, L. E., "The Spirit and the Dove," *NTS* 17, 1970/71: 41-67.

Kee, H. C., trans. & intr., "Testament of the Twelve Patriarchs," *The Old Testament Pseudepigrapha*, vol.1., ed. by J. H. Charlesworth, New York: Doubleday, 1983: 775-828.

Keener, C. S., *The Gospel of Matthew*, Grand Rapids: Eerdmans, 1999.

________, "Adultery, Divorce," *Dictionary of New Testament Background*, ed. by C. A. Evans & S. E. Porter, Leicester: IVP, 2000: 6-16.

Kelhoffer, J. A., *The Diet of John the Baptist*, WUNT 176, Tübingen: Mohr Siebeck, 2005.

Kirkland, J. R., "The Earliest Understanding of Jesus' Use of Parables: Mark IV 10-12 in Context," *NovT* 19, 1977: 1-21.

Klijn, A. F. J., trans. & intr., "2 (Syriac Apocalyse of) Baruch," *The Old Testament Pseudepigrapha*, vol.1, ed. by J. H. Charlesworth, New York: Doubleday, 1983: 615-652.

Koester, H., "Mark 9:43-47 and Quintilian 8.3.75," *HTR* 37, 1944: 151-53.

Lane, W., *The Gospel According to Mark*, Grand Rapids: Eerdmans, 1974.

Lindemann, A., "Zur Gleichnisinterpretation im Thomas-Evangelium," *ZNW* 71, 1980: 214-43.

Lohmeyer, E., *Das Evangelium des Markus*, 17th ed., Göttingen: Vandenhoeck & Ruprecht, 1957.

Luz, Ulrich, *Das Evangelium nach Matthäus 2*, Evangelish-Katholischer Kommentar zum Neuen Testament, Zürich: Benziger, 1990.

Malbon, E. S., "TH OIKIA AYTOY: Mark 2.15 in Context," *NTS* 31, 1985: 282-92.

Maloney, E. C., *Semitic Interference in Marcan Syntax*, SBLDS 51, Chico, CA: Scholars Press, 1981.

Mánek, Jindřich, "Fishers of men," *NovT* 2, 1957: 138-41.

________, "Mark viii 14-21," *NovT* 7, 1964: 10-14.

Manson, T. W., *The Teaching of Jesus*, Cambridge: Cambridge University Press, 1948.

Marcus, Joel, *The Mystery of the Kingdom of God*, SBLDS 90, Atlanta, Georgia: Scholars Press, 1986.

________, "Mark 14:61: Are You the Messiah-Son-of-God?," *NovT* 31, 1989a: 125-41.

________, "'The time has been fulfilled!' (Mark 1.15)," *Apocalyptic and the New Testament*, ed. by J. Marcus and M. L. Soards, JSNTS 24, Sheffield: Sheffield Academic, 1989b: 49-68.

________, *The Way of the Lord*, Edinburgh: T. & T. Clark, 1992.

________, *Mark 1-8*, The Anchor Bible, New York: Doubleday, 2000.

________, *Mark 8-16*, The Anchor Bible, New York: Doubleday, 2009.

Martin, T. W., "Watch During the Watches (Mark 13:35)," *JBL* 120, 2001: 685-701.

Martínez, F. G. & E. J. C. Tigchelaar, ed. & trans., *The Dead Sea Scrolls*, 2 vols., Leiden: Brill, 1997-1998.

Mays, J. L., "Is This Not Why You Are Wrong?," *Interpretation* 33, 2006: 32-46.

McArthur, H. K., "Son of Mary," *NovT* 15, 1973: 38-58.

McDonald, J. I. H., "Mark 9:33-50. Catechetics in Mark's Gospel," *Studia Biblica* 1978, II, JSNTS 2, Sheffield: JSOT Press, 1980: 171-77.

McIver, R. K., "One Hundred-fold Yield - Miraculous or Mundane? Matthew 13.8, 23; Mark 4.8, 20; Luke 8.8," *NTS* 40, 1994: 606-608.

Meier, John P., "The Historical Jesus and the Historical Law: Some Problems within the Problem," *CBQ* 65, 2003: 52-79.

Metzger, B. M., trans. and intr., "The Fourth Book of Ezra," *The Old Testament Pseudepigrapha*, ed. by J. H. Charlesworth, New York: Doubleday, 1983: 517-59.

________, *A Textual Commentary on the Greek New Testament*, 2nd edition, Stuttgart: Deutsche Bibelgesellschaft, 1994.

Moloney, Francis J., "Mark 6:6b-30: Mission, the Baptist, and Failure," *CBQ* 63, 2001: 647-63.

Myers, C., *Binding the Strong Man*, New York: Orbis Books, 1988.

Oakman, D. E., "Cursiung Fig Trees and Robbers' Dens Pronouncement Stories Within Social-Systemic Perspective Mark 11:12-25 and Parallels," *Semeia* 64, 1994: 253-72.

Osborne, Grant R., *Mark*, Teach the Text Commentary Series, Grand Rapids: Baker Books, 2014.

Owen-Ball, David T., "Rabbinic Rhetoric and the Tribute Passage(Mt. 22:15-22; Mk. 12:13-17; Lk. 20:20-26)," *NovT* 35, 1993: 1-14.

Pálu, M., *Jesus and Time: An Interpretation of Mark 1.15*, Library of New Testament Studies 468, London: T & T Clark International, 2012.

Patten, P., "The Form and Function of Parable in Select Apocalytic Literature and Their Significance For Parables in the Gospel of Mark," *NTS* 29, 1983: 246-58.

Pesch, R., *Das Markusevangelium*, I, Herders Theologischer Kommentar zum Neuen Testament, Freiburg: Herder, 1976.

________, *Das Markusevangelium*, II, Herders Theologischer Kommentar zum Neuen Testament, Freibrug: Herder, 1984.

Plümacher, E., "moice,uw," *Exegetical Dictionary of the New Testament*, vol.2, ed. by H. Balz & G. Schneider, Grand Rapids: Eerdmans, 1991: 436-39.

Pokorný, P., "From a Puppy to the Child," *NTS* 41, 1995: 321-37.

Porter, S. E., *Idioms of the Greek New Testament*, 2nd ed., Sheffield: Academic Press 1994.

Rahlfs, A., ed., *Septuaginta*, vol.1, Stuttgart: Deutsche Bibelgesellschaft, 1979.

Richardson, P., "Why Turn the Tables?: Jesus' Protest in the Temple Precints," *SBL Seminar Papers*, 1992: 507-23.

Ridderbos, H., *De komst van het Koninkrijk*, 3rd print, Kampen: Kok, 1985.

Rüger, H. P., "Mit welchem Maß ihr meßt, wird euch gemessen werden," *ZNW* 60, 1969: 174-82.

Ryan, P. J., "Like a Dove," *America*, 1992 (Jan.): 23.

Safrai, S., 'Home and Family,' *The Jewish People in the First Century*, vol.2, ed. by S. Safrai and M. Stern, Compendia Rerum Iudaicarum ad Novum Testamentum, Section 1, Assen/Amsterdam: Van Gorcum, 1976: 728-92.

Salyer, G., "Rhetoric, Purity, and Play Aspects of Mark 7:1-23," *Semeia* 64, 1994:

139-69.

Sanders, E. P., *The Historical Figure of Jesus*, London: Penguin, 1993.

Sanders, E. P. & Margaret Davies, *Studying the Synoptic Gospels*, London: SCM, 1989.

Schweizer, E., *The Good News According to Mark*, trans. by D. H. Madvig, London: SPCK, 1971.

Shin, H. W. (=신현우), *Textual Criticism and the Synoptic Problem in Historical Jesus Research*, Contributions to Biblical Exegesis and Theology 36, Leuven: Peeters, 2004.

________, "The Historic Present as a Discourse Marker and Textual Criticism in Mark," *Bible Translator* 63, 2012: 39-51.

________, "Coherence and Textual Criticism in Mark 4:24," *JTS* n.s. 65/2, 2014: 425-32.

Shutt, J. H., trans. & intr., "Letter of Aristeas," *The Old Testament Pseudepigrapha*, vol. 2, ed. by J. H. Charlesworth, New York: Doubleday, 1985: 7-34.

Smith, Charles W., "Fishers of Men." *HTR* 52/3, 1959: 187-204.

Smith, Geoffrey, "A Closer Look at the Widow's Offering: Mark 12:41-44," *JETS* 40, 1997: 27-36.

Smith, Stephen H., "Bethsaida via Gennesaret: The Enigma of the Sea-Crossing in Mark 6,45-53," *Biblica* 77, 1996: 349-74.

Snodgrass, Klyne, *The Parable of the Wicked Tenants*, WUNT 27, Tübingen: J.C.B. Mohr, 1983.

Starr, J., "The Unjewish Character of the Markan Account of John the Baptist," *JBL* 51, 1932: 227-37.

Stec, D. M., ed., *The Targum of Psalms*, London: T & T Clark, 2004.

Stegner, W. R., "Wilderness and Testing in the Scrolls and in Matthew 4:1-11," *BR* 12, 1967: 18-27.

Stein, R. H., *Luke*, NAC. Nashville, Tennessee: Broadman, 1992.

________, 『마가복음』, 배용덕 역, BECNT, 서울: 부흥과개혁사, 2008.

Stettler, C., "Purity of Heart in Jesus' Teaching," *JTS* n.s. 55, 2004: 467-502.

Strack, Herman L. & Paul Billerbeck, *Kommentar zum Neuen Testament aus Talmud und Midrasch I*, München: C.H. Beck, 1928. (= Str-B)

Strauss, Mark L., Mark, *Exegetical Commentary on the New Testament*, Grand Rapids: Zondervan, 2014.

Taylor, V., *The Gospel According to St. Mark*, London: Macmillan, 1955.

Thiering, B. E., "'Breaking of Bread' and 'Harvest' in Marks Gospel," *NovT* 12, 1970: 1-12.

Thomas, J. C. & K. E. Alexander, "'And the Signs Are Following': Mark 16.9-20 - A Journey into Pentecostal Hermeneutics," *Journal of Pentecostal Theology* 11, 2003: 147-70.

Thrall, M. E., "Elijah and Moses in Mark's Account of the Transfiguration," *NTS* 16, 1969/1970: 305-17.

Tuckett, C. M., "Q and Thomas," *EThL* 67, 1991: 346-60.

Vermes, G., *Jesus the Jew*, London: SCM, 1973.

Wall, R. W., "A Response to Thomas/Alexander, 'And the Signs Are Following' (MARK 16.9-20)," *Journal of Pentecostal Theology* 11, 2003: 171-83.

Wallace, D. B., *The Basics of New Testament Syntax*, Grand Rapids: Zondervan, 2000.

Wansbrough, H., "Mark III.21 - Was Jesus out of His Mind?," *NTS* 18, 1971/1972: 233-35.

Webb, R. L., *John the Baptizer and Prophet: A Socio-Historical Study*, JSNTS 62, Sheffield: JSOT Press, 1991.

Wenham, D., "The Meaning of Mark III. 21," *NTS* 21, 1974/1975: 295-300.

Wenham, D. & S. Walton, 『복음서와 사도행전』, 박대영 역, 서울: 성서유니온, 2007.

Whiston, W., trans., *The Works of Josephus*, new updated edition, Peabody:

Hendrickson, 1987.

Williamson, L., "Mark 1:1-8," *Interpretation* 32, 1978: 400-404.

________, *Mark, Interpretation: A Bible Commentary for Teaching and Preaching*, Louisville: John Knox Press, 1983.

Wink, W., *John the Baptist in the Gospel Tradition*. Cambridge: Cambridge University Press, 1968.

Witherington III, Ben, *The Gospel of Mark*, Grand Rapids: Eerdmans, 2001.

Wright, R. B., trans., intr., & notes, 'Psalms of Solomon,' *The Old Testament Pseudepigrapha*, vol.2, ed. by J. H. Charlesworth, New York: Doubleday, 1985: 639-70.

Wuellner, W. H., *The Meaning of "Fishers of Men,"* Philadelphia: Westminster, 1967.

김성규, "마가복음 1:14-15에 나타난 예수의 선지적 회개 개념의 의미," 『신약연구』 5/1, 2006: 51-87.

박윤만, "응집성과 문단: 틀 의미론(frame semantics)에 기초한 마가복음 1:16-20 연구," 『성경과 신학』 58, 2011: 69-96.

________, 『마가복음』, 서울: 킹덤북스, 2017.

방경혁 역, 『외경』, 제4판, 대구: 보문출판사, 1994.

신현우, "마가복음 4:24-25의 주해와 원본문 복원," 『성경원문연구』 14, 2004: 87-106.

________, "사본학과 독자반응 비평," 『개혁신학』 18, 2005: 11-25.

________, 『마가복음의 원문을 찾아서』, 서울: 웨스트민스터출판부, 2006.

________, "예수와 이혼법: 마가복음 10:1-12를 중심으로," 『하나님 나라를 위한 성경신학』, 황창기박사 정년퇴임 기념논문집, 류호준 편, 서울: 선학사, 2007a: 31-50.

________, "예수와 토지," 『애굽에서 약속의 땅 가나안까지』, 이필찬 편, 용인: 웨스트민스터출판부, 2007b: 747-73.

________, "'재물'인가, '토지'인가?: 마가복음 10:22의 본문 비평, 주해와 번역," *Canon & Culture* 3, 2008: 245-74.

________, "마가복음으로의 초대," 『매일성경』, 2011a(3-4월호): 92-97.

________, "마가복음 1:1의 본문비평과 번역," 『성경원문연구』 29, 2011b(10월): 33-58.

________, "구약 성경의 빛으로 보는 예수와 세례 요한," 『세상 속에 존재하는 교회』 2, 안인섭 외 편, 서울: 총신대학출판부, 2011c: 653-668.

________, 『메시아 예수의 복음』, 서울: 킹덤북스, 2011d.

________, "세례 요한과 새 출애굽," 『신약논단』 20/1, 2013a: 61-95.

________, "사도 바울의 회심과 열두 제자들의 회심," 『목회와 신학』, 2013b(10월호): 44-49.

________, "예수 복음의 기원," 『신약연구』 12/3, 2013c: 465-87.

________, 『신약 헬라어 주해 문법』, 용인: 킹덤북스, 2013d.

________, "예수의 하나님 나라 선포," 『신약연구』 13/3, 2014a: 380-404.

________, "갈릴리의 어부에서 사람들의 어부로," 『신약논단』 21/3, 2014b: 599-626.

________, "예수의 광야 시험," 『신약논단』 21/1, 2014c: 27-58.

________, "예수의 축귀와 가르침," 『신약논단』 22/2, 2015: 367-96.

________, 『신약 입문』, 서울: 총회세계선교회, 2020.

양용의, 『마가복음 어떻게 읽을 것인가』, 서울: 성서유니온선교회, 2010.

이승호, "마가의 '메시아 비밀'에 관한 문학 비평적 접근," 『피어선신학논단』 6/2, 2017: 5-30.

오성종, "마가복음 '개막사'의 해석학적 의미," 『신약연구』 8/3, 2009: 365-402.

최규명, "공관복음의 '사람 낚는 어부'는 구원의 이미지인가?," 『신약연구』 8/2, 2009: 223-58.